Eva-Maria Sidlo – Ursula Puhm – Cornelia Steinmair – Christina Camilo
Wolfgang Drs – Susanne Pollack-Drs – Georg Wymlatil

Mathematik mit technischen Anwendungen, Band 3

Um die Übersicht zu erhöhen und das Arbeiten mit dem Buch zu erleichtern, sind die Aufgaben durch farbige Aufgabennummern differenziert:

- Einstiegsaufgaben (also Aufgaben, die zu einem neuen Themenbereich hinführen) sind durch orangefarbene Aufgabennummern gekennzeichnet.
- **Schwarze** Aufgabennummern kennzeichnen Aufgaben, deren Lösung im Lehrbuch vollständig dargestellt wird. Solche Aufgaben sind darüber hinaus auch durch eine blaue Rasterunterlegung vom übrigen Text deutlich abgegrenzt.
- Die anderen Aufgaben sind je nach Anspruchsniveau durch **rote** (niedriges Anspruchsniveau), **blaue** (mittleres Anspruchsniveau) und **grüne** (hohes Anspruchsniveau) Aufgabennummern gekennzeichnet. Die mit dieser Kennzeichnung vorgenommene Differenzierung ist für den Unterricht nicht verbindlich.

Bei jeder Aufgabe wird angeführt, welche **Handlungsdimensionen** gemäß dem **Kompetenzmodell (Bildungsstandards Angewandte Mathematik BHS)** jeweils angesprochen werden:

A … Modellieren und Transferieren
B … Operieren und Technologieeinsatz
C … Interpretieren und Dokumentieren
D … Argumentieren und Kommunizieren

Die überwiegend angesprochene **Inhaltsdimension** wird jeweils am unteren Seitenrand angeführt.

Mit Bescheid des Bundesministeriums für Bildung vom 14. Juli 2016, GZ BMBF-5.034/0033-IT/3/2016, gemäß § 14 Abs. 2 und 5 des Schulunterrichtsgesetzes, BGBl. Nr. 472/86, und gemäß den derzeit geltenden Lehrplänen als für den Unterrichtsgebrauch für den III. Jahrgang an Höheren technischen und gewerblichen Lehranstalten im Unterrichtsgegenstand Angewandte Mathematik geeignet erklärt.

Änderungen aufgrund von Veränderungen der Rechtsordnung und des Normenwesens, in der Statistik und im Bereich von Wirtschaftsdaten sowie Software-Aktualisierung liegen in der Verantwortung des Verlages und werden nicht neuerlich approbiert.

Dieses Schulbuch wurde auf der Grundlage eines zielorientierten Lehrplans verfasst. Konkretisierung, Gewichtung und Umsetzung der Inhalte erfolgen durch die Lehrerinnen und Lehrer.

SBNR Buch: 180007 **SBNR Buch mit E-Book: 181091** **SBNR Buch mit E-BOOK+: 185373**

Bildquellen: Bildarchiv der Österreichischen Nationalbibliothek (ÖNB), Wien (134); Der Zahlenteufel, © 1997 Carl Hanser Verlag, München – Wien, Zeichnung von Rotraut Susanne Berner (5); Florian Sidlo (254/7.80); Fotolia.com: © Andreas Edelmann (238/oben), © AR Images (140), © ArenaCreative (111/4.75), © arsdigital (99), © Astro (17), © awfoto (14), © Beboy (16/1.57), © beermedia (23), © Brad Pict (223), © Carlos Santa Maria (252), © Carola Schubbel (286), © Catherine Martel (160), © cuhle-fotos (301), © danielkay (161), © den-belitsky (88), © Doris (177/5.78), © efks (30), © Eisenhans (304), © EpicStockMedia (187), © ezoom (137/oben), © Ezume Images (266), © f/2.8 by ARC (91), © fabio Bergamasco (284), © falcon_v (165/5.31), © forkART Photography (165/5.34), © fotografia66 (183), © frogmo9 (159), © Gennadiy Poznyakov (133), © godfer (271), © Gudellaphoto (67), © Guillaume Tunzini (21/1.92), © helou88 (238/unten), © Himmelssturm (37), © Ingo Bartussek (293), © Javen (79), © Jean Kobben (165/5.33), © JFL Photography (194), © jgorzynik (246/oben), © John (255), © K.-U. Häßler (172), © kentoh (78), © Kim Warden (60), © Kletr (33), © lassedesignen (96/4.13), © lienchen020_2 (19/1.70), © M. Schuppich (36), © MAK (12), © MARIMA (269), : © Michael (189), © Michael Ebardt (180), © mirpic (177/5.79), © mrivserg (283), © niyazz (93), © Otto Normal (188), © PANORAMO (296), © Patryk Kosmider (246/unten), © Pavlo Burdyak (100), © Peter Hermes Furian (173/5.64), © photo 5000 (101), © photobar (148), © PhotoSG (26), © pimmimemom (150), © plus69 (16/1.52), © powell83 (90), © Rico Löb (166), © robypangy (173/5.60), © Schlierner (28), © SkyLine (104), © spuno (308), © storm (92), © suzannmeer (19/1.69), © Sven Hoppe (24), © sylvainn (309), © Thomas Oswald (228), © TIMDAVIDCOLLECTION (254/7.79), © travnikovstudio (129), © VanderWolf Images (195), © VanReeel (107, 217), © vege (261), © vencav (196), © Vera Kuttelvaserova (8), © Vitaly Rozhkov (50), © volff (61), © Volkan Gürgen (22), © wwwebmeister (59), © zigzagmtart (75); Janosch A. Slama (43, 96/4.14, 111/4.73, 120, 127, 137/4.225, 153, 186, 192); König Karl II von England: Gemälde von Sir Peter Lely/Wikimedia Commons (27); Lisa Sidlo (152); NASA (235); Richard Hofstädter (21/1.91, 51); Wikimedia Commons (87, 229); Wilhelm Busch (197); alle übrigen von den Autorinnen und Autoren
In Fällen freier Werknutzung: Schulbuchvergütung/Bildrechte: © Bildrecht GmbH, Wien 2017

2. Auflage, Nachdruck 2020 (2,01)

D1997240

Technische Zeichnungen: Herbert Löffler
Satz: Barbara Fischer, Laxenburg
Druck und Bindung: Brüder Glöckler GmbH, Wöllersdorf

ISBN 978-3-230-04141-8

Bestellschein

Liebe Schülerin, lieber Schüler!

Zu diesem Schulbuch gibt es ein Lösungsheft, das die Lösungen zu den Aufgaben dieses Buchs enthält.

Als Ergänzung zu den im Lehrbuch enthaltenen Aufgaben und Problemstellungen gibt es 4 Zusatzhefte, die ausführlich dokumentierte technische Anwendungen enthalten und jeweils verschiedene Fachrichtungen berücksichtigen – siehe Bestellabschnitt. In den Zusatzheften sind die Lösungen der dort enthaltenen Aufgaben integriert.

Bitte gib den ausgefüllten und unterschriebenen Bestellabschnitt in deiner Buchhandlung ab oder bestelle direkt beim Verlag:

Adresse: Verlag Hölder-Pichler-Tempsky GmbH, Frankgasse 4, 1090 Wien
Tel.: 01/403 77 77
E-mail: service@hpt.at

Fax: 01/403 77 77 DW 77

Hiermit bestelle ich mit Rechnung:

Lösungen zu Band

_____ Expl. Lösungen zu Band 3
(ISBN 978-3-230-04142-5)
€ 9,90 inkl. Porto und Verpackung

Zusatzhefte zu Band 3

_____ Expl. Zusatzheft für Bautechnik sowie Innenraumgestaltung und Holztechnik
(ISBN 978-3-230-03304-8)
€ 10,30 inkl. Porto und Verpackung

_____ Expl. Zusatzheft für Elektrotechnik und Elektronik (ISBN 978-3-230-03305-5)
€ 10,30 inkl. Porto und Verpackung

_____ Expl. Zusatzheft für Maschineningenieurwesen, Mechatronik und Werkstoffingenieurwesen
(ISBN 978-3-230-03307-9)
€ 11,35 inkl. Porto und Verpackung

_____ Expl. Zusatzheft für Wirtschaftsingenieurwesen
(ISBN 978-3-230-03308-6)
€ 10,30 inkl. Porto und Verpackung

Für alle Angebote gilt: Preisänderungen vorbehalten

Bitte gib deinen Namen und deine Adresse an:

Name:

____

____

Adresse:

____

____

____

Datum und Unterschrift:

____
(bei Minderjährigen des Erziehungsberechtigten)

Inhaltsverzeichnis

Kompetenzmodul 5

Kompetenzmodul 6

1) an Höheren Lehranstalten für Wirtschaftsingenieure – Holztechnik (Anlage 1.25) erst im Kompetenzmodul 6 vorgesehen

2) an Höheren Lehranstalten für Art und Desing (Anlage 1.1), Bautechnik (Anlage 1.2), Grafik- und Kommunikationsdesign (Anlage 1.9) sowie Innenarchitektur und Holztechnologien (Anlage 1.12) erst im IV. Jahrgang – Kompetenzmodul 7 vorgesehen

1 Folgen und Reihen

Die Anzahl der Äste vieler Bäume, der PIN-Code eines Handys und die Ziffernkombination eines Fahrradschlosses haben – mathematisch betrachtet – eine Gemeinsamkeit: Man kann sie durch eine bestimmte Anordnung von Zahlen beschreiben.

Betrachtet man die Anzahl der Äste des abgebildeten Baums, so sieht man, dass im 1. Jahr nur 1 „Ast", der Stamm, vorhanden war. Auch im 2. Jahr war lediglich 1 Ast vorhanden, im 3. Jahr waren es 2 = 1 + 1 Äste, im 4. Jahr waren es 3 = 2 + 1 Äste, im 5. Jahr waren es 5 = 3 + 2 Äste usw.

Mathematisch lässt sich dieser Vorgang mit dem Begriff der **Zahlenfolge** erfassen.

1.1 Einführung

1.1 Eine beliebte Denksportaufgabe lautet: Welche Zahl ist die nächste?
1) 2, 4, 6, 8, 10, … ***2)*** 2, 3, 5, 7, 11, 13, … ***3)*** 1, 4, 9, 16, 25, …
Beantworte jeweils diese Frage und begründe jeweils deine Antwort.

Die **Anordnung von Zahlen** in einer **bestimmten Reihenfolge** wird in der Mathematik als **Zahlenfolge** (kurz: **Folge**) bezeichnet. In einer Folge wird jedem „Platz" eine bestimmte Zahl zugeordnet. So bedeutet die Reihenfolge der Ziffern des Zahlenschlosses „6702", dass am „ersten Platz" ein Sechser, am „zweiten Platz" ein Siebener, usw. steht. Die einzelnen Zahlen einer Folge heißen **Glieder der Folge**. Man sagt, das erste Glied der Zahlenfolge „6702" ist 6, das zweite Glied ist 7, usw.

Die Glieder einer Folge können durch Aufzählen oder durch ein so genanntes **Bildungsgesetz** angegeben werden. Jeder natürlichen Zahl n wird dabei ein bestimmter Wert a_n zugeordnet. **Zahlenfolgen** sind daher **Funktionen**.

Die Definitionsmenge ist im Allgemeinen $D_f = \mathbb{N}^*$, also n = 1, 2, 3, … . Manchmal ist es allerdings sinnvoll, mit n = 0 zu beginnen.
Ist die Definitionsmenge endlich, spricht man von einer **endlichen Folge**, andernfalls von einer **unendlichen Folge**.

Um Folgen von Mengen zu unterscheiden, werden sie mit spitzen Klammern $\langle a_n \rangle$ oder runden Klammern (a_n) angeschrieben. In vielen Fällen, zum Beispiel bei der Angabe des Bildungsgesetzes, werden diese Klammern aber auch weggelassen.
ZB: $\langle 1, 4, 9, 16, \ldots \rangle$ entspricht $a_n = n^2$

Eine **Zahlenfolge** (kurz: **Folge**) $\langle a_n \rangle$ ist eine Funktion, deren Definitionsmenge die Menge der natürlichen Zahlen oder eine Teilmenge der natürlichen Zahlen ist. Die Zuordnungsvorschrift wird **Bildungsgesetz** genannt.

Ist die Definitionsmenge endlich, so erhält man eine **endliche Zahlenfolge**.
Ist die Definitionsmenge unendlich, so erhält man eine **unendliche Zahlenfolge**.

1.2 Explizite und rekursive Darstellung von Folgen

A **1.2** Gib für die gegebene Folge ein Bildungsgesetz an: $\langle 2, 5, 8, 11, \ldots \rangle$

Um Folgen und die Glieder einer Folge zu beschreiben, gibt es verschiedene Möglichkeiten.

- **Explizite Darstellung (erzeugender Term)**
  Da eine Folge eine Funktion mit der unabhängigen Variable n ist, können die Glieder der Folge mithilfe des Index n berechnet werden.

ZB

$a_n = 5^n$
$a_1 = 5^1 = 5$
$a_2 = 5^2 = 25$
$a_3 = 5^3 = 125$

Um das 1. Glied a_1 zu erhalten, wird $n = 1$ in das Bildungsgesetz eingesetzt. Für $n = 2$ erhält man a_2 usw.

Für den Index werden häufig auch die Buchstaben „i" oder „k" verwendet.

- **Rekursive Darstellung**
  Mit einer **Rekursionsformel** wird ein Glied der Folge mithilfe vorangegangener Glieder berechnet (latein: „recurrere" = zurück laufen). Dazu benötigt man ein oder mehrere Glieder der Folge sowie eine Vorschrift zur Berechnung der weiteren Glieder.

ZB

$\langle 3, -4, -11, -18, \ldots \rangle$
$-7 \quad -7 \quad -7$

Das erste Glied der Folge ist 3. Die nachfolgenden Glieder entstehen jeweils durch Subtraktion von 7.

Allgemein wird das auf a_n folgende Glied mit a_{n+1} bezeichnet. Somit ergibt sich folgende Formel:

$a_{n+1} = a_n - 7 \;\text{ mit }\; a_1 = 3$
$a_2 = a_1 - 7 = 3 - 7 = -4$
$a_3 = a_2 - 7 = -4 - 7 = -11$
$a_4 = a_3 - 7 = -11 - 7 = -18$

Ein Glied der Folge muss gegeben sein. Kennt man a_1, so erhält man durch Einsetzen in das Bildungsgesetz a_2 usw.

$a_{n+2} = a_{n+1} + a_n \;\text{ mit }\; a_1 = 1, a_2 = 2$
$n = 1$: $a_n = a_1$, $a_{n+1} = a_{1+1} = a_2$, $a_{n+2} = a_{1+2} = a_3$
$a_3 = a_2 + a_1 = 2 + 1 = 3$
$n = 2$: $a_n = a_2$, $a_{2+1} = a_3$, $a_{2+2} = a_4$
$a_4 = a_3 + a_2 = 3 + 2 = 5$

Da a_{n+2} aus a_{n+1} und a_n berechnet wird, müssen zwei Startglieder gegeben sein. $a_{n+2} = a_{n+1} + a_n$ bedeutet, dass ein Glied der Folge die Summe der beiden vorangegangenen Glieder ist.

$\langle a_n \rangle = \langle 1, 2, 3, 5, \ldots \rangle$

Rekursionsformeln können auch mithilfe anderer Folgeglieder angegeben werden:
$a_n = a_{n-1} + a_{n-2}$ oder $a_{n+1} = a_n + a_{n-1}$

Ist ein erzeugender Term angegeben, kann man ein beliebiges Glied der Folge berechnen, ohne – wie bei der rekursiven Darstellung – alle davor liegenden Glieder ermitteln zu müssen. Rekursive Darstellungen werden oft beim Programmieren verwendet.

Weitere Möglichkeiten eine Folge anzugeben sind:

- **Aufzählende Beschreibung**: Die Angabe aller Glieder ist nur bei kurzen, endlichen Folgen sinnvoll oder wenn die Fortsetzung offensichtlich ist, wie zB $\langle a_n \rangle = \langle 2, 4, 6, 8, 10, \ldots \rangle$.
- **Verbale Beschreibung**: Diese eignet sich besonders, wenn die Glieder eine gemeinsame „Eigenschaft" haben, wie zum Beispiel „die Vielfachen von Neun", „die Jokerzahl im Lotto" oder „die ersten zehn Dezimalstellen von π".

Bemerkungen:

- Viele Folgen können durch verschiedene Bildungsgesetze beschrieben werden. Zum Beispiel kann die Folge der Quadratzahlen $\langle 1, 4, 9, 16, 25, \ldots \rangle$ sowohl durch $a_n = n^2$ als auch durch $a_n = a_{n-1} + (2n - 1)$ mit $a_1 = 1$ angegeben werden. Es ist jedoch nicht jede Art von Bildungsgesetz zur Beschreibung jeder Folge gleich gut geeignet.
- Aus einer endlichen Anzahl von Gliedern einer unendlichen Folge lässt sich das Bildungsgesetz nicht mit Sicherheit bestimmen. Zum Beispiel könnte es sich bei der unendlichen Folge $\langle 1, 2, 3, \ldots \rangle$ um die Folge der natürlichen Zahlen, aber auch um die Folge $\langle 1, 2, 3, 10, 20, 30, 100, 200, 300, \ldots \rangle$ handeln.

1.3 Berechne die ersten drei Glieder der Folge $a_n = \frac{2n^2 - n + 3}{n + 1}$.

Lösung:

$a_1 = \frac{2 \cdot 1^2 - 1 + 3}{1 + 1} = \frac{4}{2} = 2$

$a_2 = \frac{2 \cdot 2^2 - 2 + 3}{2 + 1} = \frac{9}{3} = 3$

$a_3 = \frac{2 \cdot 3^2 - 3 + 3}{3 + 1} = \frac{18}{4} = 4{,}5$

- Für die Berechnung des 1. Glieds a_1 wird $n = 1$ gesetzt, für a_2 wird $n = 2$ gesetzt, usw.

1.4 ***1)*** Zähle die ersten fünf Glieder der Folge $a_{n+1} = a_n - 3$ mit $a_4 = 7$ auf.
2) Gib mithilfe von Technologieeinsatz das 50. Glied der Folge an. Stelle die Folge grafisch dar und beschreibe ihr Verhalten.
3) Erkläre, wie man einen erzeugenden Term dieser Folge ermitteln kann.

TI-Nspire, GeoGebra, CASIO ClassPad II: www.hpt.at

Lösung mit Excel:

1) $a_5 = a_4 - 3 = 7 - 3 = 4$

$a_{n+1} = a_n - 3 \Rightarrow a_n = a_{n+1} + 3$

$a_3 = a_4 + 3 = 7 + 3 = 10$

$a_2 = a_3 + 3 = 10 + 3 = 13$

$a_1 = a_2 + 3 = 13 + 3 = 16$

$\langle a_n \rangle = \langle 16, 13, 10, 7, 4, \ldots \rangle$

- a_5 wird mithilfe von a_4 berechnet.
- Für die Berechnung der vor a_4 liegenden Glieder wird die Formel umgeformt.

2)

	A	B	C	D
1				
2		n	a_n	
3		1	16	
4		2	13	
5		3	10	=C6+3
6		4	7	$a_4 = 7$
7		5	4	=C6-3
51		49	-128	
52		50	-131	

- Bei Verwendung eines Tabellenkalkulationsprogramms wird die Rekursionsformel eingegeben und die Formel bis zum 50. Folgeglied kopiert.

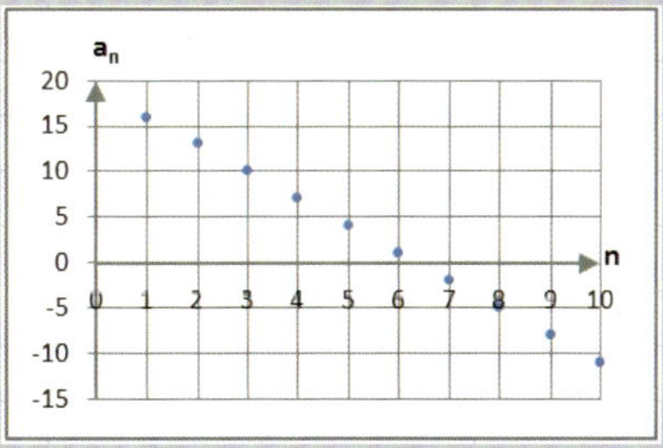

Das 50. Folgeglied lautet $a_{50} = -131$.
Anhand der Grafik erkennt man eine lineare Abnahme.

3) Die Differenz zwischen zwei aufeinander folgenden Gliedern ist immer 3, das erste Glied ist 16. Damit ergibt sich: $a_n = 16 - (n - 1) \cdot 3$ bzw. $a_n = 19 - 3n$

Folgen und Reihen

A D **1.5** Gegeben sind die ersten Glieder der Folge $\langle a_n \rangle = \langle 4, 5, 9, 14, 23, 37, ... \rangle$.
Erkläre, wie man ein Bildungsgesetz mithilfe einer Rekursionsformel ermittelt.

Lösung:

$a_3 = 9 = 4 + 5$
$a_4 = 14 = 5 + 9$
$a_5 = 23 = 9 + 14$
$a_6 = 37 = 14 + 23$
$a_{n+1} = a_{n-1} + a_n$ mit $a_1 = 4$ und $a_2 = 5$

Ich erkenne, dass das 3. Glied die Summe der beiden ersten Glieder ist. Daher überprüfe ich, ob jedes Glied die Summe der beiden vorhergehenden Glieder ist. Somit erhalte ich das Bildungsgesetz und die Startglieder.

A D **1.6** Wie könnte die nächste Zahl lauten? Begründe deine Antwort.

1) $\langle 1, 3, 5, 7, ... \rangle$
2) $\langle 7, 49, 343, 2\,401, 16\,807, ... \rangle$
3) $\langle 1, -2, 3, -4, 5, ... \rangle$
4) $\langle 5, 1, -3, -7, ... \rangle$

Aufgaben 1.7 – 1.8: Gib jeweils die ersten fünf Glieder der Folge an.

B **1.7** **a)** $a_{n+1} = 4 \cdot a_n - 3$ mit $a_1 = 2$ **b)** $a_{n+1} = \frac{1}{a_n}$ mit $a_1 = -2$ **c)** $a_{n+1} = \sqrt{a_n}$ mit $a_1 = 10^8$

B **1.8** **a)** $a_n = 3 \cdot 2^n$ **b)** $a_n = (n - 1) \cdot (3 - n)$ **c)** $a_n = 1 - \sin(n \cdot \pi)$

A C **1.9** Erkläre, wie man ein Bildungsgesetz der Folge mithilfe einer Rekursionsformel ermittelt.

a) $\langle 2, 7, 12, 17, 22, 27, ... \rangle$
b) $\langle 1, 3, 9, 27, 81, 243, ... \rangle$
c) $\langle -\frac{1}{2}, -1, -\frac{3}{2}, -2, -\frac{5}{2}, ... \rangle$
d) $\langle \frac{1}{2}, \frac{1}{4}, \frac{1}{8}, \frac{1}{16}, \frac{1}{32}, ... \rangle$

A D **1.10** Erkläre, wie man ein Bildungsgesetz der Folge mithilfe eines erzeugenden Terms ermittelt.

a) $\langle 1, 3, 5, 7, 9, 11, ... \rangle$
b) $\langle -1, \frac{1}{2}, -\frac{1}{3}, \frac{1}{4}, -\frac{1}{5}, \frac{1}{6}, ... \rangle$
c) $\langle 1, 10, 100, 1\,000, 10\,000, ... \rangle$
d) $\langle \frac{1}{2}, \frac{2}{3}, \frac{3}{4}, \frac{4}{5}, \frac{5}{6}, ... \rangle$

B **1.11** Gib die ersten fünf Glieder der Folge an.

a) $a_{n+2} = 2 \cdot a_{n+1} - a_n$ mit $a_1 = 2, a_2 = 1$ **b)** $a_n = a_{n-1} + 3 \cdot a_{n-2}$ mit $a_1 = 5, a_2 = 1$

TE B **1.12** **1)** Zähle die ersten zehn Glieder der gegebenen Folge auf.
2) Berechne das gesuchte Folgeglied mithilfe von Technologieeinsatz.

a) $a_{n+1} = 2 \cdot a_n + 5$ mit $a_{10} = 52, a_{40} = ?$ **b)** $a_{n+1} = (a_n)^3$ mit $a_6 = 10^9, a_{50} = ?$

TE B D **1.13** Leonardo von Pisa, genannt Fibonacci (italienischer Mathematiker, um 1180 – 1241), stellte in seinem 1202 erschienenen Rechenbuch sinngemäß folgende Aufgabe:

„Ein Mann hielt ein Paar Kaninchen an einem Ort, der ringsum von einer Mauer umgeben war, um herauszufinden, wie viele Paare daraus in einem Jahr entstünden. Dabei ist es ihre Natur, jeden Monat ein neues Paar auf die Welt zu bringen, sie gebären erstmals im zweiten Monat nach ihrer Geburt und sterben nicht."

1) Erkläre, warum die Anzahl der Kaninchenpaare mithilfe der **Fibonacci-Folge** $f_n = f_{n-1} + f_{n-2}$ mit $f_1 = 1, f_2 = 1$ angegeben werden kann.
2) Gib die ersten 15 Glieder der Folge an. Wie viele Kaninchenpaare hatte der Mann nach einem Jahr, wenn alle Tiere überlebt hatten?
3) Ermittle das erste Glied der Folge, das größer als 1 Million ist.

1.3 Endliche Reihen

1.14 ***1)*** Schreibe die Folge der geraden Zahlen an.
2) Berechne die Summe der ersten 10 Folgeglieder.
3) Erkläre mithilfe der Zeichnung, wieso das Ergebnis auch mit der Formel $s_n = n \cdot (n + 1)$ berechnet werden kann.

Werden endlich viele Glieder einer Folge $\langle a_1, a_2, a_3, \ldots, a_i, \ldots, a_n \rangle$ als Summe angeschrieben, so erhält man eine **endliche Reihe** s_n: $s_n = a_1 + a_2 + a_3 + \ldots + a_i + \ldots + a_n$

Wird diese Summe berechnet, so spricht man von der **Summe der Reihe**.

ZB: $\langle a_n \rangle = \langle 2, 3, 5, 7 \rangle$ … endliche Folge

$s_4 = 2 + 3 + 5 + 7$ … endliche Reihe

$s_4 = 17$ … Summe der Reihe

Um eine endliche Reihe anzuschreiben, verwendet man oft das **Summenzeichen** Σ (Σ … „Sigma", griechischer Großbuchstabe).

$$\sum_{i=1}^{n} a_i = a_1 + a_2 + a_3 + \ldots + a_n$$

Anstelle von „i" kann jeder beliebige Buchstabe verwendet werden, üblich sind auch die Buchstaben „k" oder „n".

Beginnt eine Reihe mit a_0, so gilt: $s_n = a_0 + a_1 + a_2 + \ldots + a_n$

Unter einer **endlichen Reihe** versteht man die angeschriebene, aber nicht ausgerechnete Summe der Glieder einer endlichen Folge. Addiert man die Glieder einer endlichen Reihe bis zum Glied a_n, erhält man die **Summe s_n der endlichen Reihe**.

ZB Oft kann man eine Formel zur Berechnung der Summe angeben. Es soll die endliche Reihe der Quadratzahlen bis n = 4 angegeben und deren Summe berechnet werden.

$$s_4 = \sum_{i=1}^{4} i^2 = 1^2 + 2^2 + 3^2 + 4^2 = 1 + 4 + 9 + 16 = 30$$

Diese Summe kann auch mithilfe der Formel $s_n = \frac{n \cdot (n+1) \cdot (2n+1)}{6}$ berechnet werden (Beweis siehe Aufgabe 1.26).

$$s_4 = \frac{4 \cdot (4+1) \cdot (2 \cdot 4 + 1)}{6} = \frac{4 \cdot 5 \cdot 9}{6} = 30$$

1.15 ***1)*** Schreibe die Reihe ohne Verwendung des Summenzeichens an.
2) Berechne die Summe s_5.

a) $\sum_{n=0}^{5} n^2$ **b)** $\sum_{k=1}^{5} (-1)^k \cdot 2^k$

Lösung:

a) *1)* $\sum_{n=0}^{5} n^2 = 0^2 + 1^2 + 2^2 + 3^2 + 4^2 + 5^2 = 0 + 1 + 4 + 9 + 16 + 25$ ***2)*** $s_5 = 55$

b) *1)* $\sum_{k=1}^{5} (-1)^k \cdot 2^k = (-1)^1 \cdot 2^1 + (-1)^2 \cdot 2^2 + (-1)^3 \cdot 2^3 + (-1)^4 \cdot 2^4 + (-1)^5 \cdot 2^5 =$

$= -2 + 4 - 8 + 16 - 32$ ***2)*** $s_5 = -22$

A

1.16 Schreibe die Reihe mithilfe des Summenzeichens an.

a) $1 - 2 + 3 - 4 + 5 - 6 + 7$ **b)** $\frac{1}{3} + \frac{1}{9} + \frac{1}{27} + \frac{1}{81}$

Lösung:

a) $a_1 = 1$

$a_2 = -2 = (-1)^1 \cdot 2$

$a_3 = \ \ 3 = (-1)^2 \cdot 3$

$a_4 = -4 = (-1)^3 \cdot 4$

...

$a_n = (-1)^{n-1} \cdot n$

$$1 - 2 + 3 - 4 + 5 - 6 + 7 = \sum_{n=1}^{7} (-1)^{n-1} \cdot n$$

b) $a_1 = \frac{1}{3} = \left(\frac{1}{3}\right)^1$

$a_2 = \frac{1}{9} = \left(\frac{1}{3}\right)^2$

$a_3 = \frac{1}{27} = \left(\frac{1}{3}\right)^3$

...

$a_n = \left(\frac{1}{3}\right)^n$

$$\frac{1}{3} + \frac{1}{9} + \frac{1}{27} + \frac{1}{81} = \sum_{n=1}^{4} \left(\frac{1}{3}\right)^n$$

Bemerkung: In Aufgabe **1.16** können die Reihen auf verschiedene Arten angeschrieben werden,

zB: $\sum_{n=1}^{7} (-1)^{n-1} \cdot n = \sum_{n=0}^{6} (-1)^n \cdot (n+1)$

TE

TI-Nspire, GeoGebra, CASIO ClassPad II: www.hpt.at

Technologieeinsatz: Endliche Reihe
Mathcad

In der Symbolleiste **Analysis** befinden sich die Symbole für die Summation. Es erscheint eine Vorlage, in der die Platzhalter ausgefüllt werden.

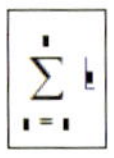

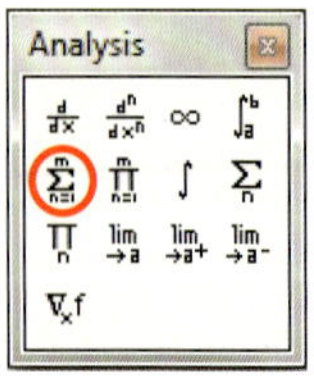

ZB: $\sum_{k=1}^{5} \left[(-1)^k \cdot 2^k\right] = -22$

Beweis durch vollständige Induktion

Für viele endliche Reihen gibt es Summenformeln, deren Richtigkeit mithilfe der **vollständigen Induktion** (latein: „inducere“ = hinauf führen) gezeigt werden kann.

ZB: Schon die alten Griechen kannten die Formel für die Summe der ungeraden Zahlen:

$1 + 3 + 5 + 7 + ... + (2n - 1) = n^2$

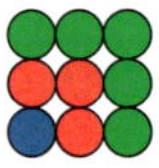

Grafische Darstellung der Formel

- 1. Schritt – **Induktionsanfang**: Man zeigt die Gültigkeit einer Aussage für den ersten möglichen Wert von n.
  $n = 1 \Rightarrow 1 = 1^2$
- 2. Schritt – **Induktionsannahme**: Man setzt voraus, dass die **Formel für n gilt**.
  $1 + 3 + ... + (2n - 1) = n^2$
- 3. Schritt – **Induktionsbehauptung**: Man behauptet, dass die Formel dann auch für die nächstgrößere Zahl, also (n + 1), gilt.
  $1 + 3 + ... + (2n - 1) + (2 \cdot (n + 1) - 1) = (n + 1)^2$
- 4. Schritt – **Induktionsschluss**: Man zeigt nun, dass die Formel unter der Voraussetzung, dass sie für n gilt (Induktionsannahme), dann auch für (n + 1) gilt.
  $\underbrace{1 + 3 + ... + (2n - 1)} + (2 \cdot (n + 1) - 1) =$
  $= n^2 + (2 \cdot (n + 1) - 1) =$
  $= n^2 + 2n + 1 = (n + 1)^2$ ■

Bemerkung: Das Ende eines Beweises wird in der Literatur durch verschiedene Symbole wie zum Beispiel einem Kästchen ■ oder Abkürzungen wie „q. e. d.“ = „quod erat demonstrandum“, in der deutschen Übersetzung „w. z. z. w.“ = „was zu zeigen war“, gekennzeichnet.

1.17 Schreibe die Reihe ohne Verwendung des Summenzeichens an. A

a) $\sum_{n=1}^{5}(5n-4)$ **b)** $\sum_{n=2}^{8}\frac{1}{2n}$ **c)** $\sum_{n=5}^{12}\frac{n^3-1}{2n+1}$ **d)** $\sum_{n=0}^{7}(1\,000\cdot 0{,}1^n)$

1.18 Schreibe die Reihe mithilfe des Summenzeichens an. A

a) $1+3+5+7+9+11+13+15$
b) $7+14+21+28+35$
c) $1+10+100+1\,000+10\,000+100\,000$
d) $-3+3-3+3-3+3-3+3-3+3-3$

1.19 **1)** Schreibe die Reihe ohne Verwendung des Summenzeichens an. A B
2) Berechne die Summe s_5.

a) $\sum_{i=1}^{5}(-1)^i\cdot 2^i$ **b)** $\sum_{i=1}^{5}\left(\frac{1}{2}\right)^i$ **c)** $\sum_{n=0}^{5}(-1)^n\cdot(2n+1)$

1.20 Welche Ausdrücke geben dieselbe Reihe an? Begründe deine Antwort. C D

a) A) $\sum_{i=1}^{7}(-1)^i$ **B)** $\sum_{k=1}^{7}(-1)^{k+1}$ **C)** $\sum_{i=0}^{6}(-1)^{i+1}$ **D)** $\sum_{n=1}^{7}\sin\left(n\cdot\frac{\pi}{2}\right)$

b) A) $\sum_{n=1}^{8}\frac{1}{2n+1}$ **B)** $\sum_{n=1}^{8}\frac{1}{2n-1}$ **C)** $\sum_{n=2}^{9}\frac{1}{2n-1}$ **D)** $\sum_{n=1}^{9}\frac{1}{2n+1}$

1.21 Schreibe die Reihe der geraden Quadratzahlen mithilfe des Summenzeichens an und berechne die Summe s_4. A B

Aufgaben 1.22 – 1.24: Zeige die Gültigkeit der Aussagen mithilfe der vollständigen Induktion.

1.22 Für die Glieder der Fibonacci-Folge $f_n = f_{n-1} + f_{n-2}$ mit $f_1 = f_2 = 1$ gilt: D

a) $f_1 + f_2 + f_3 + \dots + f_n = f_{n+2} - 1$ **b)** $f_1 + f_3 + f_5 + \dots + f_{2n-1} = f_{2n}$

1.23 **a)** $1+2+3+4+\dots+n = \frac{n}{2}\cdot(n+1)$ D

b) $2+4+6+\dots+2n = n\cdot(n+1)$

c) $m+(m+1)+\dots+(n-1)+n = \frac{(m+n)\cdot(n-m+1)}{2}$ mit $m < n$

d) $a+(a+1)+(a+2)+\dots+(a+n) = \frac{(n+1)\cdot(2a+n)}{2}$

1.24 **a)** $1^2+3^2+5^2+\dots+(2n-1)^2 = \frac{n\cdot(2n-1)\cdot(2n+1)}{3}$ D

b) $1^3+2^3+3^3+\dots+n^3 = \frac{n^2\cdot(n+1)^2}{4} = \left(\frac{n\cdot(n+1)}{2}\right)^2$

1.25 Die Summen der natürlichen Zahlen $\{1, 2, 3, \dots, n\}$ werden auch Dreieckszahlen genannt. Erkläre anhand der Zeichnung, warum dieser Name verwendet wird und wie man so die Summenformel aus **1.23 a)** herleiten kann. D

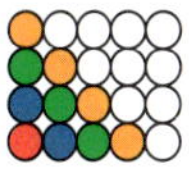

1.26 Für die Summe endlich vieler Quadratzahlen gilt: $1^2+2^2+3^2+\dots+n^2 = \frac{n\cdot(n+1)\cdot(2n+1)}{6}$ A B D TE

1) Berechne die Summe der ersten 50 Quadratzahlen ohne Verwendung der Formel mithilfe von Technologieeinsatz.
2) Berechne die Summe mithilfe der Formel.
3) Zeige die Gültigkeit der Formel mithilfe der vollständigen Induktion.
4) Erkläre die Formel anhand der Zeichnung.

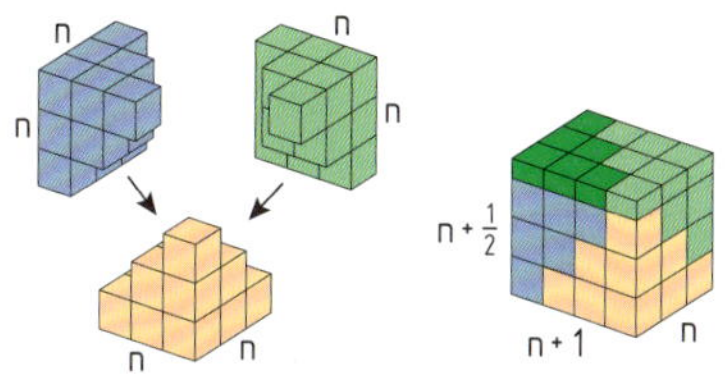

1.4 Arithmetische Folgen und Reihen

1.4.1 Arithmetische Folgen

A B **1.27** Der Abstand zwischen den einzelnen Stufen ist bei der abgebildeten Treppe immer gleich groß. Er beträgt von Oberkante zu Oberkante 18 cm.

1) Berechne den Höhenunterschied zwischen der 3. und 5. Stufe sowie zwischen der 7. und 9. Stufe.

2) Wie hoch ist eine Treppe, die aus 13, 14, 15 bzw. n solchen Stufen besteht?

Folgen, bei denen die **Differenz d** zweier aufeinander folgender Glieder **konstant** ist, nennt man **arithmetische Folgen**. Diese Differenz kann positiv oder negativ oder null sein.

ZB: $\langle a_n \rangle = \langle 2, 5, 8, 11, 14, 17, 20, \ldots \rangle$
+3 +3 +3 +3 +3 +3

Die Differenz $a_{n+1} - a_n$ hat immer denselben Wert, nämlich **3**.
Bildungsgesetz der Folge $\langle 2, 5, 8, 11, 14, 17, 20, \ldots \rangle$:

$a_1 = 2$

$a_2 = a_1 + 1 \cdot 3 = 2 + 1 \cdot 3 = 5$

$a_3 = a_2 + 3 = a_1 + 3 + 3 = 2 + 2 \cdot 3 = 8$

Allgemein: $a_{n+1} = a_n + 3$ bzw. $a_n = 2 + (n - 1) \cdot 3$

Die Differenz zwischen zwei nicht unmittelbar benachbarten Gliedern ist somit immer ein Vielfaches von **3**.

Eine Folge heißt **arithmetische Folge** $\langle a_n \rangle$, wenn die **Differenz d** zweier aufeinander folgender Glieder **konstant** ist. Es gilt: $d = a_{n+1} - a_n$

Das Bildungsgesetz einer arithmetischen Folge kann angegeben werden

- als Rekursionsformel: $a_{n+1} = a_n + d$
- durch einen erzeugenden Term: $a_n = a_1 + (n - 1) \cdot d$

Bemerkung: Die Rekursionsformel kann auch als $a_n = a_{n-1} + d$ angegeben sein.

B **1.28** Zähle die ersten fünf Glieder der Folge auf.

a) $a_{n+1} = a_n + 2$ mit $a_1 = 17$ ***b)*** $a_n = 6 + (n - 1) \cdot 4$

Lösung:

a) $a_1 = 17$
$a_2 = a_1 + 2 = 17 + 2 = 19$
$a_3 = a_2 + 2 = 19 + 2 = 21$
$a_4 = a_3 + 2 = 21 + 2 = 23$
$a_5 = a_4 + 2 = 23 + 2 = 25$
$a_n = \langle 17, 19, 21, 23, 25, \ldots \rangle$

b) $a_1 = 6 + (1 - 1) \cdot 4 = 6$
$a_2 = 6 + (2 - 1) \cdot 4 = 10$
$a_3 = 6 + (3 - 1) \cdot 4 = 14$
$a_4 = 6 + (4 - 1) \cdot 4 = 18$
$a_5 = 6 + (5 - 1) \cdot 4 = 22$
$a_n = \langle 6, 10, 14, 18, 22, \ldots \rangle$

1.29 ***1)*** Gib a_1 und d der Folge $a_n = -4 + 8n$ an.
2) Welches Glied der Folge hat den Wert 412?

Lösung:

1) $a_1 = -4 + 8 \cdot 1 = 4$
$d = 8$

- a_1 wird mit n = 1 berechnet.
- Die Differenz d kann aus der Angabe abgelesen werden: Wird n um 1 vergrößert, so ist a_{n+1} um 8 größer als a_n.

2) $412 = -4 + 8n$
$416 = 8n$
$n = 52$
Das 52. Folgeglied hat den Wert 412.

1.30 Gib ein Bildungsgesetz der arithmetischen Folge mit $a_{17} = 52$ und $a_{22} = 37$ an.

Lösung:

1. Lösungsweg:

$a_{22} = a_{17} + 5 \cdot d$
$37 = 52 + 5 \cdot d \Rightarrow d = -3$

- Zwischen den beiden Gliedern a_{22} und a_{17} liegen (22 – 17) = 5 „Schritte".

$a_{17} = a_1 + 16 \cdot d$
$52 = a_1 + 16 \cdot (-3) \Rightarrow a_1 = 100$
$a_n = 100 - (n - 1) \cdot 3$

2. Lösungsweg:

$a_n = a_1 + (n - 1) \cdot d$

$$\left.\begin{array}{l} \text{I: } 52 = a_1 + 16 \cdot d \\ \text{II: } 37 = a_1 + 21 \cdot d \end{array}\right\} -$$
$$15 = -5 \cdot d \Rightarrow d = -3; \quad a_1 = 100$$

$a_n = 100 - (n - 1) \cdot 3$

- Die beiden Zahlen werden jeweils in die Gleichung $a_n = a_1 + (n - 1) \cdot d$ eingesetzt. Das so entstandene Gleichungssystem in zwei Variablen wird gelöst.

1.31 Die Breite, Länge und Höhe eines Quaders bilden eine arithmetische Folge. Das Volumen des Quaders beträgt 12 648 cm^3, die Summe der Kantenlängen 288 cm. Berechne die Abmessungen des Quaders.

Lösung:

$\langle b, \ell, h \rangle = \langle \ell - d, \ell, \ell + d \rangle$

- Da die Kantenlängen eine arithmetische Folge bilden, unterscheiden sie sich jeweils um d.

Summe der Kantenlängen:

$$4 \cdot (b + \ell + h) = 288$$
$$4 \cdot [(\ell - d) + \ell + (\ell + d)] = 288 \quad |:4$$
$$3\ell = 72 \Rightarrow \ell = 24$$

Volumen:

$$b \cdot \ell \cdot h = 12\,648$$
$$(24 - d) \cdot 24 \cdot (24 + d) = 12\,648 \quad |:24$$
$$576 - d^2 = 527$$
$$d^2 = 49 \Rightarrow d_1 = 7 \quad (d_2 = -7)$$

Abmessungen: b = 17 cm, ℓ = 24 cm, h = 31 cm

Folgen und Reihen

D **1.32** Gib jeweils an, ob es sich um eine arithmetische Folge handelt. Begründe deine Antwort.

1) $\langle -7; -11; -15; -19; -23 \rangle$
2) $\langle 17; 20; 23; 25; 28 \rangle$
3) $\langle 13{,}4; 13{,}4; 13{,}4; 13{,}4; 13{,}4 \rangle$
4) $\langle 42; 43; 45; 48; 52 \rangle$

C **1.33** Kreuze an, welches der angegebenen Bildungsgesetze keine arithmetische Folge beschreibt.

A	B	C	D	E
$a_n = -4n + 17$	$a_n = 3 \cdot (1 - 3n) + 17$	$a_n = 17 - 3n$	$a_n = n \cdot (1 - 3n) - 17$	$a_n = 17 \cdot (1 - 3n)$

B **1.34** Gib die ersten fünf Glieder der Folge an.

1) $a_n = 4n + 3$ **2)** $a_n = 7 + (n - 1) \cdot (-2)$ **3)** $a_{n+1} = a_n - 5$ mit $a_1 = 12$

A B **1.35** Gib das Bildungsgesetz der arithmetischen Folge

1) als Rekursionsformel an. **2)** durch einen erzeugenden Term an.

a) $a_n = \langle 2; 1{,}5; 1; 0{,}5; \ldots \rangle$ **b)** $a_n = \langle -19; -15; -11; \ldots \rangle$ **c)** $a_n = \langle 3; \frac{7}{3}; \frac{5}{3}; 1; \ldots \rangle$

A B **1.36** Von einer arithmetischen Folge kennt man ein Glied und die Differenz d. Berechne die ersten fünf Glieder dieser Folge.

a) $a_{16} = 56,\ d = 3$ **b)** $a_{24} = 33,\ d = -4$ **c)** $a_{22} = 8,\ d = 0{,}5$

A B **1.37** Von einer arithmetischen Folge kennt man zwei Glieder. Gib ein Bildungsgesetz an.

a) $a_6 = 8,\ a_9 = 14$ **b)** $a_{17} = 55,\ a_{28} = 11$ **c)** $a_{38} = 24,\ a_{54} = 36$

A B **1.38** Für einen Wettbewerb in Dosenschießen werden Dosen gestapelt. In der untersten Reihe stehen 10 Dosen, in der 4. Reihe steht eine Dose. Die Anzahlen der Dosen pro Reihe bilden eine arithmetische Folge. Berechne die Anzahl der Dosen in jeder Reihe.

A B **1.39** Die Längen der Seiten und die Länge der Diagonalen eines Rechtecks bilden eine arithmetische Folge. Berechne die fehlenden Längen.

1) längere Seite: 70 cm **2)** kürzere Seite: 243 mm **3)** Diagonale: 172 m

A **1.40** Die Troposphäre ist die unterste Schicht der Erdatmosphäre. Die jeweiligen Temperaturen in dieser Luftschicht entsprechen annähernd einer arithmetischen Folge. Dabei beträgt die mittlere Temperatur auf Meeresniveau 15 °C und in 10 km Höhe −55 °C.
Gib eine Formel an, mit der man die Temperatur in n km Höhe ($n \in \mathbb{N}$) berechnen kann.

A B **1.41** Berechne mithilfe einer Folge: Wie viele Zahlen zwischen 0 und 10 000 gibt es, die durch

a) 13 teilbar sind? **b)** 4 teilbar sind? **c)** 41 teilbar sind?

A B **1.42** Die ersten drei Glieder einer arithmetischen Folge sind: $7 - x,\ 2x - 7,\ 3x + 5$

1) Berechne x und gib das Bildungsgesetz an.
2) Berechne die nächsten drei Glieder.

A B C **1.43** Die beiden Katheten und die Hypotenuse eines rechtwinkligen Dreiecks bilden eine arithmetische Folge. In welchem Verhältnis stehen die Längen dieser drei Seiten?

D **1.44** Zeige, dass jedes Glied einer arithmetischen Folge als arithmetisches Mittel seiner beiden benachbarten Glieder angeschrieben werden kann.

D **1.45** Beweise, dass für zwei beliebige Glieder einer arithmetischen Folge a_m und a_n ($m > n$) gilt:

$a_m = a_n + (m - n) \cdot d$

1.4.2 Endliche arithmetische Reihen

1.46 Anne-Marie nimmt sich vor, im kommenden Schuljahr viel zu lesen. Sie kauft im September zwei Bücher und will jeden weiteren Monat um zwei Bücher mehr kaufen als im Monat davor.

1) Wie viele Bücher würde sie im Dezember kaufen?

2) Wie viele Bücher würde sie insgesamt bis Ende Juni kaufen?

A B

Man erzählt sich, dass der Volksschullehrer von Carl Friedrich Gauß seinen Schülern sinngemäß folgende Aufgabe stellte:

„Addiert die Zahlen von 1 bis 100. Wie lautet die Summe?"

Der Lehrer glaubte, dass seine Schützlinge mit dieser umfangreichen Aufgabe einige Zeit beschäftigt wären. Zu seiner Überraschung hatte der Schüler Gauß die Antwort „Fünftausendundfünfzig" sehr schnell parat.
Im Folgenden wird gezeigt, wie man dabei vorgehen kann.

Schreibt man die Summe der Zahlen von 1 bis 100 an und ordnet sie um, ergibt sich:

$$1 + 2 + 3 + 4 + 5 + \dots + 96 + 97 + 98 + 99 + 100 = \underbrace{1 + 100}_{101} + \underbrace{2 + 99}_{101} + \underbrace{3 + 98}_{101} + \underbrace{4 + 97}_{101} + \dots + \underbrace{50 + 51}_{101}$$

Es werden 50 Paare gebildet, die jeweils die Summe 101 ergeben. Man muss also nur $50 \cdot 101 = 5\,050$ berechnen.

Aus den Gliedern einer endlichen arithmetischen Folge kann eine Summe gebildet werden. So ergibt sich zum Beispiel für die Folge $\langle 1, 3, 5, 7\rangle$ die Summe $1 + 3 + 5 + 7$.
Die angeschriebene Summe nennt man **arithmetische Reihe**, das Ergebnis der Addition $s_4 = 1 + 3 + 5 + 7 = 16$ nennt man **Summe der arithmetischen Reihe**.

So wie bei der Addition der Zahlen von 1 bis 100 vorgegangen wurde, kann man bei jeder arithmetischen Reihe vorgehen.

$$s_n = a_1 + a_2 + a_3 + \dots + a_{n-3} + a_{n-2} + a_{n-1} + a_n$$

($a_1 + a_n$)

- Man erhält nun $\frac{n}{2}$ Paare, jeweils mit der Summe $(a_1 + a_n)$.

$$a_2 + a_{n-1} = (a_1 + d) + (a_n - d) = a_1 + a_n$$

Insgesamt ergibt sich für diese Summe: $s_n = \frac{n}{2} \cdot (a_1 + a_n)$

Da $a_n = a_1 + (n - 1) \cdot d$ ist, gilt ebenso: $s_n = \frac{n}{2} \cdot [2a_1 + (n - 1) \cdot d]$

Wenn $\langle a_n\rangle$ eine endliche arithmetische Folge ist, nennt man die angeschriebene Summe $\sum_{i=1}^{n} a_i = a_1 + a_2 + \dots + a_{n-1} + a_n$ eine **endliche arithmetische Reihe**.
Die Summe s_n kann mit $s_n = \frac{n}{2} \cdot (a_1 + a_n)$ bzw. $s_n = \frac{n}{2} \cdot [2a_1 + (n - 1) \cdot d]$ berechnet werden.

1.47 Gegeben ist die arithmetische Folge $a_n = 36 - 6n$. Berechne s_{45} der zugehörigen endlichen arithmetischen Reihe. A B

Lösung:

$a_n = 36 - 6n \Rightarrow a_1 = 30,\ a_{45} = -234$ — • a_1 und a_{45} berechnen

$s_{45} = \frac{45}{2} \cdot (30 - 234) = -4\,590$ — • $s_n = \frac{n}{2} \cdot (a_1 + a_n)$

Folgen und Reihen

A B **1.48** Gegeben ist die arithmetische Folge $\langle a_n \rangle$. Berechne s_n der zugehörigen endlichen Reihe.

a) $a_n = -7{,}5 + 2{,}5 \cdot n;\ s_{14}$ **b)** $a_n = 84 + (n - 1) \cdot 3;\ s_{23}$ **c)** $a_n = 132 - 2 \cdot n;\ s_{60}$

A B **1.49** Gegeben ist die arithmetische Folge $\langle a_n \rangle = \langle a_1, a_2, a_3, \ldots \rangle$. Für welches n der zugehörigen arithmetischen Reihe erhält man die Summe s_n?

a) $\langle a_n \rangle = \langle 7, 9, 11, \ldots \rangle$, $s_n = 280$ **b)** $\langle a_n \rangle = \langle 13, 10, 7, \ldots \rangle$, $s_n = -1\,241$

A B **1.50** Die Summe s_n und ein Summand einer arithmetischen Reihe sind gegeben. Gib die Reihe mithilfe des Summenzeichens für n = 20 an.

a) $s_8 = 28,\ a_5 = 5$ **b)** $s_8 = -7,\ a_4 = -1$ **c)** $s_9 = 27,\ a_9 = 15$

Aufgaben 1.51 – 1.57: Berechne die Ergebnisse mithilfe arithmetischer Folgen bzw. Reihen.

A B **1.51** Bruno soll den Umgang mit Geld langsam lernen. Ab seinem 6. Geburtstag bekommt er Taschengeld, wobei seine Eltern den Betrag alle zwei Wochen um 10 Cent erhöhen. Insgesamt bekommt er bis zu seinem 7. Geburtstag 48,10 €. Wie viel Taschengeld bekommt Bruno zu seinem 7. Geburtstag?

A B **1.52** Ein Geldbetrag soll unter den ersten sechs Gewinnern eines Fotowettbewerbs so aufgeteilt werden, dass das Preisgeld für den 1. Platz um 100,00 € höher ist als das für den 2. Platz, dieses um 100,00 € mehr als für den 3. Platz usw.

a) Der Sieger erhält 2 750,00 €. Berechne, wie viel Preisgeld insgesamt ausbezahlt wird.

b) Wie hoch ist das Preisgeld für die ersten drei Plätze jeweils, wenn der insgesamt zur Verfügung gestellte Geldbetrag 10 000,00 € beträgt?

A B **1.53** Berechne die Summe aller vierstelligen Zahlen, die durch sieben teilbar sind.

A B **1.54** Die Summe s_5 einer endlichen arithmetischen Reihe ist 5. Das Produkt aus dem zweiten und dem dritten Summanden ist (–14). Gib die fehlenden Summanden an.

C **1.55** In einem Kino bildet die Anzahl der Plätze pro Reihe eine arithmetische Folge. Interpretiere den mit $s_{10} - s_5$ berechneten Wert im gegebenen Sachzusammenhang. Hinweis: s_n ist die Summe der Sitzplätze in den ersten n Reihen.

A B **1.56** Ein Freilufttheater soll mit 1 350 Plätzen in 25 Reihen ausgestattet werden. Dabei befinden sich in jeder Reihe um drei Plätze mehr als in der vorhergehenden. Die Plätze in den vorderen Reihen sind teurer als die Plätze in den hinteren Reihen. Die Eigentümer möchten rund ein Drittel der Plätze als teure Parkettplätze anbieten. Ab welcher Reihe beginnen somit die günstigeren Parterreplätze?

A B **1.57** Sebastian trainiert für den Empire-State-Building-Run-Up. Dazu läuft er in einem Wohnhaus drei Stockwerke mit je 17 Stufen hinauf, abwärts fährt er mit dem Lift. Am ersten Tag läuft er die drei Stockwerke einmal hinauf, am zweiten Tag zweimal, am dritten Tag dreimal usw.

1) Beim Empire-State-Building-Run-Up müssen insgesamt 1 576 Stufen nach oben gelaufen werden. Am wievielten Tag schafft er diese Stufenanzahl erstmals?

2) Wie viel Höhenmeter hat er nach zwei Wochen Training insgesamt zurückgelegt, wenn eine Stufe 18 cm hoch ist?

1.5 Geometrische Folgen und Reihen

1.5.1 Geometrische Folgen

1.58 Im Science-Fiction-Film „Andromeda – tödlicher Staub aus dem Weltall", nach dem gleichnamigen Roman von Michael Crichton (1942 – 2008), landet ein kristalliner Organismus auf der Erde, der jede Form von Energie verwerten kann. Dieser Organismus bedeckt ursprünglich eine Fläche von 10^{-6} m². Aufgrund seines Wachstums verdoppelt sich die von ihm bedeckte Fläche alle zwei Minuten. Welche Fläche wäre nach einer Stunde bedeckt? Wie lang würde es dauern, bis dieser Organismus die Fläche Nordamerikas, $25 \cdot 10^6$ km², bedeckt?

Folgen, bei denen der **Quotient q** zweier aufeinander folgender Glieder **konstant** ist, nennt man **geometrische Folgen**.

ZB: $\langle b_n \rangle = \langle 3, 6, 12, 24, 48, \ldots \rangle$
$\cdot 2 \quad \cdot 2 \quad \cdot 2 \quad \cdot 2$

Multipliziert man ein Glied mit 2, so erhält man das nächste Glied.

Der Quotient zweier benachbarter Glieder ist konstant, es gilt: $\frac{6}{3} = \frac{12}{6} = \ldots = \mathbf{2}$

Bildungsgesetz der Folge $\langle 3, 6, 12, 24, 48, \ldots \rangle$:

$b_1 = 3$
$b_2 = b_1 \cdot 2 = 3 \cdot 2^1 = 6$
$b_3 = b_2 \cdot 2 = b_1 \cdot 2 \cdot 2 = 3 \cdot 2^2 = 12$
$b_4 = b_3 \cdot 2 = b_1 \cdot 2 \cdot 2 \cdot 2 = 3 \cdot 2^3 = 24$

Allgemein: $b_{n+1} = b_n \cdot 2$ mit $b_1 = 3$ bzw. $b_n = 3 \cdot 2^{n-1}$

Eine Folge heißt **geometrische Folge** $\langle b_n \rangle$, wenn der **Quotient q** zweier aufeinander folgender Glieder **konstant** ist. Es gilt: $q = \frac{b_{n+1}}{b_n}$

Das Bildungsgesetz einer geometrischen Folge kann angegeben werden

- als Rekursionsformel: $b_{n+1} = b_n \cdot q$
- durch einen erzeugenden Term: $b_n = b_1 \cdot q^{n-1}$

Haben die Glieder einer Folge abwechselnd positives und negatives Vorzeichen, so bezeichnet man eine solche Folge als **alternierende Folge**. Dies ist zum Beispiel bei einer geometrischen Folge mit $q < 0$ der Fall.

Vergleicht man die Glieder einer arithmetischen Folge, zB $\mathbf{a_n = 3 + 1{,}2 \cdot (n - 1)}$, mit den Gliedern einer geometrischen Folge, zB $\mathbf{b_n = 3 \cdot 1{,}2^{n-1}}$, so zeigt die grafische Darstellung den unterschiedlichen Verlauf der beiden Funktionsgraphen deutlich:
Die **arithmetische Folge** wächst **linear**, da immer der gleiche Wert **addiert** wird.
Die **geometrische Folge** wächst **exponentiell**, da immer mit dem gleichen Wert **multipliziert** wird.

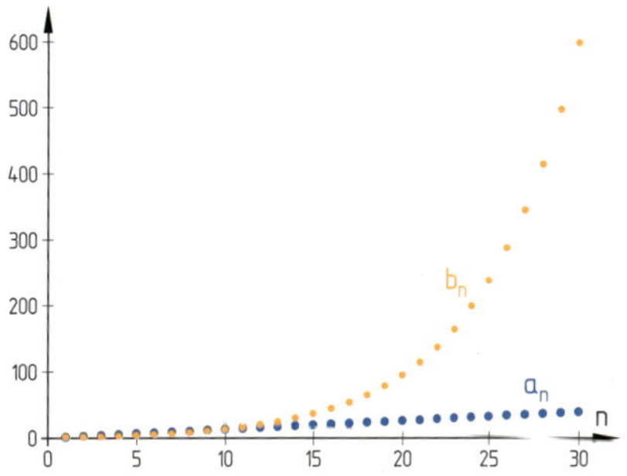

AB●● **1.59** Gib das Bildungsgesetz der geometrischen Folge $\langle b_n \rangle = \langle 10; 15; 22{,}5; \ldots \rangle$ ***1)*** rekursiv und ***2)*** explizit an.

Lösung:

$b_1 = 10$ und $q = \frac{b_2}{b_1} = \frac{15}{10} = 1{,}5$ ● q kann auch mit $q = \frac{b_3}{b_2} = \frac{22{,}5}{15}$ berechnet werden.

1) $b_{n+1} = b_n \cdot 1{,}5$ mit $b_1 = 10$ ***2)*** $b_n = 10 \cdot 1{,}5^{n-1}$

AB●● **1.60** Von einer geometrischen Folge kennt man die Glieder $\langle b_n \rangle = \langle 7{,}5; 30; 120; 480; \ldots \rangle$.
1) Berechne das neunte Glied dieser Folge.
2) Welche Glieder der Folge sind größer als 15 000?

Lösung:

1) $b_1 = 7{,}5$ und $q = \frac{b_2}{b_1} = \frac{30}{7{,}5} = 4$
$b_n = 7{,}5 \cdot 4^{n-1}$
$b_9 = 7{,}5 \cdot 4^{9-1} = 7{,}5 \cdot 4^8$
$b_9 = 491\,520$

2) $15\,000 < 7{,}5 \cdot 4^{n-1}$
$2\,000 < 4^{n-1}$
$\ln(2\,000) < (n-1) \cdot \ln(4)$ ● Da der Exponent gesucht ist, wird die Gleichung logarithmiert.
$n > 6{,}482\ldots$

Das 7. Glied und alle weiteren Glieder sind größer als 15 000.

AB●● **1.61** Das 1. Glied einer endlichen geometrischen Folge mit $q > 0$ ist 2, das 5. Glied ist 40. Berechne die dazwischen liegenden Glieder, runde auf zwei Dezimalstellen.

Lösung:

$b_1 = 2$ und $b_5 = 40$
$b_5 = b_1 \cdot q^4$
$q^4 = \frac{b_5}{b_1} = 20 \Rightarrow q = \sqrt[4]{20}$
$b_2 = 2 \cdot \sqrt[4]{20} = 4{,}229\ldots \approx 4{,}23$
$b_3 = 2 \cdot (\sqrt[4]{20})^2 = 8{,}944\ldots \approx 8{,}94$
$b_4 = 2 \cdot (\sqrt[4]{20})^3 = 18{,}914\ldots \approx 18{,}91$

AB●● **1.62** Von einer geometrischen Folge kennt man ein Glied und den Quotienten q. Berechne die ersten fünf Glieder dieser Folge und das erste Folgeglied, das größer als 10^q ist.
a) $b_6 = 11\,664, q = 3$ ***b)*** $b_8 = 312\,500, q = 5$ ***c)*** $b_{12} = 2\,176\,782\,336, q = 6$

AB●● **1.63** Von einer geometrischen Folge kennt man zwei Glieder. Gib das Bildungsgesetz ***1)*** als Rekursionsformel und ***2)*** mithilfe eines erzeugenden Terms an.
a) $b_6 = 224, b_{16} = 229\,376$ ***b)*** $b_6 = 2, b_{12} = 2 \cdot 10^{-6}$ ***c)*** $b_5 = -2\,560, b_{10} = 2\,621\,440$

AB●● **1.64** Drei Zahlen bilden eine geometrische Folge. Ihre Summe ist s, ihr Produkt ist p. Wie lauten die drei Zahlen?
a) $s = 175{,}5; p = 91\,125$ ***b)*** $s = 105{,}3; p = 14\,348{,}907$ ***c)*** $s = 99{,}2; p = 4\,096$

A●●D **1.65** Gib ein Beispiel für eine Folge an, die sowohl eine arithmetische als auch eine geometrische Folge ist. Begründe deine Wahl.

1.66 Eine Mutter vermacht ihr Vermögen ihren fünf Kindern. Jedes Kind soll um 20 % mehr Geld als sein älteres Geschwisterkind bekommen. Das Jüngste erhält 10 000,00 €. Wie viel erhält jedes Kind?

1.67 Das radioaktive Isotop Cäsium 137 hat eine Halbwertszeit von 30 Jahren.

1) Zeige, dass die nach n Halbwertszeiten jeweils noch vorhandenen Mengen eine geometrische Folge bilden.

2) Gib eine Formel für die Menge M an, die bei einer Ausgangsmenge M_0 nach 90 Jahren noch vorhanden ist.

M = ______________________

3) Berechne, nach welcher Zeit von 12 g Cäsium 137 noch 375 mg übrig sind.

1.68 Eine Schlagbohrmaschine erreicht Drehzahlen zwischen 860 und 2 120 Umdrehungen pro Minute. Mithilfe einer sechsteiligen Skala sollen verschiedene Drehzahlen eingestellt werden können. Die sechs Werte sollen eine geometrische Folge bilden. Ermittle, welchen Drehzahlen die sechs Einstellungen entsprechen.

1.69 Ein Gummiball wird aus einer Höhe von 1,80 m fallen gelassen, fällt auf den Boden, steigt wieder, fällt, steigt wieder usw. Aufgrund der geringen Elastizität verliert der Ball durch jeden Aufschlag $\frac{1}{8}$ an Höhe. Der Vorgang gilt als beendet, wenn die Höhe des Balls weniger als 0,1 mm beträgt. Beantworte folgende Fragen mithilfe eines Tabellenkalkulationsprogramms.

1) Wie oft steigt der Ball?

2) Welchen Weg legt er insgesamt zurück?

1.70 Eine Oktave ist in der Musik ein Intervall, bei dem das Frequenzverhältnis zwischen dem tiefen und dem hohen Ton 1 : 2 beträgt.

a) Die Tastenfolge von c' bis c'' besteht aus den Tönen:
c' – cis' – d' – dis' – e' – f' – fis' – g' – gis' – a' – ais' – h' – c''.
Die Frequenzen der Töne bilden eine geometrische Folge.
Berechne die Frequenzen der Töne, wenn a' [sprich: „eingestrichenes a"] eine Frequenz von 440 Hz hat.

b) Von einer gleichstufigen Stimmung spricht man, wenn eine Oktave in 1 200 Cent unterteilt wird. Das Frequenzverhältnis von benachbarten Tönen ist dabei konstant. Zeige, dass bei zwei Tönen, die sich um 1 Cent unterscheiden, der Frequenzunterschied rund 0,57779 ‰ beträgt.

1.71 ***a)*** Beweise folgenden Satz: Die Logarithmen der Glieder einer geometrischen Folge bilden eine arithmetische Folge.

b) Zeige, dass jedes Glied einer geometrischen Folge als geometrisches Mittel seiner beiden benachbarten Glieder angeschrieben werden kann.

1.72 Drei aufeinander folgende Glieder einer geometrischen Folge lauten:
$2x + 10,\ 9x + 25,\ 45x - 35$
Berechne die Zahlenwerte der gegebenen und der nächsten drei Glieder.

1.5.2 Endliche geometrische Reihen

ABC **1.73** Für die Finalrunde einer Fußballweltmeisterschaft sind 16 Mannschaften qualifiziert. Diese spielen im K.-o.-System um den Weltmeistertitel. Wie viele Spiele finden insgesamt statt, bevor im Endspiel der Weltmeister ermittelt wird? Schreibe die Rechnung an.

Bildet man aus den Gliedern einer endlichen geometrischen Folge eine Summe, so erhält man eine **endliche geometrische Reihe**: $\sum_{i=1}^{n} b_i = b_1 + b_2 + \ldots + b_n = b_1 + b_1 \cdot q + \ldots + b_1 \cdot q^{n-1}$

Für die Summe s_n einer endlichen geometrischen Reihe kann eine Formel erstellt werden:

$$\begin{aligned} \text{I: } s_n &= b_1 + b_1 \cdot q + \ldots + b_1 \cdot q^{n-1} \\ \text{II: } s_n \cdot q &= \qquad b_1 \cdot q + \ldots + b_1 \cdot q^{n-1} + b_1 \cdot q^n \quad \Big\} - \\ \hline s_n - s_n \cdot q &= b_1 \qquad\qquad - b_1 \cdot q^n \\ s_n \cdot (1-q) &= b_1 \cdot (1-q^n) \\ s_n &= b_1 \cdot \frac{1-q^n}{1-q} \end{aligned}$$

- Gleichung II ergibt sich durch Multiplikation von Gleichung I mit q.
- Gleichung II wird von Gleichung I gliedweise subtrahiert.
- s_n bzw. b_1 herausheben und umformen.

Ist $|q| < 1$, so verwendet man üblicherweise: $s_n = b_1 \cdot \frac{1-q^n}{1-q}$

Ist $|q| > 1$, verwendet man auch: $s_n = b_1 \cdot \frac{(-1)\cdot(1-q^n)}{(-1)\cdot(1-q)} = b_1 \cdot \frac{q^n-1}{q-1}$

Ist $\langle b_n \rangle$ eine endliche geometrische Folge, so nennt man die angeschriebene Summe $\sum_{i=1}^{n} b_i = b_1 + b_2 + \ldots + b_{n-1} + b_n$ eine **endliche geometrische Reihe**.
Die Summe s_n kann mit $s_n = b_1 \cdot \frac{1-q^n}{1-q}$ bzw. $s_n = b_1 \cdot \frac{q^n-1}{q-1}$ berechnet werden.

AB **1.74** Gegeben sind die ersten drei Glieder $\langle 8; 1{,}6; 0{,}32; \ldots \rangle$ einer geometrischen Folge. Berechne s_7 der zugehörigen geometrischen Reihe.

Lösung:

$b_2 = b_1 \cdot q \Rightarrow q = \frac{b_2}{b_1} = \frac{1{,}6}{8} = 0{,}2$ • q berechnen

$s_7 = b_1 \cdot \frac{1-q^n}{1-q} = 8 \cdot \frac{1-0{,}2^7}{1-0{,}2} = 9{,}999872$ • s_7 mithilfe der Formel berechnen

AB **1.75** Gegeben sind jeweils die ersten drei Glieder einer endlichen geometrischen Folge. Berechne s_n der zugehörigen geometrischen Reihe.

a) $\langle 120; 90; 67{,}5; \ldots \rangle$, s_5 ***b)*** $\langle -9; 12; -16; \ldots \rangle$, s_7 ***c)*** $\langle 5; \sqrt{5}; 1; \ldots \rangle$, s_{10}

ABC **1.76** Jasmin erzählt Robin, Erin und Andrea eine Neuigkeit. Die drei erzählen diese innerhalb einer Stunde jeweils drei Personen weiter, usw.

1) Gib an, wieviele Personen in der 1., 2., 3., 4. und 5. Stunde jeweils informiert wurden, und stelle die Werte grafisch dar.

2) Stelle die Gesamtzahl nach der 1., 2., …, 5. Stunde im selben Koordinatensystem dar und beschreibe den Zusammenhang zwischen den beiden Graphen.

A **1.77** Gib eine Formel an, mit der die Anzahl deiner Vorfahren (Eltern, Großeltern, ...) vor n Generationen berechnet werden kann.

1.78 Gib s_6 der endlichen geometrischen Reihe $\sum_{n=1}^{6} \frac{4}{2^{n-1}}$ als Bruchzahl an.

1.79 Eine Erbschaft von 150 000,00 € soll so auf vier Personen aufgeteilt werden, dass die jüngste doppelt so viel wie die zweitjüngste erhält usw. Welchen Betrag erhält jede Person?

1.80 Karin möchte regelmäßig spazieren gehen. Sie geht am Montag 1 km und an jedem folgenden Tag um 10 % mehr als am vorhergehenden Tag. Wann geht sie das erste Mal eine Strecke, die länger als 5 km ist? Wie viele km hat sie bis dahin insgesamt zurückgelegt?

1.81 Eine Strecke von 1 200 m soll so in sieben Teile geteilt werden, dass jeder Teil 1,3-mal so lang wie der unmittelbar vorhergehende Teil ist. Gib die Längen der Teilstrecken an, runde auf Zentimeter.

1.82 Die Summe s_6 einer endlichen geometrischen Reihe ist neunmal so groß wie s_3. Quadriert man q, so erhält man den Wert des dritten Glieds der zugehörigen endlichen geometrischen Folge. Gib die sechs Glieder dieser Folge an.

1.83 Als Erfinder des Schachspiels gilt der Legende nach Sissa ibn Dahir (auch Sessa genannt), der wahrscheinlich um 300 n. Chr. in Indien lebte. Man erzählt sich, dass er als Belohnung für diese Erfindung die Summe Weizenkörner erbat, die sich ergibt, wenn man auf das erste Schachbrettfeld ein Weizenkorn, auf das zweite Feld zwei Körner, auf das dritte vier, auf das vierte acht Körner usw. legt.
Berechne die Masse aller Weizenkörner, die auf dem Schachbrett liegen müssten, wenn 1 000 Körner im Mittel 55 g wiegen. Vergleiche die Masse mit der Welternte 2014, die 697 Millionen Tonnen betrug.

1.84 Julian hat fünf Bauklötze, die (annähernd) würfelförmig sind und immer kleiner werden. Der größte Würfel hat eine Kantenlänge von 10 cm. Jeder weitere Würfel hat eine um 10 % kleinere Kantenlänge als der vorherige.

1) Wie hoch ist der Turm?

2) Die Würfel sind aus Holz mit der Dichte $\rho = 0{,}6\ \frac{g}{cm^3}$.
Wie schwer ist der Turm?

1.85 Eine Aufgabe aus lang vergangener Zeit:
(Christoff Rudolff: „die Coss Christoffs Rudolffs“, Königsperg 1553)

Ein roſs wirt hingegeben in Etſchland, [Etſch: Fluſs in Südtirol], ist der Kauf geſtellt auf die 32 Huffnegel, alſo das man für den erſten nagel ſol legen 1 paradeinlein (thun 20 paradeinlein 1 creutzer), für den anderen 2, für den dritten 4, und ſo fort das ye ein nagel zwiret ſo tewr zalt werde als der nechſt davor. Iſt die frag, wie tewr das roſs hinkompt?

1.6 Anwendungen zu Folgen und Reihen

1.6.1 Normzahlreihen

A B D **1.86** Eine Firma stellt Schraubenmuttern her. Der Durchmesser der kleinsten Mutter beträgt $d_k = 10$ mm, der Durchmesser der größten Mutter beträgt $d_g = 30$ mm.
Wähle als Durchmesser für die mittlere Mutter ***1)*** das arithmetische Mittel und ***2)*** das geometrische Mittel der beiden Werte.
Zeichne die drei Schraubenmuttern für ***1)*** und ***2)*** im Maßstab 1 : 1 auf.
Welcher Fall entspricht eher deinem Gefühl für „gleichmäßig" wachsend?
Begründe deine Entscheidung.

Um in der Praxis zum Beispiel Serien unterschiedlich dimensionierter Schrauben herzustellen, wählt man für die Schraubendurchmesser eine geometrische Folge. Der Vergrößerungsfaktor bleibt dabei – abhängig von der Genauigkeit der Messungen – annähernd konstant. Diese Abstufungen entsprechen eher dem natürlichen Empfinden von gleichmäßiger Verteilung als die Abstufungen bei einer arithmetischen Folge, wie die folgenden Beispiele zeigen.

Zeichnet man Kreise, deren Durchmesser immer um (annähernd) denselben Faktor wachsen, zum Beispiel 10, 16, 25, 40, 63 und 100 Einheiten, so können diese so nebeneinander angeordnet werden, dass sie zwei gemeinsame Tangenten haben. Diese Durchmesser verhalten sich annähernd wie die Glieder der geometrischen Folge:
$b_n = 10 \cdot 1{,}6^{n-1}$

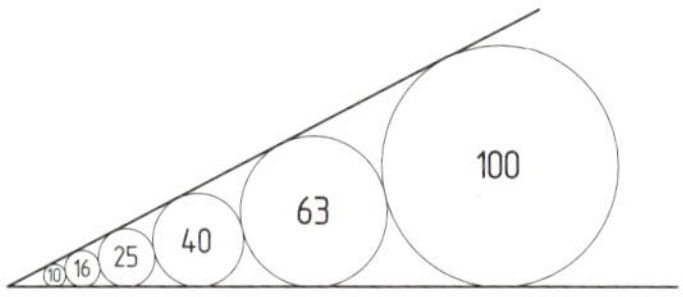

Zeichnet man hingegen Kreise, deren Durchmesser sich um eine konstante Differenz unterscheiden, zum Beispiel 10, 28, 46, 64, 82, 100 Einheiten, und ordnet diese Kreise nebeneinander an, so vermitteln diese Kreise kein Gefühl von gleichmäßigem Wachstum. In diesem Fall entsprechen die Durchmesser der arithmetischen Folge: $a_n = 10 + (n - 1) \cdot 18$

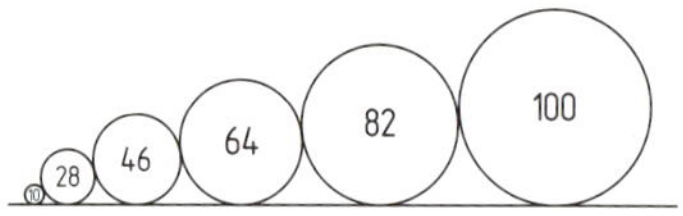

Um zum Beispiel regelmäßig abgestufte Bauteile herzustellen, verwendet man die so genannten **Normzahlreihen** Rm, wobei m die Anzahl der Abstufungen angibt. Das Wort „Reihe" wird hier umgangssprachlich und nicht im mathematischen Sinn verwendet.
Die Normzahlen gehen auf Charles Renard (französischer Luftfahrtpionier, 1847 – 1905) zurück, der dieses System zur besseren Einteilung von Seilen und Kabeln entwickelte.

Normzahlreihen sind geometrische Folgen mit einer vorgegebenen Anzahl (m + 1) von Gliedern und dem **Stufensprung** q_m.

ZB Zum Beispiel hat die Normzahlreihe R5 mit $b_1 = 1$ und $b_6 = 10$ fünf Abstufungen, nämlich ⟨1,00; 1,60; 2,50; 4,00; 6,30; 10,00⟩, wobei die Werte mit zwei Dezimalstellen angegeben werden. Hier ist der Stufensprung $q_5 = \sqrt[5]{10}$.

Für die Anzahl m der Abstufungen werden üblicherweise die Zahlen 5, 10, 20 oder 40, in Ausnahmefällen auch 80, verwendet. Die zugehörigen Folgen werden mit „R5", „R10", „R20", „R40" bzw. „R80" bezeichnet.
Dabei ist zu beachten, dass in der Praxis üblicherweise nicht mit den Genauwerten, das sind die auf vier Dezimalstellen gerundeten theoretischen Werte, sondern mit gerundeten bzw. stark gerundeten Werten, den Haupt- bzw. Rundwerten, gearbeitet wird.

Als erstes Glied einer Normzahlreihe kann jede beliebige Zehnerpotenz gewählt werden. Werden von einer Normzahlreihe nur bestimmte Zahlen verwendet, spricht man von **abgeleiteten Normzahlreihen**. Zum Beispiel bedeutet „R10/2 (10 ... 400)", dass R10 mit $b_1 = 10$ begonnen und bis 400 fortgesetzt wird. Dabei wird nur jedes zweite Glied der Folge verwendet. Der Stufensprung beträgt dann $q = (\sqrt[10]{10})^2$.

Als **Normzahlreihe** Rm werden die (gerundeten) Werte der Glieder einer geometrischen Folge mit $b_1 = 10^n$, $n \in \mathbb{Z}$ und dem Stufensprung $q_m = \sqrt[m]{10}$ bezeichnet. Normzahlreihen werden üblicherweise für m = 5, 10, 20 und 40 erstellt.

1.87 *1)* Berechne die ersten zehn Glieder der Folge $b_{n+1} = b_n \cdot \sqrt[20]{10}$, beginne bei $b_1 = 1$. Gib jeweils den Genauwert an. (B)

2) Gib die ersten fünf Glieder der Normzahlreihe R10/2 an, beginne bei $b_1 = 10$. Runde auf ganze Zahlen.

Lösung:

1) $q_{20} = \sqrt[20]{10} = 1{,}122...$

$b_1 = 1{,}000$ $b_2 = 1{,}1220$ $b_3 = 1{,}2589$ $b_4 = 1{,}4125$ $b_5 = 1{,}5849$

$b_6 = 1{,}7783$ $b_7 = 1{,}9953$ $b_8 = 2{,}2387$ $b_9 = 2{,}5119$ $b_{10} = 2{,}8184$

2) $q_{10} = \sqrt[10]{10} \Rightarrow q_{10}^2 = (\sqrt[10]{10})^2 = 1{,}584...$

$b_1 = 10$ $b_2 = 16$ $b_3 = 25$ $b_4 = 40$ $b_5 = 63$

1.88 Berechne den Faktor $q_m = \sqrt[m]{10}$ für die angegebene Normzahlreihe. (B)

a) R5 *b)* R10 *c)* R20 *d)* R40

Aufgaben 1.89 – 1.90: Arbeite jeweils mit den Genauwerten.

1.89 Berechne den prozentuellen Wertezuwachs bei der abgeleiteten Normzahlreihe. (B)

a) R10/3 *b)* R20/4 *c)* R10/5 *d)* R40/8

1.90 Ein Unternehmen will m Bauteile produzieren, deren Größen zwischen den beiden angegebenen Werten liegen sollen. Wie sind die Bauteile zu dimensionieren? (A)(B)(C)

a) R5 (10 cm ... 50 cm)

b) R20 (100 mm ... 200 mm)

c) R10 (0,1 m ... 0,5 m)

1.91 *1)* Berechne die Genauwerte von R40 mithilfe eines Tabellenkalkulationsprogramms. (B)(C)

2) Suche in der Fachliteratur bzw. in Tabellenbüchern nach den Hauptwerten und Rundwerten von R40. Berechne die jeweilige prozentuelle Abweichung der Werte von den Genauwerten. Interpretiere das Ergebnis.

1.92 Zeige, dass die Genauwerte der Normzahlreihe R40/6 annähernd den Abmessungen der Seitenlängen der Papierformate A5 bis A0 entsprechen. (D)

1.6.2 Zinsen und Zinseszinsen

1.93 Die Millionäre Duck und Klever legen je 1 Million Dollar auf ein Sparbuch mit 1 % Zinsen. Duck hebt am Ende jeden Jahres die Zinsen ab, Klever hebt sie nicht ab. Berechne, wie viel Zinsen Duck und Klever jeweils am Ende des zweiten Jahres erhalten.

Wird Geld veranlagt, so wird ein gewisser Prozentsatz p, um den sich das Geld „vermehrt", vereinbart. Der **Zinssatz** bezieht sich meist auf ein Jahr (p. a. = per anno).
Das **Anfangskapital K_0** (Der Barwert) ist der Wert eines Kapitals zu Beginn des Verzinsungszeitraums. Der Zinssatz $i = \frac{p}{100} = p\,\%$ gibt an, um welchen Prozentsatz der Barwert in einem Zeitraum von einem Jahr wächst. Die **Zinsen Z** für ein Jahr sind $Z = K_0 \cdot i$.
Die Summe aus dem Anfangskapital und den Zinsen wird **Endkapital K_n** (Endwert) genannt. Das Berechnen des Endwerts wird „aufzinsen", die Berechnung des Barwerts aus dem Endwert wird „abzinsen" genannt.

In diesem Abschnitt werden einige Vereinfachungen getroffen. Zum Beispiel wechselt bei täglich fälligen Sparbüchern der Zinssatz in unregelmäßigen Abständen. Der angegebene Zinssatz i ist jener vor Abzug der **Kapitalertragsteuer** (**KESt**), diese lag 2017 für Spareinlagen bei 25 %. Sie wird nach Berechnung der Zinsen von diesen abgezogen und dem Finanzamt zugeführt, wodurch sich der tatsächliche Zinsertrag um 25 % reduziert. Die Aufgaben werden ohne Berücksichtigung der KESt mit dem gegebenen Zinssatz gerechnet, falls nicht anders angegeben.

Einfache Zinsen

Bei **einfachen Zinsen** wird immer der gleiche Betrag zum Kapital addiert, daher entspricht dieses Verzinsungsmodell einer **arithmetischen Folge** beginnend mit n = 0. In der Praxis werden einfache Zinsen nur unterjährig, das heißt, innerhalb eines Kalenderjahrs, angewendet. Dabei wird jeder Monat unabhängig von seiner tatsächlichen Dauer mit 30 Tagen und das Jahr mit 360 Tagen gerechnet.

Einfache Zinsen

$Z_n = K_0 \cdot \frac{p}{100} \cdot n = K_0 \cdot i \cdot n$ — K_0 ... Anfangskapital, $i = p\,\%$ ... Zinssatz; n ... Verzinsungsdauer in Jahren

$K_n = K_0 + Z_n = K_0 \cdot (1 + i \cdot n)$ — K_n ... Endkapital

1.94 Ein Kapital von 570,00 € wird mit einer Verzinsung von i = 1,8 % angelegt. Wie hoch sind die Zinsen nach der angegebenen Verzinsungsdauer?
a) ein Jahr ***b)*** neun Monate ***c)*** 135 Tage

Lösung:
i = 1,8 % = 0,018

a) $Z = K_0 \cdot i = 570{,}00\,€ \cdot 0{,}018 = 10{,}26\,€$

b) $Z = K_0 \cdot i \cdot n = 570{,}00\,€ \cdot 0{,}018 \cdot \frac{3}{4} = 7{,}695\,€$

c) $Z = K_0 \cdot i \cdot n = 570{,}00\,€ \cdot 0{,}018 \cdot \frac{135}{360} = 3{,}8475\,€$

- 9 Monate = $\frac{3}{4}$ Jahr
- 1 Jahr = 360 Tage

1.95 Welches Anfangskapital erbringt bei einer einfachen Verzinsung von i = 3,75 % in einer Verzinsungsdauer von 8 Monaten Zinsen in der Höhe von 75,00 € vor Abzug der KESt?

Lösung:

$Z = K_0 \cdot i \cdot n \Rightarrow K_0 = \frac{Z}{i \cdot n} = \frac{75{,}00\ €}{0{,}0375 \cdot \frac{8}{12}} = 3\,000{,}00\ €$

Das Anfangskapital beträgt 3 000,00 €.

Zinseszinsen

Oft werden Zinsen nicht innerhalb oder am Ende eines Jahrs ausbezahlt, sondern verbleiben auf dem Sparbuch und werden zum Anfangskapital hinzugezählt. Dadurch fallen im nächsten Jahr nicht nur für das Anfangskapital, sondern auch für diese Zinsen wieder Zinsen an.

$K_1 = K_0 + Z_1 = K_0 + K_0 \cdot i = K_0 \cdot (1 + i)$

- K_0 ... Anfangskapital, K_1 ... Kapital nach einem Jahr

$K_2 = K_1 + Z_2 = K_0 \cdot (1 + i) + K_0 \cdot (1 + i) \cdot i = K_0 \cdot (1 + i) \cdot (1 + i) = K_0 \cdot (1 + i)^2$

- Zur Berechnung von K_2 werden zu K_1 die Zinsen Z_2 des 2. Jahrs hinzugezählt.

$K_3 = K_2 + Z_3 = K_0 \cdot (1 + i)^2 + K_0 \cdot (1 + i)^2 \cdot i = K_0 \cdot (1 + i)^2 \cdot (1 + i) = K_0 \cdot (1 + i)^3$

- Das Kapital K_3 nach drei Jahren wird analog wie K_2 berechnet, ebenso K_4, K_5 usw.

Das Sparguthaben wächst exponentiell, das Modell der **Zinseszinsrechnung** entspricht somit einer **geometrischen Folge**.

Der Wachstumsfaktor (1 + i) heißt **Aufzinsungsfaktor** und wird auch mit q oder r bezeichnet.

Berechnung des Endkapitals mithilfe der Zinseszinsrechnung

$K_n = K_0 \cdot (1 + i)^n$ K_n ... Endkapital nach n Jahren, i ... Jahreszinssatz

1.96 Bei der Geburt von Marie möchten ihre Eltern ein Sparbuch anlegen, das an ihrem 18. Geburtstag einen Auszahlungsbetrag von 10 000,00 € aufweisen soll. Der Zinssatz beträgt $4\frac{7}{8}$ %. Es erfolgen keine weiteren Einlagen. Berechne das Anfangskapital.

Lösung:

$i = 4\frac{7}{8}\ \% = 0{,}04875$

- Zinssätze werden oft als gemischte Brüche angegeben.

$K_n = K_0 \cdot (1 + i)^n \Rightarrow K_0 = \frac{K_n}{(1 + i)^n}$

$K_0 = \frac{10\,000{,}00\ €}{(1 + 0{,}04875)^{18}} = 4\,245{,}261...\ € \approx 4\,245{,}26\ €$

Das Anfangskapital beträgt 4 245,26 €.

1.97 Wie viele Jahre muss ein Anfangskapital K_0 = 700,00 € verzinst werden, damit er bei einem Zinssatz von i = 2,65 % auf einen Betrag von mindestens K_n = 900,00 € anwächst? Berücksichtige die KESt.

Lösung:

$i_{netto} = 0{,}75 \cdot 2{,}65\ \% = 1{,}9875\ \%$

- Die KESt beträgt 25 %.

$900{,}00\ € = 700{,}00\ € \cdot (1 + 0{,}019875)^n \Rightarrow 900{,}00\ € = 700{,}00\ € \cdot 1{,}019875^n$

$\frac{900{,}00\ €}{700{,}00\ €} = 1{,}019875^n$

$\ln\left(\frac{9}{7}\right) = n \cdot \ln(1{,}019875)$

$n = \frac{\ln\left(\frac{9}{7}\right)}{\ln(1{,}019875)} = 12{,}769... \approx 13$

Der Barwert muss 13 Jahre verzinst werden.

Folgen und Reihen

Einfache Zinsen

1.98 Berechne die Höhe der Zinsen.

a) $K_0 = 350{,}00$ €; $t = 1$ Jahr; $i = 3{,}2\ \%$
b) $K_0 = 200{,}00$ €; $t = 210$ Tage; $i = 1{,}5\ \%$
c) $K_0 = 300{,}00$ €; $t = 275$ Tage; $i = 4\ \%$
d) $K_0 = 600{,}00$ €; $t = 2$ Monate; $i = 4{,}25\ \%$

1.99 Berechne den Zinssatz.

a) $K_0 = 150{,}00$ €; $t = 165$ Tage; $Z = 2{,}40$ €
b) $K_0 = 300{,}00$ €; $t = 4$ Monate; $Z = 4{,}08$ €

1.100 Berechne die Verzinsungsdauer in Tagen.

a) $K_0 = 500{,}00$ €; $Z = 5{,}25$ €; $i = 1{,}75\ \%$
b) $K_0 = 450{,}00$ €; $Z = 12{,}80$ €; $i = 5{,}125\ \%$

1.101 Ein Sparbuch wurde am 2. Jänner mit einer Einmaleinzahlung von K_0 eröffnet. Die Verzinsung begann am nächsten Werktag, dem 3. Jänner und endete am Tag der Schließung des Sparbuchs. Berechne die Höhe des Zinssatzes i, wenn

a) 250,00 € eingezahlt und am 3. Mai 255,00 € ausbezahlt wurden.
b) 400,00 € eingezahlt und am 31. Oktober 437,00 € ausbezahlt wurden.

1.102 Wie lang muss man ein Anfangskapital K_0 bei einem Zinssatz i anlegen, damit die jährlich abgehobenen Zinsen in Summe den gleichen Wert wie der Barwert erlangen?

a) 1,75 % **b)** 2,25 % **c)** 4 % **d)** 6,5 %

Zinseszinsen

1.103 Berechne den Aufzinsungsfaktor.

1) ohne Berücksichtigung der KESt **2)** mit Berücksichtigung der KESt

a) $i = 1{,}5\ \%$ **b)** $i = 2{,}125\ \%$ **c)** $i = 3{,}75\ \%$ **d)** $i = 4{,}375\ \%$

1.104 Berechne das Endkapital, wenn das Anfangskapital zu einem fixen Zinssatz n Jahre lang verzinst wird.

a) $K_0 = 3\,500{,}00$ €; $i = 1{,}5\ \%$; $n = 15$
b) $K_0 = 250{,}00$ €; $i = 2{,}125\ \%$; $n = 10$
c) $K_0 = 25\,000{,}00$ €; $i = 4{,}5\ \%$; $n = 25$
d) $K_0 = 50{,}00$ €; $i = 3\ \%$; $n = 5$

1.105 Ein Kapital K_0 ist nach n Jahren auf einen Betrag von K_n angewachsen. Berechne den Aufzinsungsfaktor und den Zinssatz.

a) $K_0 = 5\,000{,}00$ €; $K_n = 10\,406{,}30$ €; $n = 14$
b) $K_0 = 540{,}00$ €; $K_n = 650{,}23$ €; $n = 10$
c) $K_0 = 20\,000{,}00$ €; $K_n = 22\,987{,}52$ €; $n = 12$
d) $K_0 = 1\,280{,}00$ €; $K_n = 1\,456{,}39$ €; $n = 6$

1.106 Wie lang muss ein Anfangskapital K_0 verzinst werden, damit es bei einem Zinssatz i auf einen Betrag K_n anwächst? Berücksichtige die KESt.

a) $K_0 = 2\,200{,}00$ €; $K_n = 2\,968{,}92$ €; $i = 4{,}375\ \%$
b) $K_0 = 18\,500{,}00$ €; $K_n = 41\,085{,}19$ €; $i = 6{,}875\ \%$
c) $K_0 = 150{,}00$ €; $K_n = 159{,}36$ €; $i = 1{,}525\ \%$

1.107 Anton hat ein Sparbuch mit einem fixen Zinssatz i mit einer einmaligen Einlage von 1 500,00 € angelegt. 25 Jahre später löst er das Sparbuch auf und stellt fest, dass sich das Anfangskapital verdoppelt hat. In welcher Zeit hätte sich das Anfangskapital verdoppelt, wenn der Zinssatz

a) um 1 % höher gewesen wäre? **b)** um 0,5 % niedriger gewesen wäre?

1.108 Ein Anfangskapital K_0 wird drei Jahre zu 6 %, dann fünf Jahre zu 3,125 % und anschließend zwei Jahre zu 4,5 % angelegt. Gib eine Formel für das Endkapital K_n an.

K_n = ____________________

1.109 Ergänze die Textlücken im folgenden Satz durch Ankreuzen der jeweils richtigen Satzteile so, dass eine korrekte Aussage entsteht.

Wird ___①___ auf ein Sparbuch gelegt, so wird beim Abheben die KESt ___②___ abgezogen.

①	
ein Endkapital	A
ein Anfangskapital	B
ein Kredit	C

②	
vom Endkapital	A
vom Anfangskapital	B
von den Zinsen	C

1.110 Herr Franz möchte seine Eigentumswohnung verkaufen und seinen Schrebergarten vermieten.

a) Für seine Eigentumswohnung erhält er zwei Angebote: entweder 250 000,00 € in bar oder 283 000,00 € in drei Jahren. Die erste Geldsumme würde er für drei Jahre auf ein Sparbuch mit einem Zinssatz von i = 4,125 % legen. Ermittle, welches Angebot für Herrn Franz besser ist.

b) Herr Franz möchte von seinem Nachmieter für die Investitionen in seinem Schrebergarten, für die er insgesamt 3 574,39 € bezahlt hat, eine Ablöse, die an die jährliche Inflation von 2,2 % angepasst ist. Welchen Betrag sollte er verlangen, wenn die Investitionen vor drei Jahren getätigt wurden und die Wertminderung durch Benützung unberücksichtigt bleibt?

1.111 Tante Mizzi möchte für ihre zwei Nichten Eva und Maria und ihren Neffen Achim, die soeben 15, 14 und 12 Jahre alt wurden, jeweils ein Sparbuch mit i = 5,575 % eröffnen. Tante Mizzi möchte, dass jedes Kind mit vollendetem 19. Lebensjahr 3 000,00 € erhält. Ermittle, wie viel Geld sie jeweils einzahlen muss.

1.112 Elenas Eltern möchten ihrer Tochter zu ihrem 18. Geburtstag 18 000,00 € schenken. Dazu legen sie zu ihrer Geburt ein Sparbuch mit einem Barwert K_0 an, das mit einem Zinssatz von 3,5 % verzinst ist. Weitere Einlagen soll es nicht mehr geben. Die Bank senkt den Zinssatz nach 10 Jahren. Um doch noch das gewünschte Sparziel zu erreichen, legen Elenas Eltern noch einmal 540,00 € ein. Ermittle den Zinssatz nach der Zinssenkung.

1.113 Als der englische König Karl II. (1630 – 1685) im Jahre 1651 bei den Tuchhändlern der englischen Stadt Worcester neue Uniformen für seine Truppen im Wert von 453 Pfund und 3 Shilling (rund 570 Euro) bestellte, ahnte er nicht, dass er dadurch rund 400 Jahre später in den Medien präsent sein würde. Denn Karl II. vergaß, die Rechnung zu bezahlen. So beglich im Juni 2008 der englische Thronfolger Charles (*1947) diese Schuld, allerdings ohne Bezahlung der Zinsen.

"I suspect it will not have escaped your notice, however, that I am resisting the temptation to pay the debt with full interest! – I wasn't born yesterday (or 400 years ago!)"

Interpretiere diese Aussage hinsichtlich der Bezahlung der Zinsen.

1.6.3 Grundlagen der Rentenrechnung

1.114 Ein Kapitalsparbuch mit einer Einlage von 1 000,00 € wird zu einem Zinssatz von 2,25 % p. a. angelegt.

1) Welcher Geldbetrag ist nach 25 Jahren auf dem Sparbuch, wenn sich in dieser Zeit der Zinssatz nicht geändert hat?

2) Welchen gleich bleibenden Betrag hätte man jährlich in ein Sparschwein stecken müssen, um nach 25 Jahren den gleichen Geldbetrag angespart zu haben?

Viele Versicherungen bieten eine Altersvorsorge an, bei der zuerst über möglichst viele Jahre ein festgelegter Betrag eingezahlt wird und dann in regelmäßigen Abständen ein bestimmter Anteil der Gesamtsumme, die so genannte **Rate**, ausbezahlt wird. Dieses Einkommen wird **Rente** (althochdeutsch: „rentôn" = ergeben) genannt. Man versteht unter einer Rente eine immer wiederkehrende Zahlung. Dabei ist wichtig zu wissen, wie eine solche wiederkehrende, zumeist gleich bleibende Auszahlung in eine einmalige Einzahlung umgerechnet werden kann.

Das Gebiet der Mathematik, das sich mit dem Berechnen von Renten auseinandersetzt, ist die **Rentenrechnung**. Eine Rente, deren Dauer zeitlich begrenzt ist, nennt man **Zeitrente**. Eine Rente, die bis zum Tod bezogen wird, wird **Leibrente** genannt. Die Zeitspanne zwischen zwei Ratenzahlungen wird **Rentenperiode** genannt. Wird eine Rente am Ende einer Rentenperiode gezahlt, so spricht man von einer **nachschüssigen Rente**. Wird sie zu Beginn gezahlt, so nennt man sie **vorschüssige Rente**. Eine Rente, bei der das Kapital unverändert bleibt, bei der also nur die Zinsen ausgezahlt werden, heißt **ewige Rente**. Der **Endwert** einer Rente ist der Wert am Ende des Rentenzeitraums, der **Barwert** der Wert zu Beginn des Rentenzeitraums.

Im Folgenden werden Formeln zur Berechnung des Endwerts E bzw. des Barwerts B einer Rente mit der Rate R, dem Aufzinsungsfaktor $q = 1 + i$ und n Verzinsungsperioden hergeleitet.
Die grafische Darstellung der Einzahlungen erfolgt mithilfe einer **Zeitachse** (**Zeitlinie**).

	Nachschüssige Rente	Vorschüssige Rente
Zeit in Jahren	0 1 2 n − 1 n	0 1 2 n − 1 n
Einzahlungen	R R … R R	R R R … R
Wert am Ende der Laufzeit	$\cdot q^{n-1}$ $\cdot q^{n-2}$ $\cdot q$ $R \cdot q^{n-1}$ $R \cdot q^{n-2}$ … $R \cdot q$ R	$\cdot q^{n}$ $\cdot q^{n-1}$ $\cdot q$ $R \cdot q^{n}$ $R \cdot q^{n-1}$ … $R \cdot q$

Der **Endwert einer nachschüssigen Rente** wird durch Anwenden der Summenformel für die endliche geometrische Reihe berechnet:

$$E_{nach} = R + R \cdot q + R \cdot q^2 + ... + R \cdot q^{n-1} = R \cdot (1 + q + q^2 + ... + q^{n-1}) = R \cdot \frac{q^n - 1}{q - 1}$$

Den **Endwert einer vorschüssigen Rente** erhält man durch Multiplikation mit q, da das Ende des Rentenzeitraums eine Periode nach der letzten Zahlung liegt: $E_{vor} = R \cdot \frac{q^n - 1}{q - 1} \cdot q$

Da der Barwert einschließlich der Zinseszinsen nach n Rentenperioden den gleichen Wert wie der Endwert haben muss, gilt: $E = B \cdot q^n \Rightarrow B = \frac{E}{q^n}$

Somit gilt für den **Barwert einer nachschüssigen Rente**: $B_{nach} = R \cdot \frac{q^n - 1}{q - 1} \cdot \frac{1}{q^n}$

Für den **Barwert einer vorschüssigen Rente** gilt: $B_{vor} = R \cdot \frac{q^n - 1}{q - 1} \cdot \frac{1}{q^{n-1}}$

Rentenrechnung bei ganzjähriger Verzinsung

Endwert einer nachschüssigen Rente

$E_{nach} = R \cdot \frac{q^n - 1}{q - 1}$

Endwert einer vorschüssigen Rente

$E_{vor} = R \cdot \frac{q^n - 1}{q - 1} \cdot q$

Barwert einer nachschüssigen Rente

$B_{nach} = \frac{E}{q^n} = R \cdot \frac{q^n - 1}{q - 1} \cdot \frac{1}{q^n}$

Barwert einer vorschüssigen Rente

$B_{vor} = \frac{E}{q^n} = R \cdot \frac{q^n - 1}{q - 1} \cdot \frac{1}{q^{n-1}}$

R … Rate (Rente), n … Anzahl der Rentenperioden

$q = 1 + i = 1 + \frac{p}{100}$ … Aufzinsungsfaktor, i … Zinssatz p. a.

Falls nicht anders angegeben, ist bei den Prozentsätzen der Aufgaben die KESt bereits berücksichtigt.

1.115 Herr Sauer zahlt 20 Jahre lang jeweils am 31. Dezember einen Betrag von 1 000,00 € zu einem Zinssatz von 4 % p. a. in eine Pensionsvorsorge ein. Mit dem so ersparten Geld möchte er 25 Jahre lang eine vorschüssige Jahresrate beziehen. Dabei soll die erste Auszahlung fünf Jahre nach der letzten Einzahlung beginnen. Zeichne eine Zeitachse für die Ein- und Auszahlungen. Welchen jährlichen Betrag erhält Herr Sauer?

A B

Lösung:

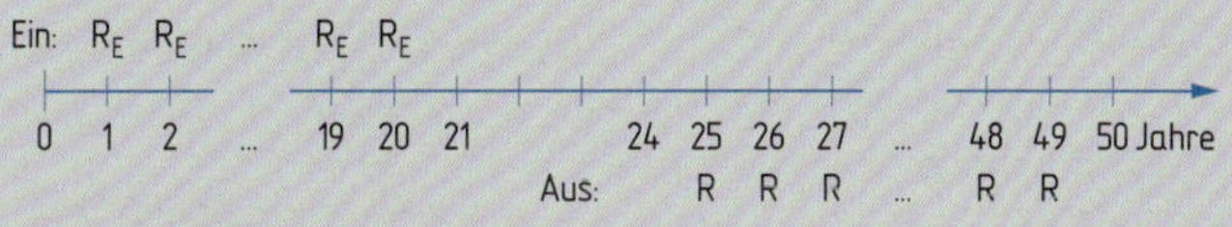

- R_E … Einzahlung
  $R_E = 1\,000{,}00$ €

$E_{20} = 1\,000{,}00 \cdot \frac{1{,}04^{20} - 1}{1{,}04 - 1} =$

$= 29\,778{,}078...$ €

- Endwert der nachschüssigen Einzahlungen nach 20 Jahren

$E_{25} = E_{20} \cdot 1{,}04^5 = 36\,229{,}585...$ €

- Aufzinsung für weitere fünf Jahre

$36\,229{,}585... = R \cdot \frac{1{,}04^{25} - 1}{1{,}04 - 1} \cdot \frac{1}{1{,}04^{24}}$

$R = 2\,229{,}929...$ €

- Die Auszahlung erfolgt vorschüssig: $B_{25} = E_{25}$

Herr Sauer erhält eine jährliche Auszahlung von rund 2 230 €.

Technologieeinsatz: Rentenrechnung
Tabellenkalkulationsprogramm

TE TI-Nspire, GeoGebra: www.hpt.at

In einem Tabellenkalkulationsprogramm stehen viele Funktionen für finanzmathematische Berechnungen zur Verfügung. Folgende Begriffe werden verwendet:

Zzr … Anzahl der Perioden
Rmz … Rente
Zw … Endwert
Bw … Barwert
F … Fälligkeit, 0 = vorschüssig,
1 = nachschüssig

Berechnung des Endwerts:
ZW(Zins;Zzr;Rmz;Bw;F)

Berechnung einer Rente:
RMZ(Zins;Zzr;Bw;Zw;F)

	A	B
1	Zinsen	4%
2	Rente	€ 1.000,00
3	Jahre	20
4	Endkapital	=ZW(B1;B3;B2;;0)

	A	B
1	Zinsen	4%
2	Rente	€ 1.000,00
3	Jahre	20
4	Endkapital	-€ 29.778,08

	A	B
1	Zinsen	4%
2	Barwert	€ 36.229,59
3	Jahre	25
4	Rente	=RMZ(B1;B3;B2;;1)

	A	B
1	Zinsen	4%
2	Barwert	€ 36.229,59
3	Jahre	25
4	Rente	-€ 2.229,93

C D **1.116** ***1)*** Erkläre anhand der Grafiken von Seite 28 den Unterschied zwischen einer nachschüssigen und einer vorschüssigen Ratenzahlung.
2) Erkläre die Formel für den Endwert einer vorschüssigen Rate.
3) Nenne Beispiele für vorschüssige bzw. nachschüssige Zahlungen.

A B **1.117** Berechne den Endwert der Rente bei der Einzahlungsrate R, einer jährlichen Verzinsung i und der angegebenen Laufzeit n. Veranschauliche die Einzahlungen auf einer Zeitachse.
a) R = 1 000,00 €, am Jahresanfang eingezahlt, i = 4 % p. a. und n = 15 Jahre
b) R = 500,00 €, am Jahresende eingezahlt, i = 5 % p. a. und n = 35 Jahre

A B **1.118** Berechne den Barwert der Rente bei der Einzahlungsrate R, einer jährlichen Verzinsung i und der angegebenen Laufzeit n.
a) R = 1 000,00 €, am Jahresanfang eingezahlt, i = 1,2 % p. a. und n = 5 Jahre
b) R = 500,00 €, am Jahresende eingezahlt, i = 2 % p. a. und n = 10 Jahre

A B **1.119** Marion erbt von ihrer Großmutter 30 000,00 €, die sie zu 5,5 % p. a. anlegt. Sie will damit ihren Lebensunterhalt während ihres Studiums finanzieren, für das sie fünf Jahre kalkuliert. Berechne, wie viel Geld ihr pro Jahr zur Verfügung steht, wenn sie die Auszahlung der Rate zu Jahresbeginn vereinbart.

A B **1.120** Becky möchte 15 000,00 € ansparen. Sie zahlt jeweils am Jahresende 1 700,00 € auf ein mit i = 3,75 % p. a. verzinstes Sparbuch ein. Wie lang muss sie sparen?

A B **1.121** Oskar zahlt sieben Jahre lang am Ende jeden Jahres 3 500,00 € auf ein mit 5,125 % p. a. verzinstes Sparbuch ein. Nach dieser Zeit begibt er sich auf eine zweijährige Weltreise und lässt das Sparbuch sperren.
1) Veranschauliche die Einzahlungen auf einer Zeitachse.
2) Berechne, welcher Betrag ihm bei seiner Rückkehr zur Verfügung steht.

A B D **1.122** Georg zahlt jährlich 2 500,00 € vorschüssig auf ein mit 4 % verzinstes Sparkonto ein, Uschi zahlt denselben Betrag unter den gleichen Bedingungen nachschüssig ein.
1) Erkläre anhand der Summenformeln, wie groß der Unterschied der Endwerte ist.
2) Berechne, welchen Betrag Uschi einzahlen müsste, wenn beide nach 20 Jahren über die gleiche Summe verfügen wollen.
3) Berechne, wie viel Georg als Einmalzahlung leisten müsste, um nach 10 Jahren denselben Betrag zu erhalten wie bei der Ratenzahlung.

A B C **1.123** Charly hat an ihrem 20. Geburtstag 10 000,00 € geerbt. Dieses Geld hat sie auf ein Sparkonto mit 1,25 % p. a. gelegt. Nach 10 Jahren zahlt sie jeweils zu Jahresanfang 1 200,00 € auf dieses Konto ein.
1) Berechne, wie viel Geld Charly angespart hat, wenn sie 65 Jahre alt ist.
2) Charly möchte mit dem so ersparten Geld eine nachschüssige Jahresrate von 2 000,00 € beziehen. Berechne, wie viele Jahre sie diese Rate beziehen kann.
3) Gib an, ob sich diese Dauer verdoppelt, wenn sie nur 1 000,00 € beziehen würde.

A B D **1.124** Beim Verkauf einer Eigentumswohnung gibt es folgende Angebote:
Angebot A: 10 000,00 € sofort, ab Ende des ersten Jahres jährlich 7 000,00 € 15 Jahre lang
Angebot B: 42 000,00 € sofort, nach 5 Jahren sechsmal je 10 000,00 € am Jahresbeginn
1) Berechne jeweils den Barwert, verwende einen Kalkulationszinssatz von i = 5 %.
2) Argumentiere, welches Angebot für den Verkäufer vorzuziehen ist.

1.6.4 Differenzengleichungen

1.125 Bei einer Gehaltsverhandlung werden zwei Varianten angeboten:
A: Das Monatsgehalt von 1 800,00 € wird jährlich um 100,00 € erhöht.
B: Das Monatsgehalt von 1 800,00 € wird jährlich um 3 % erhöht.
Überlege, welche Variante du wählen würdest und begründe deine Entscheidung.

Bei der Beschreibung von Wachstumsprozessen sind wir bisher davon ausgegangen, dass es sich um kontinuierliche Prozesse handelt und die Werte zu jedem beliebigen Zeitpunkt ermittelt werden können. Oft erfolgt das Wachstum aber nur zu bestimmten Zeiten oder kann nur zu bestimmten Zeitpunkten ermittelt werden, zum Beispiel wird ein Geldbetrag jährlich eingezahlt oder die Anzahl einer Population wird monatlich erhoben. Das Wachstum ist dann diskret und man kann die Veränderung immer nur von einem Zeitpunkt zum nächsten angeben. Dadurch ergeben sich so genannte **Differenzengleichungen**, mit deren Hilfe auch komplexe Wachstums- bzw. Zerfallsprozesse in Natur, Wirtschaft und Technik beschrieben werden können. In einer Differenzengleichung wird ein Prozess mithilfe der **Änderung von einem Zeitpunkt zum nächsten** beschrieben: $\Delta y(t) = y(t+1) - y(t)$ mit $t = 0, 1, 2, 3, \ldots$
Mithilfe der (bekannten) Differenzen der Funktionswerte wird dann die zugehörige Funktion ermittelt. Für die gesuchte Funktion y(t) gilt: Jeder natürlichen Zahl t kann ein Wert y(t) zugeordnet werden. Die Funktion y(t), die Lösung einer Differenzengleichung ist, ist daher eine Folge.

ZB Die Kosten für eine Parkgarage erhöhen sich stündlich um 2,00 €.
Die Differenzengleichung lautet: $\Delta y(t) = 2{,}00$ € oder
$y(t+1) - y(t) = 2{,}00$ € $\Rightarrow$ $y(t+1) = y(t) + 2{,}00$ €
Das entspricht der rekursiven Darstellung einer arithmetischen Folge mit d = 2,00 €. Das Wachstum ist linear.
Die Lösung lautet daher: $y(t) = y_0 + 2{,}00$ € $\cdot\, t$, $t = 0, 1, 2, \ldots$

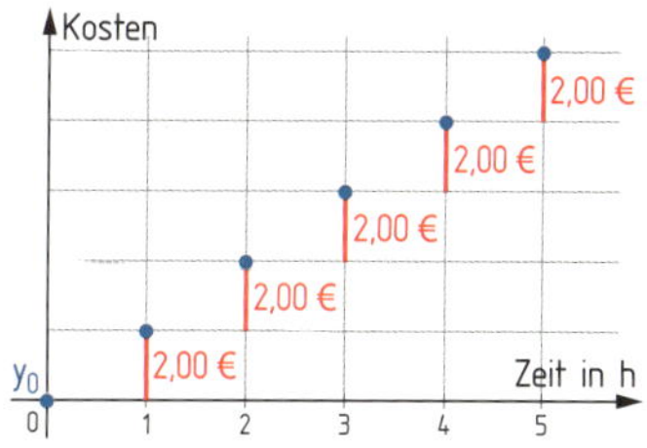

ZB In einer Christbaumzucht werden jährlich 20 % der Bäume gefällt und nicht nachgepflanzt.
Die Differenzengleichung lautet: $\Delta y(t) = -0{,}2 \cdot y(t)$ oder
$y(t+1) - y(t) = -0{,}2 \cdot y(t)$ $\Rightarrow$ $y(t+1) = 0{,}8 \cdot y(t)$
Das entspricht der rekursiven Darstellung einer geometrischen Folge mit q = 0,8. Die Abnahme ist exponentiell.
Die Lösung lautet daher: $y(t) = y_0 \cdot 0{,}8^t$, $t = 0, 1, 2, \ldots$

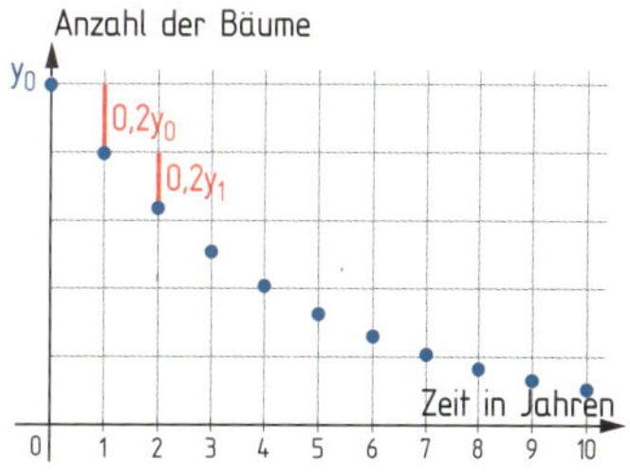

Die Konstante y_0 entspricht dem Anfangswert zum Zeitpunkt t = 0: $y_0 = y(0)$
Erst durch Angabe dieses Anfangswerts wird die Folge eindeutig festgelegt.

Wir beschränken uns in diesem Abschnitt auf **Differenzengleichungen 1. Ordnung**, das bedeutet, dass die Differenz zwischen zwei aufeinander folgenden Funktionswerten gegeben ist.

Kommt in einer Gleichung die Differenz $\Delta y(t) = y(t+1) - y(t)$ vor, so spricht man von einer **Differenzengleichung 1. Ordnung**, wobei y(t) die Funktion ist, die den Prozess beschreibt. **Lösung** einer Differenzengleichung ist jede **Folge**, die die Gleichung erfüllt. Ist ein Anfangswert $y(0) = y_0$ gegeben, so ist die Differenzengleichung eindeutig lösbar.

Durch die rekursive Angabe der Differenzengleichung ist es auch möglich, Glieder der Lösungsfolge zu berechnen, ohne die Gleichung allgemein zu lösen.

1.126 Ermittle jeweils die ersten 7 Glieder der Lösungsfolge der Differenzengleichung und stelle sie grafisch dar. Interpretiere die Unterschiede zwischen den beiden Lösungen.

a) 1) $y(t+1) = 1{,}2 \cdot y(t) - 1,\ y_0 = 10$ **2)** $y(t+1) = 1{,}2 \cdot y(t) - 1,\ y_0 = 5$

b) 1) $y(t+1) = -0{,}6 \cdot y(t) + 5,\ y_0 = 8$ **2)** $y(t+1) = -1{,}6 \cdot y(t) + 5,\ y_0 = 8$

Lösung mit Excel:

a) 1)

t	y
0	10
1	11
2	12,2
3	13,64
4	15,368
5	17,4416
6	19,92992

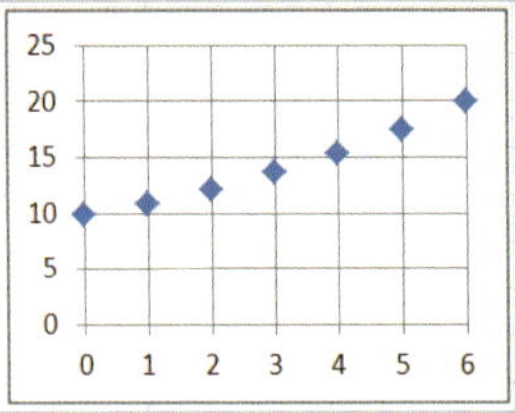

2)

t	y
0	5
1	5
2	5
3	5
4	5
5	5
6	5

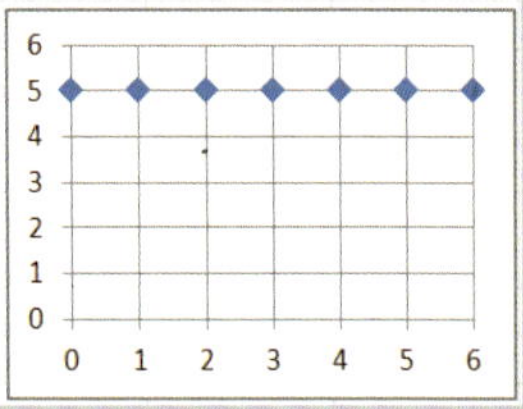

Durch die unterschiedlichen Anfangswerte ergeben sich unterschiedliche Verläufe.

b) 1)

t	y
0	8
1	0,2
2	4,88
3	2,072
4	3,7568
5	2,74592
6	3,352448

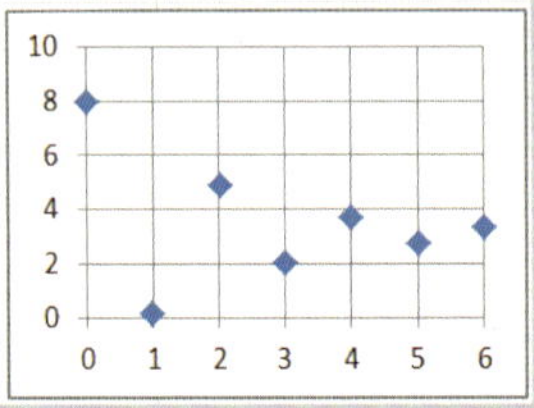

2)

t	y
0	8
1	-7,8
2	17,48
3	-22,968
4	41,7488
5	-61,79808
6	103,87693

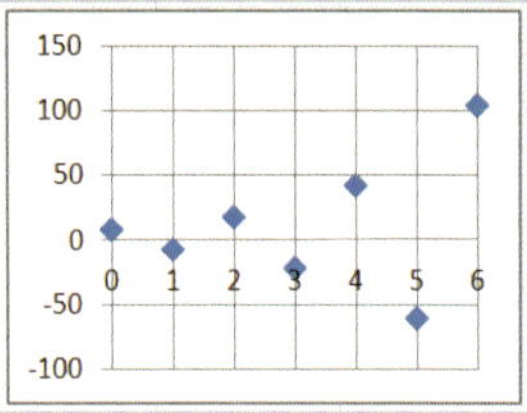

Im Gegensatz zum 2. Fall nähern sich die Glieder im 1. Fall einem bestimmten Wert. Das Verhalten hängt vom Koeffizienten von y(t) ab.

Prozesse mit konstanter Wachstumsrate

Viele Vorgänge, wie zum Beispiel die Verzinsung auf einem Kapitalsparbuch oder der radioaktive Zerfall, stellen einen reinen Wachstums- oder Zerfallsprozess dar. Die Änderung Δy ist dann proportional zur Menge y und die zugehörige Differenzengleichung lautet:

$y(t+1) - y(t) = k \cdot y(t) \Rightarrow y(t+1) = (1+k) \cdot y(t)$

Die Lösungsfolge ist daher eine geometrische Folge: $y(t) = y_0 \cdot (1+k)^t$

1.127 Ein Wald besteht aus 1 300 Bäumen. Der Baumbestand wächst jährlich um 4 %.

1) Gib die Differenzengleichung an, die diesen Vorgang beschreibt und löse sie.

2) Wie viele Bäume wird es in 15 Jahren geben, wenn kein Baum gefällt wird?

3) Stelle die Lösung grafisch dar. Um welchen Wachstumsvorgang handelt es sich?

Lösung mit Excel:

1) $\Delta y(t) = 0{,}04 \cdot y(t)$ bzw. $y(t+1) = 1{,}04 \cdot y(t)$ mit $y(0) = 1\,300$

$y(1) = 1{,}04 \cdot y(0) = 1{,}04 \cdot 1\,300$

$y(2) = 1{,}04 \cdot y(1) = 1{,}04 \cdot 1{,}04 \cdot 1\,300 = 1{,}04^2 \cdot 1\,300$

…

$y(t) = 1\,300 \cdot 1{,}04^t$

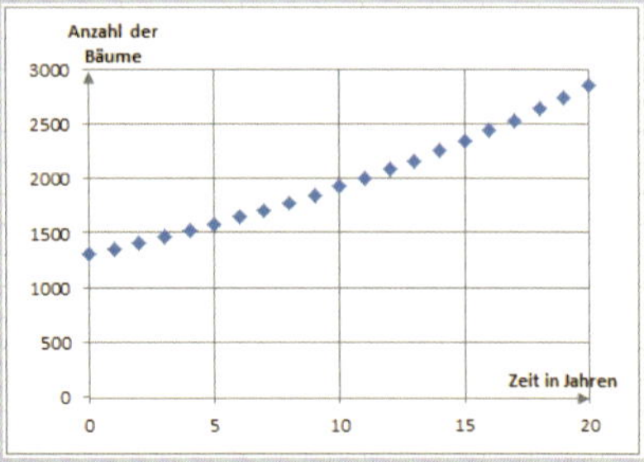

2) $y(15) = 1\,300 \cdot 1{,}04^{15} = 2\,341{,}226\ldots$

In 15 Jahren wird es rund 2 340 Bäume geben.

3) Es handelt sich um exponentielles Wachstum.

Prozesse mit konstanter Wachstumsrate und gleich bleibender Zu- bzw. Abnahme

In einem Teich vermehren sich die Fische proportional zum Bestand, also mit einer konstanten Wachstumsrate. Die jährliche Fangquote eines Fischereivereins ist konstant. Sie stellt eine von der Wachstumsrate unabhängige Veränderung durch einen äußeren Eingriff dar.
Ein Vorgang mit einer konstanten Wachstumsrate und konstanter Zu- bzw. Abnahme wird durch eine Gleichung der Form $y(t + 1) = a \cdot y(t) + b$ beschrieben.

ZB Ein Forellenzüchter besitzt 5 000 Forellen. Er weiß, dass deren Anzahl sich jedes Jahr um 3 % vergrößert. Am Ende jeden Jahres verkauft er 750 Forellen.
Der Verlauf der Anzahl der Forellen wird grafisch dargestellt.

Anzahl der Forellen zu Beginn:	5000
Wachstumsrate:	3%
Anzahl der verkauften Forellen:	750

t in Jahren	Anz. d. Forellen
0	5000
1	4400
2	3782
3	3145
4	2490
5	1815
6	1119
7	403
8	-335

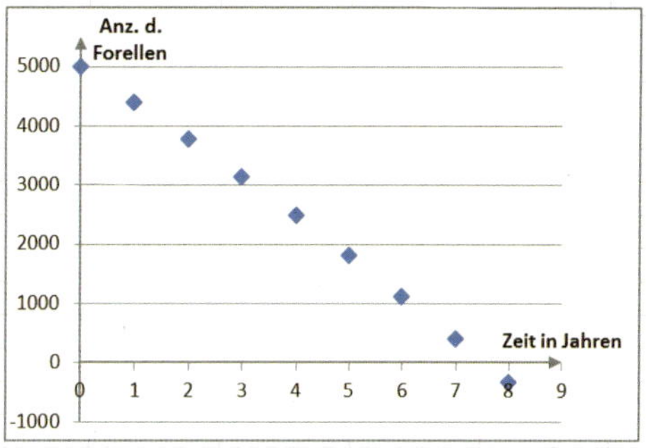

Aus der Tabelle kann man ablesen, dass der Forellenzüchter zum Beispiel nach fünf Jahren noch 1 815 Forellen besitzt. Nach acht Jahren sind bereits alle Forellen verkauft.
Würde er hingegen am Ende eines Jahres nur 150 Forellen verkaufen, dann könnte er seinen Bestand konstant halten.

Um die Funktion zu ermitteln, die die Anzahl der Forellen abhängig von der Anzahl der Jahre angibt, stellt man folgende Differenzengleichung auf.
Wachstumsrate: $a = 1{,}03$ konstante Abnahme: $b = -750$
$y(t + 1) = 1{,}03 \cdot y(t) - 750$

- Zu Beginn sind $y_0 = 5\,000$ Forellen vorhanden.
- Die Anzahl der Forellen nach einem Jahr hat sich aufgrund der Zuwachsrate erhöht und um die Anzahl der verkauften Forellen vermindert.
- Analog kann die Anzahl der Forellen in den nächsten drei Jahren berechnet werden.

$y(0) = 5\,000$

$y(1) = 1{,}03 \cdot 5\,000 - 750 = 4\,400$

$y(2) = 1{,}03 \cdot y(1) - 750 =$

$= 1{,}03 \cdot (1{,}03 \cdot 5\,000 - 750) - 750 =$

$= 1{,}03^2 \cdot 5\,000 - 1{,}03 \cdot 750 - 750 =$

$= 1{,}03^2 \cdot 5\,000 - 750 \cdot (1{,}03 + 1) = 3\,782$

$y(3) = 1{,}03 \cdot y(2) - 750 = 1{,}03^3 \cdot 5\,000 - 750 \cdot (1{,}03^2 + 1{,}03 + 1) = 3\,145{,}46$

$y(4) = 1{,}03 \cdot y(3) - 750 = 1{,}03^4 \cdot 5\,000 - 750 \cdot (1{,}03^3 + 1{,}03^2 + 1{,}03 + 1) = 2\,489{,}823...$

$y(5) = 1{,}03 \cdot y(4) - 750 = 1{,}03^5 \cdot 5\,000 - 750 \cdot (1{,}03^4 + 1{,}03^3 + 1{,}03^2 + 1{,}03 + 1) = 1\,814{,}518...$

Der Faktor $(1{,}03^4 + 1{,}03^3 + 1{,}03^2 + 1{,}03 + 1)$ ist die Summe einer endlichen geometrischen Reihe mit $b_1 = 1$ und $q = 1{,}03$. Mithilfe der Summenformel für geometrische Reihen kann man für $y(t)$ folgende Formel angeben:

$$y(t) = 1{,}03^t \cdot 5\,000 - 750 \cdot \frac{1{,}03^t - 1}{1{,}03 - 1}$$

Folgen und Reihen

Prozesse mit konstanter Wachstumsrate und veränderlicher Zu- bzw. Abnahme

Hängt die Zu- bzw. Abnahme b bei einem Prozess von der Variablen ab, dann kann der Vorgang durch eine Differenzengleichung der Form $y(t+1) = a \cdot y(t) - b(t)$ beschrieben werden.

ZB In einer Stadt leben 49 000 Menschen. Das jährliche Bevölkerungswachstum beträgt 1,8 %. Aufgrund eines neu gebauten Einkaufszentrums ergibt sich ein Zuzug von 180 Personen im ersten Jahr. Dieser Zuzug nimmt jährlich um 0,4 % zu. Es soll nun berechnet werden, wie viele Menschen unter diesen Bedingungen in 15 Jahren in der Stadt leben werden.

$y(0) = 49\,000$

$y(1) = 1{,}018 \cdot 49\,000 + 180 = 50\,062$

$y(2) = 1{,}018 \cdot y_1 + 1{,}004 \cdot b_1 =$
$= 1{,}018 \cdot (1{,}018 \cdot 49\,000 + 180) + 1{,}004 \cdot 180 =$
$= 1{,}018^2 \cdot 49\,000 + 1{,}018 \cdot 180 + 1{,}004 \cdot 180 =$
$= 1{,}018^2 \cdot 49\,000 + 180 \cdot (1{,}018 + 1{,}004) = 51\,143{,}836$

- Zuzug im 1. Jahr: $b_1 = 180$
- Zuzug im 2. Jahr: $b_2 = 1{,}004 \cdot b_1$

$y(3) = 1{,}018 \cdot y_2 + 1{,}004 \cdot b_2 = 1{,}018^3 \cdot 49\,000 + 180 \cdot (1{,}018^2 + 1{,}018 \cdot 1{,}004 + 1{,}004^2) = 52\,245{,}8...$

...

$$y(t) = 1{,}018^t \cdot 49\,000 + 180 \cdot \underbrace{(1{,}018^{t-1} + 1{,}018^{t-2} \cdot 1{,}004 + \ldots + 1{,}018 \cdot 1{,}004^{t-2} + 1{,}004^{t-1})}_{\text{geometrische Reihe mit t Gliedern}}$$

$b_1 = 1{,}018^{t-1}$, $q = \frac{1{,}004}{1{,}018}$

$s_t = b_1 \cdot \frac{q^t - 1}{q - 1} = 1{,}018^{t-1} \cdot \frac{q^t - 1}{q - 1}$

$y(t) = 1{,}018^t \cdot 49\,000 + 180 \cdot 1{,}018^{t-1} \cdot \frac{q^t - 1}{q - 1}$

$y(15) = 1{,}018^{15} \cdot 49\,000 + 180 \cdot 1{,}018^{14} \cdot \frac{q^{15} - 1}{q - 1} = 67\,185{,}768\ldots$

Auf Basis des gewählten Modells kann man in 15 Jahren mit einer Einwohnerzahl von rund 67 200 Menschen rechnen.

Beschränktes Wachstum

ZB Ein Elektrohändler verkauft von einer Lieferung von 1 500 Laptops zu Beginn mehr Stück als nach einiger Zeit. Die Änderung $\Delta y(t)$ der Verkaufszahlen y pro Woche ist proportional zur noch vorhandenen Stückzahl, also der Differenz zwischen 1 500 Stück und den bereits verkauften Laptops. Die Verkaufszahlen sollen für den Proportionalitätsfaktor $k = 0{,}2$ grafisch dargestellt werden.

Die Differenzengleichung lautet:
$\Delta y(t) = k \cdot (K - y(t))$ bzw.
$y(t+1) = y(t) + k \cdot (K - y(t))$
mit $K = 1\,500$, $k = 0{,}2$ und $y(0) = 0$

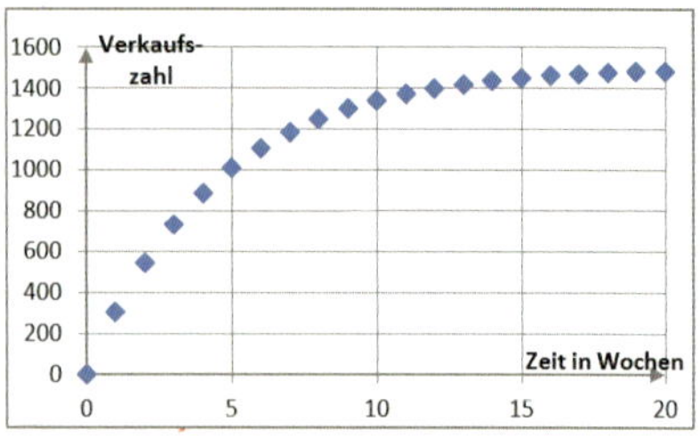

Stellt man den Zusammenhang grafisch dar, so erkennt man, dass es sich um **beschränktes Wachstum** handelt.

Differenzengleichung für **beschränktes Wachstum**: $y(t+1) = y(t) + k \cdot (K - y(t))$

Logistisches Wachstum

In einem Nationalpark leben 50 Erdmännchen. Der Park bietet ausreichend Lebensraum für 500 Erdmännchen. Der jährliche Zuwachs Δy der Erdmännchenpopulation ist sowohl proportional zur vorhandenen Anzahl y der Erdmännchen als auch zur Differenz zur Kapazitätsgrenze $K \triangleq 500$. Es soll die Entwicklung der Anzahl der Erdmännchen für den Proportionalitätsfaktor $k = 0{,}002$ grafisch dargestellt werden.

Der Zuwachs Δy wird durch folgende Differenzengleichung beschrieben:
$\Delta y = k \cdot y(t) \cdot (K - y(t))$ bzw. $y(t + 1) = y(t) + k \cdot y(t) \cdot (K - y(t))$

Im Diagramm ist die Anzahl für $K = 500$, $k = 0{,}002$ und $y(0) = 50$ grafisch dargestellt. Das anfangs langsame Wachstum steigt mit zunehmender Populationsgröße zuerst an. Kommt man der Kapazitätsgrenze näher, verlangsamt sich das Wachstum wieder.

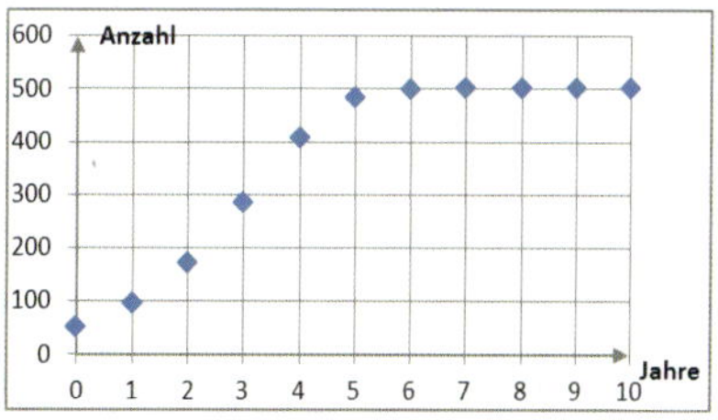

Es handelt sich um **logistisches Wachstum**.

Differenzengleichung für **logistisches Wachstum**: $y(t + 1) = y(t) + k \cdot y(t) \cdot (K - y(t))$

1.128 Ermittle die Lösung der Differenzengleichung.

a) $y(t + 1) - y(t) = 4,\ y_0 = 2$ ***b)*** $y(t + 1) = 1{,}1 \cdot y(t),\ y_0 = 5$

1.129 Gib an, welches Wachstumsmodell geeignet ist und stelle die Differenzengleichung auf.

a) Ein Kapital vermehrt sich am Ende jeden Jahres um 2,25 %.
b) Das Guthaben wird während eines Telefonats jede Minute um 5 Cent weniger.
c) Die Menge des Wirkstoffs eines Medikaments halbiert sich jede Stunde.

1.130 Ermittle jeweils die ersten sechs Glieder der Lösungsfolge und stelle sie grafisch dar. Interpretiere die Unterschiede zwischen den beiden Lösungen.

a) ***1)*** $y(t + 1) = 0{,}8 \cdot y(t),\ y_0 = 10$ ***2)*** $y(t + 1) = 1{,}8 \cdot y(t) - 1,\ y_0 = 10$
b) ***1)*** $y(t + 1) = 1{,}06 \cdot y(t) - 10,\ y_0 = 100$ ***2)*** $y(t + 1) = 1{,}06 \cdot y(t) - 5,\ y_0 = 100$

1.131 Ein Zwillingspaar erhält zur Geburt je 1 000,00 €. Für einen Zwilling wird das Geld auf ein Sparbuch mit einem Zinssatz von 3,75 % p. a. gelegt. Für den anderen Zwilling wird das Geld in ein Sparschwein gegeben und dieses jedes Jahr mit 50,00 € gefüttert.

1) Gib die zugehörigen Differenzengleichungen an und löse diese.
2) Erkläre, mit welchem Wachstumsmodell der Vorgang jeweils beschrieben werden kann.
3) Vergleiche mithilfe von Technologieeinsatz die Guthaben der Zwillinge zum 12. und zum 18. Geburtstag.

1.132 In einer HTL begann ein 1. Jahrgang mit 250 Schülerinnen und Schülern. Im 1. Jahr verließen 80 Jugendliche dieses Jahrgangs die Schule. Die Zahl der Schulabbrecher sank in den nächsten vier Jahren jährlich um (rund) 60 %.
Beantworte die Frage zuerst mithilfe von Technologieeinsatz und einer grafischen Darstellung und anschließend durch Lösen der Differenzengleichung.

a) Wie viele Schülerinnen und Schüler gab es nach fünf Jahren in diesem Jahrgang, wenn keine weiteren Jugendlichen eingetreten waren?
b) Wie viele Schülerinnen und Schüler gab es nach fünf Jahren in diesem Jahrgang, wenn zusätzlich jährlich zehn Jugendliche eingetreten waren?

Folgen und Reihen

TE A B C **1.133** Jemand erbt ein Sparbuch mit einer Einlage von 245 000,00 €, das mit einem fixen Zinssatz von 4,5 % p. a. nach Abzug der KESt verzinst ist. Jeweils zu Jahresbeginn werden 6 000,00 € abgehoben.

1) Stelle die Kapitalentwicklung grafisch dar.
2) Welcher Betrag ist nach 15 Jahren auf dem Sparbuch?
3) Lies aus der Grafik ab, ob man unter diesen Bedingungen 45 Jahre lang jährlich 6 000,00 € abheben kann.
4) Gib die Differenzengleichung an und löse diese.

A B **1.134** Jahrgangssardinen sind eine Delikatesse, für die Gourmets bis zu 10,00 € pro Dose bezahlen. Ein Delikatessengeschäft führt diese Spezialität und hat im Moment 1 500 Dosen gelagert. Erfahrungsgemäß werden 85 % der Dosen jährlich verkauft. Um die Lagerbestände wieder zu füllen, werden zu Beginn jeden Jahrs 2 000 Dosen eingekauft. Wie viele Dosen wird es in diesem Geschäft in ***1)*** 10, ***2)*** 20 Jahren geben?

A B C D **1.135** Nach der Fangsaison 2016 befanden sich in einem Teich 100 Fische. Vor Beginn der Fangsaison 2017 betrug der Fischbestand des Teichs 150 Fische.
1) Gib die Differenzengleichung an, wenn exponentielles Wachstum vorausgesetzt wird.
2) Jemand schlägt vor, dass in einer Fangsaison 60 Fische gefangen werden sollen. Erkläre, ob der Fischbestand in den folgenden Jahren zu- oder abnimmt.
3) Argumentiere, wie viele Fische man fangen darf, damit der Fischbestand gleich bleibt.
4) Es werden jährlich 30 Fische gefangen. Gib die Differenzengleichung an und löse sie.

A B **1.136** In einer Gemeinde beträgt das jährliche Bevölkerungswachstum 1,2 %. Momentan leben 5 000 Menschen in der Gemeinde. In der Nachbarstadt werden neue Arbeitsplätze geschaffen, sodass 100 Gemeindebewohner im ersten Jahr in die Nachbarstadt ziehen. In den weiteren Jahren geht man davon aus, dass die „Landflucht" jährlich um 10 % abnimmt. Berechne, wie viele Menschen nach fünf Jahren in der Gemeinde leben werden.

TE A B C **1.137** Für die Tombola eines Schulballs standen 200 Lose zur Verfügung. Nach einer Stunde waren bereits 100 Lose verkauft. Für die Verkaufszahlen gilt: $y(t + 1) = y(t) + k \cdot (K - y(t))$
1) Um welches Wachstumsmodell handelt es sich?
2) Gib die Kapazitätsgrenze K an und ermittle den Faktor k.
3) Stelle die Lösung der Differenzengleichung grafisch dar.
4) Dar Ball wurde um 20:00 Uhr eröffnet. Wie viele Lose waren um Mitternacht verkauft?

TE A B C **1.138** Auf einer Wiese hat sich die Anzahl der Feldhamster innerhalb eines Monats von 25 Tieren auf 100 Tiere erhöht.
1) Stelle die Differenzengleichungen für drei verschiedene Wachstumsmodelle auf:
Modell 1: Das Wachstum ist linear.
Modell 2: Das Wachstum ist exponentiell.
Modell 3: Es handelt sich um logistisches Wachstum mit der Differenzengleichung $y(t + 1) = y(t) + k \cdot y(t) \cdot (800 - y(t))$.
2) Stelle die Entwicklung der Hamsterpopulation für jedes der drei Modelle grafisch dar und ermittle jeweils, nach wie vielen Monaten 700 Hamster auf der Wiese leben würden. Vergleiche die Ergebnisse.

TE A B **1.139** Österreichs Wälder bestehen derzeit aus einer Milliarde Festmeter (fm) Holz. Dabei entspricht 1 fm = 1 m^3 fester Holzmasse. Pro Sekunde wächst ein Festmeter nach, 2 % des Bestands werden jährlich geerntet. Wie viele Festmeter Holz wird es unter diesen Bedingungen in 20 Jahren in Österreich geben?

1.7 Unendliche Folgen und Reihen

1.7.1 Monotonie und Schranken

Bisher wurden Bildungsgesetze von Folgen bzw. die Werte einzelner Glieder einer Folge besprochen. Nun wird untersucht, ob alle Glieder einer Folge zwischen bestimmten Werten liegen bzw. ob sich die Glieder bei wachsendem Index n einem festen Wert immer mehr nähern.

1.140 Vergleiche die Folgen $\langle a_n \rangle = \langle 1, 2, 4, 8, 16, ... \rangle$ und $\langle b_n \rangle = \langle 1, \frac{1}{2}, \frac{1}{4}, \frac{1}{8}, \frac{1}{16}, ... \rangle$. C D

1) Beschreibe, in welchen Eigenschaften sie sich voneinander unterscheiden.

2) Kannst du eine Zahl angeben, die kleiner bzw. eine, die größer ist als jedes Glied der Folge? Begründe deine Antwort.

Sind in einer Folge $\langle a_1, a_2, a_3, ... \rangle$ die Werte der Glieder der Größe nach geordnet, so nennt man diese Eigenschaft **Monotonie** (griechisch: „monotonos" = mit immer gleicher Spannung).
Ist jedes Glied größer als das vorhergehende oder gleich groß, so nennt man diese Folge **monoton steigend** oder **monoton wachsend**. Es gilt: $a_1 \leq a_2 \leq a_3 \leq a_4 \leq ...$
Ist jedes Glied kleiner als das vorhergehende oder gleich groß, so nennt man die Folge **monoton fallend**. Es gilt: $a_1 \geq a_2 \geq a_3 \geq a_4 \geq ...$
Kann man „≤" durch „<" ersetzen, ist also jedes Glied einer Folge **echt größer** als sein Vorgänger, so nennt man die Folge **streng monoton steigend** bzw. für „>" statt „≥" **streng monoton fallend**.
Ist hingegen keine solche Regelmäßigkeit festzustellen, ist die Folge nicht monoton.

Eine Folge $\langle a_n \rangle$ heißt **monoton steigend (wachsend)**, wenn für alle Glieder gilt: $a_n \leq a_{n+1}$

Eine Folge $\langle a_n \rangle$ heißt **monoton fallend**, wenn für alle Glieder gilt: $a_n \geq a_{n+1}$

Bemerkung: Für den Ausdruck „für alle" wird häufig das Symbol „∀" (Allquantor) verwendet.

Gibt es Zahlen, die größer als alle Glieder einer Folge $\langle a_n \rangle$ sind, so sagt man, die Folge ist nach oben beschränkt (siehe Abbildung). Man nennt diese Zahlen **obere Schranken** der Folge. Die kleinste obere Schranke wird **Supremum** (latein: „supremus" = der Oberste) genannt und mit $\sup(a_n)$ bezeichnet.
Analog dazu sind **untere Schranken** jene Zahlen, die kleiner als alle Glieder der Folge sind. Die größte untere Schranke wird **Infimum** (latein: „infimus" = der Unterste) genannt und mit $\inf(a_n)$ bezeichnet.

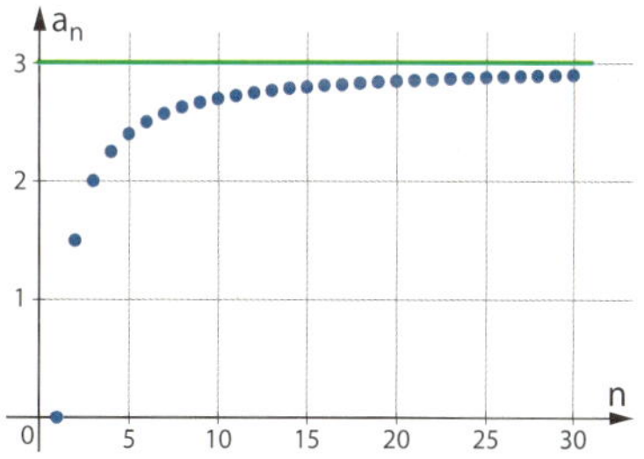

Folgen, die **nach oben und unten beschränkt** sind, nennt man **beschränkte Folgen**. Jede beschränkte Folge hat **unendlich viele** Schranken. Folgen, die **nicht beschränkt oder einseitig beschränkt** sind, werden als **unbeschränkte Folgen** bezeichnet.

Eine Folge $\langle a_n \rangle$ ist **nach oben beschränkt**, wenn eine Zahl $a \in \mathbb{R}$ existiert, sodass jedes Glied der Folge kleiner als bzw. gleich groß wie a ist. Sie ist **nach unten beschränkt**, wenn eine Zahl $b \in \mathbb{R}$ existiert, sodass jedes Glied der Folge größer als bzw. gleich groß wie b ist. Die kleinste obere Schranke nennt man **Supremum**, die größte untere Schranke **Infimum**.

1.141 Überprüfe, ob die Folge $a_n = \frac{n^2}{n+1}$ streng monoton steigend ist.

Lösung:

$$\frac{n^2}{n+1} < \frac{(n+1)^2}{(n+1)+1}$$

$$n^2 \cdot (n+2) < (n+1)^2 \cdot (n+1)$$

$$0 < n^2 + 3n + 1 \text{ ... wahre Aussage } \forall n \in \mathbb{N}$$

Die Folge ist streng monoton steigend.

- a_n ist streng monoton steigend, wenn gilt: $a_n < a_{n+1}\ \forall n \in \mathbb{N}$
- Ungleichung lösen

1.142 ***1)*** Bestimme das Supremum der Folge $a_n = 0{,}5^n$.
2) Welchen Wert vermutest du für das Infimum? Begründe deine Antwort.

Lösung:

1) $\langle 0{,}5; 0{,}25; 0{,}125; 0{,}0625; \ldots \rangle$

- Die ersten Glieder werden berechnet.

$$0{,}5^n > 0{,}5^{n+1} \quad |:0{,}5^n$$

$$1 > 0{,}5 \text{... wahre Aussage } \forall n \in \mathbb{N}$$

$$\sup(a_n) = 0{,}5$$

- Die Folge ist monoton fallend, das erste Glied ist somit das Supremum.

2) Die Folge ist monoton fallend. Die Glieder nehmen immer kleinere Werte an, werden aber nicht negativ. Man kann daher annehmen: $\inf(a_n) = 0$

1.143 Kreuze die wahre Aussage an.

Eine streng monoton steigende Folge hat kein Supremum.	A
Die Folge $\langle(-1)^n\rangle$ ist nicht monoton.	B
Eine arithmetische Folge ist immer streng monoton.	C
a_1 ist eine untere Schranke der Folge $a_n = a_1 \cdot 2^n$.	D
Die Folge $\langle 1 + \frac{1}{n} \rangle$ ist monoton fallend.	E

1.144 Zeige, dass die Folge streng monoton steigend ist.

a) $a_n = n^2 + 4n - 12$ ***b)*** $a_n = \frac{3n-7}{8+5n}$ ***c)*** $a_n = -\frac{5n}{n^2+1}$

1.145 Zeige, dass die Folge streng monoton fallend ist.

a) $a_n = \frac{1}{n}$ ***b)*** $a_n = \frac{24n-5}{2n^2+1}$ ***c)*** $a_n = \frac{10n-3}{-15n+4}$

1.146 Berechne einige Glieder der Folge. Welche Art der Monotonie vermutest du? Zeige anschließend die Richtigkeit deiner Vermutung.

a) $a_n = 5n^2 + 5n - 12$ ***c)*** $a_n = \sqrt{3n^2 - n - 1}$

b) $a_n = -\frac{n^2-4n}{7n+12}$ ***d)*** $a_n = \frac{9}{2-3n}$

1.147 Gib 3 selbst gewählte Beispiele für obere bzw. untere Schranken der gegebenen Folge an.

a) $a_n = 1 - \frac{1}{n}$ ***b)*** $a_n = 5 \cdot 0{,}4^n$ ***c)*** $a_n = \frac{-3n+5}{6+6n}$ ***d)*** $a_n = \frac{(-1)^n}{n^2+5}$

1.148 Prüfe, ob a eine obere Schranke und ob b eine untere Schranke der gegebenen Folge ist.

a) $a_n = \sqrt[4]{4n-4}$ $a = 4;\ b = 0$ ***b)*** $a_n = 2{,}9 \cdot 0{,}3^{0{,}66n}$ $a = 1{,}33;\ b = -1{,}31$

1.149 Welchen Wert vermutest du für das Supremum bzw. Infimum der Folge? Begründe deine Antwort.

a) $a_n = \frac{1}{1+2n}$ ***b)*** $a_n = (-1)^n \cdot 0{,}25 \cdot n$ ***c)*** $a_n = \ln(n^2+2) - 2 \cdot \ln(n)$ ***d)*** $a_n = e^{n-1}$

1.7.2 Häufungswert und Grenzwert von Folgen

1.150 Führt Folgendes in eurer Klasse durch: Eine Schülerin bzw. ein Schüler nennt eine positive Zahl, die kleiner als 1 ist. Die oder der nächste nennt dann eine Zahl, die größer als die vorher genannte, aber wieder kleiner als 1 ist.
1) Kann man dieses „Spiel" beliebig lang fortsetzen?
2) Beschreibe, wie sich die Differenz zwischen der letztgenannten Zahl und 1 bei wachsender Katalognummer verhält.

Nach dem Monotonieverhalten und den Schranken wird nun das Verhalten von Folgen untersucht, wenn der Index n „gegen unendlich geht". Anhand von Beispielen werden nun unterschiedliche Fälle erläutert.

- Beispiel 1: $a_n = \frac{n}{10}$; $\langle a_n \rangle = \langle \frac{1}{10}, \frac{2}{10}, \frac{3}{10}, \frac{4}{10}, \dots \rangle$

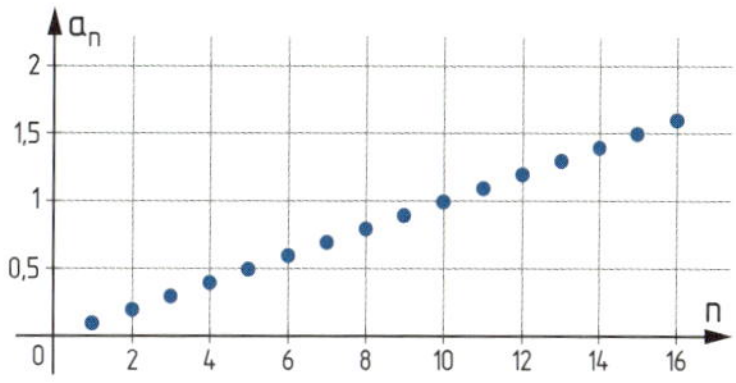

Die Glieder sind gleichmäßig verteilt und werden immer größer.

- Beispiel 2: $a_n = (-1)^n \cdot \left(1 - \frac{1}{n}\right)$; $\langle a_n \rangle = \langle 0, \frac{1}{2}, -\frac{2}{3}, \frac{3}{4}, \dots \rangle$

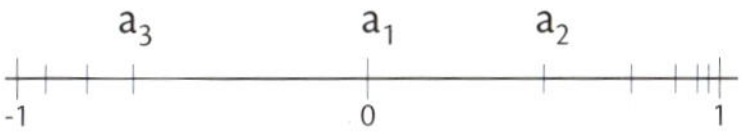

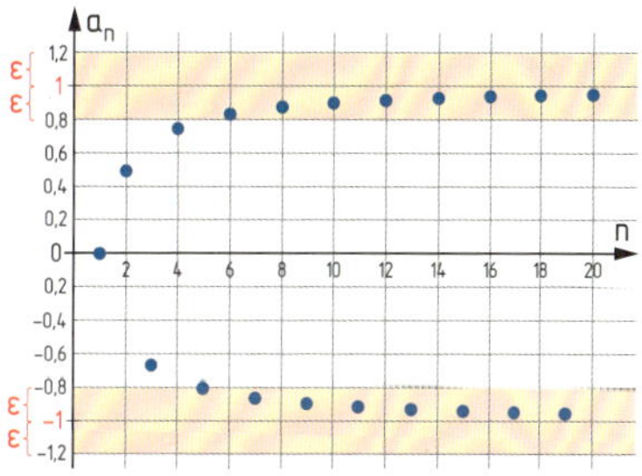

Die Glieder häufen sich bei den Werten −1 und 1.
Um auszudrücken, dass Glieder einer Folge in der Nähe einer Zahl a liegen, verwendet man den Begriff der **ε-Umgebung** U(a, ε).

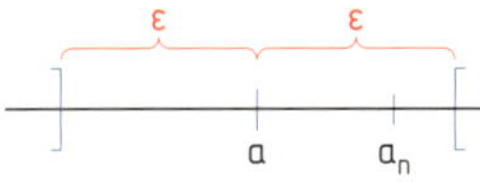

Die ε-Umgebung einer reellen Zahl a ist das um a symmetrische Intervall]a − ε; a + ε[, wobei ε eine beliebig kleine, positive Zahl ist.

Liegt eine Zahl a_n in der ε-Umgebung von a, so gilt $|a_n - a| < \varepsilon$, das heißt, dass sich a_n von a um weniger als um ε unterscheidet. Eine Zahl h heißt **Häufungswert** einer Folge $\langle a_n \rangle$, wenn **in jeder ε-Umgebung** von h **unendlich viele Glieder** der Folge liegen.
Es gilt $|a_n - h| < \varepsilon$ für alle Glieder.

- Beispiel 3: $a_n = \frac{1}{n}$; $\langle a_n \rangle = \langle 1, \frac{1}{2}, \frac{1}{3}, \frac{1}{4}, \dots \rangle$

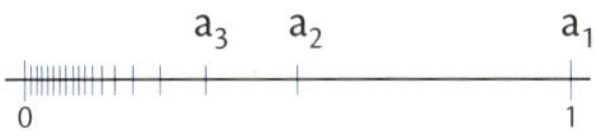

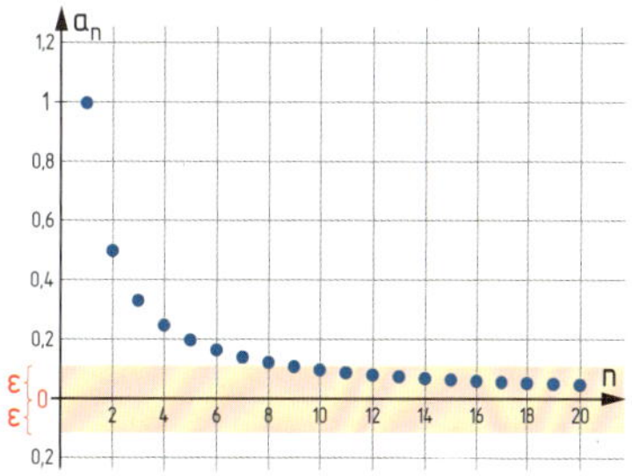

Hier liegen in jedem noch so kleinen Intervall um 0 unendlich viele Glieder der Folge, außerhalb jedoch nur endlich viele. Die mathematische Formulierung dafür lautet: „**alle bis auf endlich viele**" oder „**fast alle**".
Eine Zahl g heißt **Grenzwert** oder **Limes** der Folge $\langle a_n \rangle$, wenn in **jeder ε-Umgebung** von g **fast alle** Glieder der Folge liegen. Es gilt $|a_n - g| < \varepsilon$ für fast alle Glieder der Folge.
Man schreibt: $\lim\limits_{n \to \infty} (a_n) = g$ [sprich: „Limes von a_n für n gegen unendlich ist g"]
$n \to \infty$ bedeutet, dass n über jede Grenze hinaus immer größer und größer wird.
Alle Glieder a_n nähern sich dem Grenzwert g.
Da unendlich viele Glieder in jeder ε-Umgebung von g liegen, ist jeder Grenzwert auch ein Häufungswert. Umgekehrt ist jedoch nicht jeder Häufungswert ein Grenzwert.

Folgen und Reihen

- Eine Zahlenfolge, die einen Grenzwert hat, wird **konvergent** genannt; sie **konvergiert** gegen den Grenzwert g (latein: „convergere" = sich hinneigen).
  Eine Zahlenfolge, die **nicht konvergiert**, nennt man **divergent** (latein: „divergere" = auseinander streben).
- Eine Folge, deren Grenzwert $g = 0$ ist, nennt man **Nullfolge**, zB die Folge in Beispiel 3, Seite 39.
- Eine monotone Folge, die beschränkt ist, hat immer einen Grenzwert.

Eine reelle Zahl g wird **Grenzwert** oder **Limes** einer Folge $\langle a_n \rangle$ genannt, wenn in jeder ε-Umgebung von g fast alle Glieder der Folge liegen. Man schreibt: $\lim_{n \to \infty} (a_n) = g$

Eine Folge, die einen Grenzwert hat, wird **konvergent** genannt, alle anderen Folgen heißen **divergent**.
Eine Folge wird **bestimmt divergent** genannt, wenn $\lim_{n \to \infty} (a_n) = \pm\infty$ gilt. Man spricht in diesem Fall von einem **uneigentlichen Grenzwert**.

Bemerkungen:

- Der Limes (latein: „limes" = Grenze) ist ein römischer Grenzwall, der in den ersten fünf Jahrhunderten in Europa errichtet wurde. Im heutigen Österreich lässt sich sein Verlauf von St. Marienkirchen (OÖ) bis nach Carnuntum (NÖ) verfolgen.
- Das Symbol „∞" wurde von John Wallis (englischer Mathematiker, 1616 – 1703) eingeführt. Es gibt verschiedene Vermutungen, wieso er dieses Symbol wählte. Eine besagt, es sei eine ursprünglich etruskische Schreibweise für die Zahl 1 000. Eine andere lautet, dass es sich dabei um eine Abwandlung des letzten Buchstaben des griechischen Alphabets, Omega ω, handelt.

B D **1.151** Gib an, ob die Folge konvergent oder divergent ist bzw. ob sie Häufungswerte hat. Begründe deine Antwort.

1) $a_n = \frac{1}{n^2}$ ***2)*** $b_n = \cos(n \cdot \pi)$ ***3)*** $c_n = n^2$

Lösung:

1) $\langle a_n \rangle = \langle 1, \frac{1}{4}, \frac{1}{9}, \frac{1}{16}, \frac{1}{25}, \ldots, \frac{1}{10\,000}, \ldots \rangle$
Da der Nenner immer größer wird, werden die Folgeglieder immer kleiner. Sie werden aber nie negativ. Daher konvergiert die Folge gegen 0, sie ist also eine Nullfolge. 0 ist auch ein Häufungswert.

2) $\langle b_n \rangle = \langle -1, 1, -1, 1, -1, 1, \ldots \rangle$
Die Glieder nehmen nur die Werte –1 und 1 an, diese sind daher Häufungswerte. Die Folge ist divergent, weil zwei Häufungswerte existieren.

3) $\langle c_n \rangle = \langle 1, 4, 9, 16, 25, \ldots, 10\,000, \ldots \rangle$
Die Glieder der Folge werden immer größer, je größer n wird. Die Folge ist daher divergent und hat auch keinen Häufungswert.

D **1.152** Sind folgende Aussagen wahr oder falsch? Begründe deine Antworten.

1) Jeder Häufungswert ist ein Grenzwert.
2) Jeder Grenzwert ist ein Häufungswert.
3) Eine Nullfolge hat nur positive Werte.
4) Die Folge $\langle (-1)^n \rangle$ hat zwei Häufungswerte.

1.153 Ordne den Folgen die passenden Aussagen zu:

1	$a_n = (-1)^n \cdot \frac{3}{n}$	☐
2	$a_n = 3 - \frac{1}{n}$	☐

A	Der Grenzwert ist 3.
B	Die Häufungswerte sind −3 und 3.
C	Die Folge ist eine alternierende Nullfolge.
D	Die Folge hat den Häufungswert 3 und ist divergent.

1.154 Ist die Folge $\langle a_n \rangle$ konvergent oder divergent? Begründe deine Antwort.

a) $a_n = \left(\frac{1}{3}\right)^{n-1}$ ***b)*** $a_n = n^2 - 4n$ ***c)*** $a_n = \sqrt{n}$

1.155 Hat die Folge $\langle a_n \rangle$ einen Grenzwert, Häufungswerte oder keines von beiden?

a) $\langle a_n \rangle = \langle 1, 0, 1, 2, 0, 0, 1, 2, 3, 0, 0, 0, \ldots \rangle$
b) $\langle a_n \rangle = \langle 1, -2, 3, -4, 5, -6, 7, -8, \ldots \rangle$
c) $\langle a_n \rangle = \langle 1; -1; 0{,}5; -0{,}5; 0{,}25; -0{,}25; \ldots \rangle$
d) $\langle a_n \rangle = \langle 4, 3, 4, 5, 4, 7, 4, 9, 4, 11, 4, 13, \ldots \rangle$

1.156 Ermittle mit einem Tabellenkalkulationsprogramm die ersten 50 Glieder der Folge. Welchen Grenzwert vermutest du?

a) $a_n = \frac{1 + 2 + 3 + 4 + \ldots + n}{n^2}$ ***b)*** $a_n = \frac{1 + 2^2 + 3^2 + 4^2 + \ldots + n^2}{n^3}$

1.7.3 Grenzwertsätze und Grenzwertberechnungen

1.157 Jemand behauptet, dass die drei Folgen $a_n = \frac{2n}{n+1}$, $b_n = \frac{n+1}{2n}$, und $c_n = \frac{n+1}{n^2}$ auf den unbestimmten Ausdruck „$\frac{\infty}{\infty}$" führen und daher denselben Grenzwert haben müssen. Setze für n große Werte ein und argumentiere anschließend, warum diese Behauptung nicht stimmen kann.

Die folgenden Rechenregeln, die für das Arbeiten mit Grenzwerten gelten, nennt man **Grenzwertsätze**, wobei $\langle a_n \rangle$ und $\langle b_n \rangle$ konvergente Folgen sind und $k \in \mathbb{R}$ ist.

- $\lim\limits_{n \to \infty} (k \cdot a_n) = k \cdot \lim\limits_{n \to \infty} (a_n)$
- $\lim\limits_{n \to \infty} (a_n \pm b_n) = \lim\limits_{n \to \infty} (a_n) \pm \lim\limits_{n \to \infty} (b_n)$
- $\lim\limits_{n \to \infty} (a_n \cdot b_n) = \lim\limits_{n \to \infty} (a_n) \cdot \lim\limits_{n \to \infty} (b_n)$
- $\lim\limits_{n \to \infty} \left(\frac{a_n}{b_n}\right) = \frac{\lim\limits_{n \to \infty}(a_n)}{\lim\limits_{n \to \infty}(b_n)}$ mit $b_n \neq 0$, $\lim\limits_{n \to \infty} (b_n) \neq 0$

Mithilfe der Grenzwertsätze können die Grenzwerte vieler Folgen ermittelt werden.

ZB

$a_n = \frac{n^2}{n^3 + 3}$

$\lim\limits_{n \to \infty} \left(\frac{n^2}{n^3 + 3}\right) = „\frac{\infty}{\infty}"$

- Da in der gegebenen Form für $n \to \infty$ sowohl Zähler als auch Nenner ∞ werden, erhält man „$\frac{\infty}{\infty}$", also einen unbestimmten Ausdruck.

$\lim\limits_{n \to \infty} \left(\frac{n^2}{n^3 + 3}\right) = \lim\limits_{n \to \infty} \left(\frac{\frac{n^2}{n^3}}{\frac{n^3}{n^3} + \frac{3}{n^3}}\right)$

$= \lim\limits_{n \to \infty} \left(\frac{\frac{1}{n}}{1 + \frac{3}{n^3}}\right) =$

- Zähler und Nenner werden durch die höchste Potenz von n, hier n^3, dividiert.
Durch Kürzen erhält man Terme, die entweder Nullfolgen oder Konstanten sind.

$= \frac{\lim\limits_{n \to \infty} \left(\frac{1}{n}\right)}{\lim\limits_{n \to \infty} (1) + \lim\limits_{n \to \infty} \left(\frac{3}{n^3}\right)} = \frac{0}{1 + 0} = 0$

- Grenzwertsätze anwenden:
$\lim\limits_{n \to \infty} \left(\frac{3}{n^3}\right) = 3 \cdot \lim\limits_{n \to \infty} \left(\frac{1}{n^3}\right) = 3 \cdot 0 = 0$

Mit dieser Methode kann der Grenzwert jeder Folge ermittelt werden, die durch einen rationalen Term (Bruchterm mit je einem Polynom in Zähler und Nenner) dargestellt ist.

ZB $a_n = \frac{n^5 - n^2 - 7}{8n^5 + 10}$

$$\lim_{n \to \infty}\left(\frac{n^5 - n^2 - 7}{8n^5 + 10}\right) = \lim_{n \to \infty}\left(\frac{1 - \frac{1}{n^3} - \frac{7}{n^5}}{8 + \frac{10}{n^5}}\right) = \frac{\lim\limits_{n \to \infty}\left(1 - \frac{1}{n^3} - \frac{7}{n^5}\right)}{\lim\limits_{n \to \infty}\left(8 + \frac{10}{n^5}\right)} = \frac{1 - 0 - 0}{8 + 0} = \frac{1}{8}$$

ZB $a_n = \frac{n^4 + 2n - 1}{n^3 + 3n^2}$

$$\lim_{n \to \infty}\left(\frac{n^4 + 2n - 1}{n^3 + 3n^2}\right) = \lim_{n \to \infty}\left(\frac{1 + \frac{2}{n^3} - \frac{1}{n^4}}{\frac{1}{n} + \frac{3}{n^2}}\right) = \frac{\lim\limits_{n \to \infty}\left(1 + \frac{2}{n^3} - \frac{1}{n^4}\right)}{\lim\limits_{n \to \infty}\left(\frac{1}{n} + \frac{3}{n^2}\right)} = \text{"}\frac{1}{0}\text{"} = \infty$$

Anhand der drei Beispiele kann man erkennen, dass der Grenzwert von der höchsten Potenz des Zähler- und des Nennerpolynoms abhängt. Allgemein kann man angeben:

$$\lim_{n \to \infty}\left(\frac{a \cdot n^r + \dots}{b \cdot n^t + \dots}\right)$$

„Grad Zähler < Grad Nenner"	„Grad Zähler = Grad Nenner"	„Grad Zähler > Grad Nenner"
$r < t \Rightarrow \lim\limits_{n \to \infty}\left(\frac{a \cdot n^r + \dots}{b \cdot n^t + \dots}\right) = 0$	$r = t \Rightarrow \lim\limits_{n \to \infty}\left(\frac{a \cdot n^r + \dots}{b \cdot n^t + \dots}\right) = \frac{a}{b}$	$r > t \Rightarrow \lim\limits_{n \to \infty}\left(\frac{a \cdot n^r + \dots}{b \cdot n^t + \dots}\right) = \infty$
Die Folge ist eine **Nullfolge**.	Die Folge **konvergiert** gegen $\frac{a}{b}$.	Die Folge ist **divergent**.

B D **1.158** Argumentiere, warum $g = \frac{4}{3}$ der Grenzwert der Folge $a_n = \frac{8n + 2}{6n - 3}$ ist. Ermittle anschließend, ab welchem Index n die Glieder der Folge in der ε-Umgebung mit $\varepsilon = 0{,}01$ liegen.

Lösung:

Da der Grad von Zähler und Nenner gleich ist, konvergiert die Folge gegen $g = \frac{8}{6} = \frac{4}{3}$.

$\left|\frac{8n + 2}{6n - 3} - \frac{4}{3}\right| < 0{,}01$ — • $|a_n - g| < \varepsilon$

$\left|\frac{8n + 2 - 4 \cdot (2n - 1)}{3 \cdot (2n - 1)}\right| = \left|\frac{2}{2n - 1}\right| = \frac{2}{2n - 1} < 0{,}01$ — • HN: $3 \cdot (2n - 1)$

$2 < 0{,}02n - 0{,}01 \Rightarrow 100{,}5 < n$ — • $2n - 1 > 0$, die Betragstriche können daher weggelassen werden.

Ab dem 101. Glied liegen alle Glieder in der angegebenen ε-Umgebung.

B D **1.159** Gib den Grenzwert g für $n \to \infty$ zuerst ohne zu rechnen an. Überprüfe deine Vermutung anschließend mithilfe der Grenzwertsätze.

a) $a_n = \frac{n + 4}{n^2 - 8}$ **b)** $a_n = \frac{8n^6 + 12}{n^6 + 3n - 5}$ **c)** $a_n = \frac{7n^6 + n^2 - 13}{n^5 - n - 2}$ **d)** $a_n = \frac{3 + 7n}{4n^4 - 11}$

B C **1.160** Bestimme den Grenzwert. Wie viele Glieder liegen außerhalb der ε-Umgebung?

a) $a_n = \frac{4n^2}{4n^2 + 3}$; $\varepsilon = \frac{1}{145}$ **b)** $a_n = 4 - \frac{6 - n^3}{2n^3 + 8}$; $\varepsilon = 10^{-3}$ **c)** $a_n = (-1)^{n+1} \cdot \frac{3}{7n^2 + 3}$; $\varepsilon = 0{,}025$

A **1.161** **1)** Gib eine monoton steigende Folge mit dem Grenzwert 5 an.
2) Gib eine Folge mit dem Grenzwert $\frac{2}{3}$ an.

A B C **1.162** Die Population von Mäusen auf einem Dachboden lässt sich annähernd durch die Folge $a_n = 200 - 70 \cdot 0{,}8^n$ (a_n … Anzahl der Mäuse, n … Zeit nach Beginn der Beobachtung in Wochen) beschreiben.

1) Gib an, wie viele Mäuse zu Beginn auf dem Dachboden leben bzw. wie viele nach sehr langer Zeit theoretisch auf dem Dachboden leben würden.

2) Welcher Zahlenwert im angegebenen Term ändert sich, wenn sich nur der Anfangsbestand ändert, und welcher, wenn sich nur der Endbestand ändert?

1.7.4 Unendliche Reihen

1.163 Das Teilungsparadoxon von Zenon von Elea lautet in einer überlieferten Form: A B D

„Achilles, der nahezu unverwundbare Held der griechischen Mythologie, verfolgt eine Schildkröte, die ein Stadion (ca. 185 m) Vorsprung hat, mit zwölfmal größerer Geschwindigkeit. Kommt er zu der Stelle, an der sich das Tier zu Anfang befand, so ist es ihm bereits um $\frac{1}{12}$ Stadion voraus. Durchläuft Achilles nun diese kleine Strecke von $\frac{1}{12}$ Stadion, so wird die Schildkröte um $\frac{1}{144}$ Stadion voraus sein usw. Folglich wird Achilles die Schildkröte nie erreichen, da sie ihm immer um ein Stück voraus ist."
Begründe, warum diese Schlussfolgerung nicht richtig ist. Überlege, wie man die Strecke, die Achilles tatsächlich laufen müsste, um die Schildkröte einzuholen, berechnen könnte. Führe die Berechnung durch.

Bisher haben wir uns mit endlichen Reihen $s_n = \sum_{i=1}^{n} a_i$ beschäftigt. Soll nun die Summe aller Glieder einer unendlichen Folge angegeben werden, also $s_\infty = \sum_{i=1}^{\infty} a_i$, so erhält man in diesem Fall einen Ausdruck, der nicht durch Addieren aller Summanden berechnet werden kann. Daher betrachtet man die Folge der Zwischenergebnisse, die bei Addition des jeweils nächsten Summanden entstehen. Mithilfe dieser Teilsummen kann dann eine Aussage über das „Ergebnis" der unendlichen Summe getroffen werden.

ZB: Es soll $\sum_{n=1}^{\infty} \frac{1}{2^n} = \frac{1}{2} + \frac{1}{4} + \frac{1}{8} + \ldots$ berechnet werden.

Man berechnet die erste Zwischensumme $s_1 = \frac{1}{2} = 0{,}5$

Als zweite Summe erhält man: $s_2 = \frac{1}{2} + \frac{1}{4} = \frac{3}{4} = 0{,}75$

Die dritte Summe lautet: $s_3 = \frac{1}{2} + \frac{1}{4} + \frac{1}{8} = \frac{7}{8} = 0{,}875$

Die vierte Summe lautet: $s_4 = \frac{1}{2} + \frac{1}{4} + \frac{1}{8} + \frac{1}{16} = \frac{15}{16} = 0{,}9375$

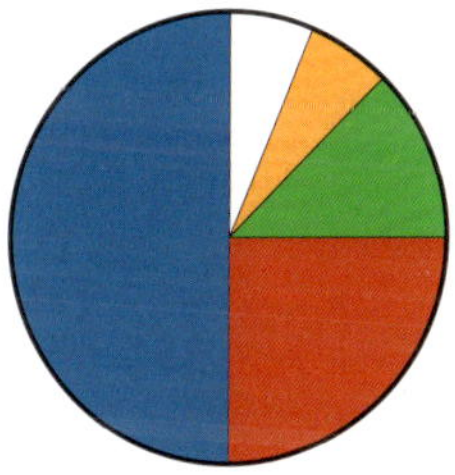

Abb. 1.1

Diese Addition kann grafisch einfach veranschaulicht werden (Abb. 1.1). Zwar wachsen die Zwischensummen, jedoch überschreiten diese Summen niemals den Wert 1. Auch nach sehr vielen Schritten bleibt immer eine kleine weiße Fläche frei. Führt man diesen Vorgang „unendlich oft" durch, wird auch die verbleibende weiße Fläche „unendlich klein" und der Kreis ist praktisch zur Gänze bedeckt. Man erhält die unendliche Folge $\langle 0{,}5; 0{,}75; 0{,}875; \ldots \rangle$. Deren Grenzwert ist 1 und somit die Summe der Reihe.

Man schreibt: $\sum_{n=1}^{\infty} \frac{1}{2^n} = \frac{1}{2} + \frac{1}{4} + \frac{1}{8} + \frac{1}{16} + \ldots = 1$

Um die Summe der Reihe $\sum_{n=1}^{\infty} a_n$ zu ermitteln, wird aus der unendlichen Folge $\langle a_n \rangle = \langle a_1, a_2, a_3, \ldots \rangle$ eine neue Folge $\langle s_n \rangle$, die Folge der Zwischensummen, gebildet.

$\langle s_n \rangle = \langle s_1, s_2, s_3, \ldots \rangle = \langle a_1, a_1 + a_2, a_1 + a_2 + a_3, \ldots \rangle$

$\langle a_n \rangle$	$\langle s_n \rangle$
a_1	$s_1 = a_1$
a_2	$s_2 = a_1 + a_2$
a_3	$s_3 = a_1 + a_2 + a_3$
a_4	$s_4 = a_1 + a_2 + a_3 + a_4$

Man nennt die Summen s_1, s_2 usw. **Partialsummen** (**Teilsummen**) der Folge $\langle a_n \rangle$.
Der Grenzwert dieser Partialsummenfolge ist die Summe der unendlichen Reihe.

Folgen und Reihen

Um die Summe einer unendlichen Reihe $\sum_{n=1}^{\infty} a_n$ zu berechnen, benötigt man die Folge der Partialsummen. Falls deren **Grenzwert** existiert, nennt man ihn die **Summe der unendlichen Reihe**, die unendliche Reihe wird **konvergent** genannt.

Man schreibt: $S = a_1 + a_2 + a_3 + \ldots = \sum_{n=1}^{\infty} a_n$

Die Reihe heißt **divergent**, wenn die Folge der Partialsummen divergent ist. In diesem Fall existiert die Summe nicht.

Der Grenzwert einer unendlichen Reihe lässt sich oft nur schwer oder gar nicht bestimmen. Oft genügt es jedoch zu ermitteln, ob eine Reihe konvergent oder divergent ist.

ZB: Die Reihe $\sum_{n=1}^{\infty} \frac{1}{n} = 1 + \frac{1}{2} + \frac{1}{3} + \frac{1}{4} + \ldots$, die so genannte **harmonische Reihe**, ist divergent:

$$S = 1 + \tfrac{1}{2} + \tfrac{1}{3} + \tfrac{1}{4} + \tfrac{1}{5} + \tfrac{1}{6} + \ldots = \left(1 + \tfrac{1}{2}\right) + \left(\tfrac{1}{3} + \tfrac{1}{4}\right) + \left(\tfrac{1}{5} + \tfrac{1}{6}\right) + \ldots =$$

$$= \left(\mathbf{1} + \tfrac{1}{2}\right) + \left(\mathbf{\tfrac{1}{2}} + \tfrac{1}{12}\right) + \left(\mathbf{\tfrac{1}{3}} + \tfrac{1}{30}\right) + \left(\mathbf{\tfrac{1}{4}} + \tfrac{1}{56}\right) + \ldots \text{ und damit: } S = \mathbf{S} + \tfrac{1}{2} + \tfrac{1}{12} + \tfrac{1}{30} + \tfrac{1}{56} + \ldots$$

Ob eine unendliche Reihe konvergiert oder divergiert, lässt sich häufig mithilfe von Kriterien entscheiden, die in Band 4 gezeigt werden. Wir wollen nun das Konvergenzverhalten von arithmetischen und geometrischen Reihen untersuchen.

Unendliche arithmetische Reihen

Eine arithmetische Folge mit $d = 0$ ist eine konstante Folge $\langle a_1, a_1, a_1, \ldots\rangle$. Die Summe der zugehörigen Reihe ist daher unendlich, wenn $a_1 \neq 0$ ist bzw. 0, wenn $a_1 = 0$ ist.

In allen anderen Fällen gilt: Die Glieder einer arithmetischen Folge werden immer größer ($d > 0$) oder immer kleiner ($d < 0$). Die Folge und somit auch die zugehörige Reihe sind divergent.

Unendliche geometrische Reihen

Geht man von der geometrischen Folge $b_n = b_1 \cdot q^{n-1}$ aus, so lässt sich die unendliche Reihe wie folgt anschreiben: $\sum_{n=1}^{\infty} b_1 \cdot q^{n-1} = b_1 + b_1 \cdot q + b_1 \cdot q^2 + b_1 \cdot q^3 + \ldots$ mit $b_1 \neq 0$

Die Partialsummen lassen sich mithilfe der Summenformel berechnen: $s_n = b_1 \cdot \frac{1-q^n}{1-q}$

Damit ergibt sich für den Grenzwert S der Partialsummenfolge: $S = \lim\limits_{n\to\infty}(s_n) = \lim\limits_{n\to\infty}\left(b_1 \cdot \frac{1-q^n}{1-q}\right)$

Die Konvergenz hängt vom Faktor q ab. Man unterscheidet drei Fälle:

- $q = 1 \Rightarrow$ Die Folge ist konstant, daher ist die Reihe divergent.
- $|q| > 1 \Rightarrow$ Die Folge $\langle q^n\rangle$ divergiert, somit ist die Reihe divergent.
- $|q| < 1 \Rightarrow$ Die Folge $\langle q^n\rangle$ ist eine Nullfolge, dh. $S = b_1 \cdot \lim\limits_{n\to\infty}\left(\frac{1-\overbrace{q^n}^{\to 0}}{1-q}\right) = b_1 \cdot \frac{1}{1-q} = \frac{b_1}{1-q}$

Die unendliche geometrische Reihe $\sum_{n=1}^{\infty} b_1 \cdot q^{n-1}$ ist konvergent, wenn $|q| < 1$ ist.

Summe der unendlichen geometrischen Reihe: $S = \frac{b_1}{1-q}$ für $|q| < 1$

Die Reihe ist divergent für alle anderen Werte von q (mit $b_1 \neq 0$).

Mithilfe dieser Formel kann zum Beispiel die Summe der unendlichen geometrischen Reihe von Seite 43 berechnet werden: $\sum_{n=1}^{\infty} \frac{1}{2^n} = \frac{1}{2} + \frac{1}{4} + \frac{1}{8} + \frac{1}{16} \ldots$

$b_1 = \frac{1}{2}$, $q = \frac{1}{2}$, da $q < 1$ ist, existiert der Grenzwert $\Rightarrow S = \sum_{n=1}^{\infty} \frac{1}{2} \cdot \left(\frac{1}{2}\right)^{n-1} = \sum_{n=1}^{\infty} \frac{1}{2^n} = \frac{\frac{1}{2}}{1 - \frac{1}{2}} = 1$

Technologieeinsatz: Unendliche Reihen
TI-Nspire

Das Summenzeichen kann aus den **mathematischen Vorlagen** gewählt werden. Danach werden die Platzhalter ausgefüllt. Das Zeichen ∞ befindet sich zum Beispiel in der Pi-Symbolpalette.

Mathcad, CASIO ClassPad II: www.hpt.at

1.164 Von einer geometrischen Folge kennt man die ersten Glieder $\langle b_n \rangle = \langle -2; 1; -0,5; \ldots \rangle$. Berechne die Summe der Reihe.

B

Lösung:

$\langle b_n \rangle = \langle -2; 1; -0,5; \ldots \rangle \Rightarrow b_1 = -2$ und $q = -0,5 \Rightarrow S = \frac{b_1}{1-q} = \frac{-2}{1-(-0,5)} = -\frac{4}{3}$

1.165 ***1)*** Eine einfache Regel zur Umrechnung einer periodischen Zahl in eine Bruchzahl lautet: Die Periode steht im Zähler des Bruchs. Die Anzahl der Neuner im Nenner entspricht der Anzahl der Ziffern der Periode.

A B D

ZB: $0,\overline{123} = \frac{123}{999}$

Zeige die Richtigkeit der Regel, indem du die gegebene Zahl als unendliche geometrische Reihe darstellst und die Summe berechnest.

2) Stelle $0,7\overline{23}$ als Bruch dar. Gib für die Bruchdarstellung einer gemischt periodischen Zahl eine ähnliche Rechenregel wie in ***1)*** an.

Lösung:

1) $0,123\,123\,123\ldots = \frac{123}{10^3} + \frac{123}{10^6} + \frac{123}{10^9} + \frac{123}{10^{12}} + \ldots$

$\Rightarrow b_1 = \frac{123}{10^3}$ und $q = \frac{1}{10^3}$

$\Rightarrow S = \frac{b_1}{1-q} = \frac{\frac{123}{10^3}}{1 - \frac{1}{10^3}} = \frac{123}{1\,000 - 1} = \frac{123}{999}$

- Der Exponent n der Zehnerpotenz von q entspricht der n-ten Stelle nach dem Komma. Von dieser Zehnerpotenz wird 1 subtrahiert und man erhält daher im Nenner eine Zahl mit n Neunern.

2) $0,7\overline{23} = \frac{7}{10} + \frac{23}{10^3} + \frac{23}{10^5} + \frac{23}{10^7} + \ldots$

$\Rightarrow b_1 = \frac{23}{10^3}$ und $q = \frac{1}{10^2} \Rightarrow S = \frac{\frac{23}{10^3}}{1 - \frac{1}{10^2}} = \frac{23}{10 \cdot (100 - 1)} = \frac{23}{990}$

$0,7\overline{23} = \frac{7}{10} + \frac{23}{990} = \frac{99 \cdot 7 + 23}{990} = \frac{716}{990} = \frac{723 - 7}{990}$

Die Anzahl der Neuner im Nenner entspricht der Anzahl der Ziffern der Periode. Danach folgen Nullen, wobei die Anzahl der Nullen der Anzahl der Ziffern vor der Periode entspricht. Im Zähler steht die Differenz der Zahl nach dem Komma und der Zahl vor der Periode.

A B C

1.166 Einem Quadrat mit der Seitenlänge a = 10 cm wird ein Quadrat so eingeschrieben, dass die Eckpunkte in den Mittelpunkten der Seiten des äußeren Quadrats liegen. Dieser Vorgang wird unendlich oft wiederholt.

1) Fertige eine Skizze an und gib einen Zusammenhang zwischen den Seitenlängen an.

2) Berechne die Summe der Umfänge der ersten vier Quadrate und die Summe der Umfänge aller Quadrate.

3) Berechne die Summe der Flächeninhalte aller Quadrate. Welchen Zusammenhang mit der Berechnung der Summe der Umfänge kannst du erkennen?

Lösung:

1) Skizze:

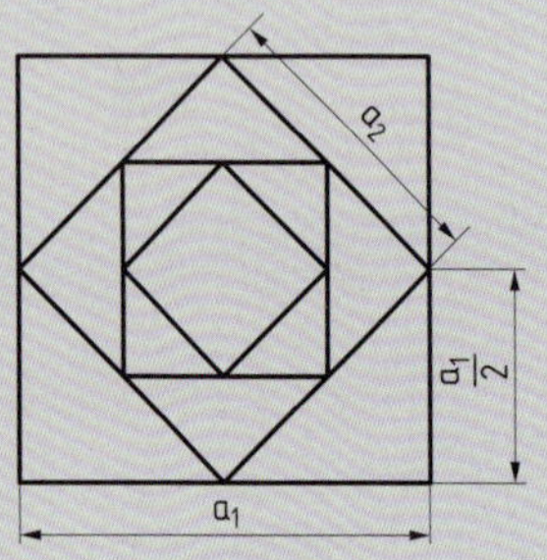

Die Seite des eingeschriebenen Quadrats ist die Hypotenuse des rechtwinkligen Dreiecks, die Länge der Katheten beträgt $\frac{a_1}{2}$. Damit kann a_2 mithilfe von $a_1 = a$ ausgedrückt werden.

$$a_2 = \sqrt{\left(\frac{a_1}{2}\right)^2 + \left(\frac{a_1}{2}\right)^2} = \sqrt{\frac{2a_1^{\,2}}{4}} = a_1 \cdot \frac{\sqrt{2}}{2}$$

Der Quotient $q_a = \frac{a_2}{a_1}$ gibt das Verhältnis der jeweiligen Seitenlängen an: $q_a = \frac{a_2}{a_1} = \frac{\sqrt{2}}{2}$

2) $u_1 = 4 \cdot a_1$

$$u_2 = 4 \cdot a_2 = 4 \cdot \frac{\sqrt{2}}{2} \cdot a_1 = 2a_1 \cdot \sqrt{2}$$

$$q_u = \frac{u_2}{u_1} = \frac{\sqrt{2}}{2}$$

$$u_1 = 40\text{ cm}$$

$$u_4 = 40\text{ cm} \cdot \frac{1 - \left(\frac{\sqrt{2}}{2}\right)^4}{1 - \frac{\sqrt{2}}{2}} = 102{,}426\ldots\text{ cm}$$

- Die Umfänge bilden eine geometrische Folge mit demselben Quotienten wie der der Seitenlängen.
- $s_n = b_1 \cdot \frac{1 - q^n}{1 - q}$

Die Summe der ersten vier Umfänge beträgt rund 102,4 cm.

$$u = \frac{u_1}{1 - q} = \frac{40\text{ cm}}{1 - \frac{\sqrt{2}}{2}} = 136{,}568\ldots\text{ cm}$$

- $S = \frac{b_1}{1 - q}$

Die Summe aller Umfänge beträgt rund 136,6 cm.

3) $A_1 = a_1^{\,2} = 100\text{ cm}^2$

- $b_1 = A_1$

$$A_2 = a_2^{\,2} = \left(\frac{\sqrt{2}}{2} \cdot a_1\right)^2 = \frac{1}{2} \cdot a_1^{\,2} \Rightarrow q_A = \frac{A_2}{A_1} = \frac{1}{2}$$

$$A = \frac{A_1}{1 - q_A} = \frac{100\text{ cm}^2}{1 - 0{,}5} = 200\text{ cm}^2$$

Die Summe aller Flächeninhalte ist 200 cm^2.
Ändern sich die Längen um den Faktor q, so ändern sich die Flächen um den Faktor q^2: $q_A = (q_a)^2$

A D

1.167 Argumentiere für jede der angegebenen Folgen, ob die Summe der zugehörigen unendlichen Reihe konvergiert oder divergiert.

1) $\langle 5, 5, 5, 5, \ldots \rangle$

2) $\langle 3; 1{,}5; 0{,}75; 0{,}375; \ldots \rangle$

3) $\langle \frac{1}{3}, -\frac{1}{6}, \frac{1}{12}, -\frac{1}{24}, \ldots \rangle$

4) $\langle 2, 4, 6, 8, \ldots \rangle$

5) $\langle 2; 3; 4{,}5; 6{,}75; \ldots \rangle$

6) $\langle 1, 4, 7, 10, \ldots \rangle$

1.168 Von einer geometrischen Folge $\langle b_n \rangle$ sind die ersten drei Glieder gegeben. Berechne die Summe der zugehörigen unendlichen Reihe, falls diese Summe existiert. Begründe andernfalls, warum sie nicht existiert.

a) $\langle b_n \rangle = \langle 8, 4, 2, ... \rangle$
b) $\langle b_n \rangle = \langle \frac{9}{4}, \frac{45}{28}, \frac{225}{196}, ... \rangle$
c) $\langle b_n \rangle = \langle 1{,}5; 1{,}65; 1{,}815; ... \rangle$
d) $\langle b_n \rangle = \langle 0{,}9; -0{,}8; 0{,}7\dot{1}; ... \rangle$

1.169 Gib die periodische Dezimalzahl z als Bruch an. Verwende zuerst die Rechenregel aus Aufgabe **1.165** und überprüfe dann dein Ergebnis mithilfe einer geometrischen Reihe.

a) $z = 0{,}\overline{30}$ **b)** $z = 0{,}\overline{796}$ **c)** $z = 3{,}\overline{153846}$ **d)** $z = 4{,}\overline{769230}$

1.170 Die Summe einer unendlichen geometrischen Reihe ist 25. Quadriert man die einzelnen Glieder der Reihe und bildet anschließend die Summe, so erhält man $\frac{625}{9}$.
Berechne b_1 und q.

1.171 **1)** Berechne die Längen der rot eingezeichneten Strecken.
2) Berechne die Gesamtlänge aller Strecken, die – immer kleiner werdend – auf die gleiche Art eingezeichnet werden können.

a) a = 1 m, $\alpha = 60°$ **b)** a = 25 cm, $\alpha = 45°$

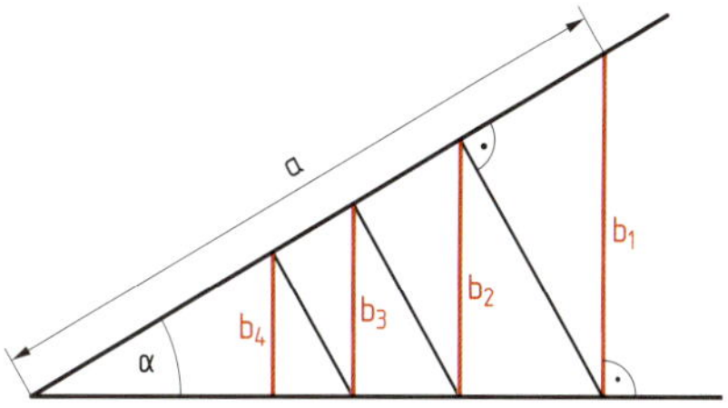

1.172 Die Seiten eines Quadrats Q_1 mit der Seitenlänge a_1 werden im Verhältnis 5 : 12 geteilt. Die Teilungspunkte sind die Eckpunkte eines zweiten Quadrats Q_2, dessen Seitenlängen ebenfalls im gleichen Verhältnis geteilt werden, sodass ein weiteres Quadrat Q_3 entsteht. Dieser Vorgang wird unendlich oft wiederholt.
1) Berechne die Summe der Umfänge von Q_1 bis Q_{12}.
2) Berechne die Summe aller Umfänge.
3) Argumentiere, warum das Verhältnis zweier aufeinanderfolgender Flächeninhalte $\frac{169}{289}$ ist. Berechne anschließend die Summe aller Flächeninhalte.

1.173 An einen Halbkreis mit dem Radius r_1 wird ein Halbkreis mit dem Radius $r_2 = 0{,}5 \cdot r_1$ angehängt, an diesen ein Halbkreis mit dem Radius $r_3 = 0{,}5 \cdot r_2$. Dieser Vorgang wird unendlich oft wiederholt, sodass eine Spirale entsteht.
1) Berechne die Länge der ersten n Halbkreisumfänge.
2) Berechne die Gesamtlänge der Spirale.

a) $r_1 = 50$ cm, n = 12 **b)** $r_1 = 60$ mm, n = 7

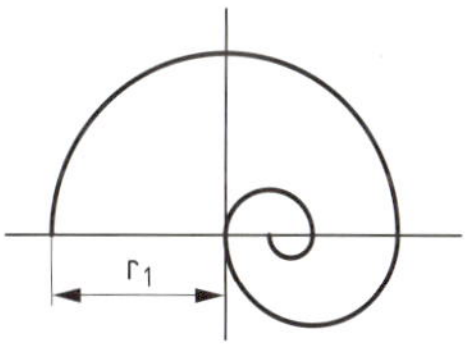

1.174 Für ein Logo wird auf einer Geraden über einer Strecke mit der Länge a ein Halbkreis gezeichnet. Anschließend an diese Strecke wird eine halb so lange Strecke gezeichnet und darüber wieder ein Halbkreis. Dieser Vorgang wird unendlich oft wiederholt.
Begründe, ob folgende Aussagen wahr oder falsch sind.
1) Die Gesamtlänge der Strecken ist unendlich.
2) Die Gesamtlänge der Umfänge der Halbkreise ist so lang wie der Umfang eines Kreises mit dem Durchmesser d = a.
3) Das Verhältnis zweier aufeinander folgender Umfänge ist gleich groß wie das Verhältnis der Flächeninhalte zweier aufeinander folgender Halbkreise.
4) Würde man die Strecken vierteln, so würde sich der Gesamtflächeninhalt ebenfalls vierteln.

Folgen und Reihen

1.175 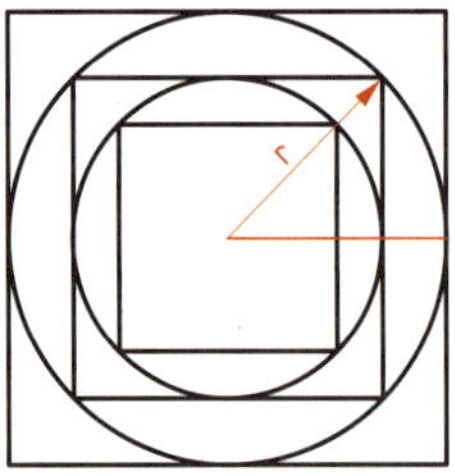

In ein Quadrat wird ein Kreis mit dem Radius r = 12 cm eingeschrieben. In diesen Kreis wird ein Quadrat eingeschrieben, in das wieder ein Kreis eingeschrieben wird. Dieser Vorgang wird unendlich oft wiederholt.

1) Berechne die Summe der Flächeninhalte aller Kreise.
2) Berechne die Summe der Flächeninhalte aller Quadrate.
3) Wie ändert sich die in ***1)*** bzw. ***2)*** berechnete Summe, wenn der Radius des ersten Kreises verdoppelt wird?

1.176 In ein gleichseitiges Dreieck mit der Seitenlänge a = 10 cm wird ein Rechteck R_1 mit dem Seitenverhältnis 5 : 3 eingeschrieben. Auf dieses Rechteck wird ein ähnliches Rechteck aufgesetzt und dieser Vorgang unendlich oft wiederholt.

a) Wie viel Prozent der Dreiecksfläche werden durch die Rechtecke bedeckt?
b) R_1 wird hochkant eingeschrieben, ebenso die folgenden Rechtecke. Wie viel Prozent der Dreiecksfläche wird durch die Rechtecke bedeckt?

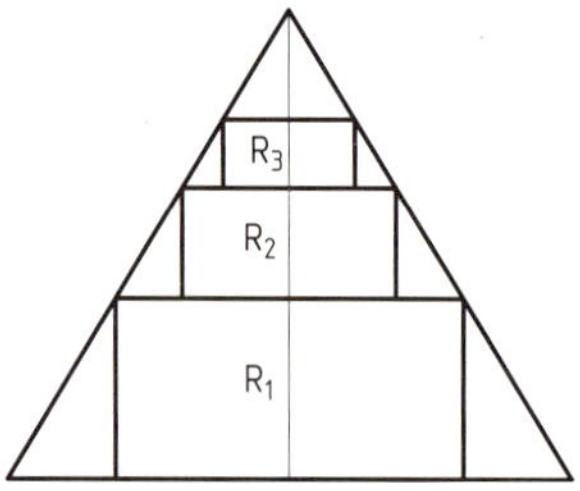

1.177 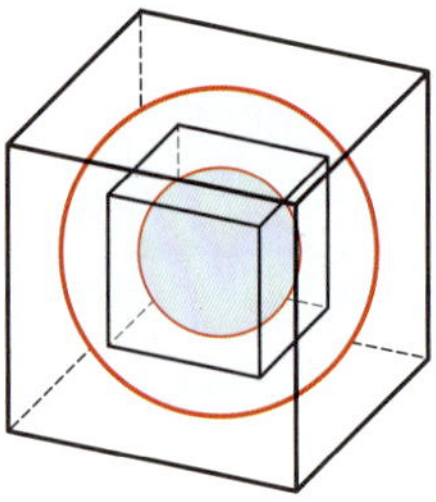

In einen Würfel mit der Seitenlänge a = 30 cm wird eine Kugel eingeschrieben. In diese Kugel wird wieder ein Würfel eingeschrieben, dem wieder eine Kugel eingeschrieben wird. Dieser Vorgang wird unendlich oft wiederholt.

1) Wie groß ist die Summe aller Kugeldurchmesser?
2) Wie groß ist die Summe aller Würfeloberflächen?
3) In welchem Verhältnis steht die Summe der Oberflächen der Kugeln zur Oberfläche des ursprünglichen Würfels?

1.178 Viele irrationale Zahlen werden mithilfe unendlicher Reihen dargestellt. Der Wert der irrationalen Zahl kann mit begrenzter Genauigkeit ermittelt werden, indem man eine endliche Teilsumme der Reihe berechnet. Berechne die gegebene Summe für n = 10, 100 und 1 000. Vergleiche das Ergebnis mit jenem Wert, den der Taschenrechner ausgibt. Beachte, dass dieser Wert ebenfalls nur ein Näherungswert ist.

a) $\ln(2) = \sum_{k=1}^{\infty} (-1)^{k-1} \cdot \frac{1}{k}$ ***b)*** $\frac{\pi}{4} = \sum_{k=1}^{\infty} (-1)^{k-1} \cdot \frac{1}{2k-1}$

1.179 Werden auf den Seiten eines gleichseitigen Dreiecks gleichseitige Dreiecke gezeichnet, deren Seitenlänge ein Drittel der Seitenlänge des Ausgangsdreiecks ist, und auf deren Außenseiten wieder gleichseitige Dreiecke usw., dann entsteht die **Koch'sche Schneeflocke**. Diese gehört zu den **Fraktalen**, die entstehen, wenn immer kleiner werdende selbstähnliche geometrische Figuren aneinander gereiht werden.

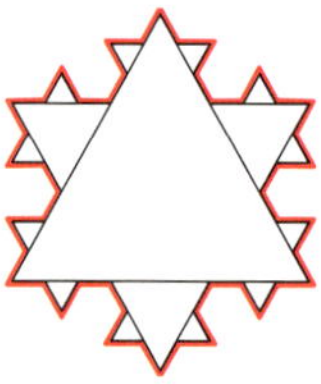

1) Zeige, dass der Umfang der Schneeflocke unendlich, der Flächeninhalt aber endlich ist.
2) Das Sierpiński-Dreieck und der Sierpiński-Teppich sind ebenfalls Fraktale. Recherchiere deren Entstehung und besondere Eigenschaften.

1.180 Eine Frau wandert mit ihrem Hund zu einer a km entfernten Hütte. Der Hund läuft zwischen ihr und der Hütte hin und her, er rennt dabei dreimal so schnell wie seine Besitzerin. Dokumentiere, wie man den Weg, den der Hund zurücklegt, berechnen kann.

Zusammenfassung

Eine Folge $\langle a_n \rangle$ kann **rekursiv** oder **explizit** (erzeugender Term) angegeben werden.

Arithmetische Folge: $a_{n+1} = a_n + d$ bzw. $a_n = a_1 + (n-1) \cdot d$

Summe s_n einer **endlichen arithmetischen Reihe**: $s_n = \frac{n}{2} \cdot (a_1 + a_n)$

Geometrische Folge: $b_{n+1} = b_n \cdot q$ bzw. $b_n = b_1 \cdot q^{n-1}$

Summe s_n einer **endlichen geometrischen Reihe**: $s_n = b_1 \cdot \frac{q^n - 1}{q - 1}$

Einfache Zinsen

$K_n = K_0 \cdot (1 + i \cdot n)$

Zinseszinsen

$K_n = K_0 \cdot (1 + i)^n$

K_0 ... Anfangskapital bzw. Barwert
$i = p\,\%$ ... Jahreszinssatz
n ... Verzinsungsdauer in Jahren
K_n ... Endkapital bzw. Endwert nach n Jahren

Rentenrechnung

Endwert einer **nachschüssigen Rente**

$E_{nach} = R \cdot \frac{q^n - 1}{q - 1}$

Barwert einer **nachschüssigen Rente**

$B_{nach} = \frac{E}{q^n} = R \cdot \frac{q^n - 1}{q - 1} \cdot \frac{1}{q^n}$

Endwert einer **vorschüssigen Rente**

$E_{vor} = R \cdot \frac{q^n - 1}{q - 1} \cdot q$

Barwert einer **vorschüssigen Rente**

$B_{vor} = \frac{E}{q^n} = R \cdot \frac{q^n - 1}{q - 1} \cdot \frac{1}{q^{n-1}}$

R ... Rate (Rente), $q = 1 + i$ ... Aufzinsungsfaktor, n ... Anzahl der Rentenperioden

Eine **Differenzengleichung** ist eine Gleichung, in der die Differenz $\Delta y(t)$ vorkommt:
$\Delta y(t) = y(t+1) - y(t)$, $t = 0, 1, 2, 3, \ldots$

Lösung einer Differenzengleichung ist jede **Folge**, die die Gleichung erfüllt.

Monotonie, Grenzwert

Eine Folge $\langle a_n \rangle$ heißt **monoton steigend**, wenn für alle Folgeglieder gilt: $a_n \leqslant a_{n+1}$

Eine Folge $\langle a_n \rangle$ heißt **monoton fallend**, wenn für alle Folgeglieder gilt: $a_n \geqslant a_{n+1}$

Eine reelle Zahl g wird **Grenzwert** oder **Limes** einer Folge $\langle a_n \rangle$ genannt, wenn in jeder ε-Umgebung von g fast alle Glieder der Folge liegen, man schreibt: $\lim\limits_{n \to \infty} (a_n) = g$

Hat eine Folge einen Grenzwert, wird sie **konvergent** genannt, andernfalls **divergent**.

Grenzwertsätze

- $\lim\limits_{n \to \infty} (k \cdot a_n) = k \cdot \lim\limits_{n \to \infty} (a_n)$
- $\lim\limits_{n \to \infty} (a_n \pm b_n) = \lim\limits_{n \to \infty} (a_n) \pm \lim\limits_{n \to \infty} (b_n)$
- $\lim\limits_{n \to \infty} (a_n \cdot b_n) = \lim\limits_{n \to \infty} (a_n) \cdot \lim\limits_{n \to \infty} (b_n)$
- $\lim\limits_{n \to \infty} \left(\frac{a_n}{b_n}\right) = \frac{\lim\limits_{n \to \infty}(a_n)}{\lim\limits_{n \to \infty}(b_n)}$ mit $b_n \neq 0$, $\lim\limits_{n \to \infty} (b_n) \neq 0$

Eine **unendliche Reihe** $\sum\limits_{n=1}^{\infty} a_n$ ist die Folge der Partialsummen $\langle s_n \rangle$. Sie konvergiert, wenn der Grenzwert der Partialsummenfolge existiert.

Summe S einer **unendlichen geometrischen Reihe**: $S = \frac{b_1}{1 - q}$ für $|q| < 1$

Folgen und Reihen

Weitere Aufgaben

Endliche Folgen und Reihen

1.181 Gib jeweils das Bildungsgesetz der endlichen Folge mit eigenen Worten an.

a) $\langle 3, 1, 4, 1, 5, 9, 2, 6, 5, 4 \rangle$ **b)** $\langle 8, 3, 1, 5, 9, 0, 6, 7, 4, 2 \rangle$

1.182 Gib die ersten fünf Glieder der Folge an.

a) $a_{n+1} = 0{,}5 \cdot a_n + 1, \quad a_1 = 3$ **b)** $a_{n+2} = a_{n+1} - 2 \cdot a_n, \quad a_1 = 1, a_2 = 4$

1.183 **1)** Begründe, ob die gegebene Folge arithmetisch, geometrisch, beides oder keines von beiden ist.

2) Gib einen erzeugenden Term oder eine rekursive Darstellung an und berechne das 10. Folgeglied.

a) $\langle 1, -1, 1, -1, 1, \ldots \rangle$ **c)** $\langle 1, -1, -3, -5, -7, \ldots \rangle$ **e)** $\langle 2, 2, 2, 2, 2, \ldots \rangle$

b) $\langle \frac{1}{4}, \frac{1}{12}, \frac{1}{3}, \frac{5}{12}, \ldots \rangle$ **d)** $\langle \frac{1}{12}, \frac{1}{4}, \frac{3}{4}, \frac{9}{4}, \ldots \rangle$ **f)** $\langle \frac{1}{4}, \frac{7}{12}, \frac{11}{12}, \frac{5}{4}, \ldots \rangle$

1.184 Handelt es sich bei der gegebenen Folge um eine arithmetische oder geometrische Folge oder weder noch? Begründe deine Antwort.

1) $a_n = 2 - 3n$ **2)** $a_n = n^2 + 3$ **3)** $a_n = 2^n + 3$ **4)** $a_n = 3 \cdot 2^n$

1.185 Von einer arithmetischen Folge kennt man $a_1 = -3$, $a_n = 31$ und $d = 2$. Berechne n und s_{20}.

1.186 Von einer geometrischen Folge kennt man $b_3 = 16$ und $b_7 = 81$. Berechne q und s_8.

1.187 Beim Bohren eines Brunnens kann am ersten Tag 15 m tief gebohrt werden. Mit steigender Tiefe wird der Boden härter und es können jeweils nur mehr 90 % der Strecke des Vortags gebohrt werden.

1) Berechne, wie viel Meter am 4. Tag gebohrt werden.

2) Ermittle die Tiefe des Brunnens am Ende des 4. Tags.

3) Wann wird eine Tiefe von 100 m erreicht?

1.188 Der mittlere Luftdruck in Meereshöhe beträgt $p_0 = 101\,325$ Pa. Er sinkt (annähernd konstant) um ein Hektopascal je 8 Meter Höhe.

1) Gib das Bildungsgesetz an, das die Folge $\langle a_n \rangle$ = ⟨Luftdruck in n Meter Höhe über dem Meeresspiegel⟩ beschreibt.

2) Berechne den Luftdruck in 400 m Höhe über dem Meeresspiegel.

3) Wie hoch liegt ein Ort, an dem ein Luftdruck von 50 000 Pa gemessen wird?

4) Ab welcher Höhe herrscht ein Luftdruck von weniger als 75 % von p_0?

1.189 Eine Serie von sieben Schrumpfschläuchen soll mit Durchmessern von 25 mm bis 400 mm hergestellt werden. Welche abgeleiteten Normzahlreihen eignen sich für die Berechnung der Durchmesser? Welche Durchmesser haben die Schläuche?

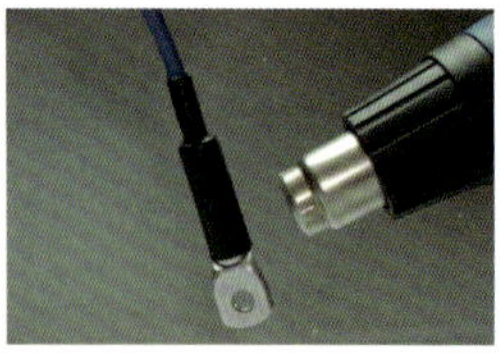

1.190 Berechne jeweils die fehlende Größe, wenn man von einer einfachen Verzinsung ausgeht (Anfangskapital K_0, Verzinsungsdauer t, Zinsen Z bzw. Zinssatz i).

a) K_0 = 300,00 €; t = 250 Tage; Z = 40,45 € **c)** K_0 = 150,00 €; i = 1,785 %; Z = 3,00 €

b) Z = 21,25 €; t = 265 Tage; i = 1,575 % **d)** Z = 3 540,00 €; t = 4 Monate; i = 4,75 %

1.191 Ali bekam vor zwei Jahren ein Sparbuch mit einem Guthaben von 1 000,00 € geschenkt, das mit i = 3,125 % p. a. verzinst wird. Er hebt nun 250,00 € ab und lässt das Sparbuch für weitere zwei Jahre liegen. Wie hoch ist nach Abzug der KESt das Endkapital?

1.192 Ein Grund soll für 20 Jahre verpachtet werden.
Angebot 1: Ein Betrag von 20 000,00 € wird sofort bezahlt.
Angebot 2: Der Pachtzins wird jährlich nachschüssig gezahlt. Er beträgt im 1. Jahr 800,00 € und wird zur Inflationsabdeckung jährlich mit q = 1,05 aufgezinst.
Argumentiere, für welches Angebot man sich entscheiden sollte.

A B D

1.193 Ermittle die ersten 5 Glieder der Lösungsfolge der Differenzengleichung und stelle sie grafisch dar. Interpretiere das Ergebnis.

B C TE

a) $y(t+1) = 1{,}2 \cdot y(t) - 3,\quad y(0) = 2$ **b)** $y(t+1) = 0{,}4 \cdot (4 - y(t)),\quad y(0) = 6$

1.194 Ein Schmetterlingsweibchen legt jährlich 100 Eier, von denen sich die Hälfte wieder zu Weibchen entwickelt, von denen jedes wieder jährlich 100 Eier legt, usw.

A B TE

1) Gib die Differenzengleichung für die Anzahl der Schmetterlingsweibchen an und löse sie.
2) Stelle die Entwicklung der Anzahl der Weibchen grafisch dar.
3) Das Schmetterlingsweibchen und alle seine Nachfahren haben eine Flügelfläche von 10 cm². Wann würden – unter der Annahme, dass keine gestorben sind – alle weiblichen Nachkommen die Landfläche der Erde ($A \approx 148{,}9 \cdot 10^6\ \text{km}^2$) bedecken?
4) Nimm an, dass jährlich 25 Schmetterlingsweibchen sterben. Gib die Differenzengleichung an und stelle die Lösung grafisch dar.

1.195 Zeige die Gültigkeit der Aussage mithilfe der vollständigen Induktion. $\sum_{k=1}^{n} k^3 = \left(\sum_{k=1}^{n} k\right)^2$

D

Unendliche Folgen und Reihen

Aufgaben 1.196 – 1.197: Beantworte jeweils die folgenden Fragen.
1) Wie lauten die ersten fünf Glieder der Folge?
2) Welche Art von Monotonie liegt gegebenenfalls vor?
3) Welchen Wert hat das Infimum bzw. Supremum, falls es existiert?

1.196 **a)** $a_n = \frac{1}{4n-7}$ **b)** $a_n = 2^n \cdot (-1)^{n+1}$ **c)** $a_n = 6 \cdot \left(\frac{1}{2}\right)^{n-1}$ **d)** $a_n = \ln(n)$

B C

1.197 **a)** $a_{n+1} = a_n - 0{,}2;\quad a_1 = 5$ **b)** $a_{n+2} = 2a_{n+1} - a_n;\quad a_1 = 0,\ a_2 = 1$

B C

1.198 Berechne den Grenzwert der Folge.

B

a) $a_n = \frac{5n^4 - n + 1}{2n^2 - 10}$ **b)** $a_n = \frac{(4n+7)^3}{2n^3 + n - 8}$ **c)** $a_n = \frac{(3n-1)\cdot(3n+1)}{(n+3)\cdot(n-3)}$

1.199 Berechne die ersten zehn Glieder der Folge $a_{n+1} = \frac{1}{2} \cdot \left(a_n + \frac{c}{a_n}\right)$ für **1)** c = 4 und **2)** c = 2 mit $a_1 = 1$. Welchen Grenzwert vermutest du? Wähle $a_1 \neq 1$ beliebig und führe die Berechnung erneut durch. Was fällt dir auf?

B C D TE

1.200 Berechne die Summe der gegebenen unendlichen geometrischen Reihe.

B

a) $\sum_{k=1}^{\infty} a_k = \sqrt{3} - 1 + \ldots$ **b)** $\sum_{k=1}^{\infty} a_k = \frac{5}{3} + \frac{1}{15} + \ldots$ **c)** $\sum_{k=1}^{\infty} a_k = a + \frac{a^3}{b^2+1} + \ldots$

Folgen und Reihen

1.201 Die Summe einer unendlichen geometrischen Reihe ist 925, die Partialsumme s_3 hat den Wert 917,6. Berechne s_7.

1.202 In einen Kreis mit dem Radius r = 100 mm wird ein Kreis eingeschrieben, dessen Durchmesser dem Radius des ersten Kreises entspricht. Dieser Vorgang wird unendlich oft wiederholt. Berechne den Flächeninhalt
a) der ersten vier Kreise. **b)** aller Kreise.

1.203 Einem gleichschenkligen Dreieck mit der Basis c_1 = 10 cm und dem Schenkel a_1 = 26 cm wird ein ähnliches Dreieck „verkehrt herum" eingeschrieben, sodass die Basis c_2 parallel zu c_1 ist, usw. Berechne die Summe der Umfänge
a) der ersten zehn Dreiecke. **b)** aller Dreiecke.

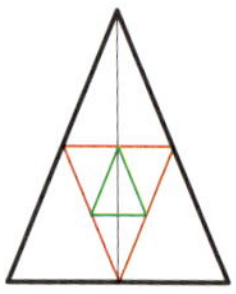

1.204 Gegeben ist ein gleichseitiges Dreieck mit der Seitenlänge a. Die Höhe dieses Dreiecks ist die Seitenlänge eines zweiten, kleineren Dreiecks, dessen Höhe die Seite eines dritten Dreiecks ist, usw. Berechne die Summe der Flächeninhalte
a) der ersten drei Dreiecke. **b)** aller Dreiecke.

1.205 Zeige für die geometrische Folge $b_n = b_1 \cdot q^{n-1}$ die Gültigkeit der folgenden Aussagen.
1) Die Folge divergiert für $|q| > 1$.
2) Die Folge konvergiert für q = 1 gegen den Grenzwert $g = b_1$ und für q = 0 gegen g = 0.
3) Die Folge konvergiert für $|q| < 1$ gegen den Grenzwert g = 0.

Aufgaben in englischer Sprache

annuity	Rente
arithmetic series	arithmetische Reihe
convergent	konvergent
divergent	divergent
final (future) value	Endwert
finite series	endliche Reihe
geometric series	geometrische Reihe
infinite series	unendliche Reihe
limit/limit value	Grenzwert

monotonicity	Monotonie
monotonically increasing/decreasing	monoton wachsend/fallend
present value	Barwert
rate of interest	Zinssatz
recursive	rekursiv
sequence	Folge
series	Reihe
sum	Summe

1.206 Given is the sequence $\left\langle \frac{2n^2 + n - 3}{4n^2 - 5} \right\rangle$. Write down the first four terms. Is the sequence monotonically increasing or decreasing? Find the limit of the sequence.

1.207 The first term of a geometric sequence is 3, the second is 1. Calculate the sum of the infinite geometric series.

1.208 A grandfather pays £ 500.00 into a savings account at the beginning of each year. He started in the year of the first birthday of his granddaughter and will cease in the year of her 16th birthday. Calculate the future value assuming the rate of interest is 3.5 %.

Wissens-Check

		gelöst
1	Ich kann eine Folge in rekursiver und expliziter Darstellung angeben und je ein Beispiel nennen.	
2	Gib das nächste Glied der Folge an. Begründe deine Antwort. A) $\langle 16, 8, 4, 2, ...\rangle$ B) $\langle 3, 7, 11, 15, ...\rangle$ C) $\langle 3, 9, 27, 81, ...\rangle$	
3	Berechne die ersten fünf Glieder der Folge und die Summe s_5. A) $a_n = 3{,}5 + 1{,}5 \cdot (n - 1)$ B) $a_n = 10\,000 \cdot 0{,}8^{n-1}$	
4	Ich kann die Begriffe „Barwert", „Endwert" und „Zinsen" erklären.	
5	10 000,00 € werden zehn Jahre lang zu 5 % verzinst. Begründe, welcher der angegebenen Werte der Endwert ist und warum die anderen Werte dafür nicht in Frage kommen, ohne die Berechnung durchzuführen. A) 576 650,39 € B) 52 500,00 € C) 16 288,95 € D) 1 628,89 €	
6	Berechne die ersten vier Glieder der Folge $\langle 1 - \frac{1}{n}\rangle$. Ist diese Folge monoton steigend oder fallend? Begründe deine Antwort.	
7	Ich kenne den Unterschied zwischen einer konvergenten und einer divergenten Folge. Ergänze folgende Sätze. A) Die Folge $\left\langle \frac{1}{n} \right\rangle$ ist ... C) Die Folge $\left\langle \frac{3n^2}{n^3 + 1} \right\rangle$ ist ... B) Die Folge $\left\langle \frac{n^2}{n + 1} \right\rangle$ ist ... D) Die Folge $\langle \sin(n \cdot \pi)\rangle$ ist ...	
8	Ergänze: $\lim\limits_{n \to \infty} \left(\frac{3n^2}{n^3 + 1}\right) = 0$, da ...	
9	Sind folgende Aussagen jeweils wahr oder falsch? Begründe deine Antworten. A) Eine endliche Reihe hat immer eine Summe. B) Jede unendliche Reihe ist divergent. C) Eine unendliche Reihe konvergiert, wenn die Partialsummenfolge konvergiert. D) Eine monoton steigende Folge ist immer divergent. E) Die unendliche geometrische Reihe ist für $q > 1$ konvergent.	
10	Ich kann die Summe der unendlichen geometrischen Reihe $\sum\limits_{n=1}^{\infty} \frac{1}{3^n}$ berechnen.	

Lösung:
1) siehe Seiten 6f, zB: $a_{n+1} = a_n + 3$ mit $a_1 = 2$; $a_n = 2n$ 2) A) $1 = 2 \cdot 0{,}5$; B) $19 = 15 + 4$; C) $243 = 81 \cdot 3$
3) A) $\langle 3{,}5; 5; 6{,}5; 8; 9{,}5\rangle$, $s_5 = 35{,}5$; B) $\langle 10\,000; 8\,000; 6\,400; 5\,120; 4\,096\rangle$, $s_5 = 33\,616$ 4) siehe Seite 24 und Seite 28
5) C), weil die Zinsen rund 5 000 € betragen.
6) $\langle 0, \frac{1}{2}, \frac{2}{3}, \frac{3}{4}, ...\rangle$; monoton steigend: $1 - \frac{1}{n} < 1 - \frac{1}{n+1}$ $\frac{1}{n} > \frac{1}{n+1} \Rightarrow n + 1 > n$, für alle $n \in \mathbb{N}$
7) siehe Seiten 39f; A), C) konvergent, B), D) divergent
8) der Grad des Zählerpolynoms kleiner ist als jener des Nennerpolynoms.
9) A) wahr, endlich viele Zahlen können addiert werden; B) falsch, zB geometrische Reihe mit $q < 1$; C) wahr, laut Definition; D) falsch, zB $\langle 1 - \frac{1}{n}\rangle$; E) falsch, $|q| < 1$ 10) $S = \frac{1}{2}$

2 Grenzwert und Stetigkeit von Funktionen

Der Technologieeinsatz im Mathematikunterricht des 21. Jahrhunderts erleichtert viele Berechnungen, die bis vor wenigen Jahren noch unter großem Zeitaufwand händisch durchgeführt werden mussten. Heute gibt es viele Möglichkeiten, Funktionen grafisch darzustellen. Die grafische Darstellung verleitet zu der Annahme, dass man den Verlauf und die Eigenschaften von Funktionen anhand des Graphen vollständig ablesen kann. Das ist jedoch nur bis zu einem gewissen Grad richtig, da vor allem an „kritischen" Stellen einer Funktion die grafische Umsetzung oft mangelhaft ist. Daher können wichtige Eigenschaften nur durch präzise mathematische Untersuchungen erfasst werden.

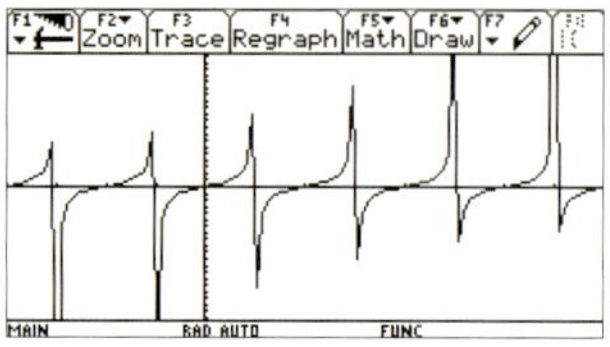

Darstellung der Tangens-Funktion, ausgegeben von einer Mathematik-Software

Zwei in diesem Zusammenhang wichtige Begriffe, nämlich der **Grenzwert** und die **Stetigkeit** von Funktionen, werden in diesem Abschnitt nun besprochen.

2.1 Grenzwert einer Funktion für $x \to \pm\infty$

C D **2.1** Ein Getränk wird mit einer Temperatur von 7 °C aus dem Kühlschrank genommen und in einen Raum mit einer konstanten Temperatur von 25 °C gestellt.

1) Welche Temperatur wird deiner Meinung nach das Getränk nach sehr langer Zeit haben, wenn es niemand trinkt?

2) Nach dem Newton'schen Abkühlungsgesetz gilt für die Temperatur ϑ in °C des Getränks: $\vartheta(t) = 25 - 18 \cdot e^{-0{,}8 \cdot t}$ t … Zeit in Stunden
Versuche, eine mathematische Begründung zu geben, warum die Funktionswerte die Temperatur von 25 °C nicht übersteigen.

Wir haben in Band 2 bereits Funktionen kennengelernt, deren langfristiges Verhalten intuitiv erkennbar war. Um dieses Verhalten auch mathematisch korrekt beschreiben zu können, benötigt man den Begriff des **Grenzwerts einer Funktion** für $x \to \infty$, also $\lim\limits_{x \to \infty} f(x)$.

Stellt man zum Beispiel die Funktion $f(x) = 1 + e^{-x}$ grafisch dar, so kann man vermuten, dass sich die Funktionswerte für $x \to \infty$ dem Wert 1 nähern. Um dies mathematisch zu begründen, kann man wie beim Grenzwert einer Folge auch den Grenzwert einer Funktion mithilfe der ε-Umgebung beschreiben. Zeichnet man symmetrisch um den vermuteten Grenzwert g = 1 einen Streifen der Breite 2ε, so kann man eine Stelle x_0 angeben, ab der alle Funktionswerte in diesem Streifen liegen.

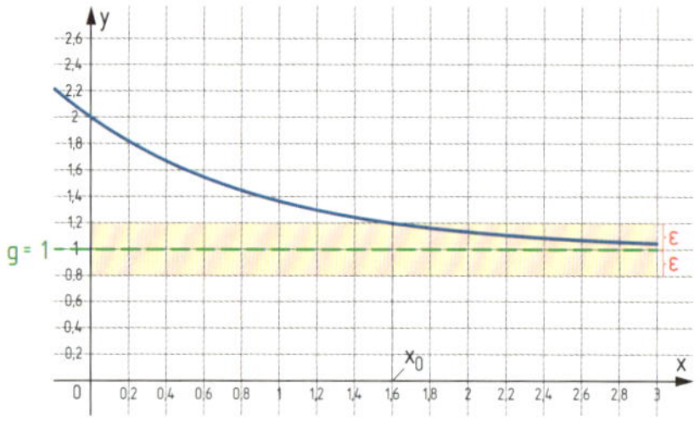

Es gilt also: $\lim\limits_{x \to \infty} (1 + e^{-x}) = 1$

Das Verhalten einer Funktion kann auch für $x \to -\infty$ untersucht werden. Der Ausdruck $x \to \pm\infty$ bedeutet, dass beide Grenzwerte gebildet werden.

Der **Grenzwert g einer Funktion** f(x) für $x \to +\infty$ existiert, wenn es zu jedem $\varepsilon > 0$ eine Stelle x_0 gibt, sodass für alle $x > x_0$ stets $|f(x) - g| < \varepsilon$ gilt.
Man schreibt: $\lim\limits_{x \to +\infty} f(x) = g$

Ist $\lim\limits_{x \to +\infty} f(x) = \pm\infty$, so spricht man von einem **uneigentlichen Grenzwert**.

Der Grenzwert für $x \to -\infty$ ist analog definiert.

Grenzwerte von Exponentialfunktionen

In Band 2 wurden bereits verschiedene, meist zeitabhängige Wachstums- und Zerfallsprozesse mithilfe von Exponentialfunktionen beschrieben.

- Wird ein Kapital $K_0 = 500{,}00$ € zu einem Zinssatz von 3,5 % p. a. verzinst, ohne dass weitere Kontobewegungen stattfinden, so wächst das Kapital ständig an. Es handelt sich daher um **exponentielles Wachstum**. Es gilt:

  $K(t) = 500 \cdot 1{,}035^t$

  $\lim\limits_{t \to \infty} (500 \cdot 1{,}035^t) = \infty$

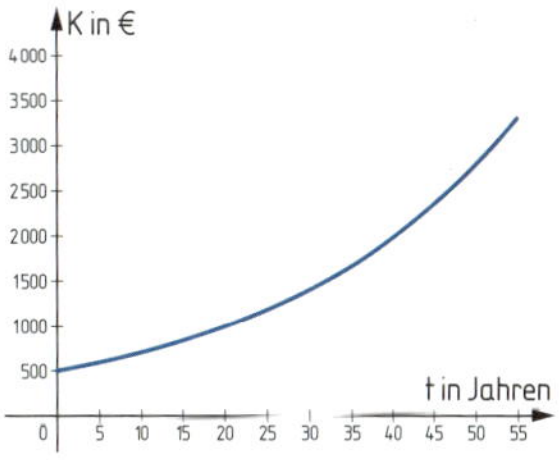

- Der radioaktive **Zerfall** ist gekennzeichnet durch eine ständige Abnahme der Anzahl der Kerne eines Isotops. Die Anzahl der Kerne N wird immer kleiner, aber nie negativ. Sie nähert sich also dem Wert 0.
  Zum Beispiel gilt für 500 000 Kerne eines Isotops mit der Halbwertszeit $T_{1/2} = 1\,000$ s:

  $N(t) = 500\,000 \cdot e^{\frac{-\ln(2)}{1\,000} \cdot t}$

  $\lim\limits_{t \to \infty}\left(500\,000 \cdot e^{\frac{-\ln(2)}{1\,000} \cdot t}\right) = 0$, da $\lim\limits_{t \to \infty} (e^{-t}) = 0$ gilt.

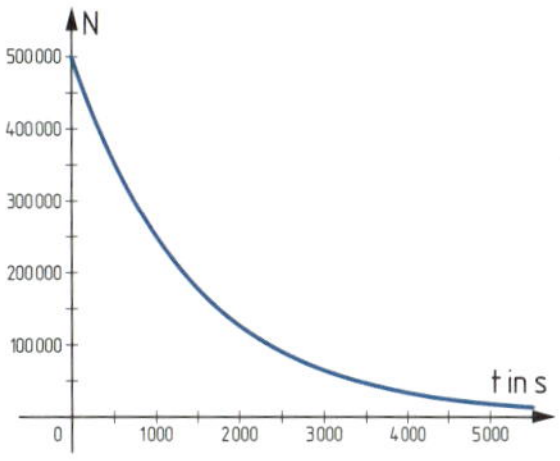

- Beschreibt eine Funktion einen **Sättigungsvorgang**, wie zum Beispiel das Aufladen eines Kondensators, nähern sich die Funktionswerte einem konstanten Endwert.

  $u_c(t) = 12 \cdot (1 - e^{-t})$

  $\lim\limits_{t \to \infty} (12 \cdot (1 - \underbrace{e^{-t}}_{\to 0})) = 12$

  u_c nähert sich für $t \to \infty$ dem Wert 12 V.

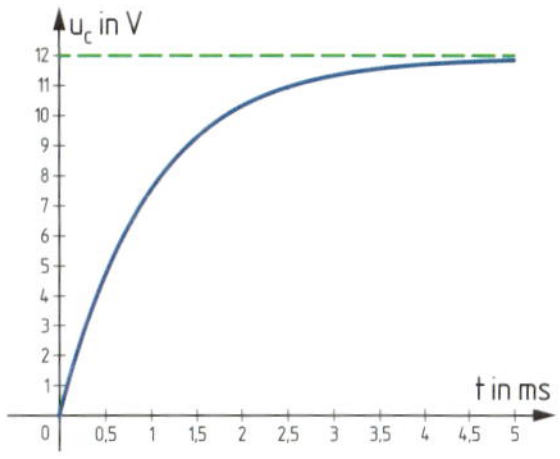

- Bei **logistischem Wachstum** mit der Kapazitätsgrenze K nähern sich die Funktionswerte dieser Grenze.
  Zum Beispiel gilt für K = 20:

  $y = \dfrac{20}{1 + 19 \cdot e^{-0{,}08 \cdot t}}$

  $\lim\limits_{t \to \infty} \left(\dfrac{20}{1 + 19 \cdot \underbrace{e^{-0{,}08 \cdot t}}_{\to 0}}\right) = 20$

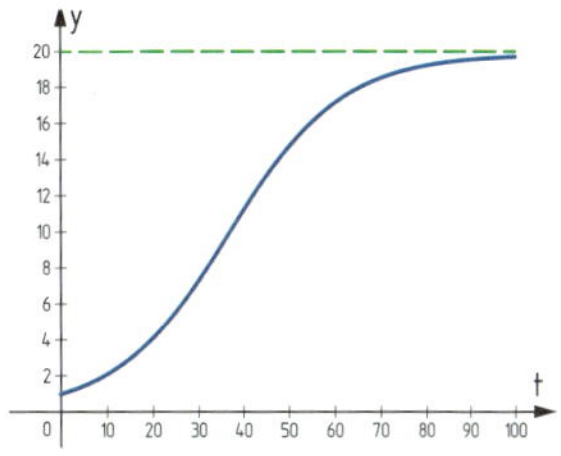

In den oben beschriebenen Fällen nähert sich der Funktionsgraph einer waagrechten **Asymptote**.

Allgemein versteht man unter einer Asymptote eine **Gerade**, der sich ein **Funktionsgraph nähert**. Anders formuliert kann man sagen, dass der „Abstand" zwischen dem Graphen der Funktion und der Asymptote immer geringer wird und gegen 0 geht.

Grenzwert und Stetigkeit von Funktionen

Die **Berechnungen von Grenzwerten** liefern nun das mathematische „Rüstzeug“, um anhand einer Zeichnung geäußerte Vermutungen präzise zu erfassen. Die mathematische Definition einer Asymptote lautet:

> Eine Gerade a = a(x) ist eine **Asymptote** der Funktion y = f(x), wenn gilt:
>
> $\lim\limits_{x \to -\infty} |f(x) - a(x)| = 0$ bzw. $\lim\limits_{x \to +\infty} |f(x) - a(x)| = 0$

Viele Funktionen haben für $x \to +\infty$ nicht den gleichen Grenzwert wie für $x \to -\infty$.
ZB: y = arctan(x)
Anhand des Einheitskreises kann man überprüfen, dass gilt:

$\lim\limits_{x \to -\infty} (\arctan(x)) = -\frac{\pi}{2}$ und $\lim\limits_{x \to +\infty} (\arctan(x)) = +\frac{\pi}{2}$

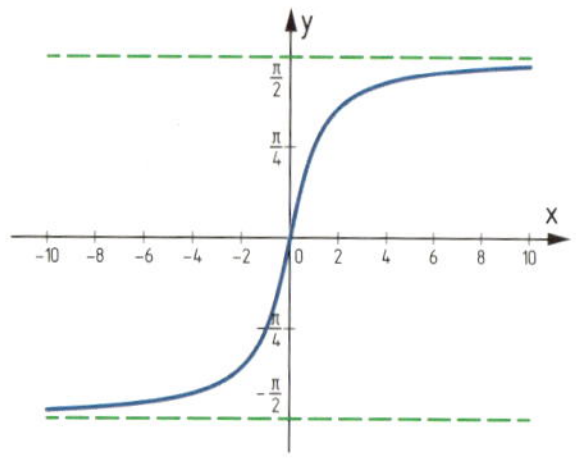

Grenzwerte von gebrochen rationalen Funktionen

Bildet man den Quotienten zweier Polynomfunktionen g(x) und h(x), erhält man eine **gebrochen rationale Funktion** $f(x) = \frac{g(x)}{h(x)}$. Der Grenzwert von f(x) für $x \to \pm\infty$ hängt vom Grad der Polynome im Zähler und im Nenner ab (siehe Abschnitt 1.7.3).

- Der Grad des **Zählerpolynoms** ist **kleiner** als der Grad des **Nennerpolynoms**.

ZB

$f(x) = \frac{2}{x^2 + 1}$

Es gilt: $\lim\limits_{x \to \pm\infty} \left(\frac{2}{x^2 + 1}\right) = 0$

Die Funktionswerte nähern sich dem Grenzwert 0, der Graph nähert sich der Asymptote a: y = 0.

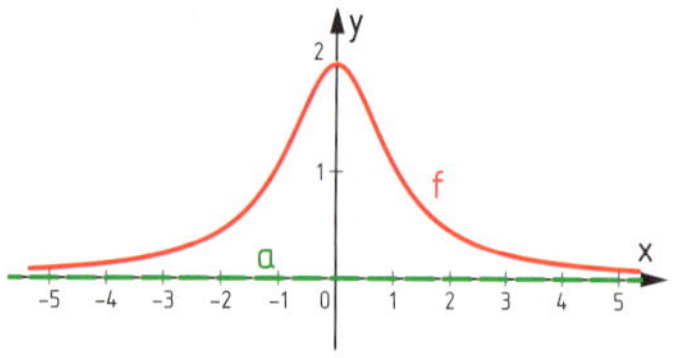

- Der Grad des **Zählerpolynoms** und der Grad des **Nennerpolynoms** sind **gleich groß**.

ZB

$f(x) = \frac{2x^2}{x^2 + 1}$

Es gilt: $\lim\limits_{x \to \pm\infty} \left(\frac{2x^2}{x^2 + 1}\right) = 2$

Die Gleichung der Asymptote lautet a: y = 2.

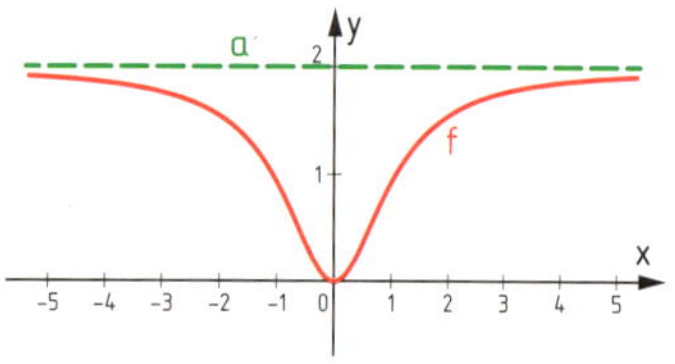

- Der Grad des **Zählerpolynoms** ist **um 1 größer** als der Grad des **Nennerpolynoms**.

ZB

$f(x) = \frac{x^3 + x + 2}{x^2 + 1}$

Es gilt: $\lim\limits_{x \to +\infty} \left(\frac{x^3 + x + 2}{x^2 + 1}\right) = +\infty$ und $\lim\limits_{x \to -\infty} \left(\frac{x^3 + x + 2}{x^2 + 1}\right) = -\infty$

Die Gleichung der Asymptote erhält man mithilfe einer Polynomdivision:

$(x^3 + x + 2) : (x^2 + 1) = x + \underbrace{\frac{2}{x^2 + 1}}_{\to 0 \text{ für } x \to \pm\infty} \Rightarrow a\colon y = x$

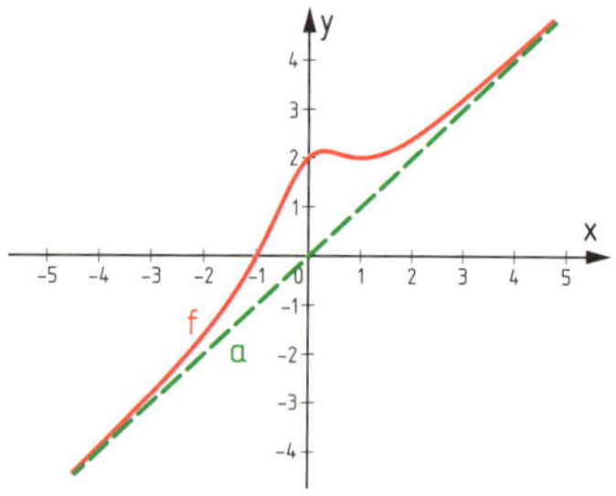

Grenzwert und Stetigkeit von Funktionen

Wenn der Grad des Zählerpolynoms um mehr als 1 größer als der Grad des Nennerpolynoms ist, nähert sich der Funktionsgraph für $x \to \pm\infty$ einer nichtlinearen Kurve, der so genannten **Grenzkurve**. Die Definition der Asymptote gilt sinngemäß auch für die Grenzkurve, sie wird in der Literatur deshalb auch oft als Asymptote bezeichnet. Die Gleichung einer Grenzkurve k kann ebenfalls mithilfe einer Polynomdivision ermittelt werden.

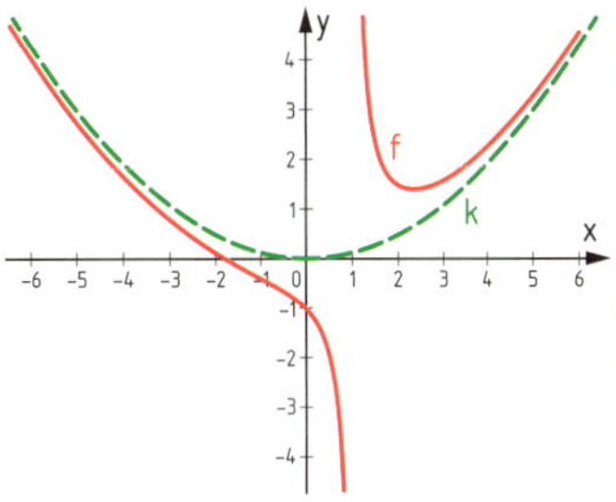

ZB

$$y = \frac{x^3 - x^2 + 8}{8x - 8}$$

$$(x^3 - x^2 + 8) : (8x - 8) = \frac{1}{8} \cdot x^2 + \underbrace{\frac{1}{x-1}}_{\to 0 \quad \text{für } x \to \pm\infty}$$

Gleichung der Grenzkurve k: $y = \frac{1}{8} \cdot x^2$

- Die Grenzkurve ist eine Parabel.

Die Funktion $y = \frac{x^3 - x^2 + 8}{8x - 8}$ zeigt ein für viele gebrochen rationale Funktionen typisches Verhalten. Sie ist an einer Stelle unterbrochen, da die Division durch null nicht sinnvoll ist und daher die Nullstellen des Nennerpolynoms h(x) aus der Definitionsmenge D_f ausgenommen werden müssen. Das Verhalten von gebrochen rationalen Funktion an solchen Stellen wird in Abschnitt 2.3 genauer besprochen.

Auch für Funktionen gelten die aus Abschnitt 1.7.3 bekannten **Grenzwertsätze**.

Grenzwertsätze

Existieren die Grenzwerte $\lim\limits_{x \to \pm\infty} f(x)$ und $\lim\limits_{x \to \pm\infty} g(x)$, so gilt:

- $\lim\limits_{x \to \pm\infty} [f(x) + g(x)] = \lim\limits_{x \to \pm\infty} f(x) + \lim\limits_{x \to \pm\infty} g(x)$
- $\lim\limits_{x \to \pm\infty} [f(x) - g(x)] = \lim\limits_{x \to \pm\infty} f(x) - \lim\limits_{x \to \pm\infty} g(x)$
- $\lim\limits_{x \to \pm\infty} [f(x) \cdot g(x)] = \lim\limits_{x \to \pm\infty} f(x) \cdot \lim\limits_{x \to \pm\infty} g(x)$
- $\lim\limits_{x \to \pm\infty} \frac{f(x)}{g(x)} = \frac{\lim\limits_{x \to \pm\infty} f(x)}{\lim\limits_{x \to \pm\infty} g(x)}$ mit $\lim\limits_{x \to \pm\infty} g(x) \neq 0$

2.2 Ordne den Funktionen jeweils die richtige Behauptung A, B oder C über deren Verhalten für $x \to \infty$ zu. Begründe deine Entscheidung. C D

1) $y = \frac{4x^2 + x}{2x^2 - 10}$ ***2)*** $y = \sin(x)$ ***3)*** $y = 3x - 1$ ***4)*** $y = \frac{10}{e^{-0{,}05 \cdot x}}$

A: Der Grenzwert existiert.
B: Die Funktion hat einen uneigentlichen Grenzwert.
C: Der Grenzwert existiert nicht.

Lösung:

1) A; der Grenzwert existiert, da der Grad des Zähler- und des Nennerpolynoms gleich sind.

2) C; es existiert kein Grenzwert, da die Sinusfunktion eine periodische Funktion ist.

3) B; die Funktion hat einen uneigentlichen Grenzwert, da $\lim\limits_{x \to \infty} (3x - 1) = \infty$ gilt.

4) B; die Funktion hat einen uneigentlichen Grenzwert, da $\lim\limits_{x \to \infty} (e^{-0{,}05 \cdot x}) = 0$ und damit $\lim\limits_{x \to \infty} \left(\frac{10}{e^{-0{,}05 \cdot x}}\right) = \infty$ gilt.

TE B C D **2.3** **1)** Bestimme die Grenzwerte der Funktion f mit $f(x) = 2 \cdot (3 - e^{-x})$ für $x \to \pm\infty$ anhand der Funktionsgleichung.
2) Gib die Gleichung der Asymptote an.
3) Überprüfe die Ergebnisse mittels Technologieeinsatz.

Lösung mit GeoGebra:

1) $\lim\limits_{x \to \infty} (2 \cdot (3 - e^{-x})) = 6$; für $x \to \infty$ geht e^{-x} gegen 0.

$\lim\limits_{x \to -\infty} (2 \cdot (3 - e^{-x})) = -\infty$; für $x \to -\infty$ geht e^{-x} gegen $+\infty$.

2) Asymptote a: y = 6

3)

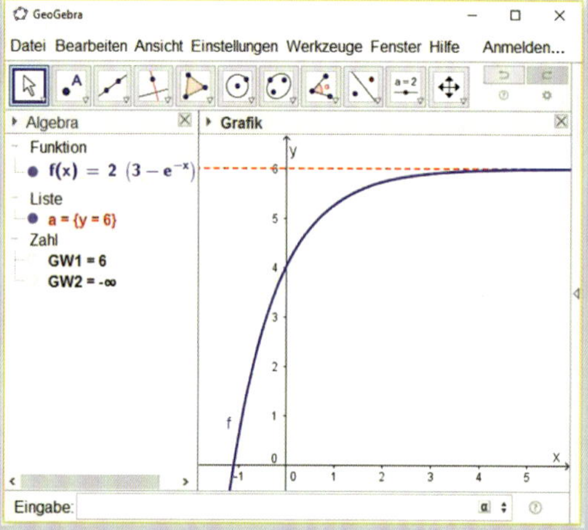

- Die Funktion f wird definiert.
- Die Grenzwerte werden mithilfe des Befehls **Grenzwert** ermittelt:
  GW1=Grenzwert[f,∞]
  GW2=Grenzwert[f,−∞]
  Das ∞-Zeichen befindet sich in der Palette α in der Eingabezeile.
- Die Asymptote erhält man mithilfe des Befehls **Asymptote: a=Asymptote[f]**

D **2.4** Begründe, ob die Gerade g eine Asymptote der Funktion f für $x \to \infty$ ist.

a)

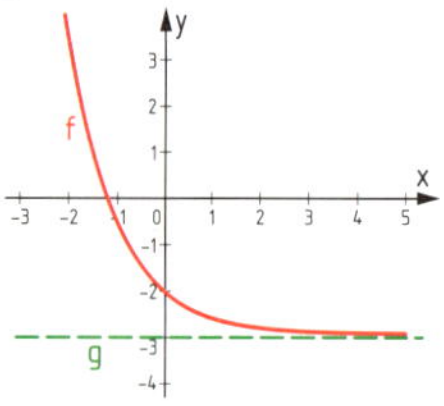

b)

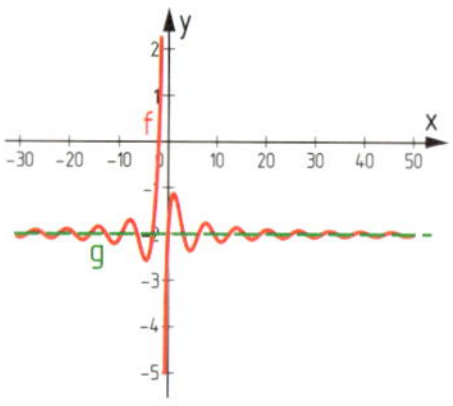

c)

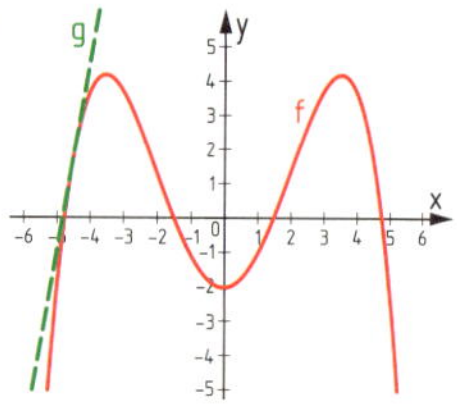

A **2.5** Gib die Gleichung einer Funktion an, die folgende Asymptote hat.

a) x = 0 **b)** y = 0 **c)** x = 5 **d)** y = −3

TE A D **2.6** Gib die Gleichungen der Asymptoten an und überprüfe das Ergebnis jeweils durch eine geeignete Zeichnung.

a) $f(x) = \frac{4}{2 - e^{-x}}$ **b)** $f(x) = (1 - e^{-x})^2$ **c)** $f(x) = 3 - e^{-x^2}$ **d)** $f(x) = \tanh(x) = \frac{e^x - e^{-x}}{e^x + e^{-x}}$

C **2.7** Ordne dem Grenzwert jeweils die passende Funktion zu.

1	$\lim\limits_{x \to \infty} (f(x)) = 2$	☐
2	$\lim\limits_{x \to -\infty} (f(x)) = 0$	☐

A	$f(x) = 2 \cdot e^x$
B	$f(x) = 2 \cdot (1 + e^x)$
C	$f(x) = 2 \cdot e^{-x}$
D	$f(x) = 2 \cdot (1 + e^{-x})$

2.8 Erkläre, welchem Grenzwert sich die Funktion B mit $B(x) = \frac{3}{2 + e^{-x}}$ für $x \to \infty$ nähert. D

2.9 Um Mitternacht wird ein Leichnam gefunden. Die Umgebungstemperatur beträgt konstant 17,4 °C. Die Temperatur ϑ des Leichnams beträgt zwei Stunden später noch 25,2 °C. Der Temperaturverlauf kann durch folgende Funktion beschrieben werden: A B

$\vartheta(t) = \vartheta_U + (\vartheta_0 - \vartheta_U) \cdot e^{-k \cdot t}$

t … Zeit nach dem Tod in Stunden, $\vartheta(t)$ … Temperatur zur Zeit t in °C,
ϑ_U … Umgebungstemperatur in °C,
$\vartheta_0 = 27$ °C … Körpertemperatur um Mitternacht

1) Berechne den Faktor k mithilfe der gegebenen Temperaturwerte.
2) Bestimme den Todeszeitpunkt.
3) Ermittle, welche Temperatur der Leichnam nach sehr langer Zeit hätte.

2.10 Die Oberfläche einer oben offenen Schachtel mit quadratischer Grundfläche mit dem Volumen V = 1 Liter lässt sich durch folgende Funktion beschreiben: B C

$A(\ell) = \ell^2 + \frac{4}{\ell}$

ℓ … Kantenlänge in dm, $A(\ell)$ … Oberfläche bei der Kantenlänge ℓ in dm²

1) Stelle die Funktion grafisch dar.
2) Gib eine sinnvolle Definitionsmenge für die Kantenlänge ℓ an.
3) Beschreibe das Verhalten der Funktion, wenn ℓ gegen null geht.

2.11 Die Spannung u_C (in Volt) eines Kondensators in Abhängigkeit von der Zeit t (in s) wird durch die Funktion $u_C(t) = U_0 \cdot \left(1 - e^{\frac{-t}{\tau}}\right)$ mit $\tau = R \cdot C$ beschrieben. An einem Kondensator mit dem Widerstand R = 3,9 kΩ und der Kapazität C = 390 µF wird eine Spannung von $U_0 = 12$ V angelegt. B C D TE

1) Stelle die Funktion u_C für $0 \text{ s} \leqslant t \leqslant 12 \text{ s}$ grafisch dar. Zeichne die Asymptote ein.
2) Argumentiere anhand der Funktionsgleichung, dass sich die Spannung des Kondensators asymptotisch dem Wert U_0 nähert.

2.12 Eine Software-Firma präsentiert ein neues Computerspiel, das per App auf ein Mobiltelefon geladen werden kann. Die Anzahl der Personen, die das neue Spiel auf ihr Mobiltelefon geladen haben, lässt sich durch die Funktion A beschreiben: B D TE

$A(t) = \frac{4\,236}{1 + 5 \cdot e^{-0{,}14 \cdot t}}$

t … Zeit in Wochen, A(t) … Anzahl der Personen zur Zeit t, die das Spiel geladen haben

1) Stelle die Funktion für die ersten 40 Wochen grafisch dar.
2) Argumentiere anhand der Grafik, dass es sich bei diesem Modell um ein logistisches Wachstum handelt.
3) Begründe anhand der Funktionsgleichung, welchem Wert sich die Anzahl der Personen nach langer Zeit nähert.

2.13 Das Bevölkerungswachstum einer Kleinstadt kann durch folgende Funktion B beschrieben werden: B D TE

$B(t) = \frac{250t}{t^2 + 4} + 500$ für $t \geqslant 0$

t … Zeit in Jahren, B(t) … Anzahl der Bevölkerung in 1 000 zur Zeit t

1) Berechne die Bevölkerungsanzahl zu Beginn der Aufzeichnungen.
2) Erkläre anhand der Funktionsgleichung, welchem Wert sich die Bevölkerungsanzahl nach sehr langer Zeit nähert.

C **2.14** Ordne den Funktionsgraphen die jeweils passende Funktionsgleichung zu.

1	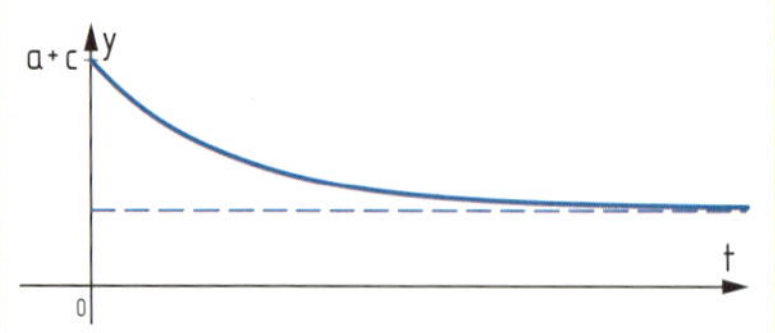	☐	**A**	$y(t) = a - c \cdot e^{k \cdot t}$ $(k > 0)$
			B	$y(t) = a + c \cdot e^{k \cdot t}$ $(k > 0)$
2	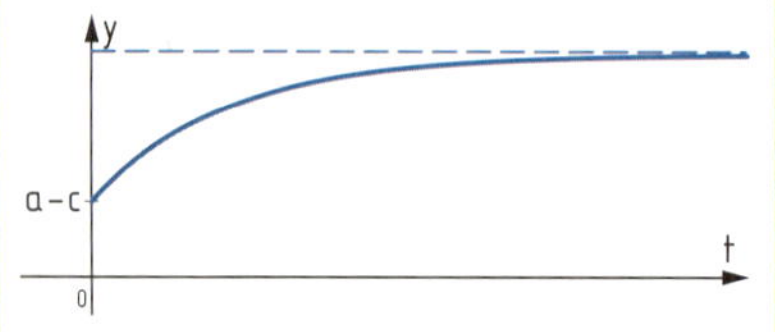	☐	**C**	$y(t) = a + c \cdot e^{k \cdot t}$ $(k < 0)$
			D	$y(t) = a - c \cdot e^{k \cdot t}$ $(k < 0)$

TE B C D **2.15** Unter Berücksichtigung der herrschenden Wetterbedingungen wurde der Geschwindigkeitsverlauf v für einen Fallschirmsprung vor dem Öffnen des Schirms durch folgende Funktion berechnet:

$v(t) = 20 \cdot \frac{e^{0,5t} - e^{-0,5t}}{e^{0,5t} + e^{-0,5t}}$ t … Zeit in Sekunden, v(t) … Geschwindigkeit zur Zeit t in $\frac{m}{s}$

1) Stelle die Funktion grafisch dar.

2) Welchem Grenzwert nähert sich die angegebene Geschwindigkeitsfunktion für $t \to \infty$? Ermittle den Wert mithilfe der Grafik und rechnerisch.

3) Erkläre, welche praktische Bedeutung der in **2)** berechnete Grenzwert hat.

TE A B **2.16** Um eine Raumsonde mit der Masse m von der Erdoberfläche aus in eine bestimmte Höhe h (in m) zu befördern, muss Hebearbeit W (in J) der Form

$W(h) = G \cdot M \cdot m \cdot \left(\frac{1}{r_0} - \frac{1}{r_0 + h}\right)$ verrichtet werden.

$G \approx 6{,}67 \cdot 10^{-11}\ \frac{m^3}{kg \cdot s^2}$ … Newton'sche Gravitationskonstante

$M \approx 5{,}97 \cdot 10^{24}$ kg … Masse der Erde

m … Masse der Raumsonde in kg

$r_0 \approx 6{,}37 \cdot 10^6$ m … mittlerer Erdradius

1) Berechne die Hebearbeit in Joule, um eine Raumsonde mit der Masse $m \approx 825{,}50$ kg aus dem Schwerefeld der Erde (ins Unendliche) zu bringen.

2) Berechne, welche minimale Anfangsgeschwindigkeit in $\frac{km}{s}$ erreicht werden muss, um einen Körper aus dem Schwerefeld der Erde zu bringen.

Hinweis: Beschleunigungsarbeit $W = \frac{m \cdot v^2}{2}$

TE A B D **2.17** Die Masse m ist ein Maß für die Trägheit eines Körpers. Nach der speziellen Relativitätstheorie wächst die Masse eines Körpers immer mehr an, je größer die Geschwindigkeit v wird, mit der er sich gleichförmig bewegt; er wird also träger. Diese Massenzunahme wird mithilfe der Funktion m beschrieben.

$m(v) = k(v) \cdot m_0$ mit $k(v) = \frac{1}{\sqrt{1 - \frac{v^2}{c^2}}}$, $c \approx 3 \cdot 10^8\ \frac{m}{s}$ … Lichtgeschwindigkeit

v … Geschwindigkeit in $\frac{m}{s}$, m(v) … Masse bei der Geschwindigkeit v in kg

m_0 … Ruhemasse in kg, k(v) … Lorentzfaktor bei der Geschwindigkeit v

1) Stelle den **Lorentzfaktor** k als Funktion der Geschwindigkeit grafisch dar.

2) Zeige, dass die Masse eines Körpers unendlich groß wäre, wenn er sich mit Lichtgeschwindigkeit bewegen könnte.

2.2 Grenzwert und Stetigkeit

2.18 ABC

1) Orangen kosten 1,20 € pro Kilogramm. Stelle die zugehörige Kostenfunktion grafisch dar. Welchen Preis kann man in diesem Fall für 2 kg Orangen erwarten?

2) Im Sonderangebot kostet ein 2-kg-Netz Orangen 2,00 €, für jede andere Menge beträgt der Preis weiterhin 1,20 € pro kg. Stelle die Kostenfunktion für diesen Fall grafisch dar.

3) Beschreibe für beide Situationen den Preisunterschied zwischen „etwas weniger als 2 kg Orangen" bzw. „etwas mehr als 2 kg Orangen" und „genau 2 kg Orangen".

In vielen Fällen weisen Funktionen „Besonderheiten" auf, wie zum Beispiel die Funktion $y = \frac{1}{x}$ an der Stelle $x_0 = 0$. Um den Verlauf solcher Funktion mathematisch präzise zu erfassen, benötigen wir weitere Begriffe.

2.2.1 Grenzwert einer Funktion an der Stelle x_0

Um den Grenzwert einer Funktion an der Stelle x_0 bestimmen zu können, betrachtet man die Funktionswerte „links" und „rechts" nahe bei x_0. Dabei ist es nicht wichtig, ob die Funktion an dieser Stelle überhaupt definiert ist bzw. welchen Funktionswert die Funktion an der Stelle x_0 hat.

Zunächst betrachtet man in der Abbildung den „linken Ast" des Funktionsgraphen. Nähern sich die x-Werte der Stelle $x_0 = 0$, so nähern sich die Funktionswerte dem Wert 0. Beim „rechten Ast" nähern sich die Funktionswerte dem Wert 2, wenn sich die x-Werte von rechts der Stelle $x_0 = 0$ nähern. Die Funktion nähert sich also verschiedenen Werten, es gibt daher keinen Grenzwert (siehe Aufgabe 2.25).

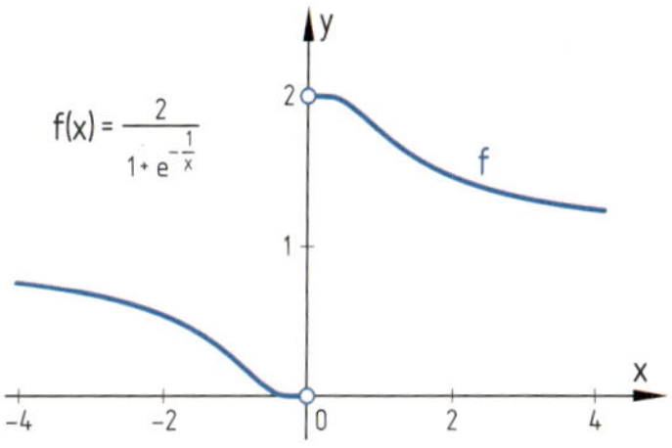

Um den Grenzwert definieren zu können, benötigt man noch einige Überlegungen.

- Ist **g** der **Grenzwert** einer Funktion an der Stelle x_0, so kann man zu jedem **ε-Streifen** ($\varepsilon > 0$, ε beliebig klein) einen **Bereich ($x_0 \pm \delta$)** auf der x-Achse finden, sodass für jedes $x \neq x_0$ aus dem **δ-Streifen** der zugehörige **Funktionswert** im ε-Streifen liegt.

- Bei der abgebildeten Funktion kann zum eingezeichneten **ε-Streifen kein geeigneter Bereich** auf der x-Achse angegeben werden. Für jeden noch so kleinen positiven Wert δ liegt $f(x_0 + \delta)$ **außerhalb des ε-Streifens**. Es existiert **kein Grenzwert** an der Stelle x_0.

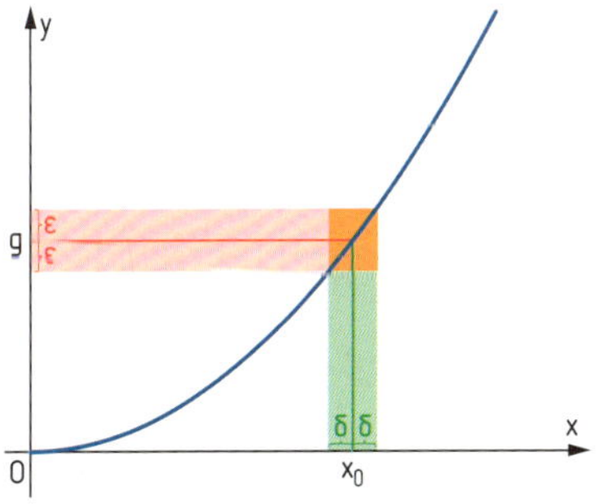

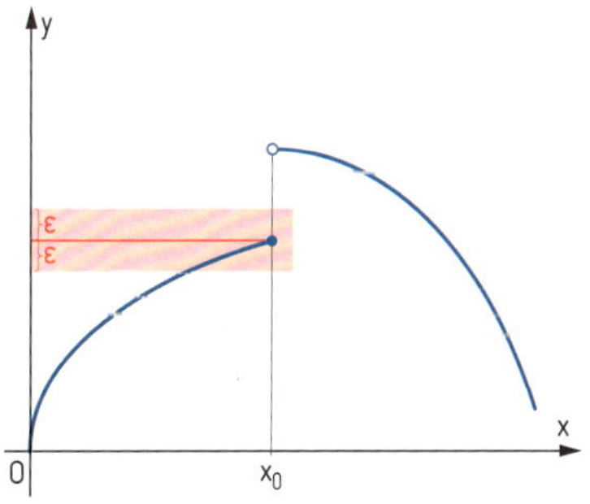

Grenzwert und Stetigkeit von Funktionen

Die Funktion f(x) hat für $x \to x_0$ den **Grenzwert** $\lim\limits_{x \to x_0} f(x) = g$, wenn es zu jedem $\varepsilon > 0$ ein $\delta > 0$ gibt, sodass für alle $x \neq x_0$ mit $|x - x_0| < \delta$ gilt: $|f(x) - g| < \varepsilon$

Man kann den Grenzwert einer Funktion an der Stelle x_0 auch mithilfe von Folgen definieren.

ZB: Der Grenzwert der Funktion $y = x^2$ soll an der Stelle $x_0 = 2$ untersucht werden.
Man bildet sowohl eine Folge von x-Werten, die sich dem Wert x_0 „von links" nähert, als auch eine Folge, die sich „von rechts" nähert. Dafür eignen sich zum Beispiel die Folgen $\langle x_n^- \rangle = \langle 2 - 0{,}1^n \rangle$ („von links") und $\langle x_n^+ \rangle = \langle 2 + 0{,}1^n \rangle$ („von rechts"). Beide Folgen konvergieren gegen 2.

Berechnet man die Funktionswerte der Folgenglieder, so erkennt man, dass sich die Folge der Funktionswerte in beiden Fällen dem Wert 4 nähert.

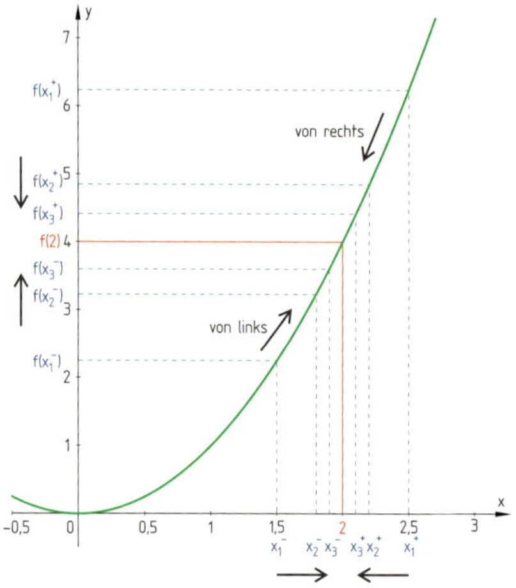

Um den Unterschied zwischen der Näherung von links und der von rechts auszudrücken, wird beim **linksseitigen Grenzwert g_L** ein hochgestelltes „–" und beim **rechtsseitigen Grenzwert g_R** ein hochgestelltes „+" bei x_0 verwendet.

Für den **linksseitigen Grenzwert** gilt daher

$g_L = \lim\limits_{n \to \infty} f(x_n^-) = \lim\limits_{n \to \infty} (x_n^-)^2 = \lim\limits_{x \to 2^-} (x^2) = 4$

und für den **rechtsseitigen Grenzwert**

$g_R = \lim\limits_{n \to \infty} f(x_n^+) = \lim\limits_{n \to \infty} (x_n^+)^2 = \lim\limits_{x \to 2^+} (x^2) = 4.$

Der linksseitige und der rechtsseitige Grenzwert stimmen überein. Man sagt:
„4 ist der **Grenzwert der Funktion** f(x) an der Stelle 2."

$g = \lim\limits_{x \to x_0} f(x)$ nennt man den **Grenzwert der Funktion f(x) an der Stelle x_0**, wenn für **jede** beliebige Folge von x-Werten, die gegen x_0 konvergiert, die zugehörige Folge der Funktionswerte gegen **denselben Wert $g \in \mathbb{R}$** konvergiert.
Für $x \to x_0^-$ erhält man den linksseitigen Grenzwert: $g_L = \lim\limits_{x \to x_0^-} f(x)$
Für $x \to x_0^+$ erhält man den rechtsseitigen Grenzwert: $g_R = \lim\limits_{x \to x_0^+} f(x)$
Gibt es einen linksseitigen und einen rechtsseitigen Grenzwert an der Stelle x_0 und gilt $\mathbf{g_L = g_R}$, so ist $g_L = g_R$ der Grenzwert g der Funktion an der Stelle x_0.

Technologieeinsatz: Grenzwert einer Funktion an der Stelle x_0
GeoGebra

TI-Nspire, CASIO ClassPad II, Mathcad: www.hpt.at

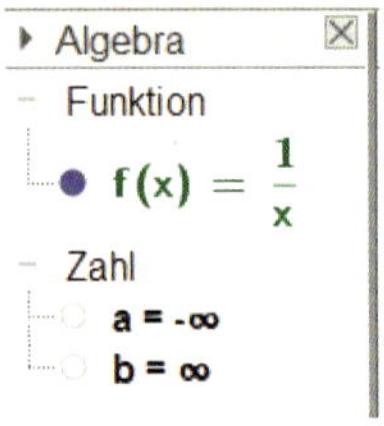

ZB: $f(x) = \frac{1}{x}$, $x_0 = 0$
Zuerst wird die Funktion eingegeben.
Anschließend gibt man die Befehle für die Grenzwertberechnung ein:
LinksseitigerGrenzwert[f,0] … a
RechtsseitigerGrenzwert[f,0] … b

Grenzwert und Stetigkeit von Funktionen

2.19 Begründe jeweils anhand der Zeichnung, ob der Grenzwert g an der Stelle $x_0 = 0$ existiert. Welchen Grenzwert vermutest du gegebenenfalls? Formuliere deine Überlegungen.

1)

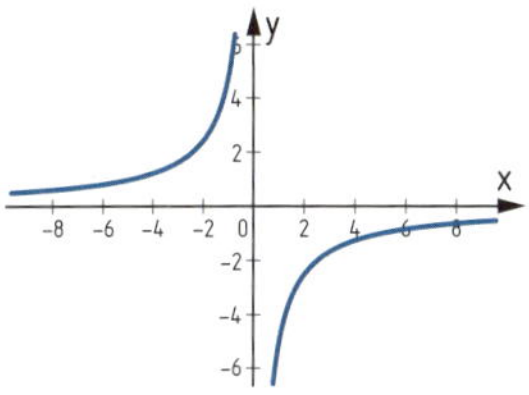

3)

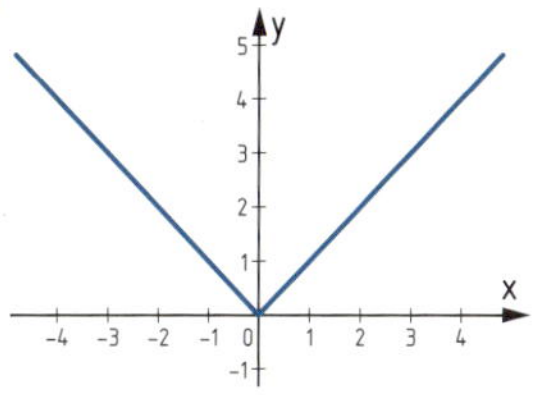

5)

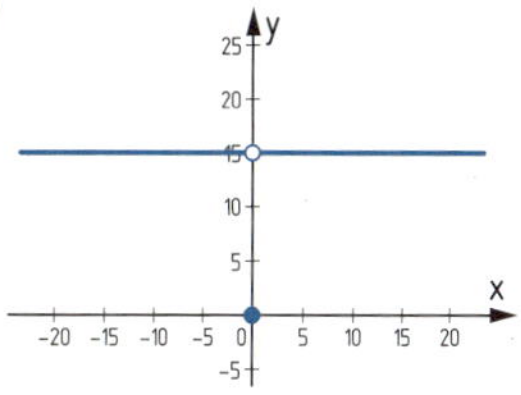

2)

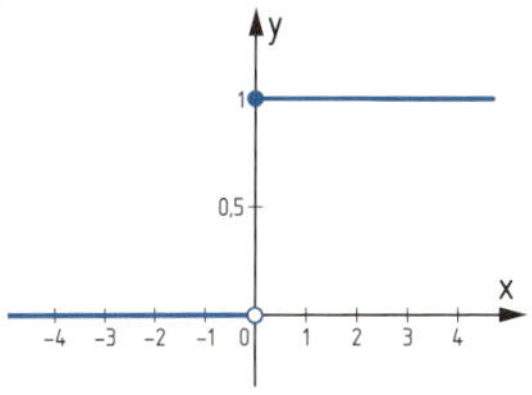

4)

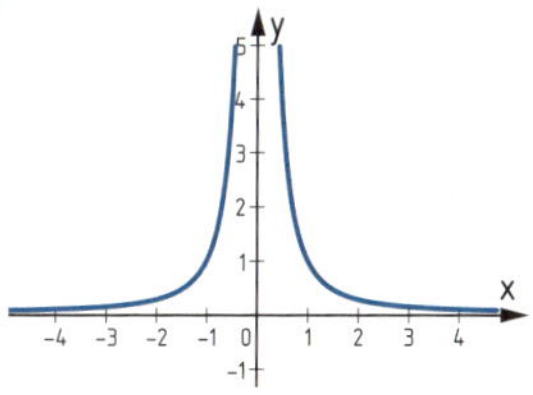

6)

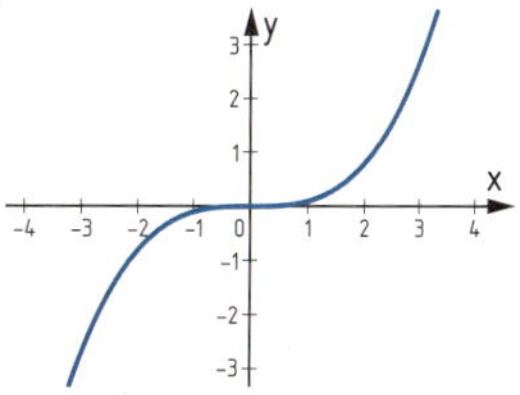

2.20 Überlege, ob es sich bei der gegebenen Folge $\langle x_n \rangle$ um eine links- oder rechtsseitige Näherung handelt und bestimme den Grenzwert der Funktion.

a) $f(x) = \frac{x^2}{2} - x, \ \langle x_n \rangle = \langle -1 - 0{,}1^n \rangle$

b) $f(x) = \sin(2x), \ \langle x_n \rangle = \langle \frac{\pi}{n} \rangle$

c) $f(x) = (2 - x)^3, \ \langle x_n \rangle = \langle 2 + 0{,}5^n \rangle$

d) $f(x) = \sqrt{3x - 2}, \ \langle x_n \rangle = \langle 9 - 0{,}1^n \rangle$

2.21 „Hat die Funktion $f(x) = -\frac{0{,}5}{x^2}$ einen Grenzwert an der Stelle $x_0 = 0$?"
Nico stellt die Funktion grafisch dar und beantwortet diese Frage mit: „Ja, denn der linksseitige und der rechtsseitige Grenzwert sind gleich." Beurteile diese Argumentation.

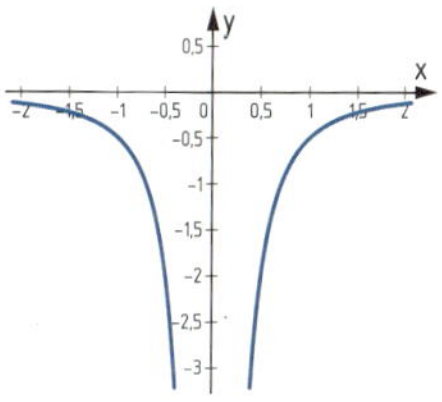

2.22 Stelle die Funktionen $y_1 = \frac{\sin(x)}{x^2}$ und $y_2 = \frac{\cos(x)}{x^2}$ grafisch dar. Vergleiche den Verlauf der Funktion y_1 mit dem Verlauf der Funktion y_2. Wie unterscheiden sich die Funktionen an der Stelle $x_0 = 0$ voneinander?

Aufgaben 2.23 – 2.24: Stelle die Funktion grafisch dar. Beschreibe jeweils den Verlauf des Funktionsgraphen für $x \to x_0$ mithilfe von Grenzwerten.

2.23 **a)** $f(x) = \frac{x^2 + x - 2}{x - 1}, x_0 = 1$ **b)** $f(x) = \frac{x^3 - 8}{x - 2}, x_0 = 2$ **c)** $f(x) = \frac{x + \sqrt{x}}{\sqrt[3]{x}}, x_0 = 0$

2.24 **a)** $f(x) = \frac{\cos(x)}{x^2}, x_0 = 0$ **b)** $f(x) = \frac{1 - \cos(x)}{\sin(x)}, x_0 = 0$ **c)** $f(x) = \frac{\sin(2x)}{x}, x_0 = 0$

2.25 Zeige, dass für die Funktion $f(x) = \frac{2}{1 + e^{-\frac{1}{x}}}$ an der Stelle $x_0 = 0$ gilt:

$g_L = 0$ und $g_R = 2$

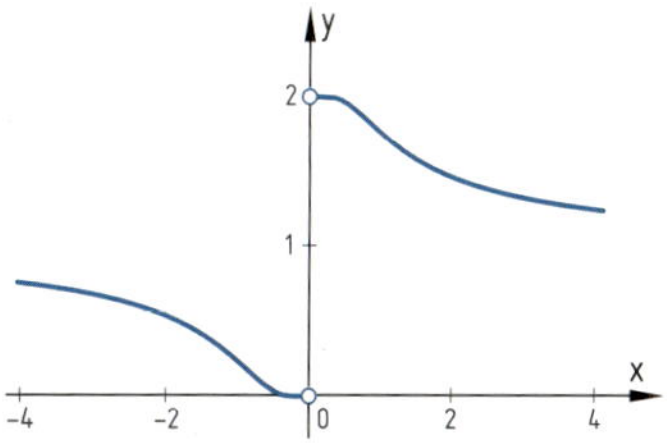

2.2.2 Stetigkeit

Die **Stetigkeit** ist eine der wichtigsten Eigenschaften von Funktionen. Viele mathematische Sätze und Aussagen über Funktionen gelten nur für stetige Funktionen. Die meisten Funktionen, mit denen wir bisher gearbeitet haben, sind **stetig**. Das bedeutet, dass sich bei einer **kleinen Änderung der unabhängigen Variablen** auch der **zugehörige Funktionswert** höchstens **geringfügig ändert**.

- Ist eine Funktion **stetig an der Stelle x_0**, so kann man zu jedem ε-Streifen um $f(x_0)$ einen Bereich $(x_0 \pm \delta)$ auf der x-Achse angeben, sodass für alle x-Werte aus dem δ-Streifen, also auch für x_0, der zugehörige Funktionswert im ε-Streifen liegt.

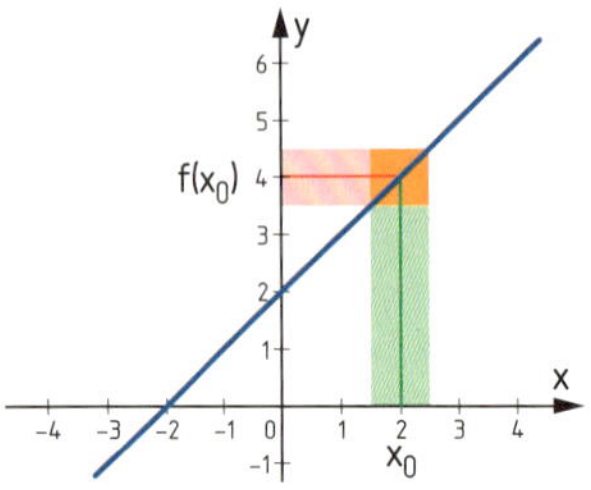

- Ist eine Funktion **unstetig** an der Stelle x_0, kann zum eingezeichneten ε-Streifen kein geeigneter Bereich auf der x-Achse angegeben werden. Für jeden noch so kleinen positiven Wert δ liegen nicht alle zugehörigen Funktionswerte im ε-Streifen.

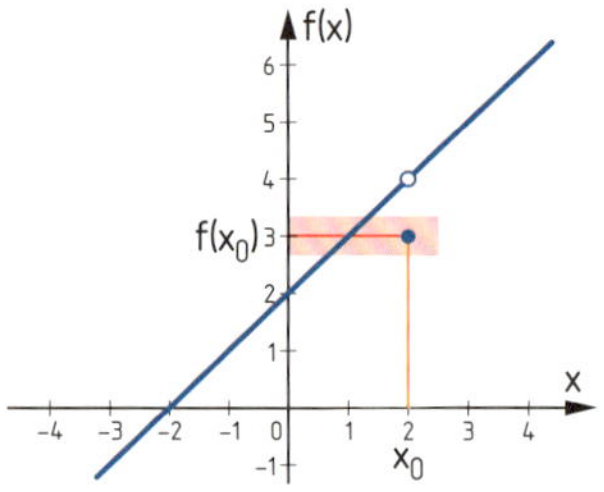

Die Stetigkeit kann auch mithilfe von Grenzwerten erklärt werden:

$f(x) = x + 2$ für $x_0 = 2$

Der linksseitige Grenzwert lautet:

$g_L = \lim\limits_{x \to 2^-} (x + 2) = 4$

Der rechtsseitige Grenzwert lautet:

$g_R = \lim\limits_{x \to 2^+} (x + 2) = 4$

$g_L = g_R \Rightarrow g = 4$

Da der **Grenzwert** existiert und mit dem **Funktionswert** $f(2) = 4$ **übereinstimmt**, ist die Funktion an dieser Stelle **stetig**.

$$f(x) = \begin{cases} x + 2 & \text{für } x \neq 2 \\ 3 & \text{für } x = 2 \end{cases}$$

Auch in diesem Fall gilt für $x_0 = 2$:

$g_L = g_R = g = \lim\limits_{x \to 2} (x + 2) = 4$

Aber: $f(2) = 3 \neq 4$

Der **Grenzwert** und der **Funktionswert** stimmen **nicht überein**. Die Funktion f ist an dieser Stelle **unstetig**.

Wenn eine **Funktion** an der Stelle x_0 einen **Grenzwert hat und** dieser **Grenzwert gleich dem Funktionswert** an dieser Stelle ist, so ist die Funktion **stetig an der Stelle x_0**. Gilt diese Aussage für jede Stelle der Funktion, so spricht man von einer **stetigen Funktion**. Der Funktionsgraph kann in diesem Fall „in einem", also ohne den Stift abzusetzen, gezeichnet werden.

Zum Beispiel sind die folgenden Funktionen stetig:

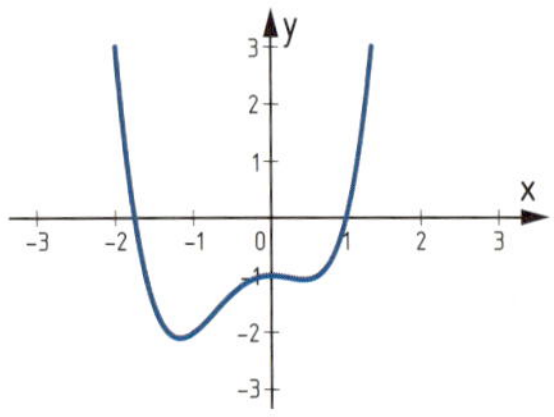

$y = x^4 + x^3 - x^2 - 1$

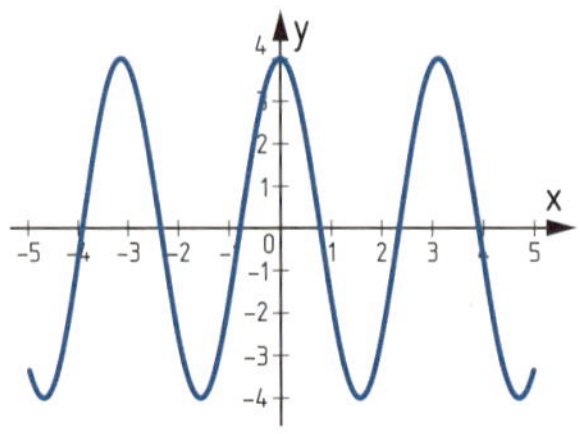

$y = 4 \cdot \cos(2x)$

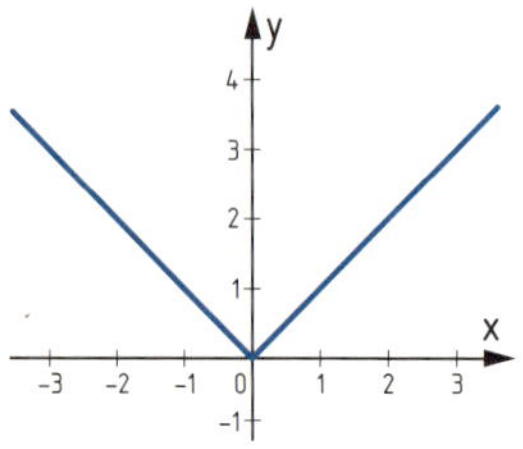

$y = |x|$

Es ist es auch möglich, dass der linksseitige und der rechtseitige Grenzwert an einer Stelle x_0 nicht übereinstimmen, die Funktion ist dann dort **unstetig**.

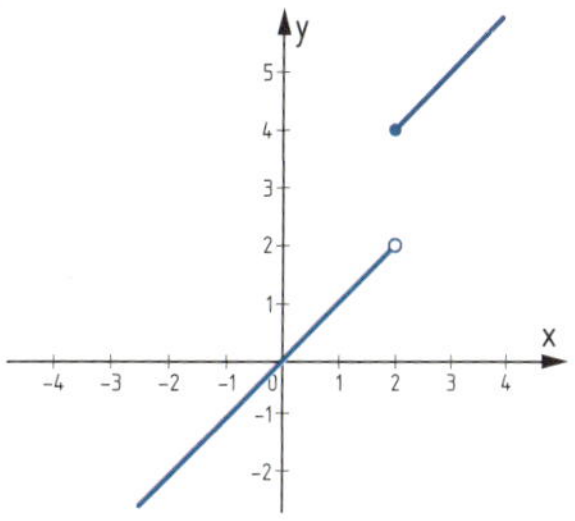

ZB $f(x) = \begin{cases} x & \text{für } x < 2 \\ x+2 & \text{für } x \geq 2 \end{cases}$

Die Funktion ist an der Stelle $x_0 = 2$ definiert, die beiden Grenzwerte existieren, sie sind aber nicht gleich.

$g_L = \lim_{x \to 2^-}(x) = 2$, aber $g_R = \lim_{x \to 2^+}(x + 2) = 4$

Die Funktion ist daher unstetig an der Stelle $x_0 = 2$.

Am Rand eines abgeschlossenen Intervalls ist eine Funktion dann stetig, wenn der entsprechende einseitige Grenzwert existiert und mit dem Funktionswert übereinstimmt.

Stetigkeit einer Funktion an der Stelle x_0

Eine Funktion f(x) ist **stetig** an einer Stelle x_0, wenn zu jedem $\varepsilon > 0$ ein $\delta > 0$ existiert, sodass für alle x mit $|x - x_0| < \delta$ gilt: $|f(x) - f(x_0)| < \varepsilon$

Eine weitere Definition lautet:

Eine Funktion f(x) ist **stetig** an einer Stelle x_0, wenn der Grenzwert in x_0 existiert und mit dem Funktionswert an dieser Stelle übereinstimmt: $g = \lim_{x \to x_0} f(x) = f(x_0)$

Andernfalls nennt man die Funktion **unstetig** an der Stelle x_0.

Ist eine Funktion an jeder Stelle eines beliebig gewählten Intervalls stetig, so spricht man von einer in diesem Intervall stetigen Funktion.

2.26 Die Grafik zeigt eine so genannte Kippschwingung oder Sägezahnfunktion. Mithilfe solcher Funktionen werden in der Signaltechnik spezielle periodische Vorgänge angegeben. Überlege, wo die Funktion im Intervall [0; 2T[stetig ist und lies eventuelle Unstetigkeitsstellen aus dem Graphen ab.

C

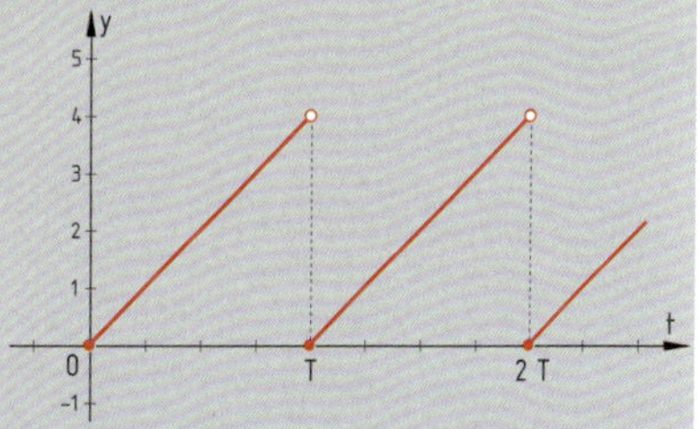

Lösung:
Die Funktion ist stetig in jenen Bereichen, in denen der Graph nicht „unterbrochen" ist, also in den Intervallen[0; T[und]T; 2T[. An der Stelle t = T ist die Funktion unstetig.

2.27 Zeichne die stückweise definierte Funktion $f(t) = \begin{cases} 0 & \text{für } t < 2 \\ 0{,}5 \cdot t & \text{für } t \geq 2 \end{cases}$ im Intervall]−1; 4[und untersuche sie mithilfe von Grenzwerten auf Stetigkeit.

B C

Lösung:

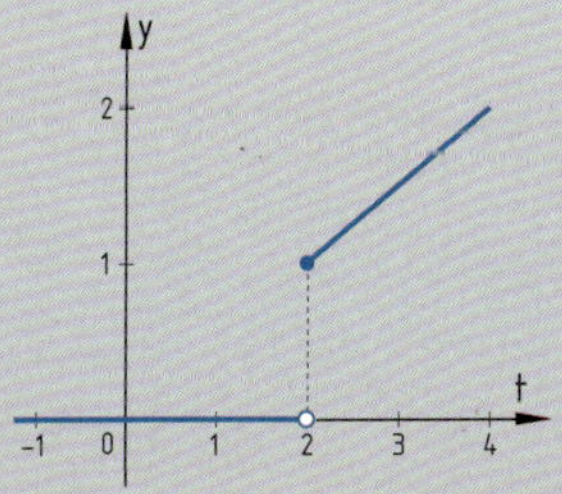

$f(2) = 0{,}5 \cdot 2 = 1$
- Berechnung des Funktionswerts am „Übergang" zwischen den Teilfunktionen

$g_L = \lim_{t \to 2^-}(0) = 0$

$g_R = \lim_{t \to 2^+}(0{,}5 \cdot t) = 1$
- Berechnung von g_L und g_R an der Stelle $t_0 = 2$

$g_L \neq g_R$
- Es existiert kein Grenzwert.

Die Funktion ist im angegebenen Intervall unstetig, weil sie an der Stelle t = 2 unstetig ist.

Grenzwert und Stetigkeit von Funktionen

2.28 Gib an, in welchen Bereichen die dargestellten Funktionen im Intervall $]-3; 4[$ stetig sind.

1)

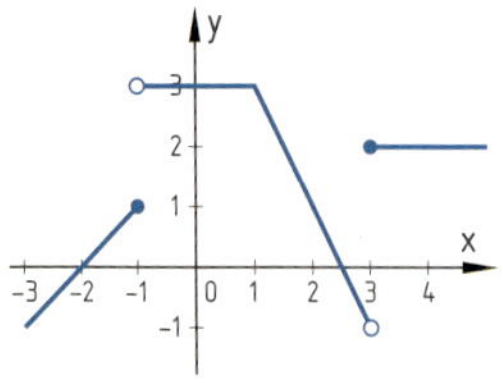

2)

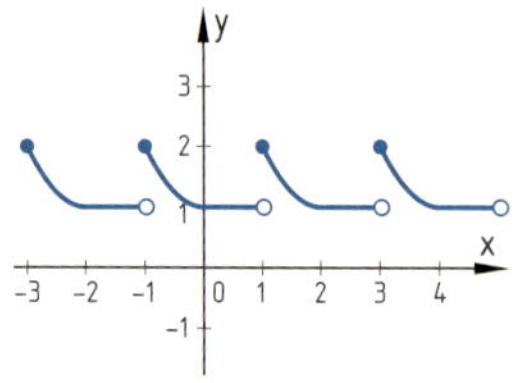

2.29 ***1)*** Überlege, in welchen Bereichen die Funktion im Intervall $[0; 3T]$ stetig ist. Lies eventuelle Unstetigkeitsstellen aus dem Graphen ab.

2) Ermittle den links- und rechtsseitigen Grenzwert an der Stelle $t_0 = 2T$.

a)

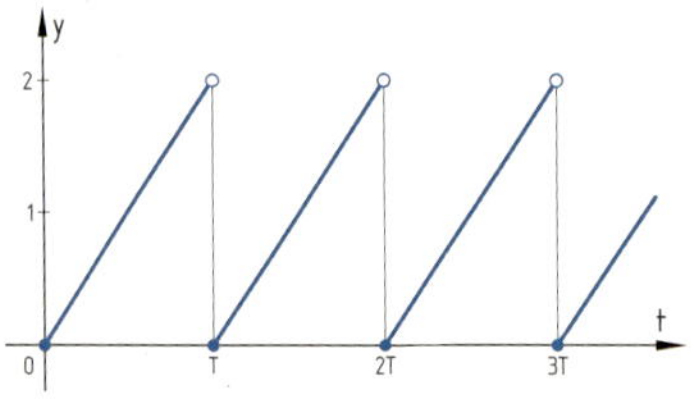

b)

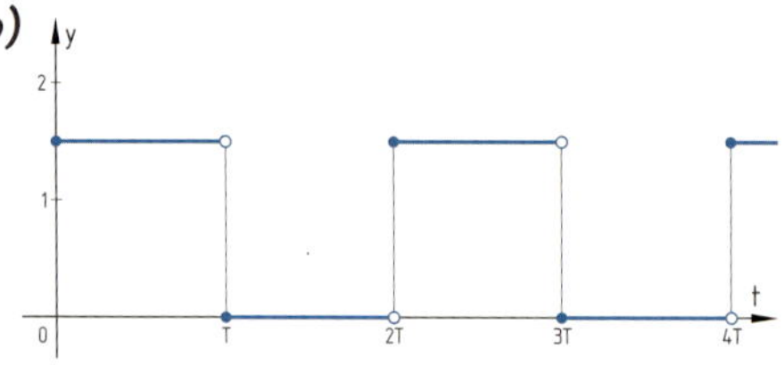

2.30 ***a)*** Zeichne die stückweise definierte Funktion f im Intervall $]-3; 5[$.

$$f(t) = \begin{cases} 1{,}5 & \text{für } t < -1 \\ 2 & \text{für } -1 \leq t < 3 \\ 1{,}5 & \text{für } t \geq 3 \end{cases}$$

Untersuche diese Funktion mithilfe von Grenzwerten auf Stetigkeit.

b) 1) Stelle die Funktionsgleichung der stückweise definierten Funktion für den dargestellten Bereich auf.

2) Untersuche diese Funktion mithilfe von Grenzwerten auf Stetigkeit.

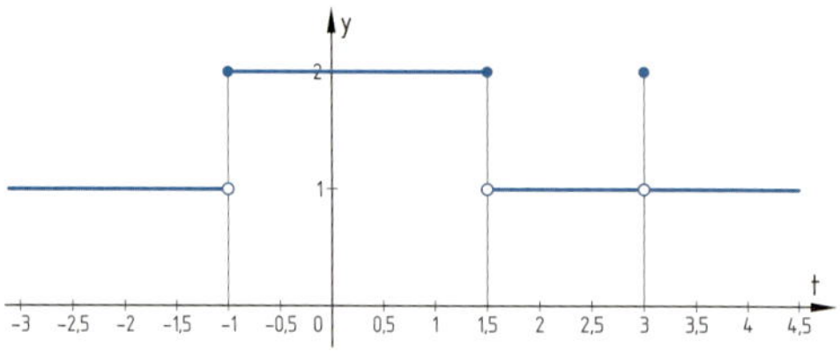

2.31 Die dargestellten Funktionen werden in der Elektronik zur Beschreibung von Wechselgrößen verwendet. Lies gegebenenfalls die Unstetigkeitsstellen aus den Graphen ab und stelle jeweils die Funktionsgleichung für eine Periode T auf.

1) Treppenspannung

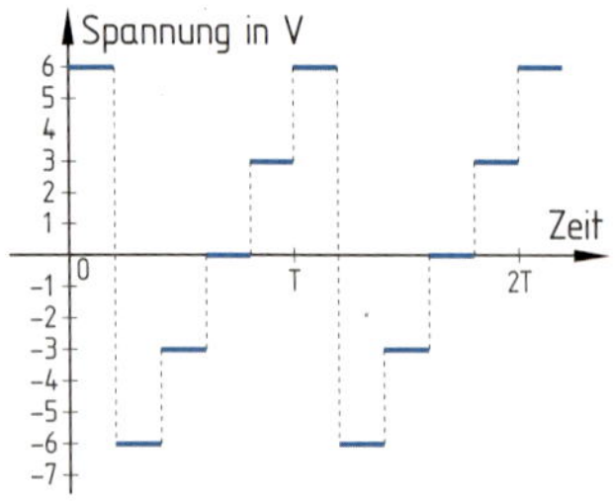

2) Einweggleichrichtung (Sinus-Funktion)

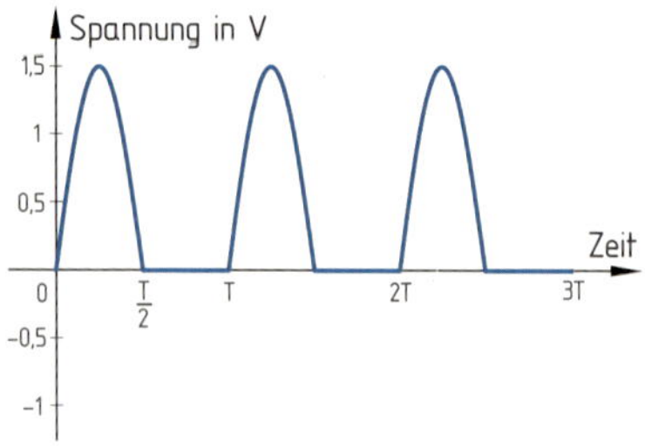

Hinweis: Gehe bei ***1)*** davon aus, dass die Spannung jeweils auf einem links abgeschlossenen und rechts offenen Intervall konstant ist.

2.3 Unstetigkeitsstellen

2.32 Der Tarif für einen bewachten Parkplatz beträgt für jede angefangene Stunde 2,20 €. Maximal müssen 12,00 € pro Kalendertag bezahlt werden.

ABC

1) Stelle die Kostenfunktion für eine Parkdauer von 0 bis 12 Stunden grafisch dar.

2) Beschreibe den Verlauf des Graphen.

Aufgrund der Definition der Stetigkeit einer Funktion ergeben sich verschiedene Arten von Unstetigkeitsstellen.

Sprungstellen

Funktionen wie zum Beispiel die Heaviside'sche Sprungfunktion haben eine so genannte **Sprungstelle**. Betrachtet man den Graph einer solchen Funktion, dann „springt" dieser an einer bestimmten Stelle.

- **Heaviside'sche Sprungfunktion** $\Theta(x)$ bzw. $\sigma(x)$, nach Oliver Heaviside (britischer Physiker, 1850 – 1925)

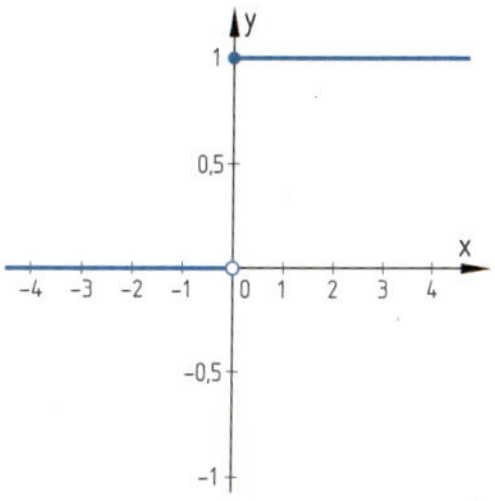

$$\Theta(x) = \begin{cases} 0 & \text{für } x < 0 \\ 1 & \text{für } x \geq 0 \end{cases}$$

(Θ … „Theta", griechischer Großbuchstabe)

allgemein: $\Theta(x - c) = \begin{cases} 0 & \text{für } x < c \\ 1 & \text{für } x \geq c \end{cases}$

Für den linksseitigen und den rechtsseitigen Grenzwert gilt:

$g_L = \lim\limits_{x \to 0^-} \Theta(x) = 0$ und $g_R = \lim\limits_{x \to 0^+} \Theta(x) = 1$

Die beiden einseitigen Grenzwerte stimmen nicht überein. Die Funktion ist daher unstetig an der Stelle $x_0 = 0$.

Existieren an einer Stelle x_0 einer Funktion f die Grenzwerte g_L und g_R, sind aber voneinander verschieden, befindet sich an dieser Stelle eine **Sprungstelle**.

Weitere in der Technik wichtige Funktionen mit Sprungstellen sind exemplarisch angeführt:

- **Signumfunktion** („Vorzeichenfunktion") sgn(x)

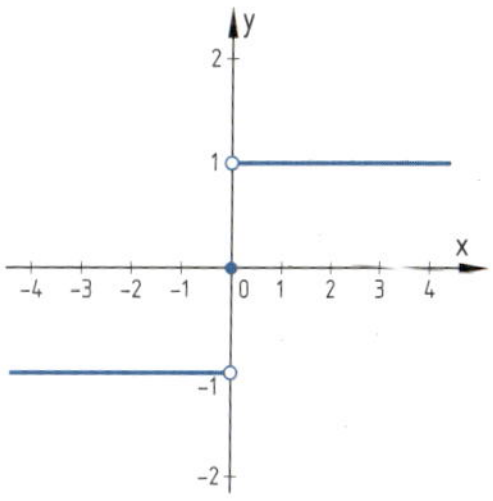

$$\operatorname{sgn}(x) = \begin{cases} 1 & \text{für } x > 0 \\ 0 & \text{für } x = 0 \\ -1 & \text{für } x < 0 \end{cases}$$

- **Integerfunktion** („Treppenfunktion") int(x)
  Der Funktionswert wird durch „Abschneiden" der Nachkommastellen des Arguments gebildet.

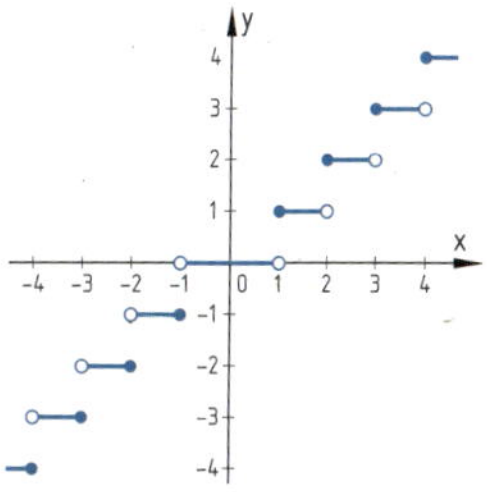

ZB: int(4,81) = 4
int(−4,81) = −4

Grenzwert und Stetigkeit von Funktionen

Ist eine Funktion an einer „einzelnen" Stelle nicht definiert, wie zum Beispiel $y = \frac{1}{x}$ an der Stelle $x_0 = 0$, so hat die Funktion dort eine **Definitionslücke**. Funktionen, bei denen der Nenner den Wert null annehmen kann, haben solche Definitionslücken, zum Beispiel gebrochen rationale Funktionen in den Nullstellen des Nennerpolynoms. In der mathematischen Literatur wird eine Funktion oft nur innerhalb ihres Definitionsbereichs auf Stetigkeit hin untersucht. Dann wird zum Beispiel $y = \frac{1}{x}$ auf ihren Definitinosbereich $\mathbb{R}\setminus\{0\}$ als stetig bezeichnet.

Polstellen

ZB: Die gebrochen rationale Funktion $f(x) = \frac{1}{x-3}$ soll auf Stetigkeit untersucht werden.
Das Nennerpolynom hat eine Nullstelle bei $x_0 = 3$. Daraus ergibt sich für f die Definitionsmenge $D_f = \mathbb{R}\setminus\{3\}$. Die Funktion ist an der Stelle x_0 nicht definiert, sie hat daher eine **Definitionslücke** bei $x_0 = 3$.

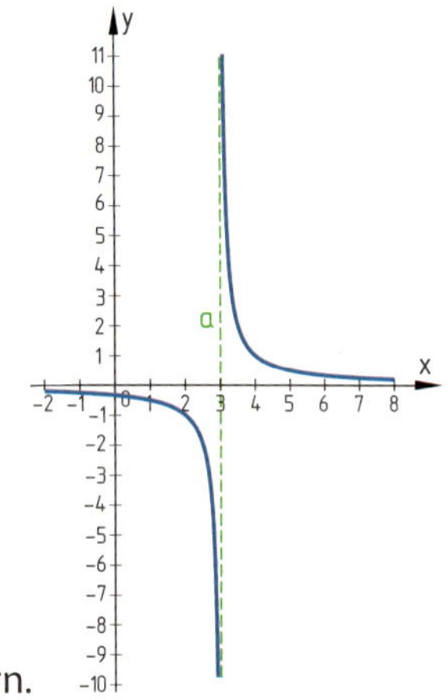

Es gilt: $\lim\limits_{x \to 3^-}\left(\frac{1}{x-3}\right) = -\infty$ und $\lim\limits_{x \to 3^+}\left(\frac{1}{x-3}\right) = +\infty$

Diese Stelle wird als **Polstelle** bezeichnet. Die Funktion hat an der Stelle $x_0 = 3$ eine **senkrechte Asymptote** a: x = 3.
Im Funktionsgraphen ist zu sehen, dass sich die beiden Äste der Funktion an der Stelle $x_0 = 3$ immer mehr der Senkrechten bei 3 nähern.

ZB $f(x) = \frac{3}{x^2-4}$ hat an den Stellen $x_1 = -2$ und $x_2 = 2$ je eine Definitionslücke.
Bei $x_1 = -2$ nähern sich die Funktionswerte von links kommend „$+\infty$", von rechts kommend aber „$-\infty$".
Für den Graphen bedeutet das, dass er bis zu dieser Stelle zum positiven Unendlichen hin verläuft, aber ab dieser Stelle aus dem negativen Unendlichen kommt.
An der Stelle $x_2 = 2$ verhält es sich genau umgekehrt.
Da es sich um Polstellen handelt, gibt es die senkrechten Asymptoten a_1: x = −2 und a_2: x = 2.

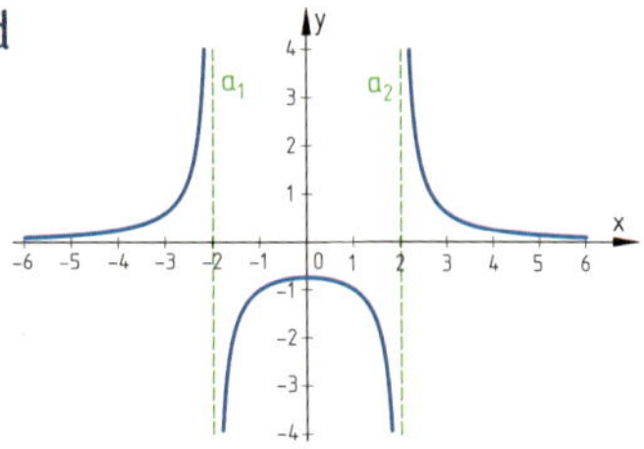

ZB Die Tangensfunktion y = tan(x) weist an den ungeradzahligen Vielfachen von $\frac{\pi}{2}$ Definitionslücken auf.
Sie hat dort senkrechte Asymptoten.
Für den linksseitigen Grenzwert gilt:

$$g_L = \lim_{x \to \frac{\pi}{2}^-}(\tan(x)) = \lim_{x \to \frac{\pi}{2}^-}\left(\frac{\sin(x)}{\cos(x)}\right) = „\frac{1}{0}" = +\infty$$

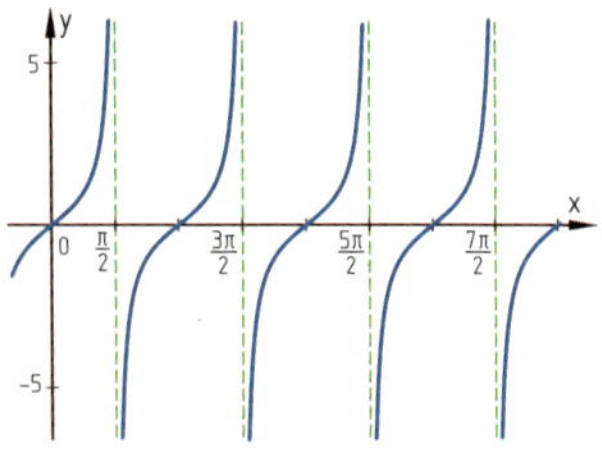

Für den rechtsseitigen Grenzwert gilt:

$$g_R = \lim_{x \to \frac{\pi}{2}^+}(\tan(x)) = \lim_{x \to \frac{\pi}{2}^+}\left(\frac{\sin(x)}{\cos(x)}\right) = „-\frac{1}{0}" = -\infty$$

Dies gilt, da die Cosinusfunktion im Intervall $]\frac{\pi}{2}; \pi[$ nur negative Werte annimmt.

Führen die Berechnungen von links- und/oder rechtsseitigem Grenzwert bei einer Funktion f an einer Stelle x_0 zu **uneigentlichen Grenzwerten**, so nennt man x_0 **Polstelle (Pol)** oder **Unendlichkeitsstelle** der Funktion. Dort befindet sich eine **senkrechte Asymptote**.

Hebbare Unstetigkeitsstellen

2.33 Ermittle die Definitionsmenge der Funktion $y = \frac{x^2 - 4x}{x - 4}$. Stelle die Funktion anschließend mithilfe von Technologieeinsatz grafisch dar. Was fällt dir an der Stelle x = 4 auf? A B C TE

Wenn an einer Definitionslücke der Grenzwert g existiert, so kann man diese „Lücke" mithilfe von Ersatzfunktionen „schließen". Man spricht in diesem Fall von einer **hebbaren Unstetigkeitsstelle** und sagt, die Funktion ist **stetig fortsetzbar**.

Dies ist zum Beispiel bei einer gebrochen rationalen Funktion der Fall, wenn das Zähler- und das Nennerpolynom die gleichen Nullstellen haben, also der Bruchterm gekürzt werden könnte.

ZB: Der Graph der Funktion $f(x) = \frac{x^2 - 9}{x - 3}$ sieht auf den ersten Blick wie eine Gerade aus.
Betrachtet man aber die Funktionsgleichung, so erkennt man, dass die Funktion $f(x) = \frac{x^2 - 9}{x - 3} = \frac{(x + 3) \cdot (x - 3)}{x - 3}$ an der Stelle $x_0 = 3$ nicht definiert ist.

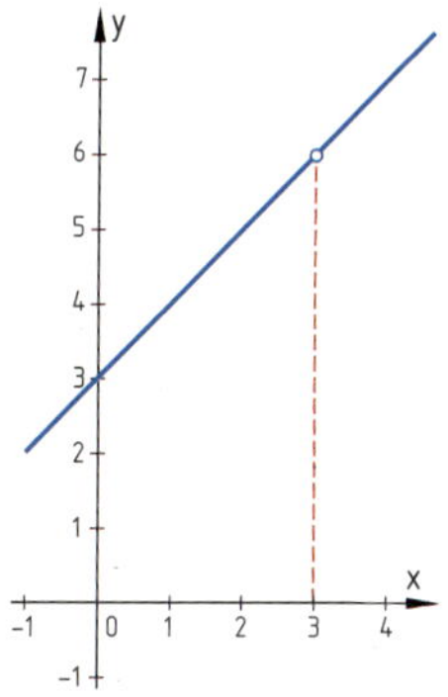

Das Zählerpolynom $x^2 - 9 = (x + 3) \cdot (x - 3)$ und das Nennerpolynom $(x - 3)$ haben die gleiche Nullstelle $x_0 = 3$.

Durch Kürzen erhält man für $x \neq 3$ die Funktion $y = x + 3$. Der Funktionsgraph entspricht daher für $x \neq 3$ der Geraden $y = x + 3$, an der Stelle $x = 3$ ist aber eine Definitionslücke.
Um diese Lücke zu schließen, kann man daher eine neue Funktion $\bar{f}$ definieren:
$\bar{f}(x) = x + 3$

Eine formal andere Möglichkeit, diese Lücke zu schließen, besteht darin, der Definitionsmenge von f(x) einen zusätzlichen Wert zuzuweisen. Der Funktionswert an der Stelle x = 3 entspricht dem Grenzwert der Funktion: $\lim\limits_{x \to 3}\left(\frac{x^2 - 9}{x - 3}\right) = 6$

Man erhält dann eine stückweise definierte Funktion:

$$\bar{\bar{f}}(x) = \begin{cases} \frac{x^2 - 9}{x - 3} & \text{für } x \neq 3 \\ 6 & \text{für } x = 3 \end{cases}$$

$\bar{f}(x)$ und $\bar{\bar{f}}(x)$ sind unterschiedliche Schreibweisen für die gleiche Ersatzfunktion, sie unterscheiden sich von f(x) nur an der Stelle $x_0 = 3$.

Hat eine Funktion f an der Stelle x_0 eine Definitionslücke und existiert der Grenzwert, so spricht man von einer **hebbaren Unstetigkeitsstelle**.

Man kann diese Unstetigkeitsstelle zum Beispiel mithilfe einer Ersatzfunktion $\bar{\bar{f}}(x)$ schließen.

$$\bar{\bar{f}}(x) = \begin{cases} f(x) & \text{für } x \neq x_0 \\ \lim\limits_{x \to x_0} f(x) & \text{für } x = x_0 \end{cases}$$

Die Ersatzfunktion $\bar{\bar{f}}(x)$ heißt **stetige Fortsetzung** der Funktion f.

Grenzwert und Stetigkeit von Funktionen

Oszillationsstellen

Winkelfunktionen haben aufgrund ihrer Periodizität besondere Eigenschaften (vgl. Band 2). Bewegt sich ein Punkt entlang eines Kreises, so kann seine Position, abhängig vom Drehwinkel, mithilfe von Sinus- bzw. Cosinusfunktionen beschrieben werden. Bei jeder Erhöhung des Drehwinkels um 2π erhält man den gleichen Sinus- bzw. Cosinuswert.

ZB In der abgebildeten Funktion $f(x) = \cos\left(\frac{1}{x}\right)$ gibt das Argument $\frac{1}{x}$ den Drehwinkel an. Für $x \to 0$ wächst der Drehwinkel $\frac{1}{x}$ unendlich schnell an.
Man kann vermuten, dass die Werte der Funktion $f(x) = \cos\left(\frac{1}{x}\right)$ an der Stelle $x_0 = 0$ „unendlich oft" zwischen den Werten 1 und (–1) schwingen bzw. oszillieren (latein: „oscillare" = schaukeln).

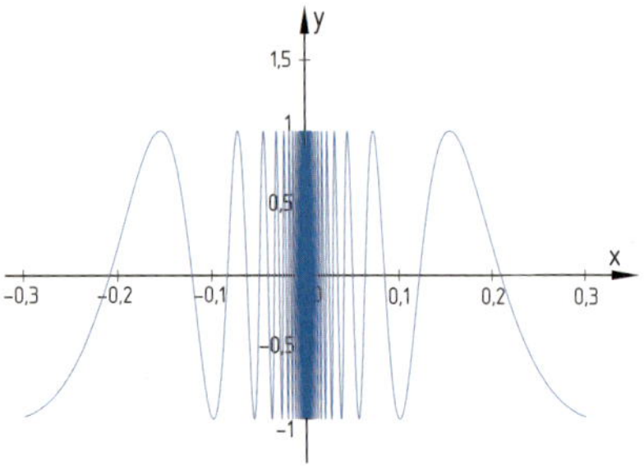

Um festzustellen, ob es sich bei der Definitionslücke in $x_0 = 0$ um eine hebbare Unstetigkeitsstelle handelt, muss der Grenzwert der Funktion für $x \to 0$ untersucht werden.

Falls dieser existiert, dann muss für **jede** beliebige Folge von x-Werten, die gegen $x_0 = 0$ konvergieren, die Folge der Funktionswerte den gleichen Grenzwert haben.

In diesem Fall eignet sich zB die gegen 0 konvergierende Folge $\langle x_n \rangle = \left\langle \frac{1}{n \cdot \pi} \right\rangle = \left\langle \frac{1}{\pi}, \frac{1}{2\pi}, \frac{1}{3\pi}, \ldots \right\rangle$

Man setzt die Glieder von $\langle x_n \rangle$ in die Funktion f(x) ein und erhält damit die Folge der Funktionswerte $\langle f(x_n) \rangle$.

$$\left.\begin{array}{l} f(x_1) = \cos(\pi) = -1 \\ f(x_2) = \cos(2\pi) = +1 \\ f(x_3) = \cos(3\pi) = -1 \\ f(x_4) = \cos(4\pi) = +1 \\ \quad \text{usw.} \end{array}\right\} \Rightarrow \langle f(x_n) \rangle = \langle -1, 1, -1, 1, -1, \ldots \rangle$$

Die Glieder der Folge der Funktionswerte „springen" zwischen den Werten 1 und (–1) hin und her. An der Stelle $x_0 = 0$ existiert also **kein Grenzwert**. Es handelt sich daher nicht um eine hebbare Unstetigkeitsstelle, sondern um eine so genannte **Oszillationsstelle**.

Nähert sich das Argument einer **Sinusfunktion** bzw. einer **Cosinusfunktion** an der Definitionslücke dem Ausdruck „∞", so existiert kein Grenzwert, man spricht von einer **Oszillationsstelle**.

TE ●●CD **2.34** Katharina untersucht die Funktion $f(x) = x \cdot \sin\left(\frac{1}{x^2}\right)$ an der Stelle $x_0 = 0$ mit Mathcad. Beurteile ihre Vorgehensweise und ihre Folgerung.

$f(x) := x \cdot \sin\left(\frac{2}{x^2}\right)$

$\lim_{x \to 0^+} f(x) \to 0$

$\lim_{x \to 0^-} f(x) \to 0$

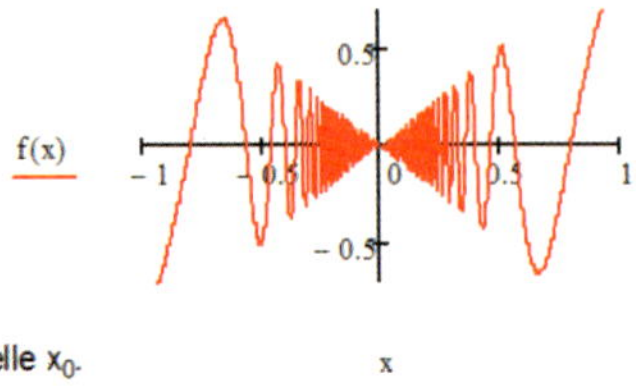

Die Funktion ist stetig an der Stelle x_0.

2.35 Der dargestellte Graph wird durch die Funktion $f(x) = -\frac{1}{(x+2)^2}$ beschrieben. ●BC●

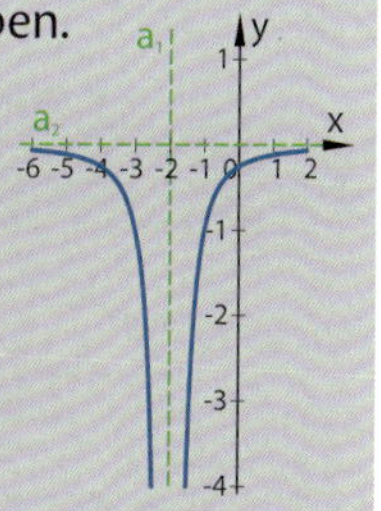

1) Bestimme die Definitionslücke der Funktion.
2) Untersuche das Verhalten der Funktion an der Definitionslücke.
3) Gib die Gleichungen der Asymptoten an.

Lösung:

1) $(x+2)^2 = 0$
$x = -2$
• Die Nullstelle des Nenners ist die Definitionslücke.

2) $\lim\limits_{x \to -2}\left(-\frac{1}{(x+2)^2}\right) = -\infty$
• Der Nenner $(x+2)^2$ ist immer positiv. Daher führt die Ermittlung von g_L und g_R zum gleichen Ergebnis.

Die Funktion hat an der Stelle $x_0 = -2$ einen uneigentlichen Grenzwert. Sie hat an dieser Stelle eine Polstelle.

3) $\lim\limits_{x \to \pm\infty}\left(-\frac{1}{(x+2)^2}\right) = 0$

Senkrechte Asymptote a_1: $x = -2$ Waagrechte Asymptote a_2: $y = 0$

2.36 Ermittle die Gleichungen der Asymptoten der Funktion $f(x) = \frac{5x}{(x-1)^2}$. ●BC●

Lösung:
$(x-1)^2 = 0 \Rightarrow x = 1$ • Definitionslücke
$x = 1$ ist eine Polstelle.
Senkrechte Asymptote a_1: $x = 1$

$\lim\limits_{x \to \pm\infty}\left(\frac{5x}{x^2 - 2x + 1}\right) = 0$

Waagrechte Asymptote a_2: $y = 0$

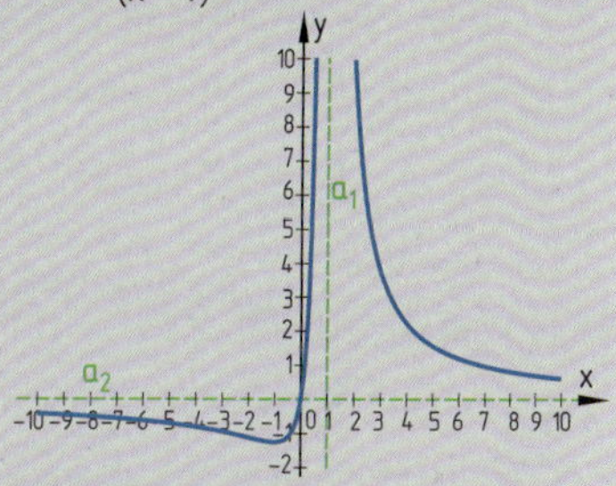

2.37 Stelle die Funktion $f(x) = \frac{x^3 - 2x^2 - x + 2}{x - 2}$ grafisch dar. Zeige, dass sie eine hebbare Unstetigkeitsstelle hat. Bestimme die stetige Fortsetzung der Funktion als einzelnen Term und als stückweise definierte Funktion. ●B●D

Lösung:

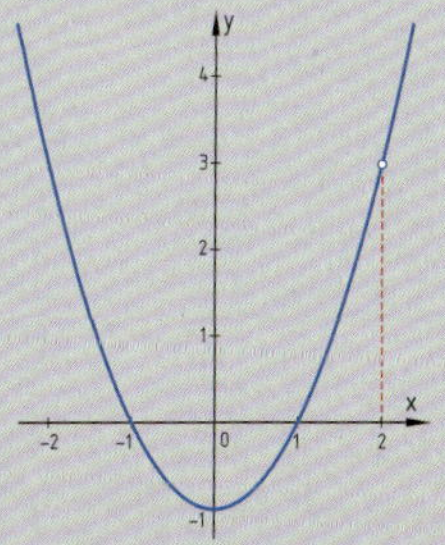

Nullstelle des Nennerpolynoms berechnen und Einsetzen der Nullstelle in das Zählerpolynom:
$x - 2 = 0 \Rightarrow x = 2$ ... Nullstelle des Nennerpolynoms
$2^3 - 2 \cdot 2^2 - 2 + 2 = 0$
Zähler- und Nennerpolynom haben die gleiche Nullstelle, somit ist die Stelle $x = 2$ eine hebbare Unstetigkeitsstelle.
Division führt zur stetigen Fortsetzung als einzelner Term.

$\frac{x^3 - 2x^2 - x + 2}{x - 2} = x^2 - 1 \Rightarrow \bar{f}(x) = x^2 - 1$

$g = \lim\limits_{x \to 2}\left(\frac{x^3 - 2x^2 - x + 2}{x - 2}\right) = \lim\limits_{x \to 2}(x^2 - 1) = 3$

Der Grenzwert für $x \to 2$ liefert den Funktionswert für $\bar{\bar{f}}(2)$. Damit kann eine stückweise definierte Funktion angegeben werden.

$$\bar{\bar{f}}(x) = \begin{cases} \frac{x^3 - 2x^2 - x + 2}{x - 2} & \text{für } x \neq 2 \\ 3 & \text{für } x = 2 \end{cases}$$

Grenzwert und Stetigkeit von Funktionen

T_E ●BC● **2.38** Zeichne die Funktion f. An welcher Stelle ist die Funktion unstetig? Welche Art von Unstetigkeitsstelle vermutest du? Überprüfe deine Vermutung rechnerisch.

a) $f(x) = -\frac{3}{2 + 2^{-\frac{1}{x}}}$ **b)** $f(x) = \frac{1}{x}$

Lösung mit TI-Nspire:

a)

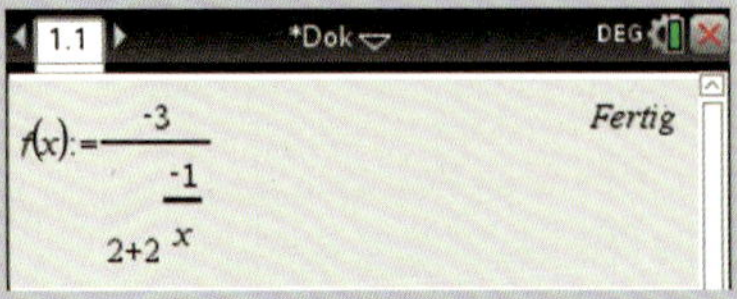

- Die Funktion wird im **Calculator** definiert.

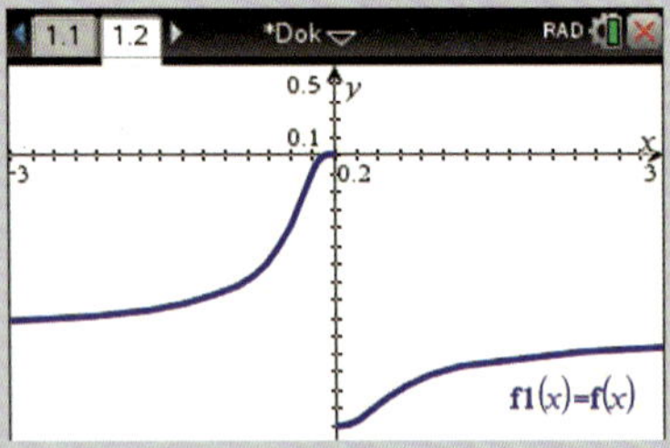

- Die grafische Darstellung erfolgt in der Applikation **Graphs**. Es werden passende Fenstereinstellungen gewählt.

Vermutung: Sprungstelle an der Stelle $x_0 = 0$

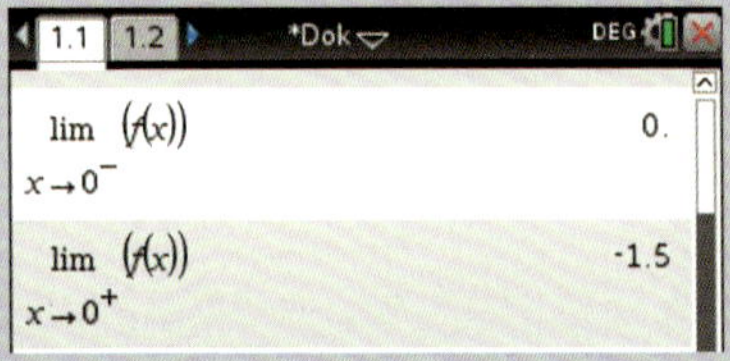

- Berechnung von links- und rechtsseitigem Grenzwert im **Calculator**.

Die Grenzwerte $g_L = 0$ und $g_R = -1,5$ stimmen nicht überein. Die Funktion hat an der Stelle $x_0 = 0$ eine Sprungstelle.

b)

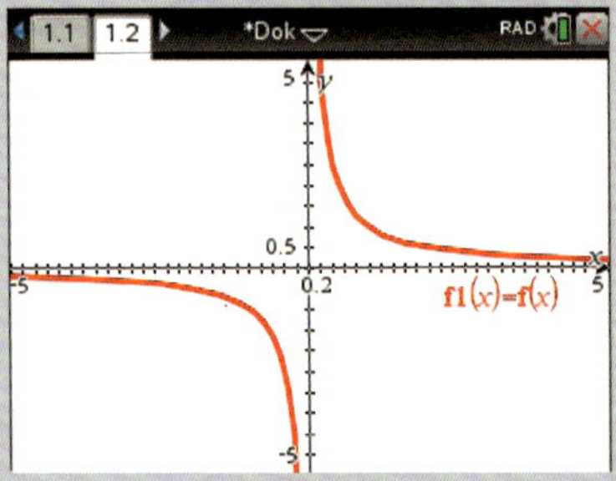

- Die Funktion wird im **Calculator** definiert und anschließend in der Applikation **Graphs** dargestellt.

Vermutung: Polstelle an der Stelle $x_0 = 0$

- Berechnung von links- und rechtsseitigem Grenzwert im **Calculator**.

Bei links- und rechtsseitigem Grenzwert handelt es sich um uneigentliche Grenzwerte. Die Funktion hat eine Polstelle bei $x_0 = 0$.

T_E ●BC● **2.39** Stelle die Funktion grafisch dar. Überlege mithilfe der Zeichnung und der Funktionsgleichung, ob und an welchen Stellen, welche Arten von Unstetigkeitsstellen vorliegen.

a) $y = \frac{1}{1 - x^2}$ **b)** $y = e^{-3x^2 + 1}$ **c)** $y = 2^x$ **d)** $y = \frac{1}{\sin(x)}$ **e)** $y = \frac{\sqrt{x + 1} - 1}{x}$

Grenzwert und Stetigkeit von Funktionen

2.40 Untersuche die Funktion $f(x) = \frac{1}{x-2}$ auf Stetigkeit. Gib die Art der Unstetigkeitsstelle an. Stelle den Funktionsgraphen der Funktion f dar und zeichne die Asymptoten ein.

2.41 Heidi zeichnet den Graph der Funktion $y = \frac{0{,}5x^3 + 4}{x^2 - 4}$ mithilfe von Technologieeinsatz und erhält die nebenstehende Abbildung.

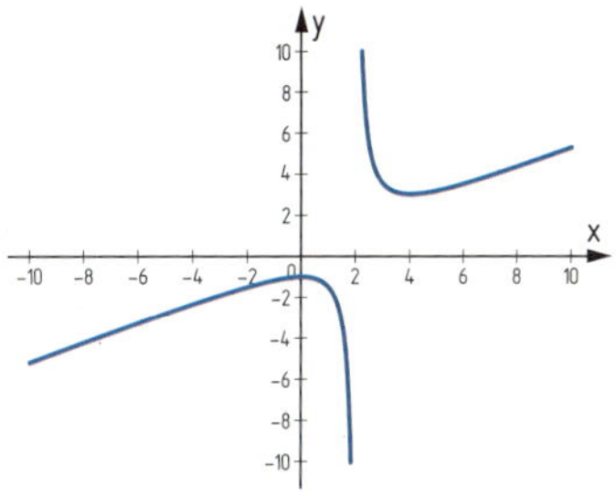

1) Wie viele Unstetigkeitstellen vermutest du anhand der Zeichnung?
2) Erkläre, warum nur eine senkrechte Asymptote existiert, obwohl das Nennerpolynom zwei Nullstellen hat.

Aufgaben 2.42 – 2.44: Stelle jeweils die Funktion im Intervall $]-5; 5[$ grafisch dar und gib die Unstetigkeitsstellen an.

2.42 **a)** $f(x) = \text{sgn}(x) - 3$ **b)** $f(x) = \text{sgn}(x - 2)$ **c)** $f(x) = 0{,}5 \cdot \text{sgn}(x + 2)$

2.43 **a)** $f(x) = \text{int}(x) + 2$ **b)** $f(x) = 0{,}5 \cdot \text{int}(x)$ **c)** $f(x) = \text{int}(1{,}5x)$

2.44 **a)** $f(x) = 2 \cdot \Theta(x)$ **b)** $f(x) = \Theta(x - 2)$ **c)** $f(x) = \Theta(x + 2) - \Theta(x - 4)$

2.45 Ist die Funktion $f(x) = |x|$ unstetig an der Stelle $x_0 = 0$? Begründe deine Antwort.

2.46 Stelle die Funktionen $f(x) = \frac{1}{x}$ und $g(x) = \frac{1}{|x|}$ grafisch dar. Beschreibe den Verlauf der beiden Funktionsgraphen mithilfe von Grenzwerten.

2.47 Stelle die Funktion f grafisch dar und zeige mithilfe des links- und des rechtsseitigen Grenzwerts, dass sie eine Sprungstelle hat.

a) $f(x) = \begin{cases} 3 & \text{für } x < 2 \\ x + 2 & \text{für } x \geqslant 2 \end{cases}$

b) $f(x) = \begin{cases} \frac{x}{2} + 1 & \text{für } x < 3 \\ (x - 1)^2 & \text{für } x \geqslant 3 \end{cases}$

c) $f(x) = \begin{cases} x + 1 & \text{für } x < 1 \\ 2x - 3 & \text{für } x \geqslant 1 \end{cases}$

d) $f(x) = \begin{cases} -3x^2 - 2x + 1 & \text{für } x \leqslant -1 \\ 1{,}5x - 2 & \text{für } x > -1 \end{cases}$

2.48 Peter stellt die Funktion $R(d) = \frac{0{,}06348}{d^2 \cdot \pi}$ dar, die die Abhängigkeit des elektrischen Widerstands R (in Ohm) vom Durchmesser d (in mm) eines 1 m langen Silberdrahts bei 20 °C angibt.

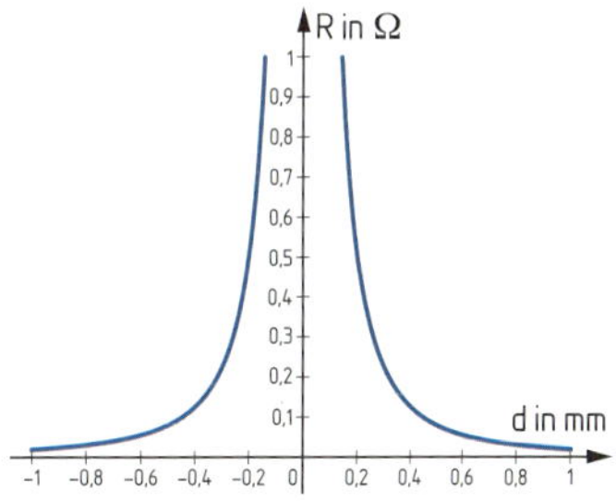

1) Beschreibe das Verhalten der Funktion.
2) Argumentiere, warum der von Peter dargestellte Funktionsgraph im gegebenen Sachzusammenhang nicht korrekt ist.

2.49 Untersuche die Funktion an der Stelle $x_0 = 0$. Welche Art von Unstetigkeitsstelle liegt vor? Begründe deine Antwort.

a) $f(x) = 2x \cdot \cos\left(\frac{1}{x}\right)$ **b)** $f(x) = x^2 \cdot \sin\left(\frac{1}{x^2}\right)$ **c)** $f(x) = 0{,}1 \cdot \sin\left(\frac{4}{x}\right)$

2.50 Gegeben ist die Funktion $f(x) = (x + 1) \cdot e^{\frac{1}{20x}}$.
1) Gib die Unstetigkeitsstelle an. Berechne g_L und g_R an dieser Stelle.
2) Marko behauptet, es handelt sich bei dieser Stelle um eine Polstelle. Agnes glaubt, dass es sich um eine Sprungstelle handelt. Wer hat recht? Begründe deine Antwort.

Grenzwert und Stetigkeit von Funktionen

Zusammenfassung

Grenzwert einer Funktion für $x \to \pm\infty$
Der Grenzwert g einer Funktion f(x) für $x \to \infty$ existiert, wenn es zu jedem $\varepsilon > 0$ eine Stelle x_0 gibt, sodass für alle $x > x_0$ stets $|f(x) - g| < \varepsilon$ ist. Man schreibt: $\lim\limits_{x \to \infty} f(x) = g$

Ist $\lim\limits_{x \to \infty} f(x) = \infty$, so spricht man von einem **uneigentlichen Grenzwert**.

Eine Gerade a = a(x) ist eine Asymptote der Funktion y = f(x), wenn gilt:
$\lim\limits_{x \to -\infty} |f(x) - a(x)| = 0$ bzw. $\lim\limits_{x \to +\infty} |f(x) - a(x)| = 0$

Grenzwert einer Funktion für $x \to x_0$
Die Funktion f(x) hat für $x \to x_0$ den Grenzwert $\lim\limits_{x \to x_0} f(x) = g$, wenn es zu jedem $\varepsilon > 0$ ein $\delta > 0$ gibt, sodass für alle x-Werte, für die $|x - x_0| < \delta$ gilt, auch $|f(x) - g| < \varepsilon$ gilt.

Linksseitiger Grenzwert: $g_L = \lim\limits_{x \to x_0^-} f(x)$ **Rechtsseitiger Grenzwert:** $g_R = \lim\limits_{x \to x_0^+} f(x)$

Gibt es einen linksseitigen und einen rechtsseitigen Grenzwert an der Stelle x_0 und gilt $g_L = g_R$, so ist $g = g_L = g_R$ der Grenzwert der Funktion an der Stelle x_0.

Stetigkeit
Eine Funktion f ist **stetig an einer Stelle x_0**, wenn es dort einen Grenzwert gibt und dieser Grenzwert mit dem Funktionswert an der Stelle x_0 übereinstimmt: $g = \lim\limits_{x \to x_0} f(x) = f(x_0)$
Andernfalls nennt man die Funktion **unstetig** an der Stelle x_0.
Ist die Funktion an jeder Stelle eines beliebig gewählten Intervalls stetig, spricht man von einer in diesem Intervall **stetigen Funktion.**

Unstetigkeitsstellen
Sprungstelle, Definitionslücke (Polstelle (Pol), hebbare Unstetigkeitsstelle), Oszillationsstelle

Weitere Aufgaben

(B)(C) **2.51** Bestimme die Definitionsmenge der Funktion und beschreibe das Verhalten der Funktion an den Definitionslücken. Gib die Gleichungen der senkrechten Asymptoten an.

a) $f(x) = \frac{1}{x^2 - 9}$ **b)** $f(x) = -\frac{3}{(x-2)^2}$ **c)** $f(x) = \frac{1}{25 - 4x^2}$ **d)** $f(x) = \frac{1}{x^2 - 2x}$

(B) **2.52** Bestimme die stetige Fortsetzung der gegebenen Funktion. Gib sie als einzelnen Term und als stückweise definierte Funktion an.

a) $f(x) = \frac{2x^2 - 8x}{x - 4}$ **b)** $f(x) = \frac{8x^3 - 4x^2 + 2x}{x^2 - 2x + 1}$ **c)** $f(x) = \frac{x^3 - 3x + 2}{x + 2}$ **d)** $f(x) = \frac{x^4 - 18x^2 + 81}{x^2 - 6x + 9}$

(D) **2.53** Begründe, warum die Funktion $y = \frac{x - 1}{x^2 - 1}$ nur eine senkrechte Asymptote hat.

(A)(B)(D) **2.54** Stelle die gegebene Funktion grafisch dar. Kannst du eine oder mehrere Asymptoten vermuten? Wenn ja, gib jeweils deren Gleichung an und überprüfe mithilfe von Grenzwertberechnungen, ob es sich tatsächlich um eine Asymptote handelt.

a) $f(x) = \frac{1}{x - 1} - 5$ **b)** $f(x) = \frac{1}{e^{2x} + 3}$ **c)** $f(x) = \frac{x^4}{x^4 - 2}$ **d)** $f(x) = \frac{x^3 - 2x^2 + 4x}{x - 2}$

(B)(C) **2.55** Bestimme die Definitionslücken der angegebenen Funktion und gib dort ihren Grenzwert an.

a) $b(f) = \frac{10 \cdot f}{10 - f}$ **b)** $f_E(v) = f_Q \cdot \frac{330}{v + 330}$ **c)** $R(W) = \frac{120 \cdot W}{120 + W}$ **d)** $T(\beta) = \frac{t_0}{1 - \beta^2}$

2.56 Erkläre anhand der Zeichnung, ob die Funktion an der Stelle $x_0 = 2$ stetig ist.

a)

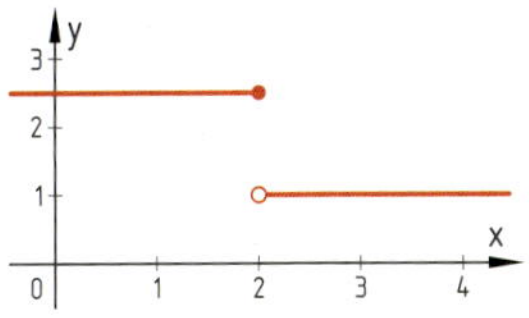

b)

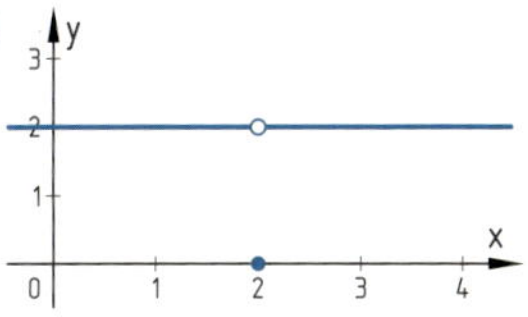

2.57 **1)** Stelle die Funktionsgleichung der dargestellten stückweise definierten Funktion auf.
2) Ermittle die links- und rechtsseitigen Grenzwerte an den Stellen t = 2s und t = 4s.
3) Gib an, welche Art von Unstetigkeit die dargestellte Funktion hat.

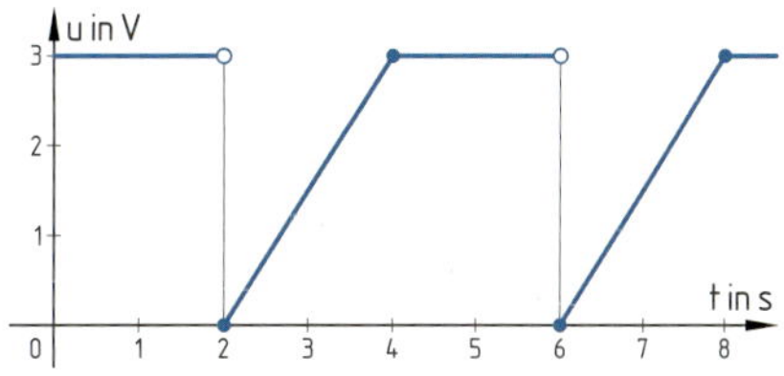

2.58 Gib die Gleichung einer Funktion mit den folgenden Eigenschaften an. Begründe deine Wahl mithilfe einer Rechnung. Stelle die Funktion grafisch dar.
a) Asymptoten bei $x = -2$, $x = 1$, $y = -1$
b) Asymptoten bei $x = 1$ und $y = -3$, Definitionslücke bei $x = -2$

2.59 Gegeben ist die Funktion f mit $f(x) = \frac{1}{x^2 - 9}$. Kreuze die falsche Aussage an.

Die Funktion ist an der Stelle x = 0 stetig.	A
Der Graph der Funktion hat an der Stelle x = 9 eine senkrechte Asymptote.	B
Die Funktion ist an der Stelle x = 9 stetig.	C
Der Graph der Funktion hat an der Stelle x = 3 eine senkrechte Asymptote.	D
Die x-Achse ist eine waagrechte Asymptote der Funktion.	E

2.60 Ein Getreidesilo mit einem Volumen von 200 Hektoliter wird über zwei Förderbänder befüllt. Dabei nimmt die Getreidemenge mit einer Füllgeschwindigkeit von 25 m^3 pro Stunde zu. Nach 20 Minuten wird die Füllgeschwindigkeit innerhalb von 30 Sekunden linear bis auf 30 m^3 pro Stunde erhöht. Weitere 15 Minuten später wird ein Förderband abgestellt, wodurch die Füllgeschwindigkeit abrupt auf 10 m^3 pro Stunde gesenkt wird.

1) Stelle die Funktion der Füllgeschwindigkeit v (in $\frac{m^3}{h}$) in Abhängigkeit von der Zeit t (in Stunden) grafisch dar.
2) Gib die Unstetigkeitsstelle(n) an.
3) Mathematische Modelle bilden die Realität nur innerhalb gewisser Grenzen ab. Worin unterscheidet sich der tatsächliche Verlauf der Befüllung von dem angegebenen mathematischen Modell?

2.61 In einer Kleinstadt wurden zur Eröffnung einer Filiale einer Fast-Food-Kette an alle Haushalte Gutscheine mit einer Gültigkeitsdauer von 20 Tagen versandt. Für die Anzahl der eingelösten Gutscheine N in Abhängigkeit von der Zeit t (in Tagen) wurde folgendes Modell erstellt: $N(t) = \frac{55\,000}{10 + 5\,490 \cdot e^{-0,76 \cdot t}}$
1) Stelle die Funktion N grafisch dar.
2) Erkläre anhand des Funktionsgraphen, von welcher Höchstanzahl an eingelösten Gutscheinen bei diesem Modell ausgegangen wird.

Grenzwert und Stetigkeit von Funktionen

2.62 Ein Werkstück wird auf eine Temperatur von $\vartheta_0 = 55$ °C erwärmt. Im Anschluss wird es zur Vermessung in einem Raum mit einer Umgebungstemperatur von $\vartheta_U = 20$ °C abgekühlt. Für die Abkühlung eines Stoffes gilt:

$\vartheta(t) = \vartheta_U + (\vartheta_0 - \vartheta_U) \cdot e^{-k \cdot t}$

t … Zeit in Minuten (min)

$\vartheta(t)$ … Temperatur zur Zeit t in °C

ϑ_0 … Temperatur zu Beginn in °C

ϑ_U … Umgebungstemperatur in °C

k … Abkühlkonstante in min^{-1}

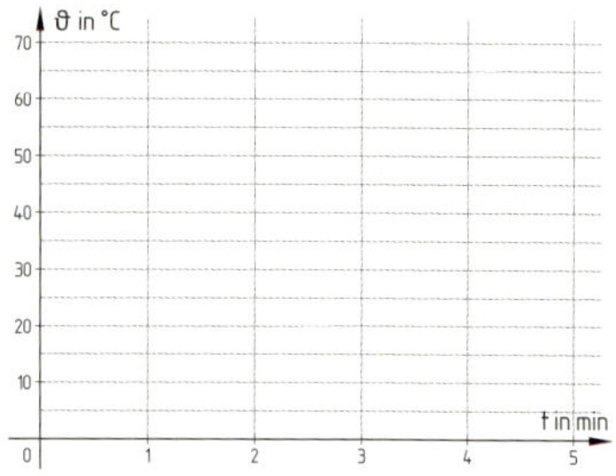

1) Stelle die Funktionsgleichung für $k = 0{,}9\ \text{min}^{-1}$ auf.

2) Skizziere den Graphen der Funktion ϑ im nebenstehenden Koordinatensystem.

3) Erkläre anhand des Funktionsgraphen, welche Temperatur das Werkstück nach sehr langer Zeit annimmt.

2.63 An einer Schraubenfeder ist eine Kugel befestigt. Wird die Kugel um eine Länge von $y_0 = 5$ cm ausgelenkt, so kann die Bewegung durch das folgende Weg-Zeit-Gesetz beschrieben werden: $y(t) = y_0 \cdot e^{-\delta \cdot t} \cdot \sin(\omega t)$

t … Zeit in Sekunden, y(t) … Auslenkung zur Zeit t in cm

$\delta = 0{,}5\ s^{-1}$ … Dämpfungskonstante; $\omega = 20\ s^{-1}$ … Kreisfrequenz

1) Stelle die Funktion y im Intervall [0 s; 5 s] grafisch dar.

2) Erkläre mithilfe der Grenzwertberechnung, welchem Wert sich die Amplitude der Schwingung für $t \to \infty$ nähert.

Aufgaben in englischer Sprache

asymptote	Asymptote	jump discontinuity/ step discontinuity	Sprungstelle
continuity of a function	Stetigkeit einer Funktion	left-sided limit/ left-hand limit	linksseitiger Grenzwert
continuous function	stetige Funktion	limit of a function	Grenzwert einer Funktion
discontinuous function	unstetige Funktion	removable discontinuity	hebbare Unstetigkeitsstelle
essential discontinuity/ infinite discontinuity	Polstelle / Pol	right-sided limit/ right-hand limit	rechtsseitiger Grenzwert
improper limit	uneigentlicher Grenzwert	singularity	Definitionslücke

2.64 Determine if the following function is continuous at x = 1.

$$f(x) = \begin{cases} 3x - 5 & \text{if } x \neq 1 \\ 2 & \text{if } x = 1 \end{cases}$$

2.65 Does the function $y = \frac{x^3 - 27}{9 - x^2}$ have a limit as x approaches 3? If it exists, find the limit.

2.66 Find the equations of the asymptotes of the curve $y = \frac{10 - x}{x + 8}$.

2.67 Explain why the graph of the function $y = \frac{x^2 - 5}{2x - 3}$ cannot cross its vertical asymptote.

Grenzwert und Stetigkeit von Funktionen

Wissens-Check

		gelöst
1	Ich kann die Begriffe „linksseitiger Grenzwert“ und „rechtsseitiger Grenzwert“ erklären.	
2	Kreuze die richtige Fortsetzung des Satzes an. Der Grenzwert g der Funktion $y = e^{-2x}$ ist … ◯ … 0 für $x \to -\infty$. ◯ … $-\infty$ für $x \to -\infty$. ◯ … −2 für $x \to +\infty$. ◯ … 0 für $x \to +\infty$.	
3	Welche der dargestellten Funktionen sind stetig? A) 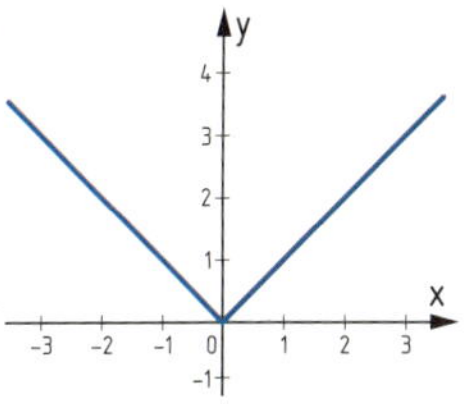 B) 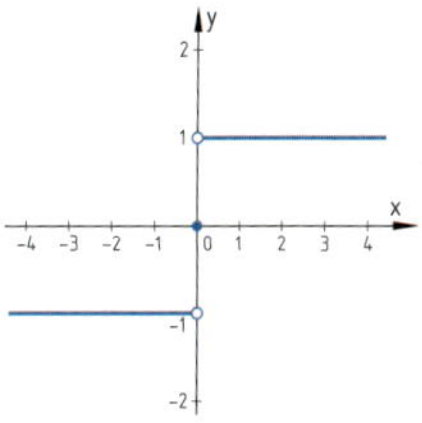 C) 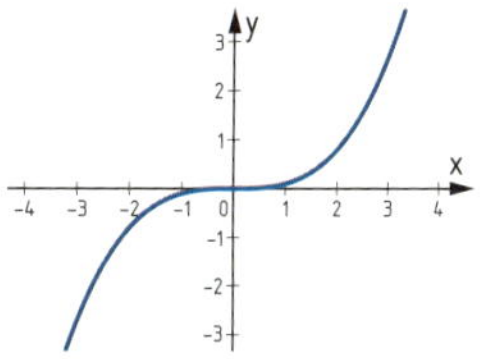	
4	Beschreibe jeweils den Unterschied zwischen den beiden Unstetigkeitsstellen. A) Polstelle und hebbare Unstetigkeitsstelle B) Hebbare Unstetigkeitsstelle und Sprungstelle C) Oszillationsstelle und Polstelle	
5	„Eine Funktion nähert sich einer Asymptote beliebig nahe an, aber sie berührt oder schneidet diese Asymptote nie.“ Ist diese Aussage wahr? Begründe deine Antwort.	
6	Ich kann ein Beispiel für eine Funktion angeben, die A) nur eine waagrechte Asymptote, B) nur eine senkrechte Asymptote, C) eine waagrechte und eine senkrechte Asymptote hat.	
7	Zeichne jeweils die Asymptoten ein und gib deren Gleichung an. A) 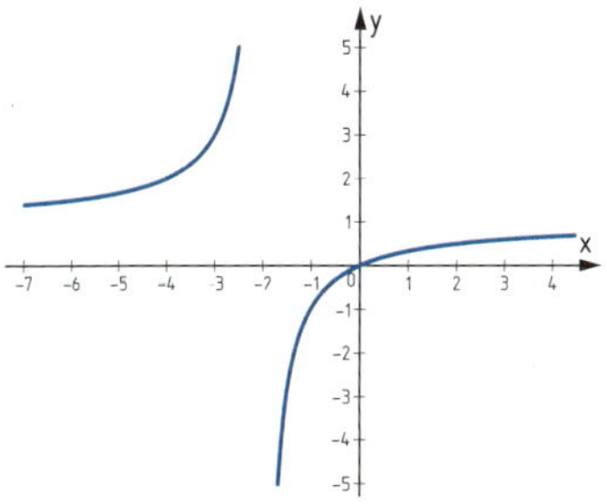 B) 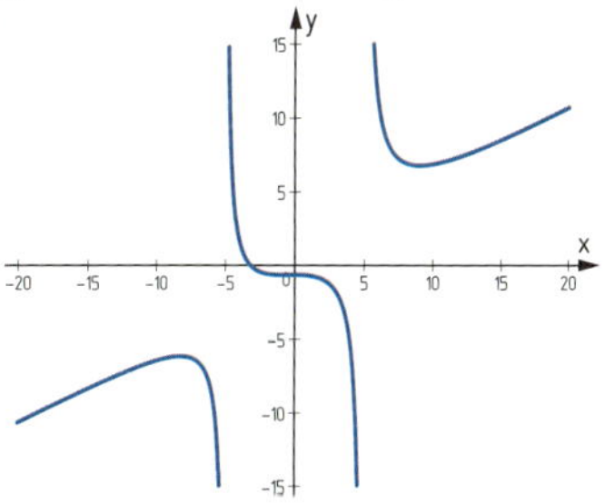	
8	Ich kann die Gleichung der Asymptote und der Grenzkurve der Funktion $y = \frac{x^3 - 2x^2 + 6}{x - 3}$ angeben.	

Lösung:
1) siehe Seite 62 2) Der Grenzwert g der Funktion $y = e^{-2x}$ ist 0 für $x \to +\infty$. 3) A) und C)
4) siehe Seiten 67ff 5) Nein, nur senkrechte Asymptoten können den Funktionsgraph nicht schneiden.
6) A) $y = e^{-x}$, B) $y = \ln(x)$, C) $y = \frac{1}{x} + 3$ 7) A) a_1: $x = -2$, a_2: $y = 1$; B) a_1: $x = -5$, a_2: $x = 5$, a_3: $y = 0{,}5x$
8) a: $x = 3$ und k: $y = x^2 + x + 3$

3 Matrizen

In Band 1, Abschnitt 6 „Lineare Gleichungssysteme“ wurden verschiedene Methoden gezeigt, mit denen ein lineares Gleichungssystem gelöst werden kann. In diesem Abschnitt wird nun erklärt, wie man Gleichungssysteme mit mehreren Variablen mithilfe von Matrizen lösen kann.

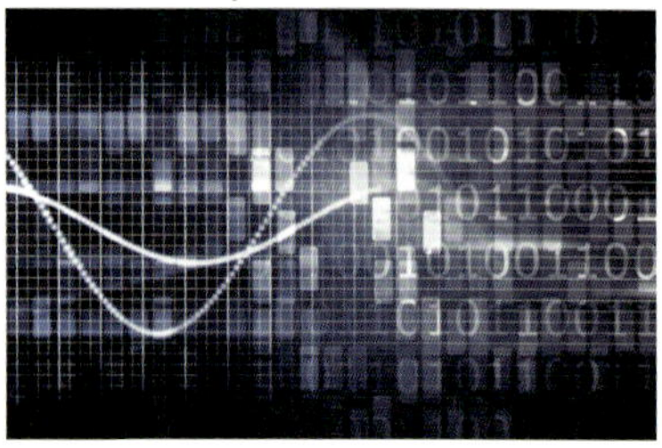

3.1 Wiederholung

3.1 Gib die Koeffizientenmatrix und die erweiterte Matrix des folgenden Gleichungssystems an.

I: $4x - \ y = 11$
II: $3x + 2y = 0$

Werden Zahlen in einem **rechteckigen Zahlenschema** mit m Zeilen und n Spalten zusammengefasst, dann bezeichnet man diese Anordnung als **Matrix** vom Typ (m x n) bzw. (m,n). Die Position eines **Elements** a_{ij} einer Matrix A wird mithilfe der Indizes i und j mit i = 1, ..., m und j = 1, ..., n festgelegt.

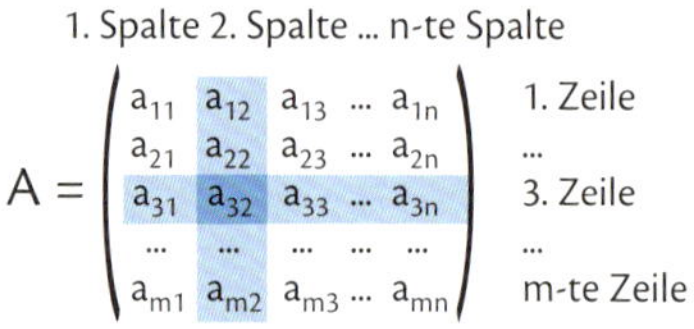

Im folgenden Abschnitt werden Rechenoperationen für Matrizen gezeigt, mit deren Hilfe man Gleichungssysteme mit mehreren Variablen anschreiben und lösen kann. Für das Addieren und Subtrahieren von Matrizen sowie das Multiplizieren mit einem Skalar, also einer Zahl, gelten ähnliche Regeln wie beim Rechnen mit Vektoren, da Vektoren Spezialfälle von Matrizen sind. Diese Rechenoperationen werden in Band 4, Abschnitt 5, behandelt.

3.2 Gib den Typ der Matrix an und bestimme die angegebenen Elemente.

a) $M = \begin{pmatrix} -1 & 5 & 7 \\ 4 & 0 & 2 \end{pmatrix}$; $m_{23}, m_{11}, m_{13}, m_{21}$

b) $K = \begin{pmatrix} -3 & 12 & 0 \\ 15 & 1 & 8 \\ 0 & 0 & 4 \end{pmatrix}$; $k_{32}, k_{23}, k_{12}, k_{31}$

c) $F = (3 \ \ 1 \ \ 0 \ \ -2)$; $f_{14}, f_{12}, f_{13}, f_{11}$

d) $A = \begin{pmatrix} 1 & 0 & 0 & 1 \\ 1 & 0 & 1 & 0 \\ 1 & 0 & 1 & 1 \end{pmatrix}$; $a_{33}, a_{12}, a_{24}, a_{21}$

3.3 Ein lineares Gleichungssystem mit drei Unbekannten kann geometrisch als Schnitt von drei Ebenen interpretiert werden. Die Anzahl der Lösungen des Gleichungssystems hängt von der Lage der Ebenen zueinander ab. Ordne richtig zu.

1	Eindeutige Lösung	☐	A	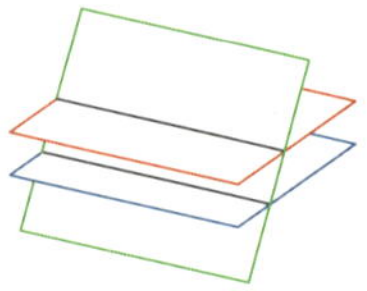	C	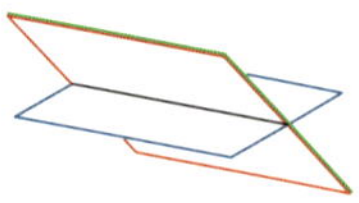
2	Keine Lösung	☐	B	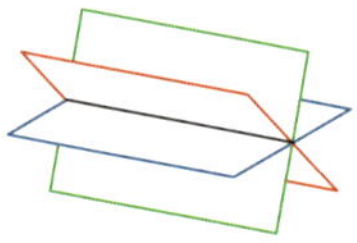	D	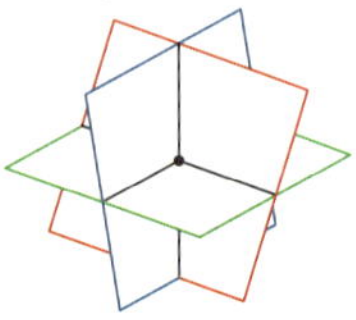

3.2 Multiplikation von Matrizen

ZB: Für ein Graffiti sollen drei verschiedene Farbmischungen aus den Farben Gelb und Blau hergestellt werden. Diese Farbmischungen unterscheiden sich durch das Mischverhältnis der beiden Grundfarben.

	Mischung 1	Mischung 2	Mischung 3
Gelbe Farbe	3 L	6 L	2 L
Blaue Farbe	4 L	1 L	5 L

Ein Liter gelbe Farbe kostet 7,90 €, ein Liter blaue Farbe 9,40 €.
Sowohl die Mischverhältnisse als auch die Kosten können als Matrizen dargestellt werden.

Mischverhältnismatrix M (Angaben in Liter): $M = \begin{pmatrix} 3 & 6 & 2 \\ 4 & 1 & 5 \end{pmatrix}$

Kostenmatrix K $\left(\text{Angaben in } \frac{€}{L}\right)$: $K = (7{,}90 \quad 9{,}40)$

Um zu ermitteln, wie viel jede Mischung insgesamt kostet, müssen die Literpreise der jeweiligen Grundfarben mit den entsprechenden Anteilen an den Mischungen multipliziert werden.
Mischung 1: $7{,}90 \cdot 3 + 9{,}40 \cdot 4 = 61{,}30$ €
Mischung 2: $7{,}90 \cdot 6 + 9{,}40 \cdot 1 = 56{,}80$ €
Mischung 3: $7{,}90 \cdot 2 + 9{,}40 \cdot 5 = 62{,}80$ €

In allen drei Fällen werden die Elemente der Zeile von K mit den Elementen der jeweiligen Spalte von M multipliziert und anschließend addiert. Diese Berechnung kann man in kompakter Form als Multiplikation der Matrix K mit der Matrix M anschreiben. Man erhält als Ergebnis eine Matrix, die die Gesamtkosten (in €) für 7 Liter je Mischung angibt:

$$K \cdot M = (7{,}90 \quad 9{,}40) \cdot \begin{pmatrix} 3 & 6 & 2 \\ 4 & 1 & 5 \end{pmatrix} = (7{,}90 \cdot 3 + 9{,}40 \cdot 4 \quad 7{,}90 \cdot 6 + 9{,}40 \cdot 1 \quad 7{,}90 \cdot 2 + 9{,}40 \cdot 5) =$$
$$= (61{,}30 \quad 56{,}80 \quad 62{,}80)$$

Das Ergebnis der **Multiplikation zweier Matrizen** A vom Typ (m x n) und B vom Typ (n x r) ist eine Matrix C vom Typ (m x r). Das Element c_{ij} wird dabei wie folgt berechnet:

$$\begin{pmatrix} a_{11} & a_{12} & \dots & a_{1n} \\ a_{21} & a_{22} & \dots & a_{2n} \\ \dots & \dots & \dots & \dots \\ a_{m1} & a_{m2} & \dots & a_{mn} \end{pmatrix} \cdot \begin{pmatrix} b_{11} & b_{12} & \dots & b_{1r} \\ b_{21} & b_{22} & \dots & b_{2r} \\ \dots & \dots & \dots & \dots \\ \dots & \dots & \dots & \dots \\ b_{n1} & b_{n2} & \dots & b_{nr} \end{pmatrix} = \begin{pmatrix} a_{11} \cdot b_{11} + a_{12} \cdot b_{21} + \dots + a_{1n} \cdot b_{n1} & \dots & a_{11} \cdot b_{1r} + a_{12} \cdot b_{2r} + \dots + a_{1n} \cdot b_{nr} \\ \dots & \dots & \dots \\ \dots & \dots & \dots \\ a_{m1} \cdot b_{11} + a_{m2} \cdot b_{21} + \dots + a_{mn} \cdot b_{n1} & \dots & a_{m1} \cdot b_{1r} + a_{m2} \cdot b_{2r} + \dots + a_{mn} \cdot b_{nr} \end{pmatrix}$$

Merke: „**Zeile mal Spalte**"

Es gilt:
- Man kann Matrizen nur dann miteinander multiplizieren, wenn die Spaltenanzahl der ersten Matrix gleich der Zeilenanzahl der zweiten Matrix ist. Andernfalls ist die Matrizenmultiplikation nicht definiert.
- Die Multiplikation zweier Matrizen ist im Allgemeinen **nicht kommutativ**: $A \cdot B \neq B \cdot A$
- Da die Matrizenmultiplikation nicht kommutativ ist, spricht man bei der Multiplikation zweier quadratischer Matrizen auch von **linksseitiger** und **rechtsseitiger Multiplikation**.
  $B \cdot A$ ... linksseitige Multiplikation von A mit B
  $A \cdot B$ ... rechtsseitige Multiplikation von A mit B

Matrizen

ZB: Die Matrix A soll mit der Matrix B multipliziert werden.

$$A = \begin{pmatrix} -1 & 2 & 3 \\ 4 & 2 & 1 \\ 2 & 3 & 0 \\ -2 & 1 & 3 \end{pmatrix},\ B = \begin{pmatrix} 1 & 3 \\ 3 & 0 \\ -2 & 2 \end{pmatrix} \Rightarrow C = A \cdot B = \begin{pmatrix} -1 & 2 & 3 \\ 4 & 2 & 1 \\ 2 & 3 & 0 \\ -2 & 1 & 3 \end{pmatrix} \cdot \begin{pmatrix} 1 & 3 \\ 3 & 0 \\ -2 & 2 \end{pmatrix} = \begin{pmatrix} c_{11} & c_{12} \\ c_{21} & c_{22} \\ c_{31} & c_{32} \\ c_{41} & c_{42} \end{pmatrix}$$

$$c_{11} = a_{11} \cdot b_{11} + a_{12} \cdot b_{21} + a_{13} \cdot b_{31} = (-1) \cdot 1 + 2 \cdot 3 + 3 \cdot (-2) = -1$$
$$c_{21} = a_{21} \cdot b_{11} + a_{22} \cdot b_{21} + a_{23} \cdot b_{31} = 4 \cdot 1 + 2 \cdot 3 + 1 \cdot (-2) = 8$$

$$c_{12} = a_{11} \cdot b_{12} + a_{12} \cdot b_{22} + a_{13} \cdot b_{32} = (-1) \cdot 3 + 2 \cdot 0 + 3 \cdot 2 = 3$$
$$c_{22} = a_{21} \cdot b_{12} + a_{22} \cdot b_{22} + a_{23} \cdot b_{32} = 4 \cdot 3 + 2 \cdot 0 + 1 \cdot 2 = 14$$

...

$$C = A \cdot B = \begin{pmatrix} -1 & 3 \\ 8 & 14 \\ 11 & 6 \\ -5 & 0 \end{pmatrix}$$

Zur übersichtlichen Gestaltung der Matrizenmultiplikation kann das **Falk'sche Schema** (Dr.-Ing. Sigurd Falk, deutscher Universitätsprofessor, 1921 – 2016) angewendet werden.

·	B
A	C = A · B

⇒

			1	3
			3	0
			−2	2
−1	2	3	(−1) · 1 + 2 · 3 + 3 · (−2) = −1	3
4	2	1	8	14
2	3	0	11	6
−2	1	3	−5	0

Technologieeinsatz: Multiplikation von Matrizen
TI-Nspire

Mathcad, GeoGebra, CASIO ClassPad II: www.hpt.at

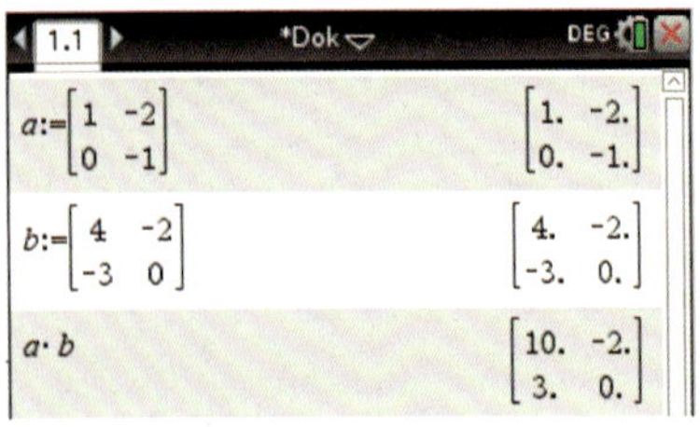

Matrizen können am TI-Nspire entweder über das Menü **7: Matrix und Vektor**, **1: Erstellen**, **1: Matrix...** oder über **Mathematische Vorlagen** definiert werden.
Es erscheint ein Eingabefenster, in dem die Anzahl der Zeilen und die Anzahl der Spalten eingetragen werden können.
Die Multiplikation zweier Matrizen erfolgt mit dem üblichen „Mal"-Zeichen: **a·b**

TE A B C D **3.4** Multipliziere die Matrix P mit der Matrix Q und überprüfe das Ergebnis mit Technologieeinsatz.

a) $P = \begin{pmatrix} 0 & 3 \\ -2 & 5 \\ 8 & -1 \end{pmatrix},\ Q = \begin{pmatrix} -1 & 3 & 8 & 0 \\ -3 & 0 & 2 & 7 \end{pmatrix}$

b) $P = \begin{pmatrix} 1 & 2 & -3 & 4 \\ -4 & 3 & 2 & -1 \end{pmatrix},\ Q = \begin{pmatrix} -1 & -2 & -3 \\ 3 & 2 & 1 \\ 0 & 0 & 1 \\ 3 & 2 & 0 \end{pmatrix}$

A B C D **3.5** Gegeben sind die Matrizen F, G und H. Erkläre, ob die folgenden Berechnungen möglich sind, und führe sie gegebenenfalls aus.

$F = \begin{pmatrix} 4 & -2 & 0 \\ 1 & 2 & -1 \end{pmatrix},\ G = \begin{pmatrix} 7 & -1 \\ -2 & 10 \\ 3 & 1 \end{pmatrix},\ H = \begin{pmatrix} 4 & -5 & 1 \\ 6 & 0 & 8 \end{pmatrix}$

1) F · G **2)** F · H **3)** G · H **4)** H · G **5)** G · F **6)** H · F

3.3 Inverse Matrix

Für die Multiplikation reeller Zahlen a ($a \neq 0$) gilt: $a \cdot 1 = a$ und $a \cdot \frac{1}{a} = a \cdot a^{-1} = 1$

Man bezeichnet 1 als das **neutrale Element** bezüglich der Multiplikation in $\mathbb{R}$ und den Kehrwert a^{-1} als das zu a **inverse Element** (latein: „inversio" = Umstellung) bezüglich der Multiplikation. Diese Überlegung kann auch auf das Rechnen mit Matrizen übertragen werden. Dem neutralen Element 1 entspricht dabei die **Einheitsmatrix E**.

$$E = \begin{pmatrix} 1 & 0 & \dots & 0 \\ 0 & 1 & \dots & 0 \\ \vdots & \vdots & \ddots & \vdots \\ 0 & 0 & \dots & 1 \end{pmatrix}$$

Das ist eine quadratische Matrix, bei der alle Elemente der Hauptdiagonalen (von links oben nach rechts unten) den Wert 1 haben und die übrigen Elemente 0 sind.

Ist A eine **quadratische Matrix**, so gilt: $A \cdot E = A$ und $E \cdot A = A$

Dem inversen Element entspricht die **inverse Matrix** A^{-1} der Matrix A. Die inverse Matrix kann nur für quadratische Matrizen gebildet werden. Das Berechnen einer inversen Matrix wird **Invertieren** genannt. Es gilt: $A \cdot A^{-1} = A^{-1} \cdot A = E$

Nicht jede quadratische Matrix ist invertierbar. Ist die Determinante einer quadratischen Matrix 0, so ist sie nicht invertierbar und heißt **singuläre Matrix**, eine invertierbare Matrix heißt **reguläre Matrix**.

> Für die **inverse Matrix** A^{-1} einer quadratischen Matrix mit $\det(A) \neq 0$ gilt:
> $A \cdot A^{-1} = A^{-1} \cdot A = E$
> Eine nicht invertierbare quadratische Matrix heißt **singuläre Matrix**.

Die Berechnung der inversen Matrix erfolgt meist mit Technologieeinsatz.

Technologieeinsatz: Invertieren von Matrizen
TI-Nspire

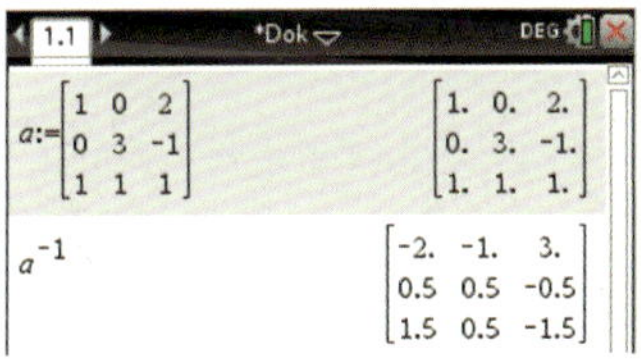

Die inverse Matrix einer Matrix **a** wird beim TI-Nspire durch die Eingabe von $\mathbf{a^{-1}}$ gebildet.

TE
Mathcad, GeoGebra, CASIO ClassPad II: www.hpt.at

Möchte man zum Beispiel die Inverse der Matrix

$A = \begin{pmatrix} 1 & -4 & 2 \\ 2 & -1 & 6 \\ -4 & 2 & -12 \end{pmatrix}$ berechnen, erhält man eine Fehlermeldung. Die Matrix enthält zwei Zeilen, die voneinander linear abhängig sind: 3. Zeile = $(-2) \cdot$ 2. Zeile

Die Determinante ist daher 0.

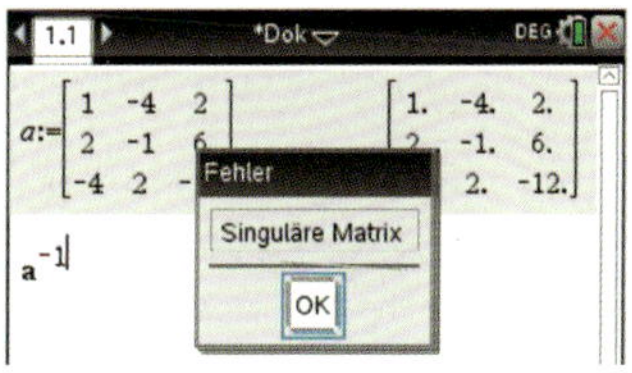

3.6 Überprüfe nachweislich, welche der Matrizen A, B oder C die inverse Matrix zu M ist. D

$$M = \begin{pmatrix} 1 & 2 & 1 \\ 2 & 0 & -4 \\ 2 & 2 & 0 \end{pmatrix} \quad A = \begin{pmatrix} -1 & -2 & -1 \\ -2 & 0 & 4 \\ -2 & -2 & 0 \end{pmatrix} \quad B = \begin{pmatrix} -2 & -0{,}5 & 2 \\ 2 & 0{,}5 & -1{,}5 \\ -1 & -0{,}5 & 1 \end{pmatrix} \quad C = \begin{pmatrix} -2 & -0{,}5 & 2 \\ 2 & -0{,}5 & 1{,}5 \\ 1 & -0{,}5 & 1 \end{pmatrix}$$

3.7 Überprüfe nachweislich, dass für die Matrix $A = \begin{pmatrix} a & b \\ c & d \end{pmatrix}$ gilt: $A^{-1} = \begin{pmatrix} \frac{d}{\det(A)} & \frac{-b}{\det(A)} \\ \frac{-c}{\det(A)} & \frac{a}{\det(A)} \end{pmatrix}$ D

3.4 Lineare Gleichungssysteme

Ein lineares Gleichungssystem kann als Multiplikation von Matrizen angeschrieben werden.

I: $a_{11} \cdot x + a_{12} \cdot y = b_1$
II: $a_{21} \cdot x + a_{22} \cdot y = b_2$

$$\Rightarrow \begin{pmatrix} a_{11} & a_{12} \\ a_{21} & a_{22} \end{pmatrix} \cdot \begin{pmatrix} x \\ y \end{pmatrix} = \begin{pmatrix} b_1 \\ b_2 \end{pmatrix}$$
$$A \cdot \vec{x} = \vec{b}$$

A … Koeffizientenmatrix,
$\vec{x}$ … Vektor der Variablen,
$\vec{b}$ … Vektor der Konstanten

Mithilfe der Matrizenschreibweise lassen sich lineare Gleichungssysteme mit beliebig vielen Gleichungen nach dem gleichen Schema lösen, zB:

I: $3x + 5y = 7$
II: $2x + 4y = 6$

$$A = \begin{pmatrix} 3 & 5 \\ 2 & 4 \end{pmatrix},\ \vec{x} = \begin{pmatrix} x \\ y \end{pmatrix},\ \vec{b} = \begin{pmatrix} 7 \\ 6 \end{pmatrix}$$

$$A \cdot \vec{x} = \vec{b} \Rightarrow \begin{pmatrix} 3 & 5 \\ 2 & 4 \end{pmatrix} \cdot \begin{pmatrix} x \\ y \end{pmatrix} = \begin{pmatrix} 7 \\ 6 \end{pmatrix}$$
$$\begin{pmatrix} 3 & 5 \\ 2 & 4 \end{pmatrix}^{-1} \cdot \begin{pmatrix} 3 & 5 \\ 2 & 4 \end{pmatrix} \cdot \begin{pmatrix} x \\ y \end{pmatrix} = \begin{pmatrix} 3 & 5 \\ 2 & 4 \end{pmatrix}^{-1} \cdot \begin{pmatrix} 7 \\ 6 \end{pmatrix}$$
$$\begin{pmatrix} 1 & 0 \\ 0 & 1 \end{pmatrix} \cdot \begin{pmatrix} x \\ y \end{pmatrix} = \begin{pmatrix} 2 & -2{,}5 \\ -1 & 1{,}5 \end{pmatrix} \cdot \begin{pmatrix} 7 \\ 6 \end{pmatrix}$$
$$\vec{x} = \begin{pmatrix} -1 \\ 2 \end{pmatrix} \Rightarrow x = -1,\ y = 2$$

- Gleichungssystem mithilfe von Matrizen anschreiben
- Linksseitige Multiplikation der Gleichung mit der zu A inversen Matrix A^{-1}; die inverse Matrix A^{-1} wird mit Technologieeinsatz berechnet.
- $A^{-1} \cdot A = E \Rightarrow \vec{x} = A^{-1} \cdot \vec{b}$

Soll ein Gleichungssystem in Matrizenschreibweise gelöst werden, muss das Gleichungssystem nach den Variablen geordnet angeschrieben werden.

ZB

I: $3b + c = 0$
II: $2b + a = 3$
III: $2a - c = 8$

$\Rightarrow$

I: $3b + c = 0$
II: $a + 2b = 3$
III: $2a - c = 8$

$$\Rightarrow \begin{pmatrix} 0 & 3 & 1 \\ 1 & 2 & 0 \\ 2 & 0 & -1 \end{pmatrix} \cdot \begin{pmatrix} a \\ b \\ c \end{pmatrix} = \begin{pmatrix} 0 \\ 3 \\ 8 \end{pmatrix}$$

Ein lineares Gleichungssystem aus n Gleichungen mit n Variablen kann mithilfe von Matrizen dargestellt werden:
$A \cdot \vec{x} = \vec{b}$
Ist die Koeffizientenmatrix A eine reguläre Matrix ($\det(A) \neq 0$), dann kann die Berechnung der Lösung mit der inversen Matrix A^{-1} erfolgen:
$\vec{x} = A^{-1} \cdot \vec{b}$

TE A B

3.8 Schreibe das Gleichungssystem mithilfe von Matrizen an und löse es anschließend.

I: $2x - y = 0{,}5$
II: $-x + 3y = 0{,}2$

Lösung:

$$\begin{pmatrix} 2 & -1 \\ -1 & 3 \end{pmatrix} \cdot \begin{pmatrix} x \\ y \end{pmatrix} = \begin{pmatrix} 0{,}5 \\ 0{,}2 \end{pmatrix}$$

- $A \cdot \vec{x} = \vec{b}$

$$A = \begin{pmatrix} 2 & -1 \\ -1 & 3 \end{pmatrix},\ A^{-1} = \begin{pmatrix} 0{,}6 & 0{,}2 \\ 0{,}2 & 0{,}4 \end{pmatrix}$$

- Ermitteln von A^{-1} mit Technologieeinsatz

$$\begin{pmatrix} x \\ y \end{pmatrix} = \begin{pmatrix} 0{,}6 & 0{,}2 \\ 0{,}2 & 0{,}4 \end{pmatrix} \cdot \begin{pmatrix} 0{,}5 \\ 0{,}2 \end{pmatrix} = \begin{pmatrix} 0{,}34 \\ 0{,}18 \end{pmatrix}$$

- $\vec{x} = A^{-1} \cdot \vec{b}$

$x = 0{,}34;\ y = 0{,}18$

3.9 Löse das Gleichungssystem mithilfe der Matrizenrechnung. (B) TE

I: $x_1 + 2x_3 - 2 = 0$
II: $3x_2 - x_4 = 0$
III: $x_2 + x_3 + x_4 = 4$
IV: $2x_2 - 2x_3 = 4$

Lösung mit Mathcad:

$$A = \begin{pmatrix} 1 & 0 & 2 & 0 \\ 0 & 3 & 0 & -1 \\ 0 & 1 & 1 & 1 \\ 0 & 2 & -2 & 0 \end{pmatrix}, \vec{b} = \begin{pmatrix} 2 \\ 0 \\ 4 \\ 4 \end{pmatrix}$$

- Bestimmen der Koeffizientenmatrix und des Vektors der Konstanten.

$$A := \begin{pmatrix} 1 & 0 & 2 & 0 \\ 0 & 3 & 0 & -1 \\ 0 & 1 & 1 & 1 \\ 0 & 2 & -2 & 0 \end{pmatrix} \qquad A^{-1} = \begin{pmatrix} 1 & -0.4 & -0.4 & 0.8 \\ 0 & 0.2 & 0.2 & 0.1 \\ 0 & 0.2 & 0.2 & -0.4 \\ 0 & -0.4 & 0.6 & 0.3 \end{pmatrix}$$

- Definieren der Koeffizientenmatrix und Berechnung der inversen Matrix.

$$x := A^{-1} \cdot \begin{pmatrix} 2 \\ 0 \\ 4 \\ 4 \end{pmatrix} \qquad x = \begin{pmatrix} 3.6 \\ 1.2 \\ -0.8 \\ 3.6 \end{pmatrix}$$

- Multiplikation $A^{-1} \cdot \vec{b}$ und speichern des Ergebnisses als Variable x.

$x_1 = 3{,}6$; $x_2 = 1{,}2$; $x_3 = -0{,}8$; $x_4 = 3{,}6$

3.10 Stelle das Gleichungssystem mithilfe von Matrizen dar. (A)

a) I: $b - 3c = 1$
II: $5a - c = 0$
III: $a + b + c = -8$

b) I: $-a + 2c = 0$
II: $4b + 2c - d = 0$
III: $c + d = 0$
IV: $2a - 2d = 0$

c) I: $y = 2$
II: $2u - 3w = 0$
III: $v + 2x - y = 5$
IV: $-w + 4x + y = 4$

3.11 Schreibe das Gleichungssystem ohne Verwendung von Matrizen an. (A)

a) $\begin{pmatrix} 5 & -4 \\ 2 & 1 \end{pmatrix} \cdot \begin{pmatrix} x \\ y \end{pmatrix} = \begin{pmatrix} 3 \\ 5 \end{pmatrix}$ **b)** $\begin{pmatrix} 0 & 1 & 0 \\ 2 & 0 & -4 \\ 1 & 0 & 5 \end{pmatrix} \cdot \begin{pmatrix} a \\ b \\ c \end{pmatrix} = \begin{pmatrix} 2 \\ 6 \\ 0 \end{pmatrix}$ **c)** $\begin{pmatrix} 0 & 1 & 4 \\ 7 & -1 & 5 \\ 1 & 0 & 2 \end{pmatrix} \cdot \begin{pmatrix} u \\ v \\ w \end{pmatrix} = \begin{pmatrix} 0 \\ 0 \\ 0 \end{pmatrix}$

3.12 Löse das Gleichungssystem mithilfe der Matrizenrechnung. (B)

a) $\begin{pmatrix} 2 & -3 \\ 1 & 2 \end{pmatrix} \cdot \begin{pmatrix} x \\ y \end{pmatrix} = \begin{pmatrix} 12 \\ -1 \end{pmatrix}$ **b)** $\begin{pmatrix} 2 & 7 \\ 1 & -2 \end{pmatrix} \cdot \begin{pmatrix} \alpha \\ \beta \end{pmatrix} = \begin{pmatrix} 4 \\ -9 \end{pmatrix}$ **c)** $\begin{pmatrix} -5 & 3 \\ -9 & 8 \end{pmatrix} \cdot \begin{pmatrix} m \\ n \end{pmatrix} = \begin{pmatrix} 6 \\ -36 \end{pmatrix}$

3.13 Gib an, ob das Gleichungssystem eindeutig lösbar ist. Löse es – falls möglich – mithilfe der Matrizenrechnung. (B)(C) TE

a) I: $2x - 4y + 3z = -1$
II: $-x + 2y = -1$
III: $6x - 3z = 15$

b) I: $F_1 + 2F_3 - F_4 = 20$
II: $3F_2 + 2F_3 = 0$
III: $-2F_1 - 4F_3 + 2F_4 = 40$
IV: $F_1 - 3F_2 + 2F_4 = 10$

c) I: $-4a + 2b = 1$
II: $2a - 4b + 5c = -4$
III: $c + d = 2$
IV: $6a - 5d = -4$

3.14 Wodurch unterscheiden sich die Gleichungssysteme in ***1)***, ***2)*** und ***3)*** jeweils voneinander? Löse sie mithilfe von Matrizen und überlege zuerst, welchen Vorteil du dir zunutze machen kannst, wenn du ***1)***, ***2)*** und ***3)*** hintereinander löst. (B)(C) TE

1) I: $b - 3c = 1$
II: $5a - c = 0$
III: $a + b + c = -8$

2) I: $b - 3c = 3$
II: $5a - c = 1$
III: $a + b + c = 4$

3) I: $b - 3c = 2$
II: $5a - c = -1$
III: $a + b + c = 3$

Matrizen

AⒷⒸⒹ **3.15** Eine Firma stellt verschiedene Rostschutzmittel für Skulpturen aus Stahl her. Die Produktionskosten lassen sich mithilfe einer Polynomfunktion 3. Grads beschreiben. Werden 1 000 Liter produziert, betragen die Kosten 10 200,00 €, für 2 000 Liter betragen sie 19 500,00 € und für 5 000 Liter betragen sie 42 700,00 €. Die Fixkosten betragen 3 500,00 €. Gib das Gleichungssystem zur Ermittlung der Koeffizienten dieser Polynomfunktion in Matrizenschreibweise an.

3.16 Im Falle einer Zahlungsunfähigkeit von Banken dienen Einlagensicherungssysteme dem Schutz von Sparern. In Österreich sind Spareinlagen mit 100 000,00 € pro Kunde und Bank abgesichert. Frau Hitsch hat in drei Banken Spareinlagen von insgesamt 284 000,00 € liegen. In Bank A liegen um 36 000,00 € mehr als in Bank B. In Bank C liegt ein Betrag, der um 8 000,00 € kleiner ist als das Doppelte des in Bank B befindlichen Betrags.

1) Stelle das Gleichungssystem zur Ermittlung der jeweiligen Spareinlagen auf.

2) Löse es mithilfe der Matrizenrechnung.

Zusammenfassung

(m x n)-Matrix
m Zeilen, n Spalten
a_{ij} … Elemente der Matrix mit i = 1, ..., m; j = 1, ..., n

Multiplikation zweier Matrizen
Man bildet das skalare Produkt des i-ten Zeilenvektors einer (m x n)-Matrix mit dem j-ten Spaltenvektor einer (n x r)-Matrix und erhält dadurch eine (m x r)-Matrix. „Zeile mal Spalte"

Inverse Matrix A^{-1} einer quadratischen Matrix mit $\det(A) \neq 0$: $A \cdot A^{-1} = A^{-1} \cdot A = E$

Lösen von Gleichungssystemen
Ein lineares Gleichungssystem kann mithilfe von Matrizen dargestellt und mit der inversen Matrix gelöst werden. $A \cdot \vec{x} = \vec{b} \Rightarrow \vec{x} = A^{-1} \cdot \vec{b}$

Weitere Aufgaben

3.17 Beurteile, welche Aussagen wahr und welche falsch sind.

A) Matrizen können nur dann miteinander multipliziert werden, wenn die Zeilenanzahl der linken Matrix gleich groß wie die Spaltenanzahl der rechten Matrix ist.

B) Das Produkt einer (2 x 3)-Matrix mit einer (3 x 4)-Matrix ist eine (2 x 4)-Matrix.

C) Ein lineares Gleichungssystem ist eindeutig lösbar, wenn die Zeilen der Koeffizientenmatrix linear abhängig sind.

3.18 Löse das lineare Gleichungssystem mithilfe der Matrizenrechnung.

a) I: $3a - 4b = 140$
II: $5a - 3b = 138$

b) I: $-3x + 2y - z = -31$
II: $y + z = -5$
III: $5x - 4y = 50$

3.19 Schreibe das Gleichungssystem mithilfe von Matrizen an und löse es.

a) I: $3x + 6z = 0$
II: $-x + 2y = -2$
III: $6y + 4z = 4$

b) I: $u + v - x = 3$
II: $v + 2w = 0$
III: $-2u - 2v + 2x = 4$
IV: $v - 3w + 2x = 5$

c) I: $-a + 2c - d = 1$
II: $2a - 4b + 5c = 3$
III: $a + d = 2$
IV: $6a - 5d = -4$

Aufgaben in englischer Sprache

identity matrix I	Einheitsmatrix E	simultaneous equations, system of equations	Gleichungssystem
inverse of a square matrix	inverse Matrix		

3.20 Calculate the inverse matrix if possible. **a)** $A = \begin{pmatrix} 2 & 1 & 0 \\ 0 & 3 & 0 \\ 3 & 1 & 4 \end{pmatrix}$ **b)** $B = \begin{pmatrix} 1 & 0 & 7 \\ 0 & 2 & 3 \\ 3 & 0 & 21 \end{pmatrix}$ B TE

3.21 Solve the following simultaneous equations using the matrix methods: B TE

I: $x + y = 6$
II: $2z - y + 5x = 0$
III: $-4x + 2z + 14 = 0$

3.22 Given that $A = \begin{pmatrix} -2 & 3 \\ 1 & 4 \end{pmatrix}$ and $I = \begin{pmatrix} 1 & 0 \\ 0 & 1 \end{pmatrix}$, show that $A \cdot I = I \cdot A = A$. B

Wissens-Check

		gelöst
1	Gib den Wert des angegebenen Elements bzw. die Position der angegebenen Zahl an. $M = \begin{pmatrix} -1 & 7 & 0 & 3 \\ 2 & -1 & 8 & 4 \end{pmatrix}$ A) $m_{13} = ?$ B) $m_{22} = ?$ C) $m_{32} = ?$ D) $? = 4$ E) $? = 7$	
2	Welcher Zusammenhang besteht zwischen den Matrizen A und B, wenn gilt: $A \cdot B = \begin{pmatrix} -2 & 3 \\ 1 & -1 \end{pmatrix} \cdot \begin{pmatrix} 1 & 3 \\ 1 & 2 \end{pmatrix} = \begin{pmatrix} 1 & 0 \\ 0 & 1 \end{pmatrix}$	
3	Gib an, welche der folgenden Aussagen wahr sind. Stelle die falschen Aussagen richtig. A) Das Multiplizieren zweier Matrizen erfolgt komponentenweise. B) Man kann zu jeder (m x n)-Matrix eine inverse Matrix berechnen. C) Die Matrizenmultiplikation ist im Allgemeinen nicht kommutativ. D) Eine singuläre Matrix kann invertiert werden.	
4	Sind beide Rechnungen durchführbar? Begründe deine Antwort und führe die Rechnungen gegebenenfalls aus. A) $\begin{pmatrix} 1 & -1 & 2 \\ 2 & 1 & -3 \end{pmatrix} \cdot \begin{pmatrix} 2 & -1 \\ 3 & 1 \\ -1 & 1 \end{pmatrix}$ B) $\begin{pmatrix} -1 & 0 & 1 & 2 \\ -3 & 1 & 3 & -2 \\ 2 & 1 & 3 & -1 \end{pmatrix} \cdot \begin{pmatrix} -1 & 0 \\ 2 & 1 \end{pmatrix}$	
5	Erkläre die einzelnen Teile der Formel $\vec{x} = A^{-1} \cdot \vec{b}$ zum Lösen eines linearen Gleichungssystems.	

Lösung:
1) A) 0, B) −1, C) nicht möglich, D) m_{24}, E) m_{12} 2) A und B sind zueinander invers.
3) A) Falsch, „Zeile mal Spalte"; B) Falsch; inverse Matrizen können nur für quadratische, reguläre Matrizen berechnet werden. C) Wahr; D) Falsch, eine reguläre Matrix kann invertiert werden.
4) Nur A) ist durchführbar, da die Anzahl der Spalten der ersten Matrix gleich groß ist wie die Anzahl der Zeilen der zweiten Matrix. Das Ergebnis lautet $\begin{pmatrix} -3 & 0 \\ 10 & -4 \end{pmatrix}$. 5) siehe Seiten 82f.

4 Differentialrechnung

Mithilfe des in Abschnitt 2 besprochenen Grenzwertbegriffs werden im Folgenden Methoden erarbeitet, die es ermöglichen, die Steigung der Tangente an eine Funktion zu berechnen. Diese Steigung ist ein Maß dafür, wie „stark" sich Funktionswerte ändern. Beschreibt eine Funktion zum Beispiel die Abhängigkeit des zurückgelegten Wegs von der Zeit, so entspricht die Steigung der Tangente der Momentangeschwindigkeit.

4.1 Historischer Rückblick

Viele Bereiche der Mathematik erlernen wir, indem wir im Wesentlichen den Ablauf der historischen Entwicklung nachvollziehen. In der **Analysis** (griechisch: „analysis" = Auflösung) verhält es sich genau umgekehrt. Bereits in der Antike wurden krummlinig begrenzte Flächen und Volumen berechnet (siehe Abschnitte 6 und 7, Integralrechnung). Erst sehr viel später wurde die Frage nach der Steigung einer Tangente gestellt, die mithilfe der **Differentialrechnung** beantwortet wird. Sowohl die Differentialrechnung als auch die Integralrechnung arbeiten mit unendlich kleinen Größen und Grenzwerten und werden mit dem Überbegriff **Infinitesimalrechnung** bezeichnet.

Vorläufer in der Antike

Schon die Ägypter beschäftigten sich mit einer näherungsweisen Berechnung der Kreisfläche.

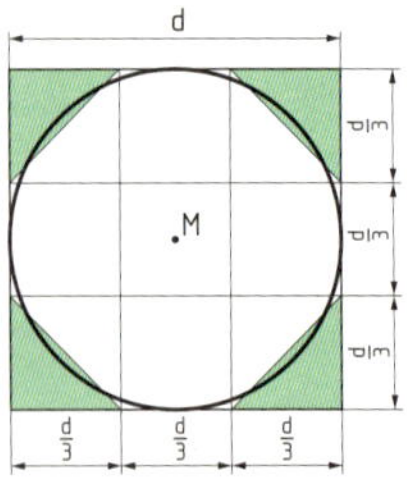

Ein Quadrat mit der Seitenlänge d wird in 9 kleine Quadrate unterteilt. Schneidet man die grünen Dreiecke ab, so erhält man ein Achteck mit dem Flächeninhalt $A = \frac{7}{9} \cdot d^2$.

Da die Kreisfläche etwas größer ist als die des Achtecks, wurde ein etwas größerer Wert verwendet: $\frac{7}{9} = \frac{63}{81} \approx \frac{64}{81}$

Somit ergab sich für die Kreisfläche die Formel $A = \left(\frac{8}{9} \cdot d\right)^2$.

Dem griechischen Mathematiker **Hippokrates von Chios** (um 470 v. Chr.) gelang es erstmals, eine Formel für den Inhalt einer krummlinig begrenzten Fläche zu finden. Er konnte zeigen, dass der Flächeninhalt der beiden „Möndchen" gleich dem Flächeninhalt des rechtwinkligen Dreiecks ABC ist.

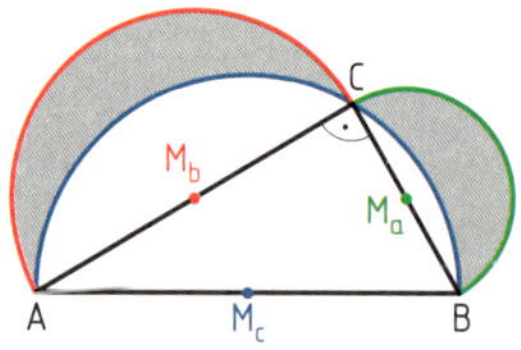

Die Idee, Flächen durch „Ausschöpfen" mittels Vielecken zu approximieren, wurde von **Eudoxos von Knidos** (um 408 v. Chr.) formuliert. Sie wurde später **Exhaustionsprinzip** genannt und kommt einer Grenzwertdefinition bereits nahe.

Archimedes (ca. 287 v. Chr. – 212 v. Chr.) verwendete diese Methode zur Berechnung des Flächeninhalts krummliniger Figuren wie zum Beispiel dem des Kreises oder dem des Parabelsegments sowie zur Berechnung des Volumens von Körpern, die durch gekrümmte Flächen begrenzt sind, wie zum Beispiel die Kugel. Die Überlegungen, die Archimedes dabei anstellte, entsprachen in vielerlei Hinsicht den Ideen der Differential- und Integralrechnung, welche aber erst fast 2 000 Jahre später mathematisch korrekt formuliert wurden.

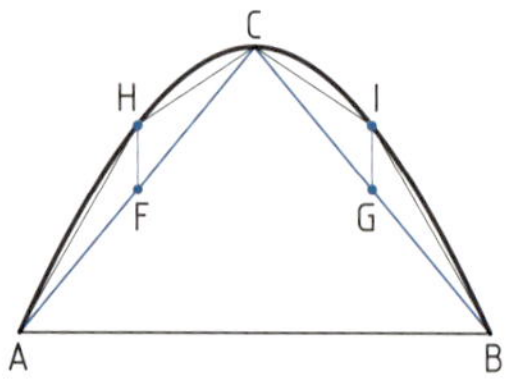

Entwicklung ab der Renaissance

Den beiden Mathematikern und Astronomen **Johannes Kepler** (1571 – 1630) und **Galileo Galilei** (1564 – 1642) ist – neben bahnbrechenden naturwissenschaftlichen Entdeckungen – die „Mathematisierung" der Physik zu verdanken.

Johannes Kepler

Kepler bewies bei der Untersuchung der Flächengeschwindigkeit eines Planeten, das ist die vom Radiusvektor überstrichene Fläche pro Zeiteinheit, die von Archimedes angegebene Formel für die Kreisfläche:
$A = \frac{1}{2} \cdot u \cdot r$
Dabei argumentierte er – anders als Archimedes – bereits mit unendlich vielen, unendlich kleinen Dreiecken mit der Grundlinie Δu.

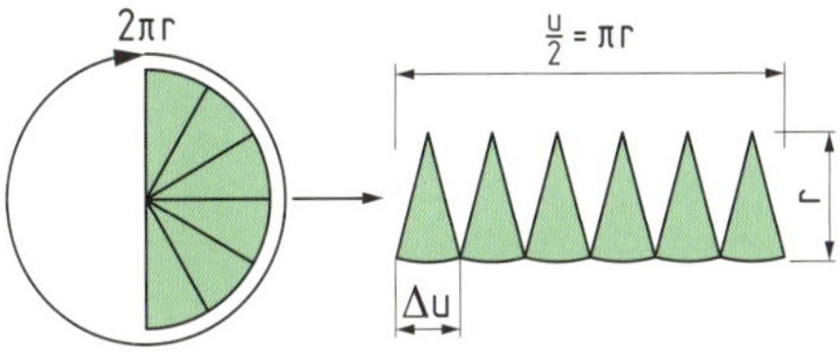

Galileo Galilei

Beeinflusst durch Keplers Methode gewann Galilei aus dem Geschwindigkeitsgesetz $v = a \cdot t$ den Zusammenhang $s = \frac{a}{2} \cdot t^2$. Er arbeitete in seiner Herleitung mit unendlich kleinen Zeitintervallen, den so genannten **Indivisibilien**, die nicht weiter teilbare geometrische Objekte sind.

Zwei Mathematiker sind als Erfinder der Differentialrechnung in die Geschichte eingegangen:

Isaac Newton

Issac Newton (1643 – 1727) kam kurz nach Galileis Tod zur Welt. Er ging wie dieser von Bewegungsvorgängen und deren mathematischer Beschreibung aus. Newton bezeichnete die veränderlichen Größen als **Fluenten** und die „Geschwindigkeit" der Veränderung als **Fluxionen**. Bei deren Ermittlung argumentierte er mit unendlich kleinen Zeitspannen.

Gottfried Wilhelm Leibniz (1646 – 1716) entwickelte zeitgleich unabhängig von Newton die Grundlagen der Infinitesimalrechnung. Er „teilte" eine Kurve in unendlich viele, unendlich kleine Strecken, sodass er die Steigung einer an diese Kurve gelegten Tangente berechnen konnte. Der mathematische Formalismus, den er für diese Berechnungen entwickelte, war dem Newtons überlegen und wurde zum mathematischen Standard.

Gottfried Wilhelm Leibniz

Der Streit zwischen Newton und Leibniz, wer als erster die Infinitesimalrechnung entwickelt habe, ging in die Geschichte der Mathematik ein, konnte die Weiterentwicklung der Differentialrechnung jedoch nicht bremsen.

4.2 Änderungsmaße

Um Zusammenhänge zwischen Größen zu beschreiben, werden in der Mathematik Funktionen verwendet. Zum Beispiel kann die Geschwindigkeit eines Zugs während einer Fahrt abhängig von der Zeit angegeben werden oder die Produktionskosten einer Ware werden abhängig von der Stückmenge angegeben. Oft ist es notwendig, die Änderung einer abhängigen Größe zu untersuchen. So ist zum Beispiel die Beschleunigung eines Zugs die Änderung seiner Geschwindigkeit mit der Zeit.

Dieser Abschnitt befasst sich mit der mathematischen Beschreibung verschiedener Arten von Änderungen.

4.2.1 Absolute und relative Änderung, mittlere Änderungsrate

A B

4.1 Die Grafik zeigt das Streckenprofil eines Teils der Großglockner Hochalpenstraße. Ein Radsportler befährt die Straße in drei Etappen: Er startet in Fusch F(0 km | 0 m) und fährt zuerst zur Mautstelle Ferleiten M(7,2 km | 340 m), dann auf das Piffkar P(12 km | 815 m) und schließlich zum Fuscher Törl T(20,4 km | 1 619 m).

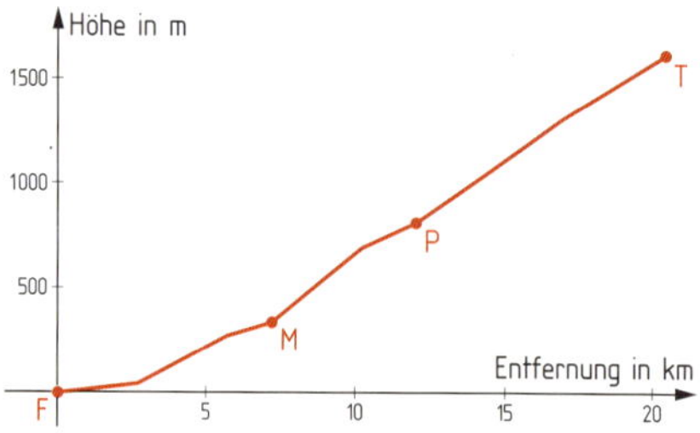

1) Ermittle jeweils den Höhenunterschied auf den drei Etappen.

2) Berechne jeweils die mittlere Steigung der Etappen.

3) Am Piffkar macht der Radfahrer eine längere Rast. Gib an, wie viel Prozent der bisher zurückgelegten Höhenmeter er danach noch bis zum Fuscher Törl zurücklegen muss.

Lässt sich ein Zusammenhang mithilfe einer Funktion f beschreiben, so kann die Angabe der Änderung der Funktionswerte in einem bestimmten Intervall $[a; b]$ bzw. $[x; x + \Delta x]$ je nach Anwendungsgebiet und Fragestellung auf unterschiedliche Weise erfolgen.

Man unterscheidet:

- **Absolute Änderung**
  Die absolute Änderung ist die Differenz der Funktionswerte an den Intervallgrenzen:
  $\Delta f = f(b) - f(a)$

- **Relative (prozentuelle) Änderung**
  Die relative Änderung ist das Verhältnis der absoluten Änderung der Funktionswerte zum Funktionswert am Anfang des betrachteten Intervalls:
  $\frac{\Delta f}{f(a)} = \frac{f(b) - f(a)}{f(a)}$

- **Mittlere Änderungsrate**
  Die mittlere Änderungsrate ist das Verhältnis der absoluten Änderung der Funktionswerte zur absoluten Änderung der Argumente:
  $\frac{\Delta f}{\Delta x} = \frac{f(b) - f(a)}{b - a}$ bzw. $\frac{\Delta f}{\Delta x} = \frac{f(x + \Delta x) - f(x)}{\Delta x}$

Die mittlere Änderungsrate wird auch als **Differenzenquotient** bezeichnet.

ZB: Ein Rennwagen startet aus dem Stand mit einer Beschleunigung von $a = 8\,\frac{m}{s^2}$. Der zurückgelegte Weg in Abhängigkeit von der Zeit wird durch folgende Funktion beschrieben:

$s(t) = \frac{a}{2} \cdot t^2 = 4 \cdot t^2$

t … Zeit in Sekunden
s(t) … zurückgelegter Weg zum Zeitpunkt t in Meter

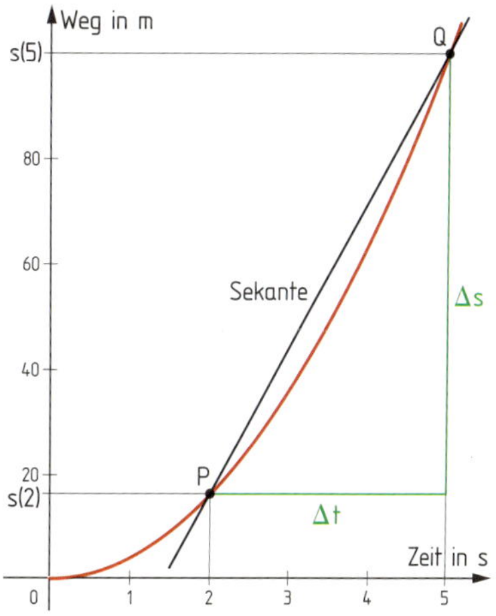

Es soll die mittlere Geschwindigkeit $\bar{v}$ des Wagens im Intervall [2 s; 5 s] berechnet werden. Die mittlere Geschwindigkeit entspricht dem Differenzenquotienten:

$$\bar{v} = \frac{\Delta s}{\Delta t} = \frac{s(5) - s(2)}{5 - 2} = \frac{100 - 16}{3} = \frac{84}{3} = 28\,\frac{m}{s}$$

Veranschaulicht man die Differenzen Δs und Δt zwischen den Punkten P und Q im Weg-Zeit-Diagramm, so erhält man das Steigungsdreieck einer Sekanten durch die Punkte P und Q der Funktion s.

Der **Differenzenquotient** einer Funktion in einem Intervall [a; b] entspricht also der **Steigung der Sekante** des Funktionsgraphen in diesem Intervall.

Änderungsmaße

Absolute Änderung einer Funktion f in [a; b]: $f(b) - f(a)$

Relative Änderung einer Funktion f in [a; b]: $\frac{f(b) - f(a)}{f(a)}$

Mittlere Änderungsrate bzw. **Differenzenquotient** einer Funktion f in [a; b] bzw. $[x; x + \Delta x]$:

$$\frac{f(b) - f(a)}{b - a} \quad \text{bzw.} \quad \frac{f(x + \Delta x) - f(x)}{\Delta x}$$

Bei einer Weg-Zeit-Funktion entspricht der Differenzenquotient der mittleren Geschwindigkeit im betrachteten Intervall.

4.2 In der Abbildung ist die Funktion f mit $f(x) = 0{,}2x^3 - 0{,}8x^2 + 1{,}3x$ grafisch dargestellt.

1) Ermittle die absolute Änderung sowie die mittlere Änderungsrate im Intervall [1; 4] und veranschauliche sie in der Grafik.

2) Berechne die relative Änderung der Funktionswerte im Intervall [1; 4].

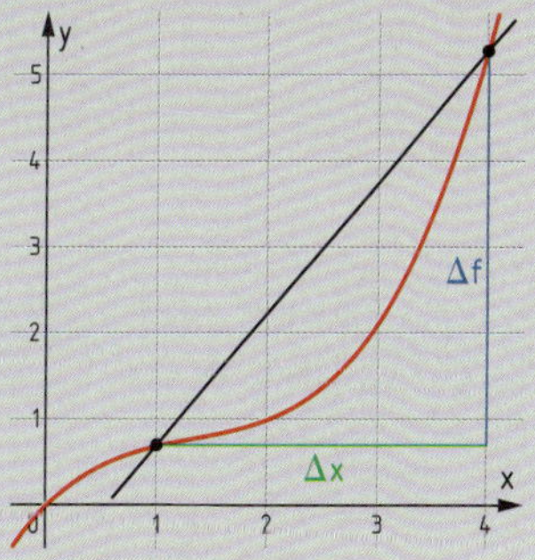

Lösung:

1) $\Delta f = f(4) - f(1) = 5{,}2 - 0{,}7 = 4{,}5$

$$\frac{\Delta f}{\Delta x} = \frac{f(4) - f(1)}{4 - 1} = \frac{5{,}2 - 0{,}7}{3} = \frac{4{,}5}{3} = 1{,}5$$

2) $\frac{\Delta f}{f(1)} = \frac{f(4) - f(1)}{0{,}7} = \frac{4{,}5}{0{,}7} = 6{,}428...$

4.3 Berechne die absolute und die relative Änderung sowie den Differenzenquotienten der Funktion f im angegebenen Intervall.

a) $f(x) = 0{,}75x^2 + 1$; $[-5; -2]$

b) $f(x) = 2 \cdot \sin(0{,}5x + \pi)$; $[\frac{\pi}{3}; \pi]$

c) $f(x) = \sqrt{1{,}5x + 6}$; $[2; 12]$

d) $f(x) = 0{,}2 \cdot e^{-0{,}4 \cdot x}$; $[0{,}5; 1]$

4.4 Das Diagramm zeigt die Anzahl der arbeitslosen Erwerbsfähigen über 15 Jahre in Österreich in den Jahren von 2005 bis 2015.

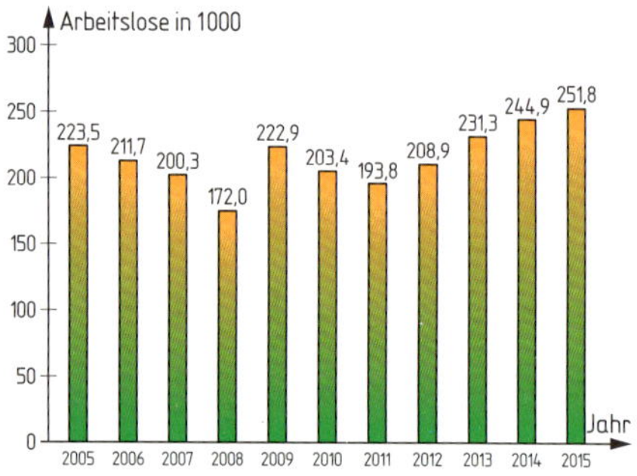

1) Ermittle die absolute Änderung der Arbeitslosenzahlen von 2005 bis 2010 sowie von 2010 bis 2015. Vergleiche die Ergebnisse.

2) Berechne die relative Änderung der Arbeitslosenzahlen von 2005 bis 2006 sowie von 2009 bis 2010. Interpretiere die Ergebnisse.

3) Überprüfe folgende Aussage nachweislich: *„Im Vergleich zu den Jahren 2013 und 2014 ist der relative Zuwachs der Arbeitslosenzahlen von 2014 auf 2015 zurückgegangen."*

4.5 Die Tabelle zeigt die CO_2-Emissionen (in Kilotonnen, kt) in Österreich ab dem Jahr 1990.

Jahr	**1990**	**1995**	**2000**	**2005**	**2010**	**2012**	**2013**	**2014**
CO_2-Menge in kt	62 060	63 920	65 980	79 600	72 960	67 850	67 780	64 263

Überprüfe nachweislich, ob die folgenden Aussagen wahr oder falsch sind. Stelle die falschen Aussagen richtig.

A) Die CO_2-Emissionen sind von 2010 bis 2014 im Mittel jährlich um 1 685,4 kt gesunken.

B) Die CO_2-Emissionen haben von 1990 bis 2010 um rund 1 % zugenommen.

C) Von 1995 bis 2000 war die absolute Änderung der CO_2-Emissionen größer als von 2012 bis 2013.

D) Der Betrag der absoluten Abnahme der CO_2-Emissionen von 2005 bis 2014 entspricht 80 % der CO_2-Emissionen im Jahr 2005.

4.6 Die Grafik zeigt den Anhalteweg eines Fahrzeugs auf trockener Fahrbahn bei einer Vollbremsung in Abhängigkeit von der Geschwindigkeit. Die Reaktionszeit t_R beträgt dabei 1 Sekunde.

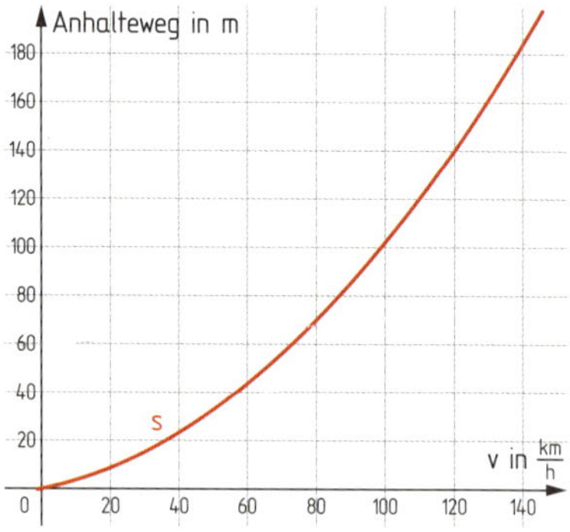

Es gilt: $s(v) = \frac{v}{3{,}6} \cdot t_R + \frac{v^2}{134{,}784}$

v … Geschwindigkeit zu Beginn des Anhaltevorgangs in $\frac{km}{h}$

s(v) … Anhalteweg bei einer Geschwindigkeit v in m

1) Veranschauliche die absolute Änderung des Anhaltewegs im Intervall $[80\,\frac{km}{h}; 130\,\frac{km}{h}]$ und gib diese an.

2) Berechne die mittlere Änderungsrate des Anhaltewegs im Intervall $[30\,\frac{km}{h}; 80\,\frac{km}{h}]$. Zeichne das zugehörige Steigungsdreieck in die Grafik ein und beschrifte es.

3) Gemäß einer Studie liegt die Reaktionszeit zwischen 0,7 s und 1,5 s.

a) Gib eine Funktion an, die den Anhalteweg bei einer Geschwindigkeit von 100 $\frac{km}{h}$ in Abhängigkeit von der Reaktionszeit beschreibt.

b) Berechne die relative Änderung des Anhaltewegs zwischen der Reaktionszeit 0,7 s und der Reaktionszeit 1,5 s. Interpretiere das Ergebnis.

4.2.2 Lokale bzw. momentane Änderungsrate

4.7 Der Österreicher Hannes Reichelt gewann 2014 die Abfahrt auf der Kitzbüheler Streif. Entlang der Strecke wurden an verschiedenen Messpunkten die jeweilige Fahrzeit sowie an zwei Messpunkten die „Momentangeschwindigkeit" gemessen. Diese Messwerte sind in der Tabelle eingetragen.

A B C D

1) Fertige mithilfe der in der Tabelle angeführten Werte ein Weg-Zeit-Diagramm der Fahrt von Hannes Reichelt an.

2) Berechne jeweils die mittlere Geschwindigkeit (in $\frac{km}{h}$) zwischen den Messpunkten 1 und 3 sowie zwischen 4 und 5.

3) Veranschauliche die in **2)** berechneten Geschwindigkeiten im Diagramm aus **1)**.

4) In der letzten Spalte der Tabelle sind die gemessenen Geschwindigkeiten angegeben. Begründe, wie es zu den Unterschieden zu den in **2)** berechneten Geschwindigkeiten kommt.

Messpunkt	Weg (m)	Zeit (min)	Geschw. $\left(\frac{km}{h}\right)$
0 Start	0	00:00.00	0
1 Mausefalle	450	00:17.97	
2 Gschöss	890	00:32.93	109,8
3 Alte Schneise	1 440	01:01.95	
4 Ganslern	2 600	01:33.33	
Zielschuss		01:55.74	119,5
5 Ziel	3 494	02:03.38	

In Abschnitt 4.2.1 wurde die mittlere Geschwindigkeit bei einer Bewegung als mittlere Änderungsrate einer Weg-Zeit-Funktion berechnet.

Auch bei beliebigen Funktionen y = f(x) mit der Definitionsmenge D_f kann man beschreiben, wie stark sich die Funktionswerte ändern. Dazu bestimmt man das Verhältnis der Änderung der Funktionswerte Δy zur Änderung der x-Werte Δx. Dieser Quotient wird **mittlere Änderungsrate** oder **Differenzenquotient** genannt und entspricht – geometrisch interpretiert – der **Steigung einer Sekante**.

$$\frac{\Delta y}{\Delta x} = \frac{f(x + \Delta x) - f(x)}{\Delta x}$$

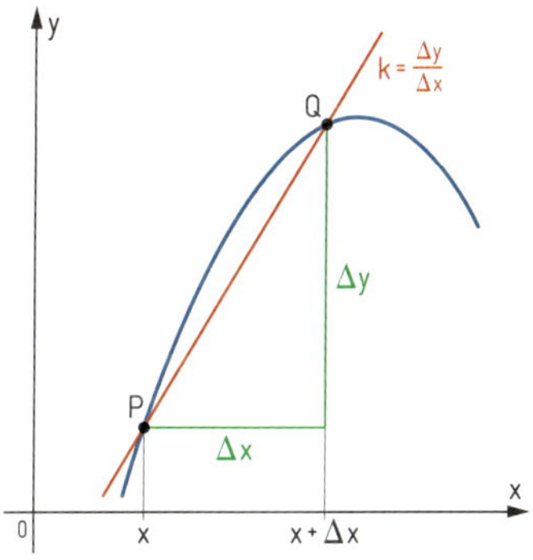

Da der Differenzenquotient die mittlere („durchschnittliche") Änderungsrate beschreibt, sagt er über den genauen Verlauf der Funktion nichts aus. Für verschiedene Funktionen kann sich daher derselbe Differenzenquotient in einem Intervall ergeben, obwohl der Verlauf dazwischen unterschiedlich ist, wie die folgenden Abbildungen zeigen.

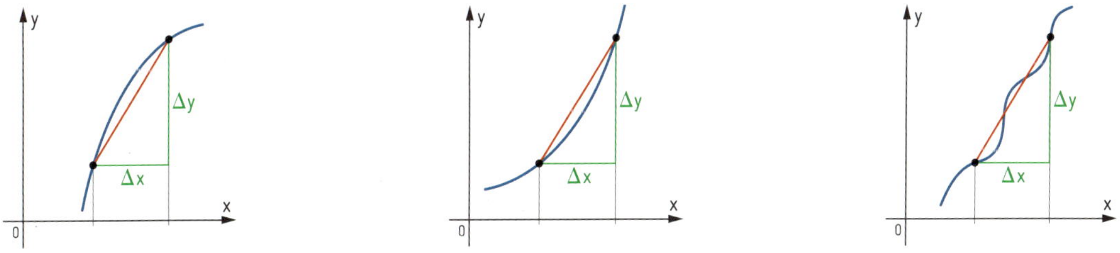

Um das „Änderungsverhalten" einer Funktion an einer bestimmten Stelle zu beschreiben, bzw. um die Steigung der Tangente an einer bestimmten Stelle zu ermitteln, verwendet man die so genannte **lokale Änderungsrate**. Ist die Funktion zeitabhängig, so spricht man von einer **momentanen Änderungsrate**.

Differentialrechnung

Momentane Änderungsrate

Im Folgenden wird anhand eines Beispiels gezeigt, wie man die momentane Änderungsrate für eine Funktion an einer bestimmten Stelle ermitteln kann.

Auf Seite 89 wurde die mittlere Geschwindigkeit eines Rennwagens, der mit einer Beschleunigung von $a = 8\,\frac{m}{s^2}$ aus dem Stand startet, zwischen der zweiten und der fünften Fahrsekunde mithilfe des Differenzenquotienten bestimmt.

Nun soll die **Momentangeschwindigkeit** des Rennwagens zum Zeitpunkt $t_0 = 2$ s, also die **momentane Änderungsrate** des Wegs zu diesem Zeitpunkt, ermittelt werden. Es gilt:

$s(t) = 4 \cdot t^2$

t … Zeit nach dem Start in Sekunden
s(t) … zurückgelegter Weg zur Zeit t in Meter

Um die gesuchte Momentangeschwindigkeit zu nähern, kann man zunächst die mittlere Geschwindigkeit $\bar{v}$ für immer kleiner werdende Zeitintervalle [2 s; 2 s + Δt] berechnen (siehe Tabelle).
Je kleiner der Zeitabschnitt Δt wird, desto kürzer wird auch der Weg Δs. Ist Δt „fast 0", so wird auch der zurückgelegte Weg Δs „fast 0".
Anhand der Werte aus der Tabelle kann man nun vermuten, dass sich $\bar{v}$ dem Wert $16\,\frac{m}{s}$ nähert, wenn sich Δt dem Wert 0 nähert, die Momentangeschwindigkeit also $16\,\frac{m}{s}$ beträgt.

Zeit-intervall	Zeitabschnitt Δt	Mittlere Geschw. $\bar{v} = \frac{\Delta s}{\Delta t}$
[2; 5]	$\Delta t_1 = 3$	$\bar{v} = \frac{100-16}{5-2} = \frac{84}{3} = 28\,\frac{m}{s}$
[2; 3]	$\Delta t_2 = 1$	$\bar{v} = \frac{20}{1} = 20\,\frac{m}{s}$
[2; 2,5]	$\Delta t_3 = 0{,}5$	$\bar{v} = \frac{9}{0{,}5} = 18\,\frac{m}{s}$
[2; 2,1]	$\Delta t_4 = 0{,}1$	$\bar{v} = \frac{1{,}64}{0{,}1} = 16{,}4\,\frac{m}{s}$
[2; 2,01]	$\Delta t_5 = 0{,}01$	$\bar{v} = \frac{0{,}1604}{0{,}01} = 16{,}04\,\frac{m}{s}$
[2; 2,001]	$\Delta t_6 = 0{,}001$	$\bar{v} = \frac{0{,}016004}{0{,}001} = 16{,}004\,\frac{m}{s}$

Tatsächlich berechnen kann man die Momentangeschwindigkeit jedoch nicht durch bloßes Einsetzen in den Differenzenquotienten, da man für $\Delta t \to 0$ den unbestimmten Ausdruck „$\frac{0}{0}$" erhält. Die Berechnung der Momentangeschwindigkeit erfordert also weitere Überlegungen.

In der Abbildung ist das Weg-Zeit-Diagramm des Rennwagens grafisch dargestellt.

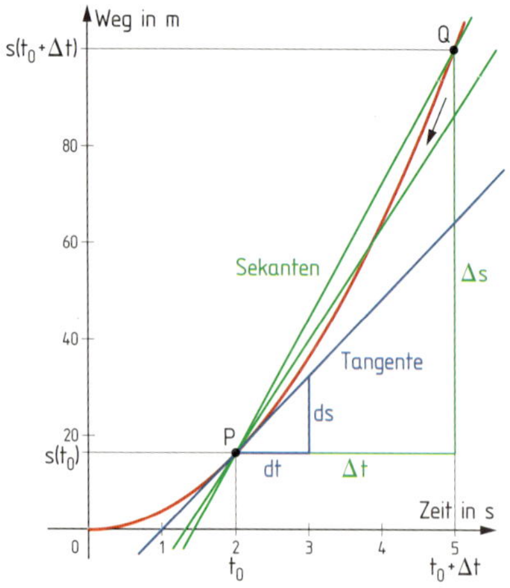

Ausgehend vom Punkt $P(t_0|s(t_0))$ wird eine Sekante durch den Punkt $Q(t_0 + \Delta t|s(t_0 + \Delta t))$ gelegt. Die Steigung der Sekante PQ entspricht der mittleren Geschwindigkeit $\bar{v}$ im Intervall $[t_0; t_0 + \Delta t]$:

$$\bar{v} = \frac{\Delta s}{\Delta t} = \frac{s(t_0 + \Delta t) - s(t_0)}{\Delta t}$$

Werden nun die Zeitintervalle Δt verkürzt, so „wandert" der Punkt Q entlang des Graphen zum Punkt P. Dabei nähern sich die Steigungen der Sekanten der Steigung der Tangente. Fällt Q mit dem Punkt P zusammen, wird aus der Sekante die Tangente.

Die Steigung der Tangente ist der Grenzwert des Differenzenquotienten $\frac{\Delta s}{\Delta t}$ für $\Delta t \to 0$ und wird mit $\frac{ds}{dt}$ [sprich: „d s nach d t“] bezeichnet:

$$\frac{ds}{dt} = \lim_{\Delta t \to 0}\left(\frac{\Delta s}{\Delta t}\right) = \lim_{\Delta t \to 0}\left(\frac{s(t_0 + \Delta t) - s(t_0)}{\Delta t}\right)$$

Der Ausdruck $\frac{ds}{dt}$ wird als **Differentialquotient** bezeichnet. Im gegebenen Sachzusammenhang entspricht er der **Momentangeschwindigkeit** v zum Zeitpunkt t_0.

Um den Wert der Momentangeschwindigkeit v des Rennwagens zum Zeitpunkt $t_0 = 2$ s, also v(2 s), zu erhalten, berechnet man den Grenzwert für $\Delta t \to 0$:

$$v(2) = \lim_{\Delta t \to 0}\left(\frac{s(2 + \Delta t) - s(2)}{\Delta t}\right) =$$

$$= \lim_{\Delta t \to 0}\left(\frac{4 \cdot (2 + \Delta t)^2 - 4 \cdot 2^2}{\Delta t}\right) =$$

$$= \lim_{\Delta t \to 0}\left(\frac{4 \cdot (4 + 4 \cdot \Delta t) + (\Delta t)^2) - 16}{\Delta t}\right) = \lim_{\Delta t \to 0}\left(\frac{16 \cdot \Delta t + 4 \cdot (\Delta t)^2}{\Delta t}\right) = \lim_{\Delta t \to 0}\left(\frac{\Delta t \cdot (16 + 4 \cdot \Delta t)}{\Delta t}\right) =$$

$$= \lim_{\Delta t \to 0}(16 + 4 \cdot \Delta t) = 16$$

- $s(t) = 4 \cdot t^2$
  $\Rightarrow s(2 + \Delta t) = 4 \cdot (2 + \Delta t)^2;\ s(2) = 4 \cdot 2^2$

Der Rennwagen hat zum Zeitpunkt $t_0 = 2$ s eine Momentangeschwindigkeit von 16 $\frac{m}{s}$.

Der Differentialquotient der Funktion $s(t) = 4t^2$ kann auch für einen beliebig gewählten, aber festen Zeitpunkt t_0 angegeben werden:

$$v(t_0) = \lim_{\Delta t \to 0}\left(\frac{s(t_0 + \Delta t) - s(t_0)}{\Delta t}\right) =$$

$$= \lim_{\Delta t \to 0}\left(\frac{4 \cdot (t_0 + \Delta t)^2 - 4 \cdot t_0^2}{\Delta t}\right) =$$

$$= \lim_{\Delta t \to 0}\left(\frac{4 \cdot (t_0^2 + 2t_0 \cdot \Delta t + (\Delta t)^2) - 4t_0^2}{\Delta t}\right) = \lim_{\Delta t \to 0}\left(\frac{8t_0 \cdot \Delta t + 4 \cdot (\Delta t)^2}{\Delta t}\right) = \lim_{\Delta t \to 0}\left(\frac{\Delta t \cdot (8t_0 + 4 \cdot \Delta t)}{\Delta t}\right) =$$

$$= \lim_{\Delta t \to 0}(8t_0 + 4 \cdot \Delta t) = 8t_0$$

- $s(t) = 4 \cdot t^2$
  $\Rightarrow s(t_0 + \Delta t) = 4 \cdot (t_0 + \Delta t)^2;\ s(t_0) = 4 \cdot t_0^2$

Für einen beliebigen Zeitpunkt t_0 gilt: $v(t_0) = 8\,\frac{m}{s^2} \cdot t_0$

Für t_0 kann jeder Wert aus dem Definitionsbereich der Funktion s eingesetzt werden. Das bedeutet, dass **jedem beliebigen Zeitpunkt t** ein Wert für **die momentane Geschwindigkeit v zugeordnet** werden kann.

Dazu ersetzt man in der ermittelten Formel den Zeitpunkt t_0 durch einen beliebigen Zeitpunkt t. Nun gilt für die Funktion der Momentangeschwindigkeit v des Rennwagens in Abhängigkeit von der Zeit t:

$v(t) = \frac{ds}{dt} = 8\,\frac{m}{s^2} \cdot t$

t ... Zeit nach dem Start in Sekunden
v(t) ... Momentangeschwindigkeit zur Zeit t in $\frac{m}{s}$

Zum Beispiel gilt für die Momentangeschwindigkeit des Rennwagens zum Zeitpunkt t = 3 s:

$v(3\,s) = 8\,\frac{m}{s^2} \cdot 3\,s = 24\,\frac{m}{s}$

Diese Überlegungen zur Momentangeschwindigkeit können nun für beliebige Funktionen verallgemeinert werden.

Differentialrechnung

Lokale Änderungsrate

Bei der Bestimmung der lokalen Änderungsrate einer Funktion $y = f(x)$ an einer bestimmten Stelle x_0 geht man analog wie bei der Ermittlung der momentanen Änderungsrate vor.

Ausgehend vom Punkt $P(x_0|f(x_0))$ wird eine Sekante durch den Punkt $Q(x_0 + \Delta x|f(x_0 + \Delta x))$ gelegt. Die Steigung der Sekante PQ entspricht dem Differenzenquotienten der Funktion f im Intervall $[x_0; x_0 + \Delta x]$.

Nun lässt man den Punkt Q entlang des Graphen zum Punkt P „wandern". Die Steigungen der Sekanten nähern sich der Steigung der Tangente. Fällt Q mit P zusammen, so wird aus der Sekante die Tangente. Rechnerisch bildet man den Grenzwert des Differenzenquotienten $\frac{\Delta y}{\Delta x}$ für $\Delta x \to 0$. Dieser wird als

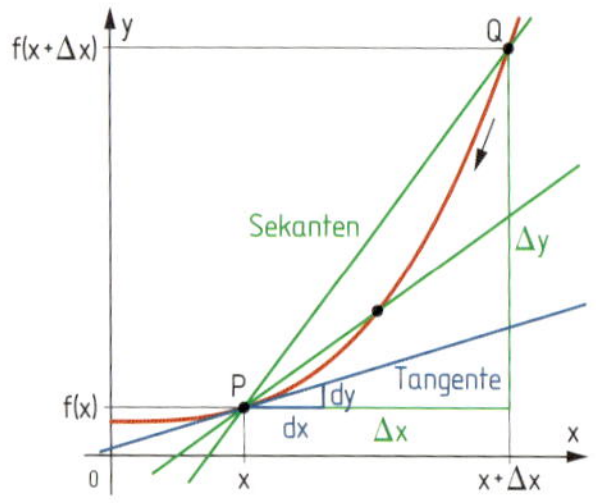

Differentialquotient bezeichnet und oft mit $f'(x_0)$ angegeben:

$$f'(x_0) = \lim_{\Delta x \to 0}\left(\frac{\Delta y}{\Delta x}\right) = \lim_{\Delta x \to 0}\left(\frac{f(x_0 + \Delta x) - f(x_0)}{\Delta x}\right)$$

Der Differentialquotient $f'(x_0)$ kann geometrisch als Steigung der Tangente an den Graphen der Funktion im Punkt $P(x_0|f(x_0))$ gedeutet werden. Die Steigung $f'(x_0)$ dieser Tangente wird auch als Steigung der Funktion an der Stelle x_0 bezeichnet.

Bildet man die lokale Änderungsrate an jeder beliebigen Stelle x, so erhält man die Funktion $f'(x)$. Man bezeichnet $f'(x)$ als **erste Ableitung** der Funktion und das Berechnen als **Ableiten** oder **Differenzieren**.

⚠ Nicht jede Funktion kann an jeder Stelle abgeleitet werden. Zum Beispiel können Funktionen, die einen Knick oder eine Polstelle haben, an diesen Stellen nicht differenziert werden. Es existieren keine Tangenten an diesen Stellen.

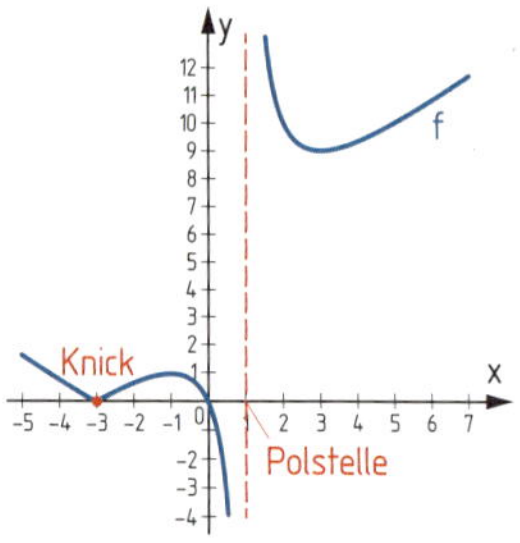

ZB: Die Funktion f mit $f(x) = |x + 3| \cdot \left(\frac{1}{x - 1} + 1\right)$ hat einen Knick an der Stelle $x = -3$ und eine Polstelle bei $x = 1$.
An beiden Stellen ist es nicht möglich, eine Tangente zu legen.

Das Tangentenproblem

Da der Differentialquotient die Steigung der Tangente an der Stelle x_0 angibt, ist es nun möglich, auch den **Steigungswinkel** einer Funktion anzugeben.

ZB Die Steigung der Tangente t und der Steigungswinkel α sollen für die Funktion $f(x) = 0{,}25x^3$ an der Stelle $x_0 = 1$ angegeben werden. Die Steigung k der Tangente an der Stelle $x_0 = 1$ wird mithilfe des Differentialquotienten ermittelt.

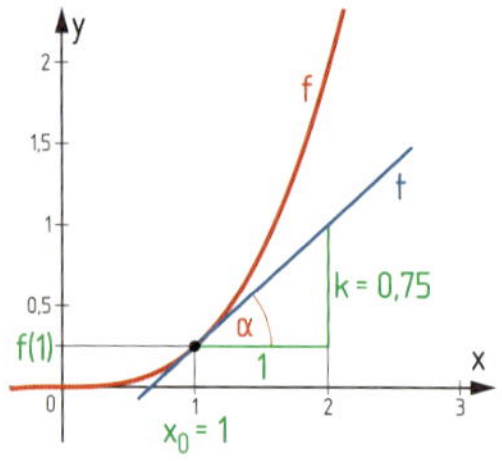

$$f'(x) = \lim_{\Delta x \to 0}\left(\frac{f(1 + \Delta x) - f(1)}{\Delta x}\right) = \lim_{\Delta x \to 0}\left(\frac{0{,}25 \cdot (1 + \Delta x)^3 - 0{,}25 \cdot 1^3}{\Delta x}\right) =$$

$$= \lim_{\Delta x \to 0}\left(\frac{0{,}25 \cdot (1 + 3\Delta x + 3(\Delta x)^2 + (\Delta x)^3) - 0{,}25}{\Delta x}\right) = \lim_{\Delta x \to 0}\left(\frac{\cancel{0{,}25} + 0{,}75\Delta x + 0{,}75(\Delta x)^2 + 0{,}25(\Delta x)^3 - \cancel{0{,}25}}{\Delta x}\right) =$$

$$= \lim_{\Delta x \to 0}\left(\frac{\cancel{\Delta x} \cdot (0{,}75 + 0{,}75\Delta x + 0{,}25(\Delta x)^2)}{\cancel{\Delta x}}\right) = \lim_{\Delta x \to 0}(0{,}75 + \underbrace{0{,}75\Delta x}_{\to 0} + \underbrace{0{,}25(\Delta x)^2}_{\to 0}) = 0{,}75 = k$$

Man kann nun den Steigungswinkel α mithilfe von $k = \tan(\alpha)$ berechnen:
$k = \tan(\alpha) \Rightarrow \alpha = \arctan(k) = \arctan(0{,}75) \approx 36{,}87°$

Differentialquotient

Der Differentialquotient gibt die **lokale (momentane) Änderungsrate** einer Funktion $y = f(x)$ an einer Stelle x_0 an. Dies entspricht der Steigung der Tangente der Funktion an der Stelle x_0.

$$\frac{dy}{dx} = \lim_{\Delta x \to 0}\left(\frac{\Delta y}{\Delta x}\right) = \lim_{\Delta x \to 0}\left(\frac{f(x_0 + \Delta x) - f(x_0)}{\Delta x}\right)$$

Handelt es sich um eine Weg-Zeit-Funktion, so entspricht der Differentialquotient der **Momentangeschwindigkeit** zu einem bestimmten Zeitpunkt.

Ableiten bzw. **Differenzieren**

Ordnet man jeder beliebigen Stelle x der Funktion $y = f(x)$ den Differentialquotienten zu, so erhält man die Funktion $y' = f'(x)$, die **1. Ableitung** der Funktion.

Steigung k einer Tangente an den Graphen einer Funktion f an der Stelle x_0: $k = f'(x_0)$

Steigungswinkel α einer Funktion f an der Stelle x_0: $\tan(\alpha) = f'(x_0)$

Schreibweisen von Ableitungen

- Die Schreibweise des Differentialquotienten **als Bruch** $\frac{df}{dx}$ ist eine symbolische Schreibweise für die Grenzwertberechnung $\lim_{\Delta x \to 0}\left(\frac{\Delta f}{\Delta x}\right)$. Wegen der Gültigkeit der Grenzwertsätze ist es aber im Allgemeinen dennoch zulässig, wie mit Bruchtermen zu rechnen. Wird die Ableitung mit $\frac{d}{dx}f(x)$ angeschrieben, so wird dem Ausdruck $\frac{d}{dx}$ die Eigenschaft eines Operators (einer Rechenvorschrift) zugewiesen, der die Grenzwertbildung ausdrücken soll.
- Die **Ableitung** einer Größe **nach der Zeit** wird oft abgekürzt, indem man über die abhängige Variable einen **Punkt** setzt, zB: $\frac{ds}{dt} = \dot{s}$, $\frac{dx}{dt} = \dot{x}$, usw.
  Diese Schreibweise geht auf Isaac Newton zurück.
- Man kann den Differentialquotienten auch in folgender Schreibweise angeben:
  $\left.\frac{df}{dx}\right|_{x = x_0}$, zB: $\left.\frac{df}{dx}\right|_{x = 2}$ … Ableitung an der Stelle 2
- Ableitungen von Funktionen mit **mehreren Variablen**:
  Es muss angegeben werden, nach welcher Variablen differenziert werden soll, zum Beispiel: $V = r^2 \cdot \pi \cdot h \Rightarrow V(r) = r^2 \cdot \pi \cdot h \Rightarrow \frac{dV}{dr}$ … 1. Ableitung nach r

4.8 Ermittle jene spitzen Winkel α und β, die der Graph der Funktion f mit $f(x) = -x^2 + 4$ an den Nullstellen mit der x-Achse einschließt.

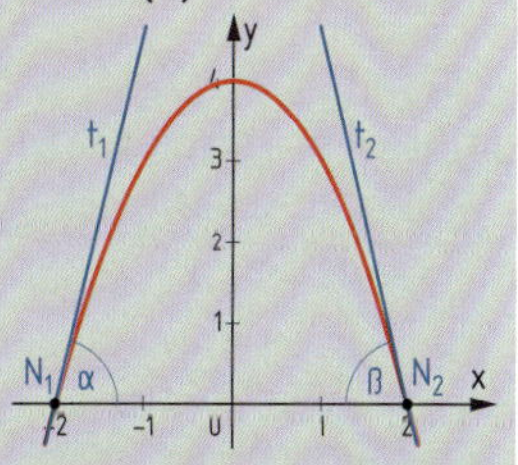

Lösung:

$f(x) = 0$ • Ermitteln der Nullstellen

$-x^2 + 4 = 0 \Rightarrow x_1 = -2 \quad x_2 = 2$

$f'(x) = \lim_{\Delta x \to 0}\left(\frac{f(x + \Delta x) - f(x)}{\Delta x}\right) =$ • Bilden der 1. Ableitung

$= \lim_{\Delta x \to 0}\left(\frac{(-(x + \Delta x)^2 + 4) - (-x^2 + 4)}{\Delta x}\right) = \lim_{\Delta x \to 0}\left(\frac{\cancel{-x^2} - 2 \cdot x \cdot \Delta x - (\Delta x)^2 \cancel{+4} \cancel{+x^2} \cancel{-4}}{\Delta x}\right) =$

$= \lim_{\Delta x \to 0}\left(\frac{\cancel{\Delta x} \cdot (-2x - \Delta x)}{\cancel{\Delta x}}\right) = \lim_{\Delta x \to 0}(-2x - \Delta x) = -2x$

$k_1 = f'(-2) = -2 \cdot (-2) = 4$ • Steigung der Tangente t_1

$\alpha = \arctan(4) \approx 75{,}96° = \beta$ • Die Funktion f ist symmetrisch zur y-Achse. Da $\alpha = \beta$ ist, genügt es, den Winkel α zu ermitteln.

Differentialrechnung

A C **4.9** Ein Körper wird senkrecht nach oben geworfen. Das Diagramm zeigt die Höhe des Körpers zur Zeit t nach dem Abwurf.

1) Lies die mittlere Geschwindigkeit des Körpers im Intervall [1 s; 2 s] ab.

2) Veranschauliche die momentane Geschwindigkeit des Körpers zum Zeitpunkt $t_0 = 1$ s. Lies diese Geschwindigkeit ab.

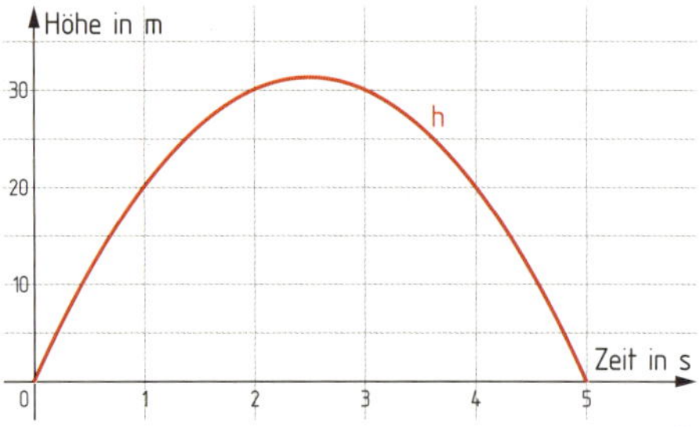

C **4.10** Ergänze die Textlücken in folgendem Satz durch Ankreuzen der jeweils richtigen Satzteile so, dass eine korrekte Aussage entsteht.

Bei einer Weg-Zeit-Funktion wird ___①___ durch ___②___ angegeben.

①		②	
der Unterschied zwischen zwei Strecken	A	den Differenzenquotienten	A
die Momentangeschwindigkeit	B	den Differentialquotienten	B
die mittlere Beschleunigung	C	die relative Änderung	C

B **4.11** Ermittle die 1. Ableitung der gegebenen Funktion mithilfe des Differentialquotienten.

a) $f(x) = -x^3$ ***b)*** $f(x) = 2x^2 - 3$ ***c)*** $f(x) = x^2 + x$

B **4.12** Ermittle den Steigungswinkel der Funktion an der angegebenen Stelle.

a) $f(x) = 0{,}3x^2$; $x_0 = -1$ ***b)*** $f(x) = -3x^3$; $x_0 = 0{,}2$ ***c)*** $f(x) = 1{,}5x^2 + 3$; $x_0 = -0{,}5$

A B **4.13** Ein Pizzabote beschleunigt mit seinem Moped auf einer ebenen Straße beim Anfahren mit der Beschleunigung $a = 3{,}6\,\frac{m}{s^2}$. Für den Beschleunigungsweg gilt:

$s(t) = \frac{a}{2} \cdot t^2$

t … Zeit in Sekunden

s(t) … Beschleunigungsweg zur Zeit t in Meter

1) Ermittle die Geschwindigkeit-Zeit-Funktion des Mopeds beim Anfahren.

2) Berechne, welche Geschwindigkeit das Moped 5 Sekunden nach dem Start hat.

3) Ermittle, nach welcher Zeit das Moped eine Geschwindigkeit von $50\,\frac{km}{h}$ erreicht und welchen Weg es in dieser Zeit zurückgelegt hat.

A B **4.14** Der aktuelle Weltrekord im Kugelstoßen aus dem Jahr 1990 liegt bei einer Weite von 23,12 m. Die Flugbahn einer Kugel bei einem ähnlich weiten Stoß lässt sich durch folgende Funktion annähern:

$y(x) = -0{,}04x^2 + 0{,}83x + 2{,}07$

x … waagrechte Entfernung vom Abwurfpunkt in m

y(x) … Höhe des Balls bei einer waagrechten Entfernung x in m

1) Berechne, in welchem Winkel die Kugel abgestoßen wird.

2) Ermittle, in welchem Winkel die Kugel auf dem Boden auftrifft.

B D **4.15** Stelle die Funktion f mit $f(x) = |x^2 - 8x + 12|$ grafisch dar. Begründe anhand des Funktionsgraphen, warum es nicht möglich ist, die 1. Ableitung an der Stelle $x_1 = 2$ und an der Selle $x_2 = 6$ zu bilden.

4.2.3 Anwendungen von Differenzen- und Differentialquotienten

Weg, Geschwindigkeit und Beschleunigung

In Abschnitt 4.2.2 wurde der Differentialquotient verwendet, um bei Weg-Zeit-Funktionen momentane Geschwindigkeiten zu ermitteln. Durch das Ableiten der **Weg-Zeit-Funktion** s erhält man die **Geschwindigkeit-Zeit-Funktion** v. Auch die Funktion v kann abgeleitet werden. Man erhält die Änderung der Momentangeschwindigkeit abhängig von der Zeit und damit eine **Beschleunigung-Zeit-Funktion** a, zum Beispiel:

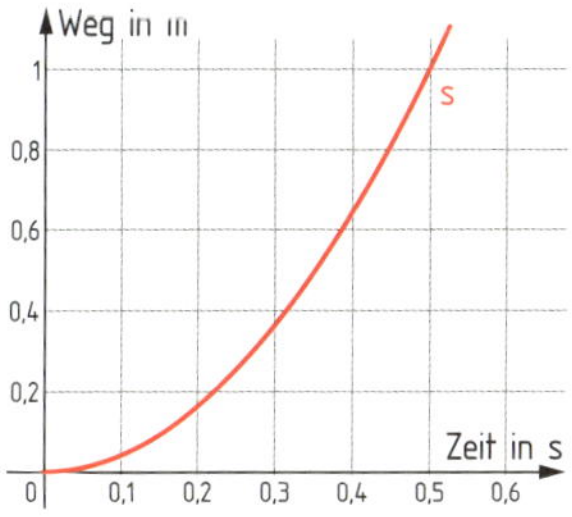

$s(t) = 4 \cdot t^2$

Die Funktion **s** beschreibt den Verlauf des **zurückgelegten Wegs**.

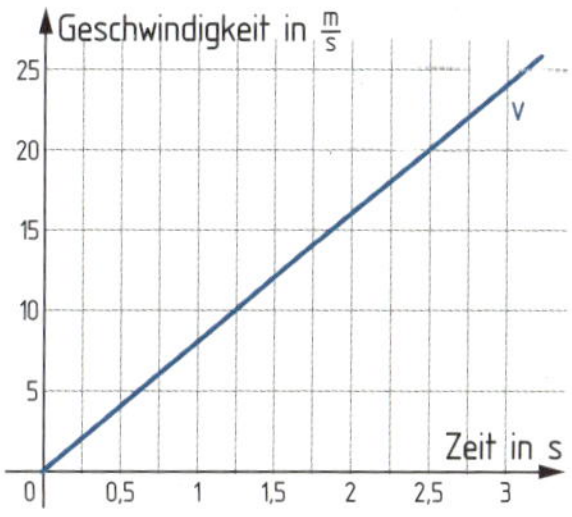

$v(t) = \frac{ds}{dt} = 8 \cdot t$

Die Funktion **v** beschreibt den Verlauf der **momentanen Geschwindigkeit**.

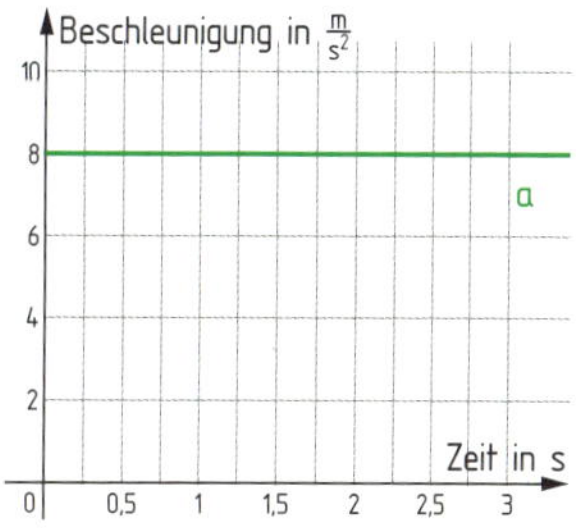

$a(t) = \frac{dy}{dt} = 8$

Die Funktion **a** beschreibt den Verlauf der **momentanen Beschleunigung**.

Beschreibt eine Funktion nicht den zurückgelegten Weg, sondern die Entfernung von einem Punkt, so liegt eine **Entfernung-Zeit-Funktion** vor. Diese Funktion kann auch fallend sein. Der Differentialquotient nimmt dann negative Werte an. Da aber dennoch Weg zurückgelegt wird, bedeutet ein **negativer Wert der Geschwindigkeit**, dass die Bewegung in die **entgegengesetzte Richtung** erfolgt. Der Betrag der Momentangeschwindigkeit ist der **Absolutbetrag** des Differentialquotienten.

Ebenso kann auch die Geschwindigkeit-Zeit-Funktion fallend sein und damit die **Beschleunigung negative Werte** annehmen. Eine negative Beschleunigung bedeutet eine **Verzögerung** der Bewegung (Bremsen), aber keine Richtungsänderung.

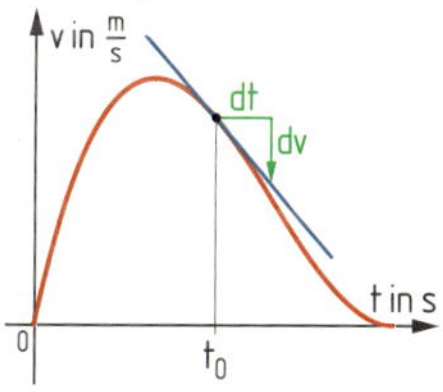

Die **Momentangeschwindigkeit v** zum Zeitpunkt t entspricht geometrisch der Steigung der Tangente an den Funktionsgraphen der Funktion s an der Stelle t und wird mithilfe des Differentialquotienten $\frac{ds}{dt}$ ermittelt.

$$v(t) = \frac{ds}{dt} = \lim_{\Delta t \to 0}\left(\frac{s(t + \Delta t) - s(t)}{\Delta t}\right)$$

Die **Beschleunigung a** zum Zeitpunkt t entspricht geometrisch der Steigung der Tangente an den Funktionsgraphen der Funktion v an der Stellt t. Sie wird mithilfe des Differentialquotienten $\frac{dv}{dt}$ ermittelt.

$$a(t) = \frac{dv}{dt} = \lim_{\Delta t \to 0}\left(\frac{v(t + \Delta t) - v(t)}{\Delta t}\right)$$

Bemerkung: v(t) und a(t) können auch in Punktschreibweise angegeben werden:
$v(t) = \dot{s}$ $a(t) = \dot{v} = \ddot{s}$ [sprich: „s zwei Punkt"]

ABCD **4.16** Ein Ball wird zum Zeitpunkt t = 0 s mit der Anfangsgeschwindigkeit $v_0 = 35\,\frac{m}{s}$ senkrecht nach oben geschossen. Für die Höhe h (in m) gilt: $h(t) = v_0 \cdot t - \frac{g}{2} \cdot t^2$ mit $g \approx 10\,\frac{m}{s^2}$

1) Berechne die mittlere Geschwindigkeit im Zeitintervall [0,5 s; 3 s].

2) Berechne die Momentangeschwindigkeit des Balls zum Zeitpunkt $t_0 = 0{,}5$ s.

3) Stelle die Funktion h grafisch dar. Veranschauliche die in ***1)*** und ***2)*** berechneten Geschwindigkeiten im Funktionsgraphen.

4) Bestimme die mittlere Geschwindigkeit im Intervall [4,5 s; 6 s]. Interpretiere das Ergebnis im gegebenen Sachzusammenhang.

5) Es soll die mittlere Geschwindigkeit im Intervall [2 s; 5 s] berechnet werden.
Ein Schüler rechnet:

$$\overline{v} = \frac{h(5) - h(2)}{5 - 2} = \frac{50 - 50}{3} = 0 \;\ldots\; \text{Die mittlere Geschwindigkeit ist null.}$$

Erkläre, welcher Denkfehler gemacht wurde und stelle das Ergebnis richtig.

Lösung:

1) $h(t) = 35t - 5t^2$ • Funktionsgleichung

$$\overline{v} = \frac{\Delta h}{\Delta t} = \frac{h(3) - h(0{,}5)}{3 - 0{,}5} = \frac{60 - 16{,}25}{2{,}5} = \frac{43{,}75}{2{,}5} = 17{,}5\,\frac{m}{s}$$ • Differenzenquotient

2) $$v(0{,}5) = \lim_{\Delta t \to 0}\left(\frac{\Delta h}{\Delta t}\right) = \lim_{\Delta t \to 0}\left(\frac{h(0{,}5 + \Delta t) - h(0{,}5)}{\Delta t}\right) =$$ • Differentialquotient

$$= \lim_{\Delta t \to 0}\left(\frac{[35 \cdot (0{,}5 + \Delta t) - 5 \cdot (0{,}5 + \Delta t)^2] - [35 \cdot 0{,}5 - 5 \cdot 0{,}5^2]}{\Delta t}\right) =$$

$$= \lim_{\Delta t \to 0}\left(\frac{17{,}5 + 35 \cdot \Delta t - 5 \cdot (0{,}25 - 1 \cdot \Delta t + (\Delta t)^2) - [17{,}5 - 1{,}25]}{\Delta t}\right) =$$

$$= \lim_{\Delta t \to 0}\left(\frac{17{,}5 + 35 \cdot \Delta t - 1{,}25 + 5 \cdot \Delta t - 5 \cdot (\Delta t)^2 - 16{,}25}{\Delta t}\right) =$$

$$= \lim_{\Delta t \to 0}\left(\frac{30 \cdot \Delta t - 5 \cdot (\Delta t)^2}{\Delta t}\right) = \lim_{\Delta t \to 0}\left(\frac{\Delta t \cdot (30 - 5 \cdot \Delta t)}{\Delta t}\right) = 30\,\frac{m}{s}$$

3)

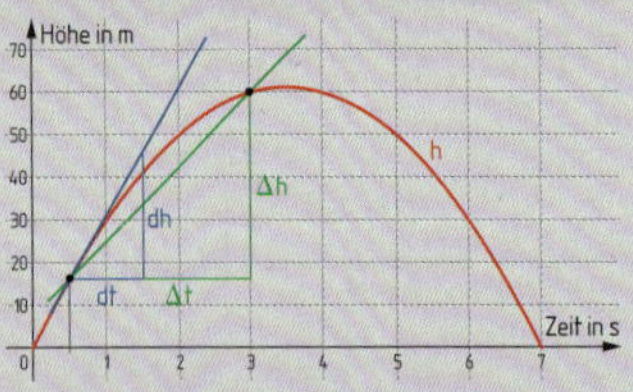

Die mittlere Geschwindigkeit $\overline{v}$ entspricht der Steigung der Sekante zwischen 0,5 s und 3 s.

Die Momentangeschwindigkeit v ist die Steigung der Tangente zum Zeitpunkt 0,5 s.

4) $$\overline{v} = \frac{h(6) - h(4{,}5)}{6 - 4{,}5} = \frac{30 - 56{,}25}{1{,}5} = -17{,}5\,\frac{m}{s}$$

Der Körper bewegt sich in diesem Intervall mit einer mittleren Geschwindigkeit von $17{,}5\,\frac{m}{s}$ nach unten.

5) Die Funktion h ist eine Parabel. Das Maximum dieser Parabel liegt an der Stelle t = 3,5. Im gegebenen Sachzusammenhang kehrt der Ball zum Zeitpunkt 3,5 s um. Aus Symmetriegründen haben die Intervallgrenzen $t_1 = 2$ s und $t_2 = 5$ s jeweils den gleichen Abstand zu dieser Umkehrstelle. Der Höhenunterschied ist daher $\Delta h = h(5) - h(2) = 0$.

Der Ball legt aber dennoch einen Weg Δs zurück, der für die Berechnung der mittleren Geschwindigkeit berücksichtigt werden muss. Dabei ist der zurückgelegte Weg im Intervall [2 s; 3,5 s] gleich groß wie jener im Intervall [3,5 s; 5 s].
Daher gilt: $\Delta s = 2 \cdot (h(3{,}5) - h(2)) = 2 \cdot (61{,}25 - 50) = 22{,}5$ m
Die mittlere Geschwindigkeit in [2 s; 5 s] ist daher: $\overline{v} = \frac{\Delta s}{\Delta t} = \frac{22{,}5}{3} = 7{,}5\,\frac{m}{s}$

Weitere Anwendungen

Mittlere und lokale bzw. momentane Änderungsraten werden in Naturwissenschaft, Technik und Wirtschaft verwendet, um Veränderungen zu beschreiben. Im Folgenden ist die Bedeutung des Differentialquotienten für einige wichtige Zusammenhänge angeführt.

- **Größen der Rotation – Winkelgeschwindigkeit ω und Winkelbeschleunigung α**

$\omega = \frac{d\varphi}{dt} = \dot{\varphi}$ Änderung des bei einer Kreisbewegung überstrichenen Winkels φ in Abhängigkeit von der Zeit t

$\alpha = \frac{d\omega}{dt} = \ddot{\varphi}$ Änderung der Winkelgeschwindigkeit ω in Abhängigkeit von der Zeit t

- **Kraft F und Leistung P**

$F = \frac{dW}{ds}$ Änderung der in Wegrichtung verrichteten Arbeit W in Abhängigkeit vom zurückgelegten Weg s

$P = \frac{dW}{dt}$ Änderung der verrichteten Arbeit W in Abhängigkeit von der Zeit t

- **Drehmoment M**

$M = \frac{dL}{dt}$ Änderung des Drehimpulses L in Abhängigkeit von der Zeit t

- **Elektrische Stromstärke i und Stromdichte j**

$i = \frac{dq}{dt} = \dot{q}$ Änderung der elektrischen Ladung q in einem elektrischen Leiter in Abhängigkeit von der Zeit t

$j = \frac{di}{dA}$ Änderung der Stromstärke i in einem elektrischen Leiter in Abhängigkeit von der Querschnittsfläche A des Leiters

- **Wärmestrom $\dot{Q}$**

$\dot{Q} = \frac{dQ}{dt}$ Änderung der Wärmemenge (Wärmeenergie) Q in Abhängigkeit von der Zeit t

- **Wärmekapazität c**

$c = \frac{dQ}{dT}$ Änderung der Wärmemenge (Wärmeenergie) Q in einem Körper in Abhängigkeit von der Temperatur T

- **Grenzkostenfunktion K'**

$K'(x) = \frac{dK}{dx}$ Änderung der Kosten K in Abhängigkeit von der produzierten Stückmenge x

4.17 Ordne den angegebenen Termen jeweils die richtige Bedeutung zu (t … Zeit, s … Weg). C

1	$\frac{s(t_2) - s(t_1)}{t_2 - t_1}$	☐
2	$s(t_2) - s(t_1)$	☐

A	mittlere Beschleunigung im Intervall $[t_1; t_2]$
B	mittlere Geschwindigkeit im Intervall $[t_1; t_2]$
C	Geschwindigkeitszunahme im Intervall $[t_1; t_2]$
D	zurückgelegter Weg im Intervall $[t_1; t_2]$

C **4.18** Ein Hufeisen kühlt nach dem Schmiedevorgang ab. Die Temperatur T (in °C) hängt dabei von der seit Beginn des Abkühlvorgangs vergangenen Zeit t (in Minuten) ab.
Kreuze die wahre Aussage an.

$T(t_2) - T(t_1)$ gibt die mittlere Änderung der Temperatur im Zeitintervall $[t_1; t_2]$ an.	A
$T'(t_1)$ gibt das Maß der Abkühlung zum Zeitpunkt t_1 an.	B
$\lim\limits_{\Delta t \to 0}\left(\frac{\Delta T}{\Delta t}\right)$ steht für den Differenzenquotienten.	C
$\frac{T(t_2) - T(t_1)}{\Delta t}$ gibt den Temperaturunterschied im Zeitintervall $[t_1; t_2]$ an.	D
$T'(1)$ gibt an, um wie viel °C das Hufeisen in der ersten Minute des Abkühlvorgangs abgekühlt ist.	E

A B C D **4.19** In der Grafik ist die Geschwindigkeit-Zeit-Funktion bei der Fahrt einer Modelleisenbahn auf einer Teilstrecke dargestellt.

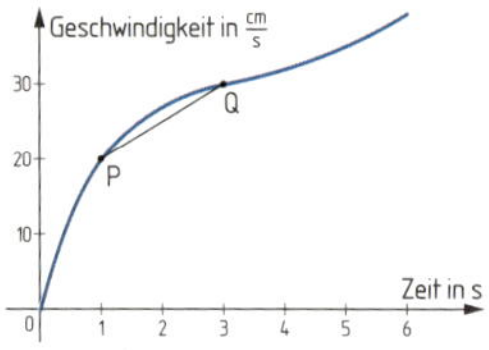

1) Ermittle die Steigung der Sekante PQ. Interpretiere deren Bedeutung im gegebenen Sachzusammenhang.
2) Veranschauliche die Momentanbeschleunigung der Modelleisenbahn zum Zeitpunkt t = 5 s.
3) Beurteile anhand der Grafik, ob die mittlere Beschleunigung im Intervall [0 s; 3 s] größer ist als im Intervall [3 s; 5 s].

C D **4.20** Bei einer Gruppenarbeit soll die angegebene Grafik interpretiert werden. Marlies sagt: „Die Steigung der Geraden gibt die momentane Geschwindigkeit zum Zeitpunkt t_1 an." Jakob sagt: „Die Steigung der Geraden gibt die mittlere Geschwindigkeit zwischen t_1 und t_2 an."
Beurteile die Aussagen im gegebenen Sachzusammenhang.

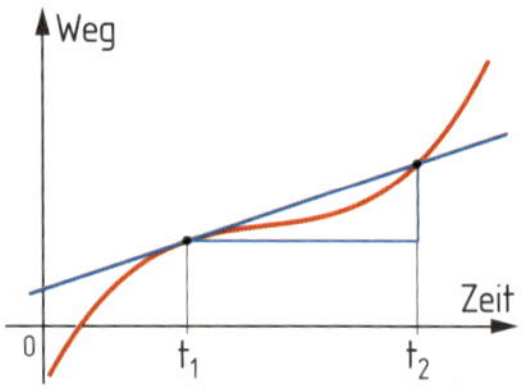

B C **4.21** Ein Kondensator wird entladen. Die Kurve zeigt die Ladung q (in Millicoulomb mC) abhängig von der Zeit t (in Sekunden s).

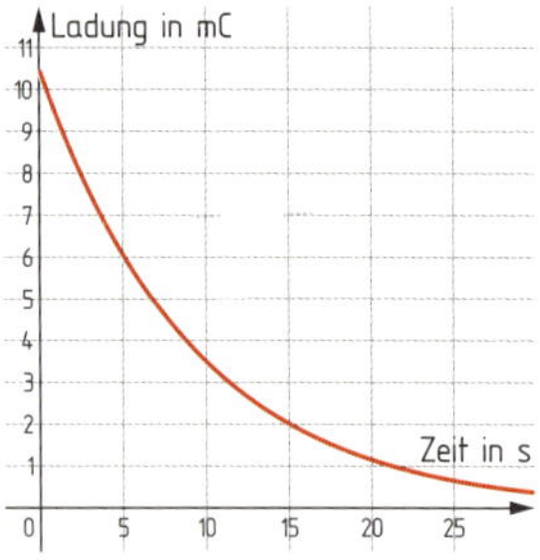

1) Bestimme jeweils die mittlere Änderungsrate in den Intervallen [5 s; 15 s] und [15 s; 20 s].
2) Zeichne eine Tangente an der Stelle t = 5 s in den Funktionsgraphen ein und lies die Stromstärke i zu diesem Zeitpunkt ab.

B C D **4.22** Eine Fahrt wird durch ein Weg-Zeit-Diagramm näherungsweise beschrieben.

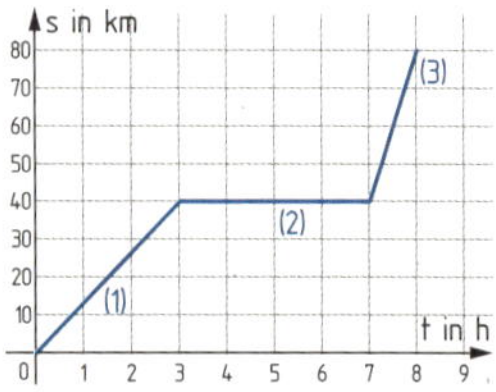

1) Ermittle jeweils die mittlere Geschwindigkeit $\bar{v}_1$, $\bar{v}_2$ und $\bar{v}_3$ für die drei Abschnitte.
2) Wie groß ist die mittlere Geschwindigkeit $\bar{v}$ für die gesamte Fahrtdauer?
3) Begründe, warum man für die dargestellte Weg-Zeit-Funktion die Momentangeschwindigkeit zum Zeitpunkt t = 3 h nicht bestimmen kann.
4) Argumentiere, für welche Zeitpunkte die tatsächliche Fahrt vom angegebenen Modell abweicht.

4.23 Im Kaisermühlentunnel auf der A22, mit 2 150 m der längste Straßentunnel Wiens, wird die Einhaltung der erlaubten Höchstgeschwindigkeit von 80 $\frac{\text{km}}{\text{h}}$ mittels „Section Control“ überwacht. Weil Herr Mann durch ein Telefonat mittels Freisprechanlage abgelenkt ist, fährt er mit einer Geschwindigkeit von 100 $\frac{\text{km}}{\text{h}}$ in den Tunnel ein. Er bemerkt seinen Fehler nach 500 m. Berechne, mit welcher Geschwindigkeit er die Fahrt fortsetzen muss, um einer Verwaltungsstrafe zu entgehen.

4.24 Die Grafik zeigt die Geschwindigkeit v bei einer Mountainbike-Tour abhängig von der Zeit t.

1) Bestimme die mittlere Beschleunigung im Intervall [700 s; 900 s].
2) Gib ein Intervall an, in dem die mittlere Änderungsrate einen negativen Wert annimmt.
3) Was sagt die mittlere Änderungsrate im Intervall [200 s; 500 s] aus?
4) Lies die momentane Beschleunigung zum Zeitpunkt t = 600 s ab.

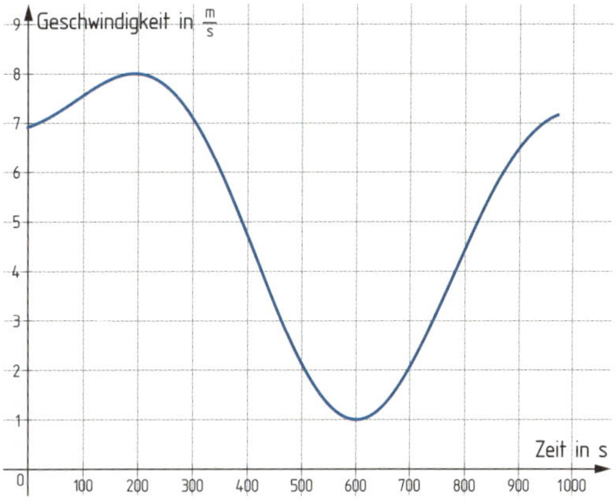

4.25 Durch die angegebenen Funktionen werden Bewegungen beschrieben. Es gilt:
t … Zeit in s; s(t) … Weg zum Zeitpunkt t in m bzw. h(t) … Höhe zum Zeitpunkt t in m

1) Berechne die mittlere Geschwindigkeit im angegebenen Intervall.
2) Ermittle die Momentangeschwindigkeit am Anfang des angegebenen Intervalls.

a) $s(t) = 100 + 2t^2$ [0 s; 3 s]
b) $h(t) = -5t^2$ [1,5 s; 3,5 s]
c) $h(t) = -5t^2 + 4t + 3$ [0,25 s; 1,5 s]
d) $s(t) = 2 + 15t + 0{,}5t^2$ [0 s; 5 s]

4.26 Ein Hersteller von Kleinteilen für die Elektronik bei Fahrzeugen arbeitet mit der dargestellten Kostenfunktion:
$K(x) = 0{,}05x^2 + 2$
x … produzierte Stück in ME
K(x) … Kosten bei x produzierten Stück in GE

1) Zeichne die Tangente an den Graphen von K an der Stelle x = 7 ein und schätze deren Steigung.
2) Ermittle die Grenzkostenfunktion K′ mithilfe des Differentialquotienten.
3) Berechne, welche Grenzkosten bei x = 7 ME erreicht werden. Vergleiche den Wert der Steigung mit dem Ergebnis aus **1)**.

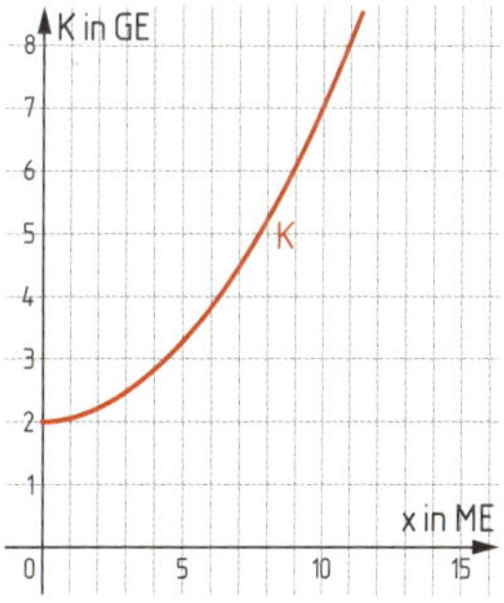

4.27 Die Grafik zeigt die kinetische Energie E_{kin} einer Weltraumrakete abhängig von der Zeit t ab dem Start.

1) Veranschauliche den Differenzenquotienten im Intervall [0,1; 0,5 h] und bestimme seinen Wert.
2) Zeichne an der Stelle t = 0,1 h eine Tangente an den Graphen und ermittle deren Steigung.
3) Gib an, welche physikalischen Größen die Werte aus **1)** und **2)** beschreiben.

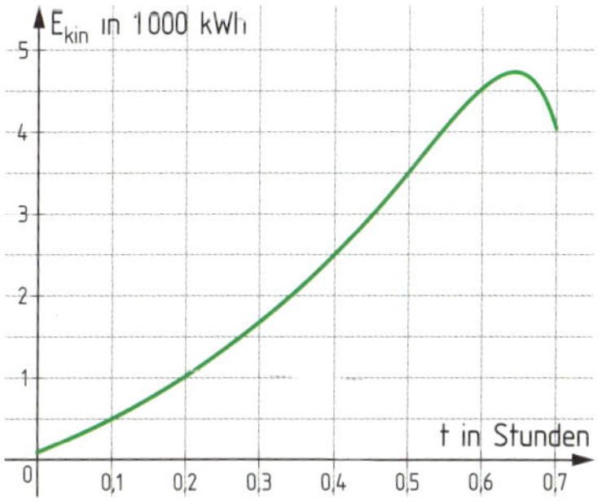

4.3 Graphen von Ableitungsfunktionen ermitteln und interpretieren

Um die Ableitungsfunktion einer Funktion zu ermitteln, kann auch grafisch vorgegangen werden. Der Wert der ersten Ableitung einer Funktion entspricht an jeder Stelle dem Anstieg der Tangente in diesem Punkt. Wird dieser Anstieg mithilfe einer Zeichnung ermittelt, so spricht man von **grafischem Differenzieren**.

- Ist die gegebene Funktion $y = f(x)$ eine lineare Funktion, so ist die Steigung konstant und kann aus dem Steigungsdreieck abgelesen werden.
- Ist eine Funktion $y = f(x)$ stückweise linear, so kann die Steigung für jedes Teilstück abgelesen werden. Gibt es Stellen, an denen die Funktion keine Tangente hat (zum Beispiel bei einem Knick oder an einer Sprungstelle), so existiert die Ableitung an diesen Stellen nicht.

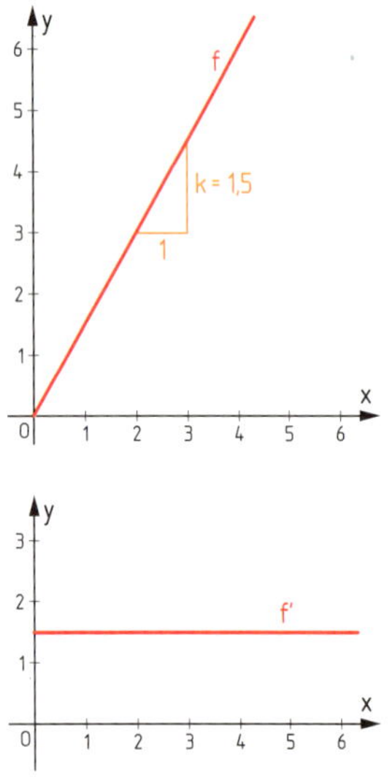

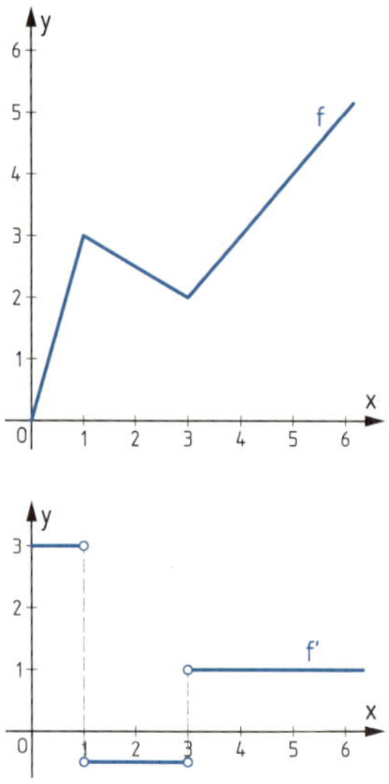

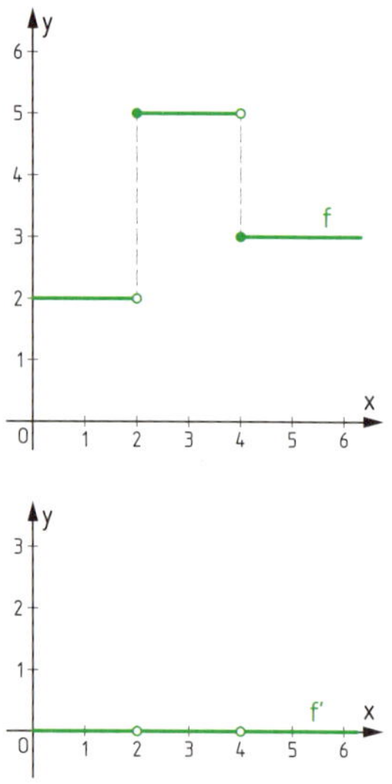

Ist eine Funktion $y = f(x)$ weder linear noch stückweise linear, so können die Tangentensteigungen grafisch im Allgemeinen nur näherungsweise ermittelt werden.

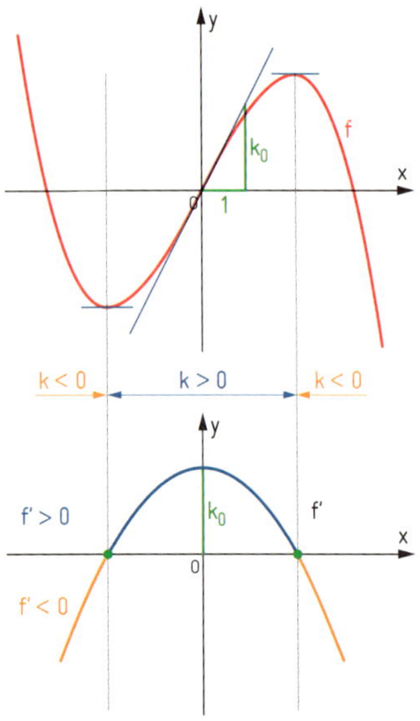

- Hat die Funktion $y = f(x)$ Punkte mit waagrechten Tangenten, so ist dort $f'(x) = 0$. Die Ableitungsfunktion hat also an den entsprechenden Stellen eine Nullstelle.
- Sind die Steigungen der Tangenten in einem Bereich der Funktion f positiv, so ist dort $f'(x) > 0$; sind die Steigungen negativ, so ist dort $f'(x) < 0$.
- Um den Wert der Ableitung f′ an einer beliebigen Stelle grafisch zu ermitteln, zeichnet man im entsprechenden Punkt die Tangente an f ein. Deren Steigung kann aus einem Steigungsdreieck mit $\Delta x = 1$ abgelesen und dann als Funktionswert von f′ aufgetragen werden. Zum Beispiel beträgt die Steigung der Tangente im Koordinatenursprung k_0. Daher ist der Funktionswert von f′ an dieser Stelle gleich k_0. Da die Funktionswerte der Funktion f′ den jeweiligen Tangentensteigungen der Funktion f entsprechen, ist k_0 der Funktionswert von f′ an dieser Stelle.

ZB Während einer 10-minütigen Fahrt wurde der Geschwindigkeitsverlauf (näherungsweise) aufgezeichnet und in einem Geschwindigkeit-Zeit-Diagramm dargestellt.
Das Beschleunigung-Zeit-Diagramm soll ermittelt werden.

Die Steigungen der Geschwindigkeitsfunktion entsprechen den jeweiligen Beschleunigungen.

$a_1 = \frac{4}{100} = 0{,}04\ \frac{m}{s^2}$ $\qquad a_2 = 0\ \frac{m}{s^2}$

$a_3 = \frac{6}{100} = 0{,}06\ \frac{m}{s^2}$ $\qquad a_4 = 0\ \frac{m}{s^2}$

$a_5 = -\frac{2}{100} = -0{,}02\ \frac{m}{s^2}$ $\qquad a_6 = 0\ \frac{m}{s^2}$

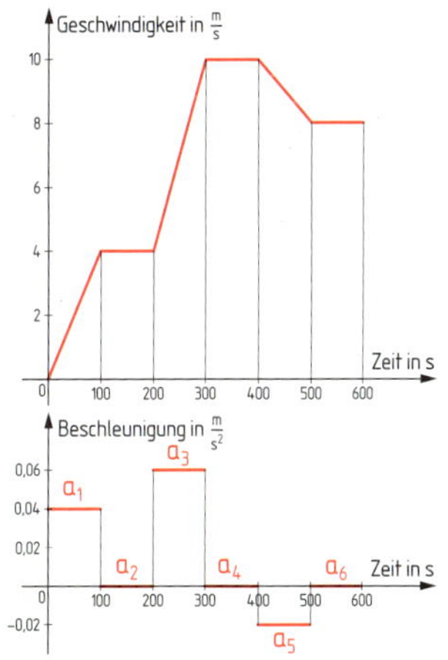

Umgekehrt können aus dem Verlauf der Ableitungsfunktion Eigenschaften der ursprünglichen Funktion abgelesen werden.

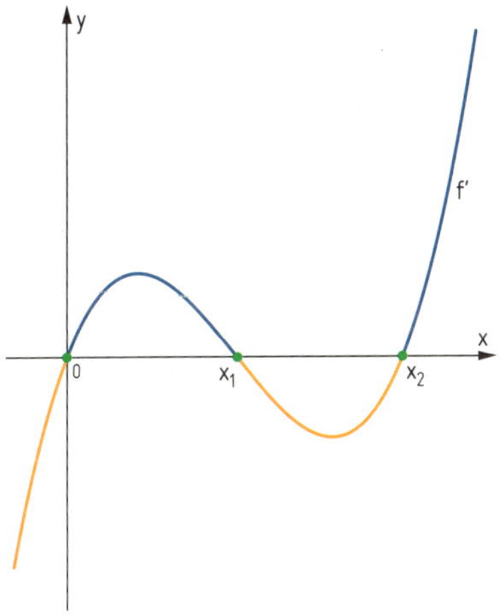

- Sind die Funktionswerte von **f′ negativ**, dann ist in diesem Intervall **f monoton fallend**.
- Sind die Funktionswerte von **f′ positiv**, dann ist in diesem Intervall **f monoton steigend**.
- An den **Nullstellen** der **Ableitungsfunktion f′** weist die zugehörige **Funktion f waagrechte Tangenten** auf.

4.28 Zeichne den Graphen der Ableitungsfunktion der dargestellten Funktion. B C

a)

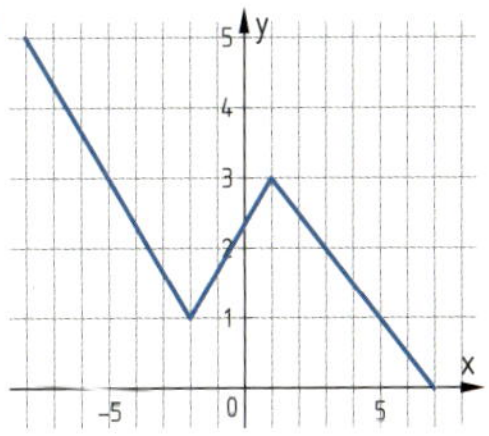

b)

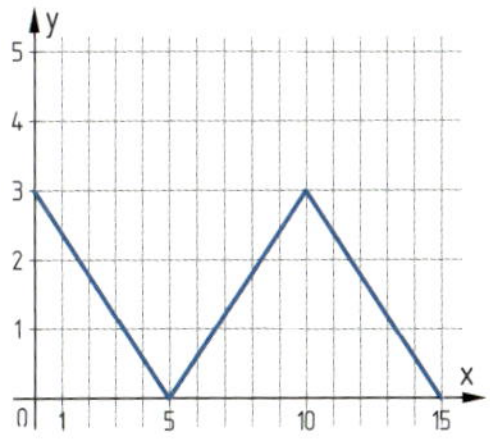

c)

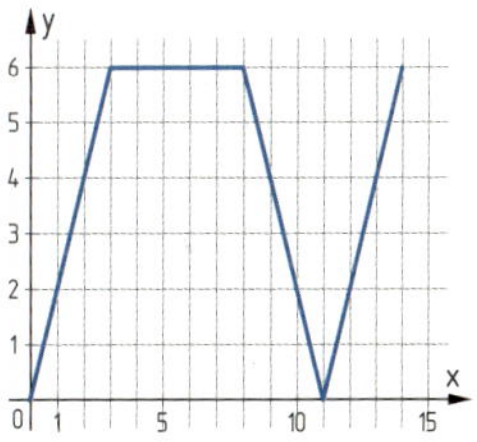

4.29 Zeichne die Funktion und ermittle die erste Ableitung grafisch. B C

a) $f(x) = \begin{cases} 2 & \text{für } -2 \leqslant x < 1 \\ x - 1 & \text{für } \ 1 \leqslant x \leqslant 6 \end{cases}$

b) $f(x) = \begin{cases} -x - 9 & \text{für } -7 \leqslant x < -6 \\ -\left|\frac{x}{2}\right| & \text{für } -6 \leqslant x \leqslant 2 \\ x - 3 & \text{für } \ 2 < x \leqslant 3 \end{cases}$

4.30 Ergänze die Textlücken im folgenden Satz durch Ankreuzen der jeweils richtigen Satzteile so, dass eine korrekte Aussage entsteht.
Ist die Ableitung f′ einer Funktion f ____①____, dann ist die Funktion ____②____.

①		②	
negativ	A	steigend	A
positiv	B	konstant	B
konstant $\neq 0$	C	positiv	C

4.31 Skizziere jeweils die erste Ableitung der dargestellten Funktion. Welche physikalische Bedeutung hat die Ableitung?

a) 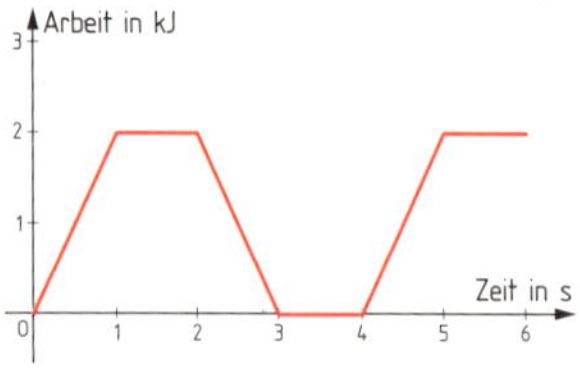

b) 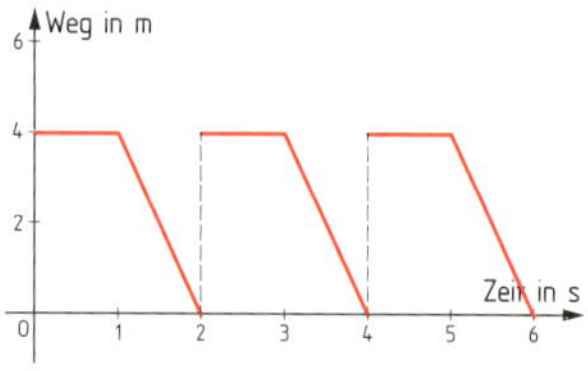

4.32 Erstelle zu der angegebenen Fortbewegungsart ein geeignetes Weg-Zeit-Diagramm. Fertige dazu zuerst eine Tabelle an, in der du den zurückgelegten Weg in 15-Minuten-Schritten einträgst. Ermittle anschließend das Geschwindigkeit-Zeit-Diagramm durch grafisches Differenzieren.

a) Wandern **b)** Inlineskaten **c)** Motorroller fahren

4.33 Ordne den gegebenen Funktionen jeweils jene Grafik zu, die ihre erste Ableitung darstellt und begründe deine Auswahl.

1) 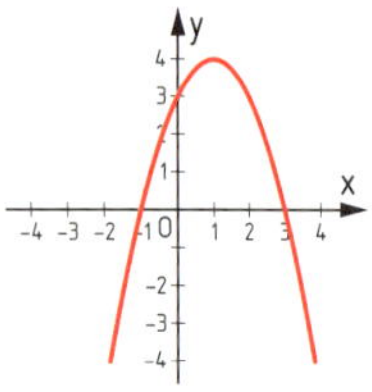

2) 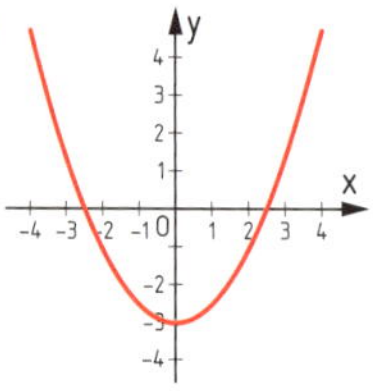

3) 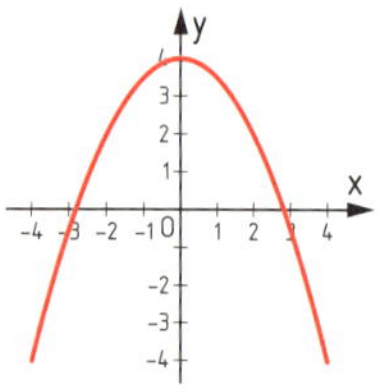

4) 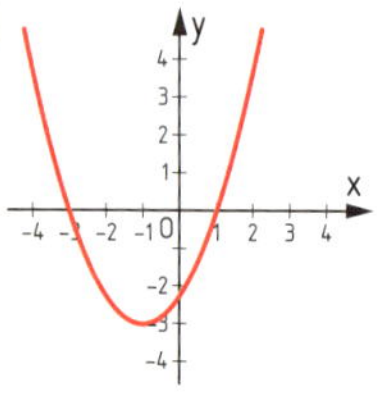

A) 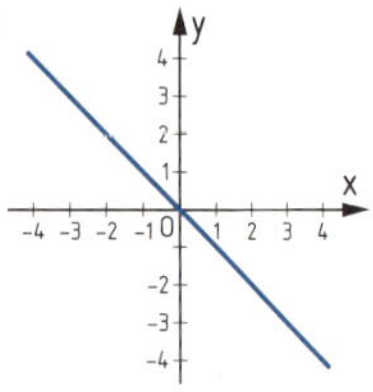

B) 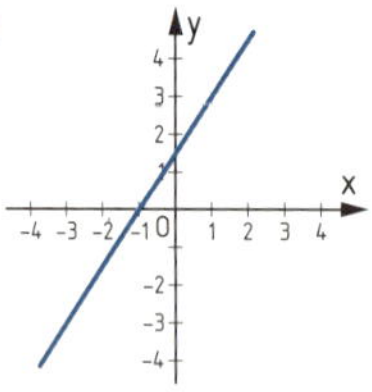

C) 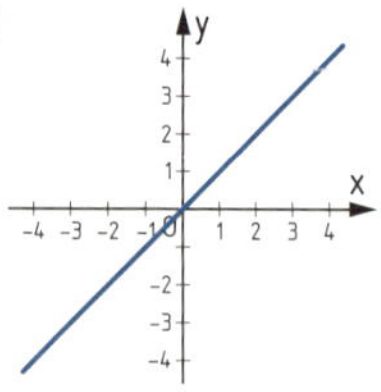

D) 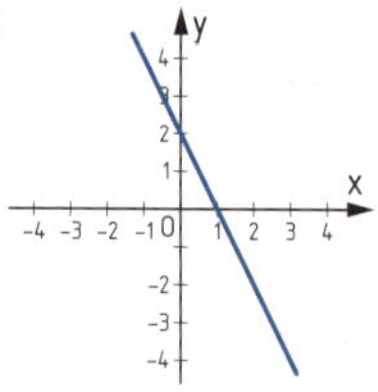

4.34 In der Abbildung ist die Ableitung f′ der Funktion f dargestellt. Kennzeichne jene Intervalle, in denen die Funktion f monoton steigend ist, und jene Intervalle, in denen sie monoton fallend ist, mit unterschiedlichen Farben.

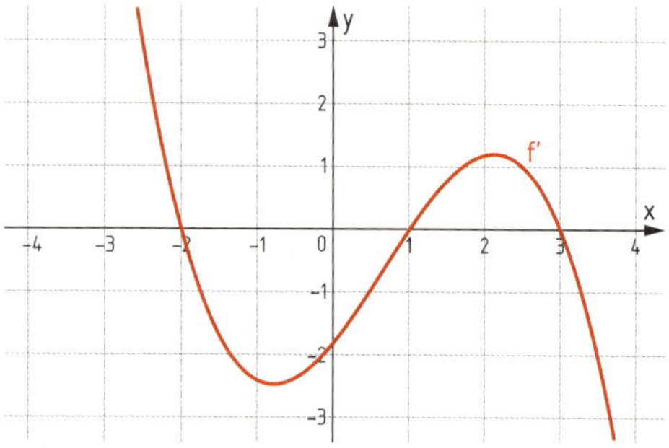

4.4 Ableitungen von Potenz- und Polynomfunktionen

Die Berechnung der Ableitungsfunktion mithilfe des Differenzenquotienten ist oft aufwändig. Daher werden nun Regeln entwickelt, mit denen man die Ableitung angeben kann, ohne den Grenzwertübergang explizit durchführen zu müssen. Diese Regeln sind vor allem dann von Vorteil, wenn eine abgeleitete Funktion nochmals abgeleitet wird.

4.35 ***1)*** Stelle die Funktionen $y_1 = 2$, $y_2 = x$, $y_3 = 2x$ und $y_4 = x + 2$ grafisch dar.
2) Ermittle jeweils die Ableitungsfunktion durch grafisches Differenzieren.
3) Gib die Funktionsgleichungen dieser Ableitungen an. Was fällt dir auf?

Höhere Ableitungen

Viele Funktionen sind nicht nur differenzierbar, sondern haben auch eine Ableitungsfunktion, die selbst wieder differenzierbar ist. Durch Ableiten der 1. Ableitung erhält man die 2. Ableitung, man schreibt $y'' = f''(x)$, [sprich: „y zwei Strich"].

Kann auch diese Funktion wieder differenziert werden, so erhält man die 3. Ableitung usw. Auf die Bedeutung der höheren Ableitungen wird in einigen der folgenden Abschnitte eingegangen werden.

Höhere Ableitungen einer Funktion $y = f(x)$

2. Ableitung: $y'' = f''(x) = \frac{d}{dx}\left(\frac{d}{dx} f(x)\right) = \frac{d^2y}{dx^2}$ [sprich: „d zwei y nach dx Quadrat"]

3. Ableitung: $y''' = f'''(x) = \frac{d^3y}{dx^3}$ [sprich: „d drei y nach dx zur Dritten"]

n-te Ableitung: $y^{(n)} = f^{(n)}(x) = \frac{d^ny}{dx^n}$ [sprich: „d n y nach dx hoch n"]

Ableitung der konstanten Funktion f(x) = c

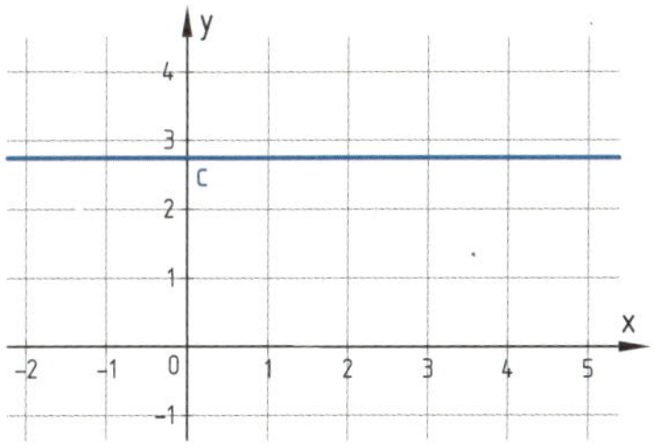

Eine konstante Funktion $f(x) = c$ hat in jedem Punkt die Steigung null, ihre Ableitung muss daher überall den Wert null haben.

Beweis:

$f(x) = c$

$$f'(x) = \lim_{\Delta x \to 0}\left(\frac{f(x + \Delta x) - f(x)}{\Delta x}\right) = \lim_{\Delta x \to 0}\left(\frac{c - c}{\Delta x}\right) = \lim_{\Delta x \to 0}\left(\frac{0}{\Delta x}\right) =$$

$$= \lim_{\Delta x \to 0}(0) = 0$$ q. e. d.

Ableitung der konstanten Funktion

$f(x) = c,\ c \in \mathbb{R} \Rightarrow f'(x) = 0$

4.36 Ermittle die erste Ableitung.

a) $f(x) = 50$ ***b)*** $g(x) = a$

Lösung:

a) $f'(x) = 0$ ***b)*** $g'(x) = 0$

- Da die Funktionsvariable x ist, ist a eine Konstante.

Differentialrechnung

Ableitung der Potenzfunktion $f(x) = x^n$ ($n \in \mathbb{R}$)

In Abschnitt 4.2 wurde für einige Potenzfunktionen der Differentialquotient an einer bestimmten Stelle x_0 ermittelt. Exemplarisch wird nun die Ableitung von $f(x) = x^3$ ermittelt.

$$f(x) = x^3$$

$$f'(x) = \lim_{\Delta x \to 0}\left(\frac{f(x+\Delta x) - f(x)}{\Delta x}\right) = \lim_{\Delta x \to 0}\left(\frac{(x+\Delta x)^3 - x^3}{\Delta x}\right) =$$

- Die binomische Formel wird angewendet und anschließend der Term vereinfacht.

$$= \lim_{\Delta x \to 0}\left(\frac{\cancel{x^3} + 3x^2 \cdot \Delta x + 3x \cdot (\Delta x)^2 + (\Delta x)^3 - \cancel{x^3}}{\Delta x}\right) =$$

$$= \lim_{\Delta x \to 0}\left(\frac{\cancel{\Delta x} \cdot (3x^2 + 3x \cdot \Delta x + (\Delta x)^2)}{\cancel{\Delta x}}\right) =$$

- Aus dem verbleibenden Term wird Δx herausgehoben und gekürzt.

$$= \lim_{\Delta x \to 0}(3x^2 + \underbrace{3x \cdot \Delta x}_{\to 0} + \underbrace{(\Delta x)^2}_{\to 0}) = 3x^2$$

- Alle Summanden, die den Faktor Δx enthalten, haben den Grenzwert null.

$$f'(x) = 3x^2$$

In der ersten Ableitung steht der ursprüngliche Exponent als Faktor vor der Potenz, der Exponent wird um 1 verringert.

Analog kann man die Ableitung von $f(x) = x^n$ für alle Exponenten $n \in \mathbb{N}$ ermitteln.
Mithilfe des Pascal'schen Dreiecks kann eine Formel für $(x + \Delta x)^n$ angegeben werden.
Es gilt: $(x + \Delta x)^n = x^n + n \cdot x^{n-1} \cdot \Delta x + \frac{1}{2} \cdot n \cdot (n-1) \cdot x^{n-2} \cdot (\Delta x)^2 + \ldots + n \cdot x \cdot (\Delta x)^{n-1} + (\Delta x)^n$

$$f'(x) = \lim_{\Delta x \to 0}\left(\frac{(x+\Delta x)^n - x^n}{\Delta x}\right) = \lim_{\Delta x \to 0}\left(\frac{\cancel{x^n} + n \cdot x^{n-1} \cdot \Delta x + \frac{1}{2} \cdot n \cdot (n-1) \cdot x^{n-2} \cdot (\Delta x)^2 + \ldots + (\Delta x)^n - \cancel{x^n}}{\Delta x}\right) =$$

$$= \lim_{\Delta x \to 0}\left(\frac{\cancel{\Delta x} \cdot \left(n \cdot x^{n-1} + \frac{1}{2} \cdot n \cdot (n-1) \cdot x^{n-2} \cdot (\Delta x)^1 + \ldots + (\Delta x)^{n-1}\right)}{\cancel{\Delta x}}\right) =$$

$$= \lim_{\Delta x \to 0}\left(n \cdot x^{n-1} \underbrace{+ \frac{1}{2} \cdot n \cdot (n-1) \cdot x^{n-2} \cdot (\Delta x)^1 + \ldots + (\Delta x)^{n-1}}_{\to 0}\right)$$

$$f'(x) = n \cdot x^{n-1}$$

- Nach dem Vereinfachen des Zählers kann Δx herausgehoben und gekürzt werden.
- Alle grün gedruckten Summanden enthalten den Faktor Δx und haben daher den Grenzwert 0.

Der Beweis wurde nur für Exponenten $n \in \mathbb{N}$ geführt. Die Ableitungsvorschrift gilt jedoch für alle reellen Exponenten, also auch für alle Funktionen, die als Potenzfunktion angeschrieben werden können, wie zum Beispiel $y = \frac{1}{x} = x^{-1}$ oder $y = \sqrt[n]{x} = x^{\frac{1}{n}}$.

Ableitung der Potenzfunktion

$f(x) = x^n \Rightarrow f'(x) = n \cdot x^{n-1}, n \in \mathbb{R}$

Merkhilfe: „Hochzahl als Faktor vor die Potenz, von der Hochzahl 1 subtrahieren."

B **4.37** Ermittle die gesuchte Ableitung.

a) $y = x^6$; $y' = ?$ **b)** $s(t) = t$; $\dot{s} = ?$ **c)** $f(x) = \frac{1}{x}$; $f'(x) = ?$ **d)** $x(z) = \sqrt[4]{z}$; $\frac{dx}{dz} = ?$

Lösung:

a) $y = x^6 \Rightarrow y' = 6 \cdot x^{6-1} = 6x^5$
c) $f(x) = \frac{1}{x} = x^{-1} \Rightarrow f'(x) = -1 \cdot x^{-1-1} = -x^{-2} = -\frac{1}{x^2}$
b) $s(t) = t \Rightarrow \dot{s} = 1 \cdot t^0 = 1$
d) $x(z) = \sqrt[4]{z} = z^{\frac{1}{4}} \Rightarrow \frac{dx}{dz} = \frac{1}{4} \cdot z^{\frac{1}{4}-1} = \frac{1}{4} \cdot z^{-\frac{3}{4}} = \frac{1}{4 \cdot \sqrt[4]{z^3}}$

Faktorregel – Ableitung von Funktionen der Form y = a · f(x)

Ausgehend von einer Funktion f(x) ermittelt man die Ableitung der Funktion $y = a \cdot f(x)$, $a \in \mathbb{R}$:

$$y' = \lim_{\Delta x \to 0}\left(\frac{y(x+\Delta x) - y(x)}{\Delta x}\right) = \lim_{\Delta x \to 0}\left(\frac{a \cdot f(x+\Delta x) - a \cdot f(x)}{\Delta x}\right) = \lim_{\Delta x \to 0}\left(a \cdot \frac{f(x+\Delta x) - f(x)}{\Delta x}\right) = a \cdot \lim_{\Delta x \to 0}\left(\frac{f(x+\Delta x) - f(x)}{\Delta x}\right)$$

$$y' = a \cdot f'(x)$$

Faktorregel

$y = a \cdot f(x), a \in \mathbb{R} \Rightarrow y' = a \cdot f'(x)$

Ein konstanter Faktor bleibt beim Differenzieren unverändert erhalten.

4.38 Ermittle die gesuchten Ableitungen.

a) $y = 5x^3$; $y' = ?, y'' = ?$

b) $s(t) = \frac{a}{2} \cdot t^2$; $\dot{s} = ?, \ddot{s} = ?$

Lösung:

a) $y = 5 \cdot x^3 \Rightarrow y' = 5 \cdot 3x^2 = 15x^2$
$y'' = 15 \cdot 2x = 30x$

b) $s(t) = \frac{a}{2} \cdot t^2 \Rightarrow \dot{s} = \frac{a}{2} \cdot 2t = a \cdot t$
$\ddot{s} = a \cdot 1 = a$

Ableitung der Summe bzw. der Differenz von Funktionen

Durch elementare Umformungen des Differenzenquotienten lässt sich eine Regel für das Ableiten für Summen bzw. Differenzen zeigen.

Summenregel

$y = f(x) \pm g(x) \Rightarrow y' = f'(x) \pm g'(x)$

Die Ableitung einer Summe (Differenz) ist die Summe (Differenz) der Ableitungen.

4.39 Ermittle die erste Ableitung von $f(x) = 4x^3 - 2x^2$.

Lösung:

$f'(x) = 4 \cdot 3x^2 - 2 \cdot 2x = 12x^2 - 4x$

Beachte den Unterschied zwischen der Multiplikation mit einem **konstanten Faktor** und der **Addition einer Konstanten**.

ZB: $y_1 = f(x) = x^2$

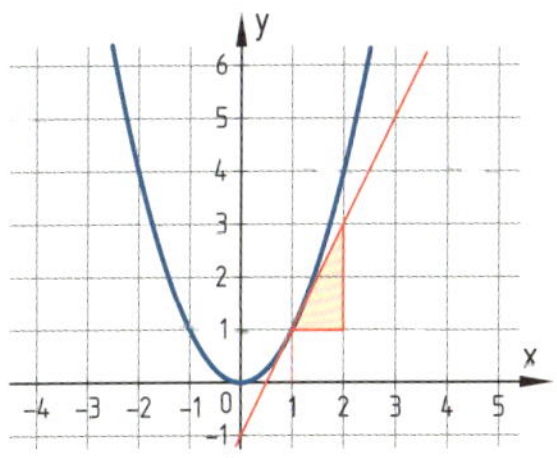

$y_1' = 2x$

Die Steigung kann aus dem Steigungsdreieck abgelesen werden.

$y_2 = 2 \cdot f(x) = 2x^2$

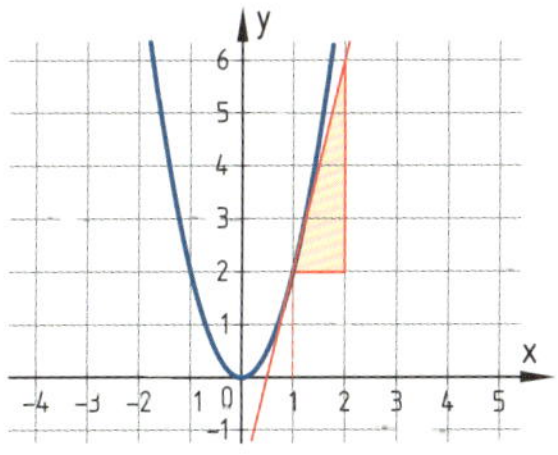

$y_2' = 4x$

Die **Multiplikation mit 2** entspricht einer Streckung in y-Richtung, die **Steigung** der Tangente wird **verdoppelt**.

$y_3 = f(x) + 2 = x^2 + 2$

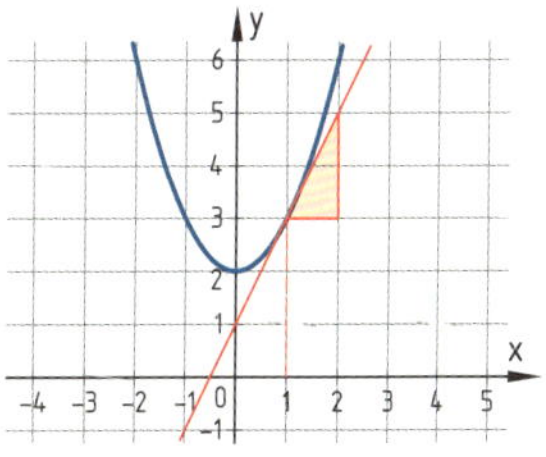

$y_3' = 2x$

Die **Addition von 2** entspricht einer Verschiebung in y-Richtung, die **Steigung** der Tangente bleibt **unverändert**.

Kommt in einer Funktion eine Variable vor, die **nicht die Funktionsvariable** ist, so wird diese bei der Ableitung **wie eine Konstante** behandelt.

ZB: $f(x) = x^2 + a^2 \Rightarrow f'(x) = 2x + 0 = 2x$

Differentialrechnung

Ableitung von Polynomfunktionen

Da Polynomfunktionen Summen (Differenzen) von Potenzfunktionen sind, können deren Ableitungen mithilfe der Summen- und Faktorregel und der Ableitungsregel für Potenzfunktionen ermittelt werden.

B **4.40** Ermittle die gesuchten Ableitungen.

a) $f(x) = 2x^3 + 5x^2 - 7,\ f'(x) = ?,\ f''(x) = ?$ **b)** $g(y) = \frac{y^4}{3} + 5y - 2,\ \frac{dg}{dy} = ?,\ \frac{d^2g}{dy^2} = ?$

Lösung:

a) $f'(x) = 2 \cdot 3x^2 + 5 \cdot 2x - 0 = 6x^2 + 10x$ $f''(x) = 6 \cdot 2x + 10 \cdot 1 = 12x + 10$

b) $\frac{dg}{dy} = \frac{1}{3} \cdot 4y^3 + 5 \cdot 1 - 0 = \frac{4}{3} \cdot y^3 + 5,$ $\frac{d^2g}{dy^2} = \frac{4}{3} \cdot 3y^2 + 0 = 4y^2$

- $\frac{y^4}{3} = \frac{1}{3} \cdot y^4$

B D **4.41** Ermittle alle Ableitungen von $f(x) = x^4 - 5x^2$.
Erkläre zuerst, wie viele von null verschiedene Ableitungen es gibt.

Lösung:
Es gibt vier von null verschiedene Ableitungen. Da der Exponent der höchsten Potenz vier ist und dieser beim Ableiten immer um eins verringert wird, erhält man für die 4. Ableitung eine Konstante und die nächste und alle weiteren Ableitungen sind gleich null.

$f'(x) = 4x^3 - 10x$
$f''(x) = 12x^2 - 10$
$f'''(x) = 24x$
$f^{(4)}(x) = 24$
$f^{(5)}(x) = 0$
$f^{(6)}(x) = f^{(7)}(x) = \ldots = 0 \Rightarrow f^{(n)}(x) = 0$ für $n \geqslant 5$

B **4.42** Es ist die Funktion $y = -2x^2 + 7x - 5$ gegeben.

1) Ermittle den Wert der ersten Ableitung an der Stelle $x_1 = 5$.
2) Berechne, an welcher Stelle der Funktion die Tangente die Steigung $k = -1$ hat.
3) Gib die Gleichung der Tangente an der in **2)** berechneten Stelle an.

Lösung:

1) $y'(x) = -2 \cdot 2x + 7 = -4x + 7$
$y'(5) = -4 \cdot 5 + 7 = -13$

- Ableitung allgemein berechnen, dann die Stelle einsetzen.

2) $y'(x) = k = -1 \Rightarrow -4x + 7 = -1 \Rightarrow x = 2$

- Die Ableitungsfunktion wird gleich dem Wert von k gesetzt.

3) $y_t = k \cdot x + d$ mit $k = -1, x = 2$
$y(2) = 1 \Rightarrow 1 = -1 \cdot 2 + d \Rightarrow d = 3$
$y_t = -1 \cdot x + 3$

- Der Berührpunkt der Tangente ist ein Punkt der Kurve.

Aufgaben 4.43 – 4.46: Gib die gesuchten Ableitungen an.

B **4.43** **a)** $y = 9$ $y' =$ **b)** $s(t) = 100$ $\dot{s} =$ **c)** $v = a^2$ $\frac{dv}{dy} =$

B **4.44** **a)** $f(x) = x^4$ $f'(x) =$ **b)** $x = z^3$ $\frac{dx}{dz} =$ **c)** $v(t) = t^2$ $\dot{v} =$

B **4.45** **a)** $f(x) = 23x^3$ $f'(x) =$ **b)** $g(x) = \frac{1}{5}x^3$ $g'(x) =$ **c)** $y = 3y^0$ $y' =$

B **4.46** **a)** $f(x) = 3x^4 + 7$ $f'(x) =$ **b)** $f(x) = \frac{1}{2}x^2 + x$ $f'(x) =$ **c)** $f(x) = 2x^5 - \pi$ $f'(x) =$

4.47 Gib die gesuchten Ableitungen an.

a) $a = z^2$ $\frac{da}{dz} = \square$, $\frac{da}{dx} = \square$
b) $x = y^{11}$ $\frac{dx}{dy} = \square$, $\frac{dx}{dt} = \square$
c) $e = m \cdot c^2$ $\frac{de}{dm} = \square$, $\frac{de}{dc} = \square$

Aufgaben 4.48 – 4.49: Ermittle jeweils die erste Ableitung und schreibe das Ergebnis mit positivem ganzzahligem Exponenten an.

4.48 **a)** $y = x$ **b)** $y = x^{-7}$ **c)** $y = \frac{1}{x^5}$ **d)** $y = \frac{1}{x^2}$ **e)** $y = \frac{1}{x^{-4}}$

4.49 **a)** $y = \sqrt[3]{x}$ **b)** $y = \sqrt[5]{x^2}$ **c)** $y = \frac{1}{\sqrt[4]{x^3}}$ **d)** $y = \sqrt{x^3}$ **e)** $y = \sqrt[8]{x^{-1}}$

4.50 Ergänze die Textlücken im folgenden Satz durch Ankreuzen der jeweils richtigen Satzteile so, dass eine korrekte Aussage entsteht.

Die ____①____ Ableitung einer Polynomfunktion 4. Grads ist ____②____.

①		②	
erste	A	eine lineare Funktion	A
zweite	B	eine Polynomfunktion 5. Grads	B
dritte	C	eine konstante Funktion	C

4.51 Ermittle die erste Ableitung.

a) $y = 4x^3 + 3x^2 - 2x + 1$ $y' = \square$
b) $y = 6x^5 + 7x^3 + 5x - 9$ $y' = \square$
c) $y = 0{,}5x^4 + 0{,}25x^2 - 0{,}3$ $y' = \square$
d) $K(x) = 0{,}01x^3 + 2x + F$ $K'(x) = \square$
e) $F(s) = 2s^3 + 4s^2 - 7s + 1$ $F'(s) = \square$
f) $f(y) = \frac{2}{3}y^6 + \frac{1}{4}y^4 - \frac{5}{2}y^2$ $f'(y) = \square$

Aufgaben 4.52 – 4.54: Ermittle jeweils die erste und die zweite Ableitung und schreibe das Ergebnis mit positiven Exponenten an.

4.52 **a)** $s(t) = 3t^2 - 5t + \frac{1}{t}$ **b)** $v(t) = \frac{t^2}{4} - 3t + \frac{2}{t}$ **c)** $f(t) = \frac{2}{t^2} + 3t - \frac{1}{2t}$

4.53 **a)** $f(x) = ax^3 + bx^2 + c^2 + d$ **b)** $f(z) = \frac{1}{a}z^3 + \frac{b}{4}z^2 - c \cdot z + \frac{d}{z}$ **c)** $f(t) = \frac{a}{t} + \frac{1}{b \cdot t} + \frac{c}{t^2}$

4.54 **a)** $y = \frac{1}{\sqrt{x}} + \frac{2}{\sqrt[3]{x}}$ **b)** $f(x) = \frac{1}{2 \cdot \sqrt{x}} - \frac{1}{3} \cdot \sqrt{x}$ **c)** $f(u) = \sqrt{\frac{3}{u}} + \sqrt[3]{\frac{u}{3}}$

4.55 Setze im Differentialquotienten die fehlende Variable ein.

a) $r = ab + a, \frac{dr}{d\square} = 1 + b$
b) $s = 2ab^2 - 4a - 4b, \frac{ds}{d\square} = 4ab - 4$
c) $t = ab^a + a^2b, \frac{dt}{d\square} = a^2b^{a-1} + a^2$
d) $u = 3a^2b^2 + 2ab^3 + b^2, \frac{du}{d\square} = 6a^2b + 6ab^2 + 2b$

Aufgaben 4.56 – 4.57: Ermittle jeweils die gesuchten Ableitungen.

4.56 **a)** $h = 4r^2 + a \cdot r + \frac{r^3}{b}$
$\frac{dh}{dr} = ?, \frac{dh}{da} = ?, \frac{dh}{db} = ?$

b) $S = \frac{f \cdot t}{g} + \frac{g}{f \cdot t}$
$\frac{dS}{dg} = ?, \frac{dS}{dt} = ?, \frac{d^2S}{dt^2} = ?$

4.57 **a)** $T = \frac{a}{b \cdot \sqrt{t}} - \sqrt[3]{a}$
$\frac{dT}{da} = ?, \frac{dT}{dt} = ?, \frac{d^2T}{dt^2} = ?$

b) $X = a \cdot t^3 - \frac{s}{a \cdot t} + \frac{\sqrt{a}}{s} \cdot t$
$\frac{dX}{da} = ?, \frac{dX}{ds} = ?, \frac{dX}{dt} = ?$

4.58 Für die Stromstärke I gilt: $I = \frac{U}{R}$ U … Spannung, R … Widerstand
Ordne der gegebenen Ableitung den richtigen Term zu.

1	$\frac{dI}{dU}$	☐	2	$\frac{dI}{dR}$	☐

A	B	C	D
$\frac{1}{R}$	U	$-\frac{U}{R^2}$	R

4.59 Ermittle alle von null verschiedenen Ableitungen. Erkläre zuerst, wie viele es davon gibt.
a) $y = x^5 - 3x^2$ **b)** $f(x) = 1 + x^3 - x^6$ **c)** $f(t) = t^4 + 4t^3 - 6t$

4.60 Überlege zuerst, ob die 13. Ableitung der gegebenen Funktion gleich null ist. Berechne die ersten drei Ableitungen und beurteile danach erneut, ob deine Überlegung richtig war.
a) $y = 3x^3$ **b)** $y = 5x^{-1}$ **c)** $y = \sqrt{x}$ **d)** $y = \frac{3}{4x^2}$ **e)** $y = \frac{2}{3 \cdot \sqrt{x}}$

Aufgaben 4.61– 4.63: Ermittle jeweils die erste Ableitung an der angegebenen Stelle.

4.61 **a)** $y = 3x^2 - 2x + 1,\ x_0 = -1$ **b)** $f(x) = \frac{\sqrt{x}}{4} + 3,\ x_0 = 25$ **c)** $y = 3 - \frac{1}{x},\ x_0 = 0{,}5$

4.62 **a)** $q(t) = 2t^2 + 3t - \frac{1}{t},\ t_0 = 3$ **b)** $f(x) = \frac{2x^5}{3} - \frac{x^3}{6} + \frac{27}{2x^2},\ x_0 = -3$

4.63 **a)** $s(t) = \frac{g}{2} \cdot t^2,\ t_0 = 3{,}8$ **b)** $M(x) = q \cdot \ell \cdot \frac{x}{2} - q \cdot \frac{x^2}{2},\ x_0 = \frac{\ell}{2}$

4.64 Gib an, welche der vier Funktionen an jeder Stelle x_0 dieselbe Steigung haben. Begründe deine Antwort.
A) $y_1 = x^3 + 3$ **B)** $y_2 = 3x^3$ **C)** $y_3 = x^3$ **D)** $y_4 = (x - 3)^3$

4.65 Ermittle den Steigungswinkel der Funktion an der angegebenen Stelle.
a) $y = \sqrt{x},\ x_0 = 1$ **b)** $y = x^2,\ x_0 = 2$ **c)** $f(x) = \frac{1}{x},\ x_0 = 1$

Aufgaben 4.66 – 4.67: Überprüfe jeweils, ob (und wenn ja, an welchen Stellen) die Funktion eine waagrechte Tangente, also die Steigung 0, hat, und gib die zugehörigen Punkte an.

4.66 **a)** $f(x) = x^2 + 7x - 3$ **b)** $f(t) = \sqrt{t} + 2$ **c)** $f(x) = x^3 - 12x$

4.67 **a)** $y = a \cdot x^2 + b \cdot x + c$ **b)** $M(x) = q \cdot \ell \cdot \frac{x}{2} - q \cdot \frac{x^2}{2}$ **c)** $h(t) = -\frac{g}{2} \cdot t^2 + v_0 \cdot t$

4.68 Berechne, an welcher Stelle der Funktion die Tangente die angegebene Steigung hat.
a) $y = x^2 - 5x + 11,\ k = \frac{1}{2}$ **b)** $y = \frac{1}{2}x^2 - 4x,\ k = 10$ **c)** $y = x + \sqrt{x} - 1,\ k = \frac{5}{4}$

4.69 In welchen Punkten der Funktion hat die Tangente den angegebenen Steigungswinkel?
a) $y = x^2 + 7,\ \alpha = 45°$ **b)** $y = -\frac{\sqrt{3}}{x} + 1,\ \alpha = 60°$ **c)** $y = 5 - \sqrt{x},\ \alpha = 30°$

4.70 Berechne, an welchen Stellen $y'' = 0$ gilt.
a) $y = x^4 + 10x^3 + 36x^2$ **b)** $y = x^5 - 3x^2$ **c)** $y = x^6 - 240x^2$

4.71 Ermittle die Gleichung der Tangente im Punkt P. Stelle die Funktion grafisch dar und zeichne die Tangente sowie das zugehörige Steigungsdreieck ein.
a) $y = x^2 - 3,\ P(1|y_P)$ **b)** $y = \frac{1}{10}x^3 + 2,\ P(-2|y_P)$ **c)** $y = \sqrt{x},\ P(4|y_P)$

4.72 Überprüfe nachweislich, dass die Funktionen f_1 mit $f_1(x) = \frac{1}{2}x^2$ und f_2 mit $f_2(x) = \frac{1}{2x^2}$ einander im rechten Winkel schneiden.

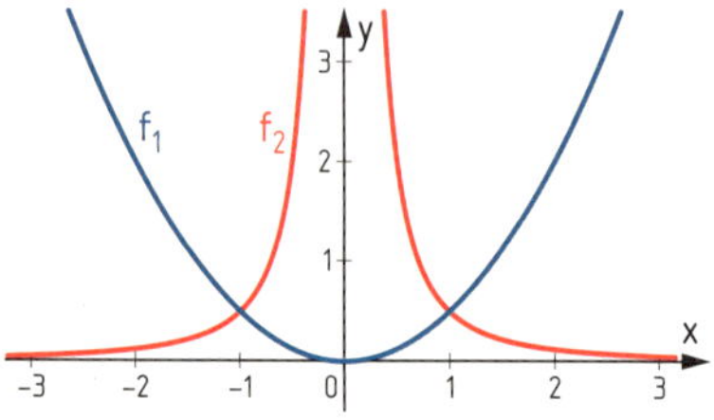

Textaufgaben

4.73 Auf Kirtagen findet man oft einen „Lukas“. Dabei schlägt ein Besucher mit einem Hammer auf einen gefederten Kopf. Je heftiger der Schlag ausfällt, desto größer ist die Anfangsgeschwindigkeit v_0, mit der ein Metallkörper in einem Rohr nach oben saust. Die erreichte Höhe dient als Maß für die Stärke des Schlags.

Für die Höhe h gilt:

$h(t) = v_0 \cdot t - \frac{g}{2} \cdot t^2$ mit $g = 9{,}81\ \frac{m}{s^2}$

t … Zeit in s, h(t) … Höhe zur Zeit t in m

Berechne, mit welcher Geschwindigkeit der Metallkörper am Ende eines 6 m hohen „Lukas“ ankommt, wenn ihm eine Anfangsgeschwindigkeit von $v_0 = 11\ \frac{m}{s}$ mitgegeben wurde.

4.74 In ferner Zukunft wird am Planeten Curioso ein Vergnügungspark mit einer Bungeejumping-Anlage errichtet. Das Seil ist 30 m lang, die Fallbeschleunigung auf Curioso beträgt $g_C \approx 4{,}71\ \frac{m}{s^2}$. Analog gilt für den freien Fall wie auf der Erde:

$s(t) = \frac{g_C}{2} \cdot t^2$

t … Zeit in Sekunden, s(t) … Weg zur Zeit t in Meter

1) Berechne, welche Höchstgeschwindigkeit erreicht werden kann.

2) Berechne die momentane Geschwindigkeit nach 15 m.

3) Berechne, welche Länge das Bungeeseil aufweisen müsste, damit eine Höchstgeschwindigkeit von 80 $\frac{km}{h}$ erreicht werden kann.

4.75 Der Querschnitt einer 4,3 m breiten Halfpipe für Skateboarder lässt sich näherungsweise durch folgende Funktion beschreiben:

$y = 0{,}057861 \cdot x^4 - 0{,}007861 \cdot x^2 + 0{,}2 \qquad \text{für } -2{,}15 \leq x \leq 2{,}15$

x, y ... Koordinaten in m

1) Stelle die Halfpipe grafisch dar. Beschreibe deren Verlauf.

Jonny steht am linken oberen Rand der Halfpipe und fährt los.

2) Berechne, in welcher Höhe Jonny steht.

3) Berechne jenen Winkel zur Horizontalen, unter dem Jonny losfährt.

4.76 Beim American Football hat die angreifende Mannschaft nach Erreichen eines „Touchdowns“ die Möglichkeit, einen Zusatzpunkt zu erzielen, indem sie den Ball durch das „Field Goal“ kickt. Dabei wird der Ball über eine horizontale Torlatte zwischen zwei senkrechten Stäben geschossen, die in einer Höhe von H = 3,05 m angebracht ist. Der Ball befindet sich in einer waagrechten Entfernung von 30 m zum „Field Goal“. Durch den Tritt eines Spielers erhält der Ball eine Anfangsgeschwindigkeit von $v_0 = 20\ \frac{m}{s}$ und einen Steigungswinkel von $\varphi = 35°$. Die Schussbahn des Footballs (als punktförmig angenommen) kann durch folgende Funktion beschrieben werden:

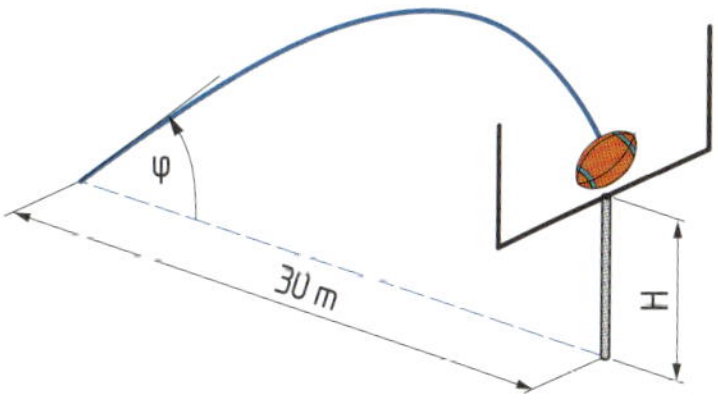

$y(x) = x \cdot \tan(\varphi) - \frac{g}{2 \cdot v_0^2 \cdot \cos^2(\varphi)} \cdot x^2 \qquad \text{mit} \quad g = 9{,}81\ \frac{m}{s^2}$

x … Abstand vom Abschusspunkt in m, y(x) …Höhe des Ball im Abstand x in m

1) Überprüfe nachweislich, ob der Football über die Torlatte fliegt.

2) Berechne, unter welchem Winkel zur Waagrechten er die Torlatte überquert.

4.5 Ableitungen transzendenter Funktionen

Ableitungen der trigonometrischen Funktionen

Die Ableitung der Funktion $f(x) = \sin(x)$ lässt sich zum Beipiel mithilfe der Grenzwertdefinition herleiten. An dieser Stelle wird sie durch grafisches Differenzieren veranschaulicht.

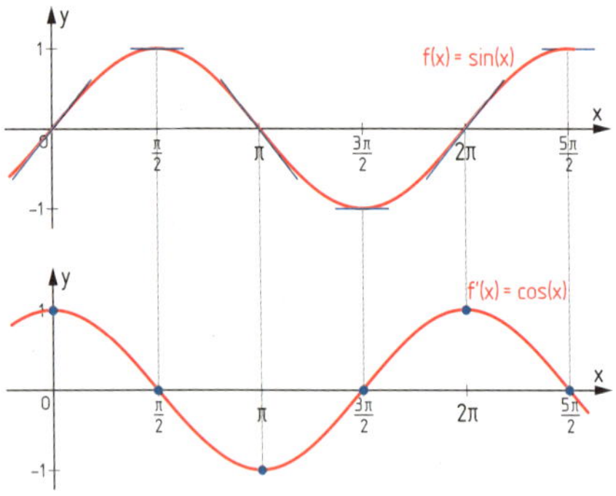

- An jenen Stellen, an denen der Funktionsgraph waagrechte Tangenten hat, hat die Ableitungsfunktion Nullstellen.
- Zeichnet man die Tangenten in den Schnittpunkten mit der x-Achse ein, so erkennt man:
  Bei $x = 0$, $x = 2\pi$, … beträgt die Steigung $k = 1$.
  Bei $x = \pi$, $x = 3\pi$, … beträgt die Steigung $k = -1$.
  Daher betragen die Funktionswerte der Ableitungsfunktion an diesen Stellen 1 bzw. −1.

Ermittelt man weitere Werte der Ableitungsfunktion durch grafisches Differenzieren, erkennt man, dass es sich um die Cosinusfunktion handelt, also $[\sin(x)]' = \cos(x)$ gilt.

Für die Ableitung von $y = \cos(x)$ gilt $y' = -\sin(x)$. Dies kann analog gezeigt werden.
Für $y = \tan(x)$ erfolgt der Beweis in Aufgabe 4.117.

Ableitungen der trigonometrischen Funktionen

$f(x) = \sin(x)$	$f(x) = \cos(x)$	$f(x) = \tan(x)$
$f'(x) = \cos(x)$	$f'(x) = -\sin(x)$	$f'(x) = 1 + \tan^2(x) = \frac{1}{\cos^2(x)}$ mit $x \neq (2k+1) \cdot \frac{\pi}{2}, k \in \mathbb{Z}$

B

4.77 An welcher Stelle des Intervalls $[-\frac{\pi}{2}; \frac{\pi}{2}]$ hat $f(x) = \cos(x)$ einen Steigungswinkel von 30°?

Lösung:

$\alpha = 30° \Rightarrow k = \tan(30°) = \frac{\sqrt{3}}{3}$

$k = f'(x) = -\sin(x)$

$-\sin(x) = \frac{\sqrt{3}}{3}$

$x = \arcsin\left(-\frac{\sqrt{3}}{3}\right) = -0{,}615... \approx -0{,}62$

An der Stelle $x = -0{,}62$ hat $f(x) = \cos(x)$ einen Steigungswinkel von 30°.

- Steigung $k = \tan(\alpha)$
- Im angegebenen Intervall hat die goniometrische Gleichung nur eine Lösung.
- Das Argument einer Winkelfunktion ist im Bogenmaß (Radiant) anzugeben.

A B C

4.78 Berechne die ersten 6 Ableitungen von $y = \sin(x)$. Beschreibe, was dir dabei auffällt. Gib alle Ableitungen von $y = \sin(x)$ an.

$$\left.\begin{aligned} y &= \sin(x) \\ y' &= \cos(x) \\ y'' &= -\sin(x) \\ y''' &= -\cos(x) \\ y^{(4)} &= \sin(x) = y \\ y^{(5)} &= \cos(x) = y' \\ y^{(6)} &= -\sin(x) = y'' \end{aligned}\right\} \Rightarrow$$

Nach jeweils vier Ableitungsschritten erhält man wieder die ursprüngliche Funktion.

$$\begin{aligned} y &= y^{(4)} = y^{(8)} = y^{(12)} = ... = y^{(4n)} = \sin(x) \\ y' &= y^{(5)} = y^{(9)} = y^{(13)} = ... = y^{(4n+1)} = \cos(x) \\ y'' &= y^{(6)} = y^{(10)} = y^{(14)} = ... = y^{(4n+2)} = -\sin(x) \\ y''' &= y^{(7)} = y^{(11)} = y^{(15)} = ... = y^{(4n+3)} = -\cos(x) \end{aligned}$$

mit $n \in \mathbb{N}$

Ableitungen der Exponentialfunktionen und Logarithmusfunktionen

In Band 2 wurde die besondere Rolle der Euler'schen Zahl und der Exponentialfunktion $f(x) = e^x$ vorgestellt. Auch beim Differenzieren wird ihre Sonderstellung klar. Sie ist die einzige Funktion, deren Ableitung mit der Funktion selbst ident ist.

Für $f(x) = e^x$ gilt: $f'(x) = f(x) = e^x$

Beweis:

Zunächst wird der Differentialquotient gebildet:

$$f'(x) = \lim_{\Delta x \to 0}\left(\frac{e^{(x+\Delta x)} - e^x}{\Delta x}\right) = \lim_{\Delta x \to 0}\left(\frac{e^x \cdot e^{\Delta x} - e^x}{\Delta x}\right) =$$

$$= e^x \cdot \lim_{\Delta x \to 0}\left(\frac{e^{\Delta x} - 1}{\Delta x}\right)$$

Die gewählte Stelle x kommt nur im Faktor e^x vor. Der Grenzwert hängt nicht von x ab und ist daher konstant.

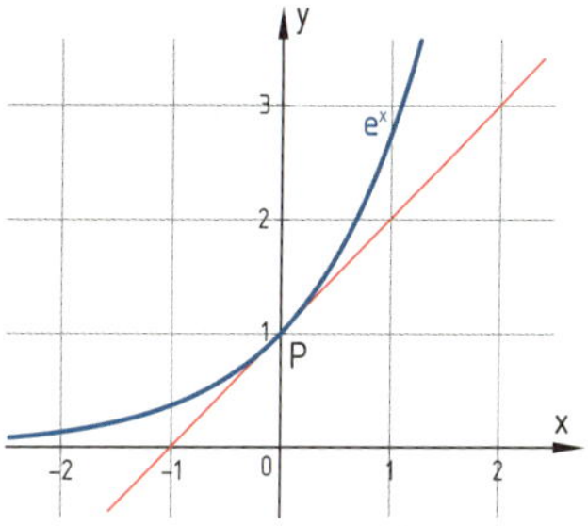

In Band 2 wurde bereits festgestellt, dass die Funktion $f(x) = e^x$ im Punkt P(0|1) die Tangente $y = x + 1$, also die Steigung 1, hat.

Es muss daher gelten:

$$f'(0) = e^0 \cdot \lim_{\Delta x \to 0}\left(\frac{e^{\Delta x} - 1}{\Delta x}\right) = 1 \quad \Rightarrow \quad \lim_{\Delta x \to 0}\left(\frac{e^{\Delta x} - 1}{\Delta x}\right) = 1$$

Daher gilt: $f'(x) = e^x \cdot 1 = e^x$ q. e. d.

Ableitungen der Exponentialfunktionen und der Logarithmusfunktionen

$f(x) = e^x$	$f(x) = a^x$	$f(x) = \ln(x)$	$f(x) = \log_a(x)$
$f'(x) = e^x$	$f'(x) = a^x \cdot \ln(a)$	$f'(x) = \frac{1}{x}$	$f'(x) = \frac{1}{x \cdot \ln(a)}$

Weitere Beweise erfolgen in den Aufgaben.

4.79 Berechne, in welchem Punkt $P(x_P|y_P)$ die Funktion $y = 1{,}5^x$ eine Tangente hat, die parallel zur Geraden g: $y = x + 1$ ist. Fertige eine Zeichnung an.

Lösung:

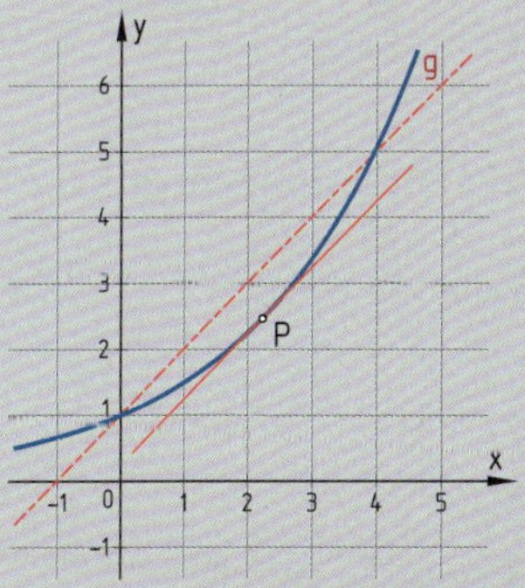

$y = 1{,}5^x$
$y' = 1{,}5^x \cdot \ln(1{,}5)$

g: $y = x + 1$
$\Rightarrow k = 1$

- Ermitteln der Steigung der Geraden g

$y'(x_P) = 1$
$1{,}5^{x_P} \cdot \ln(1{,}5) = 1$

- Da die Tangente parallel zur Geraden sein soll, muss sie die gleiche Steigung haben.

$x_P = 2{,}226... \approx 2{,}23$
$y_P = 1{,}5^{2{,}226...} = 2{,}466... \approx 2{,}47$

- Gleichung mit Technologie lösen.

Im Punkt P(2,23|2,47) ist die Tangente parallel zur Geraden g.

4.80 Ermittle die ersten 4 Ableitungen von $f(x) = \ln(x)$. Beschreibe, was dir auffällt, und gib die n-te Ableitung an.

Lösung:

$f'(x) = \frac{1}{x} = x^{-1}$

$f''(x) = -1 \cdot x^{-2} = -\frac{1}{x^2}$

$f'''(x) = -2 \cdot (-1) \cdot x^{-3} = 2 \cdot \frac{1}{x^3}$

$f^{(4)}(x) = -3 \cdot 2 \cdot x^{-4} = -6 \cdot \frac{1}{x^4}$

Das Vorzeichen wechselt bei jeder Ableitung: $(-1)^{n-1}$

Der Exponent im Nenner steigt jeweils um 1 an: $\frac{1}{x}, \frac{1}{x^2}, \frac{1}{x^3}, \dots, \frac{1}{x^n}$

Für den Faktor gilt: $(n-1) \cdot (n-2) \cdot \dots \cdot 3 \cdot 2 \cdot 1$

Somit erhält man für die n-te Ableitung:

$f^{(n)}(x) = (-1)^{n-1} \cdot (n-1) \cdot (n-2) \cdot \dots \cdot 3 \cdot 2 \cdot 1 \cdot \frac{1}{x^n}$

Das Produkt $n \cdot (n-1) \cdot \dots \cdot 3 \cdot 2 \cdot 1$ wird **n-Faktorielle** oder **n-Fakultät** genannt.
Man schreibt kurz: n! [Sprich „n-Faktorielle" oder „n-Fakultät"]

Ableitungen der Hyperbelfunktionen

Die Ableitungen der Hyperbelfunktionen werden mithilfe der Definition durch Exponentialfunktionen ermittelt.

$\sinh(x) = \frac{e^x - e^{-x}}{2}$ $\qquad \cosh(x) = \frac{e^x + e^{-x}}{2}$ $\qquad \tanh(x) = \frac{\sinh(x)}{\cosh(x)} = \frac{e^x - e^{-x}}{e^x + e^{-x}}$

Ableitungen der Hyperbelfunktionen

$f(x) = \sinh(x)$	$f(x) = \cosh(x)$	$f(x) = \tanh(x)$
$f'(x) = \cosh(x)$	$f'(x) = \sinh(x)$	$f'(x) = \frac{1}{\cosh^2(x)}$

TI-Nspire, Mathcad, GeoGebra: www.hpt.at

Technologieeinsatz: Ableitungen
CASIO ClassPad II

Im Bearbeitungsfenster findet man unter dem Menü **Interaktiv**, **Berechnungen**, **diff** ein Eingabefenster. Hier können alle notwendigen Parameter eingegeben werden.

ZB: Die 1. Ableitung von $f(x) = 3x^4$ soll berechnet werden.

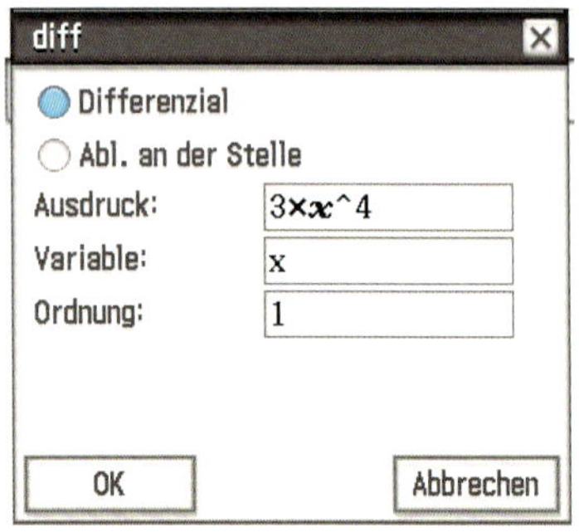

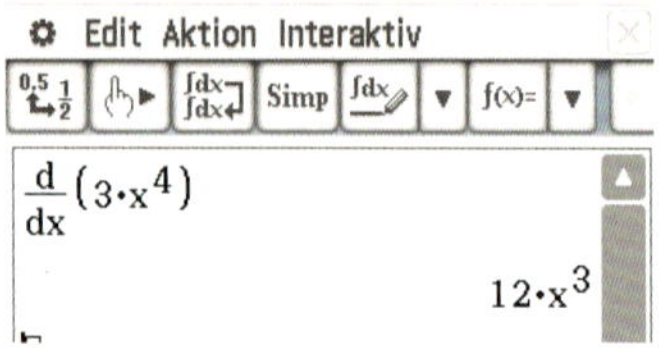

Man gibt den *Ausdruck* sowie die *Variable*, nach der abgeleitet werden soll, ein und bestimmt den Grad der Ableitung unter *Ordnung*.

Die Ableitung kann auch bei **Keyboard** unter **Math2** mithilfe des Symbols $\frac{d}{d\blacksquare}\square$ direkt eingegeben werden.

Technologieeinsatz: Ableitung an einer bestimmten Stelle x_0
GeoGebra

Durch Angabe des Arguments kann der Wert einer Ableitung an einer bestimmten Stelle berechnet werden.

ZB: Die 2. Ableitung von $f(x) = 4x^3$ an der Stelle $x_0 = 2$ soll berechnet werden.

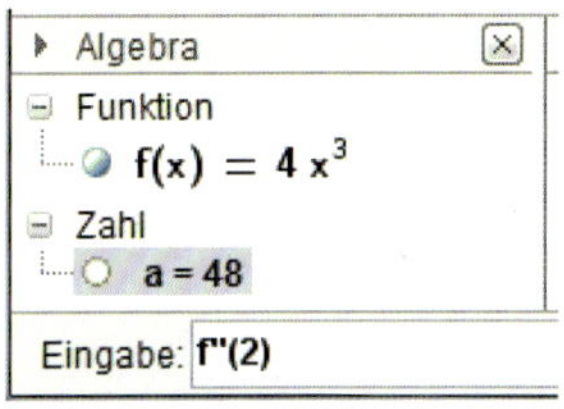

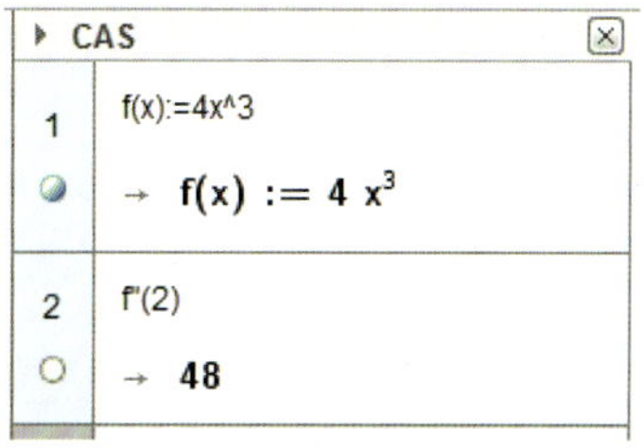

TI-Nspire, Mathcad, CASIO ClassPad II: www.hpt.at

4.81 **1)** Ermittle die Gleichung der Tangente t der Funktion $f(x) = \cosh(x)$ an der Stelle $x_T = 1$.
2) Überprüfe das Ergebnis aus **1)** grafisch mithilfe von Technologie.

Lösung mit GeoGebra:

1) $k = f'(1) = \sinh(1) = 1{,}1752... \approx 1{,}18$

$y_T = \cosh(1) = 1{,}5430...$

$y_T = k \cdot x_T + d \Rightarrow d = y_T - k \cdot x_T = \cosh(1) - \sinh(1) \cdot 1 = 0{,}3678... \approx 0{,}37$

Die Gleichung der Tangente t lautet: $y = 1{,}18x + 0{,}37$

2)

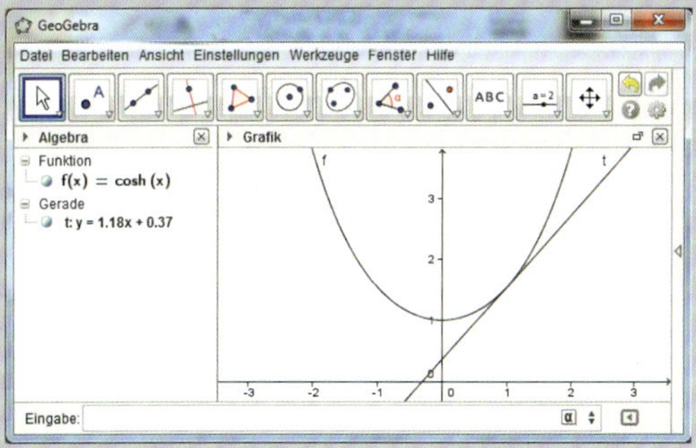

Die Funktion f in die Eingabezeile eingeben.

Die Tangente mit dem Befehl **Tangente[x-Wert, Funktion]** zeichnen lassen.

Die Funktionsgleichung der Tangente lässt sich nun ablesen. Man erhält das gleiche Ergebnis:
t: $y = 1{,}18x + 0{,}37$

Aufgaben 4.82 – 4.85: Ermittle jeweils die erste Ableitung.

4.82 **a)** $f(t) = 3 \cdot \cos(t) + \frac{1}{t}$ **b)** $y = x + \tan(x)$ **c)** $f(x) = 2 \cdot \sin(x) - 5 \cdot \cos(x)$

4.83 **a)** $y = 4e^x + e^2$ **b)** $f(x) = 2^x - 3x$ **c)** $y(t) = 3e^t - e^x$

4.84 **a)** $f(x) = 5 \cdot \ln(x) + 5$ **b)** $y = 1 + x + \lg(x)$ **c)** $y(t) = 2 \cdot \ln(t) - t \cdot \ln(2)$

4.85 **a)** $y = x - \cosh(x)$ **b)** $f(x) = e^x - \sinh(x)$ **c)** $y = x + 2 \cdot \tanh(x) - 1$

Aufgaben 4.86 – 4.87: Ermittle jeweils die gesuchten Ableitungen.

4.86 **a)** $v = a^b$ **b)** $z = \sin(\alpha)$

$\frac{dv}{da} =$ ___ $\frac{dv}{db} =$ ___ $\frac{dz}{d\alpha} =$ ___ $\frac{dz}{dt} =$ ___

4.87 **a)** $f = a \cdot t + a^t$ **b)** $z = 2 \cdot \ln(a) + 3\ln(b)$

$\frac{df}{dt} =$ ___ $\frac{df}{da} =$ ___ $\frac{dz}{da} =$ ___ $\frac{dz}{db} =$ ___

Aufgaben 4.88 – 4.89: Ermittle jeweils die gesuchten Ableitungen.

4.88 **a)** $Y = \sin(\alpha) \cdot \sin(t) + \cos(\alpha) \cdot \cos(t)$; $\frac{dY}{d\alpha} = ?$, $\frac{dY}{dt} = ?$ **b)** $t = \frac{s^y}{3} - y^5$; $\frac{dt}{ds} = ?$, $\frac{dt}{dy} = ?$

4.89 **a)** $X = \sin(t) \cdot \cos(\alpha)$; $\frac{d^2X}{dt^2} = ?$, $\frac{d^2X}{d\alpha^2} = ?$ **b)** $V = a^b + c^3$; $\frac{d^2V}{da^2} = ?$, $\frac{d^2V}{dc^2} = ?$

4.90 Die Funktion $f(x) = 3xz^2 + 2x^2 - z \cdot \sin(x)$ sollte mithilfe von Technologieeinsatz differenziert werden. Bei der Eingabe ist es zu Fehlern gekommen. Beschreibe, welche Fehler gemacht wurden.

A) $\frac{d}{dx}(3\,xz^2 + 2\,x^2 - z \cdot sinx) \rightarrow 4 \cdot x$

B) $\frac{d}{dx}(3\,x \cdot z^2 + 2\,x^2 - zsin(x)) \rightarrow 3 \cdot z^2 + 4 \cdot x - \frac{d}{dx} zsin(x)$

C) $\frac{d}{dx} 3\,x \cdot z^2 + 2\,x^2 - z \cdot \sin(x) \rightarrow 2 \cdot x^2 + 3 \cdot z^2 - \sin(x) \cdot z$

Aufgaben 4.91 – 4.92: Ermittle jeweils den Wert der Ableitung an der gegebenen Stelle.

4.91 **a)** $y = \tan(x)$, $x_0 = \frac{\pi}{3}$ **b)** $y = \cos(t)$, $t_0 = 0{,}8$

4.92 **a)** $y = 2^x$, $\left.\frac{dy}{dx}\right|_{x=3}$ **b)** $y = \lg(x)$, $\left.\frac{dy}{dx}\right|_{x=1}$ **c)** $y = e^x$, $\left.\frac{dy}{dx}\right|_{x=-1}$ **d)** $y = \ln(x)$, $\left.\frac{dy}{dx}\right|_{x=e}$

4.93 Ermittle die Gleichung der Tangente an die Funktion an der gegebenen Stelle.
a) $y = 3 \cdot \ln(x)$, $x_0 = 2$ **b)** $y = \cos(t)$, $t_0 = \frac{\pi}{4}$ **c)** $y = \lg(x)$, $x_0 = 10$

4.94 Stelle die gegebene Funktion grafisch dar. Berechne, in welchem Punkt und unter welchem Winkel sie die y-Achse schneidet und zeichne dort die Tangente ein.
a) $y = 0{,}8^x$ **b)** $y = \sinh(x)$ **c)** $y = \tan(x)$

Aufgaben 4.95 – 4.96: Gib jeweils die Ableitung an. Ermittle weiters ihren Wert an der angegebenen Stelle und gib den Steigungswinkel der Tangente an dieser Stelle an.

4.95 **a)** $f(x) = 3 \cdot \sin(x) - 5 \cdot \cos(x)$, $x_0 = 0$ **c)** $y = 2x - \sin(x)$, $x_0 = 0{,}5$
b) $y(t) = 1 - \tan(t)$, $t_0 = \frac{\pi}{4}$ **d)** $f(t) = \cos(t) - t$, $t_0 = \frac{\pi}{3}$

4.96 **a)** $y = -2e^x$, $x_0 = 0$ **b)** $f(x) = 1 + \ln(x)$, $x_0 = 1$ **c)** $y = 2 \cdot 0{,}5^x$, $x_0 = 2$

4.97 Ermittle die Gleichung der Tangente an der angegebenen Stelle.
a) $f(x) = e^x - 1$, $x_0 = 0$ **b)** $y = 2 + 0{,}5 \cdot \ln(x)$, $x_0 = 1$ **c)** $y(t) = t - 2 \cdot \sin(t)$, $t_0 = \frac{\pi}{3}$

Aufgaben 4.98 – 4.99: In welchen Punkten haben die Funktionen die angegebene Steigung?

4.98 **a)** $y = \frac{1}{2}e^x$, $k = \frac{1}{2}$ **b)** $y = \frac{\ln(x)}{4}$, $k = 0{,}47$ **c)** $f(x) = 1 + 3^x$, $k = 0{,}21$

4.99 **a)** $y = 2 \cdot \sin(x) - 1$, $k = 1$ **b)** $f(x) = x - \cos(x)$, $k = -0{,}28$ **c)** $f(t) = 1 + 0{,}5 \cdot \tan(t)$, $k = 1{,}3$

4.100 In welchen Punkten hat die Funktion eine waagrechte Tangente?
a) $y = 1 + 1{,}5 \cdot \sin(x)$ **b)** $f(x) = 3 - 2 \cdot \cos(x)$ **c)** $y(t) = \sin(t) + \cos(t)$

4.101 Überprüfe die Ableitungsregel für $f(x) = \cos(x)$ durch grafisches Differenzieren.

4.6 Produkt-, Quotienten- und Kettenregel

4.6.1 Produktregel

4.102 ***1)*** Differenziere die folgenden Funktionen: $y_1 = x^2$, $y_2 = x^3$ und $y_3 = y_1 \cdot y_2 = x^5$

2) Überprüfe, ob $y_1' \cdot y_2' = y_3'$ ist.

Ist eine Funktion das Produkt zweier Funktionen, zum Beispiel $y = x \cdot e^x$, so wird die **Produktregel** zum Ableiten benötigt.

Anhand einer Skizze kann man überlegen: Das Produkt $u \cdot v$ kann durch den Flächeninhalt eines Rechtecks veranschaulicht werden. Wird nun u um Δu und v um Δv vergrößert, so ändert sich der Flächeninhalt um die schraffierten Flächen. Sind die Änderungen Δu und Δv sehr klein, so ist $\Delta u \cdot \Delta v$ vernachlässigbar klein. Für die Änderung des Flächeninhalts gilt dann: $\Delta(u \cdot v) \approx \Delta u \cdot v + u \cdot \Delta v$

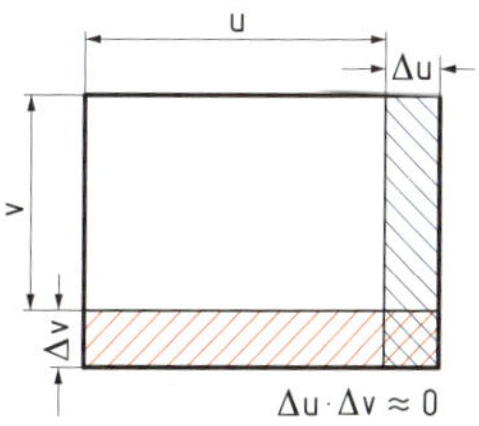

Herleitung der Produktregel mittels Grenzübergang für $\Delta x \to 0$:

$f(x) = u(x) \cdot v(x)$

$$f'(x) = \lim_{\Delta x \to 0}\left(\frac{u(x+\Delta x)\cdot v(x+\Delta x) - u(x)\cdot v(x)}{\Delta x}\right)$$

- **$-u(x) \cdot v(x + \Delta x) + u(x) \cdot v(x + \Delta x)$** ergänzen, herausheben

$$f'(x) = \lim_{\Delta x \to 0}\left(\frac{u(x+\Delta x)\cdot v(x+\Delta x) - u(x)\cdot v(x+\Delta x) + u(x)\cdot v(x+\Delta x) - u(x)\cdot v(x)}{\Delta x}\right)$$

$$f'(x) = \lim_{\Delta x \to 0}\left(\frac{u(x+\Delta x) - u(x)}{\Delta x}\cdot v(x+\Delta x) + u(x)\cdot\frac{v(x+\Delta x) - v(x)}{\Delta x}\right)$$

$$\downarrow \qquad \downarrow \qquad \downarrow \qquad \downarrow$$

$$u'(x) \quad \cdot \quad v(x) \quad + u(x)\cdot \quad v'(x)$$

- Der Grenzübergang darf für jeden Faktor bzw. Summanden einzeln durchgeführt werden.

Produktregel

$f(x) = u(x) \cdot v(x) \Rightarrow f'(x) = u'(x) \cdot v(x) + u(x) \cdot v'(x)$ Kurzform: $(u \cdot v)' = u' \cdot v + u \cdot v'$

Merkhilfe:
„1. Faktor abgeleitet · 2. Faktor unverändert + 1. Faktor unverändert · 2. Faktor abgeleitet“

4.103 Ermittle y'.

a) $y = x^2 \cdot \sin(x)$ ***b)*** $y = e^x \cdot (x^2 + 3x + 6)$

Lösung:

a) $y = x^2 \cdot \sin(x)$

$u = x^2 \Rightarrow u' = 2x$

$v = \sin(x) \Rightarrow v' = \cos(x)$

$y' = \underbrace{2x}_{u'} \cdot \underbrace{\sin(x)}_{v} + \underbrace{x^2}_{u} \cdot \underbrace{\cos(x)}_{v'}$

b) $y = e^x \cdot (x^2 + 3x + 6)$

$u = e^x \Rightarrow u' = e^x$

$v = x^2 + 3x + 6 \Rightarrow v' = 2x + 3$

$y' = \underbrace{e^x}_{u'} \cdot \underbrace{(x^2 + 3x + 6)}_{v} + \underbrace{e^x}_{u} \cdot \underbrace{(2x + 3)}_{v'} = e^x \cdot (x^2 + 5x + 9)$

Produkte mit mehr als zwei Faktoren können zu Teilprodukten zusammengefasst werden.

ZB: $y = x \cdot e^x \cdot \sin(x) = (x \cdot e^x) \cdot \sin(x)$

$u = x \cdot e^x \Rightarrow u' = 1 \cdot e^x + x \cdot e^x$

$v = \sin(x) \Rightarrow v' = \cos(x)$

$y' = 1 \cdot e^x \cdot \sin(x) + x \cdot e^x \cdot \sin(x) + x \cdot e^x \cdot \cos(x) =$

$= e^x \cdot (\sin(x) + x \cdot \sin(x) + x \cdot \cos(x))$

- Da $u = x \cdot e^x$ ein Produkt ist, muss bei der Berechnung der Ableitung u' die Produktregel angewendet werden.

Aufgaben 4.104 – 4.105: Erkläre, ob bei der Ableitung die Produktregel benötigt wird.

4.104 **1)** $y = 2 \cdot \sin(x)$ **2)** $y = x \cdot \sin\left(\frac{\pi}{2}\right)$ **3)** $y = x \cdot \cos(x)$ **4)** $y = x \cdot e^2$

4.105 **1)** $f(b) = b \cdot \frac{b}{4}$ **2)** $f(a) = \ln(2) \cdot 3a^3$ **3)** $f(t) = t^2 \cdot \sin(t)$ **4)** $f(x) = e^x \cdot \sin(x)$

4.106 Ermittle jeweils die erste Ableitung mithilfe der Produktregel. Überprüfe das Ergebnis durch vorheriges Ausmultiplizieren und anschließendes Ableiten.
a) $y = 5x^3 \cdot (2x^2 - 6)$ **b)** $y = (4x^3 - 6) \cdot (x^2 + 1)$ **c)** $y = (9x^2 - 3) \cdot (2 + 5x)$

Aufgaben 4.107 – 4.110: Ermittle jeweils die erste Ableitung.

4.107 **a)** $y = 2x \cdot \cos(x)$ **b)** $y = 4x^3 \cdot \sin(x)$ **c)** $y = 3x^4 \cdot \sin(x)$ **d)** $y = x^2 \cdot \cos(x)$

4.108 **a)** $y = \cos^2(x)$ **b)** $y = \tan^2(x)$ **c)** $y = \cos(x) \cdot \sin(x)$ **d)** $y = 2 \cdot \cos(x) \cdot \tan(x)$

4.109 **a)** $f(t) = 7t \cdot e^t$ **b)** $f(t) = t^4 \cdot e^t$ **c)** $f(t) = e^t \cdot t^2$ **d)** $f(t) = 2t^3 \cdot e^t \cdot \ln(2)$

4.110 **a)** $f(x) = x^3 \cdot \ln(x)$ **b)** $f(x) = x \cdot \lg(x)$ **c)** $f(x) = \ln(x) \cdot \sin(x)$ **d)** $f(t) = 3e^t \cdot \ln(t)$

4.111 Überprüfe, ob die angegebene Ableitung der Funktion $y = \sqrt{x} \cdot (2x^2 - 2)$ richtig ist.

a) $y' = \frac{1}{2\sqrt{x}} \cdot (2x^2 - 2) + \sqrt{x} \cdot 4x$ **b)** $y' = \frac{1}{\sqrt{x}} \cdot x^2 + 4\sqrt{x} \cdot x - \frac{1}{\sqrt{x}}$

Aufgaben 4.112 – 4.115: Ermittle jeweils die erste Ableitung.

4.112 **a)** $f(x) = (3 - x) \cdot e^x$ **b)** $f(t) = \frac{R}{L} \cdot t \cdot (1 - e^t)$ **c)** $f(x) = 2 \cdot \sqrt[5]{x} \cdot (x^3 - \cos(x))$

4.113 **a)** $y = (x^2 + 3) \cdot 5^x$ **b)** $y = 5x \cdot 2^x$ **c)** $y = (e^x - 1) \cdot (2^x + 1)$

4.114 **a)** $f(x) = x^2 \cdot \sin(x) \cdot \cos(x)$ **b)** $y = \sqrt{x} \cdot (x^2 + 3) \cdot e^x$ **c)** $f(t) = t \cdot \ln(t) \cdot 2^t$

4.115 **a)** $f(x) = e^x \cdot (2x + 4) \cdot x^2$ **b)** $y = 2x^3 \cdot (x^2 - 1) \cdot \cos(x)$ **c)** $f(t) = t \cdot (e^t + 1) \cdot (\ln(t) - 1)$

4.6.2 Quotientenregel

Ist eine Funktion ein Quotient zweier Funktionen, zum Beispiel $y = \frac{x}{\sin(x)}$, so wird meist die **Quotientenregel** zum Ableiten benötigt. Sie kann mithilfe der Produktregel und der im folgenden Abschnitt gezeigten Kettenregel hergeleitet werden (Beweis: Aufgabe 4.178).

Quotientenregel

$$f(x) = \frac{u(x)}{v(x)} \Rightarrow f'(x) = \frac{u'(x) \cdot v(x) - u(x) \cdot v'(x)}{(v(x))^2} \qquad \text{Kurzform: } \left(\frac{u}{v}\right)' = \frac{u' \cdot v - u \cdot v'}{v^2}$$

Merkhilfe: „$\frac{\text{Zähler abgeleitet} \cdot \text{Nenner unverändert} - \text{Zähler unverändert} \cdot \text{Nenner abgeleitet}}{(\text{Nenner unverändert})^2}$"

4.116 Ermittle die Ableitung: **a)** $f(x) = \frac{5x}{x^2 + 1}$; $f'(x) = ?$ **b)** $z(t) = \frac{a \cdot e^t}{b - t}$; $\frac{dz}{dt} = ?$

Lösung:

a) $f(x) = \frac{5x}{x^2 + 1}$

$u = 5x \Rightarrow u' = 5$
$v = x^2 + 1 \Rightarrow v' = 2x$

$$f'(x) = \frac{\overbrace{5}^{u'} \cdot \overbrace{(x^2 + 1)}^{v} - \overbrace{5x}^{u} \cdot \overbrace{2x}^{v'}}{\underbrace{(x^2 + 1)^2}_{v^2}} = \frac{5x^2 + 5 - 10x^2}{(x^2 + 1)^2} = \frac{-5x^2 + 5}{(x^2 + 1)^2}$$

b) $z(t) = \frac{a \cdot e^t}{b - t}$

$u = a \cdot e^t \Rightarrow u' = a \cdot e^t$
$v = b - t \Rightarrow v' = -1$

$$\frac{dz}{dt} = \frac{a \cdot e^t \cdot (b - t) - a \cdot e^t \cdot (-1)}{(b - t)^2} = \frac{a \cdot e^t \cdot (b - t + 1)}{(b - t)^2}$$

4.117 Zeige, dass für die erste Ableitung von $y = \tan(x)$ gilt: $y' = \frac{1}{\cos^2(x)}$ bzw. $y' = 1 + \tan^2(x)$ ●B●●

Lösung:

$y = \tan(x) = \frac{\sin(x)}{\cos(x)}$

$u = \sin(x) \Rightarrow u' = \cos(x)$

$v = \cos(x) \Rightarrow v' = -\sin(x)$

$$y' = \frac{\cos(x) \cdot \cos(x) - \sin(x) \cdot (-\sin(x))}{\cos^2(x)}$$

$$y' = \frac{\cos^2(x) + \sin^2(x)}{\cos^2(x)} = \frac{1}{\cos^2(x)}$$

• $\cos^2(x) + \sin^2(x) = 1$

bzw.

$$y' = \frac{\cos^2(x) + \sin^2(x)}{\cos^2(x)} = \frac{\cos^2(x)}{\cos^2(x)} + \frac{\sin^2(x)}{\cos^2(x)} = 1 + \left(\frac{\sin(x)}{\cos(x)}\right)^2 = 1 + \tan^2(x)$$ w. z. z. w.

4.118 Erkläre, ob bei der Ableitung die Quotientenregel verwendet werden muss. ●●●D

1) $y = \frac{2}{x}$ **2)** $y = \frac{x + 1}{x - 1}$ **3)** $y = \frac{x^2 + 4}{x}$ **4)** $y = \frac{x + 3}{2}$ **5)** $y = \frac{2}{x + 2}$

Aufgaben 4.119 – 4.122: Ermittle jeweils die erste Ableitung und vereinfache die Ergebnisse so weit wie möglich.

4.119 **a)** $f(x) = \frac{2x^3}{1 + 2x}$ **b)** $f(x) = \frac{5 - x}{x^3 - 1}$ **c)** $y = \frac{3x + 1}{4x^2 + 1}$ ●B●●

4.120 **a)** $f(x) = \frac{2x}{x^3 - 7}$ **b)** $y = \frac{2x^2 - 5x}{x^3 - 3}$ **c)** $f(x) = \frac{x^3 - 5x^2}{x^2 - 7}$ ●B●●

4.121 **a)** $y = \frac{2x^5}{e^x}$ **b)** $y = \frac{e^x + 1}{2e^x - 1}$ **c)** $f(x) = \frac{x + e^x}{x^2 - e^x}$ ●B●●

4.122 **a)** $y = \frac{\ln(x)}{2x}$ **b)** $y = \frac{x}{\ln(x)}$ **c)** $y = \frac{1 - \ln(x)}{x^6}$ ●B●●

4.123 Verwende zum Ableiten **1)** die Quotientenregel und **2)** die Produktregel. Zeige, dass beide Vorgehensweisen zum gleichen Ergebnis führen. ●B●D

a) $y = \frac{\sin(x)}{x}$ **b)** $f(t) = \frac{\cos(t)}{t^2}$ **c)** $f(t) = \frac{e^t}{t}$

4.124 Erkläre, welcher bzw. welche Fehler beim Ableiten gemacht wurde(n). ●●●D

a) $y = \frac{x}{4}$; $y' = \frac{4 - x}{16}$ **b)** $f(t) = \frac{\sin(t)}{t^3}$; $f'(t) = \frac{\cos(t) \cdot t^2 + \sin(t) \cdot 3t^2}{t^6}$

Aufgaben 4.125 – 4.126: Ermittle jeweils die erste Ableitung.

4.125 **a)** $y = \frac{x^3}{\cos(x)}$ **b)** $f(x) = \frac{2x}{\cos(x)}$ **c)** $y(t) = \frac{\sin(t) - t}{\cos(t)}$ ●B●●

4.126 **a)** $y = \frac{\cos(x) - \sin(x)}{\cos(x) \cdot \sin(x)}$ **b)** $f(t) = \frac{t^2 \cdot \sin(t)}{t^2 - \cos(t)}$ **c)** $y = \frac{\sin(x) - \cos(x)}{\sin(x) \cdot \cos(x)}$ ●B●●

4.127 Gib an, welche Ableitungsregeln jeweils anzuwenden sind. ●●C●

1) $y = 3 \cdot \frac{1}{x^3}$ **2)** $y = 4 \cdot \sin(x)$ **3)** $f(t) = t^2 \cdot \frac{1}{\sin(x)}$ **4)** $y = 2 \cdot \frac{e^x}{\ln(x)}$ **5)** $s(t) = e^t \cdot \frac{1}{t^3}$

4.128 Ermittle die gesuchten Ableitungen. ●B●●

a) $z = \frac{a \cdot b + r}{a + b}$; $\frac{dz}{da} = ?, \frac{dz}{db} = ?, \frac{dz}{dr} = ?$ **b)** $x = r \cdot \left(s + \frac{r + s}{r - s}\right)$; $\frac{dx}{dr} = ?, \frac{dx}{ds} = ?$

4.6.3 Kettenregel

Führt man zwei Funktionen g und f hintereinander aus, so erhält man eine zusammengesetzte Funktion f(g(x)).
ZB: $y = \sin(x^2)$ bedeutet:
Der x-Wert wird zuerst quadriert ($g(x) = x^2$) und anschließend wird der Sinus dieses Zwischenergebnisses berechnet ($f(g) = \sin(g)$).
Wählt man für x = 0,5, so ergibt sich:

$$x = 0{,}5 \;\Rightarrow\; g(x) = \underbrace{g(0{,}5) = 0{,}5^2}_{x^2} = 0{,}25 \;\Rightarrow\; f(g(x)) = \underbrace{f(0{,}25) = \sin(0{,}25)}_{\sin} = 0{,}247 = y$$

Die Funktion g(x) wird zuerst ausgeführt. Man nennt sie „**innere Funktion**".

Die Funktion f(g) wird danach ausgeführt. Man nennt sie „**äußere Funktion**".

Diese verketteten Funktionen können nicht mit den bisher erlernten Regeln abgeleitet werden, man benötigt daher eine weitere Ableitungsregel.

Die Ableitung einer zusammengesetzen Funktion erfolgt nach der **Kettenregel**.

$y = f(g(x))$

$y' = \left(f(g(x))\right)' = f'(g(x)) \cdot g'(x)$

äußere Ableitung: $f'(g(x))$

innere Ableitung: $g'(x)$

Differentialschreibweise:

$y' = \frac{df}{dx} = \frac{df}{dg} \cdot \frac{dg}{dx}$

äußere Ableitung: $\frac{df}{dg}$

innere Ableitung: $\frac{dg}{dx}$

Merkhilfe: „Äußere Ableitung (innere Funktion unverändert) mal innere Ableitung".

Beweis:

$$y' = \lim_{\Delta x \to 0}\left(\frac{f(g(x+\Delta x)) - f(g(x))}{\Delta x}\right) =$$

$$= \lim_{\Delta x \to 0}\left(\frac{f(g(x+\Delta x)) - f(g(x))}{\underbrace{g(x+\Delta x) - g(x)}_{\Delta g}} \cdot \frac{g(x+\Delta x) - g(x)}{\Delta x}\right) =$$

- Der Differenzenquotient wird erweitert.

$$= \lim_{\Delta x \to 0}\left(\frac{f(g(x+\Delta x)) - f(g(x))}{\Delta g}\right) \cdot \lim_{\Delta x \to 0}\left(\frac{g(x+\Delta x) - g(x)}{\Delta x}\right) =$$

- Der Grenzübergang ist für jeden Faktor getrennt durchzuführen. Aus $\Delta x \to 0$ folgt $\Delta g \to 0$.

$$= f'(g(x)) \cdot g'(x)$$

ZB Die Funktion $y = (x^2 + 1)^{11}$ soll abgeleitet werden.

$y = (x^2 + 1)^{11}$

Innere Funktion: $g(x) = x^2 + 1$
Äußere Funktion: $f(g) = g^{11}$

- Die innere Funktion wird durch g substituiert.

$\frac{dg}{dx} = g'(x) = 2x$

- Ableiten der inneren Funktion

$\frac{df}{dg} = f'(g) = 11 \cdot g^{10}$

- Ableiten der äußeren Funktion nach g

$$y' = \overbrace{11 \cdot (g)^{10}}^{f'(g)} \cdot \overbrace{2x}^{g'(x)} = 22x \cdot (x^2 + 1)^{10}$$

- Einsetzen und Rücksubstituieren

4.129 Ermittle die erste Ableitung. ●B●●

a) $y = \sqrt{1 - x}$ **b)** $y = \sin^2(x)$ **c)** $y = e^{\frac{x}{2}}$

Lösung:

a) $y = \sqrt{1 - x} = (1 - x)^{\frac{1}{2}}$
- Funktion als Potenzfunktion anschreiben

Innere Funktion: $g(x) = 1 - x$
- Innere und äußere Funktion erkennen

Äußere Funktion: $f(g) = g^{\frac{1}{2}}$

$$y' = \underbrace{\frac{1}{2} \cdot (1 - x)^{-\frac{1}{2}}}_{f'(g(x))} \cdot \underbrace{(-1)}_{g'(x)} = -\frac{1}{2 \cdot \sqrt{1 - x}}$$

- Mithilfe der Kettenregel die erste Ableitung bilden
- Ergebnis vereinfachen und mithilfe einer Wurzel angeben

b) $y = \sin^2(x) = (\sin(x))^2$
- $\sin^2(x)$ ist eine andere Schreibweise für $(\sin(x))^2$. Die Sinusfunktion ist die innere Funktion und das Quadrieren die äußere Funktion.

$$y' = \underbrace{2 \cdot (\sin(x))^1}_{f'(g(x))} \cdot \underbrace{\cos(x)}_{g'(x)} = 2 \cdot \sin(x) \cdot \cos(x) = \sin(2x)$$

- Die Ableitung wird mithilfe der Kettenregel gebildet.
- Anschließend wird das Ergebnis mithilfe des Summensatzes vereinfacht: $\sin(2\alpha) = 2 \cdot \sin(\alpha) \cdot \cos(\alpha)$

c) $y = e^{\frac{x}{2}} = e^{\left(\frac{x}{2}\right)}$
- Innere und äußere Funktion bestimmen

$$y' = \underbrace{e^{\frac{x}{2}}}_{f'(g(x))} \cdot \underbrace{\frac{1}{2}}_{g'(x)} = \frac{e^{\frac{x}{2}}}{2}$$

- Äußere Ableitung mal innere Ableitung

4.130 Ermittle die gesuchte Ableitung. ●B●●

a) $u_c(t) = U_0 \cdot \left(1 - e^{-\frac{t}{\tau}}\right)$; $\frac{du_c}{dt} = ?$ **b)** $f(t) = t \cdot \sin(\omega t)$; $\frac{df}{dt} = ?$

Lösung:

a) $u_c(t) = U_0 \cdot \left(1 - e^{-\frac{t}{\tau}}\right)$
- Der Faktor U_0 ist ein konstanter Faktor, der unverändert erhalten bleibt. Es ist daher keine Produktregel nötig.

$$\frac{du_c}{dt} = U_0 \cdot \left(0 - e^{-\frac{t}{\tau}} \cdot \left(-\frac{1}{\tau}\right)\right) = \frac{U_0}{\tau} \cdot e^{-\frac{t}{\tau}}$$

- Im Term $\left(1 - e^{-\frac{t}{\tau}}\right)$ ist 1 eine additive Konstante, die Ableitung ist daher 0.

b) $f(t) = t \cdot \sin(\omega t)$
- Produktregel anwenden

$u = t \Rightarrow u' = 1$

$v = \sin(\omega t) \Rightarrow v' = \cos(\omega t) \cdot \omega$
- $v = \sin(\omega t)$ ist eine zusammengesetzte Funktion.

$$\frac{df}{dt} = \underbrace{1}_{u'} \cdot \underbrace{\sin(\omega t)}_{v} + \underbrace{t}_{u} \cdot \underbrace{\cos(\omega t) \cdot \omega}_{v'} = \sin(\omega t) + \omega t \cdot \cos(\omega t)$$

- Bei der Berechnung von v' ist die Kettenregel anzuwenden.

B

4.131 Ermittle die erste Ableitung.

a) $y = \frac{5x+2}{(3x+1)^2}$ **b)** $y = \sqrt{\frac{x+1}{x-1}}$

Lösung:

a) $y = \frac{5x+2}{(3x+1)^2}$

$y' = \frac{5 \cdot (3x+1)^2 - (5x+2) \cdot 2 \cdot (3x+1) \cdot 3}{(3x+1)^4} =$

$= \frac{(3x+1) \cdot [5 \cdot (3x+1) - (5x+2) \cdot 2 \cdot 3]}{(3x+1)^4} =$

$= \frac{15x+5-30x-12}{(3x+1)^3} = \frac{-15x-7}{(3x+1)^3} = -\frac{15x+7}{(3x+1)^3}$

- Quotientenregel anwenden
- Beim Ableiten des Nenners ist die Kettenregel anzuwenden.

b) $y = \sqrt{\frac{x+1}{x-1}} = \left(\frac{x+1}{x-1}\right)^{\frac{1}{2}}$

NR: $\left(\frac{x+1}{x-1}\right)' = \frac{1 \cdot (x-1) - (x+1) \cdot 1}{(x-1)^2} = \frac{x-1-x-1}{(x-1)^2} =$

$= \frac{-2}{(x-1)^2}$

$y' = \frac{1}{2} \cdot \left(\frac{x+1}{x-1}\right)^{-\frac{1}{2}} \cdot \frac{-2}{(x-1)^2} =$

$= \frac{1}{2} \cdot \sqrt{\frac{x-1}{x+1}} \cdot \frac{-2}{(x-1) \cdot (x-1)} =$

$= \sqrt{\frac{x-1}{(x+1) \cdot (x-1)^2}} \cdot \frac{-1}{(x-1)} = \sqrt{\frac{1}{(x+1) \cdot (x-1)}} \cdot \frac{-1}{(x-1)} =$

$= \frac{-1}{(x-1) \cdot \sqrt{(x+1) \cdot (x-1)}} = -\frac{1}{(x-1) \cdot \sqrt{x^2-1}}$

- y ist eine zusammengesetzte Funktion, daher ist die Kettenregel anzuwenden.
- Die innere Funktion ist der Quotient von Funktionen. Beim Ermitteln von $g'(x)$ ist die Quotientenregel anzuwenden.
- y' vereinfachen

Oft kann man eine Funktion so umformen, dass dadurch der Rechenaufwand für das Ermitteln der Ableitung deutlich verringert wird.

ZB $y = \ln\left(\sqrt{x^3}\right) = \ln\left(x^{\frac{3}{2}}\right) = \frac{3}{2} \cdot \ln(x) \Rightarrow y' = \frac{3}{2} \cdot \frac{1}{x} = \frac{3}{2x}$

B

4.132 Stelle die Funktion so dar, dass sie möglichst einfach zu differenzieren ist, und ermittle y'.

a) $y = \ln\left(\frac{2x+5}{4x+3}\right)$ **b)** $y = x^2 \cdot \sqrt{x+1}$

Lösung:

a) $y = \ln\left(\frac{2x+5}{4x+3}\right) = \ln(2x+5) - \ln(4x+3)$

$y' = \frac{2}{2x+5} - \frac{4}{4x+3}$

b) $y = x^2 \cdot \sqrt{x+1} = \sqrt{x^4 \cdot (x+1)} = \sqrt{x^5 + x^4} = (x^5 + x^4)^{\frac{1}{2}}$

$y' = \frac{1}{2} \cdot (x^5 + x^4)^{-\frac{1}{2}} \cdot (5x^4 + 4x^3) = \frac{5x^4 + 4x^3}{2 \cdot \sqrt{x^5 + x^4}} = \frac{x^2 \cdot (5x^2 + 4x)}{2 \cdot x^2 \cdot \sqrt{x+1}} = \frac{5x^2 + 4x}{2 \cdot \sqrt{x+1}}$

Erweiterung der Kettenregel

Ist eine Funktion aus mehr als zwei Teilfunktionen zusammengesetzt, kann man die Kettenregel mehrfach anwenden. Da die entsprechende Formel in Differentialschreibweise übersichtlicher ist, wird sie oft in dieser Form angegeben.

Erweiterung der Kettenregel

$y = f(g(h(x))) \Rightarrow y' = \frac{df}{dx} = \frac{df}{dg} \cdot \frac{dg}{dh} \cdot \frac{dh}{dx}$ bzw. $y' = f'(g(h(x))) \cdot g'(h(x)) \cdot h'(x)$

Für Funktionen mit mehr als drei Teilfunktionen geht man analog vor.

4.133 Ermittle y'.

a) $y = \sin^2(3x)$ **b)** $y = e^{\left(\frac{7x-1}{2}\right)^2}$ **c)** $y(t) = (\cos(\omega t + \varphi) + 1)^2$

Lösung:

a) $y = \sin^2(3x) = (\sin(3x))^2$

$$y' = \overbrace{2 \cdot (\sin(3x))^1}^{f'(g(h(x)))} \cdot \overbrace{\cos(3x)}^{g'(h(x))} \cdot \overbrace{3}^{h'(x)} =$$
$$= 6 \cdot \sin(3x) \cdot \cos(3x) = 3 \cdot \sin(6x)$$

- $f(g) = g^2 \Rightarrow f'(g) = 2g$
  $g(h) = \sin(h) \Rightarrow g'(h) = \cos(h)$
  $h(x) = 3x \Rightarrow h'(x) = 3$
- $\sin(2\alpha) = 2 \cdot \sin(\alpha) \cdot \cos(\alpha)$

b) $y = e^{\left(\frac{7x-1}{2}\right)^2}$

$$y' = e^{\left(\frac{7x-1}{2}\right)^2} \cdot 2 \cdot \left(\frac{7x-1}{2}\right)^1 \cdot \frac{7}{2} =$$
$$= \frac{7 \cdot (7x-1)}{2} \cdot e^{\left(\frac{7x-1}{2}\right)^2}$$

- $f(g) = e^g \Rightarrow f'(g) = e^g$
  $g(h) = h^2 \Rightarrow g'(h) = 2h$
  $h(x) = \frac{7x-1}{2} \Rightarrow h'(x) = \frac{7}{2}$

c) $y(t) = (\cos(\omega t + \varphi) + 1)^2$

$$y'(t) = 2 \cdot (\cos(\omega t + \varphi) + 1)^1 \cdot (-\sin(\omega t + \varphi)) \cdot \omega =$$
$$= -2\omega \cdot \sin(\omega t + \varphi) \cdot (\cos(\omega t + \varphi) + 1)$$

- $f(g) = g^2 \Rightarrow f'(g) = 2g$
  $g(h) = \cos(h) + 1$
  $g'(h) = -\sin(h)$
  $h(t) = \omega t + \varphi \Rightarrow h'(t) = \omega$

Spezialfälle der Kettenregel

Einige Teilfunktionen treten in der Praxis besonders häufig auf, zum Beispiel $y = \frac{1}{f(x)}$.
Durch allgemeine Berechnung der Ableitung kann man einige zusätzliche, zeitsparende Regeln herleiten.

- $y = \frac{1}{f(x)} = (f(x))^{-1} \Rightarrow y' = (-1) \cdot (f(x))^{-2} \cdot f'(x) = -\frac{f'(x)}{(f(x))^2}$
- $y = \sqrt{f(x)} = (f(x))^{\frac{1}{2}} \Rightarrow y' = \frac{1}{2} \cdot (f(x))^{-\frac{1}{2}} \cdot f'(x) = \frac{f'(x)}{2 \cdot \sqrt{f(x)}}$
- $y = \ln(f(x)) \Rightarrow y' = \frac{1}{f(x)} \cdot f'(x) = \frac{f'(x)}{f(x)}$

Spezialfälle der Kettenregel

$y = \frac{1}{f(x)} \Rightarrow y' = -\frac{f'(x)}{(f(x))^2}$ $y = \sqrt{f(x)} \Rightarrow y' = \frac{f'(x)}{2 \cdot \sqrt{f(x)}}$ $y = \ln(f(x)) \Rightarrow y' = \frac{f'(x)}{f(x)}$

B **4.134** Ermittle y′ mithilfe der entsprechenden Formeln.

a) $y = \frac{1}{\sin(x)}$ **b)** $y = \sqrt{x^2 - 1}$ **c)** $y = \ln(\cos(x))$

Lösung:

a) $y = \frac{1}{\sin(x)} \Rightarrow y' = -\frac{\cos(x)}{\sin^2(x)}$

- $y = \frac{1}{f(x)} \Rightarrow y' = -\frac{f'(x)}{(f(x))^2}$ mit $f(x) = \sin(x)$

b) $y = \sqrt{x^2 - 1} \Rightarrow y' = \frac{2x}{2 \cdot \sqrt{x^2 - 1}} = \frac{x}{\sqrt{x^2 - 1}}$

- $y = \sqrt{f(x)} \Rightarrow y' = \frac{f'(x)}{2 \cdot \sqrt{f(x)}}$ mit $f(x) = x^2 - 1$

c) $y = \ln(\cos(x)) \Rightarrow y' = \frac{-\sin(x)}{\cos(x)} = -\tan(x)$

- $y = \ln(f(x)) \Rightarrow y' = \frac{f'(x)}{f(x)}$ mit $f(x) = \cos(x)$

D **4.135** Ines überlegt, wie man e^{2x} ableiten könnte. Da e^x beim Ableiten gleich bleibt, ist sie überzeugt, dass die Ableitung von e^{2x} daher auch e^{2x} sein muss. Argumentiere, dass ihre Schlussfolgerung falsch ist.

Aufgaben 4.136 – 4.137: Gib jeweils die innere und die äußere Funktion an.

C **4.136** **a)** $y = \sin(4x)$ **b)** $f(y) = \sqrt{2y - 1}$ **c)** $s(t) = \ln(3t - 1)$

C **4.137** **a)** $y = \frac{1}{x^2 + 5}$ **b)** $f(y) = \cos(y - 3)$ **c)** $s(t) = e^{-\frac{1}{t}}$

Aufgaben 4.138– 4.149: Ermittle jeweils die erste Ableitung. Verwende dabei die Kettenregel und vereinfache das Ergebnis soweit wie möglich.

B **4.138** **a)** $f(x) = 2 \cdot (x + 3)^3$ **b)** $f(x) = (2x - 1)^2$ **c)** $f(x) = 4 \cdot (-2x + 5)^3$

B **4.139** **a)** $f(x) = (x^2 + 3x + 4)^2$ **b)** $f(x) = (5x^2 - 2)^3$ **c)** $f(x) = (3x^7 - x)^4$

B **4.140** **a)** $f(x) = \sqrt{1 - x}$ **b)** $y = \sqrt[3]{2x - 3x^8}$ **c)** $f(x) = \sqrt[4]{(5x - x^7)^3}$

B **4.141** **a)** $f(x) = \cos(3x)$ **b)** $y = 5 \cdot \sin(2x)$ **c)** $f(t) = \cos\left(\frac{t}{2}\right)$

B **4.142** **a)** $y = \sin(x^4)$ **b)** $f(x) = \cos(7x^5 - 1)$ **c)** $y = \sin(\sqrt{x})$

B **4.143** **a)** $y = \cos^3(x)$ **b)** $f(x) = \sin^5(x)$ **c)** $y = \tan^2(x) + 1$

B **4.144** **a)** $f(x) = \sqrt{\cos(x)}$ **b)** $y = \sqrt[4]{\sin(x)}$ **c)** $y = \sqrt[5]{\cos^4(x)}$

B **4.145** **a)** $y = e^{4x + 2}$ **b)** $y = e^{\frac{x}{8}}$ **c)** $f(x) = e^{-4x}$

B **4.146** **a)** $f(x) = 2e^{\sqrt{x}}$ **b)** $y = 3e^{\sqrt[3]{x^2}}$ **c)** $f(x) = 4e^{\frac{1}{x}}$

B **4.147** **a)** $y = \lg(x^2 + 1)$ **b)** $f(x) = \lg(2x + 9)$ **c)** $y = \lg(4x^7)$

B **4.148** **a)** $f(x) = \ln\left(\frac{1}{x^2}\right)$ **b)** $y = \ln(1 + \sqrt{x})$ **c)** $f(x) = \sqrt{\ln(x) + 1}$

B **4.149** **a)** $f(x) = \cos(e^x)$ **b)** $f(x) = \sin(3^x)$ **c)** $y = \cos(\ln(x))$

Aufgaben 4.150 – 4.152: Ermittle jeweils die erste Ableitung.

B **4.150** **1)** $y = e^{\frac{1}{x}}$ **2)** $y = \frac{x}{e^x}$ **3)** $y = \frac{1}{e^x}$

B **4.151** **1)** $y = \sin^2(x) + 1$ **2)** $y = \sin(x^2) + 1$ **3)** $y = \sin^2(x + 1)$

B **4.152** **1)** $y = \cos^2(2x) + 4$ **2)** $y = \cos^2(2x + 4)$ **3)** $y = \cos((2x + 4)^2)$

Vermischte Aufgaben

4.153 Beschreibe, welcher Fehler beim Ableiten gemacht wurde.
$f(x) = e^{x^2}$ $\qquad f'(x) = 2 \cdot e^{x^2}$

4.154 Ordne der gegebenen Funktion jeweils die richtige Ableitungsfunktion zu.

1	$y = \ln^2(x)$	☐
2	$y = \ln(x^2)$	☐

A	B	C	D
$y' = \frac{1}{x^2}$	$y' = 2 \cdot \ln(x)$	$y' = \frac{2}{x}$	$y' = \frac{2 \cdot \ln(x)}{x}$

4.155 Gib die ersten drei Ableitungen an.
a) $f(t) = e^{2t}$ **b)** $f(x) = 2^{4x}$ **c)** $f(z) = \ln(5z)$

4.156 Ermittle die gesuchte Ableitung.
a) $y = x \cdot e^x;\ y^{(4)} = ?$ **b)** $y = \sin(2x);\ y^{(8)} = ?$ **c)** $y = x \cdot \ln(x);\ y^{(7)} = ?$

4.157 Gib die erste und die zweite Ableitung an.
a) $y = \frac{x^2}{x+2}$ **b)** $y = e^x \cdot (\sin(x) + 2 \cdot \cos(x))$ **c)** $y = \frac{1+e^x}{1+x}$

4.158 Beim Ermitteln der Ableitung der Funktion f mit
$f(x) = \ln\left(\frac{x+2}{x-3}\right)$
mit Technologieeinsatz erscheint die abgebildete Meldung. Erkläre ihre Bedeutung.

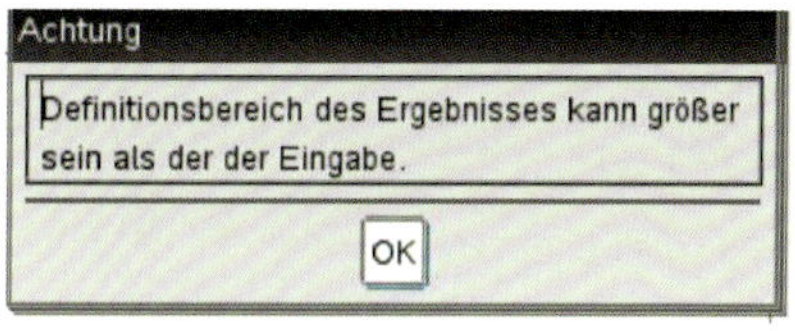

4.159 Gib an, von welcher Bauart die angegebenen Funktionen jeweils sind.
A … Produkt aus zwei Funktionen
B … Produkt aus einer Konstanten und einer Funktion
C … Quotient zweier Funktionen
D … Verkettete Funktionen

a) **1)** $y = x \cdot \ln(e^{-1})$
2) $y = \frac{3}{x}$
3) $y = \sin^2(x)$
4) $y = \sin(2x)$

b) **1)** $f(t) = e^2 \cdot t^3$
2) $f(t) = t \cdot \sin(t)$
3) $f(t) = \frac{t+1}{2 \cdot \cos(2\pi)}$
4) $f(t) = \ln(4t)$

c) **1)** $s(t) = \frac{t}{4}$
2) $z(t) = \lg(100) \cdot t^2$
3) $s(t) = \ln(2-t)$
4) $z(t) = e^t \cdot t^2$

Aufgaben 4.160– 4.163: Erkläre jeweils, welche Ableitungsregeln notwendig sind, um die erste Ableitung zu bilden. Ermittle anschließend die Ableitungen.

4.160 **a)** $y = x^3 \cdot \sin(5x)$ **b)** $y = (2x^4 - x) \cdot \cos(2x)$ **c)** $y = (x-1)^2 \cdot \sin(4x)$

4.161 **a)** $y = x^2 \cdot \ln(2-x)$ **b)** $y = 2x \cdot \ln(x - 2x^2)$ **c)** $y = \frac{1}{x} \cdot \ln\left(\frac{x^5}{9}\right)$

4.162 **a)** $f(t) = \frac{(t^2+3t)^2}{t+1}$ **b)** $f(t) = \frac{3t^2}{(t+3)^3}$ **c)** $f(t) = \frac{t \cdot (t+1)}{(t-1)^2}$

4.163 **a)** $f(x) = \frac{\sin(x)}{\cos(2x)}$ **b)** $f(x) = \frac{\cos^2(x)}{x}$ **c)** $f(x) = \frac{\sin^2(2x)}{e^x}$

4.164 Berechne jeweils den Funktionswert und die Steigung an der gegebenen Stelle. Vergleiche die Ergebnisse und beschreibe, was dir auffällt.

1) $f_1(t) = \sin(t),\ t_0 = 6$
$f_2(t) = \sin(3t),\ t_0 = 2$

2) $f_1(t) = e^t,\ t_0 = 4$
$f_2(t) = e^{\frac{t}{2}},\ t_0 = 8$

3) $f_1(t) = \ln(t),\ t_0 = 3$
$f_2(t) = \ln(3t),\ t_0 = 1$

Differentialrechnung

4.165 Stelle die Funktion so dar, dass sie möglichst einfach zu differenzieren ist und ermittle y'.

a) $y = \ln\left(\left(\frac{x+1}{x-1}\right)^2\right)$ **b)** $y = x \cdot \sqrt[3]{x+2}$ **c)** $y = \ln\left(\sqrt[5]{x^7} \cdot \sqrt[7]{x^5}\right)$

Aufgaben 4.166 – 4.170: Ermittle jeweils die erste Ableitung mithilfe der Regeln von Seite 123.

4.166 a) $f(t) = \frac{1}{\cos(3t)}$ **b)** $y = \sqrt{\sin(2t)}$ **c)** $f(t) = \sin\left(\frac{2}{t}\right)$

4.167 a) $y = \frac{3x^2}{\sqrt{x} - 3}$ **b)** $f(x) = \sqrt{\frac{x-5}{x+5}}$ **c)** $y = \frac{x}{1 - \sqrt{x}}$

4.168 a) $f(x) = \sqrt{\frac{x+2}{2-x}}$ **b)** $y = \sqrt{\frac{1}{x^3 - 3}}$ **c)** $y = \frac{x \cdot \sqrt{1-x}}{3x^2 - 2}$

4.169 a) $y = \sqrt{x} \cdot \cos(3x^3)$ **b)** $y = \left(\frac{1}{x} - \sqrt{x}\right) \cdot \cos(\sqrt{x})$ **c)** $y = \sqrt{\sin(x) \cdot \cos(3x)}$

4.170 a) $y = \ln(x^3 - 2x^2 + 1)$ **b)** $f(x) = \ln(1 + x^2)$ **c)** $y = \ln(2^x - 1)$

Aufgaben 4.171 – 4.173: Ermittle jeweils die gesuchten Ableitungen.

4.171 a) $R = \frac{3u^2 - 7w^2u}{\sqrt{w^4 - 2u}}$; $\frac{dR}{dw} = ?$, $\frac{dR}{du} = ?$ **b)** $N = \frac{\sqrt{3q - m}}{m^2 - \sqrt{q}}$; $\frac{dN}{dq} = ?$, $\frac{dN}{dm} = ?$

4.172 a) $S = \frac{5a^{2f} - 6f^a}{\sqrt{2f^3a}}$; $\frac{dS}{da} = ?$, $\frac{dS}{df} = ?$ **b)** $H = rb^2 \cdot \frac{5r^b - b^{3r}}{b^2 - r^3}$; $\frac{dH}{dr} = ?$, $\frac{dH}{db} = ?$

4.173 a) $T = \frac{a^2b + 2}{(a-3)^b}$; $\frac{dT}{da} = ?$, $\frac{d^2T}{da^2} = ?$, $\frac{dT}{db} = ?$ **b)** $U = A \cdot \left(1 - e^{-\frac{2t}{A}}\right)$; $\frac{dU}{dt} = ?$, $\frac{d^2U}{dt^2} = ?$, $\frac{dU}{dA} = ?$

4.174 Gegeben ist die Funktion $f(x) = \ln(3x^2)$.

1) Ermittle die Gleichungen der Tangenten t_1 und t_2 an den Stellen $x_1 = -9$ und $x_2 = 7$.

2) Stelle f, t_1 und t_2 grafisch dar und ermittle den Schnittpunkt der Tangenten durch Ablesen.

3) Überprüfe das Ergebnis aus **2)** durch eine Rechnung.

4.175 Die Gerade g verläuft durch den Punkt P(5|5) und hat den Steigungswinkel $\alpha = 45°$. Weiters ist die Funktion $f(x) = x \cdot \sin(5x)$ gegeben.

1) Ermittle die Gleichung der Tangente t an die Funktion f an der Stelle x = 16.

2) Berechne den Schnittpunkt der Geraden g mit der Tangente t sowie den Winkel, unter dem g und t einander schneiden.

3) Berechne die Schnittpunkte und die Winkel mithilfe von Technologieeinsatz und vergleiche mit den Ergebnissen aus **2)**.

4.176 Erkläre, weshalb die erste Ableitung der Funktion $f(x) = \ln\left(\frac{x}{4}\right)$ gleich der ersten Ableitung der Funktion $g(x) = \ln\left(\frac{x}{5}\right)$ ist.

4.177 Gib die n-te Ableitung in allgemeiner Form an und beweise sie durch vollständige Induktion.

a) $y(x) = e^{a \cdot x}$ **b)** $s(t) = \frac{1}{a \cdot t + 1}$ **c)** $f(t) = \ln(t + 1)$ **d)** $u(c) = a^{b \cdot c}$

4.178 Beweise die Quotientenregel mithilfe der Produktregel und der Kettenregel.

Hinweis: $f(x) = \frac{u(x)}{v(x)} = u(x) \cdot (v(x))^{-1}$

4.179 Beweise die Ableitungsregel für $f(x) = a^x$.

Hinweis: Stelle die Funktion als Exponentialfunktion mit der Basis e dar.

4.180 Beweise die Ableitungsregeln für:

a) $y = \sinh(x)$ **b)** $y = \cosh(x)$ **c)** $y = \tanh(x)$

Hinweis: Gib die Funktionen zuerst mithilfe von Exponentialfunktionen an.

4.7 Linearisierung

4.181 Auf einer Modellautobahn starten ein blaues und ein rotes Auto gleichzeitig und fahren auf einer langen Geraden. Das blaue Auto beschleunigt konstant, es gilt: $s_{blau}(t) = 0{,}3 \cdot t^2$

Das rote Auto hat zunächst die gleiche Beschleunigung wie das blaue Auto. Nach 2 Sekunden beschleunigt es aber nicht mehr, sondern fährt ab dann mit konstanter Geschwindigkeit.

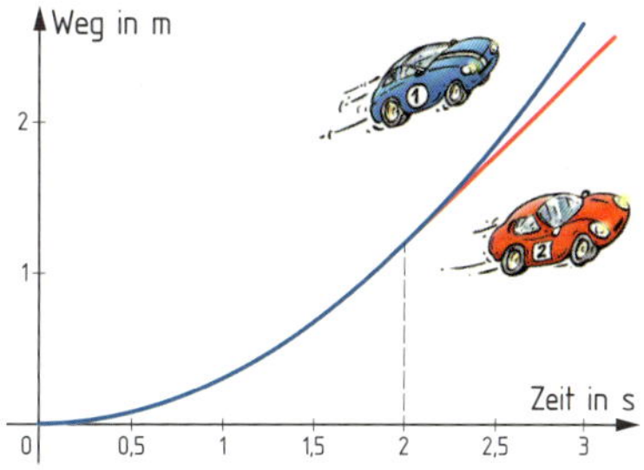

A B

1) Ermittle die Geschwindigkeit der beiden Autos für t = 2 s.

2) Gib die Gleichung der Weg-Zeit-Funktion des roten Autos im Zeitintervall [2 s; 3 s] an.

3) Berechne den Vorsprung des blauen Autos zur Zeit t = 2,5 s.

Legt man an eine Funktion y in einem Punkt $P(x_0|y_0)$ eine Tangente, so unterscheiden sich die Funktionswerte von y in der „Nähe" des Punkts P oft nur geringfügig von jenen der Tangente. Die Tangente kann dann in einem kleinen Bereich als Näherung für die Funktion verwendet werden. Dieser Vorgang wird als **Linearisieren** einer Funktion bezeichnet.

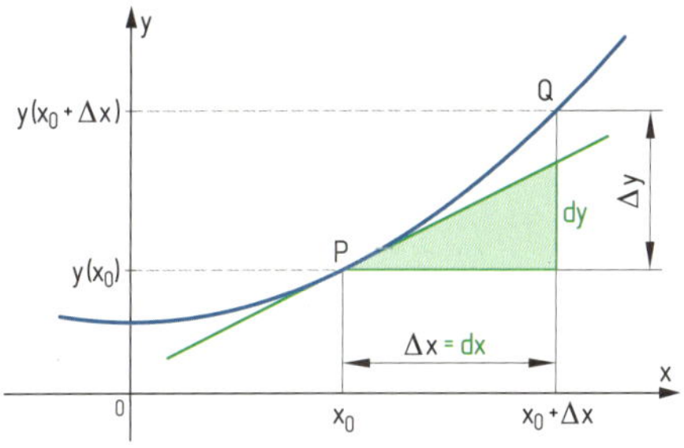

Ändert sich der x-Wert um Δx, so ändert sich der zugehörige Funktionswert um Δy, wobei gilt:
$\Delta y = y(x_0 + \Delta x) - y(x_0)$

Nun betrachtet man anstelle der Funktion die Tangente an der Stelle x_0.
Die Änderung des x-Werts bzw. des y-Werts wird mit **dx** bzw. **dy** bezeichnet und **Differential** genannt.

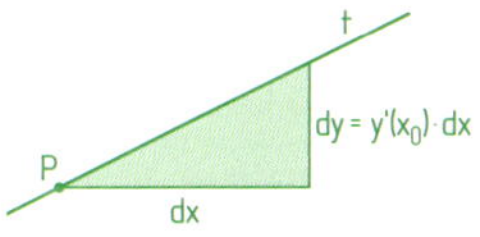

Die Steigung der Tangente in x_0 beträgt $y'(x_0)$. Für dy gilt daher:
$dy = y'(x_0) \cdot dx$

Liegt Q nahe bei P, so kann für $\Delta x = dx$ die Änderung Δy **näherungsweise** durch das Differential dy beschrieben werden:
$\Delta y \approx dy \Rightarrow \Delta y \approx y'(x_0) \cdot dx = y'(x_0) \cdot \Delta x$

Wird das Argument einer Funktion an der Stelle x_0 um das **Differential dx = Δx** vergrößert, so beschreibt das **Differential dy** die Änderung des Funktionswerts der Tangente in x_0.
$dy = y'(x_0) \cdot dx$

Linearisieren einer Funktion:

In der Umgebung der Stelle x_0 wird die Funktion näherungsweise durch die Tangente ersetzt.

Für kleine Werte von $\Delta x = dx$ gilt für die Änderung Δy des Funktionswerts:
$\Delta y \approx dy$, also $\Delta y \approx y'(x_0) \cdot dx = y'(x_0) \cdot \Delta x$

Bemerkung: Die Gleichung einer Tangente kann mithilfe der Steigung $k = y'(x_0)$ direkt (ohne Berechnung von d) angegeben werden:
$y_t = y'(x_0) \cdot (x - x_0) + y(x_0)$.

Differentialrechnung

In technischen Anwendungen ist oft nur die Abweichung von einem so genannten Arbeitspunkt von Bedeutung. Man kann die Tangente dann in besonders einfacher Form angeben, wenn man den Koordinatenursprung in diesen Arbeitspunkt legt.

4.182 Die Funktion y mit $y(x) = \sin(x)$ soll durch die Tangente an der Stelle $x_0 = 0$ genähert werden.

1) Ermittle die Gleichung der Tangente an der Stelle $x_0 = 0$. Zeichne den Graphen der Funktion und diese Tangente.

2) Ermittle für $\Delta x = 0{,}2$ rad den tatsächlichen Wert von Δy und jenen, der sich bei Verwendung der Näherung $\Delta y \approx dy$ ergibt.

3) Zeige, dass bei Verwendung der Näherung $\sin(x) \approx x$ für Winkel $|x| < 0{,}5$ rad der Betrag des relativen Fehlers kleiner als 5 % ist.

Lösung:

1) $y(x) = \sin(x),\ x_0 = 0$

$y(0) = 0 \Rightarrow P(0|0)$

$y'(x) = \cos(x)$

$y'(0) = 1 \Rightarrow k = 1$

Tangentengleichung:

t: $y = 1 \cdot x + 0$

t: $y = x$

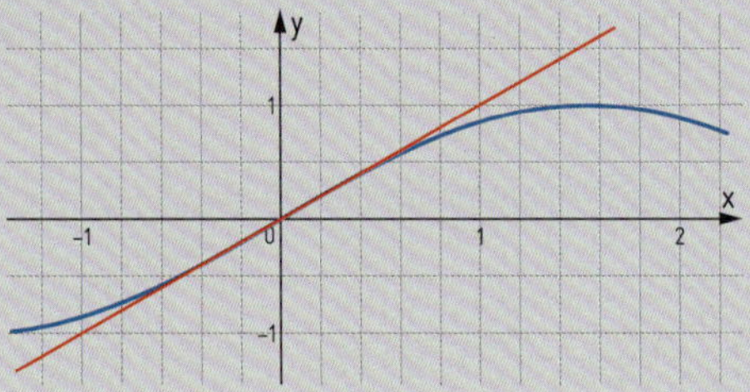

2) tatsächlicher Wert von Δy:

$\Delta y = \sin(0 + 0{,}2) - \sin(0) = 0{,}1986...$

- $\Delta y = y(x_0 + \Delta x) - y(x_0)$

Näherungswert für Δy:

$\Delta y \approx 0{,}2$

- $\Delta y \approx dy = k \cdot \Delta x$
  $k = 1 \Rightarrow \Delta y = \Delta x$

3) $\left|\frac{\sin(0{,}5) - 0{,}5}{\sin(0{,}5)}\right| = 0{,}042... = 4{,}2...\ \% < 5\ \%$

Für Winkel mit $|x| < 0{,}5$ rad ist der prozentuelle Fehler kleiner als 5 %.
Für kleine Winkel kann daher $\sin(x) \approx x$ angenommen werden.

4.183 ***1)*** Zeichne die Funktion $y(x) = \cos(x)$ und lege im Punkt $P(\frac{\pi}{2}|0)$ eine Tangente an den Graphen.

2) Gib für Winkel, die von $x_0 = \frac{\pi}{2}$ um $\Delta x = 0{,}05$ rad bis $\Delta x = 0{,}45$ rad (Schrittweite 0,05 rad) abweichen, die Änderung Δy des Funktionswerts an.

3) Vergleiche diese mit den Differentialen. Wie viel Prozent beträgt der Fehler bei Näherung durch die Tangente?

4) Bis zu welchem Winkel ist der Fehler bei Verwendung der Näherung kleiner als 2,5 %?

Aufgaben 4.184 – 4.186: Linearisiere jeweils die Funktion f an der Stelle x_0. Ermittle den Bereich, in dem der Fehler durch Linearisierung unter 2 % liegt. Stelle die Funktion und die Linearisierung grafisch dar.

4.184 ***a)*** $f(x) = 0{,}5x^2 + 2x;\ \ x_0 = 2$ ***b)*** $f(x) = -\frac{2}{3}x^2 - 2x + 6;\ \ x_0 = 1$

4.185 ***a)*** $f(x) = -\frac{1}{3}x^3 - 2x^2 + 3x + \frac{2}{3};\ \ x_0 = 2$ ***b)*** $f(x) = 0{,}5x^3 - 2x^2 + 3x + 1;\ \ x_0 = 2$

4.186 ***a)*** $f(x) = 2 \cdot \sin\left(x + \frac{\pi}{2}\right);\ \ x_0 = \frac{3\pi}{2}$ ***b)*** $f(x) = 3 \cdot \cos\left(x - \frac{\pi}{4}\right);\ \ x_0 = -\frac{\pi}{4}$

4.187 Linearisiere die Funktion y an der Stelle x_0 und vergleiche Δy und dy für den angegebenen Wert von Δx. ABC

a) $y = 1 - e^{-\frac{x}{4}}$; $x_0 = 0$; $\Delta x = 0{,}1$ **b)** $y = 25 \cdot \sin(2x)$; $x_0 = 0$; $\Delta x = \frac{\pi}{12}$

4.188 Gegeben ist die Funktion $f(x) = e^{3x} - 1$. AB

1) Ermittle die Gleichung der Tangente an der Stelle $x_0 = 1$.

2) Ermittle den maximalen prozentuellen Fehler, wenn man die Funktion im Intervall [1; 1,05] an der Stelle $x_0 = 1$ linearisiert.

4.189 Die Temperatur eines Werkstücks in einem Heißluftofen kann durch die folgende Funktion f beschrieben werden: AB

$f(t) = 180 - 160 \cdot e^{-\frac{t}{0{,}5}}$

t ... Zeit in Stunden nach Beginn des Erwärmens
f(t) ... Temperatur zur Zeit t in °C

1) Berechne die absolute Temperaturänderung im Intervall [0,5 h; 0,6 h].

2) Linearisiere die Funktion für $t_0 = 0{,}5$ und gib eine lineare Näherung für den Temperaturanstieg im Intervall [0,5 h; 0,6 h] an.

3) Erstelle eine Formel zur näherungsweisen Berechnung der Temperatur zur Zeit $t = (0{,}5 + \Delta t)$ mithilfe der Tangentengleichung aus **2)**.

Lösung:

1) $\Delta f = f(0{,}6) - f(0{,}5) = 10{,}669...$
Die Temperaturänderung beträgt rund 10,67 °C

- Absolute Änderung: $\Delta f = f(b) - f(a)$

2) Linearisierung an der Stelle $t_0 = 0{,}5$:
$f(0{,}5) = 121{,}139...$
$f'(t) = 320 \cdot e^{-\frac{t}{0{,}5}} \Rightarrow f'(0{,}5) = 117{,}721...$
$y = 117{,}721... \cdot (t - 0{,}5) + 121{,}139...$
$y = 117{,}72 \cdot t + 62{,}28$
Lineare Näherung des Temperaturanstiegs:
$\Delta f \approx f'(0{,}5) \cdot \Delta t = 117{,}712... \cdot 0{,}1 = 11{,}772...$
Bei Verwendung der linearen Näherung ergibt sich ein Temperaturanstieg von rund 11,77 °C.

- Tangentengleichung: $y = f'(t_0) \cdot (t - t_0) + f(t_0)$
- $\Delta f \approx df = f'(t_0) \cdot \Delta t$

3) $f(0{,}5 + \Delta t) \approx f(0{,}5) + f'(0{,}5) \cdot \Delta t$

- $f(t_0 + \Delta t) \approx f'(t_0) \cdot \Delta t$

4.190 Der Durchmesser eines am Strand aufgeblasenen Wasserballs verringert sich im kalten Wasser von 55 cm auf 54 cm. Berechne genau und näherungsweise mithilfe des Differentials, um wie viel sich sein Volumen dadurch verändert hat. Gib den Fehler der Näherung absolut und in Prozent an. AB

4.191 Der Fehler beim Abmessen der Seitenkante eines Würfels beträgt maximal 5 %. Gib mithilfe des Differentials eine Abschätzung der Größe des maximalen Fehlers bei der Berechnung der Oberfläche bzw. bei der Berechnung des Volumens an. AB

4.8 Implizites Differenzieren

Ableitung von Funktionen in impliziter Darstellung

Neben der Angabe einer Kurve in der Form $y = f(x)$, der so genannten **expliziten Darstellung**, gibt es auch die Möglichkeit der **impliziten Darstellung** (latein: „implicare“ = verflechten). Die Kurvengleichung wird dabei in der Form $F(x, y) = 0$ angegeben.

ZB: Die Gleichung eines Kreises mit dem Mittelpunkt $M(0|0)$ und dem Radius $r = 5$ lautet:
$k: x^2 + y^2 = 25$ bzw. $k: x^2 + y^2 - 25 = 0$

Durch Auflösen der Gleichung nach y ergibt sich die explizite Darstellung $y_{1,2} = \pm\sqrt{25 - x^2}$, wobei die Funktion $y_1 = \sqrt{25 - x^2}$ den oberen und $y_2 = -\sqrt{25 - x^2}$ den unteren Halbkreis beschreibt. Soll die Steigung in einem Punkt ermittelt werden, ohne auf die explizite Darstellung umzuformen, so wird eine neue Methode benötigt.

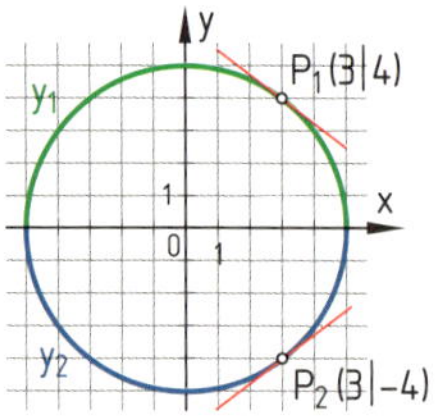

ZB: Die Gleichungen der Tangenten an den Kreis $k: x^2 + y^2 = 25$ in den Punkten mit $x = 3$ sollen ermittelt werden:

$3^2 + y^2 - 25 = 0$
$y^2 = 16 \Rightarrow y_{1,2} = \pm 4 \Rightarrow P_1(3|4), P_2(3|-4)$

Die Berechnung der Steigung kann nun durch **Differenzieren in impliziter Form** erfolgen. Dabei ist y eine Funktion von x und hat die Ableitung y'. Bei jedem Term, der y enthält, ist daher die Kettenregel anzuwenden. Das Ergebnis wird anschließend auf y' umgeformt:

$F(x, y) = x^2 + y^2 - 25 = 0 \quad |$ nach x ableiten
$2 \cdot x + 2 \cdot y \cdot y' = 0 \Rightarrow y' = -\frac{x}{y}$
Tangente in $P_1(3|4)$: $y' = -\frac{3}{4} = k_1 \Rightarrow t_1: y = -\frac{3}{4}x + \frac{25}{4}$
Tangente in $P_2(3|-4)$: $y' = -\frac{3}{-4} = \frac{3}{4} = k_2 \Rightarrow t_2: y = \frac{3}{4}x - \frac{25}{4}$

Implizites Differenzieren
Ist eine Funktion in impliziter Darstellung $F(x, y) = 0$ gegeben, kann sie differenziert werden, ohne auf die explizite Form $y = f(x)$ umgeformt zu werden. Dabei ist y als abhängige Variable zu betrachten. Jeder Term, der y enthält, ist nach der Kettenregel abzuleiten.

B **4.192** Differenziere die Halbellipse ell: $4x^2 + 9y^2 = 72, y \geq 0$ implizit. Ermittle die Gleichungen der Tangenten in den Punkten $P(3|y_P)$ und $S(\sqrt{18}|y_S)$.

Lösung:

$4 \cdot 2x + 9 \cdot 2y \cdot y' = 0 \Rightarrow 18y \cdot y' = -8x \Rightarrow y' = -\frac{4x}{9y}$
$t_P: 4 \cdot 9 + 9 \cdot y^2 = 72 \Rightarrow y = 2 \Rightarrow P(3|2)$
$y' = -\frac{4 \cdot 3}{9 \cdot 2} = -\frac{2}{3} = k_P$
$2 = 3 \cdot \left(-\frac{2}{3}\right) + d \Rightarrow d = 4, t_P: y = -\frac{2}{3} \cdot x + 4$
$t_S: 4 \cdot (\sqrt{18})^2 + 9 \cdot y^2 = 72 \Rightarrow y = 0 \Rightarrow S(\sqrt{18}|0)$
$y' = -\frac{4 \cdot \sqrt{18}}{9 \cdot 0} \Rightarrow$ y' ist für $y = 0$ nicht definiert.
$k_S = \infty \Rightarrow$ senkrechte Gerade: $t_S: x = \sqrt{18}$

- Beim Ableiten von y muss die Kettenregel beachtet werden. $(y^2)' = 2 \cdot y \cdot y'$
- $y' = k = \infty$: Die Tangente in S ist eine Senkrechte mit der Gleichung $x = c$.

Ableitung von Umkehrfunktionen

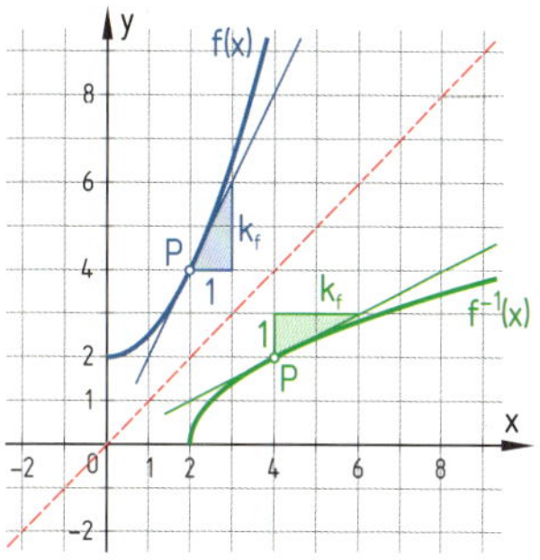

Ist der Funktionsgraph der Funktion $y = f(x)$ gegeben, so erhält man den Graphen der Umkehrfunktion $f^{-1}(x)$ durch Spiegelung an der 1. Mediane (vgl. Band 2, Abschnitt 1.3.2).
Da auch das Steigungsdreieck gespiegelt wird, ergibt sich für die Umkehrfunktion das grün eingezeichnete Steigungsdreieck.

Für die Steigung $k_{f^{-1}}$ der Umkehrfunktion erhält man:

$k_{f^{-1}} = \frac{\Delta y}{\Delta x} = \frac{1}{k_f}$

Die Steigungen von Funktion und Umkehrfunktion sind in einander entsprechenden Punkten zueinander reziprok, also Kehrwerte.
Wir untersuchen diesen Zusammenhang nun allgemein und bezeichnen – wegen der übersichtlicheren Schreibweise – die Umkehrfunktion von $y = f(x)$ mit $u(y)$.
Dann gilt: $u(y) = x$

Durch implizites Differenzieren dieser Gleichung erhält man:

$u'(y) \cdot y' = 1$ ● Kettenregel anwenden

$u'(y) = \frac{1}{y'}$ bzw. $y' = \frac{1}{u'(y)} = \frac{1}{u'(f(x))}$

Auf diese Weise lassen sich unter anderem die **Ableitungen der Arcusfunktionen** ermitteln.

ZB: $y = \arcsin(x)$

$\sin(y) = x$ ● Bilden der Umkehrfunktion

$\cos(y) \cdot y' = 1$ ● Implizit differenzieren und y' ausdrücken

$y' = \frac{1}{\cos(y)}$ ● y durch x ausdrücken

$y' = \frac{1}{\sqrt{1 - x^2}}$ $\sin^2(y) + \cos^2(y) = 1 \Rightarrow \cos(y) = \sqrt{1 - \sin^2(y)} = \sqrt{1 - x^2}$

Die Ableitung einer Funktion kann mithilfe impliziten Differenzierens der Umkehrfunktion ermittelt werden.

Ableitungen der Arcusfunktionen

$y = \arcsin(x)$	$y = \arccos(x)$	$y = \arctan(x)$
$y' = \frac{1}{\sqrt{1 - x^2}}, \lvert x \rvert < 1$	$y' = -\frac{1}{\sqrt{1 - x^2}}, \lvert x \rvert < 1$	$y' = \frac{1}{1 + x^2}$

Der Beweis für die Ableitung von $y = \arccos(x)$ bzw. $y = \arctan(x)$ erfolgt in Aufgabe 4.207.

4.193 Zeige die Richtigkeit der Ableitungsregel für $y = \ln(x)$ durch implizites Differenzieren. B D

Lösung:

$y = \ln(x)$

$e^y = x$ ● Bilden der Umkehrfunktion

$e^y \cdot y' = 1$ ● Die abhängige Variable ist aber weiterhin y. Beim Differenzieren von y muss daher die Ableitung y' berücksichtigt werden.

$y' = \frac{1}{e^y}$

$y' = \frac{1}{x}$ ● e^y wird durch x ersetzt.

Logarithmisches Differenzieren

Sind in einer Funktion sowohl Basis als auch Exponent von der Variablen abhängig, so kann weder die Ableitungsregel für Potenzfunktionen noch jene für Exponentialfunktionen angewendet werden.

ZB: $y = x^x$ ist keine Potenzfunktion der Form $y = x^n$, weil der Exponent nicht konstant ist. Sie ist auch keine Exponentialfunktion der Form $y = a^x$, weil die Basis nicht konstant ist. Die Ableitung der Funktion lässt sich durch Logarithmieren der Funktionsgleichung ermitteln:

$y = x^x$

$\ln(y) = \ln(x^x)$ — • Die Funktionsgleichung wird logarithmiert.

$\ln(y) = x \cdot \ln(x)$ — • Mithilfe der Rechenregeln für Logarithmen kann so umgeformt werden, dass x nicht mehr im Exponenten auftritt.

$\frac{1}{y} \cdot y' = 1 \cdot \ln(x) + x \cdot \frac{1}{x}$ — • Implizit differenzieren und Produktregel anwenden.

$\frac{1}{y} \cdot y' = \ln(x) + 1$

$y' = y \cdot (\ln(x) + 1)$

$y' = x^x \cdot (\ln(x) + 1)$ — • y wird durch x^x ersetzt.

Von **logarithmischem Differenzieren** spricht man, wenn eine Funktionsgleichung zuerst logarithmiert und anschließend implizit differenziert wird.

B

4.194 Ermittle y′ durch logarithmisches Differenzieren: $y = x^{\sin(x)}$

Lösung:

$y = x^{\sin(x)}$ — • Logarithmieren

$\ln(y) = \ln(x^{\sin(x)})$ — • Rechenregeln für Logarithmen anwenden

$\ln(y) = \sin(x) \cdot \ln(x)$

$\frac{1}{y} \cdot y' = \cos(x) \cdot \ln(x) + \sin(x) \cdot \frac{1}{x}$ — • Implizit differenzieren; Produktregel beachten

$y' = y \cdot \left(\cos(x) \cdot \ln(x) + \sin(x) \cdot \frac{1}{x}\right)$

$y' = x^{\sin(x)} \cdot \left(\cos(x) \cdot \ln(x) + \sin(x) \cdot \frac{1}{x}\right)$ — • y wird durch $x^{\sin(x)}$ ersetzt.

B D

4.195 Ermittle y′ durch logarithmisches Differenzieren: $y = \sqrt{\frac{(x+5)\cdot(x-2)}{2x+6}}$

Erkläre den Vorteil von logarithmischem Differenzieren.

Lösung:

$$y = \sqrt{\frac{(x+5)\cdot(x-2)}{2x+6}}$$

$$\ln(y) = \ln\left(\sqrt{\frac{(x+5)\cdot(x-2)}{2x+6}}\right)$$

$$\ln(y) = \frac{1}{2} \cdot (\ln(x+5) + \ln(x-2) - \ln(2x+6))$$

$$\frac{1}{y} \cdot y' = \frac{1}{2} \cdot \left(\frac{1}{x+5} + \frac{1}{x-2} - \frac{1}{2x+6} \cdot 2\right)$$

$$y' = y \cdot \frac{1}{2} \cdot \left(\frac{1}{x+5} + \frac{1}{x-2} - \frac{1}{x+3}\right)$$

$$y' = \sqrt{\frac{(x+5)\cdot(x-2)}{2x+6}} \cdot \frac{1}{2} \cdot \left(\frac{1}{x+5} + \frac{1}{x-2} - \frac{1}{x+3}\right)$$

Durch Logarithmieren entsteht eine wesentlich einfacher abzuleitende Funktion.

4.196 Differenziere implizit und gib y' an. B
a) $x^3 - y^3 + 7x = 1$ **b)** $x \cdot \sin(y) + y \cdot \cos(x) = 0$ **c)** $x \cdot y - e^x + e^y = 1$

4.197 Differenziere implizit und ermittle den Wert der Ableitung an der angegebenen Stelle. B
a) $x^2 + y^2 = 81, x_0 = 3$ **b)** $4x^2 + 3y^2 = 12, x_0 = 0$ **c)** $e^{x \cdot y} = 1, x_0 = 2$

Aufgaben 4.198 – 4.201: Ermittle jeweils die Ableitung durch logarithmisches Differenzieren.

4.198 **a)** $y = 2x^{3x}$ **b)** $y = \sqrt[x]{3x}$ **c)** $y = x^{\sqrt{x}}$ B

4.199 **a)** $y = (\sin(x))^x$ **b)** $y = x^{\tan(x)}$ **c)** $y = (\sin(x))^{\cos(x)}$ B

4.200 **a)** $y = x^{\ln(x)}$ **b)** $y = (\ln(x))^x$ **c)** $y = (\ln(x))^{\ln(x)}$ B

4.201 **a)** $y = \frac{(x+3) \cdot (3x-1)}{(x+5)^2}$ **b)** $y = \sqrt{\frac{x \cdot (x^2+1)}{x^2-1}}$ **c)** $y = \sqrt{x} \cdot \sqrt[3]{x+1} \cdot \sqrt[4]{x+2}$ B

4.202 **1)** Differenziere implizit und ermittle, in welchen Punkten die Kurve waagrechte bzw. senkrechte Tangenten hat. A B
2) Stelle die Kurve und die Tangenten grafisch dar.
a) $(x-3)^2 + (y-5)^2 = 36$ **b)** $9x^2 + 16y^2 = 144$ **c)** $4x^2 - 9y^2 = 36$

4.203 Gegeben ist die Kurve $x^3 + y^3 - 6x \cdot y = 0$. Ermittle die Steigungen der Tangenten in den Schnittpunkten mit der 1. Mediane. B

4.204 Ermittle die Gleichung der Tangente in $x = \frac{\pi}{2}$ an die Kurve $x \cdot \sin(x) - 2y = 0$. B

4.205 Die Van-der-Waals-Gleichung ist eine Zustandsgleichung, die näherungsweise das Verhalten realer Gase beschreibt: A B

$$\left(p + \frac{a}{V_m^2}\right) \cdot (V_m - b) = R \cdot T$$

V_m ... Molvolumen, T ... Temperatur,
p ... Druck, R ... universelle Gaskonstante,
a, b ... gasspezifische Konstanten

Ermittle $\frac{dV_m}{dp}$ durch implizites Differenzieren.

4.206 In der Volkswirtschaftslehre wird die Kapitalausstattung k einer Gesellschaft pro Kopf in Abhängigkeit von der Zeit t durch folgende Formel beschrieben: B D

$k(t) = \frac{K(t)}{L(t)}$ mit K(t) ... Kapital zum Zeitpunkt t, L(t) ... Bevölkerung zum Zeitpunkt t

Zeige durch logarithmisches Differenzieren, dass gilt:

$$\frac{\dot{k}}{k} = \frac{\dot{K}}{K} - \frac{\dot{L}}{L}$$

4.207 Beweise die Ableitungsregel für folgende Funktion durch implizites Differenzieren. B D
a) $y = \arccos(x)$ **b)** $y = \arctan(x)$

4.208 Zeige die Gültigkeit der Ableitungsregel für $y = \log_a(x)$ durch implizites Differenzieren. B D

4.209 Zeige die Gültigkeit der Quotientenregel durch logarithmisches Differenzieren. B D

4.210 Zeige die Gültigkeit der Ableitungsregel für $y = a^x$ durch logarithmisches Differenzieren. B D

4.211 Die Ableitungsregel für Potenzfunktionen wurde bisher nur für Exponenten aus den natürlichen Zahlen bewiesen. Beweise durch implizites Differenzieren, dass sie auch für alle Funktionen der Form $y = \sqrt[n]{x}, n \in \mathbb{N}^*$ gilt. B D

4.9 Die Regel von de l'Hospital

Der französische Aristokrat Guillaume François Antoine Marquis de l'Hospital (1661 – 1704) veröffentlichte 1696 in Paris ein Lehrbuch zur Differentialrechnung, das größtenteils die Erkenntnisse seines Lehrers Johann Bernoulli (schweizer Arzt, 1667 – 1748) beinhaltet. Wegen seines hohen Ansehens wurde dennoch eine wichtige Regel zur Grenzwertberechnung nach ihm benannt, die **Regel von de l'Hospital**.

B D **4.212** Versuche, die Grenzwerte mithilfe der bekannten Rechenregeln zu ermitteln. Was fällt dir auf?

1) $\lim\limits_{t \to 0}\left(\frac{\sin(t)}{t}\right)$ **2)** $\lim\limits_{k \to 0}(k \cdot e^{-k})$ **3)** $\lim\limits_{a \to 2}\left(\frac{2a^3 - 16}{a^2 - 4a + 4}\right)$

Bei der Ermittlung von Grenzwerten kann das Anwenden der bekannten Rechenregeln auf die unbestimmten Ausdrücke „$\frac{0}{0}$" oder „$\frac{\infty}{\infty}$" führen. Die Differentialrechnung bietet eine Möglichkeit, den Grenzwert gegebenenfalls zu bestimmen.

ZB: Gesucht ist der Grenzwert der Funktion $f(x) = \frac{g(x)}{h(x)} = \frac{1 - \cos(x)}{\sin(x)}$ an der Stelle $x_0 = 0$.

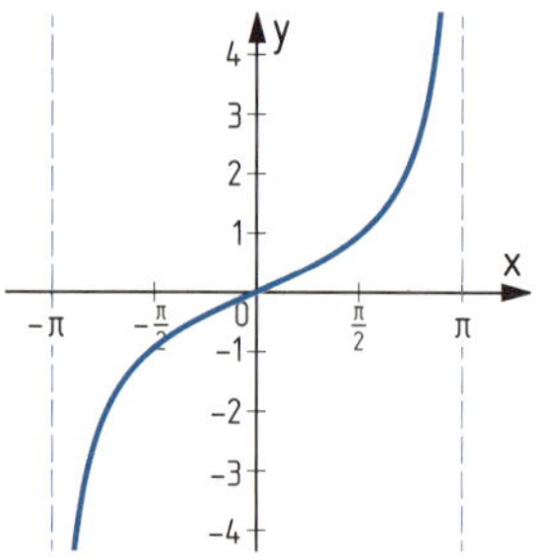

$$\lim_{x \to 0}\left(\frac{1 - \cos(x)}{\sin(x)}\right) = „\frac{0}{0}"$$

Diese Berechnung führt zu einem unbestimmten Ausdruck. Im Folgenden wird gezeigt, wie man den Grenzwert in diesem Fall ermitteln kann. Dabei ist vorausgesetzt, dass die Funktionen g und h stetig sind.

$$f(x) = \frac{g(x)}{h(x)} = \frac{g(x) - g(x_0)}{h(x) - h(x_0)}$$

- Da g und h stetig sind, gilt: $\lim\limits_{x \to x_0}(g(x)) = g(x_0) = 0$, $\lim\limits_{x \to x_0}(h(x)) = h(x_0) = 0$
  Daher gilt auch: $g(x) = g(x) - g(x_0)$, $h(x) = h(x) - h(x_0)$

$$f(x) = \frac{\frac{g(x) - g(x_0)}{x - x_0}}{\frac{h(x) - h(x_0)}{x - x_0}}$$

- Zähler und Nenner werden jeweils mit $\frac{1}{x - x_0}$ erweitert.

$$\lim_{x \to x_0}(f(x)) = \lim_{x \to x_0}\left(\frac{\frac{g(x) - g(x_0)}{x - x_0}}{\frac{h(x) - h(x_0)}{x - x_0}}\right) = \frac{\lim\limits_{x \to x_0}\left(\frac{g(x) - g(x_0)}{x - x_0}\right)}{\lim\limits_{x \to x_0}\left(\frac{h(x) - h(x_0)}{x - x_0}\right)} = \frac{g'(x_0)}{h'(x_0)} = \lim_{x \to x_0}\left(\frac{g'(x)}{h'(x)}\right) \Rightarrow \lim_{x \to x_0}(f(x)) = \lim_{x \to x_0}\left(\frac{g(x)}{h(x)}\right) = \lim_{x \to x_0}\left(\frac{g'(x)}{h'(x)}\right)$$

- Bei der Ermittlung des Grenzwerts dürfen Zähler und Nenner getrennt ausgewertet werden (Grenzwertsätze).

$$\lim_{\Delta x \to 0}\left(\frac{g(x_0 + \Delta x) - g(x_0)}{x_0 + \Delta x - x_0}\right) = \lim_{x \to x_0}\left(\frac{g(x) - g(x_0)}{x - x_0}\right) = g'(x_0)$$

Für $f(x) = \left(\frac{1 - \cos(x)}{\sin(x)}\right)$ gilt daher:

$g(x) = 1 - \cos(x) \Rightarrow g'(x) = \sin(x)$
$h(x) = \sin(x) \Rightarrow h'(x) = \cos(x)$

$$\lim_{x \to 0}(f(x)) = \lim_{x \to 0}\left(\frac{g(x)}{h(x)}\right) = \lim_{x \to 0}\left(\frac{g'(x)}{h'(x)}\right) = \lim_{x \to 0}\left(\frac{\sin(x)}{\cos(x)}\right) = \frac{\sin(0)}{\cos(0)} = \frac{0}{1} = 0$$

1. Regel von de l'Hospital

Sind die Funktionen g(x) und h(x) an der Stelle x_0 differenzierbar und ist $\lim\limits_{x \to x_0}(g(x)) = 0$, $\lim\limits_{x \to x_0}(h(x)) = 0$ sowie $\lim\limits_{x \to x_0}(h'(x)) \neq 0$, kann der Grenzwert der Funktion $f(x) = \frac{g(x)}{h(x)}$ an der Stelle x_0 wie folgt berechnet werden:

$$\lim_{x \to x_0}\left(\frac{g(x)}{h(x)}\right) = \lim_{x \to x_0}\left(\frac{g'(x)}{h'(x)}\right)$$

2. Regel von de l'Hospital

Ist $\lim\limits_{x \to \infty}(g(x)) = 0$, $\lim\limits_{x \to \infty}(h(x)) = 0$ sowie $\lim\limits_{x \to \infty}(h'(x)) \neq 0$, so kann man den Grenzwert der Funktion $f(x) = \frac{g(x)}{h(x)}$ für $x \to \infty$ mit $\lim\limits_{x \to \infty}\left(\frac{g(x)}{h(x)}\right) = \lim\limits_{x \to \infty}\left(\frac{g'(x)}{h'(x)}\right)$ berechnen.

Die beiden Regeln gelten auch für $\lim\limits_{x \to x_0}(g(x)) = \pm\infty$ und $\lim\limits_{x \to x_0}(h(x)) = \pm\infty$.

- Die 2. Regel von de l'Hospital resultiert aus der ersten für $x_0 = \pm\infty$ und ist hier ohne Beweis angegeben.
- Um die Regeln von de l'Hospital anwenden zu können, muss eine Funktion gegebenenfalls in einen Bruchterm umgewandelt werden.
- Man kann die Regeln von de l'Hospital auch mehrmals hintereinander anwenden, um zu einem Ergebnis für den Grenzwert zu kommen.
- Durch das Anwenden der Regeln von de l'Hospital kann der Grenzwert nicht immer ermittelt werden.

4.213 Stelle die Funktion $f(x) = x \cdot \sin\left(\frac{1}{x}\right)$ grafisch dar. Gib eine Vermutung für den Grenzwert für $x \to \infty$ an und überprüfe diese unter Verwendung der Regel von de l'Hospital.

B C D TE

Lösung:

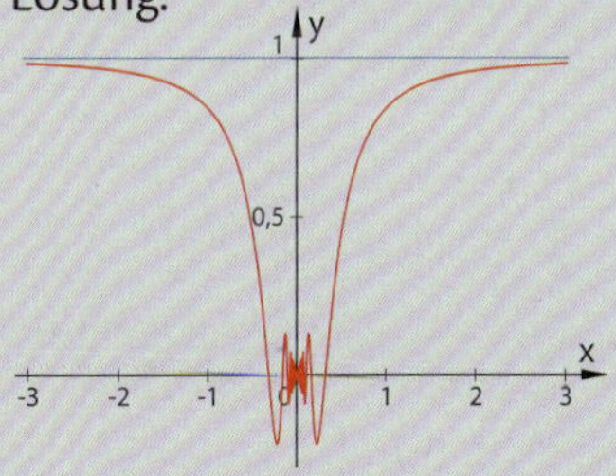

Anhand des Graphen lässt sich vermuten, dass sich die Funktionswerte von f(x) für $x \to \infty$ dem Wert 1 nähern.

$$f(x) = x \cdot \sin\left(\frac{1}{x}\right) = \frac{\sin\left(\frac{1}{x}\right)}{\frac{1}{x}}$$

- Um die Regel von de l'Hospital anwenden zu können, wird die Funktion auf einen Bruch umgeformt.

$$\lim_{x \to \infty}(f(x)) = \frac{\lim\limits_{x \to \infty}\left(\sin\left(\frac{1}{x}\right)\right)}{\lim\limits_{x \to \infty}\left(\frac{1}{x}\right)} = „\frac{\sin(0)}{0}“ = „\frac{0}{0}“$$

- Anwenden der Grenzwertsätze führt auf den Ausdruck $„\frac{0}{0}“$. Es kann daher die Regel von de l'Hospital angewendet werden.

$$\lim_{x \to \infty}\left(\frac{\sin\left(\frac{1}{x}\right)}{\frac{1}{x}}\right) = \lim_{x \to \infty}\left(\frac{-\frac{1}{x^2} \cdot \cos\left(\frac{1}{x}\right)}{-\frac{1}{x^2}}\right) =$$

$$= \lim_{x \to \infty}\left(\cos\left(\frac{1}{x}\right)\right) = \cos(0) = 1$$

B **4.214** Berechne den Grenzwert der Funktion $y(t) = \frac{2t^3 + 6t^2 + 6t + 2}{t^2 + 2t + 1}$ an der Stelle $t_0 = -1$.

Lösung:

$\lim\limits_{t \to t_0}(y(t)) = \lim\limits_{t \to -1}\left(\frac{2t^3 + 6t^2 + 6t + 2}{t^2 + 2t + 1}\right) = „\frac{0}{0}“$ • Die herkömmliche Berechnung führt auf „$\frac{0}{0}$“.

$\lim\limits_{t \to t_0}(y(t)) = \lim\limits_{t \to -1}\left(\frac{6t^2 + 12t + 6}{2t + 2}\right) = „\frac{0}{0}“$ • Die Anwendung der Regel von de l'Hospital führt ebenfalls auf „$\frac{0}{0}$“.

$\lim\limits_{t \to t_0}(y(t)) = \lim\limits_{t \to -1}\left(\frac{12t + 12}{2}\right) = \frac{0}{2} = 0$ • Erst die zweite Anwendung der Regel von de l'Hospital führt zu einem Grenzwert.

B **4.215** ***1)*** Stelle die Funktion $f(x) = \frac{3x}{x}$ und $g(x) = 3$ grafisch dar. Beschreibe den Unterschied zwischen f und g.
2) Ermittle den Grenzwert von f für $x \to 0$ und erkläre dessen Bedeutung.

Aufgaben 4.216 – 4.223: Führe jeweils die Grenzwertberechnung unter Verwendung der Regeln von de l'Hospital durch.

B **4.216** **a)** $\lim\limits_{y \to -2}\left(\frac{4y + 8}{y + 2}\right)$ **b)** $\lim\limits_{x \to 3}\left(\frac{x^2 - 9}{x - 3}\right)$ **c)** $\lim\limits_{a \to -8}\left(\frac{a^2 + 16a + 64}{a + 8}\right)$

B **4.217** **a)** $\lim\limits_{b \to 4}\left(\frac{3b^2 - 12b}{b - 4}\right)$ **b)** $\lim\limits_{x \to -0{,}2}\left(\frac{25x^2 + 5x}{5x + 1}\right)$ **c)** $\lim\limits_{x \to -1}\left(\frac{3x^2 + 6x + 3}{x + 1}\right)$

B **4.218** **a)** $\lim\limits_{t \to 1}\left(\frac{t^3 - t^2 - t + 1}{t^2 - 2t + 1}\right)$ **b)** $\lim\limits_{t \to -0{,}5}\left(\frac{5t^3 + 15t^2 - 20}{4t^2 + 4t + 1}\right)$ **c)** $\lim\limits_{t \to \frac{1}{3}}\left(\frac{9t^3 + 12t^2 - 11t + 2}{9t^2 - 6t + 1}\right)$

B **4.219** **a)** $\lim\limits_{t \to \infty}\left(\frac{t}{e^t}\right)$ **b)** $\lim\limits_{t \to \infty}\left(\frac{t^2}{2e^t}\right)$ **c)** $\lim\limits_{t \to \infty}\left(\frac{e^t}{t^2}\right)$

B **4.220** **a)** $\lim\limits_{x \to 0}\left(\frac{\sin(2x)}{\sin(x)}\right)$ **b)** $\lim\limits_{x \to 0}\left(\frac{x^3}{\sin^2(x)}\right)$ **c)** $\lim\limits_{x \to 0}(x \cdot \ln(x))$

B **4.221** **a)** $\lim\limits_{x \to \infty}(e^{-x} \cdot x^2)$ **b)** $\lim\limits_{x \to \infty}(x^{-3} \cdot e^x)$ **c)** $\lim\limits_{x \to \infty}(x^{-1} \cdot \ln(x))$

B **4.222** **a)** $\lim\limits_{t \to \infty}\left(\frac{2^t}{t^2}\right)$ **b)** $\lim\limits_{t \to \infty}\left(\frac{e^t}{\ln(t)}\right)$ **c)** $\lim\limits_{t \to \infty}\left(\frac{2e^t}{t^2}\right)$

B **4.223** **a)** $\lim\limits_{x \to \infty}\left(\frac{\ln(x)}{\sqrt[5]{x}}\right)$ **b)** $\lim\limits_{x \to \infty}\left(\frac{\sqrt{x}}{\ln(x)}\right)$ **c)** $\lim\limits_{x \to \infty}\left(\frac{\log_a(x)}{\ln(x)}\right)$

A B D **4.224** Ein achsenparallel einfallender Lichtstrahl trifft auf eine von Luft umgebene Linse mit den Krümmungsradien r_1, r_2 und der Scheiteldicke d.
Für die Brennweite f dieser Linse gilt:

$$f = \frac{1}{n - 1} \cdot \frac{n \cdot r_1 \cdot r_2}{(n - 1) \cdot d + (r_2 - r_1) \cdot n}$$

n … Brechzahl der Linse

1) Berechne den Grenzwert der Brennweite f für $r_2 \to \infty$.
2) Ist ein Krümmungsradius einer Linse unendlich groß, so spricht man von einer Planlinse. Welche Aussagen kann man aufgrund der Berechnung in ***1)*** über die Brennweite einer Planlinse treffen?

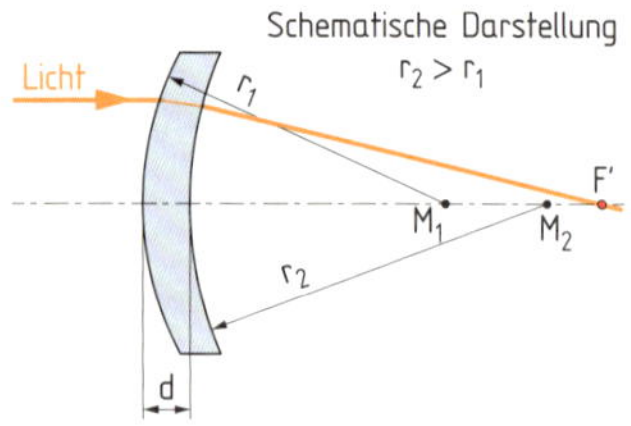

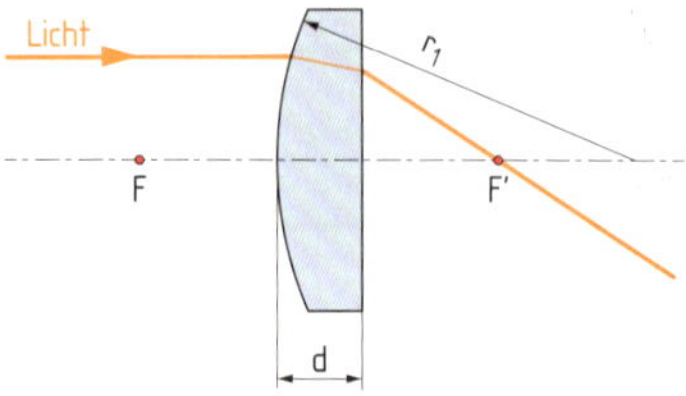

4.10 Ableitungen von Kurven in Parameterdarstellung und in Polarkoordinaten

In vielen Maschinen befinden sich drehbare Teile, die aneinander abrollen. Um Gehäuse zu dimensionieren oder Kräfteübertragungen berechnen zu können, ist es wichtig, solche Bewegungsabläufe zu beschreiben. Diese Beschreibung erfordert oft die Darstellung von Kurven in **Parameterdarstellung** oder mithilfe von **Polarkoordinaten** (vgl. Band 2, Abschnitt 9).

4.10.1 Ableitungen von Kurven in Parameterdarstellung

4.225 Ein Fensterputzer erhält den Auftrag, eine Glaswand zu reinigen. Dazu lehnt er eine 6 m lange Leiter im Winkel $\varphi = 60°$ an die senkrecht stehende Glaswand. Als er auf einer bestimmten Sprosse ankommt, beginnt die Leiter abzurutschen. Vor Schreck erstarrt der Fensterputzer und klammert sich an der Leiter fest.

1) Zeichne den Bewegungsverlauf des Fußpunkts des Fensterputzers einerseits für den Fall, dass er sich genau in der Mitte der Leiter befindet, andererseits für den Fall, dass er nur 2 Meter auf der Leiter zurückgelegt hat.

2) Überlege, wie man die „Abrutschgeschwindigkeit“ des Fensterputzers ermitteln könnte.

ZB: Ein Körper bewegt sich mit der Winkelgeschwindigkeit $\omega = 2\,s^{-1}$ auf einer elliptischen Bahn um einen massereicheren Körper, ähnlich wie sich der Mond um die Erde bewegt. Um die Momentangeschwindigkeit des Körpers zu ermitteln, benötigt man die Parameterdarstellung seiner Bahnkurve abhängig von der Zeit t in Sekunden:

$x(t) = 3 \cdot \cos(2t)$ x, y … Koordinaten in m
$y(t) = 2 \cdot \sin(2t)$

Man kann diese Bahnkurve in Vektorschreibweise angeben: $\vec{r}(t) = \begin{pmatrix} x(t) \\ y(t) \end{pmatrix} = \begin{pmatrix} 3 \cdot \cos(2t) \\ 2 \cdot \sin(2t) \end{pmatrix}$

Die **Momentangeschwindigkeit** v(t) ist der Betrag des Geschwindigkeitsvektors $\vec{v}(t)$.

Der Geschwindigkeitsvektor verläuft tangential an die Bahnkurve. Seine Komponenten $\dot{x}$ und $\dot{y}$ erhält man durch Ableiten von x(t) und y(t) nach der Zeit t.

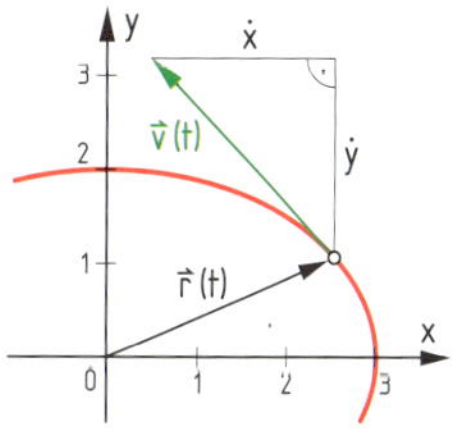

$\dot{x} = -6 \cdot \sin(2t)$
$\dot{y} = 4 \cdot \cos(2t)$
$\vec{v}(t) = \dot{\vec{r}} = \begin{pmatrix} \dot{x} \\ \dot{y} \end{pmatrix} = \begin{pmatrix} -6 \cdot \sin(2t) \\ 4 \cdot \cos(2t) \end{pmatrix}$

Der Betrag des Vektors wird mithilfe des Satzes von Pythagoras ermittelt.

$v(t) = |\vec{v}(t)| = \sqrt{\dot{x}^2 + \dot{y}^2} = \sqrt{(-6 \cdot \sin(2t))^2 + (4 \cdot \cos(2t))^2} = \sqrt{36 \cdot \sin^2(2t) + 16 \cdot \cos^2(2t)}$

Der Körper hat zum Beispiel zum Zeitpunkt t = 0,5 s folgende Momentangeschwindigkeit:

$v(0{,}5\ s) = \sqrt{36 \cdot \sin^2(2 \cdot 0{,}5) + 16 \cdot \cos^2(2 \cdot 0{,}5)} \approx 5{,}492\ \frac{m}{s}$

Differentialrechnung

Betrachtet man die Parameterdarstellung der Ellipse rein mathematisch, so kann der vorher berechnete Geschwindigkeitsvektor $\vec{v}(t)$ als Tangente an die Kurve interpretiert werden. Seine Komponenten $\dot{x}$ und $\dot{y}$ bilden die Katheten des Steigungsdreiecks.
Die Steigung k der Tangente kann als Quotient der beiden Komponenten $\dot{x}$ und $\dot{y}$ berechnet werden. In Anlehnung an die übliche Schreibweise wird sie y' genannt.

$$k = y' = \frac{\frac{dy}{dt}}{\frac{dx}{dt}} = \frac{\dot{y}}{\dot{x}} = -\frac{4 \cdot \cos(2t)}{6 \cdot \sin(2t)} = -\frac{2}{3} \cdot \frac{1}{\tan(2t)}$$

- Da x(t) und y(t) vom Parameter t abhängen, hängt auch y' von t ab.

Bei der Ableitung von Kurven in Parameterdarstellung ist es üblich, die Punktschreibweise zu verwenden, obwohl es sich nicht immer um Ableitungen nach der Zeit handelt. Um die Gleichung der Tangente an der Stelle t = 0,5 zu ermitteln, gibt es zwei Möglichkeiten:

- Parameterdarstellung: $\overrightarrow{OX} = \vec{r}(t) + \lambda \cdot \vec{v}(t)$

$$t: \overrightarrow{OX} = \begin{pmatrix} x(t) \\ y(t) \end{pmatrix} + \lambda \cdot \begin{pmatrix} \dot{x}(t) \\ \dot{y}(t) \end{pmatrix} =$$
$$= \begin{pmatrix} x(0,5) \\ y(0,5) \end{pmatrix} + \lambda \cdot \begin{pmatrix} \dot{x}(0,5) \\ \dot{y}(0,5) \end{pmatrix} \approx \begin{pmatrix} 1,621 \\ 1,683 \end{pmatrix} + \lambda \cdot \begin{pmatrix} -5,049 \\ 2,161 \end{pmatrix}$$

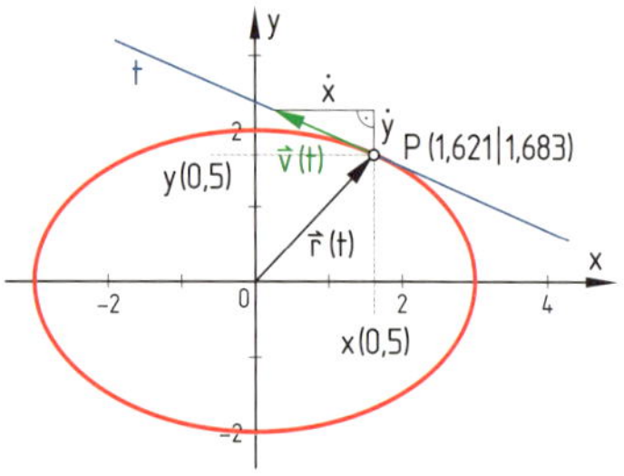

- Normalform der Geradengleichung: $y = k \cdot x + d$
  $k = y'(0,5) = -0,428...$; durch Einsetzen von P erhält man: $d = 2,376...$
  Die Gleichung der Tangente für den Parameter t = 0,5 lautet: $y = -0,428 \cdot x + 2,377$

Bei der Ableitung einer Kurve in Parameterdarstellung werden die Komponenten x(t) und y(t) einzeln differenziert.

Tangentensteigung $y' = \frac{\dot{y}}{\dot{x}}$

Handelt es sich um eine Weg-Zeit-Funktion, erhält man die **Momentangeschwindigkeit** v mit: $v(t) = |\vec{v}(t)| = \sqrt{\dot{x}^2 + \dot{y}^2}$

B

4.226 Für die Projektion einer Schwingung auf eine Ebene gelten die Gleichungen:
$x(t) = \cos(t)$, $y(t) = \sin(t) + \sin(2t)$
1) Bestimme die Gleichung der Tangente für den Parameter $t = \frac{\pi}{5}$.
2) Berechne deren Schnittwinkel mit der x-Achse.

Lösung:

1) $\dot{x} = -\sin(t)$
$\dot{y} = \cos(t) + 2 \cdot \cos(2t)$
$y' = \frac{\dot{y}}{\dot{x}} = -\frac{\cos(t) + 2 \cdot \cos(2t)}{\sin(t)}$
$y'\left(\frac{\pi}{5}\right) = -2,427...$
$y\left(\frac{\pi}{5}\right) = y'\left(\frac{\pi}{5}\right) \cdot x\left(\frac{\pi}{5}\right) + d$
$d = 3,503...$
$y = -2,427... \cdot x + 3,503$
2) $\alpha = -\arctan(-2,427...) =$
$= 1,18...\text{ rad} \approx 67,61°$

- Ableiten von x(t) und y(t)

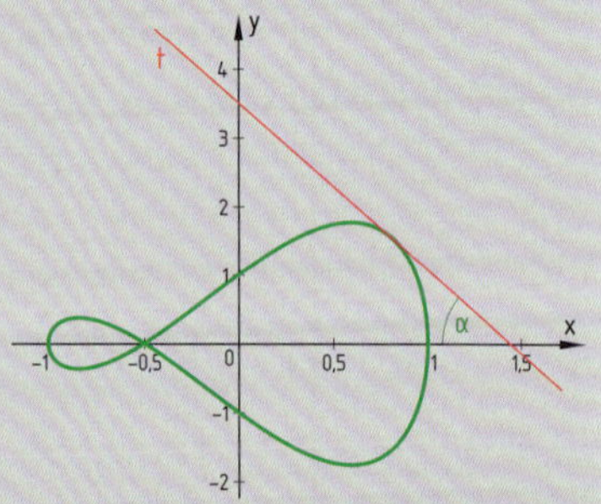

- Berechnen des y-Achsenabschnitts d mithilfe der Normalform der Geradengleichung
- Berechnen des Winkels α

4.227 Am Rand einer Kreisscheibe rollt eine kleinere Kreisscheibe ab. Wählt man für den Parameter t den Drehwinkel am größeren Kreis, so gilt für die Bewegung eines Punkts am Rand der kleineren Kreisscheibe:
$x(t) = 5 \cdot \cos(t) - \cos(5t)$, $y(t) = 5 \cdot \sin(t) - \sin(5t)$

1) Berechne die Komponenten $\dot{x}$ und $\dot{y}$ der Geschwindigkeit.
2) Berechne die Komponenten $\ddot{x}$ und $\ddot{y}$ der Beschleunigung.
3) Ermittle die Gleichungen der Tangenten für die Parameter $t = \frac{\pi}{4}$ und $t = \frac{3\pi}{4}$.
4) Gib den Schnittwinkel der beiden Tangenten an.

Lösung:

1) $\dot{x} = -5 \cdot \sin(t) + 5 \cdot \sin(5t)$, $\dot{y} = 5 \cdot \cos(t) - 5 \cdot \cos(5t)$

2) $\ddot{x} = -5 \cdot \cos(t) + 25 \cdot \cos(5t)$, $\ddot{y} = -5 \cdot \sin(t) + 25 \cdot \sin(5t)$

3) $y' = \frac{5 \cdot (\cos(t) - \cos(5t))}{5 \cdot (\sin(5t) - \sin(t))} = \frac{\cos(t) - \cos(5t)}{\sin(5t) - \sin(t)}$

$y'\left(\frac{\pi}{4}\right) = -1 \Rightarrow y\left(\frac{\pi}{4}\right) = y'\left(\frac{\pi}{4}\right) \cdot x\left(\frac{\pi}{4}\right) + d \Rightarrow d = 6 \cdot \sqrt{2}$

1. Tangente: $y = -x + 6 \cdot \sqrt{2}$

$y'\left(\frac{3\pi}{4}\right) = 1 \Rightarrow y\left(\frac{3\pi}{4}\right) = y'\left(\frac{3\pi}{4}\right) \cdot x\left(\frac{3\pi}{4}\right) + d \Rightarrow d = 6 \cdot \sqrt{2}$

2. Tangente: $y = x + 6 \cdot \sqrt{2}$

4) Da die Tangenten die Steigungen $k_1 = 1$ und $k_2 = -1$ haben, beträgt der Schnittwinkel 90°.

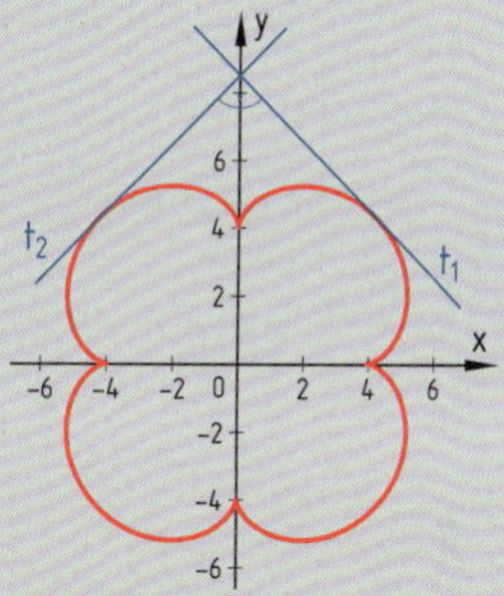

4.228 Die Kurve $x(t) = t^2$, $y(t) = \frac{t}{4} \cdot (4 - t^2)$ wird Parabola nodata („verknotete Parabel") genannt.

1) Bestimme die Gleichung der Tangente für t = 0,5.
2) Bestimme den Winkel in Grad, den diese Tangente mit der x-Achse einschließt.
3) Stelle die Kurve und ihre Tangente grafisch dar.

Lösung mit Mathcad:

$x(t) := t^2$ $\quad x1(t) := \frac{d}{dt}x(t) \to 2 \cdot t$

- Definieren der Gleichungen x(t) und y(t) und bilden der ersten Ableitungen x1(t) und y1(t)

$y(t) := \frac{t}{4} \cdot (4 - t^2)$ $\quad y1(t) := \frac{d}{dt}y(t) \to 1 - \frac{3}{4} \cdot t^2$

$f1(t) := \frac{y1(t)}{x1(t)} \to \frac{1}{2} \cdot \frac{1 - \frac{3}{4} \cdot t^2}{t}$

- Berechnen der Steigung der Tangente f1(t) als Quotient von y1(t) und x1(t)

$y(0.5) = f1(0.5) \cdot x(0.5) + d$ auflösen, d $\to .265625$

$d := 0.265625$

- Aufstellen der Geradengleichung, t = 0,5 einsetzen und nach d lösen

$g(t) := f1(0.5) \cdot t + d$

- Definieren der Tangente g(t)

$° := \frac{180}{\pi}$ $\quad \alpha := \text{atan}(f1(0.5))$ $\quad \alpha \cdot ° = 39.094$

- Definieren der Einheit Grad und berechnen des Steigungswinkels α

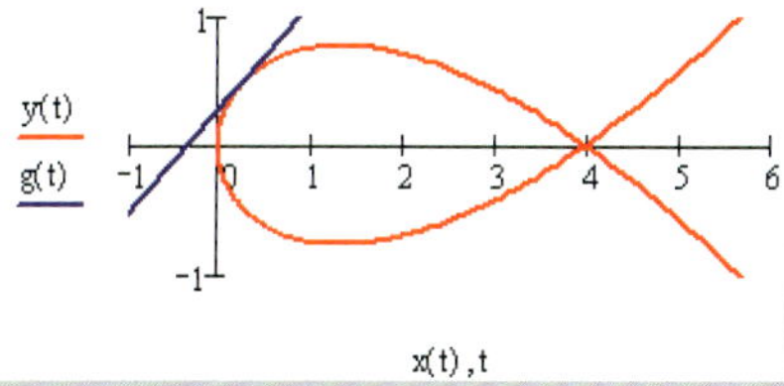

- Anfertigen der Grafik der Kurve und ihrer Tangente

Differentialrechnung

Aufgaben 4.229 – 4.230: Bestimme jeweils die erste Ableitung der gegebenen Kurve und gib die Gleichung der Tangente für den Parameter t = 1 an.

4.229 **a)** $x(t) = t,\ y(t) = t^2 - 2$ **b)** $x(t) = t^2,\ y(t) = 2t + 1$ **c)** $x(t) = 2t^2,\ y(t) = t^3$ **d)** $x(t) = t + 1,\ y(t) = 0{,}5t^2$

4.230 **a)** $x(t) = \frac{1}{t+3},\ y(t) = t - 1$ **b)** $x(t) = t^2 + 2,\ y(t) = \frac{1}{t^2}$ **c)** $x(t) = 4t,\ y(t) = \frac{1}{t^3+4}$ **d)** $x(t) = \frac{t}{4-t^2},\ y(t) = 2t$

4.231 Bestimme die Tangente an die gegebene Lissajous-Figur für den Parameter $t = \frac{\pi}{4}$. Berechne den Winkel, den die Tangente mit der waagrechten Achse einschließt.

a) $x(t) = 4 \cdot \sin(t),\ y(t) = \cos(t)$ **b)** $x(t) = 4 \cdot \sin(2t),\ y(t) = 2 \cdot \cos(3t)$ **c)** $x(t) = \sin\left(t + \frac{\pi}{4}\right),\ y(t) = 2 \cdot \cos\left(t + \frac{\pi}{4}\right)$ **d)** $x(t) = 6 \cdot \sin(t),\ y(t) = 3 \cdot \cos(2t)$

4.232 Ein Industriekabel wird so von einer Kabeltrommel mit dem Radius r = 1,5 m abgewickelt, dass die Trommel fest bleibt und das Kabel immer gespannt ist. Die Kurve, die das freie Ende des Kabels beschreibt, nennt man Kreisevolvente. Ihre Parameterdarstellung lautet:

$x(t) = r \cdot (\cos(t) + t \cdot \sin(t))$
$y(t) = r \cdot (\sin(t) - t \cdot \cos(t))$

a) Bestimme die Gleichung der Tangente an die Evolvente für den Parameter t = 2.
b) An welchem Punkt der Evolvente gibt es eine Tangente mit einem Steigungswinkel von 45°?

4.233 Zum Anbringen von Fahrbahnmarkierungen benutzt man eine Walze mit dem Radius r, an deren Rand eine Farbdüse angebracht ist, die beim Abrollen in gleich bleibenden Abständen Farbtupfer auf die Fahrbahn sprüht. Die Bahnkurve dieser Düse kann als gespitzte Zykloide dargestellt werden:

$x(t) = r \cdot (t - \sin(t))$
$y(t) = r \cdot (1 - \cos(t))$

1) Berechne den Winkel, den die Zykloide bei einem Walzendurchmesser von d = 0,4 m im Ursprung eines Koordinatensystems mit der waagrechten Achse einschließt.
2) Berechne jene Punkte mit $t \in [0; 5\pi]$, deren Tangenten die Steigung k = 0 haben.

4.234 Eine Wasserflasche rollt auf einem ebenen Tisch mit der Höhe $h_0 = 1{,}2$ m mit einer Geschwindigkeit von $v_0 = 2\,\frac{m}{s}$ gegen die Kante. Die anschließende Fallbewegung der Flasche kann in Parameterdarstellung angegeben werden:

$x(t) = v_0 \cdot t$
$y(t) = h_0 - \frac{g}{2} \cdot t^2$ mit $g \approx 10\,\frac{m}{s^2}$

1) Berechne, in welcher waagrechten Entfernung von der Tischkante die Flasche auf dem Boden aufprallt.
2) Berechne, mit welcher Geschwindigkeit sie aufschlägt.
3) Berechne, in welchem Winkel sie aufschlägt.

4.235 Eine Nephroide („Kaffeehäferlkurve") ist durch die Parameterdarstellung

$x(t) = \frac{3}{4} \cdot \cos(t) - \frac{1}{4} \cdot \cos(3t)$
$y(t) = \frac{3}{4} \cdot \sin(t) - \frac{1}{4} \cdot \sin(3t)$ gegeben.

Stelle die Nephroide im Intervall $[0; 2\pi]$ grafisch dar und berechne jenen Winkel, den die Tangenten für die Parameter $t_1 = \frac{\pi}{3}$ und $t_2 = \frac{2\pi}{3}$ miteinander einschließen.

4.236 Aus einem Wasserspeier fließt Regenwasser mit einer Geschwindigkeit $v_0 = 0{,}8\,\frac{m}{s}$ unter einem Winkel von 75° gegenüber der Vertikalen ab. Er befindet sich in einer Höhe $h_0 = 40$ m über dem Boden und ragt $x_0 = 50$ cm über die Gebäudemauer.

1) Stelle die Parameterdarstellung der Bahnkurve auf ($g \approx 10\,\frac{m}{s^2}$).

Hinweis: v_0 ist der Betrag des Geschwindigkeitsvektors $\vec{v}_0$. Ermittle zuerst die x- und die y-Komponente von $\vec{v}_0$.

2) Berechne, in welcher waagrechten Entfernung von der Gebäudemauer der Wasserstrahl auf dem Boden auftrifft.

3) Berechne, mit welcher Geschwindigkeit und unter welchem Winkel der Strahl auftrifft.

4.237 Die Parameterdarstellung einer logarithmischen Spirale lautet:

$x(t) = 2 \cdot e^{0{,}5 \cdot t} \cdot \cos(4t)$

$y(t) = 2 \cdot e^{0{,}5 \cdot t} \cdot \sin(4t)$

1) Stelle die Kurve für t aus dem Intervall $[0; 2\pi]$ grafisch dar.

2) Berechne die Gleichung der Tangente an die Kurve für den Parameter $t = 0{,}5$ und bestimme den Winkel, den sie mit der waagrechten Achse einschließt.

4.238 Stelle die beiden in Parameterdarstellung gegebenen Kurven für t aus dem Intervall $[0; 2\pi]$ grafisch dar. Berechne ihre Schnittpunkte und die Schnittwinkel.

a) $x_1(t) = 2 \cdot \cos(t),\ y_1(t) = 3 \cdot \sin(t)$
$x_2(t) = 3 \cdot \cos(t),\ y_2(t) = 2 \cdot \sin(t)$

b) $x_1(t) = \frac{3}{\cos(t)},\ y_1(t) = \tan(t)$
$x_2(t) = 5 \cdot \cos(t),\ y_2(t) = 3 \cdot \sin(t)$

4.10.2 Ableitungen von Kurven in Polarkoordinaten

Ist eine Kurve in Polarkoordinaten, also durch eine Gleichung der Form $r = r(\varphi)$ angegeben, so kann der Steigungswinkel der Kurve mihilfe der Tangente ermittelt werden. Die Vorgangsweise wird anhand eines Beispiels gezeigt.

ZB: Die Gleichung einer Rosenkurve in Polarform lautet $r(\varphi) = \sin(2\varphi)$. Leitet man diese Funktion ab und geht man dabei genauso vor wie bei der Ableitung einer Funktion in kartesischen Koordinaten, so erhält man:

$$r'(\varphi) = \frac{dr}{d\varphi} = 2 \cdot \cos(2\varphi)$$

Diese Funktion beschreibt allerdings geometrisch nicht die Steigungen der Tangenten an die Kurve. Um diese Steigungen zu erhalten, wird wie folgt vorgegangen:

Zwischen dem Punkt $P(r|\varphi)$ und dem Punkt $Q(r + \Delta r|\varphi + \Delta\varphi)$ überstreicht der Polstrahl den Winkel $\Delta\varphi$.

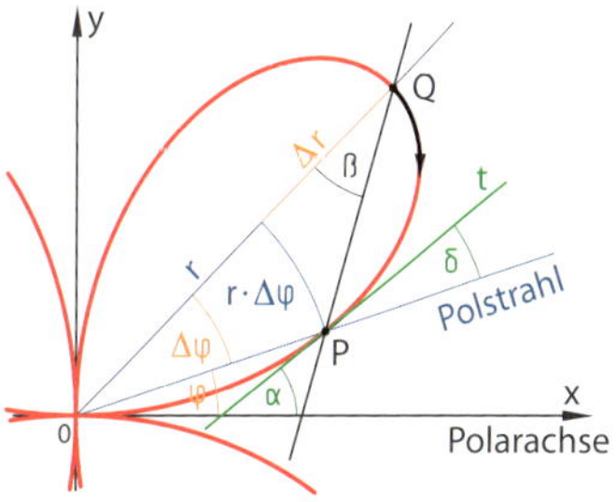

Geht $\Delta\varphi \to 0$, nähert sich der Punkt Q immer mehr dem Punkt P. Die Sekante PQ nähert sich der Tangente t im Punkt P.

Ebenso geht Δr gegen null und der Winkel β nähert sich dem Winkel δ. Es entsteht ein „unendlich kleines", rechtwinkliges Dreieck mit den Katheten $r \cdot \Delta\varphi$ und Δr.

$\tan(\beta) \approx \frac{r \cdot \Delta\varphi}{\Delta r}$ bzw. für $\Delta\varphi \to 0$: $\tan(\delta) = \frac{r \cdot d\varphi}{dr} = \frac{r}{\frac{dr}{d\varphi}} = \frac{r(\varphi)}{r'(\varphi)}$

Für die so genannte **polare Steigung** $\tan(\delta)$ gilt somit: $\tan(\delta) = \frac{r(\varphi)}{r'(\varphi)}$

Für die gegebene Rosenkurve $r(\varphi) = \sin(2\varphi)$ erhält man damit: $\tan(\delta) = \frac{\sin(2\varphi)}{2 \cdot \cos(2\varphi)} = \frac{1}{2} \cdot \tan(2\varphi)$

Für den Winkel α, den die Tangente mit der Polarachse einschließt, gilt: $\alpha = \varphi + \delta$

Nun kann eine Formel entwickelt werden, mit der die Tangentensteigung – ohne vorherige Berechnung der polaren Steigung – ermittelt werden kann.

$$\alpha = \varphi + \delta$$

$$\tan(\alpha) = \tan(\varphi + \delta)$$

$$\tan(\varphi + \delta) = \frac{\tan(\varphi) + \tan(\delta)}{1 - \tan(\varphi) \cdot \tan(\delta)} =$$

- Summensatz für den Tangens

$$= \frac{\tan(\varphi) + \frac{r(\varphi)}{r'(\varphi)}}{1 - \tan(\varphi) \cdot \frac{r(\varphi)}{r'(\varphi)}} = \frac{r'(\varphi) \cdot \tan(\varphi) + r(\varphi)}{r'(\varphi) - r(\varphi) \cdot \tan(\varphi)}$$

- Einsetzen für $\tan(\delta) = \frac{r(\varphi)}{r'(\varphi)}$

In Kurzform: $k = \tan(\alpha) = \frac{r' \cdot \tan(\varphi) + r}{r' - r \cdot \tan(\varphi)}$

Der Schnittwinkel zwischen dem Polstrahl und der Tangente an eine Kurve $r = r(\varphi)$ kann mit $\tan(\delta) = \frac{r(\varphi)}{r'(\varphi)}$ für jeden beliebigen Winkel φ berechnet werden.

Dieser Ausdruck wird **polare Steigung** genannt.

Für die **Steigung** k einer Tangente an die Kurve gilt: $k = \tan(\alpha) = \frac{r' \cdot \tan(\varphi) + r}{r' - r \cdot \tan(\varphi)}$

4.239 Die Polarform einer Pascal'schen Schnecke lautet: $r(\varphi) = 2 \cdot \cos(\varphi) + 1$

1) Stelle eine Formel für die polare Steigung auf.

2) Gib die Steigung der Tangente an die Kurve allgemein an.

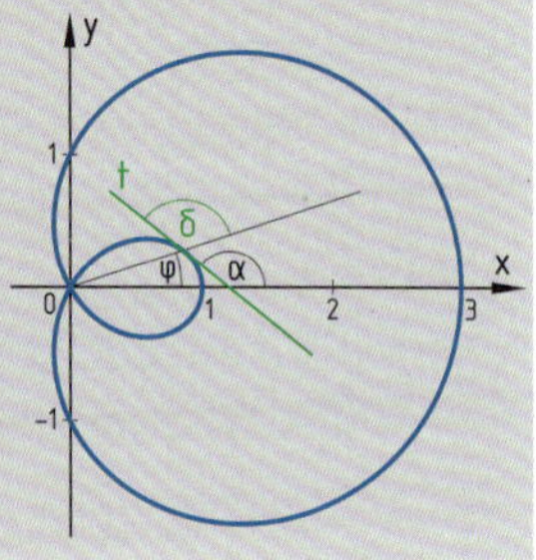

Lösung:

1) $r'(\varphi) = -2 \cdot \sin(\varphi)$ • Ableiten von $r(\varphi)$

$\tan(\delta) = \frac{r(\varphi)}{r'(\varphi)} = -\frac{2 \cdot \cos(\varphi) + 1}{2 \cdot \sin(\varphi)}$ • Einsetzen in $\tan(\delta)$

2) $\tan(\alpha) = \frac{-2 \cdot \sin(\varphi) \cdot \tan(\varphi) + 2 \cdot \cos(\varphi) + 1}{-4 \cdot \sin(\varphi) - \tan(\varphi)}$ • Einsetzen in $\tan(\alpha)$

Aufgaben 4.240 – 4.241: Stelle für die gegebenen Kurven eine Formel für die polare Steigung und die Steigung der Tangente auf.

4.240 ***a)*** $r(\varphi) = 2\varphi^2$ ***b)*** $r(\varphi) = 3\varphi$ ***c)*** $r(\varphi) = 0{,}5 \cdot \cos(\varphi)$ ***d)*** $r(\varphi) = 5 \cdot \sqrt{\varphi}$

4.241 ***a)*** $r(\varphi) = \cos^2(\varphi)$ ***b)*** $r(\varphi) = \sqrt{\cos(\varphi)}$ ***c)*** $r(\varphi) = \frac{3}{\sin(\varphi)}$ ***d)*** $r(\varphi) = \frac{1}{\varphi}$

4.242 Ermittle alle waagrechten Tangenten der gegebenen Kurve. Stelle die Kurve sowie die Tangenten mit Technologieeinsatz dar.

a) $r(\varphi) = 2\varphi$ ***b)*** $r(\varphi) = e^{\varphi}$

Zusammenfassung

Änderungsmaße

Absolute Änderung: $f(b) - f(a)$ für $y = f(x)$ im Intervall $[a; b]$

Relative (prozentuelle) Änderung: $\frac{f(b) - f(a)}{f(a)}$

Differenzenquotient – mittlere Änderungsrate

$\frac{\Delta y}{\Delta x} = \frac{f(b) - f(a)}{b - a}$ bzw. $\frac{\Delta y}{\Delta x} = \frac{f(x + \Delta x) - f(x)}{\Delta x}$ für $y = f(x)$ im Intervall $[a; b]$ bzw. $[x; x + \Delta x]$

Der Differenzenquotient gibt die Steigung der Sekante an.

Differentialquotient – lokale (momentane) Änderungsrate

$$f'(x) = \frac{dy}{dx} = \lim_{\Delta x \to 0}\left(\frac{f(x + \Delta x) - f(x)}{\Delta x}\right)$$

Der Differentialquotient gibt die Steigung der Tangente an.

Steigungswinkel α der Tangente an der Stelle x_0: $\tan(\alpha) = f'(x_0)$

Bewegungsvorgänge

Mittlere Geschwindigkeit: $\overline{v} = \frac{\Delta s}{\Delta t} = \frac{s(t_1) - s(t_0)}{t_1 - t_0}$

Momentangeschwindigkeit: $v(t) = \frac{ds}{dt} = \dot{s}$

Beschleunigung: $a(t) = \frac{dv}{dt} = \frac{d^2s}{dt^2} = \dot{v} = \ddot{s}$

Ableitungen wichtiger Funktionen

$f(x) = c$	$f'(x) = 0$
$f(x) = x^n$	$f'(x) = n \cdot x^{n-1}, n \in \mathbb{R}$
$f(x) = \sin(x)$	$f'(x) = \cos(x)$
$f(x) = \cos(x)$	$f'(x) = -\sin(x)$
$f(x) = \tan(x)$	$f'(x) = 1 + \tan^2(x) = \frac{1}{\cos^2(x)}$ mit $x \neq (2k + 1) \cdot \frac{\pi}{2}, k \in \mathbb{Z}$
$f(x) = e^x$	$f'(x) = e^x$
$f(x) = a^x$	$f'(x) = a^x \cdot \ln(a)$
$f(x) = \ln(x)$	$f'(x) = \frac{1}{x}$
$f(x) = \log_a(x)$	$f'(x) = \frac{1}{x \cdot \ln(a)}$

Ableitungsregeln

Faktorregel:	$y = a \cdot f(x)$	$y' = a \cdot f'(x), a \in \mathbb{R}$
Summenregel:	$y = f(x) \pm g(x)$	$y' = f'(x) \pm g'(x)$
Produktregel:	$y = u \cdot v$	$y' = u' \cdot v + u \cdot v'$
Quotientenregel:	$y = \frac{u}{v}$	$y' = \frac{u' \cdot v - u \cdot v'}{v^2}$
Kettenregel:	$y = f(g(x))$	$y' = f'(g(x)) \cdot g'(x)$ bzw. $y' = \frac{df}{dg} \cdot \frac{dg}{dx}$

Differentiale dx, dy
Änderung dy der Funktionswerte der Tangente an der Stelle x_0 bei Änderung des x-Werts um $dx = \Delta x$:
$dy = y'(x_0) \cdot dx$

Linearisieren einer Funktion – näherungsweises Ersetzen durch die Tangente an der Stelle x_0

Implizites Differenzieren
Darunter versteht man das Ableiten einer in der Form $F(x, y) = 0$ gegebenen Funktion. Dabei ist $y = y(x)$ und die Ableitung y' ist zu berücksichtigen.

Logarithmisches Differenzieren
Sind sowohl die Basis als auch der Exponent einer Funktion von der Variablen abhängig, so muss die Funktion vor dem Differenzieren logarithmiert werden.

Regel von de l'Hospital
Führt ein Grenzwert auf eine unbestimmte Form, so gilt:
$$\lim_{x \to x_0}\left(\frac{f(x)}{g(x)}\right) = \lim_{x \to x_0}\left(\frac{f'(x)}{g'(x)}\right) \quad \text{bzw.} \quad \lim_{x \to \infty}\left(\frac{g(x)}{h(x)}\right) = \lim_{x \to \infty}\left(\frac{g'(x)}{h'(x)}\right)$$

Ableitung von Kurven in Parameterdarstellung
Steigung einer durch $x = x(t)$ und $y = y(t)$ gegebenen Funktion: $y' = \frac{\dot{y}}{\dot{x}}$

Ableitung von Kurven in Polarkoordinaten
Schnittwinkel zwischen Polstrahl und Tangente: $\tan(\delta) = \frac{r(\varphi)}{r'(\varphi)}$

Für die **Steigung** k einer Tangente an die Kurve gilt: $k = \frac{r' \cdot \tan(\varphi) + r}{r' - r \cdot \tan(\varphi)}$

Weitere Aufgaben

Änderungsmaße

ABCD **4.243** Die Grafik zeigt die Geschwindigkeit v eines Sportwagens abhängig von der Zeit t.

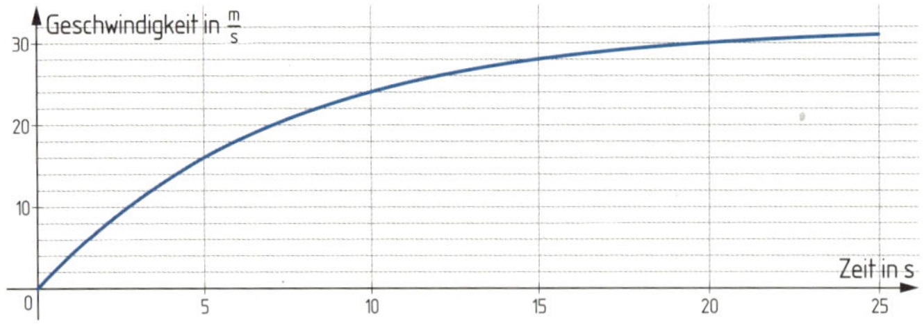

1) Ermittle die absolute Änderung der Geschwindigkeit im Zeitintervall [5 s; 10 s].
2) Interpretiere die Bedeutung des folgenden Terms im gegebenen Sachzusammenhang:
$$\frac{v(20) - v(15)}{v(15)}$$
3) Veranschauliche die mittlere Beschleunigung im Zeitintervall [10 s; 15 s] in der Grafik.
4) Zeichne die Tangente an der Stelle t = 5 s ein. Erkläre die Bedeutung der Steigung der Tangente im gegebenen Sachzusammenhang.

4.244 **1)** Berechne die absolute Änderung der Funktionswerte im gegebenen Intervall.
2) Berechne die relative Änderung im gegebenen Intervall.
3) Berechne die mittlere Änderungsrate der Funktionswerte im gegebenen Intervall.
4) Berechne die lokale Änderungsrate an der Stelle $x = 1$.

a) $y = 4x^2 + 3x$; $[-2; 1]$ **b)** $y = \frac{1}{x^2 + 2}$; $[0; 1]$ **c)** $y = -\frac{2x + 1}{x}$; $[1; 4]$

4.245 Ordne den gegebenen Funktionen jeweils die erste Ableitung nach der Zeit zu.

a)

1	Arbeit	☐	A	Beschleunigung
			B	Kraft
2	Geschwindigkeit	☐	C	Leistung
			D	Weg

b)

1	Drehimpuls	☐	A	Winkelgeschwindigkeit
			B	Wärmestrom
2	Ladung	☐	C	Stromstärke
			D	Drehmoment

Grafisches Differenzieren

4.246 In der Abbildung sind die Tangenten an den Graphen der Funktion f an den Stellen m und n dargestellt. Gib an, welche Aussagen wahr und welche falsch sind. Begründe deine Antwort.

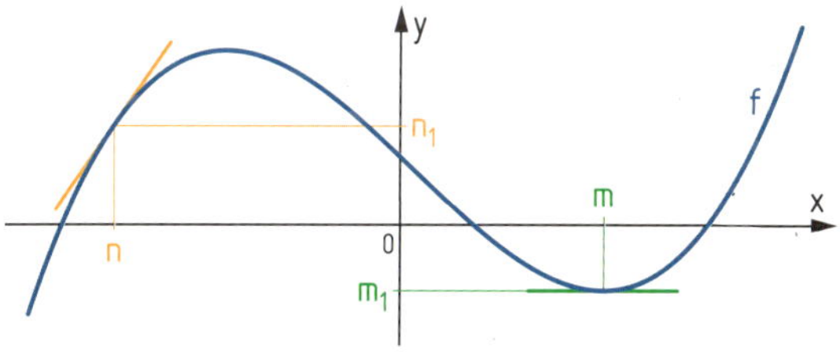

A) $f'(m) = 0$
B) $f'(m) = m_1$
C) $f'(n) < 0$
D) $f'(n) > 0$

4.247 Lies den Wert der 1. Ableitung der Funktion f für $x = 2$ ab.

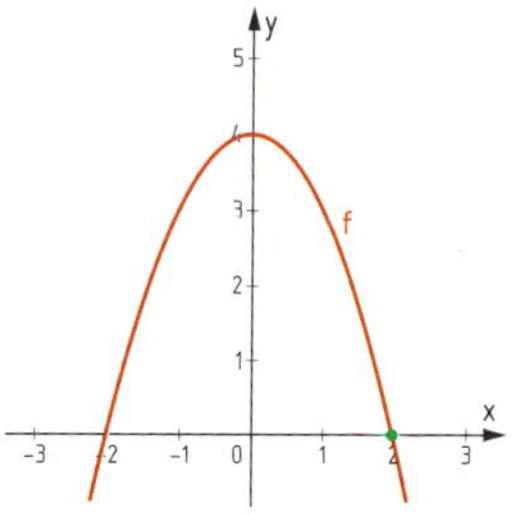

4.248 Kreuze die falsche Aussage an.

Ist f eine konstante Funktion, so sind alle Funktionswerte von f′ null.	A
Die Steigungen von f entsprechen den Funktionswerten von f′.	B
Die 1. Ableitung einer linearen Funktion ist eine konstante Funktion.	C
Ist f′ streng monoton fallend, dann ist auch f streng monoton fallend.	D
Hat f′ nur positive Funktionswerte, dann ist f streng monoton steigend.	E

4.249 Ermittle die 1. Ableitung der dargestellten Funktion grafisch.

a)

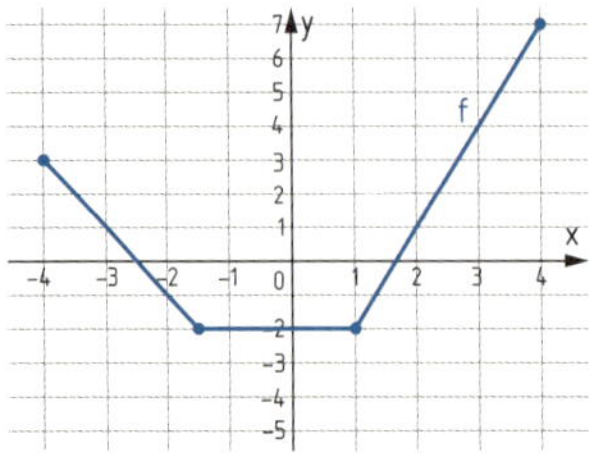

b)

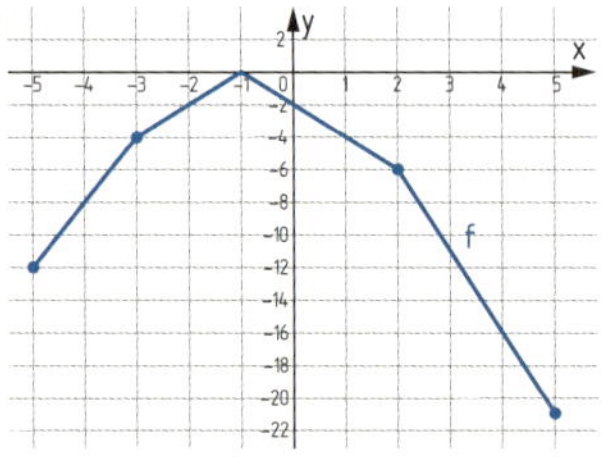

4.250 Zeichne den Funktionsgraphen und ermittle die 1. Ableitung grafisch.

a) $f(x) = \begin{cases} -2 & \text{für } -4 \leq x < -2 \\ x & \text{für } -2 \leq x \leq 3 \\ 3 & \text{für } 3 < x \leq 4 \end{cases}$

b) $f(x) = \begin{cases} x + 6 & \text{für } -5 \leq x < -2{,}5 \\ |x - 1| & \text{für } -2{,}5 \leq x \leq 2 \\ -2x + 5 & \text{für } 2 < x \leq 3 \end{cases}$

Ableitungen von Funktionen

Aufgaben 4.251 – 4.253: Ermittle jeweils die 1. Ableitung.

4.251 **a)** $y = x^{23}$ $y'(x) =$ ____ **c)** $y = \sqrt[4]{x^3}$ $y'(x) =$ ____

b) $y = \sqrt[5]{x}$ $y'(x) =$ ____ **d)** $y = \frac{1}{x^4}$ $y'(x) =$ ____

4.252 **1)** $y = a \cdot x + b$ $y'(x) =$ ____ **4)** $y = \frac{a - x}{b}$ $y'(x) =$ ____

2) $y = \frac{x}{a} + b$ $y'(x) =$ ____ **5)** $y = a \cdot (1 + bx)$ $y'(x) =$ ____

3) $y = \frac{x}{b} - a$ $y'(x) =$ ____ **6)** $y = \frac{a}{b} \cdot (1 - x)$ $y'(x) =$ ____

4.253 **a)** $y = 2 \cdot \tan(x)$ $y'(x) =$ ____ **c)** $y = 4 \cdot e^x$ $y'(x) =$ ____

b) $y = 3 \cdot \ln(x)$ $y'(x) =$ ____ **d)** $y = 2 \cdot 3^x$ $y'(x) =$ ____

4.254 Ermittle y'.

a) $y = \frac{1}{\sqrt[3]{x^2}}$ **b)** $y = \frac{\sqrt[3]{x^2}}{\sqrt{x}}$ **c)** $y = \frac{x}{\sqrt{x}}$ **d)** $y = \frac{\sqrt{x}}{x^3 \cdot \sqrt[3]{x}}$

4.255 In einem Hausübungsheft wurde die Funktion $z = a \cdot b^c + c$ abgeleitet. Erkläre, welcher Fehler jeweils gemacht wurde und gib das richtige Ergebnis an.

1) $\frac{dz}{da} = b^c + 1$ 2) $\frac{dz}{db} = a \cdot b^{c-1}$

Aufgaben 4.256 – 4.257: Ermittle jeweils die 1. und die 2. Ableitung.

4.256 **a)** $f(x) = 3x^2 + 2x - 5$ **c)** $f(x) = -2x^3 + 3x^2 - 4x + 5$ **e)** $f(t) = 3 \cdot \sin(t) - 4t$

b) $s(t) = 5t^3 + 7t^2 - 4t + 6$ **d)** $f(x) = 2 \cdot \ln(2) - 3 \cdot \ln(x)$ **f)** $f(x) = 3 \cdot e^x - 4 \cdot e$

4.257 **a)** $y = 3 \cdot (\sin(x) - 4)$ **b)** $y = 2 \cdot (\ln(x) - 3)$ **c)** $f(x) = 3 \cdot (2^x - 4)$

4.258 Ermittle alle angegebenen Ableitungen.

$f = \frac{A \cdot e^B + C}{H}$ $\frac{df}{dC} = ?$ $\frac{df}{dH} = ?$ $\frac{df}{dt} = ?$ $\frac{d^2f}{dA^2} = ?$ $\frac{d^2f}{dB^2} = ?$

4.259 Ermittle die Steigung der Kurve an der Stelle x_0.
a) $y = 3x^2 - x + 2,\ \ x_0 = 3$ **b)** $y = 1 - \frac{x^3}{4},\ \ x_0 = -1$ **c)** $y = \frac{1}{3} \cdot (x^4 - x^2),\ \ x_0 = 2$

4.260 Gib die Gleichung der Tangente an der gegebenen Stelle an.
a) $y = 2x^2 - 12x + 13,\ \ x_0 = 2{,}5$ **b)** $y = \frac{1}{2} \cdot e^x - 1,\ \ x_0 = 0$ **c)** $y = 2x - \sin(x),\ \ x_0 = \frac{\pi}{2}$

4.261 Berechne, an welchen Stellen x die Funktion die gegebene Steigung k hat.
a) $f(x) = 2x^3 - x,\ \ k = 0{,}5$ **b)** $f(x) = 0{,}1x^2 + 2,\ \ k = 1$ **c)** $f(x) = x^2 - 0{,}8x,\ \ k = -2$

4.262 Berechne, an welchen Stellen t die Funktion den angegebenen Steigungswinkel α hat.
a) $y(t) = 4t^2,\ \ \alpha = 45°$ **b)** $y(t) = 3t^3,\ \ \alpha = 60°$ **c)** $y(t) = t^2,\ \ \alpha = 30°$

4.263 Die Ableitung der Funktion $y = \sqrt{5x^{-1}}$ wurde unterschiedlich berechnet. Gib an, welche Ableitungsregeln jeweils angewendet wurden.

A) $y = \sqrt{5} \cdot x^{-\frac{1}{2}}$

$y' = \sqrt{5} \cdot \left(-\frac{1}{2}\right) \cdot x^{-\frac{3}{2}} = -\frac{\sqrt{5}}{2} \cdot \frac{1}{\sqrt{x^3}}$

B) $y = (5x^{-1})^{\frac{1}{2}}$

$y' = \frac{1}{2} \cdot (5x^{-1})^{-\frac{1}{2}} \cdot (-5x^{-2}) = -\frac{1}{2} \cdot \frac{\sqrt{x}}{\sqrt{5}} \cdot \frac{5}{x^2} = \frac{\sqrt{5}}{2 \cdot \sqrt{x^3}}$

4.264 Welche Ableitung ist falsch? Begründe deine Entscheidung.

a) $y = x^2 \cdot e^{3x}$ A) $y' = 6x \cdot e^{3x}$ B) $y' = x \cdot e^{3x} \cdot (2 + 3x)$

b) $y = 5\cos(x) - x \cdot \sin(x)$ A) $y' = -6\sin(x) + x \cdot \cos(x)$ B) $y' = -6\sin(x) - x \cdot \cos(x)$

Aufgaben 4.265 – 4.276: Ermittle jeweils die 1. Ableitung.

4.265 **a)** $y = 3x \cdot \sin(x)$ **b)** $f(t) = 2 \cdot \sin(t) \cdot \cos(t)$ **c)** $y = \sin(x) \cdot \tan(x)$

4.266 **a)** $y = 3x \cdot e^x$ **b)** $y = (x^3 + 2x) \cdot e^x$ **c)** $f(x) = (x + e^x) \cdot (1 - e^x)$

4.267 **a)** $f(x) = (\sin(x) + \cos(x)) \cdot e^x$ **b)** $f(x) = e^x \cdot 3^x$ **c)** $y = \frac{2}{x} \cdot \ln(x)$

4.268 **a)** $f(x) = (x^2 + 5)^6$ **b)** $f(x) = \sqrt[3]{8x - 1}$ **c)** $f(x) = e^{3x^2}$

4.269 **a)** $y = \ln(3x^2 + 1)$ **b)** $f(x) = \cos(2x^2)$ **c)** $y = \sin^3(x)$

4.270 **a)** $f(t) = a \cdot (1 - e^{-t})$ **b)** $f(t) = a \cdot t \cdot \left(1 - e^{-\frac{t}{2}}\right)$ **c)** $f(t) = a \cdot t - e^{-\frac{t}{2a}}$

4.271 **a)** $f(x) = \sqrt{\ln(\cos(x))}$ **b)** $f(x) = \ln\left(\sqrt{\cos(x)}\right)$ **c)** $f(x) = \ln\left(\cos\left(\sqrt{x}\right)\right)$

4.272 **a)** $f(x) = \frac{x^2}{3x - 5}$ **b)** $f(x) = \frac{4x^2 + 2x}{3x^3 - 5}$ **c)** $f(x) = \frac{\sqrt{x}}{2x - 1}$

4.273 **a)** $f(x) = \frac{x^3}{e^x}$ **b)** $f(x) = \frac{3 \cdot \sqrt{x}}{\ln(x)}$ **c)** $f(x) = \frac{\sin(x)}{\cos(x) + \sin(x)}$

4.274 **a)** $f(x) = \frac{x^2 + 1}{\sqrt{2x + 1}}$ **b)** $f(x) = \ln\left(\frac{1 + \sin(x)}{1 - \sin(x)}\right)$ **c)** $f(x) = e^{x \cdot \ln(x)}$

4.275 **a)** $y = (x - 1) \cdot (2 - e^{-x})$ **b)** $f(x) = \frac{\cos(x) + 5 \cdot \sin(x)}{\sin(x) - 5 \cdot \cos(x)}$ **c)** $f(x) = \frac{1}{\sin\left(\sqrt{x} \cdot 2^x\right)}$

4.276 **a)** $f(x) = e^{\cos(\sqrt{x})}$ **b)** $f(x) = e^{\sqrt{x^2 + 1}}$ **c)** $y = e^{\cos(x^2 + 1)}$

Textaufgaben

●●●D **4.277** Ein Politiker präsentiert eine Grafik, die die Entwicklung der Arbeitslosenzahlen im Verlauf eines Jahrs zeigt. Die Opposition betont die steigenden Arbeitslosenzahlen. Ein Politiker der Regierungspartei weist hingegen auf den Rückgang der Steigerungsrate hin. Erkläre mithilfe des Ableitungsbegriffs, warum beide Aussagen richtig sind.

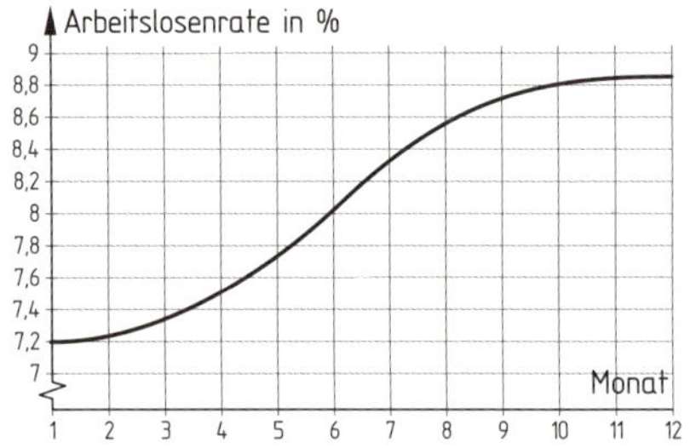

AB●D **4.278** Ein Ball wird senkrecht nach oben geworfen. Seine Höhe kann durch folgende Funktion beschrieben werden:

$h(t) = 5 + 12t - 5t^2 \quad t \geqslant 0$

t … Zeit in s, h(t) … Höhe des Balls zum Zeitpunkt t in m

1) Gib den Geschwindigkeitsverlauf als Funktion v an.
2) Stelle h und v grafisch dar.
3) Erkläre die Bedeutung der negativen Funktionswerte von v im gegebenen Sachzusammenhang.

AB●● **4.279** Formel-1-Wagen können auf einer geradlinigen Strecke eine Beschleunigung von $a = 11{,}11\,\frac{m}{s^2}$ aufweisen. Bei einem Grand Prix wurde bei einigen Rennwagen eine Höchstgeschwindigkeit von $320\,\frac{km}{h}$ gemessen. Für die Weg-Zeit-Funktion s gilt:

$s(t) = \frac{a}{2} \cdot t^2$

t … Zeit nach dem Start in s, s(t) … Weg zur Zeit t in m

1) Ermittle die Geschwindigkeit-Zeit-Funktion v.
2) Berechne, nach wie viel Sekunden ein Rennwagen die angegebene Höchstgeschwindigkeit auf einer geradlinigen Strecke erreicht hat.
3) Berechne, welche Entfernung dabei zurückgelegt wurde.

AB●● **4.280** Ein Gepard läuft auf einer geraden Strecke. Die Entfernung von seinem Startpunkt kann durch die Funktion s beschrieben werden:

$s(t) = -t^3 + 27t + 10 \qquad t \in [0\,s; 3\,s]$

t … Zeit in s, s(t) … Entfernung zur Zeit t in m

1) Ermittle die Momentangeschwindigkeit nach 3 Sekunden.
2) Ermittle die Momentanbeschleunigung nach 2 Sekunden.

AB●● **4.281** Das Endstück p einer Materialrutsche ist Teil einer Parabel mit folgender Gleichung:

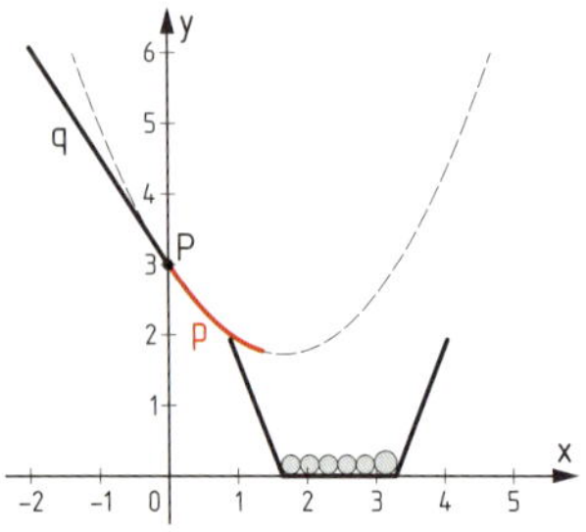

$y = 0{,}5x^2 - 1{,}6x + 3 \qquad x, y$ … Koordinaten in m

1) Das Parabelstück endet an jener Stelle, an der der Neigungswinkel $\alpha = 16°$ beträgt.
Berechne den Endpunkt des Parabelstücks.
2) Im Punkt P(0|3) soll ein gerades Stück so befestigt werden, dass der Übergang knickfrei ist, also die Steigungen gleich sind. Ermittle die Funktionsgleichung der Geraden q.

4.282 Eine Schirennläuferin fährt mit einer Geschwindigkeit von $v_0 = 30\,\frac{m}{s}$ auf einem waagrechten Streckenabschnitt auf eine scharfe Kante im Streckenverlauf (bei x = 0 m) zu. Ab dort hat die Abfahrt ein mittleres Gefälle von 10 %. An der Kante hebt die Läuferin ab. Dieser „Sprung" kann durch die Funktion f beschrieben werden.

$f(x) = 10 - \frac{g}{2v_0^2} \cdot x^2$ mit $g = 9{,}81\,\frac{m}{s^2}$

x … Entfernung zur Kante in m, f(x) … Höhe bei x in m

1) Beschreibe den Streckenverlauf nach der Kante als lineare Funktion mit dem y-Achsenabschnitt d = 10 m.
2) Stelle den Streckenverlauf und f(x) in einem Koordinatensystem grafisch dar.
3) Berechne, in welcher Entfernung in x-Richtung von der Kante die Rennläuferin wieder auf der Strecke aufkommt.
4) Berechne, welchen Weg sie ohne Sprung auf der Strecke zurückgelegt hätte.
5) Berechne, in welchem Winkel sie wieder auf der Strecke aufkommt.

A B TE

Implizites Differenzieren, Regel von de l'Hospital, Linearisierung

4.283 Differenziere implizit und gib y′ an.

a) $x \cdot y + 2x + 2y = 5$ **b)** $\sin(x \cdot y) + \sin(x) \cdot \cos(y) = 1$ **c)** $y \cdot e^x - x \cdot e^y = x \cdot y$

B

Aufgaben 4.284– 4.286: Führe jeweils die Grenzwertberechnung durch.

4.284 a) $\lim\limits_{x \to \infty}\left(\frac{c \cdot x^3 + 1}{x - 3}\right)$ **b)** $\lim\limits_{x \to \infty}\left(\frac{k \cdot x^2 - 5}{x - 5}\right)$ **c)** $\lim\limits_{x \to \infty}\left(\frac{x^4}{x^2 + 2x - 1}\right)$ B

4.285 a) $\lim\limits_{\varphi \to 0}\left(\frac{\sin(\varphi)}{\varphi}\right)$ **b)** $\lim\limits_{\alpha \to 0}\left(\frac{\cos(\alpha)}{\alpha}\right)$ **c)** $\lim\limits_{\beta \to 0}\left(\frac{\tan(\beta)}{\beta}\right)$ B

4.286 a) $\lim\limits_{x \to 1}\left(\frac{x - 1}{2} \cdot \ln(x - 1)\right)$ **b)** $\lim\limits_{x \to 0}\left(\frac{\sin(5x)}{3x}\right)$ **c)** $\lim\limits_{x \to \infty}\left(\frac{\sqrt{x}}{e^{3x}}\right)$ B

4.287 **1)** Stelle die Kurve grafisch dar.
2) Ermittle die Gleichung der Tangente in $P(x_0|y > 0)$.
3) Erkläre, wie man jene Stellen ermittelt, an denen die Kurve waagrechte bzw. senkrechte Tangenten hat.

a) $x^2 + y^2 = 169,\ \ x_0 = 12$ **b)** $25x^2 + 36y^2 = 900,\ \ x_0 = 3$

A B D

4.288 **1)** Linearisiere die Funktion $y = 3 \cdot (1 - e^{-\frac{x}{5}})$ an der Stelle $x_0 = 0$.
2) Vergleiche Δy mit dem Differential dy für $\Delta x = 0{,}1$ und $\Delta x = 0{,}5$. Gib die Abweichung in Prozent an.

A B C

Kurven in Parameterdarstellung und in Polarkoordinaten

4.289 Bestimme jeweils die erste Ableitung der in Parameterform gegebenen Kurve und gib die Gleichung der Tangente für $t_0 = 1$ an.

a) $x(t) = t$, $y(t) = t^3$ **b)** $x(t) = t^2$, $y(t) = \frac{1}{t^2}$ **c)** $x(t) = 2t^2$, $y(t) = t^2 - 2$ **d)** $x(t) = \frac{1}{t + 3}$, $y(t) = t^2$

B

4.290 Die Parameterdarstellung einer Hypozykloide lautet:
$x(t) = 3 \cdot \cos(t) + \cos(3t),\ y(t) = 3 \cdot \sin(t) - \sin(3t)$
Ermittle die Steigung für t = 0,3. In welchen Punkten hat die Kurve waagrechte Tangenten?

A B TE

4.291 Stelle für die gegebenen Kurven eine Formel für die polare Steigung und die Steigung der Tangente auf.

a) $r(\varphi) = 3\varphi^2$ **b)** $r(\varphi) = 5\varphi$ **c)** $r(\varphi) = 2 \cdot \sin(\varphi)$ **d)** $r(\varphi) = 0{,}5 \cdot \sin^2(\varphi)$

A B

Differentialrechnung

Aufgaben in englischer Sprache

acceleration	Beschleunigung	derivative	Ableitung
angle of elevation	Steigungswinkel	differentiate	ableiten
average rate of change	mittlere Änderungsrate	instantaneous rate of change	momentane Änderungsrate
average speed	mittlere Geschwindigkeit	slope, gradient	Steigung
chain rule	Kettenregel	speed	Betrag der Geschwindigkeit
derivable, differentiable	differenzierbar	velocity	Geschwindigkeit

Sprechweisen:

y' … y prime — $\frac{dy}{dx}$ … derivative of y with respect to x — $\dot{y}$ … y dot

y'' … y double prime — $\frac{d^2y}{dx^2}$ … d squared y over dx squared — $\ddot{y}$ … y double dot

B **4.292** Find the slope of the tangent to the curve at the indicated point in each of the following functions.

a) $y = x^3 + 2x^2 - 5$ at $(1|y)$ **b)** $y = 2x^3 - x + 11$ at $(-2|y)$

B **4.293** Find the first and the second derivative for the following functions.

a) $y = e^{3x}$ **b)** $y = \ln(3x - 2)$ **c)** $y = \sin^2(5x)$ **d)** $y = 3 \cdot (1 - e^{-2x})$

B **4.294** For each of the following functions list the values of x for which the slope of the tangent has the given value.

a) $y = 2x^2 - 5x - 3$; $k = 3$ **b)** $y = -x^2 + 3x - 1$; $k = -3$ **c)** $y = x^3 - 7x + 2$; $k = 5$

B **4.295** Differentiate $f(x) = x^2 \cdot \tan(x)$ with respect to x.

A B **4.296** The radius of a circle is increasing at the rate of $1\,\frac{cm}{s}$. At what rate is the area of the circle increasing when r = 6 cm?

B **4.297** Find the equation of the tangent to the curve $x^2 = 4y$ at $(x|9)$.

A B **4.298** A butterfly moves along a line away from a fixed point P according to the law $s(t) = 0{,}3 \cdot (t^3 - 9t^2 + 22t)$, where s represents the distance travelled in meters and t represents the time in seconds.
Find the distance the butterfly has moved from P, when

1) the velocity is zero,

2) the acceleration is zero.

A B **4.299** An object is thrown from a certain height. It is known that it will fall a distance s given by the formula: $s(t) = -5 \cdot t^2 + 15 \cdot t + 2$

t … time in seconds, s(t) … distance in meters

1) What is the average rate of change of distance with respect to time during the period from 0.6 s to 2.1 s?

2) Give the instantaneous rate of change of distance at t = 2.6 s.

3) Calculate the angle of elevation at the beginning of the throw.

Wissens-Check

<table>
<tr><th></th><th></th><th>gelöst</th></tr>
<tr><td>1</td><td>Ergänze die Textlücken im folgenden Satz durch Ankreuzen der jeweils richtigen Satzteile so, dass eine korrekte Aussage entsteht.

Geometrisch entspricht ___①___ einer Funktion der Steigung ___②___.

①		②	
der Differenzenquotient	A	der Asymptote	A
die Differenz der Werte	B	der Passante	B
der Differentialquotient	C	der Tangente	C

</td><td></td></tr>
<tr><td>2</td><td>Ich kann die Momentangeschwindigkeit für die Weg-Zeit-Funktion s (in m) mithilfe des Differentialquotienten berechnen, $s(t) = 4t^2 + 5$ für $t = 3s$</td><td></td></tr>
<tr><td>3</td><td>Gib die mittlere Änderungsrate von $f(x) = \frac{x}{4 - x^2}$ im Intervall [0; 1] an.</td><td></td></tr>
<tr><td>4</td><td>Gib für $f(x) = 3x^2 - 5x$ die lokale Änderungsrate für $x = x_0$ an.</td><td></td></tr>
<tr><td>5</td><td>Die erste Ableitung von $y = (5 - 3x)^2$ lässt sich auf folgende Arten ermitteln. Erkläre, welche Rechenregeln jeweils angewendet wurden.
A) $y = 25 - 30x + 9x^2 \Rightarrow y' = -30 + 18x$
B) $y = (5 - 3x) \cdot (5 - 3x)$
$y' = (-3) \cdot (5 - 3x) + (5 - 3x) \cdot (-3) = (-6) \cdot (5 - 3x) = -30 + 18x$
C) $y' = 2 \cdot (5 - 3x) \cdot (-3) = (-6) \cdot (5 - 3x) = -30 + 18x$</td><td></td></tr>
<tr><td>6</td><td>Nenne eine Funktion, deren 1. Ableitung mit der 2. Ableitung übereinstimmt.</td><td></td></tr>
<tr><td>7</td><td>Wie lautet die 1. Ableitung von $y = x^e$? Welche Regel wird dabei verwendet?</td><td></td></tr>
<tr><td>8</td><td>Welcher Term ist die richtige Ableitung von $y = \sqrt{\cos(4x^2)}$
A) $\sqrt{\cos(4x^2)} \cdot \sin(8x)$ B) $\frac{1}{2 \cdot \sqrt{\sin(8x)}}$ C) $-\frac{\sin(4x^2) \cdot 4x}{\sqrt{\cos(4x^2)}}$</td><td></td></tr>
<tr><td>9</td><td>Gib jeweils an, ob die Funktion f_2 die Ableitung der Funktion f_1 ist. Begründe deine Antwort.
A) 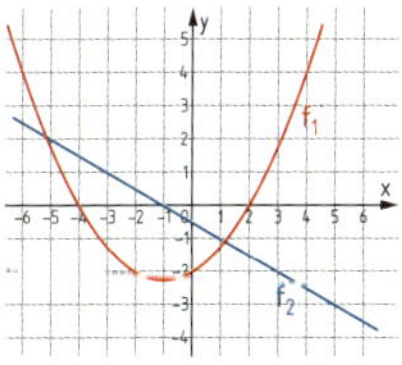 B) 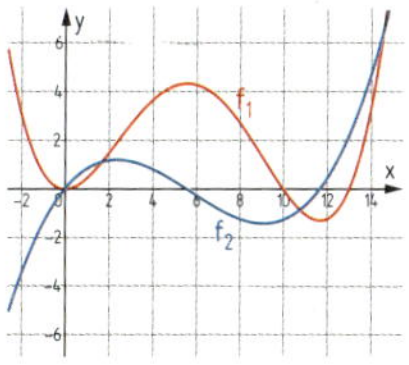 C) 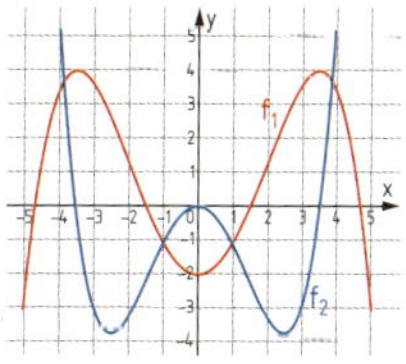</td><td></td></tr>
<tr><td>10</td><td>Ich kann die Regel von de l'Hospital anwenden.</td><td></td></tr>
</table>

Lösung:
1) 1C, 2C 2) $24 \frac{m}{s}$ 3) $\frac{1}{3}$ 4) $f'(x_0) = 6x_0 - 5$ 5) A) Vor dem Differenzieren wurde eine binomische Formel angewendet; dann Summen-, Faktor- und Potenzregel; B) Produktregel für $y = (5 - 3x) \cdot (5 - 3x)$ mit $u = (5 - 3x)$ und $v = (5 - 3x)$; für u' bzw. v' jeweils Summen-, Faktor- und Potenzregel, C) Kettenregel; für die innere Ableitung Summen-, Faktor- und Potenzregel; 6) ZB: $y = e^x$; 7) $y' = e \cdot x^{e-1}$; Potenzregel; 8) C; 9) A) f_2 müsste monoton steigend sein. B) Die Funktion f_1 hat drei Extremstellen, an diesen Stellen hat die Funktion f_2 die Nullstellen. C) Es handelt sich um zwei Funktionen 4. Grads. 10) siehe Seite 134 ff.

5 Anwendungen der Differentialrechnung

Die bisher erlernten Methoden der Differentialrechnung ermöglichen das mathematische Erfassen von Vorgängen, bei denen die Änderungsrate einer Größe von Bedeutung ist. Die Differentialrechnung findet in vielen Gebieten der Naturwissenschaft, der Technik und der Wirtschaft Anwendung. Zu diesen Anwendungen zählen zum Beispiel das Untersuchen des Verlaufs einer Kurve sowie das Ermitteln von größten bzw. kleinsten Werten einer Funktion.

5.1 Untersuchung von Kurven

5.1.1 Geometrische Bedeutung der Ableitungen

Anhand der ersten und der zweiten Ableitung einer Funktion lassen sich wesentliche Aussagen über den Verlauf bzw. die Eigenschaften des Graphen dieser Funktion treffen. Dabei wird vorausgesetzt, dass die Funktion mindestens zweimal differenzierbar ist.

C D **5.1** Die Funktion f und ihre erste Ableitung f′ sind grafisch dargestellt. Kennzeichne die „besonderen" Punkte von f und suche die entsprechenden Punkte bei f′. Erkläre die Zusammenhänge.

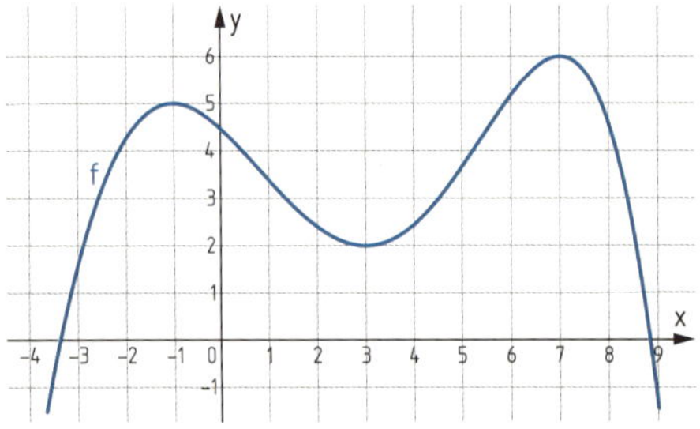

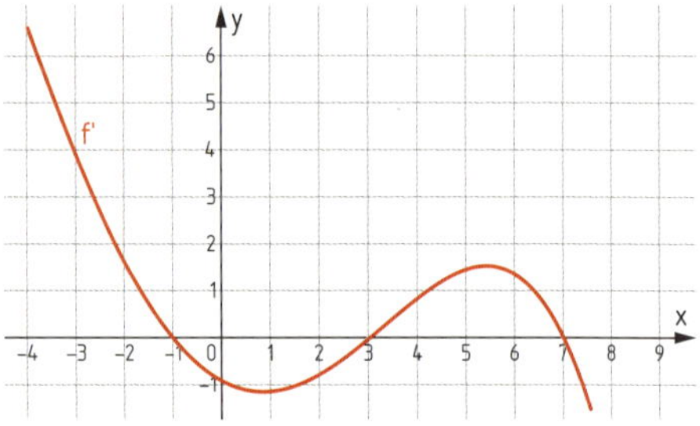

Erste Ableitung – Steigungsverhalten

Mithilfe der ersten Ableitung lassen sich Aussagen über das Monotonieverhalten einer Funktion treffen.

Ist in einem Punkt $P_0(x_0|y_0)$ einer Funktion f die Steigung der Tangente positiv, also die erste Ableitung $f'(x_0) > 0$, so ist die Funktion f in der unmittelbaren Umgebung von P_0 **streng monoton steigend**.

Ist in einem Punkt $P_0(x_0|y_0)$ einer Funktion f die Steigung der Tangente negativ, also die erste Ableitung $f'(x_0) < 0$, so ist die Funktion f in der unmittelbaren Umgebung von P_0 **streng monoton fallend**.

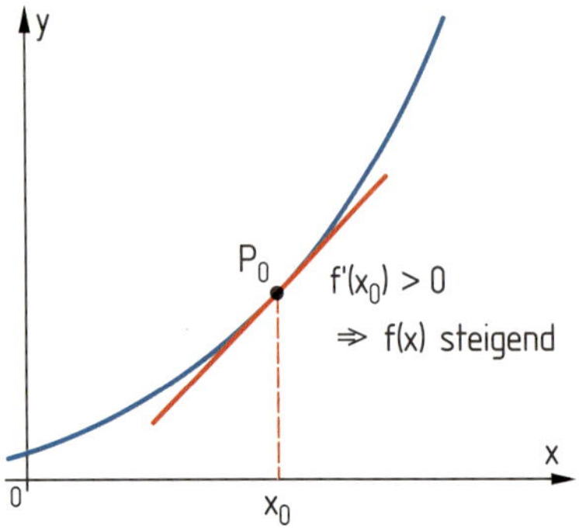

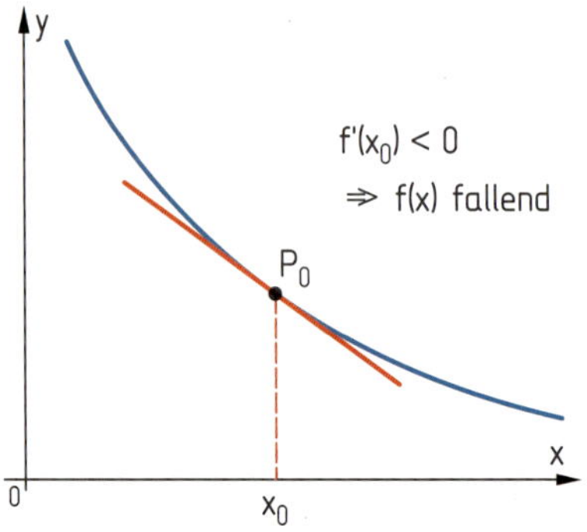

Zweite Ableitung – Krümmungsverhalten

Die zweite Ableitung beschreibt die Änderung der Tangentensteigungen, also das Krümmungsverhalten der Funktion.

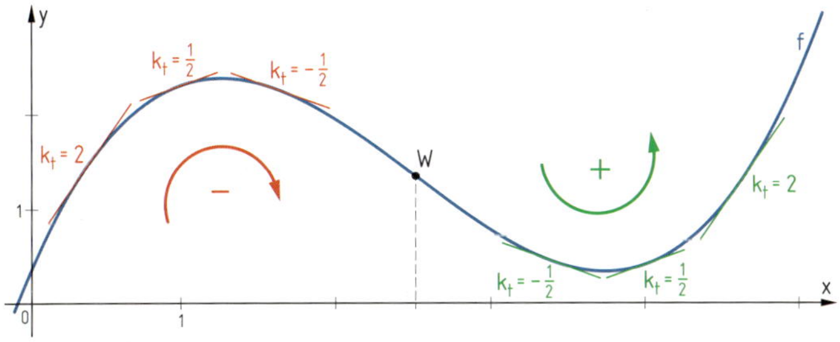

Die Tangenten „drehen“ im Uhrzeigersinn, die Tangentensteigungen werden kleiner. Die 1. Ableitung ist daher monoton fallend und damit ist die 2. Ableitung $f''(x) < 0$. Der Funktionsverlauf entspricht einer Rechtskurve. Man nennt die Funktion in diesem Fall **rechts gekrümmt** oder **negativ gekrümmt**.

Die Tangenten „drehen“ gegen den Uhrzeigersinn, die Tangentensteigungen werden größer. Die 1. Ableitung ist daher monoton steigend und damit ist die 2. Ableitung $f''(x) > 0$. Der Funktionsverlauf entspricht einer Linkskurve. Man nennt die Funktion in diesem Fall **links gekrümmt** oder **positiv gekrümmt**.

Im Punkt W ändert sich das Krümmungsverhalten.

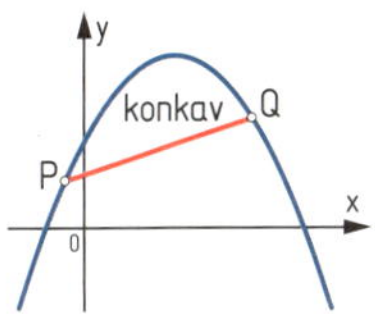

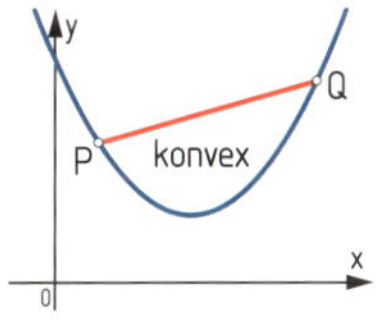

Ist die Krümmung negativ, bezeichnet man die Funktion im Intervall $[x_P; x_Q]$ als **konkav**. Der Graph verläuft „oberhalb“ einer Strecke zwischen den beiden Punkten $P(x_p|f(x_p))$ und $Q(x_Q|f(x_Q))$.

Ist die Krümmung positiv, bezeichnet man die Funktion im Intervall $[x_P; x_Q]$ als **konvex**. Der Graph verläuft „unterhalb“ einer Strecke zwischen den beiden Punkten $P(x_p|f(x_p))$ und $Q(x_Q|f(x_Q))$.

Mithilfe der ersten und der zweiten Ableitung einer mindestens zweimal differenzierbaren Funktion f lassen sich Aussagen über den Funktionsgraphen treffen.

Monotonieverhalten

Eine Funktion f ist in der Umgebung einer Stelle x_0

streng monoton steigend, wenn gilt: $f'(x_0) > 0$

streng monoton fallend, wenn gilt: $f'(x_0) < 0$

Krümmungsverhalten

Eine Funktion f ist in der Umgebung einer Stelle x_0

positiv gekrümmt, wenn gilt: $f''(x_0) > 0$

negativ gekrümmt, wenn gilt: $f''(x_0) < 0$

Anwendungen der Differentialrechnung

Lokale Extrempunkte

- Der mit $H(x_H|f(x_H))$ bezeichnete Punkt ist der **höchste Punkt** des Funktionsgraphen in seiner Umgebung. Für alle Punkte $P(x|f(x))$ in der unmittelbaren Umgebung von H gilt $f(x) < f(x_H)$. Einen solchen Punkt nennt man **lokales Maximum** oder **Hochpunkt**. Ist die Funktion differenzierbar, liegt im Hochpunkt eine waagrechte Tangente mit der Steigung k = 0 vor und es gilt:
  $\mathbf{f'(x_H) = 0}$

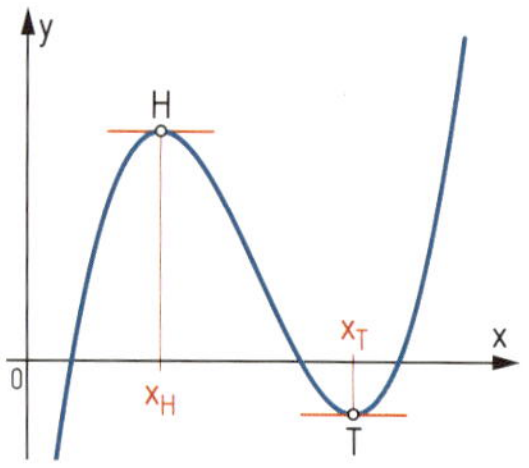

- Der mit $T(x_T|f(x_T))$ bezeichnete Punkt ist der **tiefste Punkt** des Funktionsgraphen in seiner Umgebung. Für alle Punkte $Q(x|f(x))$ in der unmittelbaren Umgebung von T gilt $f(x) > f(x_T)$. Einen solchen Punkt nennt man **lokales Minimum** oder **Tiefpunkt**. Ist die Funktion differenzierbar, liegt im Tiefpunkt eine waagrechte Tangente mit der Steigung k = 0 vor und es gilt:
  $\mathbf{f'(x_T) = 0}$

Somit erhält man für differenzierbare Funktionen eine **notwendige** Bedingung für das Auftreten eines **lokalen Extrempunkts**. Die **Steigung der Tangent**e an der jeweiligen Stelle hat den Wert **null**.

Zusammenhang zwischen Steigungsverhalten und Krümmungsverhalten

Stellt man f′ bzw. f″ unterhalb der Funktion f dar, erkennt man:

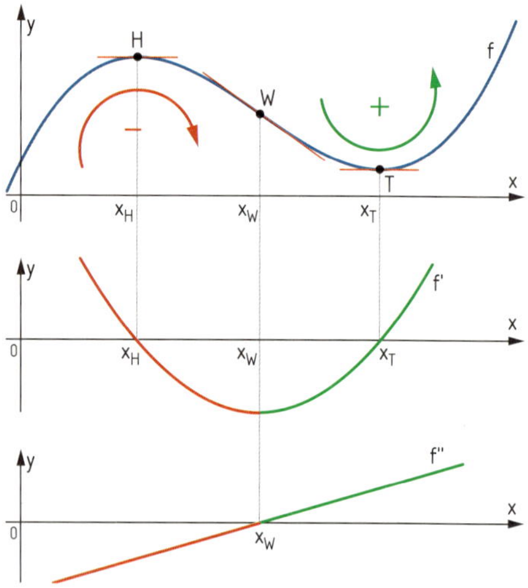

- Ist f′ fallend, so ist die Ableitung $f''(x) < 0$.
  In diesem Bereich ist die Funktion negativ gekrümmt.
- Ist f′ steigend, so ist die Ableitung $f''(x) > 0$.
  In diesem Bereich ist die Funktion positiv gekrümmt.
- Im Extrempunkt H ist die Tangente waagrecht, $f'(x_H) = 0$. Die Funktion ist dort negativ gekrümmt, daher ist der Punkt ein **Hochpunkt**.
  Es gilt: $f''(x_H) < 0$
- Im Extrempunkt T ist die Tangente waagrecht, $f'(x_T) = 0$. Die Funktion ist dort positiv gekrümmt, daher ist der Punkt ein **Tiefpunkt**.
  Es gilt: $f''(x_T) > 0$
- Für die Extrempunkte H und T gilt:
  Beim „Überschreiten" der Extremstelle wechselt die erste Ableitung das Vorzeichen, die Funktion ändert also ihr Monotonieverhalten.
- Ist f differenzierbar, so ist für das Vorliegen eines Hoch- bzw. Tiefpunkts $f'(x) = 0$ eine **notwendige** Bedingung, also eine Voraussetzung, die erfüllt sein muss. Ist zusätzlich $f''(x) < 0$ bzw. $f''(x) > 0$, so liegt mit Sicherheit ein Extrempunkt vor, man spricht in diesem Fall von einer **hinreichenden** Bedingung.
  Ist f nicht differenzierbar, so kann ein Extrempunkt durch Vergleichen der Funktionswerte ermittelt werden.

Anwendungen der Differentialrechnung

Wendepunkte

- Als **Wendepunkt** bezeichnet man einen Punkt W des Funktionsgraphen, an dem sich das Krümmungsverhalten, also das Vorzeichen der Krümmung ändert. Der Funktionsgraph in der Abbildung ist links vom Punkt W positiv gekrümmt, f′ ist steigend. Rechts von W ist die Kurve negativ gekrümmt, f′ ist fallend. Anschaulich gesprochen schließt in einem Wendepunkt an eine Linkskurve eine Rechtskurve an oder umgekehrt.

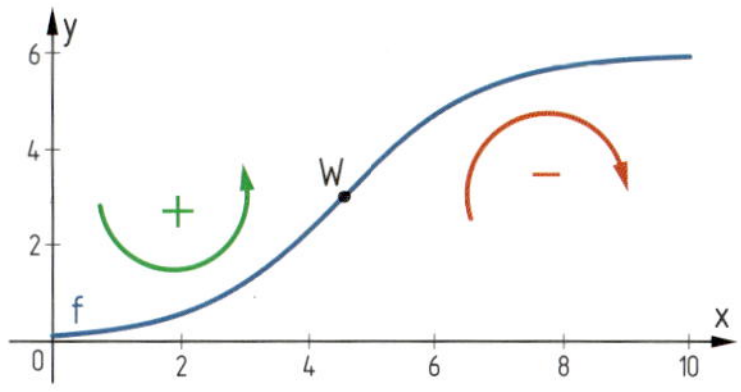

- f′ hat an der Stelle x_W ein lokales Maximum oder Minimum. Im **Wendepunkt** ist – lokal betrachtet – der Betrag der Steigung am größten. Im Wendepunkt W ist die **Krümmung null**. Eine notwendige Bedingung für das Vorliegen eines Wendepunkts lautet daher:
  $\mathbf{f''(x) = 0}$

Sattelpunkte

Aus der Tatsache, dass die Krümmung null ist, folgt allerdings nicht zwingend das Vorliegen eines Wendepunkts. Ist sowohl $\mathbf{f'(x) = 0}$ als auch $\mathbf{f''(x) = 0}$, so handelt es sich um einen Punkt mit waagrechter Tangente und Krümmung null.

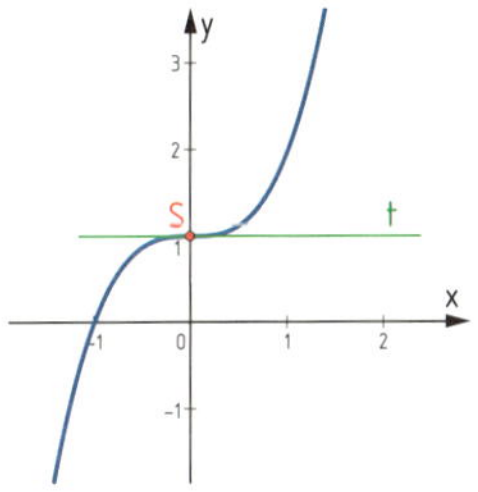

Ändert sich das **Monotonieverhalten nicht**, ändert sich aber die Krümmung, so handelt es sich um einen Wendepunkt mit waagrechter Tangente. Ein solcher Punkt wird als **Sattelpunkt** bezeichnet.

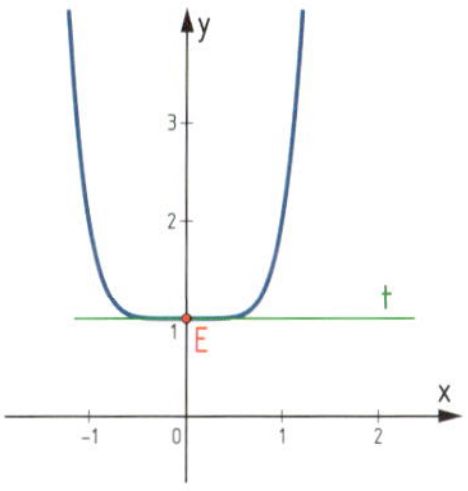

Ändert sich das **Monotonieverhalten** unmittelbar vor und nach einem Punkt mit waagrechter Tangente, so handelt es sich bei diesem Punkt um einen **Extrempunkt**.

Globale Extrempunkte

- Ist der Punkt T nicht nur der tiefste Punkt in seiner Umgebung, sondern der tiefste Punkt im gesamten Definitionsbereich, so wird er als **globales Minimum** bezeichnet. Analoges gilt für den höchsten Punkt im gesamten Definitionsbereich. Er wird als **globales Maximum** bezeichnet.
- Ist der Definitionsbereich ein abgeschlossenes Intervall [a; b], so kann ein Extrempunkt auch am Rand des Intervalls liegen. Wird die abgebildete Funktion zum Beispiel auf das farbig markierte Intervall eingeschränkt, so liegt der größte Wert im Punkt R. Man spricht in diesem Fall von einem **Randmaximum** bzw. bei einem kleinsten Wert von einem **Randminimum**. An dieser Stelle liegt im Allgemeinen keine waagrechte Tangente vor.

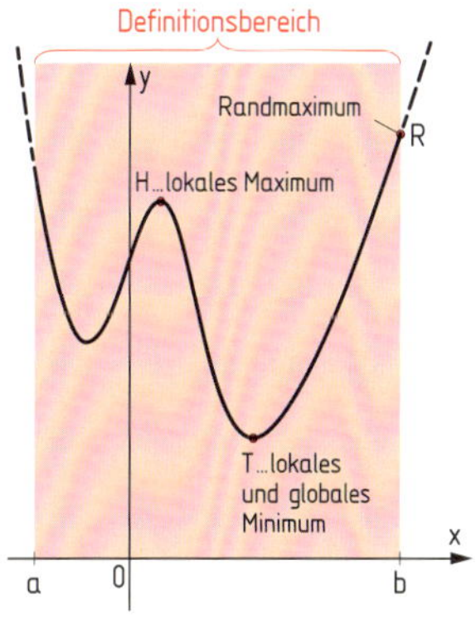

Anwendungen der Differentialrechnung

Extrempunkt
Den in seiner Umgebung höchsten Punkt des Graphen einer Funktion f bezeichnet man als **Hochpunkt** oder **lokales Maximum**. Den in seiner Umgebung tiefsten Punkt bezeichnet man als **Tiefpunkt** oder **lokales Minimum**. Hochpunkte und Tiefpunkte sind lokale **Extrempunkte**. Ist die Funktion differenzierbar, verläuft die Tangente in diesen Punkten waagrecht und es gilt: $\mathbf{f'(x) = 0}$

Ist $\mathbf{f'(x_0) = 0}$ und $\mathbf{f''(x_0) < 0}$, so liegt ein **Hochpunkt** (lokales Maximum) vor.
Ist $\mathbf{f'(x_0) = 0}$ und $\mathbf{f''(x_0) > 0}$, so liegt ein **Tiefpunkt** (lokales Minimum) vor.

Wendepunkt
Im Wendepunkt W einer Funktion wechselt die Krümmung das Vorzeichen.
Notwendige Bedingung für das Vorliegen eines Wendepunkts: $\mathbf{f''(x_W) = 0}$
Die 1. Ableitung hat hier einen lokalen Extremwert.

Sattelpunkt
Ein Sattelpunkt S ist ein Wendepunkt mit waagrechter Wendetangente. Es gilt:
$\mathbf{f'(x_S) = 0}$ **und** $\mathbf{f''(x_S) = 0}$
Das Monotonieverhalten der Funktion ändert sich unmittelbar vor und nach diesem Punkt nicht.

Den höchsten bzw. tiefsten Punkt des gesamten Definitionsbereichs nennt man **globalen Extrempunkt**. Liegt der höchste bzw. tiefste Punkt der Funktion am Rand des Definitionsbereichs, wird er als **Randextremum** bezeichnet.

Es werden häufig folgende Bezeichnungen verwendet:
- **Extremstelle** für die Stelle, an der der Funktionswert maximal bzw. minimal ist. Dieser Wert wird auch **Extremwert** genannt.
- **Extremum** (Mehrzahl: Extrema) für einen Extrempunkt

B C **5.2** Stelle die Funktion $y = x^3 - 6x^2 + 9x$ grafisch dar. Untersuche das Monotonie- und das Krümmungsverhalten der Funktion. Veranschauliche die Ergebnisse mithilfe einer Zahlengeraden.

Lösung:

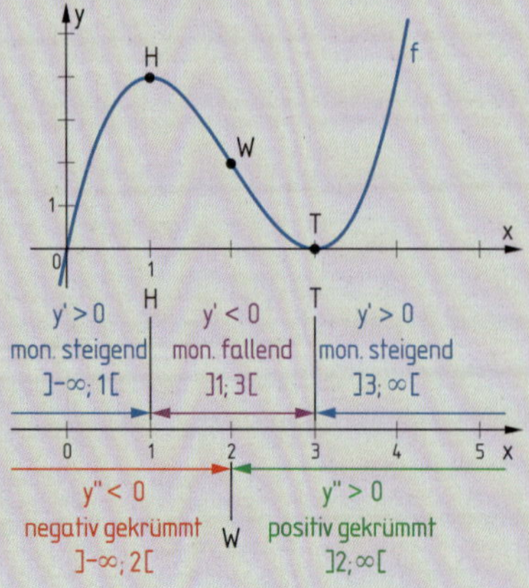

$y = x^3 - 6x^2 + 9x$
$y' = 3x^2 - 12x + 9$
$y'' = 6x - 12$
Monotonieverhalten:
$y' = 0$
$3x^2 - 12x + 9 = 0$
$x_1 = 1, x_2 = 3$ ... Extremstellen

- Funktionsgleichung
- Erste und zweite Ableitung ermitteln
- Das Monotonieverhalten ändert sich in den Extrempunkten.

Krümmungsverhalten:
$y'' = 0$
$6x - 12 = 0$
$x = 2$ ... Wendestelle

- Das Krümmungsverhalten ändert sich im Wendepunkt.

5.3 Fertige eine Zeichnung des Funktionsgraphen von f an. Untersuche das Monotonie- und das Krümmungsverhalten der Funktion. Veranschauliche die Ergebnisse mithilfe einer Zahlengeraden.
a) $f(x) = x^2 + 1$ **b)** $f(x) = 7 + 3x - x^2$ **c)** $f(x) = x^3 + 3x^2 + 1$ **d)** $f(x) = 4x^3 + 1$

5.4 **1)** Stelle die Funktion f und ihre Ableitungen f′ und f″ in einem Koordinatensystem grafisch dar.
2) Lies die Extrempunkte und Wendepunkte aus dem Funktionsgraphen ab und beschreibe die jeweils geltenden Eigenschaften der Ableitungen für diese Punkte mit eigenen Worten.
a) $f(x) = 3x - x^3$ **b)** $f(x) = 1 - 3x^2 - x^3$ **c)** $f(x) = \frac{1}{5} \cdot (x^5 - 5x^4 + 5)$

5.5 Stelle die angegebene Funktion grafisch dar. Gib die lokalen Extrempunkte an und zeige rechnerisch, dass an den Extremstellen $f'(x) = 0$ gilt.
a) $f(x) = (x - 1)^2$ **b)** $f(x) = 2 \cdot \sin(x),\ 0 \leqslant x < 2\pi$

5.6 **1)** Stelle die Funktion $y = 4x^3 - 3{,}6x + 1$ grafisch dar.
2) Berechne, an welchen Stellen die Steigung k = 0 beträgt, und zeichne die zugehörigen Punkte sowie die Tangenten ein.
3) Beschreibe den Verlauf des Funktionsgraphen mit eigenen Worten.

5.7 Zeichne jeweils die Funktionen $f(x) = \frac{x^2}{4}$ und g(x) in ein Koordinatensystem. Vergleiche die Lage der Extremstellen. Welche allgemeine Aussage lässt sich jeweils vermuten?
1) $g(x) = 2 \cdot f(x)$ **2)** $g(x) = f(x) - 2$ **3)** $g(x) = [f(x)]^2$

5.8 Stelle die Funktion y = f(x) im angegebenen Intervall grafisch dar. Lies aus der Zeichnung lokale Extrempunkte bzw. Randextrema ab.
a) $y = e^x,\ [0; 2]$ **b)** $y = 0{,}5 \cdot (x^3 - 6x + 8),\ [-1{,}5; 6{,}5]$

5.9 Stelle die Funktionen $y_1 = x^3$, $y_2 = x^4$, $y_3 = x^5$ und $y_4 = x^6$ grafisch dar. Untersuche jeweils die erste und die zweite Ableitung an der Stelle $x_0 = 0$. Argumentiere mithilfe des Monotonieverhaltens, ob es sich bei dem Punkt an der Stelle $x_0 = 0$ um einen Extrempunkt oder einen Sattelpunkt handelt und überprüfe anhand der Grafik.

5.10 Ordne den Funktionen f, g und h jeweils die Grafik zu, die ihre erste Ableitung darstellt. Begründe deine Auswahl.

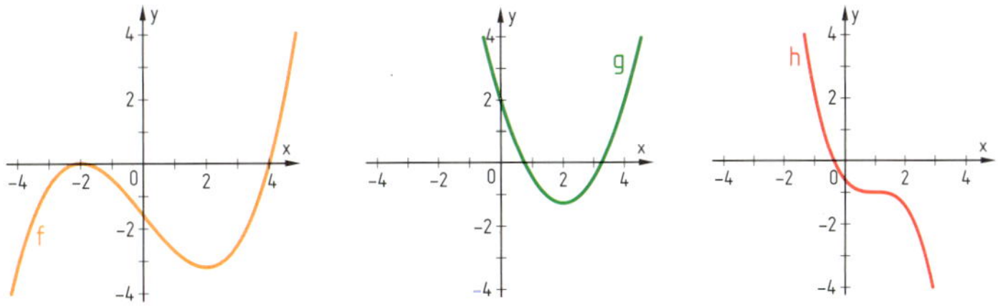

A)
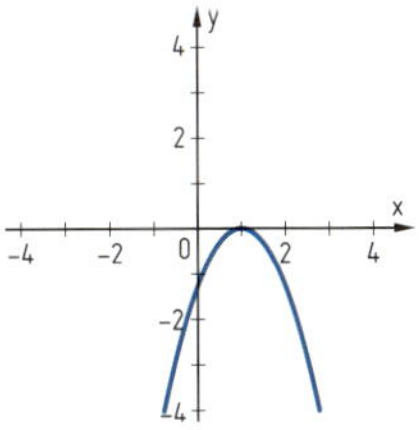

B)
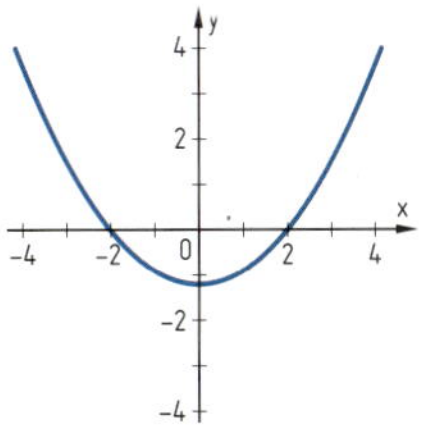

C)
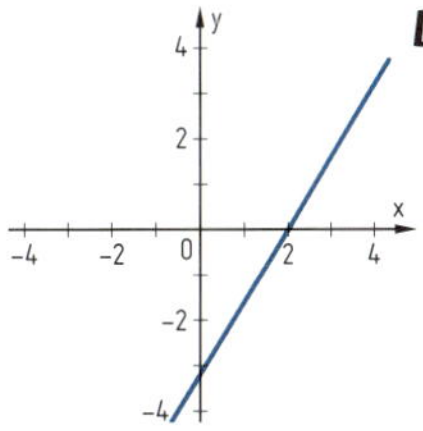

D)
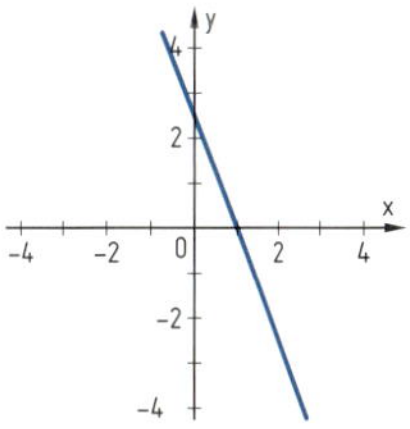

Anwendungen der Differentialrechnung

5.11 Ordne den Funktionen f, g und h jeweils die Grafiken zu, die ihre erste bzw. zweite Ableitung darstellen. Begründe deine Auswahl.

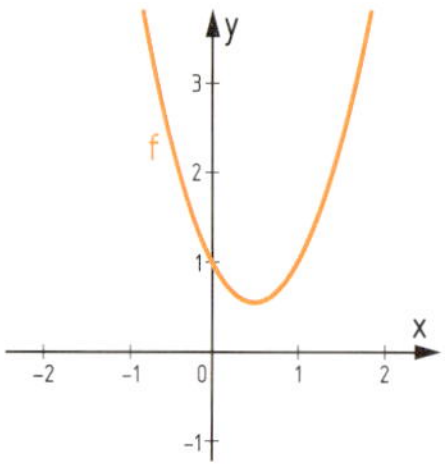

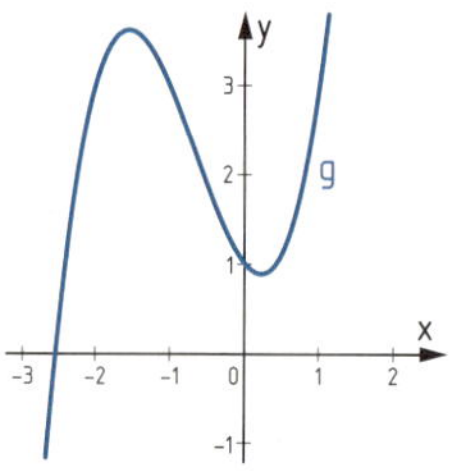

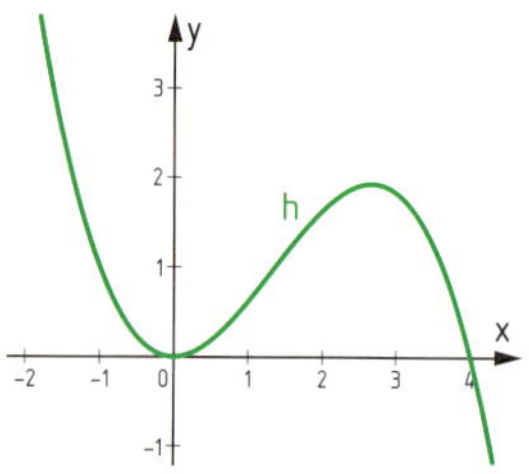

A)

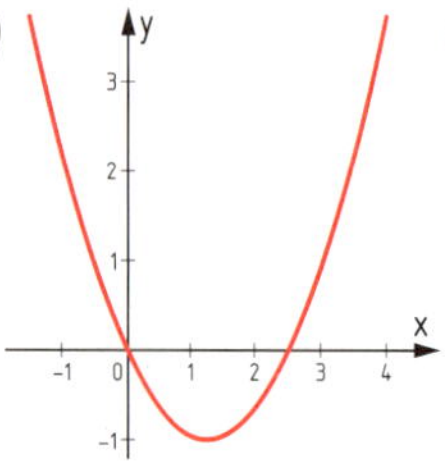

C)

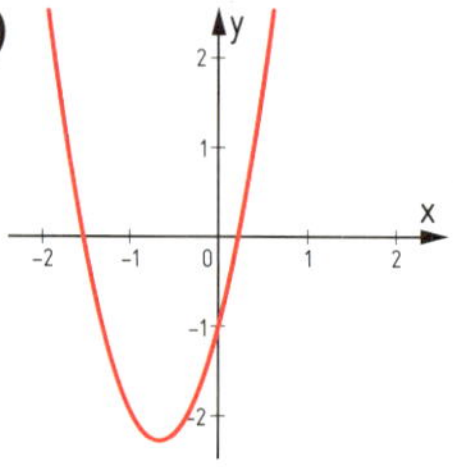

E)

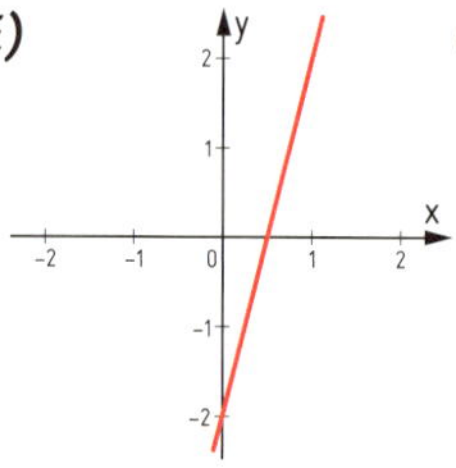

G)

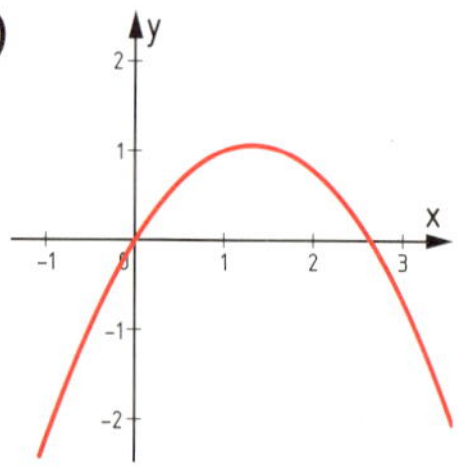

B)

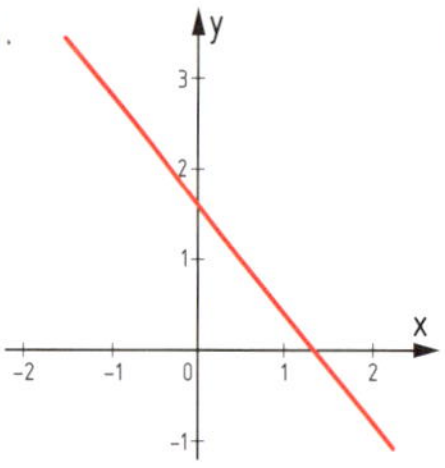

D)

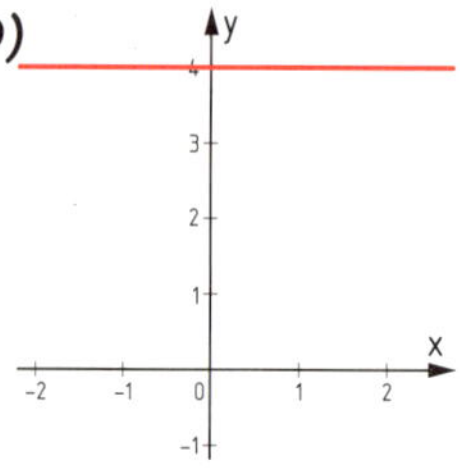

F)

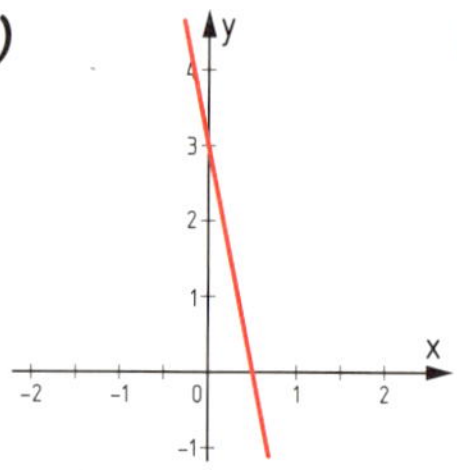

H)

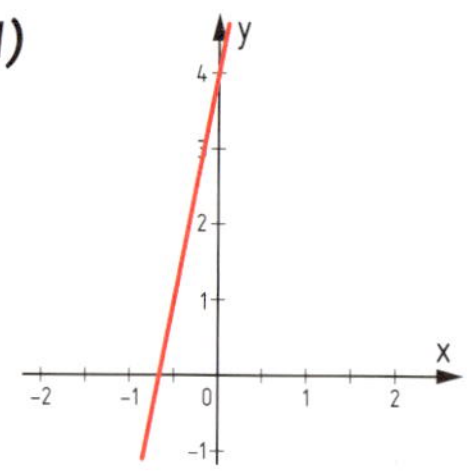

5.12 In einem Vergnügungspark gibt es die Attraktion „Freier Fall". Für die ersten Sekunden einer Fahrt ist die Höhe h abhängig von der Zeit t in der Abbildung dargestellt. Ordne dem abgebildeten Funktionsgraphen den richtigen Graphen der Geschwindigkeit zu. Begründe deine Entscheidung.

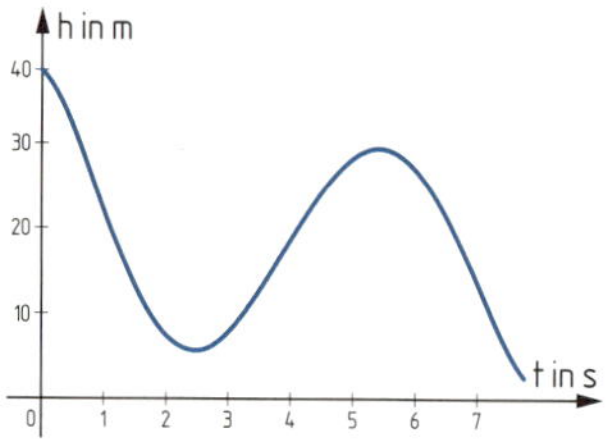

A)

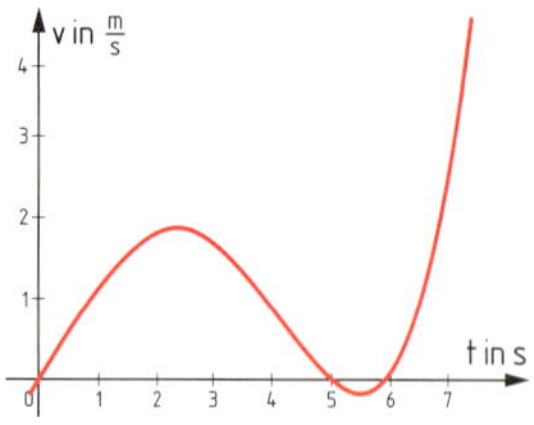

B)

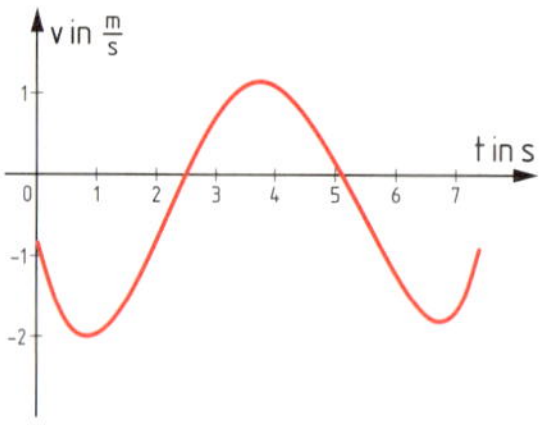

C)

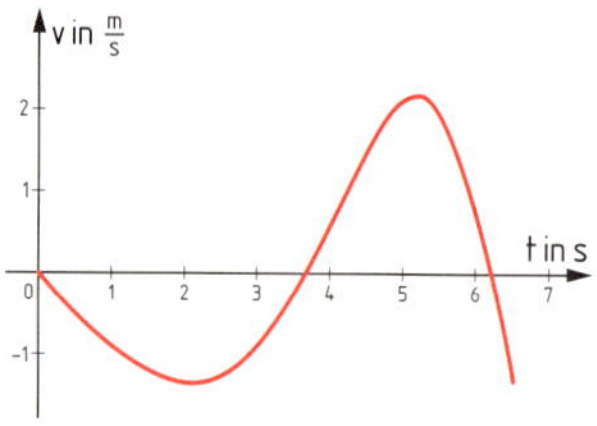

5.13 Die Grafik zeigt die erste Ableitung f′ einer Funktion f.

1) Skizziere die zweite Ableitung f″.

2) Erkläre, warum die Funktion f nur eine Extremstelle hat.

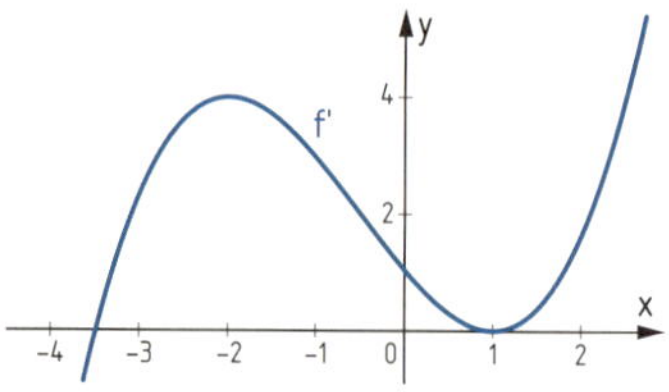

5.1.2 Krümmung einer Kurve

Ein Autofahrer, der den markierten Weg auf dem abgebildeten Autobahnkreuz wählt, fährt eine Rechtskurve. Im Verlauf des Wegs ändert sich jedoch der Radius dieser Kurve. Um zu beschreiben, wie stark eine Kurve gekrümmt ist, gibt man das Ausmaß der Richtungsänderung, bezogen auf die Länge des Kurvenbogens, an.

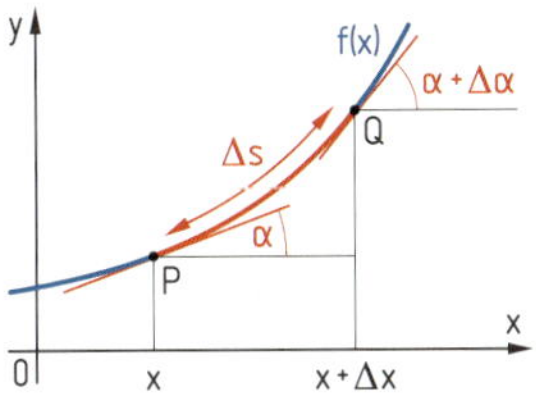

Die mittlere Krümmung zwischen P und Q wird durch den Differenzenquotienten $\overline{\kappa} = \frac{\Delta\alpha}{\Delta s}$ angegeben. Die **Krümmung** κ (κ ... „Kappa", griechischer Kleinbuchstabe) im Punkt P wird durch den Differentialquotienten $\kappa = \lim\limits_{\Delta s \to 0}\left(\frac{\Delta\alpha}{\Delta s}\right) = \frac{d\alpha}{ds}$ angegeben.

Die Krümmung κ kann mithilfe der Ableitungen der gegebenen Funktion y = f(x) ermittelt werden.

$$\tan(\alpha) = \frac{dy}{dx} = y' \Rightarrow \alpha = \arctan(y') \Rightarrow \frac{d\alpha}{dx} = \frac{1}{1 + (y')^2} \cdot y''$$

Weiters gilt: $(\Delta s)^2 \approx (\Delta x)^2 + (\Delta y)^2$ bzw. für $\Delta x \to 0$: $ds = \sqrt{(dx)^2 + (dy)^2} = \sqrt{1 + \underbrace{\left(\frac{dy}{dx}\right)^2}_{(y')^2}} \cdot dx$

Nach Umformen ergibt sich: $\frac{dx}{ds} = \frac{1}{\sqrt{1 + (y')^2}}$

Durch Anwenden der Kettenregel erhält man für die Krümmung:

$$\kappa = \frac{d\alpha}{ds} = \frac{d\alpha}{dx} \cdot \frac{dx}{ds} = \frac{1}{1 + (y')^2} \cdot y'' \cdot \frac{1}{\sqrt{1 + (y')^2}} = \frac{y''}{\sqrt{[1 + (y')^2]^3}}$$

Eine aussagekräftigere Größe als die Krümmung ist der **Krümmungsradius** ρ. Es gilt: $\rho = \left|\frac{1}{\kappa}\right|$

ZB: Für einen Kreis mit Radius r gilt für die Krümmung: $\kappa = -\frac{1}{r}$

In jedem Punkt einer Kurve kann ein Kreis gezeichnet werden, der die Kurve in diesem Punkt berührt und dieselbe Krümmung wie die Kurve in P hat. Dieser Kreis wird **Krümmungskreis** genannt.

Krümmung einer Kurve mit y = f(x)

$\kappa(x) = \frac{f''(x)}{\sqrt{[1 + (f'(x))^2]^3}}$ $\qquad \rho = \left|\frac{1}{\kappa}\right|$ ... Krümmungsradius

5.14 Ermittle die Krümmung und den Krümmungsradius der Funktion y = sin(x) an der Stelle $x_0 = \frac{\pi}{2}$. Stelle den Funktionsgraphen und den Krümmungskreis grafisch dar. B

Lösung:

$y = \sin(x);\quad y' = \cos(x);\quad y'' = -\sin(x)$

$$\kappa(x) = \frac{-\sin(x)}{\sqrt{[1 + \cos^2(x)]^3}}$$

$$\kappa\left(\frac{\pi}{2}\right) = \frac{-\sin\left(\frac{\pi}{2}\right)}{\sqrt{\left(1 + \cos^2\left(\frac{\pi}{2}\right)\right)^3}} = \frac{-1}{\sqrt{(1 + 0)^3}} = -1$$

$$\rho = \left|\frac{1}{\kappa}\right| = 1$$

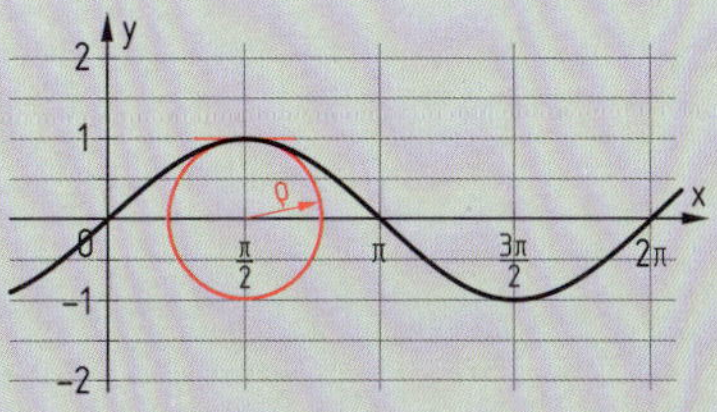

5.15 Stelle den Graphen der Funktion und den Krümmungskreis der Funktion $y = 0{,}5x^2 - 3x$ im Extrempunkt grafisch dar.

Lösung mit GeoGebra:

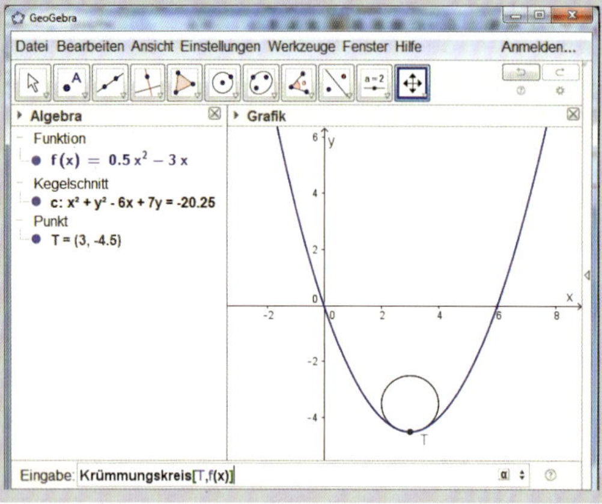

- Der Extrempunkt wird mithilfe des Befehls **Extremum [f]** ermittelt.
- Der Krümmungskreis kann mit dem Befehl **Krümmungskreis[Punkt,Funktion]** angezeigt werden. Die zugehörige Kreisgleichung wird angezeigt.

5.16 ***1)*** Stelle die Funktion $y = 3 \cdot \cosh\left(\frac{x}{3}\right) + 8$ grafisch dar.
2) Ermittle die Krümmung und den Krümmungsradius im Extrempunkt der Funktion.
3) Zeichne den Krümmungskreis in die Grafik aus ***1)*** ein.

5.17 Ein Fenster ist annähernd parabelförmig. Es hat eine Höhe von 1,9 m und eine Spannweite von 0,8 m.
1) Wähle das Koordinatensystem so, dass die Endpunkte des Parabelbogens auf der x-Achse liegen und die y-Achse durch den Scheitel verläuft. Ermittle die Funktionsgleichung der Parabel.
2) Im höchsten Punkt des Fensters soll ein kreisförmiges Ornament angebracht werden, das denselben Radius wie der Krümmungskreis der Parabel hat. Ermittle diesen Radius.
3) Zeichne das parabelförmige Fenster und den Kreis.

5.18 Ein Juwelier lädt zu einem Empfang ein. Jede Kundin bekommt zur Begrüßung ein Sektglas mit einer Glasperle überreicht. Der Längsschnitt des Glases kann näherungsweise durch die Funktion $y = 10x^2$ im Intervall $[-0{,}3; 0{,}3]$ (Angaben in dm) beschrieben werden. Ermittle, welchen Durchmesser eine Perle maximal haben kann, wenn die Perle genau am Boden des Glases aufliegen soll.

5.19 Ein Streckenabschnitt einer Go-Kart-Strecke kann näherungsweise durch folgende Funktion beschrieben werden:
$y = -0{,}37x^4 + 3{,}14x^3 - 7{,}7x^2 + 5{,}32x \quad$ für $0 \leq x \leq 4{,}7$
Angaben in km
Ein Warnschild soll vor der Kurve mit der absolut größten Krümmung aufgestellt werden. Ermittle, vor welcher der drei Kurven das Schild angebracht werden soll.

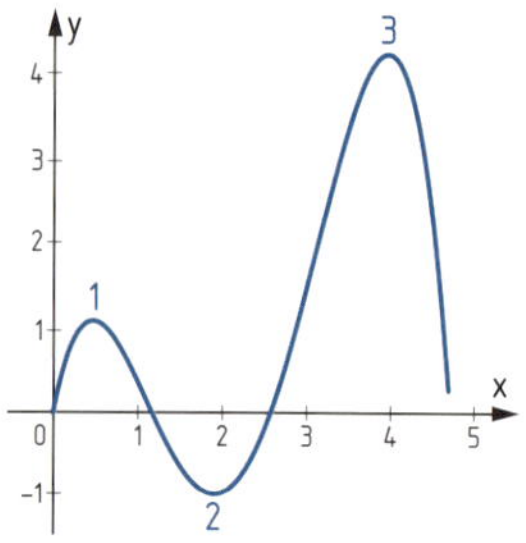

5.20 Zeige, dass im Scheitel einer Parabel mit $y = -ax^2 + c$ gilt:
$\kappa = y''$

5.2 Kurvendiskussion von Polynomfunktionen

Wird der Verlauf einer Funktion untersucht, spricht man von einer **Kurvenuntersuchung** oder **Kurvendiskussion**. Sie ermöglicht es, die charakteristischen Eigenschaften und Merkmale der Funktion im gesamten Funktionsverlauf anzugeben. Für das Untersuchen von Funktionen kann ein Schema angegeben werden, das abhängig vom Funktionstyp erweitert bzw. angepasst wird.

Polynomfunktionen können allgemein durch folgende Funktionsgleichung angegeben werden: $f(x) = a_n \cdot x^n + a_{n-1} \cdot x^{n-1} + a_{n-2} \cdot x^{n-2} + \ldots + a_1 \cdot x + a_0$

Schema zur Untersuchung einer Polynomfunktion:

I) Die **Definitionsmenge** der Funktion wird angegeben. Es gilt: $D_f = \mathbb{R}$
II) Die **Symmetrieeigenschaften** werden angegeben.
III) Die Funktion wird auf **Nullstellen** überprüft.
IV) Die Anzahl und die Art der **Extrempunkte** wird ermittelt.
V) **Wendepunkte** werden ermittelt und, falls benötigt, die **Wendetangenten** angegeben.
VI) Die Funktion wird mithilfe der ermittelten Punkte **grafisch** dargestellt.

ZB Es soll die Funktion $f(x) = x^3 + 3x^2$ untersucht werden.

$f'(x) = 3x^2 + 6x \quad f''(x) = 6x + 6$	• Ableitungen ermitteln
I) $D_f = \mathbb{R}$	
II) Der Graph ist nicht symmetrisch.	• $f(x) \neq f(-x)$ und $f(x) \neq -f(-x)$
III) Nullstellen: $f(x) = 0$	
$x^3 + 3x^2 = 0 \Rightarrow x_1 = -3, x_2 = 0$	• Funktion null setzen
$N_1(-3\|0), N_2(0\|0)$	• Angabe der Nullstellen
IV) Extrempunkte: $f'(x) = 0$	
$3x^2 + 6x = 0 \Rightarrow x_1 = -2, x_2 = 0$	• 1. Ableitung null setzen
Art der Extrempunkte: $f''(-2) = -6 < 0 \Rightarrow H$; $f''(0) = 6 > 0 \Rightarrow T$	• Mithilfe der 2. Ableitung wird überprüft, ob ein Minimum oder ein Maximum vorliegt. In einem Hochpunkt ist die Krümmung negativ und in einem Tiefpunkt positiv.
$f(-2) = 4 \Rightarrow H(-2\|4)$; $f(0) = 0 \Rightarrow T(0\|0)$	• Berechnung der zugehörigen Funktionswerte und Angabe der Punkte
V) Wendepunkt: $f''(x) = 0$	
$6x + 6 = 0 \Rightarrow x = -1$	• 2. Ableitung null setzen
$f(-1) = 2 \Rightarrow W(-1\|2)$	• Angabe des Wendepunkts
Wendetangente: $y = k \cdot x + d$; $t_W: y = -3x - 1$	• $k = f'(-1) = -3$; $d = y_W - k \cdot x_W = 2 - (-3) \cdot (-1) = -1$
VI) Grafische Darstellung:	• Die ermittelten Punkte und die Tangente im Wendepunkt werden eingetragen und der Funktionsgraph eingezeichnet.

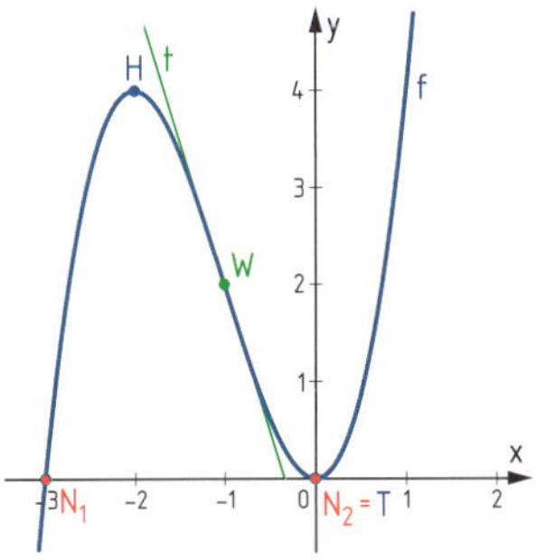

Anwendungen der Differentialrechnung

Für Polynomfunktionen mit $f(x) = a_n \cdot x^n + a_{n-1} \cdot x^{n-1} + a_{n-2} \cdot x^{n-2} + \ldots + a_1 \cdot x + a_0$ kann man folgende allgemein gültige Aussagen treffen:

- **Symmetrieeigenschaften** können anhand der Funktionsgleichung angegeben werden.

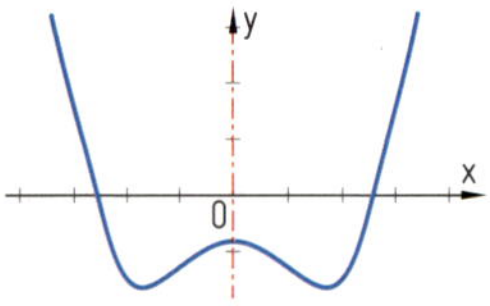

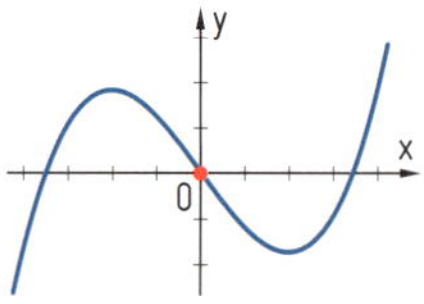

Enthält eine Polynomfunktion ausschließlich **gerade Exponenten**, ist sie **symmetrisch zur y-Achse**. Man spricht von einer **geraden** Funktion.

Enthält eine Polynomfunktion ausschließlich **ungerade Exponenten**, ist sie **punktsymmetrisch zum Ursprung**. Man spricht von einer **ungeraden** Funktion.

- Die **maximale Anzahl** von **Nullstellen**, **Extrempunkten** und **Wendepunkten** ist am Grad n des Polynoms erkennbar. Da eine Gleichung n-ten Grads höchstens n reelle Lösungen hat (vgl. Band 2, Abschnitt 7.5, Fundamentalsatz der Algebra), kann eine Polynomfunktion n-ten Grads maximal n Nullstellen haben. Aus der Ableitungsregel für Potenzfunktionen ergibt sich weiters, dass sie höchstens (n – 1) Extrempunkte und höchstens (n – 2) Wendepunkte hat, zB:

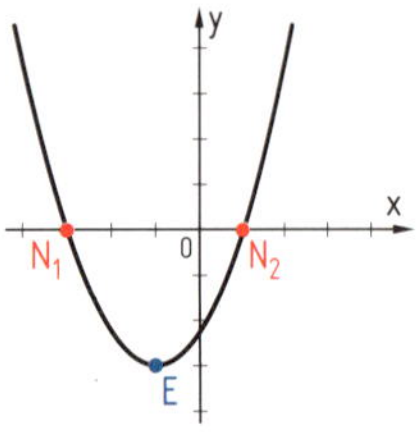

n = 2
2 Nullstellen
1 Extrempunkt
0 Wendepunkte

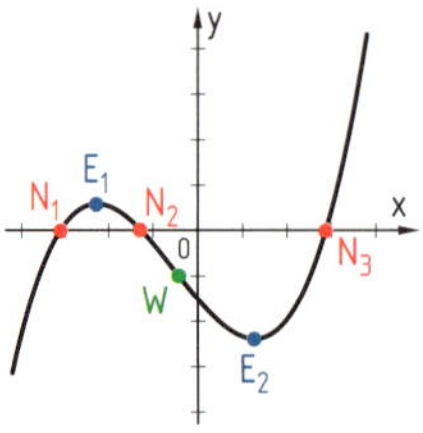

n = 3
3 Nullstellen
2 Extrempunkte
1 Wendepunkt

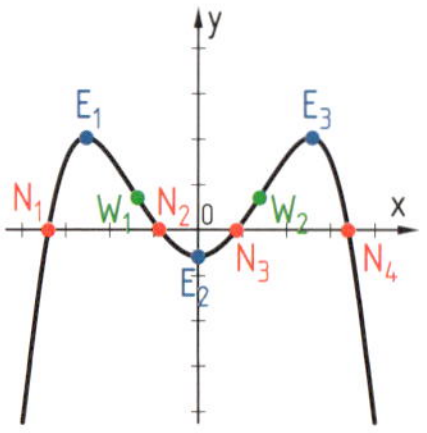

n = 4
4 Nullstellen
3 Extrempunkte
2 Wendepunkte

- Das **Verhalten für x → ±∞** hängt vom Grad n des Polynoms und dem Vorzeichen des Koeffizienten a_n der höchsten vorkommenden Potenz ab.

n gerade		n ungerade	
$a_n > 0$	$a_n < 0$	$a_n > 0$	$a_n < 0$
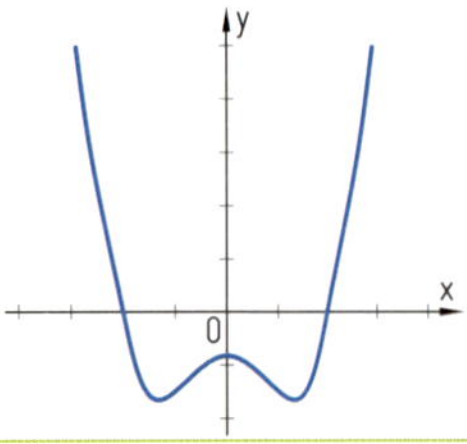	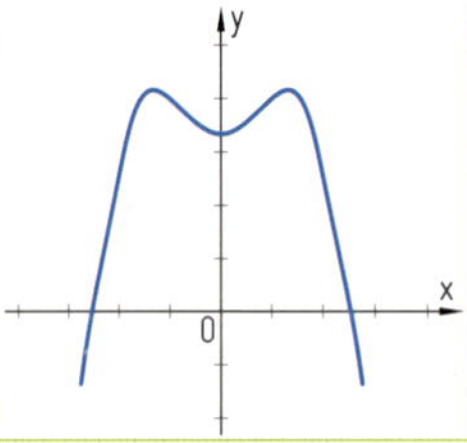	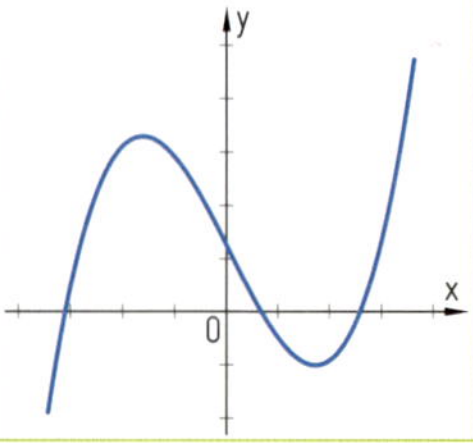	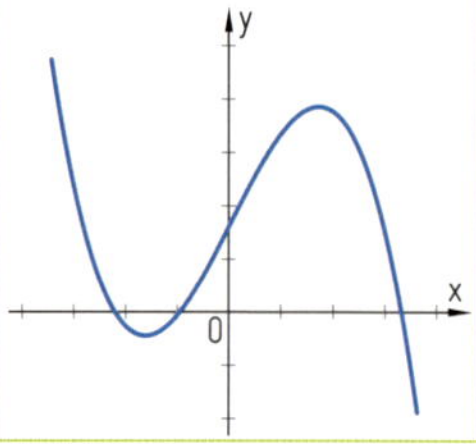

Ist der Grad n der Funktion gerade, so gilt: Ist $a_n > 0$, dann kommt die Funktion von $+\infty$ und geht gegen $+\infty$. Ist $a_n < 0$, dann kommt die Funktion von $-\infty$ und geht gegen $-\infty$.

Ist der Grad n der Funktion ungerade, so gilt: Ist $a_n > 0$, dann verläuft die Funktion von $-\infty$ nach $+\infty$. Ist $a_n < 0$, dann geht die Funktion von $+\infty$ nach $-\infty$.

5.21 **1)** Erkläre, wie viele Nullstellen, Extrempunkte und Wendepunkte bei der Funktion f mit $f(x) = 0{,}05x^4 - 1{,}2x^2$ jeweils maximal auftreten können. A B D

2) Argumentiere, dass es sich bei der Funktion f um eine gerade Funktion handelt.

3) Diskutiere die Funktion f. Gib die Gleichungen der Wendetangenten an.

Lösung:

1) Die Funktion f ist eine Polynomfunktion vierten Grads, daher gibt es höchstens 4 Nullstellen. Beim Ableiten wird der Grad einer Polynomfunktion jeweils um einen Grad herabgesetzt. Daher verringert sich die maximale Anzahl der Nullstellen der Ableitungen jeweils um 1. Somit hat die Funktion f höchstens 3 Extrempunkte und höchstens 2 Wendepunkte.

2) Da die Funktionsgleichung nur gerade Exponenten enthält, handelt es sich um eine gerade Funktion.
Es gilt $f(x) = f(-x)$, da:
$f(-x) = 0{,}05(-x)^4 - 1{,}2(-x)^2 = 0{,}05x^4 - 1{,}2x^2 = f(x)$

3) $f'(x) = 0{,}2x^3 - 2{,}4x \quad f''(x) = 0{,}6x^2 - 2{,}4$ • Bilden der Ableitungen

I) Definitionsmenge: $D_f = \mathbb{R}$

II) Symmetrie: gerade Funktion

III) Nullstellen: $f(x) = 0$
$0{,}05x^4 - 1{,}2x^2 = 0$
$x^2 \cdot (0{,}05x^2 - 1{,}2) = 0$
$x = 0$ oder $x^2 = 24 \Rightarrow x_1 = -2 \cdot \sqrt{6} \approx -4{,}9; \; x_2 = 0; \; x_3 = 2 \cdot \sqrt{6} \approx 4{,}9$
$N_1(-4{,}9|0), \; N_2(0|0), \; N_3(4{,}9|0)$

IV) Extrempunkte: $f'(x) = 0$
$0{,}2x^3 - 2{,}4x = 0 \Rightarrow x \cdot (0{,}2x^2 - 2{,}4) = 0$
$x = 0$ oder $x^2 = 12 \Rightarrow x_1 = -2 \cdot \sqrt{3} \approx -3{,}46; \; x_2 = 0; \; x_3 = 2 \cdot \sqrt{3} \approx 3{,}46$
$f''(0) = -2 < 0 \Rightarrow$ Hochpunkt, $f(0) = 0$: $H(0|0)$
$f''(\pm 2 \cdot \sqrt{3}) = 4{,}8 > 0 \Rightarrow$ Tiefpunkte, $f(\pm 2 \cdot \sqrt{3}) \approx -7{,}2$: $T_1(-3{,}46|-7{,}2)$, $T_2(3{,}46|-7{,}2)$

V) Wendepunkte: $f''(x) = 0$
$0{,}6x^2 - 2{,}4 = 0 \Rightarrow x_1 = -2; \; x_2 = 2$
$f(\pm 2) = -4$: $W_1(-2|-4), \; W_2(2|-4)$

Wendetangenten: $y = k \cdot x + d, \; d = y_W - k \cdot x_W$

$k_1 = f'(-2) = 3{,}2$ | $k_2 = f'(2) = -3{,}2$
$d_1 = -4 - 3{,}2 \cdot (-2) = 2{,}4$ | $d_2 = -4 - (-3{,}2) \cdot 2 = 2{,}4$
t_1: $y = 3{,}2x + 2{,}4$ | t_2: $y = -3{,}2x + 2{,}4$

VI) Grafische Darstellung:

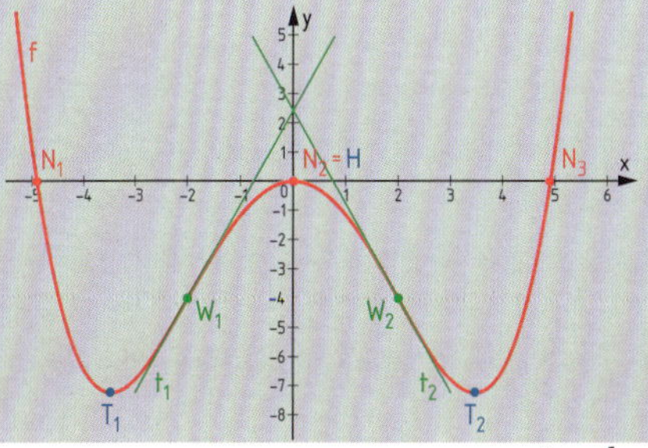

5.22 Stelle die Funktion $f(x) = \frac{1}{81} \cdot (x^5 - 15x^3)$ grafisch dar. Beschreibe die Eigenschaften der Funktion anhand des Graphen.

5.23 Ermittle die Extrempunkte und den Wendepunkt der Funktion.
a) $y = x^3 - 6x^2 + 9x - 2$ **b)** $y = -0{,}25x^3 + 1{,}5x^2 - 8$ **c)** $y = 0{,}25x^3 - 3x + 1$

Aufgaben 5.24 – 5.25: **1)** Erkläre, wie viele Nullstellen, Extrempunkte und Wendepunkte bei der Funktion f jeweils auftreten können. **2)** Führe die Kurvenuntersuchung durch. Kennzeichne alle ermittelten Punkte sowie die Wendetangenten im Graphen.

5.24 **a)** $f(x) = x^3 - 6x^2 + 9x$ **c)** $f(x) = 0{,}05x^3 + 0{,}15x^2 - 1{,}2x$ **e)** $f(x) = -\frac{1}{3} \cdot (x^4 - 8x^2 - 3)$
b) $f(x) = -0{,}1x^3 + 0{,}9x$ **d)** $f(x) = -0{,}25x^3 + 1{,}5x^2 + 9x$ **f)** $f(x) = x^4 - 2x^2 + 1$

5.25 **a)** $y(t) = -t^3 + t^2$ **c)** $y(t) = \frac{1}{4} \cdot (t^3 - 3t^2 - 9t)$ **e)** $y(t) = -0{,}25t^4 + t^3$
b) $y(t) = \frac{1}{30} \cdot t^5 - \frac{1}{2} \cdot t^3$ **d)** $y(t) = \frac{1}{4} \cdot t^4 - \frac{3}{2} \cdot t^2 + 2t$ **f)** $y(t) = t^6 + 2t^3$

Aufgaben 5.26 – 5.27: Diskutiere die Funktion.

5.26 **a)** $f(x) = \frac{3}{16} \cdot x^3 - \frac{27}{8} \cdot x^2 + 18x - 24$ **c)** $f(x) = \frac{1}{27} \cdot (16x^3 - 120x^2 + 192x + 47)$
b) $f(x) = -\frac{1}{27} \cdot (5x^3 - 60x^2 + 180x + 27)$ **d)** $f(x) = -0{,}25x^4 + x^3 + 0{,}5x^2 - 3x + 0{,}75$

5.27 **a)** $f(t) = \frac{1}{30} \cdot (-2t^3 + 27t^2 - 91t + 150)$ **c)** $h(t) = t^3 + 1{,}9t^2 + 0{,}3t + 1$
b) $s(t) = 0{,}8t^4 + 1{,}5t^3 - 2{,}4t + 3$ **d)** $v(t) = t^4 - 3t^3 - 2t^2 + 6t + 6$

5.28 Die Polynomfunktion $y = \frac{2}{9}x^3 + \frac{1}{3}x^2 - \frac{4}{3}x + \frac{7}{9}$ hat den Hochpunkt H(−2|3) und den Tiefpunkt T(1|0).
1) Überprüfe die gegebenen Extrempunkte.
2) Zeige, dass diese beiden Punkte symmetrisch zum Wendepunkt liegen.
3) Zeige anhand der Polynomfunktion $y = a \cdot x^3 + b \cdot x^2 + c \cdot x + d$, dass die Eigenschaft aus **2)** für alle Polynomfunktionen 3. Grads gilt.

5.29 Die Abbildung zeigt den Graphen der Funktion f mit $f(x) = \frac{1}{50} \cdot (x^5 - 10x^4 + 30x^3 - 40x^2 + 25x + 100)$.
1) Zeige, dass $f'(1) = f''(1) = 0$ gilt.
2) Stelle die erste Ableitung f′ grafisch dar. Argumentiere anhand des Graphen, dass die Funktion f an der Stelle x = 1 keinen Wendepunkt haben kann.

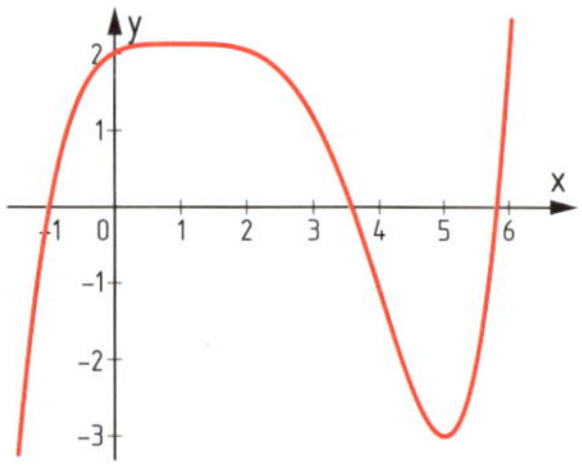

Anwendungen

5.30 Wird ein Körper aus einer Höhe h_0 mit der Anfangsgeschwindigkeit v_0 senkrecht nach oben geworfen, kann die Höhe h zur Zeit t nach dem Abwurf durch folgende Funktion beschrieben werden: $h(t) = -\frac{g}{2} \cdot t^2 + v_0 \cdot t + h_0$
Ordne den angegebenen Gleichungen jeweils den ermittelten Zeitpunkt zu.

1	$h'(t) = 0$	☐
2	$h(t) = 0$	☐

A	Zeitpunkt, zu dem der Körper abgeworfen wird
B	Zeitpunkt, zu dem Körper auf dem Boden aufkommt
C	Zeitpunkt, zu dem der Körper die maximale Beschleunigung hat
D	Zeitpunkt, zu dem der Körper die maximale Höhe erreicht

Anwendungen der Differentialrechnung

5.31 Bei der Motocross-Veranstaltung „Doctors of Mud" präsentieren Sportler spektakuläre Sprünge mit ihren Motocross-Maschinen. Die Flugbahn bei einem Sprung kann mithilfe folgender Funktion beschrieben werden. A B C D

$h(x) = -0{,}116x^2 + 0{,}781x + 2{,}6$

x … horizontale Entfernung von der Sprungschanze in m

h(x) … Höhe über dem Boden bei einer Entfernung x in m

1) Stelle die Funktion h in einem sinnvollen Definitionsbereich grafisch dar.

2) Ermittle die Sprungweite und die maximale Sprunghöhe.

3) Berechne, in welchem Winkel die Motocross-Maschine am Boden aufkommt.

4) Begründe, warum die Funktion h keinen Wendepunkt hat.

5.32 Die Kosten K für die Herstellung eines Produkts und der Erlös E beim Verkauf des Produkts lassen sich durch folgende Funktionen beschreiben: A B C D TE

$K(x) = 0{,}01x^3 - 0{,}3x^2 + 3x + 6$

$E(x) = -1{,}5x^2 + 15x$

x … Anzahl der produzierten bzw. verkauften Stück in ME

K(x) … Kosten bei der Herstellung von x ME in GE

E(x) … Erlös beim Verkauf von x ME in GE

1) Stelle die Funktionen E und K in einem Koordinatensystem grafisch dar.

2) Der Gewinn G kann durch G = E – K berechnet werden. Erkläre anhand der Grafik aus ***1)***, in welchem Bereich die Firma Gewinn erzielt.

3) Ermittle, bei wie viel verkauften Mengeneinheiten der Gewinn maximal ist und berechne diesen.

5.33 In der Meterologie werden Wetterballons verwendet, um Sonden in die Atmosphäre zu bringen, die Wetterdaten sammeln. Beim Erreichen einer bestimmten Höhe platzt der Ballon und die Sonde kehrt mit einem Fallschirm zum Erdboden zurück. Die Höhe einer Sonde kann durch folgende Funktion genähert werden: A B C D TE

$h(t) = -t^4 + 7{,}5t^3 - 13{,}5t^2 + 13{,}5t$

t … Zeit nach dem Start in Stunden

h(t) … Höhe zur Zeit t in Kilometer

1) Diskutiere die Funktion h.

2) Gib an, nach welcher Zeit die Sonde wieder landet.

3) In welcher Höhe platzt der Ballon?

5.34 Die Anzahl der Besucher, die zwischen 10:00 Uhr und 19:30 Uhr auf einer Spielemesse sind, kann durch folgende Funktion beschrieben werden: A B C D

$A(t) = -0{,}16t^3 + 1{,}4t^2 - 2{,}3t + 4{,}565$

t … Zeit ab 10:00 Uhr in Stunden

A(t) … Anzahl der Besucher zur Zeit t in 1 000

1) Gib an, wie viele Besucher um 11:00 Uhr anwesend sind.

2) Erkläre, in welchem Zeitraum die Zahl der Besucher zunimmt und in welchem Zeitraum sie abnimmt.

3) Berechne, um welche Uhrzeit die maximale Besucheranzahl erreicht wird und gib die Anzahl der Besucher zu diesem Zeitpunkt an.

4) Interpretiere die Lösung der Gleichung $A''(t) = 0$ im gegebenen Sachzusammenhang.

5) Ab einer Anzahl von mehr als 5 000 Besuchern wird ein zusätzlicher Saal geöffnet. Ermittle die Uhrzeit, zu der dies der Fall ist.

5.35 Nach heftigen Unwettern wurde eine Kleinstadt durch einen Fluss überflutet. Die Höhe des Wasserstands in der Stadt lässt sich durch folgende Funktion beschreiben:

$h(t) = \frac{2}{27}t^4 - \frac{16}{9}t^3 + \frac{32}{3}t^2 + 24 \quad 0\,d \leq t \leq 12\,d$

t … Zeit nach Beginn der Messung in Tagen (d)

h(t) … Wasserstandshöhe zur Zeit t in Zentimeter (cm)

1) Gib die Wasserstandshöhe zu Beginn der Messung und drei Tage danach an.

2) Ermittle, am wievielten Tag der höchste Wasserstand gemessen wurde und gib diesen Wasserstand an.

3) Interpretiere das Ergebnis folgender Berechnung im gegebenen Sachzusammenhang: $\frac{h(4) - h(2)}{2}$

4) Zu welcher Zeit nach Beginn der Messung war der stärkste Anstieg zu verzeichnen?

5) Berechne, nach wie vielen Tagen der Wasserstand 80 cm betrug.

6) Man kann erst mit den Aufräumungsarbeiten beginnen, wenn der Wasserstand kleiner als 30 cm ist. Am wievielten Tag nach Beginn der Messung konnten die Arbeiten beginnen?

5.36 In einer Gärtnerei wird die Anzahl einer Sorte Pflanzenschädlinge nach erstmaligem Einsatz eines Schädlingsbekämpfungsmittels auf einer Pflanze untersucht. Die Anzahl S der Schädlinge kann annähernd durch folgende Funktion angegeben werden:

$S(t) = -\frac{341}{720}t^4 + \frac{7\,987}{720}t^3 - \frac{3\,626}{45}t^2 + \frac{2\,137}{12}t + 60 \qquad 0 < t \leq 12$

t … Zeit in Wochen, S(t) … Anzahl der Schädlinge zur Zeit t

1) Stelle die Funktion S grafisch dar. Beschreibe, wie sich der Einsatz des Mittels auf den Schädlingsbefall auswirkt.

2) Berechne, nach wie viel Wochen die wenigsten Schädlinge gezählt werden und wie viel Schädlinge es zu dieser Zeit sind.

3) Ermittle, nach welcher Zeit die Pflanzen theoretisch frei von Schädlingen sind.

5.37 Die Grafik zeigt den Temperaturverlauf an einem Sommertag zwischen 6:00 Uhr und 21:00 Uhr. Dieser kann durch folgende Funktion genähert werden:

$T(t) = -0{,}02t^3 + 0{,}18t^2 + 1{,}44t + 16{,}84$

t … Zeit ab 6:00 Uhr in h

T(t) … Temperatur zur Zeit t in °C

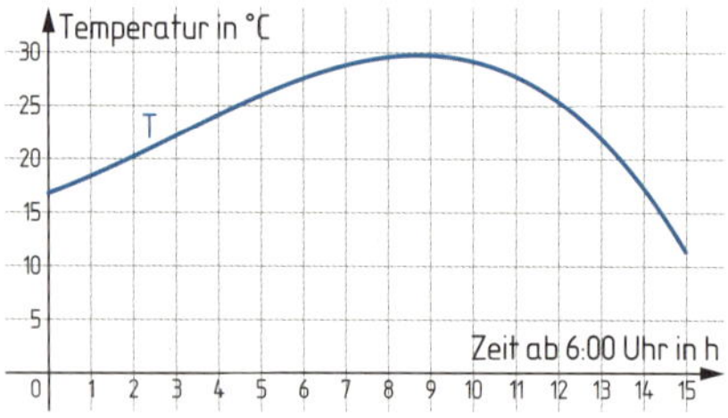

1) Berechne, welchen Höchstwert die Temperatur an diesem Tag erreicht hat.

2) Bestimme die Gleichung der Wendetangente. Erkläre die Bedeutung der Steigung dieser Tangente im gegebenen Sachzusammenhang.

3) Veranschauliche die betragsmäßig größte momentane Änderungsrate der Temperatur in der Grafik und gib diese an.

5.38 Die Form eines Schilds wird durch die Graphen der Funktionen f und g begrenzt:

$f(x) = \frac{1}{32} \cdot x^4 - \frac{3}{4} \cdot x^2 + 7{,}5 \quad g(x) = 1{,}5x^2 - 1$ (Abmessungen in dm)

1) Stelle die Funktionen f und g grafisch dar.

2) Zeige, dass der Graph der Funktion g den Graphen der Funktion f in dessen Wendepunkten schneidet.

3) Berechne die Breite und die Höhe des Schilds.

5.3 Kurvendiskussion von gebrochen rationalen Funktionen

In Abschnitt 2 wurden Unstetigkeitsstellen von gebrochen rationalen Funktionen sowie das Verhalten dieser Funktionen für $x \to \pm\infty$ untersucht. Diese Eigenschaften werden bei der Kuvendiskussion zusätzlich angegeben.

5.39 Diskutiere die Funktion: $y = \frac{1}{1-x^2}$

Lösung:

$y = \frac{1}{1-x^2}$ $\quad y'(x) = \frac{2x}{(1-x^2)^2}$ $\quad y''(x) = \frac{6x^2+2}{(1-x^2)^3}$

I) Definitionsmenge:
Polstellen: $1 - x^2 = 0 \Rightarrow x_1 = -1, x_2 = 1$
senkrechte Asymptoten: $a_1: x = -1$
$a_2: x = 1$
$D_f = \mathbb{R} \setminus \{\pm 1\}$

- Nullstellen des Nenners ermitteln und senkrechte Asymptoten angeben
- Angeben der Definitionsmenge

II) Symmetrie:
Die Funktion enthält nur Potenzen mit geraden Hochzahlen. Es handelt sich um eine gerade Funktion.

III) Nullstellen: $y(x) = 0$
$\frac{1}{1-x^2} = 0$
Es gibt keine Nullstellen.

- Ein Bruch hat genau dann den Wert null, wenn sein Zähler null ist.

IV) Extrempunkte: $y'(x) = 0$
$2x = 0 \Rightarrow x = 0$
$y''(0) = 2 > 0 \Rightarrow$ Minimum
$y(0) = 1 \Rightarrow T(0|1)$

- Ermitteln des Extrempunkts

V) Wendepunkte: $y''(x) = 0$
$6x^2 + 2 = 0 \Rightarrow x^2 = -\frac{1}{3}$
Die Gleichung hat keine reellen Lösungen.
Es gibt daher keine Wendepunkte.

- Ermitteln des Wendepunkts

VI) Verhalten für $x \to \pm\infty$:
$\lim\limits_{x \to \pm\infty} \left(\frac{1}{1-x^2}\right) = 0$
waagrechte Asymptote: $a_3: y = 0$

- Gebrochen rationale Funktion, Grad des Zählers < Grad des Nenners

VII) Funktionsgraph:

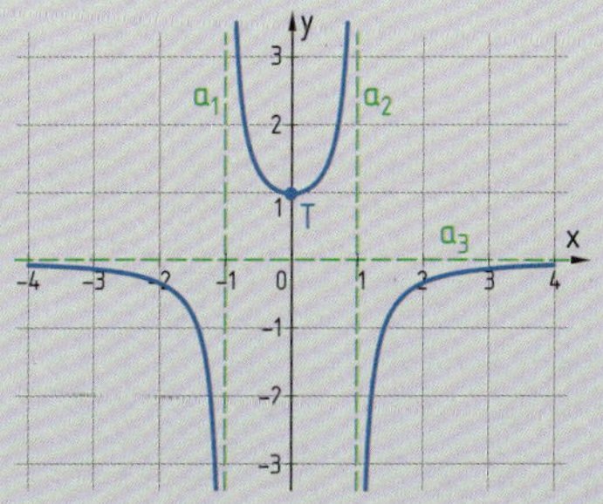

- für $x < -1$: negative Funktionswerte
für $-1 < x < 1$: positive Funktionswerte
für $x > 1$: negative Funktionswerte

TE B **5.40** Untersuche die Funktion: $f(x) = \frac{x^3}{3 - x^2}$

Lösung mit Mathcad:

$f(x) := \frac{x^3}{3 - x^2}$ $\qquad fs(x) := \frac{d}{dx} f(x)$ sammeln $\to -\frac{x^4 - 9 \cdot x^2}{x^4 - 6 \cdot x^2 + 9}$

$fss(x) := \frac{d^2}{dx^2} f(x)$ sammeln $\to -\frac{6 \cdot x^3 + 54 \cdot x}{x^6 - 9 \cdot x^4 + 27 \cdot x^2 - 27}$

I) **Definitionsmenge**:

Polstellen: $3 - x^2 = 0$ auflösen $\to \begin{pmatrix} \sqrt{3} \\ -\sqrt{3} \end{pmatrix}$ senkrechte Asymptoten: $a_1 = -\sqrt{3}$, $a_2 = \sqrt{3}$

$D_f = R \backslash \{-\sqrt{3}, \sqrt{3}\}$

II) **Symmetrie**: ungerade Funktion, da $f(-x) = \frac{(-x)^3}{3 - (-x)^2} = \frac{-x^3}{3 - x^2} = -f(x)$

III) **Nullstellen**:

$f(x) = 0$ auflösen $\to 0$ $\qquad$ N(0|0)

IV) **Extrempunkte**:

$fs(x) = 0$ auflösen $\to \begin{pmatrix} 0 \\ 3 \\ -3 \end{pmatrix}$

$fss(3) = -1.5$ ... Maximum $\quad f(3) = -4.5$ $\quad$ H(3|-4,5)

$fss(-3) = 1.5$ ... Minimum $\quad f(-3) = 4.5$ $\quad$ T(-3|4,5)

$fss(0) = 0 \qquad fs(-0.1) = 0.01 \qquad fs(0.1) = 0.01$

Die Steigung der Funktion f ist links und rechts von x = 0 positiv, an der Stelle x = 0 ist daher kein Extrempunkt, sondern ein Sattelpunkt: S(0|0)

V) **Wendepunkte**:

$fss(x) = 0$ auflösen $\to \begin{pmatrix} 0 \\ 3i \\ -3i \end{pmatrix}$ $\qquad$ Sattelpunkt S(0|0), keine weiteren Wendepunkte

VI) **Verhalten für x --> ∞**:

$f(x)$ parfrac $\to -x - \frac{3 \cdot x}{x^2 - 3}$ $\qquad$ Schräge Asymptote: a_3: y = -x

VII) **Funktionsgraph**:

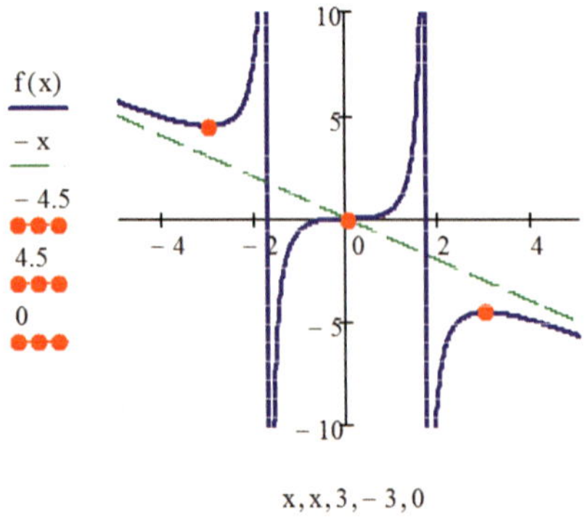

C **5.41** Lies möglichst viele Eigenschaften der in der Abbildung dargestellten Funktion f ab.

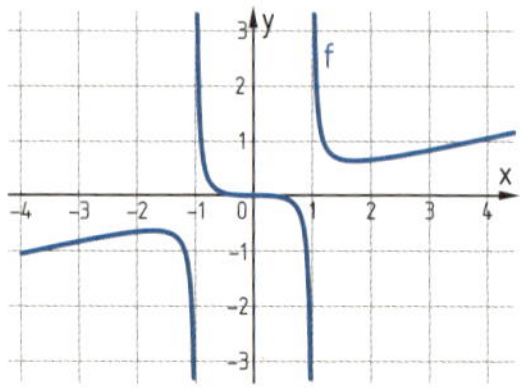

5.42 Ordne den dargestellten Funktionen jeweils die Graphen zu, die ihrer 1. bzw. 2. Ableitung entsprechen.

1	2
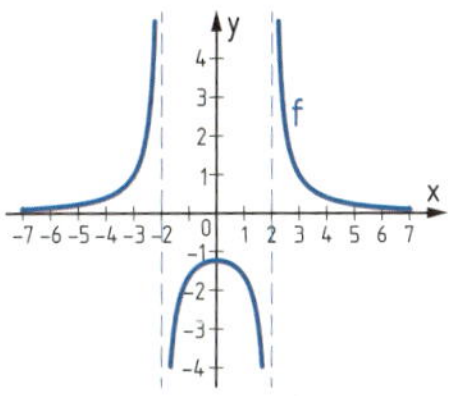	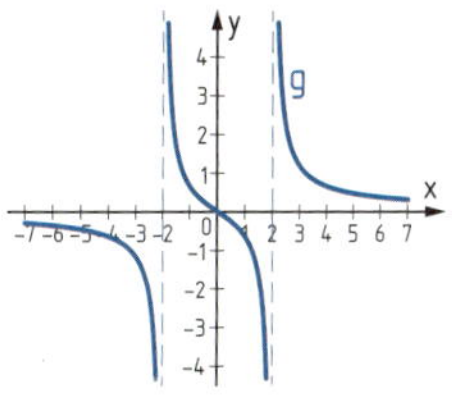
f': ☐ f'': ☐	g': ☐ g'': ☐

A	B	C	D
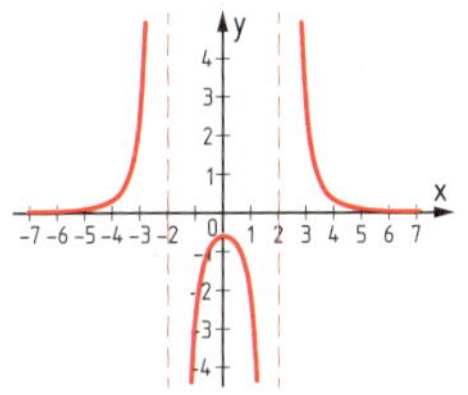	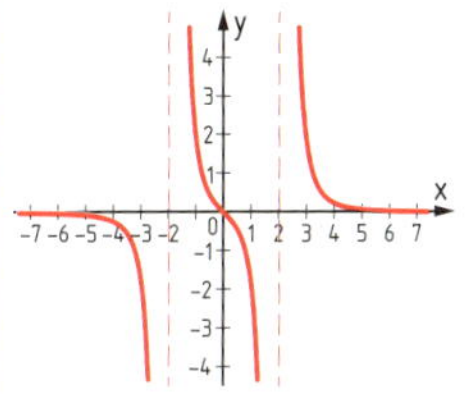	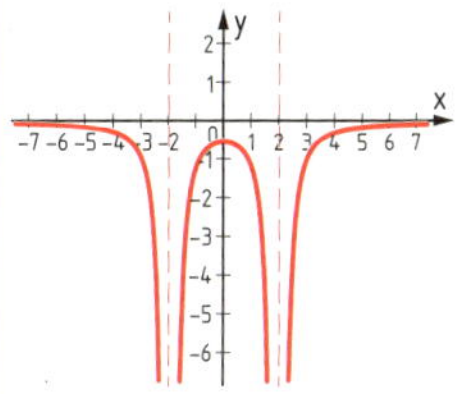	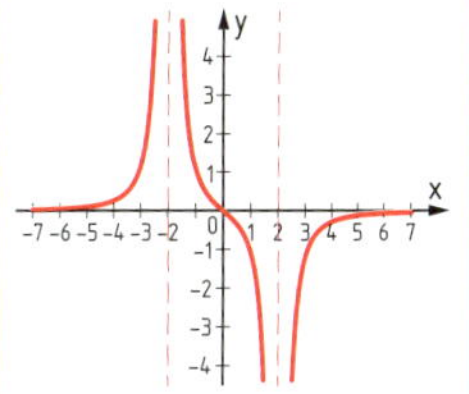

Aufgaben 5.43 – 5.45: Diskutiere die Funktionen.

5.43 ***a)*** $y = \frac{1}{x^2 - 4}$ ***b)*** $f(x) = \frac{2}{9 - x^2}$ ***c)*** $y = \frac{1}{(x-1)^2}$ ***d)*** $f(x) = -\frac{2}{(4-x)^2}$

5.44 ***a)*** $f(x) = \frac{x}{x^2 - 4}$ ***b)*** $y = \frac{x^2}{x^2 - 1}$ ***c)*** $f(x) = \frac{x - 1}{x^2 - 4}$ ***d)*** $y = \frac{x^2 + 1}{x^2 - 1}$

5.45 ***a)*** $y = \frac{1}{x^2 + 1}$ ***b)*** $y = \frac{x}{x^2 + 1}$ ***c)*** $y = \frac{x^2 - 2x + 1}{x^2 + 1}$ ***d)*** $f(x) = \frac{x^3}{x^2 + 1}$

5.46 Ermittle jeweils die Extrempunkte, Wendepunkte und Wendetangenten der beiden Funktionen $f(x) = \frac{8}{x^2 + 4}$ und $g(x) = \frac{24}{x^2 + 12}$. Vergleiche die Ergebnisse. Was fällt dir auf?

Anwendungen

5.47 Aufgrund einer Krankheit erhält ein Patient eine Injektion. Die Wirkstoffmenge M in einem Liter Blut in Abhängigkeit von der Zeit t (in Stunden ab Beginn der Injektion) lässt sich näherungsweise durch folgende Funktion beschreiben:

$M(t) = \frac{M_0 \cdot t}{t^2 + 1}$ mit $M_0 = 1{,}5\ m\ell$ M(t) … Wirkstoffmenge in einem Liter Blut in $m\ell$

1) Ermittle, nach welcher Zeit die Wirkstoffmenge im Blut ein Maximum erreicht hat.
2) Berechne, zu welchem Zeitpunkt die Abnahme am stärksten war.
3) Skizziere den Funktionsgraphen.

5.48 Eine elektrische Doppelleitung besteht aus zwei parallelen Leitern der Länge ℓ, die entgegengesetzt gleich stark mit der Ladung Q geladen sind. Die elektrische Feldstärke in deren Umgebung lässt sich in Luft durch die folgende Funktion angeben:

$E(x) = \frac{a \cdot Q}{\pi \cdot \varepsilon_0 \cdot \ell} \cdot \frac{1}{a^2 - x^2}$ $|x| \neq a$ ε_0 … elektrische Feldkonstante
a … Abstand der beiden Leiter

x … x-Koordinate eines Punkts auf der Verbindungslinie der beiden Leiter
E(x) … elektrische Feldstärke in $\frac{V}{m}$

1) Diskutiere die Funktion und stelle sie grafisch dar.
2) Beschreibe das Verhalten der Funktion für $x \to \pm\infty$.

5.4 Kurvendiskussion von nichtrationalen Funktionen

Funktionen, die weder Polynomfunktionen noch gebrochen rationale Funktionen sind, nennt man auch nichtrationale Funktionen. Dazu gehören zum Beispiel Wurzelfunktionen, trigonometrische Funktionen, Exponentialfunktionen oder logarithmische Funktionen.

B C **5.49** Eine Kettenlinie gibt die Form einer biegsamen, nicht beschwerten Kette an, die an zwei Punkten frei aufgehängt ist.

1) Untersuche die Kettenlinie $y = a \cdot \cosh\left(\frac{x}{a}\right) = \frac{a}{2} \cdot \left(e^{\frac{x}{a}} + e^{-\frac{x}{a}}\right)$ mit $a > 0$.

2) Stelle die Kettenlinie für a = 3 grafisch dar. Gib an, welche Bedeutung der Wert von a hat.

Lösung:

1) $y(x) = \frac{a}{2} \cdot \left(e^{\frac{x}{a}} + e^{-\frac{x}{a}}\right)$ $\quad y'(x) = \frac{a}{2} \cdot \left[e^{\frac{x}{a}} \cdot \frac{1}{a} + e^{-\frac{x}{a}} \cdot \left(-\frac{1}{a}\right)\right] = \frac{e^{\frac{x}{a}} - e^{-\frac{x}{a}}}{2}$ $\quad y''(x) = \frac{e^{\frac{x}{a}} + e^{-\frac{x}{a}}}{2a}$

I) Definitionsmenge:
$D_f = \mathbb{R}$

II) Symmetrie:

$$\left.\begin{array}{l} y(x) = \frac{a}{2} \cdot \left(e^{\frac{x}{a}} + e^{-\frac{x}{a}}\right) \\ y(-x) = \frac{a}{2} \cdot \left(e^{-\frac{x}{a}} + e^{\frac{x}{a}}\right) \end{array}\right\} \Rightarrow y(x) = y(-x)$$

- $y(x) = y(-x) \Rightarrow$ gerade Funktion

Die Funktion ist symmetrisch zur y-Achse.

III) Nullstellen: $y(x) = 0$

$\frac{a}{2} \cdot \left(e^{\frac{x}{a}} + e^{-\frac{x}{a}}\right) = 0$

$e^{\lambda \cdot x} > 0 \;\; \forall x, \lambda \in \mathbb{R} \;\; \Rightarrow$ keine Nullstellen

IV) Extrempunkte: $y'(x) = 0$

$e^{\frac{x}{a}} - e^{-\frac{x}{a}} = 0 \quad \left| + e^{-\frac{x}{a}}\right.$

$e^{\frac{x}{a}} = e^{-\frac{x}{a}} \;\; \Rightarrow \;\; x = 0$

$y''(0) = \frac{1}{a} > 0 \;\; \Rightarrow$ Minimum

$y(0) = a \;\; \Rightarrow \;\; T(0|a)$

V) Wendepunkt: $y''(x) = 0$

$e^{\frac{x}{a}} + e^{-\frac{x}{a}} = 0$ ... Es gibt keine Lösung. $\Rightarrow$ keine Wendepunkte

2) Funktionsgraph für $y = \frac{3}{2} \cdot \left(e^{\frac{x}{3}} + e^{-\frac{x}{3}}\right)$

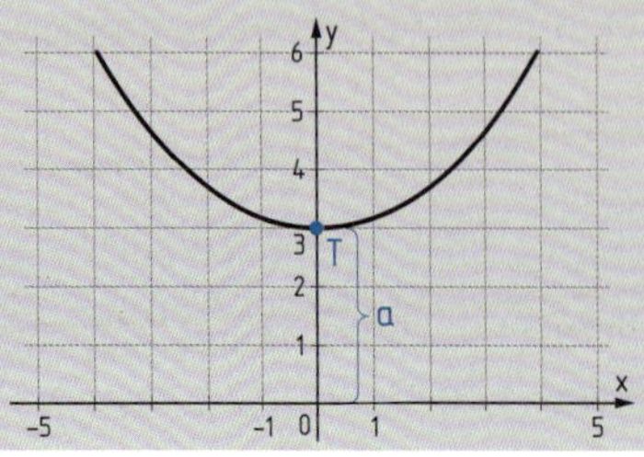

Der Wert von a gibt an, auf welcher Höhe über dem Koordinatenursprung der tiefste Punkt der Funktion liegt.

5.50 Bei der Beschreibung von gedämpften Schwingungen treten oft Funktionen folgender Bauart auf:
$y(t) = c \cdot e^{-a \cdot t} \cdot \sin(b \cdot t),\ t \geqslant 0$
t … Zeit in s, y(t) … Auslenkung zur Zeit t in cm

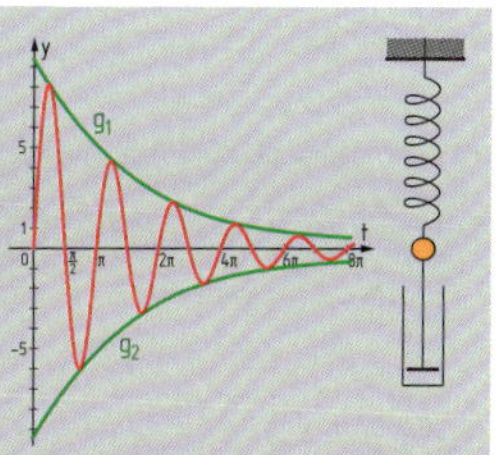

1) Untersuche die Funktion im Intervall [0 s; 2π s] für:
$a = \frac{1}{5}\,s^{-1},\ b = 2\,s^{-1},\ c = 3\,cm$

2) Stelle die Funktion und die Einhüllenden $g_{1,2}(t) = \pm c \cdot e^{-a \cdot t}$ grafisch dar und ermittle die Berührpunkte. Vergleiche die Lage der Extrempunkte mit jener der Berührpunkte.

Lösung mit TI-Nspire:

1) Berechnung der Nullstellen:

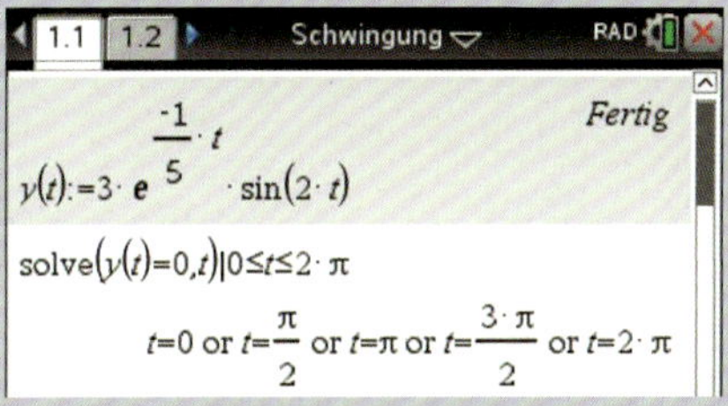

- Definieren der Funktion
- Die Nullstellen werden mithilfe des Befehls **solve** ermittelt. Dabei kann ein Bereich vorgegeben werden.
  $N_1(0|0)$, $N_2(\frac{\pi}{2}|0)$, $N_3(\pi|0)$,
  $N_4(\frac{3\pi}{2}|0)$, $N_5(2\pi|0)$

Berechnung der Extrempunkte:

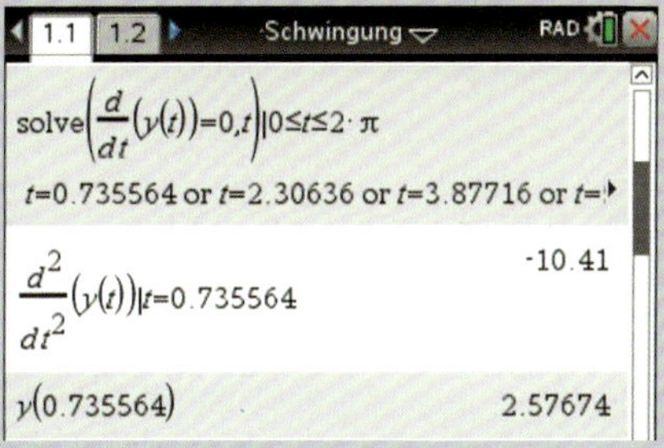

- Das Nullsetzen der 1. Ableitung kann direkt erfolgen.
- Die Werte der 2. Ableitung und die y-Koordinaten an den Extremstellen werden ermittelt.
  $H_1(0{,}74|2{,}58)$, $T_1(2{,}31|-1{,}88)$, …

Berechnung der Wendepunkte:

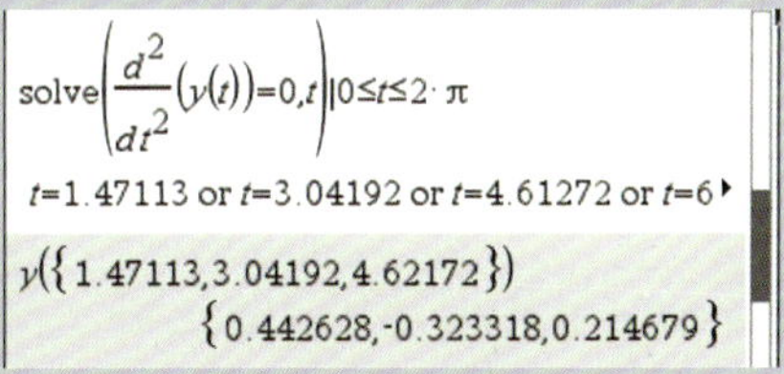

- $y''(t) = 0$
- Die y-Koordinaten der Wendepunkte können mithilfe einer Liste ermittelt werden. $W_1(1{,}47|0{,}44)$, $W_2(3{,}04|-0{,}32)$, …

2) Graph, Berührungspunkte:

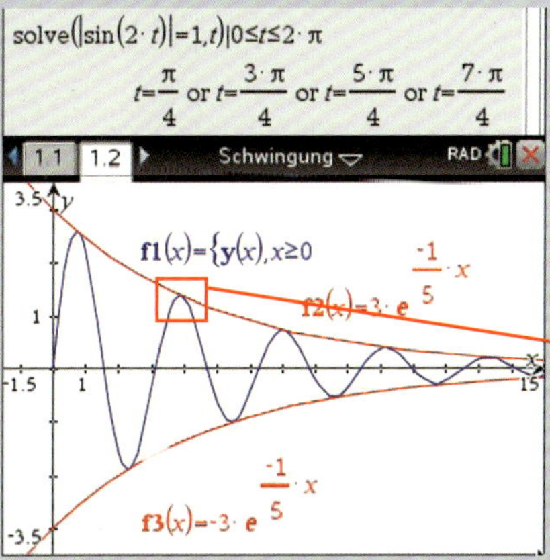

- $|y(t)| = g_1(t)$
  $|3 \cdot e^{-\frac{1}{5} \cdot t} \cdot \sin(2t)| = 3 \cdot e^{-\frac{1}{5} \cdot t}$
  $\Rightarrow \quad |\sin(2t)| = 1$
  $B_1(0{,}78|2{,}56) \neq H_1$, $B_2(2{,}36|-1{,}87) \neq T_1$, …
- Bei der grafischen Darstellung muss als Funktionsvariable x eingegeben werden.

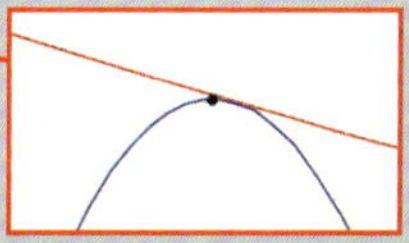

In der Detailvergrößerung kann man erkennen, dass der Hochpunkt und der Berührpunkt nicht ident sind.

Anwendungen der Differentialrechnung

Aufgaben 5.51 – 5.56: Diskutiere die Funktionen.

5.51 **a)** $y = \sin(x)$ **b)** $y = \cos(2x)$ **c)** $f(x) = \frac{\cos(x)}{x}$

5.52 **a)** $y = \cos(x) - \sin(x)$ **b)** $f(x) = \sin^2(x)$ **c)** $y = \sin(x) + \sin(2x)$

5.53 **a)** $f(x) = x + \sin(x)$ **b)** $y = x - \cos(x)$ **c)** $y = \sin(x) - x - 1$

5.54 **a)** $y = e^{x^2}$ **b)** $y = x \cdot e^x$ **c)** $f(x) = x^2 \cdot e^x$

5.55 **a)** $y = x \cdot e^{-x}$ **b)** $f(x) = x^2 \cdot e^{-2x}$ **c)** $y = (x + 2) \cdot e^{\frac{x}{2}}$

5.56 **a)** $f(x) = x \cdot \ln(x)$ **b)** $y = x^2 \cdot \ln(x)$ **c)** $f(x) = x \cdot (1 - \ln(x))$

5.57 Diskutiere die Funktion $f(x) = \frac{1}{\sqrt{2\pi}} \cdot e^{-\frac{x^2}{2}}$ und stelle sie im Intervall $[-3; 3]$ grafisch dar.

Anwendungen aus Naturwissenschaften und Technik

5.58 In einem Urlaubsort wird wöchentlich am Strand eine Gezeitentabelle zur Information für die Urlaubsgäste ausgehängt.
Die Höhe h des Wasserstands in Abhängigkeit von der Zeit t kann für einen bestimmten Tag näherungsweise durch die folgende Funktion beschrieben werden:

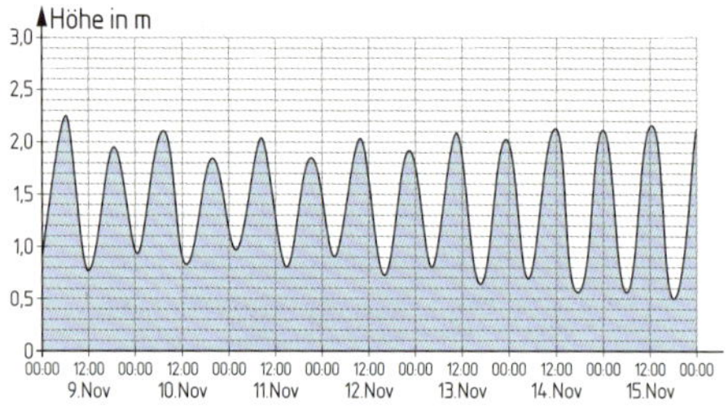

$h(t) = 0{,}7 \cdot \sin\left(\frac{\pi}{6} \cdot t\right) + 1{,}5 \quad 0\,h \leq t \leq 24\,h$

t … Zeit nach Mitternacht in h, h(t) … Wasserstandshöhe zur Zeit t in m

1) Erkläre die Bedeutung der Zahlen in der Funktionsgleichung im gegebenen Sachzusammenhang.

2) Ab einer Wasserstandshöhe von 2,0 m wird der Strand vollständig überflutet. Gib an, in welchen Zeitintervallen die Gäste mit einer Überflutung des Strands rechnen müssen.

3) Ermittle, um wie viel Uhr der Wasserstand am höchsten ist. Wie hoch ist er dann?

4) Um wie viel Uhr ist der Wasserstand am niedrigsten?

5) Gib die mittlere Änderung der Wasserstandshöhe zwischen 6:00 Uhr und 8:00 Uhr morgens an.

6) Um wie viel Uhr ändert sich der Wasserstand am stärksten? Wie hoch ist dann der Wasserstand?

5.59 Die Konzentration K eines Medikaments in $\frac{mg}{L}$ im Blut lässt sich durch folgende Funktion beschreiben:

$K(t) = 6 \cdot (e^{-0{,}11 \cdot t} - e^{-0{,}5 \cdot t}) \quad t \geq 0$

t … Zeit in Stunden nach Beginn der Injektion

1) Gib an, zu welchem Zeitpunkt die Konzentration des Medikaments im Blut maximal ist. Wie hoch ist die Konzentration dann?

2) Zu welchem Zeitpunkt ist die Abnahme der Konzentration am stärksten?

3) Ermittle den Zeitpunkt, an dem noch 30 % der maximalen Konzentration vorhanden sind.

4) Beschreibe das Verhalten der Funktion K für $t \to \infty$ anhand der Funktionsgleichung.

5.60 Ein Feder-Masse-System wird aus der Gleichgewichtslage bewegt, erreicht einen Umkehrpunkt und bewegt sich anschließend wieder in die Gleichgewichtslage zurück. Die Auslenkung des Systems kann durch folgende Funktion beschrieben werden:

B C D TE

$y(t) = 0{,}06 \cdot e^{-4 \cdot t} - 0{,}06 \cdot e^{-8 \cdot t}$

t … Zeit in s

y(t) … Auslenkung aus der Ruhelage zur Zeit t in m

1) Diskutiere die Funktion.

2) Gib an, welcher physikalischen Größe die erste Ableitung der Funktion y entspricht.

3) Erkläre die Bedeutung des Extremwerts im gegebenen Sachzusammenhang.

5.61 Eine gedämpfte Schwingung kann durch folgende Funktion beschrieben werden:

B TE

$y(t) = \frac{15}{7} \cdot e^{-\frac{1}{5} \cdot t} \cdot \sin\left(\frac{7}{5} \cdot t\right)$

t … Zeit in s

y(t) … Auslenkung zur Zeit t in cm

Berechne die Nullstellen, Extrempunkte und Wendepunkte im Intervall [0 s; 6 s].

5.62 Ein mechanisches System wird in Schwingung versetzt. Der Schwingungsverlauf ist in der Abbildung dargestellt und lässt sich durch eine Funktion folgender Form beschreiben:

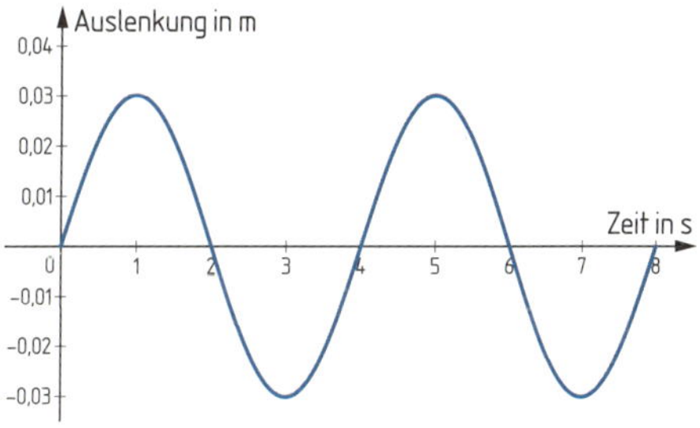

B C TE

$y(t) = a \cdot \sin(b \cdot t)$

t … Zeit in s

y(t) … Auslenkung zur Zeit t in m

1) Ermittle die Parameter a und b der Funktion.

2) Führe eine Kurvenuntersuchung im Intervall [0 s; 8 s] durch.

5.63 Die Schwingung eines ungedämpften mechanischen Systems lässt sich durch folgende Funktion beschreiben:

B D TE

$y(t) = 0{,}15 \cdot \sin(4 \cdot t) + \cos(4 \cdot t)$

t … Zeit in s

y(t) … Auslenkung zur Zeit t in m

1) Diskutiere die Funktion.

2) Überprüfe deine Berechnungen anhand einer Grafik.

5.64 Bei einer Spule lässt sich der Verlauf der Stromstärke i nach dem Schließen des Stromkreises durch folgende Funktion beschreiben:

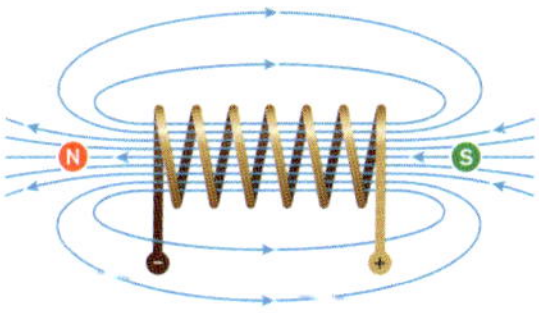

A B C TE

$i(t) = I \cdot (1 - e^{-k \cdot t})$

t … Zeit in s

i(t) … Stromstärke zur Zeit t in mA

k … Konstante in s^{-1}, I … konstante Stromstärke in mA

1) Diskutiere die Funktion i.

2) Linearisiere die Funktion an der Stelle t = 0.

3) Bestimme die Konstante k, wenn I = 32,5 mA beträgt und nach 10^{-2} Sekunden die Stromstärke auf i = 15,48 mA zugenommen hat. Stelle die Funktion grafisch dar.

5.5 Umgekehrte Kurvenuntersuchung

Im Gegensatz zur Kurvenuntersuchung, bei der man spezielle Punkte und Eigenschaften einer Kurve ermittelt, sind diese nun vorgegeben und die dazu passende Funktionsgleichung wird gesucht.

Kennt man den Funktionstyp einer Funktion sowie ausreichend viele spezielle Punkte bzw. Eigenschaften, so kann man die **Funktionsgleichung ermitteln**. Ist der Funktionstyp nicht vorgegeben, so muss man ein für die Problemstellung geeignetes Modell wählen. Häufig verwendete Modelle sind zB Polynomfunktionen $y = a_n \cdot x^n + a_{n-1} \cdot x^{n-1} + \ldots + a_1 \cdot x + a_0$ oder Exponentialfunktionen $y = a \cdot e^x$.

Die Vorgehensweise zur Ermittlung einer Funktionsgleichung wird in folgender Aufgabe gezeigt.

ZB Es soll die Funktionsgleichung einer Polynomfunktion 3. Grads ermittelt werden, die im Punkt E(0|0) einen Extrempunkt und im Punkt W(−0,5|0,5) einen Wendepunkt hat.

$y(x) = a \cdot x^3 + b \cdot x^2 + c \cdot x + d$
- Gleichung einer Polynomfunktion 3. Grads

Zur Ermittlung der 4 Koeffizienten a, b, c und d werden 4 Gleichungen benötigt.

Extrempunkt in E(0|0):

I: $y(0) = 0$
- An der Stelle x = 0 ist der Funktionswert y = 0.

II: $y'(0) = 0$
- An der Stelle x = 0 ist die 1. Ableitung y′ = 0.

Wendepunkt in W(−0,5|0,5):

III: $y(-0{,}5) = 0{,}5$
- An der Stelle x = −0,5 ist der Funktionswert y = 0,5.

IV: $y''(-0{,}5) = 0$
- An der Stelle x = −0,5 ist die 2. Ableitung y″ = 0.

Bilden der 1. und der 2. Ableitung:

$y'(x) = 3ax^2 + 2bx + c$

$y''(x) = 6ax + 2b$

Aufstellen des Gleichungssystems:

$$\begin{array}{llll}
\text{I: } y(0) = 0 & \Rightarrow & \text{I:} & a \cdot 0^3 + b \cdot 0^2 + c \cdot 0 + d = 0 \\
\text{II: } y'(0) = 0 & \Rightarrow & \text{II:} & 3a \cdot 0^2 + 2b \cdot 0 + c = 0 \\
\text{III: } y(-0{,}5) = 0{,}5 & \Rightarrow & \text{III:} & a \cdot (-0{,}5)^3 + b \cdot (-0{,}5)^2 + c \cdot (-0{,}5) + d = 0{,}5 \\
\text{IV: } y''(-0{,}5) = 0 & \Rightarrow & \text{IV:} & 6a \cdot (-0{,}5) + 2b = 0
\end{array}$$

$a = 2, b = 3, c = 0, d = 0$
- Lösen des Gleichungssystems mit Technologieeinsatz

Die gesuchte Funktionsgleichung lautet: $y = 2x^3 + 3x^2$

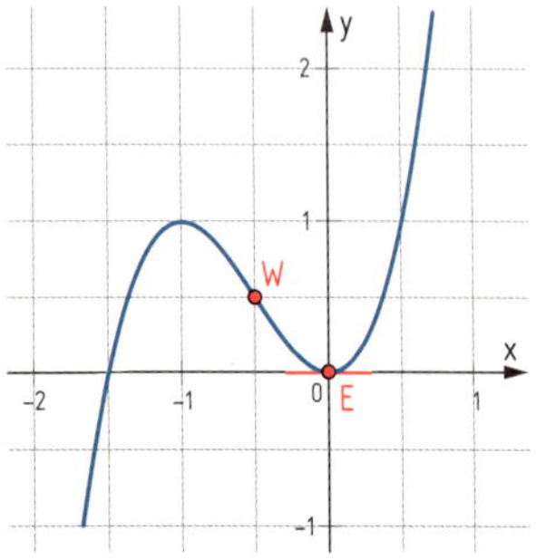

- Grafische Darstellung der Funktion und Überprüfung der Angabe

5.65 Vor einem öffentlichen Gebäude wird neben einer Treppe eine Rampe errichtet. Der Höhenunterschied, der zu überwinden ist, beträgt 1,2 m. Die Rampe soll an beide Ebenen waagrecht anschließen und keinen Knick aufweisen.

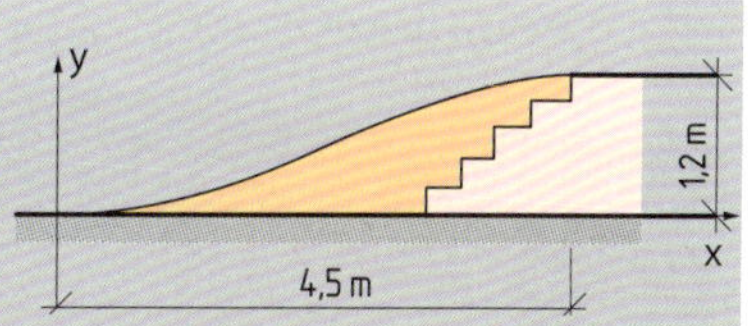

1) In waagrechter Entfernung stehen maximal 4,5 m zur Verfügung.
Gib die geeignete Polynomfunktion 3. Grads an, die den Verlauf der Rampe beschreibt.
Ermittle den maximalen Steigungswinkel.

2) An der Rückseite des Gebäudes ließe sich eine längere Rampe anbauen. Wie lang müsste sie bei gleichem Höhenunterschied sein, damit die Steigung maximal 15 % beträgt?

Lösung:

1) Tiefpunkt T(0|0): $y(0) = 0$
$y'(0) = 0$

Hochpunkt H(4,5|1,2): $y(4{,}5) = 1{,}2$
$y'(4{,}5) = 0$

- Da die Rampe an die beiden waagrechten Ebenen ohne Knick anschließen muss, muss dort die Steigung null sein. Damit befindet sich dort ein Tief- bzw. Hochpunkt.

$y(x) = a \cdot x^3 + b \cdot x^2 + c \cdot x + d$
$y'(x) = 3ax^2 + 2bx + c$

- Ansatz für die Polynomfunktion und bilden der 1. Ableitung

I: $y(0) = 0 \quad \Rightarrow d = 0$
II: $y'(0) = 0 \quad \Rightarrow c = 0$
III: $y(4{,}5) = 1{,}2 \Rightarrow a \cdot 4{,}5^3 + b \cdot 4{,}5^2 + c \cdot 4{,}5 + d = 1{,}2$
IV: $y'(4{,}5) = 0 \Rightarrow 3a \cdot 4{,}5^2 + 2b \cdot 4{,}5 + c = 0$

- Einsetzen der Bedingungen und Aufstellen des Gleichungssystems

$a = -\frac{32}{1\,215}, b = \frac{8}{45}, c = d = 0$

- Berechnung mit Technologieeinsatz

$y(x) = -\frac{32x^3}{1\,215} + \frac{8x^2}{45}$

- Angabe der Funktionsgleichung

$y'(x) = -\frac{32x^2}{405} + \frac{16x}{45}, y''(x) = -\frac{64x}{405} + \frac{16}{45}$

- Die Steigung ist im Wendepunkt maximal.

$-\frac{64x}{405} + \frac{16}{45} = 0 \Rightarrow x = 2{,}25$

$y'(2{,}25) = 0{,}4;\ \alpha = \arctan(0{,}4) \Rightarrow \alpha \approx 22°$

Die Rampe hat in der Mitte eine Steigung von 22°.

2) s ... waagrechte Länge der Rampe
T(0|0), H(s|1,2)

- Der Anfangspunkt wird im Koordinatenursprung gewählt.

Wendepunkt bei $x = \frac{s}{2}$ mit k = 15 % = 0,15
$y(x) = a \cdot x^3 + b \cdot x^2 + c \cdot x + d$
$y'(x) = 3ax^2 + 2bx + c$

- Der Wendepunkt befindet sich in der Mitte von H und T.

$y(0) = 0;\ y'(0) = 0;\ y(s) = 1{,}2;\ y'(s) = 0,\ y'\left(\frac{s}{2}\right) = 0{,}15$

- Da s unbekannt ist, benötigt man eine zusätzliche Bedingung.
- Lösen des Gleichungssystems mit Technologieeinsatz.

CAS

1	f(x):=a*x^3+b*x^2+c*x+d → $f(x) := a\,x^3 + b\,x^2 + c\,x + d$
2	Löse[{f(0)=0,f'(0)=0,f(s)=1.2,f'(s)=0,f'(s/2)=0.15},{a,b,c,d,s}] → $\left(a = -\frac{1}{720} \quad b = \frac{1}{40} \quad c = 0 \quad d = 0 \quad s = 12 \right)$

Die waagrechte Länge der Rampe müsste 12 m betragen.

Anwendungen der Differentialrechnung

5.66 Ordne dem Extrempunkt E und dem Wendepunkt W die richtigen Gleichungen zu. Begründe deine Antwort.

1	E(2|4)	☐
2	W(4|2)	☐

A	$y(2) = 0$
B	$y''(4) = 0$
C	$y'(4) = 0$
D	$y'(2) = 0$

5.67 Von einer Funktionsgleichung 3. Grads ist Folgendes bekannt:
$y(0) = 0$, $y(2) = 4$, $y'(2) = 0$, $y''(4) = 0$
1) Gib an, welche Eigenschaften der Funktion dadurch beschrieben werden.
2) Ermittle die Funktionsgleichung.

5.68 Eine Polynomfunktion 2. Grads verläuft durch den Punkt P(1|2) und den Extrempunkt E(4|5). Ermittle die Funktionsgleichung ***1)*** ohne Differentialrechnung, ***2)*** mithilfe der Differentialrechnung.

5.69 Eine Polynomfunktion 2. Grads berührt die x-Achse an der Stelle $x = 3$ und hat im Punkt $Q(-2|y_Q)$ die Steigung $k = -2$.
1) Stelle ein Gleichungssystem zur Ermittlung der Koeffizienten der Funktionsgleichung auf.
2) Löse das Gleichungssystem und gib die Funktionsgleichung an.

5.70 Eine Polynomfunktion 3. Grads verläuft durch die Punkte P(2|6), Q(8|5) und den Tiefpunkt $R(12|y_R)$. Q ist ein Wendepunkt.
1) Ermittle die Funktionsgleichung und stelle die Funktion grafisch dar.
2) Berechne die y-Koordinate von R.
3) Dokumentiere, wie man die Koordinaten des Maximums ohne Differentialrechnung ermitteln kann.

5.71 Eine durch den Koordinatenursprung verlaufende Polynomfunktion 3. Grads hat den Wendepunkt $W(11|y_W)$. Im Punkt P(4|6) hat die Funktion eine waagrechte Tangente. Ermittle die Funktionsgleichung.

5.72 Ermittle die Gleichung der Polynomfunktion 3. Grads mit den gegebenen Eigenschaften.
a) Die Funktion hat die Extrempunkte $E_1(0|0)$ und $E_2(4|4)$.
b) Die Funktion hat einen Extrempunkt E(0|0) und einen Wendepunkt W(1|3).
c) Die Funktion hat einen Sattelpunkt S(1|4), der Koeffizient von x^3 lautet 1.
d) Die Funktion hat in P(−1|−10) den Steigungswinkel $\alpha = 45°$ und in R(1|−4) die Steigung $k = -3$.

5.73 Eine zur y-Achse symmetrische Polynomfunktion 4. Grads berührt die x-Achse an der Stelle $x = 0$. Ein Wendepunkt hat die Koordinaten $W_1(-1|5)$.
1) Erkläre, warum durch diese Angabe die Funktionsgleichung eindeutig bestimmt ist.
2) Ermittle die Funktionsgleichung.

5.74 Ermittle die Funktionsgleichung der abgebildeten Funktion 4. Grads. Lies die dafür benötigten Punkte und ihre Eigenschaften aus der Grafik ab.

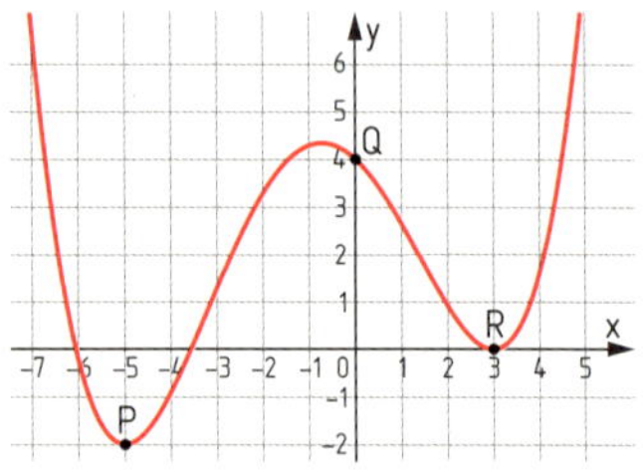

Anwendungen der Differentialrechnung

5.75 Durch Drehung der abgebildeten Kurve um die x-Achse entsteht die Form eines Endstücks einer Vorhangstange. Die Kurve setzt sich aus einer Parabel und zwei Geradenstücken zusammen, wobei im Übergang P die beiden Funktionen dieselbe Steigung haben. Ermittle die Funktionsgleichungen der Kurvenstücke. Entnimm die dazu benötigten Werte aus der Grafik. Alle Angaben in mm.

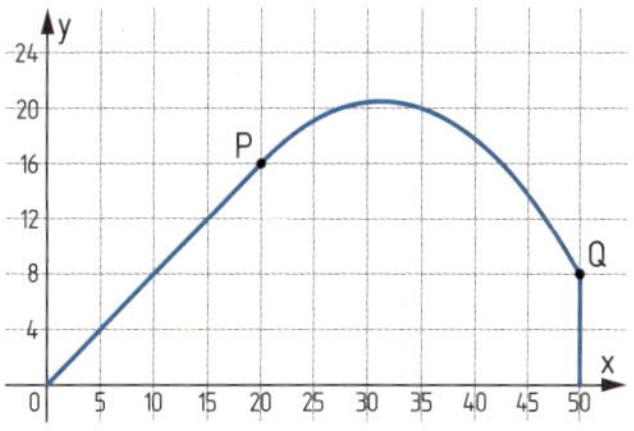

5.76 Ermittle die Parameter der Funktionsgleichung. Diskutiere anschließend die Funktion und überprüfe deine Berechnungen anhand einer Grafik.

a) $y = \frac{a \cdot x}{x^2 + b}$, Wendepunkt W(4|5) **b)** $y = \frac{a \cdot x + b}{x^2}$, Extrempunkt E(−2|−2)

5.77 Die Form einer Rampe soll durch eine Polynomfunktion 3. Grads beschrieben werden. Die Rampe muss einen Höhenunterschied von 80 cm zwischen zwei Gehwegen ausgleichen und dabei an beide Wege waagrecht anschließen.

1) In waagrechter Entfernung stehen maximal 4 m zur Verfügung. Ermittle eine Funktionsgleichung und gib den maximalen Steigungswinkel an.

2) Wie viel Platz in waagrechter Richtung benötigt man, wenn der maximale Steigungswinkel der Rampe höchstens 10° betragen darf?

5.78 Ein Hundebesitzer wirft für seinen Hund eine Frisbeescheibe.

a) Die Scheibe wird bei einem Wurf aus einer Höhe von 1,3 m unter einem Winkel von 20° nach oben abgeworfen. In einer waagrechten Entfernung von 12 m ist die Scheibe 4,8 m hoch, nach 14 m hat sie die maximale Höhe erreicht. Bestimme die Funktionsgleichung 3. Grads, die die Flugbahn beschreibt.

b) Bei einem Wurf kann die Flugbahn der Scheibe durch folgende Funktion beschrieben werden:

$y = -0{,}0008x^3 + 0{,}003x^2 + 0{,}363x + 1{,}3$

x … waagrechte Entfernung vom Werfer in m

y … Höhe bei der waagrechten Entfernung x in m

1) Ermittle die Höhe der Scheibe in einer waagrechten Entfernung von 4 m.

2) Gib an, welche maximale Höhe die Scheibe erreicht.

3) Berechne, in welcher Entfernung die Scheibe auf dem Boden auftreffen würde.

4) Der Hund des Werfers „fängt" die Scheibe in einer Höhe von 0,9 m. Wie weit ist er dabei vom Werfer entfernt?

5.79 Die Flugbahn eines Fußballs bei einem Freistoß wird durch eine Funktionsgleichung 3. Grads beschrieben.

1) Der Ball wird waagrecht abgeschossen und hat nach 12 m eine maximale Höhe von 3 m erreicht. Ermittle die Funktionsgleichung.

2) Die Mauer steht 10 yards vom Abschusspunkt entfernt. Berechne, in welcher Höhe der Ball über die Mauer fliegt.

3) Beim Überfliegen der Torlinie hat der Ball eine Höhe von 2 m. Ermittle, wie weit der Abschusspunkt vom Tor entfernt ist.

4) Wie weit hinter der Torlinie und in welchem Winkel trifft der Ball den Boden, wenn das Tor kein Netz hat?

5.6 Anwendungen aus der Betriebswirtschaft

Die Wirtschaftsmathematik befasst sich mit der Analyse von Kosten, Erlös und Gewinn sowie mit Angebot und Nachfrage. Dabei wird mit möglichst einfachen Modellfunktionen gearbeitet.

- **Kostenfunktion K**
  Die (Gesamt-)**Kostenfunktion** K beschreibt die bei einer Produktion anfallenden Gesamtkosten in Abhängigkeit von der produzierten Stückzahl x einer bestimmten Ware. Sie setzen sich aus den Fixkosten F und den variablen Kosten K_v zusammen.

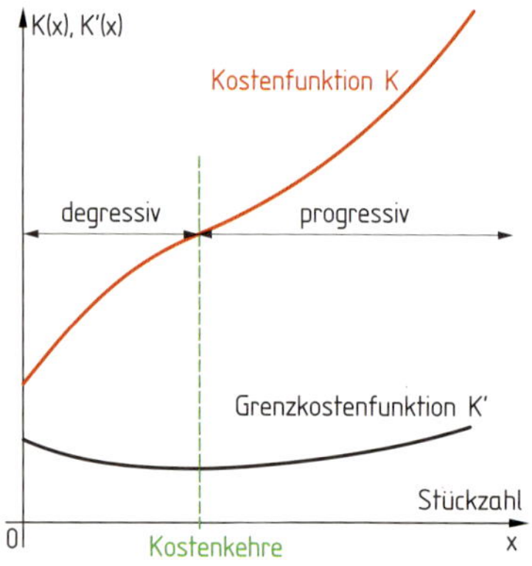

- **Grenzkostenfunktion K′**
  Um die lokale Änderungsrate der Kosten beschreiben zu können, verwendet man den Differentialquotienten. Diese Änderung wird durch die Ableitung K′ der Kostenfunktion beschrieben und heißt **Grenzkostenfunktion**.

- **degressive/progressive Kosten**
  Wachsen die Kosten verhältnismäßig langsamer als die Stückzahl, spricht man von **degressiven Kosten** (latein: „degredere“ = hinabsteigen). Wachsen die Kosten verhältnismäßig schneller als die Stückzahl, spricht man von **progressiven Kosten** (latein: „progredere“ = vorausschreiten). Meist wird als Kostenfunktion eine kubische Funktion verwendet, deren Verlauf streng monoton steigend ist. Sie steigt zuerst degressiv (negative Krümmung) und wechselt im Wendepunkt auf eine progressive Steigung (positive Krümmung). Die zugehörige (Wende-)Stelle wird als **Kostenkehre** bezeichnet. Hier nimmt die Grenzkostenfunktion den kleinsten Wert an.

- **Stückkostenfunktion $\overline{K}$**
  Neben den Gesamtkosten sind auch die Gesamtkosten pro Stück von Bedeutung. Die zugehörige Funktion nennt man **Stückkostenfunktion**: $\overline{K}(x) = \frac{K(x)}{x}$
  Die Stelle x_{opt} des Minimums der Stückkostenfunktion nennt man **Betriebsoptimum**.

- **Preis, Erlös, Gewinn**
  Die **Preisfunktion** der Nachfrage p gibt den Preis pro Mengeneinheit an. Der **Erlös** E sind die Einnahmen, wenn x produzierte Mengeneinheiten verkauft werden: $E(x) = p(x) \cdot x$
  Die Differenz zwischen dem Erlös und den Kosten ergibt den **Gewinn** G: $G(x) = E(x) - K(x)$
  Für ein Unternehmen ist jene Produktionsmenge von Bedeutung, bei der der Erlös genau die Gesamtkosten deckt, die so genannte **Gewinnschwelle** bzw. der **Break-Even-Point**. Allerdings können gestiegene Kosten bei größeren Produktionsmengen die Erlöse übersteigen. Diese obere Grenze des Gewinnbereichs bezeichnet man als **Gewinngrenze**. Diese Werte erhält man mithilfe der Schnittpunkte von E und K oder mithilfe der Nullstellen der Gewinnfunktion.

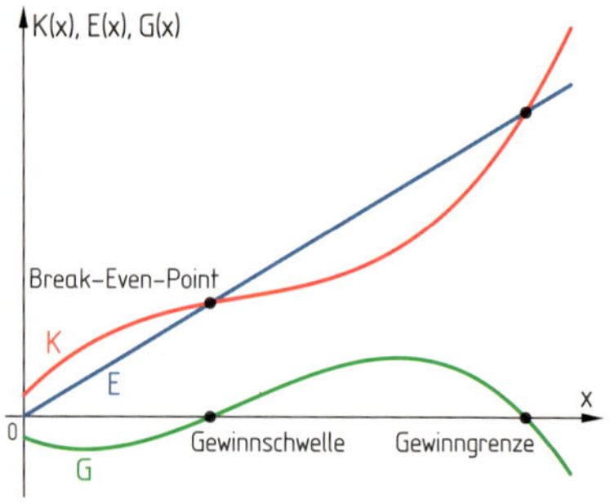

  Ein in der Kosten- und Preistheorie charakteristischer Punkt der Preisfunktion p ist der so genannte **Cournot'sche Punkt** C, benannt nach Antoine A. Cournot (französischer Wirtschaftstheoretiker, 1801 – 1877). Die Koordinaten dieses Punkts sind die Menge x_C, bei der der maximale Gewinn erzielt wird, und der zugehörige Preis $p(x_C)$.

5.80 Für die Produktion einer bestimmten Ware gilt annähernd folgende Kostenfunktion:
$K(x) = x^3 - 9x^2 + 40x + 94$
x … Anzahl an produzierten Stück in 1 000, K(x) … Kosten in €

1) Bestimme die Grenzkostenfunktion K′.

2) Ermittle, bei welcher Stückzahl es den geringsten Kostenzuwachs gibt. Zeige, dass es sich bei dem berechneten Extremum um ein Minimum handelt.

3) Stelle K und K′ im Intervall [0; 6] in einem Koordinatensystem grafisch dar. Zeichne die Kostenkehre x_W ein.

4) Gib an, in welchem Intervall der Kostenverlauf degressiv und in welchem er progressiv ist.

Lösung:

1) $K(x) = x^3 - 9x^2 + 40x + 94$
$K'(x) = 3x^2 - 18x + 40$

- Berechnen der Grenzkostenfunktion K′

2) $K''(x) = 6x - 18$

- Bilden der Ableitung der Grenzkostenfunktion; K″ beschreibt die Änderungsrate der Funktion K′.

$K''(x) = 0$
$6x - 18 = 0 \Rightarrow x = 3 = x_W$
Der geringste Kostenzuwachs stellt sich bei einer Produktion von 3 000 Stück ein.

- Die Stückzahl für die geringste Kostenänderung erhält man durch Nullsetzen von K″. Diese Stelle entspricht der Kostenkehre.

$K'''(x) = 6 > 0 \Rightarrow$ Minimum

- Überprüfen des Minimums

3)

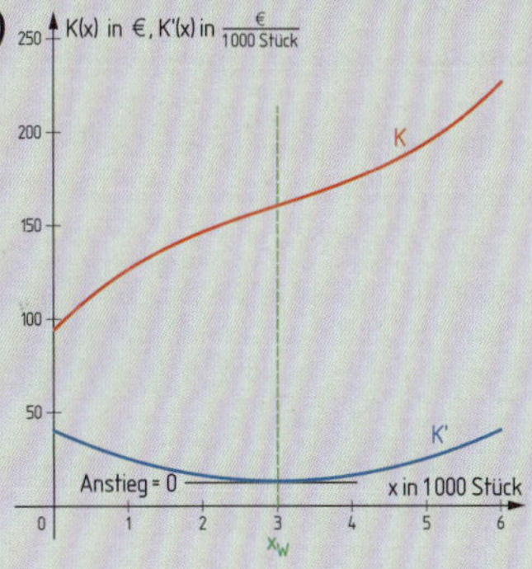

- Grafische Darstellung der beiden Funktionen K und K′
- Einzeichnen der Kostenkehre x_W

4) Im Intervall [0; 3[ist die Funktion degressiv (negativ gekrümmt); im Intervall]3; 6] ist sie progressiv (positiv gekrümmt).

5.81 Für die Produktion einer Ware wird folgende Kostenfunktion verwendet:
$K(x) = x^3 - 8x^2 + 37x + 103$ x … Anzahl an produzierten Stück, K(x) … Kosten in €
Ermittle die Grenzkostenfunktion und die Kostenkehre.

5.82 Ein Unternehmen stellt neuartige medizinische Apparaturen her. Dabei wird von folgender Kostenfunktion ausgegangen:
$K(x) = 0{,}25x^3 - 82{,}5x^2 + 9\,000x + 125\,000$ x … Anzahl in ME, K(x) … Kosten in €

1) Bestimme die Grenzkostenfunktion K′.

2) Berechne, bei welcher Menge x es den geringsten Kostenzuwachs gibt. Zeige, dass es sich bei dem berechneten Extremum um ein Minimum handelt.

Anwendungen der Differentialrechnung

5.83 Der Gewinn einer Firma lässt sich näherungsweise durch folgende Funktion beschreiben:
$G(x) = -x^2 + 80x - 100$
x … Anzahl der verkauften Stück in 1 000, G(x) … Gewinn in €
1) Ermittle die Gewinnschwelle und die Gewinngrenze.
2) Gib an, bei welcher Stückzahl die Firma maximalen Gewinn erzielt.

5.84 In einem Herstellungsbetrieb für Sportgeräte lassen sich die Gesamtkosten durch folgende Funktion beschreiben: $K(x) = 0{,}02x^3 - 0{,}5x^2 + 3x + 800$
x … Anzahl an produzierten Stück in 1 000, K(x) … Kosten in €
Ermittle die Kostenkehre.

5.85 Die Fixkosten einer Produktion einer Ware betragen 1 200,00 €. Für die Produktion von 100 ME belaufen sich die Gesamtkosten auf 1 240,00 €.
1) Ermittle die lineare Kostenfunktion K.
2) Berechne die Schnittpunkte der Kostenfunktion K und der Erlösfunktion E mit
$E(x) = -x^2 + 90x$ x … verkaufte Menge in ME, E(x) … Erlös bei x ME in €
3) Beschreibe, welche wirtschaftliche Bedeutung die Schnittpunkte aus **2)** haben.
4) Berechne den maximalen Gewinn.

5.86 Die Gesamtkosten für die Produktion von 2 000 Stück einer Ware betragen 4 000,00 €, für 3 000 Stück derselben Ware betragen die Gesamtkosten 5 500,00 €.
1) Ermittle die lineare Kostenfunktion K.
2) Der Preis der Ware lässt sich durch die folgende Preisfunktion beschreiben:
$p(x) = -x + 100$ x … Stückzahl, p(x) … Preis pro Stück in €
Stelle die Erlösfunktion E und die Gewinnfunktion G auf.
3) Bei welcher Stückzahl ist der erzielte Gewinn maximal?
4) Stelle die Kosten-, die Erlös- und die Gewinnfunktion grafisch dar. Kennzeichne den Break-Even-Point. Lies aus der Grafik ab, in welchem Bereich Gewinn erzielt wird.

5.87 Bei der Produktion von speziellen Modellautos sind folgende Werte für die jeweils auftretenden Gesamtkosten K bekannt:

x in Mengeneinheiten	10	20	30	40
K in Geldeinheiten	1 634	1 684	1 994	2 804

1) Ermittle die Kostenfunktion unter der Annahme, dass die Kosten durch eine Polynomfunktion 3. Grads ausreichend genau beschrieben werden können.
2) Berechne, an welcher Stelle der Kostenverlauf von degressiv zu progressiv übergeht.

5.88 Auf einem Adventmarkt werden kleine Kunstobjekte verkauft. Der Verkauf lässt sich mithilfe einer linearen Preisfunktion beschreiben. Aus Erfahrung weiß man, dass man bei einem Stückpreis von 36,00 € mit einem Absatz von 20 Stück rechnen kann. Setzt man den Preis um 6,00 € niedriger an, rechnet man mit einem Absatz von 35 Stück.
1) Ermittle die Preisfunktion p. Gib einen sinnvollen Definitionsbereich an.
2) Gib an, wie viele Kunstobjekte verkauft werden müssen, damit der Erlös maximal wird.
3) Der Gewinn kann näherungsweise durch folgende Funktion beschrieben werden:
$G(x) = -0{,}02x^3 + 0{,}29x^2 + 36x - 600$
x … Anzahl der verkauften Kunstobjekte, G(x) … Gewinn bei x verkauften Stück in €
Ermittle die zugehörige Kostenfunktion K für die Produktion der Kunstobjekte.
4) Stelle die Erlös-, die Kosten- und die Gewinnfunktion grafisch dar. Beschreibe den Zusammenhang zwischen diesen drei Funktionen.

5.7 Extremwertaufgaben

Viele Problemstellungen haben das Maximieren oder Minimieren von Größen zum Ziel. Die mathematische Formulierung eines solchen Problems nennt man **Extremwertaufgabe**. Ziel dabei ist es zu ermitteln, welchen Wert die unabhängige Variable annehmen muss, damit die davon abhängige Größe maximal oder minimal wird.

5.89 In vielen Rätselheften findet man Denksportaufgaben, die durch das Umlegen von Streichhölzern gelöst werden können. „Wie viele Möglichkeiten gibt es, aus zwölf Streichhölzern Rechtecke zu bilden, ohne dabei ein Streichholz zu zerbrechen?"

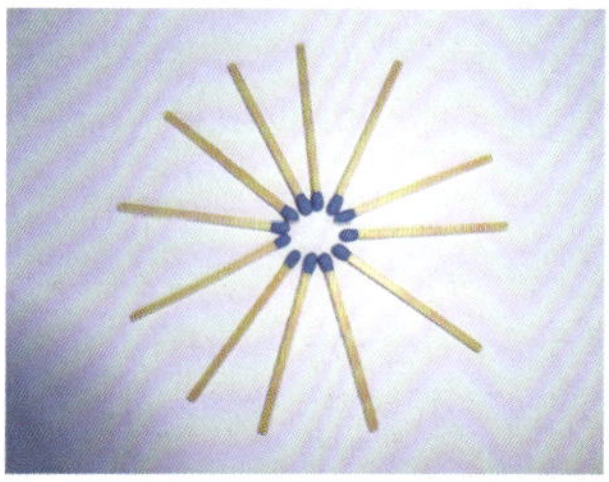

BC

1) Zeichne alle Möglichkeiten auf.

2) Gib an, welches Rechteck den größten Flächeninhalt aufweist.

Beim Auffinden von Maxima bzw. Minima bei Extremwertaufgaben geht man genau so vor wie beim Ermitteln der Extremstellen bei Kurvendiskussionen. Meist muss die für das Lösen dieser Problemstellung benötigte Funktionsgleichung erst ermittelt werden. Je nach Anwendungsgebiet muss man aber anhand des Definitionsbereichs berücksichtigen, ob auch Randmaxima bzw. Randminima für die Lösung in Frage kommen (vgl. Abschnitt 5.1).

ZB Die Zahl 100 soll so in zwei positive Summanden zerlegt werden, dass deren Produkt P möglichst groß wird.

Durch Angeben einer Formel für die Größe, die maximal oder minimal werden soll, erhält man die **Zielfunktion** P:

$P(x) = x \cdot (100 - x)$	• Da die Summe der Faktoren 100 sein soll, lautet der erste Faktor x und der zweite Faktor y = 100 – x.
D_f: $0 \leqslant x \leqslant 100$	• Festlegen des Definitionsbereichs
$P(x) = 100x - x^2$	• Angeben der Zielfunktion in möglichst einfacher Form
$P'(x) = 100 - 2x$	• Bilden der ersten Ableitung
$100 - 2x = 0$ $x = 50$	• Im Maximum der Funktion hat deren erste Ableitung den Wert null.
$P''(x) = -2 < 0$	• Nachweis der Maximumeigenschaft
Zweiter Faktor: $y = 100 - x = 50$	

Die Probe wird exemplarisch durchgeführt.
$x = 50$ und $y = 50 \Rightarrow x \cdot y = 2\,500$
$x = 40$ und $y = 60 \Rightarrow x \cdot y = 2\,400$
$x = 70$ und $y = 30 \Rightarrow x \cdot y = 2\,100$

Das Produkt ist am größten, wenn jeder Summand den Wert 50 hat.

Extremwertaufgaben sind Optimierungsaufgaben, bei denen der größtmögliche bzw. der kleinstmögliche Wert einer Größe ermittelt wird. Die Funktion, die ein Maximum oder ein Minimum annehmen soll, wird **Zielfunktion** genannt. Die Lösung kann ein Hochpunkt bzw. ein Tiefpunkt oder ein Randextremum sein.

Anwendungen der Differentialrechnung

Bei den meisten Extremwertaufgaben handelt es sich um Aufgaben, in denen eine Größe, die von mehreren Variablen abhängt, wie zum Beispiel ein Volumen oder eine Oberfläche, maximal oder minimal werden soll. Diese Bedingung wird als **Hauptbedingung** bezeichnet. Um die gesuchte Größe als Funktion in einer Variablen angeben zu können, müssen zusätzliche Bedingungen angegeben werden, die **Nebenbedingungen** genannt werden.

ZB: Aus einem rechteckigen Stück Karton mit der Größe 20 cm x 30 cm soll eine oben offene Schachtel hergestellt werden. Dazu schneidet man an den Ecken Quadrate aus und faltet die Seitenwände nach oben. Wählt man für die Seitenlängen der weggeschnittenen Quadrate zum Beispiel x = 2 cm, x = 3 cm und x = 5 cm, so erhält man drei unterschiedliche Schachteln mit unterschiedlichen Volumen:

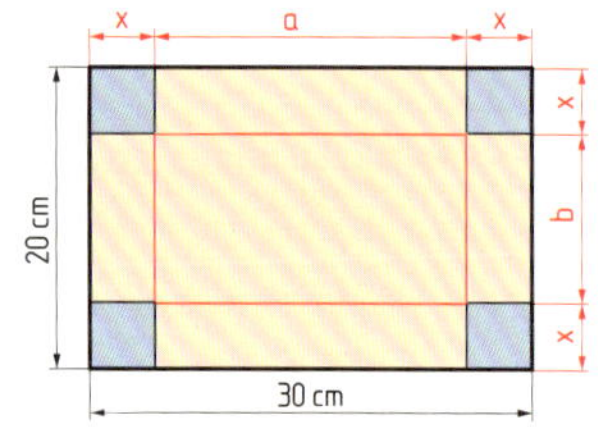

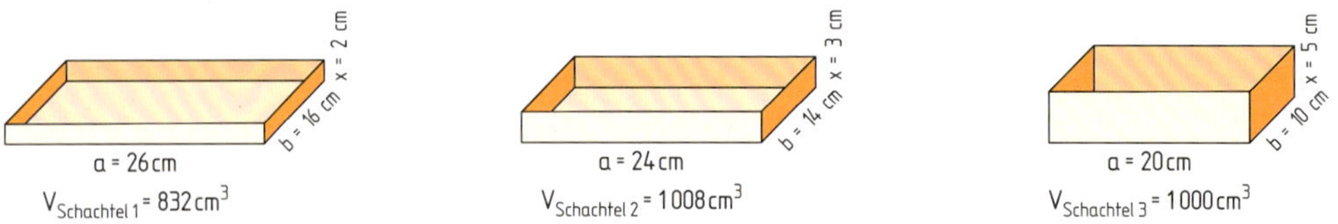

Die Größe des Volumens hängt also von der Seitenlänge x der herausgeschnittenen Quadrate ab. Es soll nun jener Wert für x ermittelt werden, der auf das größtmögliche Volumen führt.

V_{Quader} = Länge · Breite · Höhe = $a \cdot b \cdot x$

- **Hauptbedingung:** Volumen → maximal

Länge: $a = 30\text{ cm} - 2x$
Breite: $b = 20\text{ cm} - 2x$

- **Nebenbedingungen:** Die Zusammenhänge werden aus der Skizze abgelesen.

Höhe: x mit $0\text{ cm} < x < 10\text{ cm}$

- Da der Karton 20 cm breit ist, muss die Länge x kleiner als 10 cm sein.

$V(x) = (30 - 2x) \cdot (20 - 2x) \cdot x$

- **Zielfunktion:** Das Volumen kann als Funktion von x angegeben werden.

$V(x) = 4x^3 - 100x^2 + 600x$

- Vereinfachen der Funktion

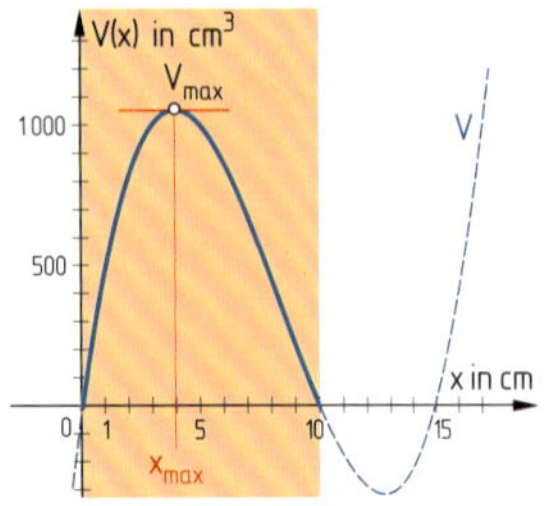

Anhand des Funktionsverlaufs erkennt man:
Die Funktion hat im Definitionsbereich]0; 10[an der Stelle x_{max} ein Maximum. Das bedeutet, dass das Volumen der Schachtel am größten ist, wenn Quadrate mit der Seitenlänge x_{max} ausgeschnitten werden.

$V'(x) = 12x^2 - 200x + 600$
$12x^2 - 200x + 600 = 0$
$\Rightarrow x_1 \approx 3{,}9\text{ cm}; (x_2 \approx 12{,}7\text{ cm} > 10\text{ cm})$

- Bilden der 1. Ableitung
- Nullsetzen der 1. Ableitung

$V''(x) = 24x - 200$
$V''(3{,}9...) = -105{,}8... < 0$

- Bilden der 2. Ableitung
- Nachweis der Maximumeigenschaft

Man erhält das maximale Volumen $V \approx 1\,056{,}31\text{ cm}^3$, wenn die ausgeschnittenen Quadrate eine Seitenlänge von rund 3,9 cm haben.

Anwendungen der Differentialrechnung

Bei der Ermittlung der Extremstellen sind folgende Vereinfachungen der Zielfunktion möglich, da sie die Lage der Extremstellen nicht verändern (siehe Aufgabe 5.7):

- Konstante Faktoren können weggelassen werden (siehe Aufgabe 5.100).
- Die Zielfunktion darf quadriert werden (siehe Aufgabe 5.99).

5.90 Der Gewinn beim Verkauf einer bestimmten Ware lässt sich durch folgende Funktion beschreiben: $G(x) = -0{,}375x^2 + 39x - 414$
x … Anzahl der verkauften ME, G(x) … Gewinn beim Verkauf von x ME in GE
Berechne, bei wie viel verkauften ME die Firma maximalen Gewinn erzielt.

5.91 Für die Geschwindigkeit eines Heißluftballons gilt: $v(t) = -\frac{7}{5\,400} \cdot t^3 + \frac{7}{60} \cdot t^2$
t … Zeit in min, $0 \le t \le 90$; v(t) … Geschwindigkeit zur Zeit t in $\frac{m}{min}$
1) Ermittle, zu welcher Zeit der Ballon die maximale Geschwindigkeit erreicht.
2) Begründe, warum die Beschleunigung zu diesem Zeitpunkt null ist.

5.92 Die Zahl 56 soll in zwei Summanden zerlegt werden. Berechne diese, sodass
1) das Produkt der Summanden maximal ist.
2) die Summe der Quadrate der Summanden minimal ist.
3) Zeige allgemein, dass bei einer beliebig vorgegebenen Zahl a die Aufgaben ***1)*** und ***2)*** immer zum gleichen Ergebnis $\frac{a}{2}$ führen.

5.93 Aus einem 40 cm langen Drahtstück soll ein Rechteck gebogen werden.
1) Gib jeweils die Länge der Seite b und den Flächeninhalt A des entstehenden Rechtecks an, wenn für die Seitenlänge $\ell_1 = 2$ cm, $\ell_2 = 4$ cm bzw. $\ell_3 = 6$ cm gewählt wird.
2) Gib eine Formel an, die den Flächeninhalt A als Funktion der Seitenlänge ℓ angibt. Stelle die Funktion A in einem sinnvollen Definitionsbereich grafisch dar. Ermittle, für welchen Wert von ℓ die Funktion A den größten Wert hat.

5.94 Ein rechteckiger Parkplatz soll mit 60 m Maschendrahtzaun eingezäunt werden. Berechne, bei welchen Abmessungen die Fläche maximal ist, wenn der Parkplatz
a) an zwei Seiten von Mauern begrenzt ist. ***b)*** an eine Mauer angrenzt.

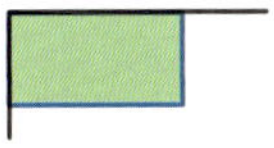

5.95 Eine 25 cm hohe quaderförmige Holzkiste ***a)*** mit Deckel, ***b)*** ohne Deckel soll ein Volumen von 0,5 m^3 haben. Ermittle, bei welchen Abmessungen der Materialverbrauch am geringsten ist.

5.96 Ein Getränk soll in zylinderförmigen Dosen mit einer Füllmenge von 0,75 Liter angeboten werden. Es ist ein Leerraum von 50 cm^3 vorzusehen.
1) Ermittle, bei welchen Abmessungen der Materialverbrauch für eine Dose am geringsten ist.
2) Gib das Verhältnis zwischen Radius und Höhe der Dose mit dem geringsten Materialverbrauch an und beschreibe die Form dieser Dose.

5.97 Aus einem A4- und einem A3-Blatt soll jeweils eine oben offene Schachtel durch Herausschneiden von Quadraten der Länge x an den Ecken und anschließendem Nachobenfalten der Seitenwände hergestellt werden.
1) Ermittle die Länge x jeweils so, dass das Volumen der Schachtel maximal wird.
2) Gib an, in welchem Verhältnis die beiden maximalen Volumina stehen.

5.98 Ein Getreidesilo aus Aluminium soll die Form eines unten geschlossenen Zylinders mit aufgesetzter Halbkugel haben und 45 m^3 Getreide fassen. Der Materialverbrauch an Aluminium soll möglichst gering sein. Ermittle, in welchem Verhältnis der Radius r der Halbkugel und die Höhe h des Zylinders dafür stehen müssen.

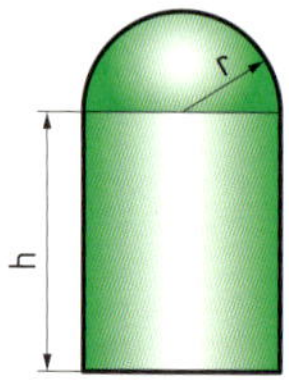

5.99 Ein halbkreisförmiges Fenster einer Auslage mit dem Radius R soll mit einem rechteckigen Plakat beklebt werden. Ermittle, bei welchem Seitenverhältnis der Flächeninhalt des Plakats am größten ist.

Lösung:

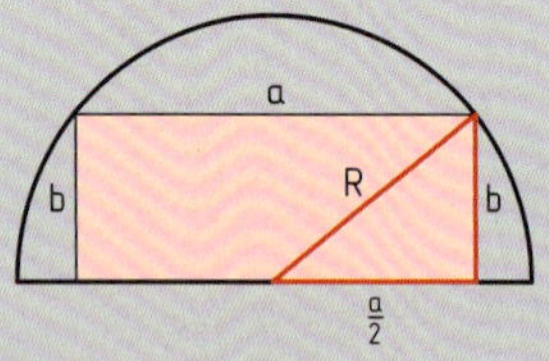

Hauptbedingung: $A(a, b) = a \cdot b \rightarrow$ Maximum

Nebenbedingung: $\left(\frac{a}{2}\right)^2 + b^2 = R^2 \Rightarrow b = \sqrt{R^2 - \frac{a^2}{4}}$

$A(a) = a \cdot \sqrt{R^2 - \frac{a^2}{4}} = \sqrt{a^2R^2 - \frac{a^4}{4}}$ mit $0 < a < 2R$ • Zielfunktion

$\overline{A}(a) = a^2R^2 - \frac{a^4}{4}$ • Vereinfachen der Zielfunktion durch Quadrieren

$\frac{d\overline{A}}{da} = 2a \cdot R^2 - a^3$

$2a \cdot R^2 - a^3 = 0 \Rightarrow a_1 = 0, a_2 = R \cdot \sqrt{2}, a_3 = -R \cdot \sqrt{2}$

$a = R \cdot \sqrt{2}$ • Da $0 < a < 2R$ gelten muss, kommt nur a_2 als Lösung in Frage.

$b = \sqrt{R^2 - \frac{a^2}{4}} = \sqrt{R^2 - \frac{2 \cdot R^2}{4}} = \sqrt{\frac{R^2}{2}} = \frac{R \cdot \sqrt{2}}{2}$ • Einsetzen von a in die Nebenbedingung führt auf b.

$a : b = R \cdot \sqrt{2} : \frac{R \cdot \sqrt{2}}{2} = 2 : 1$

Das Plakat hat den größten Flächeninhalt, wenn sich seine Seitenlängen wie 2 : 1 verhalten.

5.100 Aus der in der Abbildung dargestellten Hausmauer soll ein rechteckiges Fenster ausgebrochen werden. Welche maximale Fensterfläche kann erzielt werden?

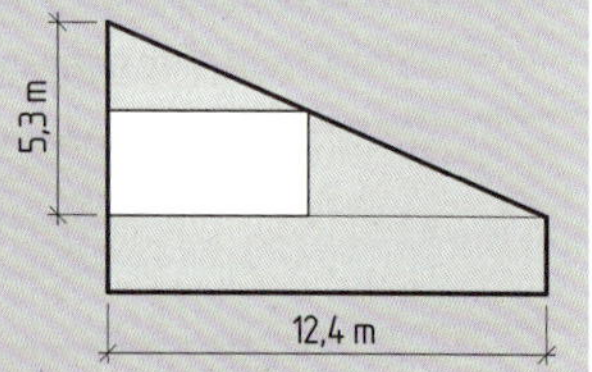

Lösung:

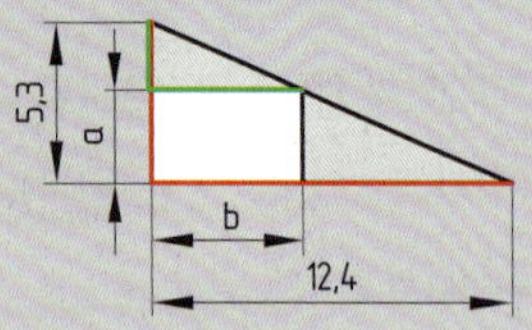

Hauptbedingung:

$A(a, b) = a \cdot b \rightarrow$ Maximum

Nebenbedingung:

$5{,}3 : 12{,}4 = (5{,}3 - a) : b$ • Anwenden des Strahlensatzes

$5{,}3 \cdot b = 12{,}4 \cdot (5{,}3 - a)$

$b = \frac{12{,}4 \cdot (5{,}3 - a)}{5{,}3}$

$A(a) = a \cdot \frac{12{,}4 \cdot (5{,}3 - a)}{5{,}3} = \frac{12{,}4}{5{,}3} \cdot (5{,}3 \cdot a - a^2)$ mit $0 < a < 5{,}3$ • Zielfunktion

$\overline{A}(a) = 5{,}3a - a^2$ • Der konstante Faktor $\frac{12{,}4}{5{,}3}$ darf weggelassen werden.

$\frac{d\overline{A}}{da} = 5{,}3 - 2a$

$5{,}3 - 2a = 0$

$a = 2{,}65$ m, $b = 6{,}2$ m • Einsetzen von a in die Nebenbedingung führt auf die Länge b.

$A = 2{,}65 \text{ m} \cdot 6{,}2 \text{ m} = 16{,}43 \text{ m}^2$

Es kann eine maximale Fensterfläche von 16,43 m^2 erzielt werden.

Anwendungen der Differentialrechnung

5.101 Aus einer Kugel mit dem Radius R soll ein möglichst großer gerader Kreiszylinder ausgesägt werden. Berechne, wie viel Prozent des Materials der Kugel dadurch wegfallen.

5.102 Die Tragfähigkeit eines Balkens ist direkt proportional zur Breite b und zum Quadrat der Höhe h. Ein kreisrunder Baumstamm hat einen Durchmesser d = 65 cm. Ermittle, wie die Breite b und die Höhe h zu wählen sind, damit die Tragfähigkeit eines herausgeschnittenen Balkens maximal ist.

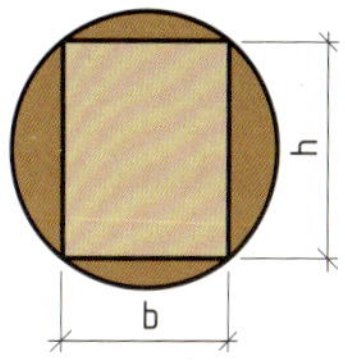

5.103 Eine Transformatorspule mit kreisförmigem Querschnitt soll durch einen kreuzförmigen Eisenkern möglichst flächendeckend ausgefüllt werden (siehe Abbildung). Wie viel Prozent der Kreisfläche können maximal bedeckt werden?

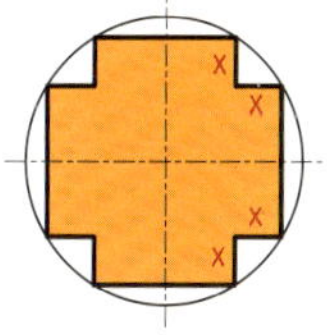

5.104 Zwei Orte C und D sollen an einem Fluss eine Schiffsanlegestelle A bekommen (Abmessungen siehe Abb.).

1) Die Gesamtlänge der neu zu errichtenden Straßen soll minimal sein. Ermittle, wo die Anlegestelle A dafür errichtet werden muss.

2) Zeige, dass gilt: $\alpha_1 = \alpha_2$

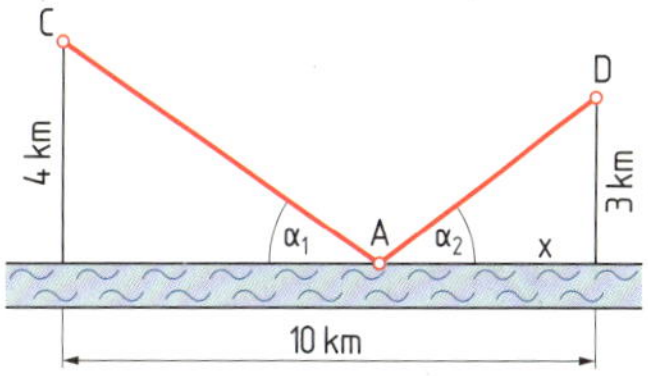

5.105 Um das Gebäude B auf einer Insel im Fluss mit Energie zu versorgen, müssen Kabelführungsrohre von einer Station T am Flussufer zum Gebäude B gelegt werden (Abmessungen siehe Abbildung). Die Kosten für die Verlegung der Rohre unter Wasser betragen 30 000,00 € pro km, entlang des Flussufers 10 000,00 € pro km. Berechne, in welcher Entfernung von der Station T die Abzweigung A der Rohrleitung erfolgen muss, damit die Verlegungskosten minimal sind.

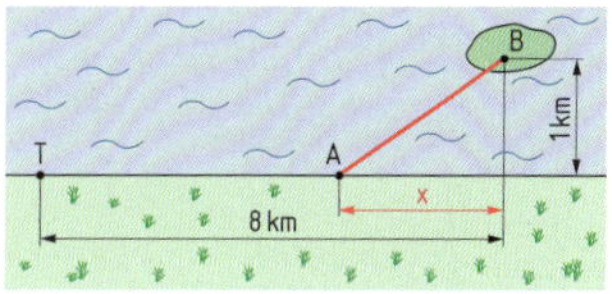

5.106 Auf einem Kinderspielplatz soll ein „Holzzelt" mit rechteckigem, offenen Eingang errichtet werden. Das Zelt ist 2,4 m hoch und 4 m breit (siehe Abbildung). Um die Kinder beaufsichtigen zu können, muss der Eingang die größtmögliche Fläche haben. Berechne, welche Höhe x und welche Breite y der Eingang haben muss, damit dessen Fläche maximal ist.

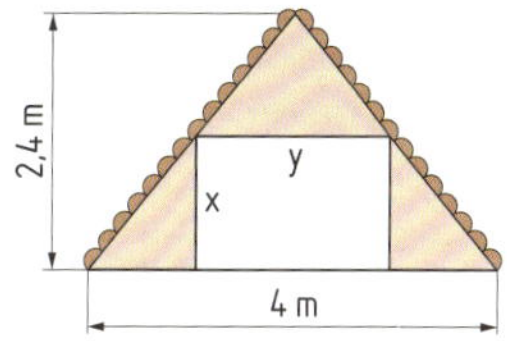

5.107 Zwei Ohm'sche Widerstände R_1 und R_2 ergeben bei Serienschaltung einen Gesamtwiderstand von $R_S = 270\ \Omega$. Wie sind R_1 und R_2 zu wählen, damit bei Parallelschaltung der Gesamtwiderstand R_P maximal wird?

Hinweis: Serienschaltung: $R_S = R_1 + R_2$ Parallelschaltung: $\frac{1}{R_P} = \frac{1}{R_1} + \frac{1}{R_2}$

5.108 Ein rechteckiges Plakat soll eine bedruckbare Fläche von 1,5 m^2 haben. Aus drucktechnischen Gründen muss oben und unten jeweils ein Rand von 3 cm unbedruckt bleiben, ebenso links und rechts ein Rand von jeweils 2 cm.

1) Berechne, bei welchen Maßen des Plakats der Papierverbrauch am geringsten ist.

2) Wähle zwei beliebige andere Plakatgrößen, die die vorgegebenen Bedingungen erfüllen und zeige, dass der Papierverbrauch größer als der aus ***1)*** ist.

5.109 Für die Wurfweite x abhängig vom Abwurfwinkel α beim schiefen Wurf gilt:

$x(\alpha) = \frac{v_0^2}{2g} \cdot \sin(2\alpha)$ v_0 … Abwurfgeschwindigkeit, g … Gravitationsbeschleunigung

Zeige nachweislich, dass die Wurfweite bei einem Winkel von $\alpha = 45°$ maximal ist.

Anwendungen der Differentialrechnung

Zusammenfassung

Mithilfe der Differentialrechnung lassen sich verschiedene Eigenschaften von Funktionen angeben:

Monotonieverhalten

Eine Funktion f ist in der Umgebung einer Stelle x_0

streng monoton steigend, wenn gilt: $f'(x_0) > 0$

streng monoton fallend, wenn gilt: $f'(x_0) < 0$

Krümmungsverhalten

Eine Funktion f(x) ist in der Umgebung einer Stelle x_0

positiv gekrümmt, wenn gilt: $f''(x_0) > 0$

negativ gekrümmt, wenn gilt: $f''(x_0) < 0$

Extremwert bzw. Extrempunkt

Globaler Extremwert: Größter oder kleinster Funktionswert im gesamten Definitionsbereich
Lokaler Extremwert: Größter oder kleinster Funktionswert in seiner Umgebung

$f'(x_0) = 0$ und $f''(x_0) < 0 \Rightarrow$ **Hochpunkt** (lokales Maximum)

$f'(x_0) = 0$ und $f''(x_0) > 0 \Rightarrow$ **Tiefpunkt** (lokales Minimum)

Wendepunkt

Im Wendepunkt W einer Funktion f wechselt das Krümmungsverhalten.
Notwendige Bedingung: $f''(x_W) = 0$
Die Steigung der Funktion hat im Wendepunkt einen lokalen Extremwert.

Sattelpunkt

Ein Sattelpunkt S ist ein Wendepunkt mit waagrechter Wendetangente:

$f'(x_S) = 0$ **und** $f''(x_S) = 0$

Krümmung einer Kurve

$$\kappa = \frac{f''(x)}{\sqrt{\left[1 + (f'(x))^2\right]^3}} \qquad \rho = \left|\frac{1}{\kappa}\right| \text{ ... Krümmungsradius}$$

Kurvendiskussion

Untersuchung von Eigenschaften und Besonderheiten einer Funktion:
Definitionsmenge, Symmetrieeigenschaften, Periodizität, Nullstellen, Extrempunkte, Wendepunkte, Wendetangenten, Asymptoten, Verhalten im Unendlichen, grafische Darstellung des Funktionsgraphen

Extremwertaufgaben

Hierbei handelt es sich um Optimierungsaufgaben, bei denen der größtmögliche bzw. der kleinstmögliche Wert einer Größe ermittelt wird. Die Funktion, die ein Maximum oder Minimum annehmen soll, wird **Zielfunktion** genannt, die dafür notwendige Bedingung wird **Hauptbedingung** genannt. Zusammenhänge, die das Aufstellen der Zielfunktion in einer Variablen ermöglichen, werden **Nebenbedingungen** genannt.

Weitere Aufgaben

5.110 Gib an, welche Behauptung auf den abgebildeten Graphen der Funktion f zutrifft.

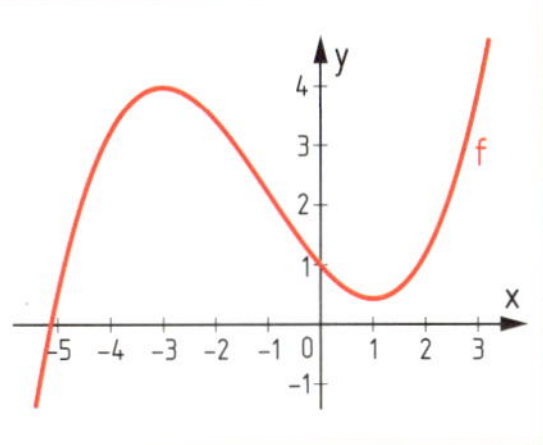

An der Stelle x = –3 hat die Funktion f eine senkrechte Tangente.	A
Die Nullstelle der Funktion hat die Koordinaten N(0|1).	B
Die Funktion f hat an der Stelle x = 1 einen Wendepunkt.	C
Die Funktion f ist im Bereich]–3; 1[streng monoton fallend.	D
An der Stelle x = 3 hat die 1. Ableitung der Funktion f ein Extremum.	E

5.111 Die nebenstehende Grafik beschreibt den „Verbrauch" an Energie eines Haushalts im Lauf eines Tags.

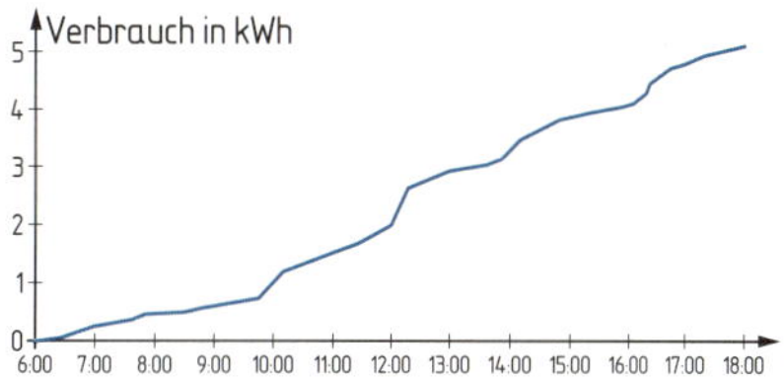

1) Lies den Energieverbrauch um 6:00 Uhr ab.

2) Um wie viel Uhr betrug der Energieverbrauch 2 kWh?

3) Gib die momentane Änderung des Energieverbrauchs um 12:00 Uhr an. Erkläre, welche physikalische Größe dadurch beschrieben wird, und gib deren Einheit an.

5.112 Diskutiere die Funktion.

a) $y = 0{,}1x^3 - 0{,}9x + 2$
b) $y = -0{,}2x^3 + 0{,}9x - 1$
c) $f(x) = \frac{x^2}{1 + x}$
d) $y = 0{,}5x^4 + 1{,}5x^3$
e) $f(x) = \frac{x}{3 - x^2}$
f) $y(t) = \frac{\sin(t)}{t}$
g) $y = 0{,}1x^5 - 0{,}3x^4 - 1{,}1x^2 + 3$
h) $y(t) = 2 \cdot \cos\left(2t + \frac{\pi}{6}\right)$
i) $N(x) = 3 \cdot e^{-0{,}5x^2}$

5.113 Die Kosten für die Herstellung eines Produkts lassen sich durch folgende Funktion beschreiben:

$K(x) = 0{,}03x^3 - 0{,}7x^2 + 6x + 12$

x … Menge in ME, K(x) … Kosten bei x ME in GE

1) Stelle die Kostenfunktion grafisch dar.

2) Der Erlös ist durch die Funktion $E(x) = -0{,}62x^2 + 10x$ angegeben.
Stelle die Kosten- und die Erlösfunktion in einem Koordinatensystem dar.
Lies ab, in welchem Bereich Gewinn erzielt wird.

3) Berechne, wie viele ME verkauft werden müssen, damit maximaler Gewinn erzielt wird. Ermittle die Höhe des maximalen Gewinns und den Cournot'schen Punkt.

5.114 Ein Golfball wird auf einer waagrechten Ebene unter einem Winkel von 60° mit einer Anfangsgeschwindigkeit von $v_0 = 20\,\frac{m}{s}$ abgeschlagen. Die Flugbahn des Balls lässt sich durch die Funktion y beschreiben:

$$y(x) = x \cdot \tan(\alpha) - \frac{g \cdot x^2}{2 \cdot v_0^2 \cdot \cos^2(\alpha)} \quad \text{mit } g \approx 10\,\frac{m}{s^2}$$

x … waagrechte Entfernung vom Abschlag in Meter
y(x) … Höhe bei der waagrechten Entfernung x in Meter
α … Abschlagwinkel

1) Gib den Winkel an, unter dem der Ball auf dem Boden auftrifft, und vergleiche diesen mit dem Abschlagwinkel.

2) In welcher waagrechten Entfernung erreicht der Ball die maximale Höhe?

Anwendungen der Differentialrechnung

5.115 Ermittle die Gleichung einer Polynomfunktion 3. Grads mit den gegebenen Eigenschaften.

a) Die Funktion hat Extrempunkte in $E_1(0|6)$ und $E_2(8|0)$.

b) Die Funktion schneidet die y-Achse bei y = 2,2. Die Tangente im Wendepunkt $W(1|y_W)$ hat die Gleichung: $y = -\frac{12}{5}x + \frac{12}{5}$

c) Die Funktion verläuft durch den Koordinatenursprung und durch den Punkt P(3|4). Sie berührt die x-Achse an der Stelle x = 5.

5.116 Der Graph einer Polynomfunktion 4. Grads berührt die x-Achse an der Stelle x = 2. Der Wendepunkt befindet sich im Koordinatenursprung und hat eine Wendetangente, die einen Winkel von 45° mit der x-Achse einschließt.
Ermittle die Gleichung der Polynomfunktion.

5.117 Die Abbildung stellt den Querschnitt eines Hochwasserschutzdamms dar (Maße in m). Die Begrenzungskurve setzt sich aus einem Geradenstück g und einer Parabel f zusammen, wobei im Übergang A die Parabel dieselbe Steigung wie die Gerade hat.

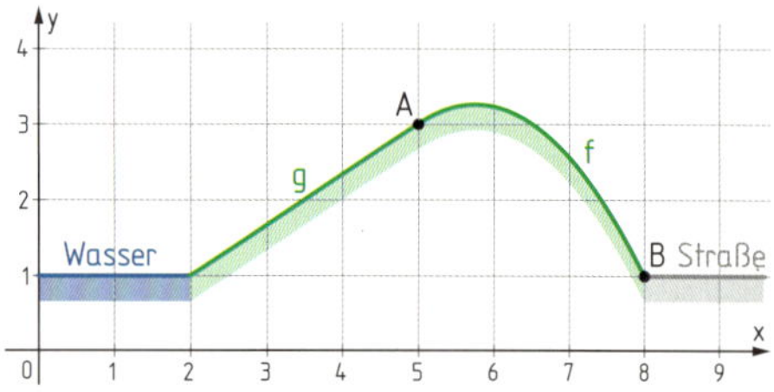

1) Stelle die Gleichung der Geraden g auf.

2) Ermittle die Funktionsgleichung der Parabel.

3) Um wie viel Meter darf das Wasser maximal steigen, damit die Straße nicht überflutet wird?

5.118 An einer geradlinigen Straße liegen die Punkte B und X. In B soll eine Straße so abzweigen, dass sie durch C verläuft. Die Abzweigung in B darf dabei keinen Knick in der Straßenführung ergeben.

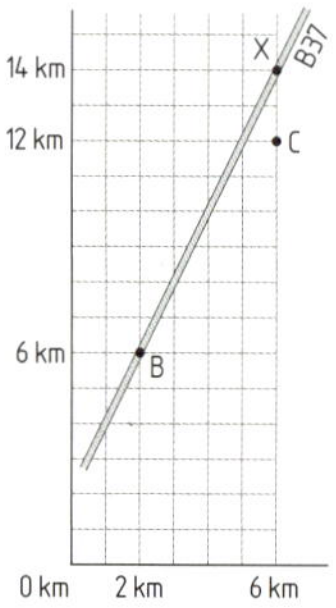

1) Der Straßenverlauf soll durch eine Polynomfunktion 2. Grads genähert werden. Begründe, warum eine solche Funktion mithilfe der gegebenen Informationen eindeutig ermittelt werden kann.

2) Stelle die geeigneten Gleichungen zur Ermittlung der Koeffizienten dieser Polynomfunktion auf und gib die Funktionsgleichung an.

3) Zeichne einen Plan mit der bestehenden und der neuen Straße in geeignetem Maßstab. Ermittle dazu die Koordinaten von zwei beliebigen weiteren Punkten der neuen Straße zwischen B und C.

5.119 Um den Ertrag seines Roggenfelds zu erhöhen, setzt ein Bauer Dünger ein. Wird allerdings zuviel Dünger eingebracht, nimmt der Ertrag wieder ab. Die Funktion des Ertrags E in Abhängigkeit von der Düngermenge d lässt sich durch eine Polynomfunktion 3. Grads annähern. Setzt der Bauer keinen Dünger ein, so ergibt sich ein Ertrag von 5 t, setzt er 0,1 t Dünger ein, so erhält er einen Ertrag von 6,55 t. Der maximale Ertragszuwachs von 15,75 t Roggen pro t Dünger ergibt sich beim Einsatz von 0,05 t Dünger.

1) Ermittle die Funktionsgleichung, die den Ertrag E in Abhängigkeit von der Düngermenge d beschreibt.

2) Stelle die Funktion grafisch dar.

3) Berechne, wie viel Dünger man einsetzen muss, damit der Ertrag maximal wird.

Anwendungen der Differentialrechnung

5.120 Einem Patienten wird zur Behandlung einer Krankheit ein Medikament verabreicht. Die Konzentration des Medikaments im Blut in Abhängigkeit von der Zeit lässt sich durch folgende Funktion beschreiben:

$y(t) = 15 \cdot (e^{-0{,}2t} - e^{-0{,}8t})$

t … Zeit nach der Verabreichung des Medikaments in Stunden

y(t) … Konzentration des Medikaments im Blut zur Zeit t in $\frac{mg}{dL}$

1) Berechne, nach welcher Zeit ab der Verabreichung des Medikaments die Konzentration im Blut maximal ist.

2) Ermittle, nach welcher Zeit die Konzentration auf 3 $\frac{mg}{dL}$ gesunken ist.

5.121 Ein Federpendel wird zum Schwingen angeregt. Die Auslenkung des Pendels wird durch folgende Funktion beschrieben:

$y(t) = 5 \cdot e^{-0{,}46t} \cdot \sin(2t)$

t … Zeit nach der Auslenkung in s

y(t) … Auslenkung zur Zeit t in cm

1) Stelle die Funktion im Intervall [0 s; 6 s] grafisch dar.

2) Lies aus dem Graphen ab, zu welchen Zeitpunkten die Auslenkung in diesem Intervall lokale Maxima bzw. Minima hat. Gib das globale Maximum an.

3) Gib an, wie groß die Geschwindigkeiten an den lokalen Maxima sind.

5.122 ***1)*** Ermittle, an welcher Stelle die Parabel mit der Gleichung $y = 2 + 3x + x^2$ die größte Krümmung hat. Erkläre, um welchen speziellen Punkt es sich handelt.

2) Berechne den Krümmungsradius an der berechneten Stelle aus ***1)***.

3) Stelle die Parabel und den Krümmungskreis grafisch dar.

5.123 Ein Quader mit den Kanten a, b und c soll ein Volumen von 9 cm^3 haben. Die Längen der Kanten a und b stehen im Verhältnis 1 : 3. Berechne, wie die Kantenlängen gewählt werden müssen, damit der Quader die kleinste Oberfläche hat.

5.124 Am Ufer eines Kanals soll eine Kläranlage X für die Fabriken R und W errichtet werden (Abmessungen siehe Abbildung).

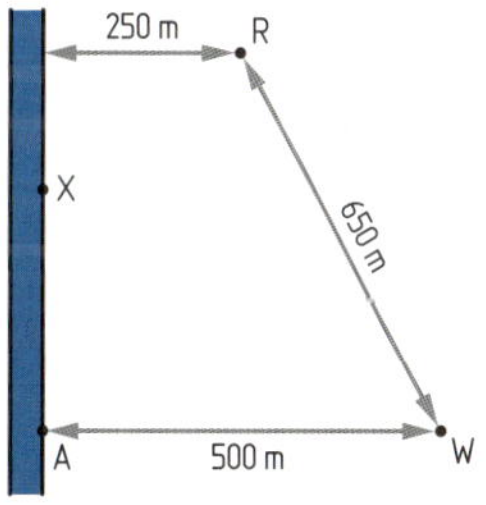

1) In welcher Entfernung von A muss die Kläranlage errichtet werden, damit die Gesamtlänge der von den Fabriken zur Kläranlage führenden Abwasserkanäle möglichst gering ist?

2) Überprüfe folgende Behauptung ohne zu rechnen:
Man erhält die gleiche Lösung, indem man den Punkt R am geradlinigen Kanal spiegelt und mit W verbindet. Der Schnittpunkt dieser Verbindung mit dem Kanal ist der Punkt X.

5.125 Ein Aktionskünstler möchte in einem Weizenfeld einen Kornkreis mit dem Radius r = 50 m gestalten. Im Inneren des Kornkreises soll eine Weizenfläche in Form eines gleichschenkligen Dreiecks mit maximalem Flächeninhalt stehen bleiben, die übrige Fläche des Kreises soll platt gedrückt werden.

1) Berechne die Länge der Basis des gleichschenkligen Dreiecks mit maximaler Fläche.

2) Der Ertrag des Felds beträgt 80 kg Weizen pro Ar, der Weizen könnte um 175,00 € pro Tonne verkauft werden. Berechne, welchen Geldbetrag der Besitzer des Felds vom Künstler für die Aktion verlangen muss, damit zumindest der finanzielle Verlust gedeckt ist.

Anwendungen der Differentialrechnung

Aufgaben in englischer Sprache

asymptote	Asymptote	minimum point	Tiefpunkt
bending downwards, concave down	negativ gekrümmt	pole	Polstelle
bending upwards, concave up	positiv gekrümmt	saddle point	Sattelpunkt
curve sketching, curve tracing	Kurvendiskussion	stationary point, extreme value	Extrempunkt, Extremwert
domain	Definitionsbereich	tangent	Tangente
inflection point, point of inflection	Wendepunkt	x-intercept, y-intercept	Schnittpunkt mit der x- bzw. y-Achse
maximum point	Hochpunkt	zero	Nullstelle

B **5.126** Find the coordinates of the stationary points on the graph of $f(x) = x^3 - 3x^2 - 45x + 7$ and check whether these points are maximum or minimum points.

B **5.127** Find the zeros, the stationary points, the inflection points and the equations of the tangents at the two points of inflection of the function $y = x^4 - 4x^3 + 4x^2$.

B **5.128** Find the stationary points on the graph of f with the following function:
$f(x) = x^3 - 3x^2 + 3$

B C **5.129** Show that the graph of $y = x^3 + x$ crosses the x-axis only once. Find y' and y''. Determine the interval in which the graph is bending upwards.

A B D **5.130** Find the x-coordinates of the points in which the graph of $f(x) = x^4 - 10x^3 + 24x^2$ intersects the x-axis. Show that one of these points is a point of inflection of the graph and find the coordinates of the other point of inflection. Calculate the equations of the tangents at the two points of inflection.

B C **5.131** Sketch the following curve. Find the domain. Search for poles and asymptotes.

a) $y = \frac{x-3}{x^4}$ ***b)*** $y = \frac{(x+1)^2}{x-2}$ ***c)*** $y = \frac{2}{x^4} - \frac{1}{x}$

TE A B C **5.132** Outline the graph of $f(x) = \frac{x^2+1}{x^2-2}$.

1) Locate the x- and y-intercepts.
2) Determine any horizontal or vertical asymptotes.
3) Find intervals where f is concave up and where it is concave down.

B **5.133** A curve is defined by $y = a \cdot x^3 + b \cdot x^2 + c \cdot x + d$.

1) Determine the constants a, b, c and d so that the curve has a local maximum at the point P(2|4) and a point of inflection at the origin.
2) Sketch the curve.

A B **5.134** An upright container with a volume of 14.12 cubic foot (cft) is to be built by sheet metal. The surface of the base must be an equilateral triangle, there is no lid required. Calculate the height and the length of the sides of the triangle so the area of the sheet metal used to build the container is at a minimum.

Wissens-Check

		gelöst
1	Ich kenne die Eigenschaften eines Extrempunkts und weiß, wie ich ein lokales Maximum von einem lokalen Minimum rechnerisch unterscheiden kann.	

2 Ordne den Begriffen jeweils den zugehörigen Punkt aus A bis D zu.

1	Randmaximum	☐
2	Lokales Minimum	☐

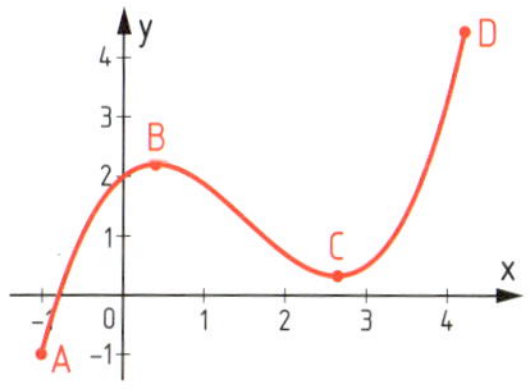

3 Ergänze die Textlücken im folgenden Satz durch Ankreuzen der jeweils richtigen Satzteile so, dass eine korrekte Aussage entsteht.

Eine Polynomfunktion $y = a_n \cdot x^n + a_{n-1} \cdot x^{n-1} + \ldots + a_0$ mit ___①___ hat maximal ___②___ .

①		②	
$n = 3$	A	3 Extrema	A
$n = 1$	B	2 Nullstellen	B
$a_0 = 0$	C	1 Wendepunkt	C

4 Gib an, von welchem Graphen der Graph von g die Ableitungsfunktion ist. Begründe deine Antwort.

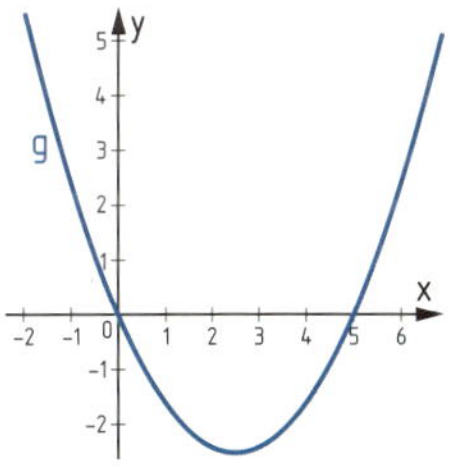

A)

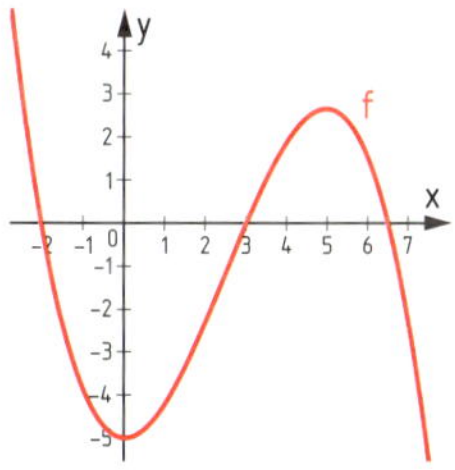

B)

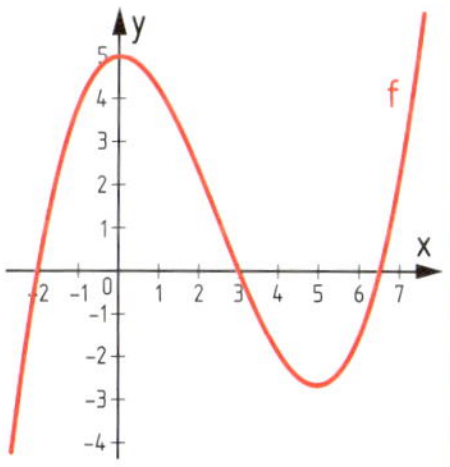

5	Was versteht man unter einem Sattelpunkt?	
6	Erkläre, warum die Funktion $y = e^x$ keinen Extremwert und keinen Wendepunkt hat.	
7	Wie viele Bedingungen benötigt man, um alle Koeffizienten einer allgemeinen Polynomfunktion 4. Grads zu bestimmen?	
8	Jene Stelle, an der bei einer Kostenfunktion die Krümmung von negativ auf positiv wechselt, nennt man … .	
9	Ich weiß, wie ich bei Extremwertaufgaben vorgehen muss und kann die einzelnen Schritte erklären.	

Lösung: 1) siehe Seite 154 2) 1D, 2C 3) 1A, 2C 4) B: Die Nullstellen von g entsprechen den Extremwerten der Ausgangsfunktion. Zwischen den Nullstellen von g ist die Funktion negativ, daher ist die Ausgangsfunktion in diesem Bereich monoton fallend. 5) Wendepunkt mit waagrechter Tangente 6) Weil $y' = e^x$ und $y'' = e^x$ gilt und die Funktion e^x keine Nullstelle hat. 7) Man benötigt fünf Bedingungen. 8) Kostenkehre 9) siehe Seite 181ff

6 Integralrechnung

Beim Differenzieren wurden mithilfe von Ableitungsregeln Funktionen ermittelt, mit deren Hilfe die Steigung der Tangente an einer bestimmten Stelle einer Funktion angegeben werden konnte. Will man von der Ableitungsfunktion auf die ursprüngliche Funktion schließen, so nennt man diesen Umkehrvorgang **Integrieren**.

6.1 Unbestimmtes und bestimmtes Integral

6.1.1 Geschwindigkeit und Weg

In diesem Abschnitt wird der Begriff des Integrals anhand von Geschwindigkeit-Zeit-Funktionen und Weg-Zeit-Funktionen anschaulich erklärt. Eine präzise Definition sowie entsprechende Beweise erfolgen in Abschnitt 6.1.3.

A B **6.1** Ein PKW fährt eine halbe Stunde lang mit einer mittleren Geschwindigkeit von 40 $\frac{km}{h}$ und eine weitere halbe Stunde lang mit einer mittleren Geschwindigkeit von 60 $\frac{km}{h}$. Ermittle die Wegstrecke, die er insgesamt zurückgelegt hat.

Differenziert man eine Weg-Zeit-Funktion s, so erhält man die Funktion v der momentanen Geschwindigkeit. Geometrisch entspricht die Momentangeschwindigkeit an einer bestimmten Stelle der Steigung der Tangente an den Graphen der Funktion s an dieser Stelle. Umgekehrt kann aus einer Geschwindigkeit-Zeit-Funktion v die Funktion s des Wegs bestimmt werden. Die ermittelte Funktion s heißt **Stammfunktion** der Funktion v. Beim Ermitteln einer Stammfunktion wird also jene Funktion gesucht, deren **Ableitung bekannt** ist.
Auch die Funktionswerte der Funktion s können geometrisch interpretiert werden.

ZB: Ein Körper bewegt sich mit konstanter Geschwindigkeit $v = 5\,\frac{m}{s}$. Um den Weg s zu ermitteln, den der Körper im Intervall [1 s; 3 s] zurücklegt, gibt es zwei Möglichkeiten:

- Man erhält den zurückgelegten Weg Δs, indem man die Geschwindigkeit v mit der Zeitdifferenz Δt multipliziert:

  $\Delta s = v \cdot \Delta t$
  $\Delta s = 5\,\frac{m}{s} \cdot (3\,s - 1\,s) =$
  $= 5\,\frac{m}{s} \cdot 2\,s = 10\,m$

  Die Maßzahl des Wegs entspricht der Maßzahl der **Fläche unter der Kurve**.

- Aufgrund der Ableitungsregeln kann man überlegen, dass die konstante Funktion $v(t) = 5$ die Ableitung der linearen Funktion $s(t) = 5 \cdot t$ ist.

  Die Funktion s ist eine Stammfunktion der Funktion v. Um den zurückgelegten Weg Δs zu berechnen, bildet man die **Differenz der Funktionswerte** an den Intervallgrenzen:
  $\Delta s = s(3\,s) - s(1\,s) = 15\,m - 5\,m = 10\,m$

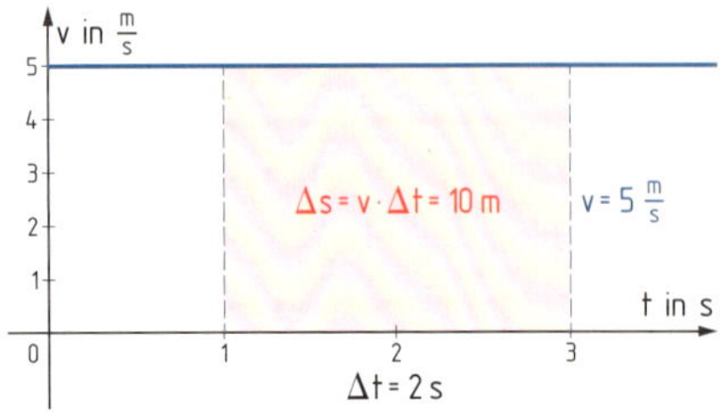

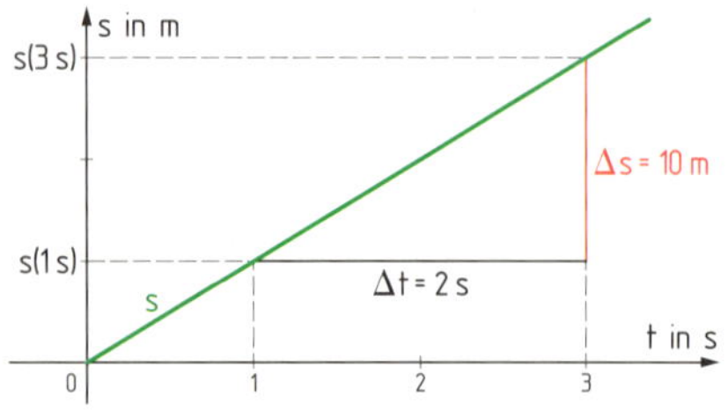

Ist die Geschwindigkeit-Zeit-Funktion eine beliebige Kurve, so kann der Flächeninhalt unter der Kurve in einem Intervall [a; b] – und damit der in diesem Intervall zurückgelegte Weg – durch Unterteilung in Rechtecke und Aufsummierung der Flächeninhalte der Rechtecke näherungsweise ermittelt werden. Man spricht dabei von einer **Produktsumme**.

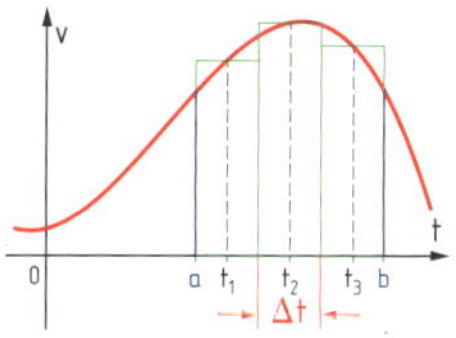

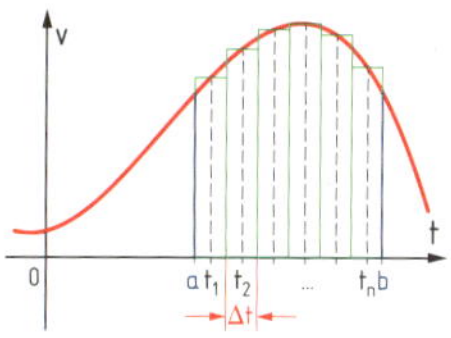

Die Genauigkeit der Berechnung hängt von der Anzahl n der Rechteckstreifen ab, in die man die Fläche unterteilt. Die Rechteckstreifen haben die gleiche Breite Δt und jeweils die Höhe $v(t_i)$ mit $i = 1, 2, 3, \dots, n$. Je größer diese Anzahl n der Streifen ist, umso kleiner ist die Breite Δt und umso genauer ist der Näherungswert für den Flächeninhalt, den man durch Addition der Teilflächen erhält. Geht die Anzahl n der Streifen gegen ∞, so geht die Streifenbreite Δt gegen null. Die Berechnung des Zahlenwerts des Flächeninhalts kann also mithilfe des Grenzwerts der Summe der Einzelflächeninhalte $v(t_i) \cdot \Delta t$ für $\Delta t \to 0$ bzw. $n \to \infty$ erfolgen:

$$\Delta s = \lim_{n \to \infty} \left(\sum_{i=1}^{n} v(t_i) \cdot \Delta t \right) = \int_a^b v(t)\,dt$$

Der Ausdruck $\int_a^b v(t)\,dt$ wird **bestimmtes Integral** genannt. Das Integralzeichen $\int$ ist dem Buchstaben „S" (für Summe) nachempfunden. Es wurde von Gottfried Wilhelm Freiherr von Leibnitz eingeführt. dt steht für das „unendlich klein gewordene" Δt. Die Grenzen a und b des betrachteten Intervalls stehen unterhalb bzw. oberhalb des Integralzeichens und werden daher **untere Grenze** bzw. **obere Grenze** genannt.

Da $\Delta s = s(b) - s(a)$ gilt, kann das bestimmte Integral $\int_a^b v(t)\,dt$ auch ohne Bilden der Summe berechnet werden, indem eine Stammfunktion der Funktion v bestimmt wird.

Die Ermittlung der Stammfunktion durch Umkehrung der Ableitungsregeln ist nicht eindeutig, da eine additive Konstante beim Differenzieren null wird, zB:

$s_1(t) = \mathbf{5t} \Rightarrow v(t) = \mathbf{5}$ $\quad$ $s_2(t) = \mathbf{5t + 2} \Rightarrow v(t) = \mathbf{5}$ $\quad$ $s_3(t) = \mathbf{5t - 0{,}5} \Rightarrow v(t) = \mathbf{5}$

Alle Funktionen der Form $s(t) = \mathbf{5t + C}$ mit $C \in \mathbb{R}$ haben die **gleiche Ableitung** $v(t) = \mathbf{5}$ und sind daher Stammfunktionen von v.
Die **Menge aller Stammfunktionen** nennt man das **unbestimmte Integral**. Man schreibt:
$\int v(t)\,dt = s(t) + C \quad (C \in \mathbb{R})$

Das Ermitteln der **Stammfunktion**, also die **Umkehrung des Differenzierens**, bezeichnet man als **Integrieren**.

Um eine Weg-Zeit-Funktion s aus einer Geschwindigkeit-Zeit-Funktion v zu bestimmen, verwendet man das **unbestimmte Integral**.

$\int v(t)\,dt = s(t) + C$ mit $C \in \mathbb{R}$ … Integrationskonstante

Die Funktion s ist eine **Stammfunktion** der Funktion v.

Ist die Geschwindigkeit-Zeit-Funktion v bekannt, kann man den in einem bestimmten Zeitintervall [a; b] zurückgelegten Weg Δs mithilfe des **bestimmten Integrals** ermitteln.

$$\Delta s = \int_a^b v(t)\,dt = s(b) - s(a)$$

Integralrechnung

ZB Auf der Wiener Ringstraße fährt eine Straßenbahn der Linie D. Ihre Geschwindigkeit kann im Intervall [0 s; 5 s] durch die Funktion v beschrieben werden:

$v(t) = 1{,}2 \cdot t + 3$

t ... Zeit in s, v(t) ... Geschwindigkeit zur Zeit t in $\frac{m}{s}$

Zu Beginn der Messung ist der Triebwagen der Straßenbahn $s_0 = 20$ m von einer Haltestelle entfernt. Es soll der im betrachteten Zeitintervall zurückgelegte Weg ermittelt werden.

Um die Funktion s der Entfernung des Triebwagens von der Haltestelle, also eine Stammfunktion von v, zu ermitteln, verwendet man das **unbestimmte Integral**:

$\int v(t)\,dt = \int (\mathbf{1{,}2 \cdot t} + \mathbf{3})\,dt$

Die Funktion v ist die Ableitung der gesuchten Funktion s. Die Funktion v setzt sich aus den Summanden **1,2 · t** und **3** zusammen.

- Da im Term **1,2 · t** die Variable t die Hochzahl 1 hat, muss dieser Term in der Stammfunktion s von der Form $\mathbf{k_1 \cdot t^2}$ sein.
  Durch Berücksichtigen der Faktorregel ergibt sich: $\mathbf{1{,}2 \cdot \frac{t^2}{2} = 0{,}6 \cdot t^2}$
- Der Summand **3** ist eine Konstante. Dieser Term muss in der Stammfunktion s von der Form $\mathbf{k_2 \cdot t}$ sein. Somit ergibt sich: **3 · t**

Daher gilt: $\int v(t)\,dt = \int (\mathbf{1{,}2 \cdot t} + \mathbf{3})\,dt = \mathbf{0{,}6 \cdot t^2} + \mathbf{3 \cdot t} + C$

Um die Funktion s eindeutig angeben zu können, muss nun die Integrationskonstante C bestimmt werden. Da der Triebwagen zum Zeitpunkt t = 0 s eine Entfernung $s_0 = 20$ m von der Haltestelle hat, gilt: s(0) = 20

$0{,}6 \cdot 0^2 + 3 \cdot 0 + C = 20 \quad \Rightarrow \quad C = 20$

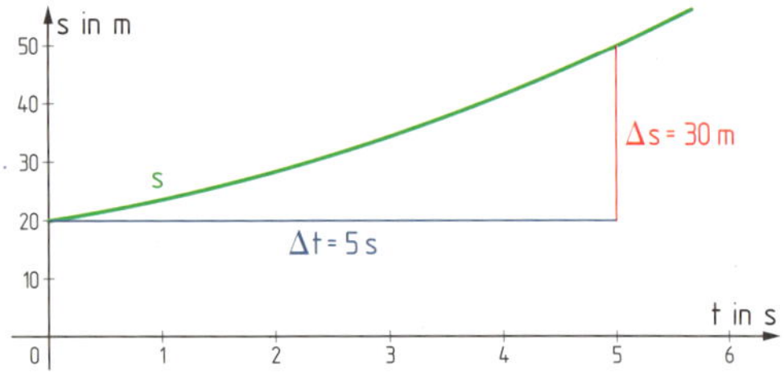

Die gesuchte Funktion s lautet:

$s(t) = 0{,}6 \cdot t^2 + 3 \cdot t + 20$

Um den zurückgelegten Weg Δs im Intervall [0 s; 5 s] zu bestimmen, verwendet man das **bestimmte Integral**:

$\Delta s = \int_0^5 v(t)\,dt = s(5) - s(0) = (0{,}6 \cdot 25 + 3 \cdot 5 + 20) - (0{,}6 \cdot 0 + 10 \cdot 0 + 20) = 30\text{ m}$

Zur Ermittlung des zurückgelegten Wegs im Intervall [0 s; 5 s] kann man auch den Zahlenwert des Flächeninhalts unter der Kurve im Geschwindigkeit-Zeit-Diagramm berechnen.

Die Fläche hat die Form eines Trapezes:

$\Delta s = \frac{(v_0 + v_1) \cdot \Delta t}{2}$

$\Delta s = \frac{(3\frac{m}{s} + 9\frac{m}{s}) \cdot 5\text{ s}}{2} = \frac{60\text{ m}}{2} = 30\text{ m}$

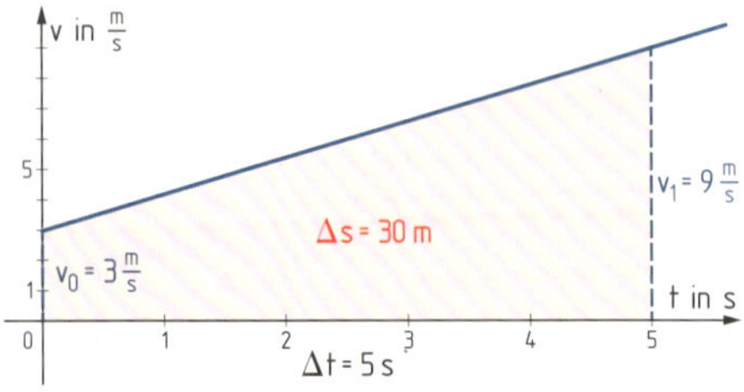

Beide Methoden führen zum gleichen Ergebnis.

Der Triebwagen legt im Intervall [0 s; 5 s] eine Strecke von Δs = 30 m zurück.

6.2 Ordne den dargestellten Geschwindigkeit-Zeit-Funktionen jeweils den Funktionsgraphen zu, der den zurückgelegten Weg darstellt. Begründe deine Entscheidungen.

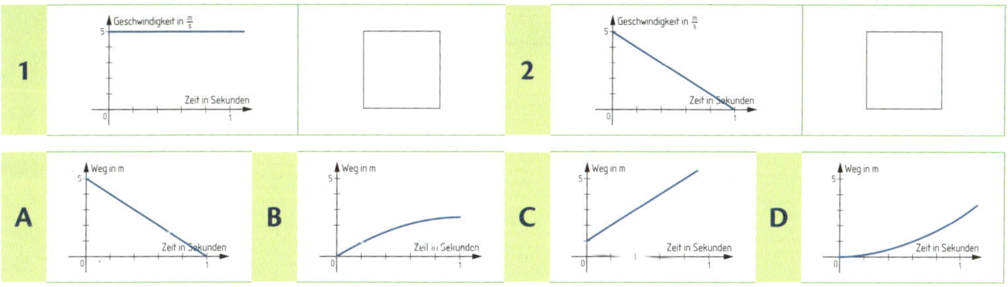

6.3 Ein Körper entfernt sich mit einer konstanten Geschwindigkeit von 30 $\frac{m}{s}$ von einem Punkt P. Gib die Funktion an, die den Abstand des Körpers vom Punkt P in Abhängigkeit von der Zeit t beschreibt.

1) Der Körper befindet sich zum Zeitpunkt t = 0 s im Punkt P.

2) Der Körper befindet sich zum Zeitpunkt t = 0 s bereits 50 m vom Punkt P entfernt.

3) Der Körper befindet sich zum Zeitpunkt t = 3 s bereits 200 m vom Punkt P entfernt.

6.4 Ein Schiff muss aufgrund gesetzlicher Bestimmungen innerhalb einer gewissen Strecke zum Stillstand kommen. Die maximale „Bremswirkung" wird durch „volle Fahrt zurück" erzielt. Die Geschwindigkeit v eines Tankers nach Beginn des Anhaltemanövers kann näherungsweise durch folgende Funktion beschrieben werden:

$v(t) = -0{,}006 \cdot t + 9$

t … Zeit nach Beginn des Anhaltemanövers in s

v(t) … Geschwindigkeit des Tankers zur Zeit t in $\frac{m}{s}$

1) Gib die Geschwindigkeit des Schiffs zu Beginn des Anhaltevorgangs in $\frac{km}{h}$ an.

2) Ermittle, wie lang es dauert, bis der Tanker zum Stillstand kommt.

3) Begründe, warum der während des Anhaltevorgangs zurückgelegte Weg s durch eine Funktion folgender Bauart beschrieben werden kann: $s(t) = -0{,}003 \cdot t^2 + 9 \cdot t + C$

4) Ermittle den Wert der Konstanten C.

5) Der Anhalteweg des 300 m langen Tankers darf maximal das 20-fache seiner Länge betragen. Überprüfe nachweislich, ob diese Vorschrift erfüllt wird.

6.5 Die Grafik stellt die Geschwindigkeit-Zeit-Funktion für ein bestimmtes Fahrzeug dar. Ermittle den zurückgelegten Weg im dargestellten Zeitintervall.

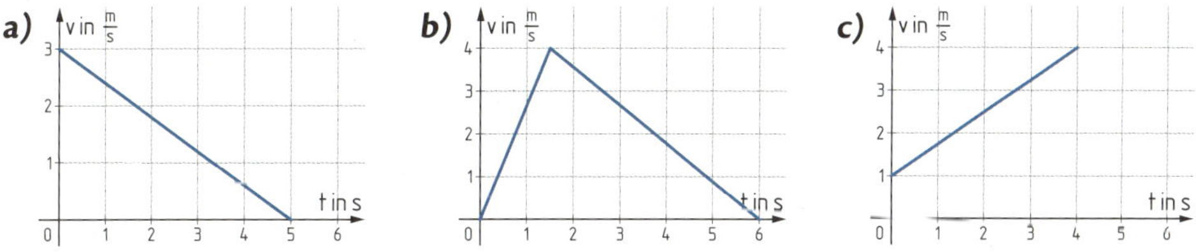

6.6 Ein Rennwagen beschleunigt auf geradliniger Strecke im Zeitintervall [0 s; 4 s] von der Geschwindigkeit $v_0 = 12\,\frac{m}{s}$ auf die Geschwindigkeit von 18 $\frac{m}{s}$. Zu Beginn des Beschleunigungsvorgangs ist der Rennwagen $s_0 = 70$ m von einem Messpunkt entfernt.

1) Stelle die Geschwindigkeit-Zeit-Funktion v auf.

2) Ermittle die Funktion s der Entfernung des Rennwagens vom Messpunkt.

3) Berechne, wie weit der Rennwagen zum Zeitpunkt t = 4 s vom Messpunkt entfernt ist.

4) Stelle die Funktion v grafisch dar. Kennzeichne den in [0 s; 4 s] zurückgelegten Weg.

6.1.2 Produktsummen

Viele physikalische, technische oder wirtschaftliche Größen werden als Produkt zweier weiterer Größen berechnet, zum Beispiel „Arbeit = Kraft mal Weg".

Diese Formel gilt jedoch nur, wenn die Kraft längs des zurückgelegten Wegs konstant ist. Ist hingegen die Kraft $F = F(s)$ längs des Wegs veränderlich, so kann die Arbeit ermittelt werden, indem man sich die Kraft $F(s)$ längs (sehr) kleiner Wegstrecken Δs konstant denkt. Für die Arbeit im i-ten Teilintervall gilt: $\Delta W_i = F(s_i) \cdot \Delta s$

Für die im Intervall $[s_a; s_b]$ verrichtete Arbeit W gilt näherungsweise:

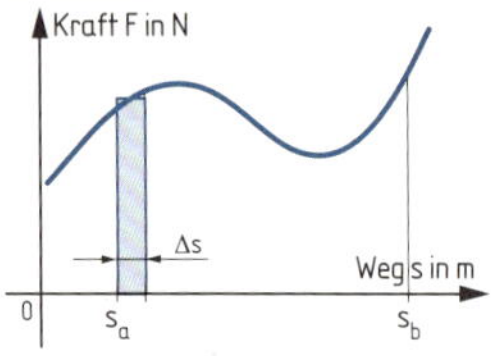

$$W \approx \sum_{i=1}^{n} F(s_i) \cdot \Delta s$$

Für $\Delta s \to 0$ erhält man den genauen Wert: $W = \lim\limits_{\Delta s \to 0} \left(\sum_{i=1}^{n} F(s_i) \cdot \Delta s \right) = \int_{s_a}^{s_b} F(s)\, ds$

Bemerkung: In der Literatur findet man für die im Intervall $[s_a; s_b]$ verrichtete (zusätzliche) Arbeit auch die Bezeichnung ΔW.

Im Folgenden sind einige Zusammenhänge angeführt, deren Berechnungen mithilfe der Interpretation des Integrals als Produktsumme erfolgt. Die Einheit des Ergebnisses ergibt sich aus der Einheit des Produkts $f(x) \cdot \Delta x$.

- **Arbeit, Kraft und Wegstrecke**

  $W = \int_{s_a}^{s_b} F(s)\, ds$ Einheit: $1\ N \cdot 1\ m = 1\ Nm = 1\ J$ (Joule)

- **Geschwindigkeit, Beschleunigung und Zeit**

  Für die Geschwindigkeit bei konstanter Beschleunigung a gilt: $v = a \cdot t$
  Ist die Beschleunigung jedoch eine zeitabhängige Funktion $a = a(t)$, so gilt für die Zu- bzw. Abnahme der Geschwindigkeit v im Intervall $[t_1; t_2]$:

  $v = \int_{t_1}^{t_2} a(t)\, dt$ Einheit: $1 \frac{m}{s^2} \cdot 1\ s = 1 \frac{m}{s}$

- **Arbeit, Leistung und Zeit**

  Für die Arbeit W bei konstanter Leistung P gilt: $W = P \cdot t$
  Ist die Leistung jedoch eine zeitabhängige Funktion $P = P(t)$, so gilt für die im Intervall $[t_1; t_2]$ verrichtete Arbeit: $W = \int_{t_1}^{t_2} P(t)\, dt$ Einheit: $1\ W \cdot 1\ s = 1\ Ws = 1\ J$ (Joule)

- **Durchflussmenge, Durchflussgeschwindigkeit und Zeit**

  Bei konstanter Durchflussgeschwindigkeit D kann die Gesamtmenge M durch Multiplikation mit der Zeit ermittelt werden: $M = D \cdot t$
  Ist die Durchflussgeschwindigkeit $D = D(t)$ hingegen zeitabhängig, so gilt für die Änderung der Durchflussmenge M im Intervall $[t_1; t_2]$: $M = \int_{t_1}^{t_2} D(t)\, dt$ Einheit: zB $1 \frac{L}{s} \cdot 1\ s = 1\ L$

- **Ladung, Stromstärke und Zeit**

  Ist die Stromstärke I konstant kann die Ladung Q durch Multiplikation der Stromstärke mit der Zeit ermittelt werden: $Q = I \cdot t$
  Ist die Stromstärke eine zeitabhängige Funktion i(t), so gilt im Intervall $[t_1; t_2]$:

  $Q = \int_{t_1}^{t_2} i(t)\, dt$ Einheit: $1\ A \cdot 1\ s = 1\ As = 1\ C$ (Coulomb)

6.7 Auf einer stark befahrenen Straße wurden regelmäßig Verkehrszählungen durchgeführt. Die Anzahl der Fahrzeuge pro Minute wird im Intervall $[t_1; t_2]$ durch eine Funktion f beschrieben.

1) Beschreibe, wie die maximale Anzahl an Fahrzeugen pro Minute ermittelt werden kann.

2) Stelle eine Formel zur Berechnung der Anzahl A der Fahrzeuge im Intervall $[t_1; t_2]$ auf.
A = ______________________________

6.8 Beim Füllen eines Schleusenbeckens kann die Durchflussgeschwindigkeit des Wassers durch die Funktion D beschrieben werden:
$D(t) = 20 \cdot t \cdot e^{-1{,}3 \cdot t}$
t ... Zeit in Minuten
D(t) ... Durchflussgeschwindigkeit zur Zeit t in $\frac{L}{min}$

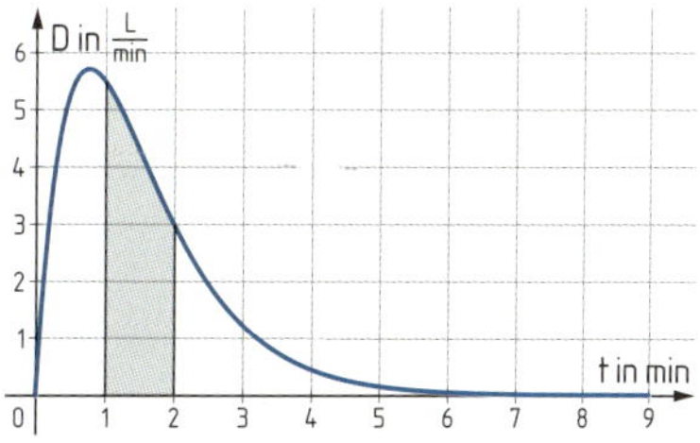

1) Interpretiere die Bedeutung der markierten Fläche im gegebenen Sachzusammenhang unter Angabe der richtigen Einheit.

2) Berechne die mittlere Beschleunigung des Wassers im Intervall [1 min; 2 min].

6.9 Eine Datenleitung hat normalerweise eine Übertragungsrate von 100 MBits pro Sekunde.

1) Berechne, welche Datenmenge in einer Minute übertragen wird.

2) Wegen Übertragungsproblemen sinkt die Übertragungsrate pro Sekunde um 50 $\frac{kBits}{s}$. Berechne die Datenmenge, die innerhalb der ersten Minute nach Auftreten des Problems übertragen wird.

6.10 Bei einer Messung wurde die Stromstärke im Intervall [0 s; 4 s] grafisch dargestellt. Ermittle die Ladung in diesem Intervall.

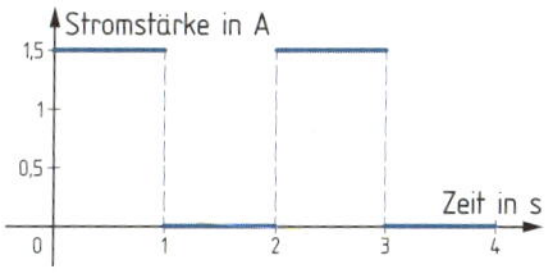

6.11 Die folgende Grafik stellt die Beschleunigung eines Teils einer Autofahrt dar.

1) Ermittle die Gleichung der Beschleunigung-Zeit-Funktion im Intervall [0 s; 13 s].

2) Ermittle die Geschwindigkeit zum Zeitpunkt t = 13 s, wenn die Anfangsgeschwindigkeit 8 $\frac{m}{s}$ beträgt.

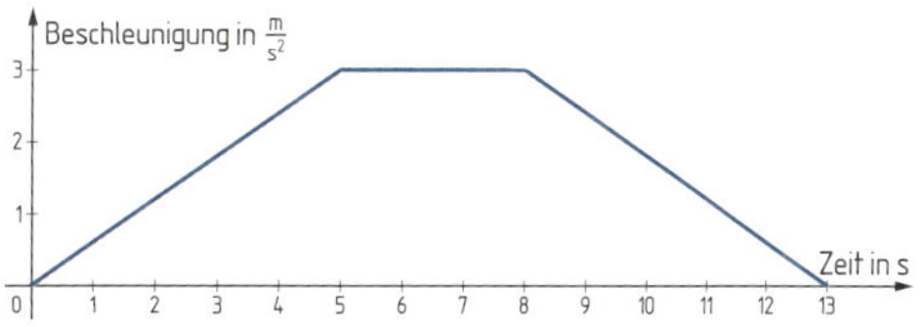

3) Erstelle die Geschwindigkeit-Zeit-Funktion im Intervall [0 s; 13 s].

6.12 Um einen vollen Maltesack zu ziehen, benötigt Bauer Mecke eine Kraft von 500 N.

1) Berechne die Arbeit, die verrichtet wird, wenn er den Sack 10 m weit zieht.

2) Berechne die Arbeit, die auf dieser Strecke verrichtet wird, wenn der Sack ausrinnt und dadurch die benötigte Kraft linear abnimmt, sodass sie nach 10 m nur noch 250 N beträgt.

„Max und Moritz – wehe Euch! Jetzt kommt Euer letzter Streich!

Wozu müssen auch die beiden Löcher in die Säcke schneiden? Seht, da trägt der Bauer Mecke einen seiner Maltesäcke. Aber kaum dass er von hinnen, fängt das Korn schon an zu rinnen."

(Aus „Max und Moritz" von Wilhelm Busch.)

6.13 Beim Aufladen eines Kondensators mit der Kapazität C gilt für den Ladestrom i: $i(t) = I_0 \cdot e^{-\frac{t}{R \cdot C}}$
t ... Zeit nach Beginn des Ladevorgangs, R ... Widerstand,
I_0 ... Ladestrom zu Beginn des Ladevorgangs
Gib eine Formel für die Ladung Q im Zeitintervall $[t_a; t_b]$ an.

6.1.3 Unbestimmtes und bestimmtes Integral Hauptsatz der Differential- und Integralrechnung

In Abschnitt 6.1.1 wurden die Begriffe Stammfunktion, unbestimmtes Integral und bestimmtes Integral anhand des Zusammenhangs zwischen Weg und Geschwindigkeit hergeleitet. Nun sollen diese Begriffe für beliebige Funktionen definiert werden und der Zusammenhang zwischen unbestimmtem und bestimmtem Integral bewiesen werden.

Unbestimmtes Integral

6.14 ***1)*** Bilde jeweils die erste Ableitung folgender Funktionen.

$f_1(x) = x^3$ $\quad f_2(x) = x^3 + 3$ $\quad f_3(x) = x^3 - 5$ $\quad f_4(x) = x^3 + 87$

2) Gib drei verschiedene Funktionen an, deren Ableitung $f'(x) = 4x^3$ ist.

Während in Abschnitt 6.1.1 die Stammfunktion nur für Geschwindigkeit-Zeit-Funktionen ermittelt wurde, wird nun allgemein die Frage behandelt, wie man zu einer **gegebenen Ableitungsfunktion** die **ursprüngliche Funktion** ermittelt.

ZB: Ist die Ableitungsfunktion $f'(x) = 1$, so kann die ursprüngliche Funktion $f_1(x) = x$ sein. Allerdings könnte sie auch $f_2(x) = x + 2$ oder $f_3(x) = x - 1$ lauten, da jede additive Konstante beim Differenzieren null wird.

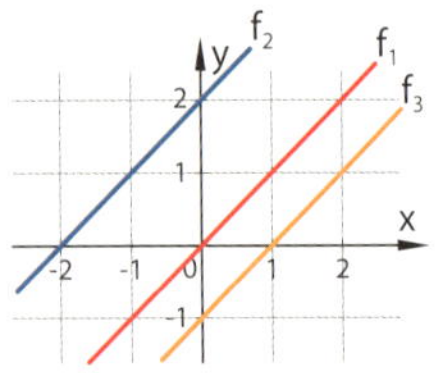

Die links dargestellten linearen Funktionen haben alle die Steigung $k = 1$, sie unterscheiden sich nur durch den y-Achsenabschnitt voneinander.

Man sieht also, dass die Umkehrung des Differenzierens auf eine unendliche Anzahl von Funktionen führt. Für obiges Beispiel schreibt man allgemein $f(x) = x + C$ mit $C \in \mathbb{R}$.

Die – bis auf eine Konstante – wiederhergestellte Funktion bezeichnet man als **Stammfunktion**, den Rechenvorgang als **Integrieren** (latein „integrare" = wiederherstellen).

Eine Funktion F heißt **Stammfunktion** einer Funktion f, wenn $F'(x) = \frac{dF(x)}{dx} = f(x)$ gilt.
Ist F(x) eine Stammfunktion von f(x), so sind auch alle Funktionen der Form $F(x) + C$ $(C \in \mathbb{R})$ Stammfunktionen von f(x).

Ist F(x) eine Stammfunktion von f(x), so nennt man die Menge aller Funktionen $F(x) + C$ $(C \in \mathbb{R})$ das **unbestimmte Integral** von f(x) und man schreibt dafür $\int f(x)\,dx$.

Bezeichnungen:
x … Integrationsvariable, f(x) … Integrand, C … Integrationskonstante
Der Ausdruck „dx" gibt an, nach welcher Variable integriert wird.

Da für C beliebige Zahlen eingesetzt werden können, erhält man bei der grafischen Darstellung des unbestimmten Integrals $y = F(x) + C$ unendlich viele Funktionsgraphen (Kurven), die in y-Richtung parallel verschoben sind. Eine Menge solcher Kurven bezeichnet man als **Kurvenschar**. Das unbestimmte Integral kann daher geometrisch als Kurvenschar dargestellt werden.

Soll eine **spezielle Kurve** dieser Schar so ausgewählt werden, dass sie zum Beispiel durch einen vorgegebenen Punkt P verläuft, so wird ein Wertepaar $(x_P|F(x_P))$ vorgegeben. Die Konstante C kann dann berechnet werden und man erhält die durch diesen Punkt verlaufende Stammfunktion $F_P(x)$.

6.15 Gib das unbestimmte Integral der Funktion $f(x) = 2x$ an und stelle es für $C = -1$, $C = 0$ und $C = 2$ grafisch dar. Bestimme die Gleichung jener Kurve, die durch den Punkt $P(2|5)$ verläuft und zeichne auch diese ein.

Lösung:
$f(x) = 2x$
$\int 2x\,dx = x^2 + C$

Kurve durch $P(2|5)$:
$F_P(x) = x^2 + C_P$
$P(2|5) \Rightarrow F_P(2) = 5$
$4 + C_P = 5 \Rightarrow C_P = 1$

Gleichung der Kurve durch $P(2|5)$:
$F_P(x) = x^2 + 1$

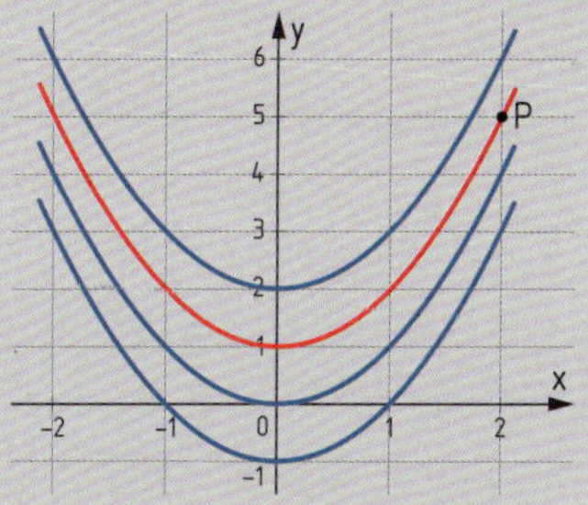

Bestimmtes Integral

6.16 Ein 2,50 m breites Holztor mit parabelförmigem Abschluss soll gebaut werden. Dazu stehen zwei mögliche Ausführungen zur Auswahl: Es können 50 cm oder 25 cm breite Bretter verwendet werden. Wie man in der Abbildung sieht, wird für das Tor mit den breiten Brettern weniger Holz verbraucht. Allerdings nähert das Tor mit den schmäleren Brettern die Form genauer an. Erkläre, wie du ermitteln kannst, wie viel Quadratmeter Holz jeweils für den Bau notwendig sind.

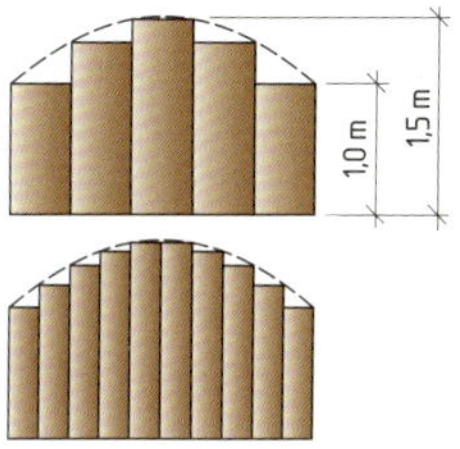

Obersummen und Untersummen

Es soll zum Beispiel der Flächeninhalt zwischen dem Graphen der Funktion $f(x) = -x^2 + 5$ und der x-Achse im Bereich $[0; 2]$ ermittelt werden. Die Fläche wird durch Rechtecke, die in einem Fall der Fläche eingeschrieben und im anderen Fall umgeschrieben sind, angenähert. Wählt man für die Breite der Rechtecke $\Delta x = 1$, so erhält man jeweils zwei Rechtecke. Die Höhen der Rechtecke ergeben sich durch Berechnung der Funktionswerte.

Eingeschriebene Rechtecke:

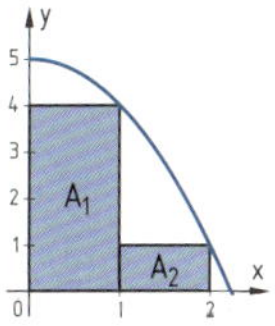

$f(x) = -x^2 + 5$
$h_1 = f(1) =$
$= -1^2 + 5 = 4$
$h_2 = f(2) = 1$

$U_2 = h_1 \cdot \Delta x + h_2 \cdot \Delta x = (h_1 + h_2) \cdot \Delta x$
$U_2 = (4 + 1) \cdot 1 = 5\,E^2$

Der Flächeninhalt der eingeschriebenen Rechtecke wird als **Untersumme** U_n (n ... Anzahl der Unterteilungen) bezeichnet.

Umgeschriebene Rechtecke:

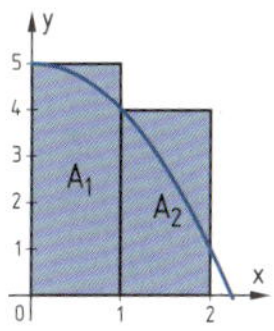

$f(x) = -x^2 + 5$
$h_1 = f(0) = 5$
$h_2 = f(1) = 4$

$O_2 = (h_1 + h_2) \cdot \Delta x$
$O_2 = (5 + 4) \cdot 1 = 9\,E^2$

Der Flächeninhalt der umgeschriebenen Rechtecke wird als **Obersumme** O_n bezeichnet.

Der Wert der Untersumme U_n ist kleiner, jener der Obersumme O_n größer als der gesuchte Flächeninhalt. Der tatsächliche Flächeninhalt liegt zwischen U_n und O_n, es gilt:

$$U_n \leq A \leq O_n, \text{ also } 5\,E^2 \leq A \leq 9\,E^2$$

Integralrechnung

Werden die Rechtecksbreiten Δx kleiner, zB $\Delta x = 0{,}5$, gewählt, erhöht sich die Genauigkeit der Näherung.

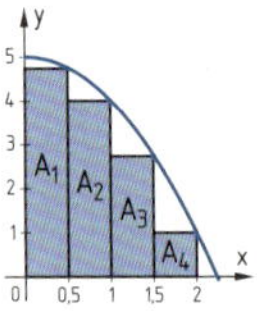

$h_1 = f(0{,}5) = 4{,}75$
$h_2 = f(1) = 4$
$h_3 = f(1{,}5) = 2{,}75$
$h_4 = f(2) = 1$

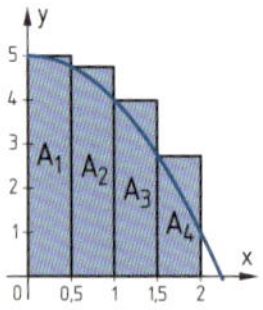

$h_1 = f(0) = 5$
$h_2 = f(0{,}5) = 4{,}75$
$h_3 = f(1) = 4$
$h_4 = f(1{,}5) = 2{,}75$

$U_4 = (4{,}75 + 4 + 2{,}75 + 1) \cdot 0{,}5 = 6{,}25\ E^2$ $\qquad O_4 = (5 + 4{,}75 + 4 + 2{,}75) \cdot 0{,}5 = 8{,}25\ E^2$

$$6{,}25\ E^2 \leqslant A \leqslant 8{,}25\ E^2$$

Wird die Anzahl der Unterteilungen immer weiter erhöht, also die Breite der Rechtecke immer kleiner, so nähert sich der „untere" Flächeninhalt dem gesuchten Flächeninhalt, ebenso der „obere". Mithilfe von Grenzwerten ausgedrückt bedeutet das: $\lim\limits_{n \to \infty}(U_n) = \lim\limits_{n \to \infty}(O_n) = A$

Nun werden diese Überlegungen allgemein durchgeführt:
Bei einer stetigen Funktion $y = f(x)$ wird das Intervall $[a; b]$, in dem $f(x) \geqslant 0$ gilt, in n Teilintervalle der Breite $\Delta x = \frac{b-a}{n}$ unterteilt.
In jedem Teilintervall wird die Stelle mit dem kleinsten bzw. größten Funktionswert als k_i bzw. g_i bezeichnet. Die eingeschriebenen bzw. umgeschriebenen Rechtecke sind jeweils so hoch wie der niedrigste bzw. höchste Punkt im Teilintervall Δx (siehe Abbildung). Das i-te eingeschriebene Rechteck hat daher den Flächeninhalt $f(k_i) \cdot \Delta x$, das i-te umgeschriebene den Flächeninhalt $f(g_i) \cdot \Delta x$.

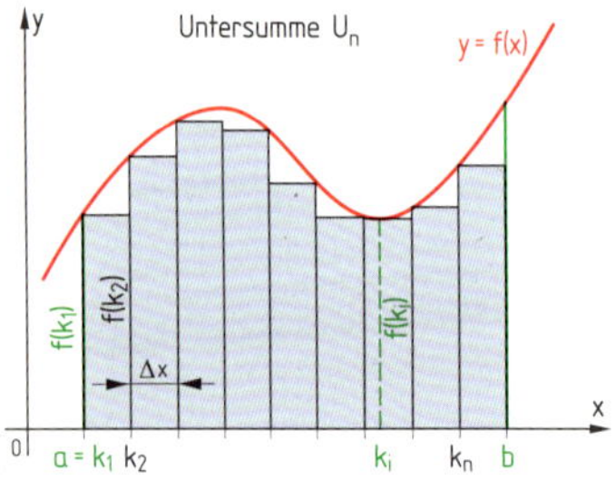

Die Summe der Flächeninhalte der eingeschriebenen Rechtecke – die Untersumme U_n – ist eine untere Schranke für den tatsächlichen Flächeninhalt.

$$U_n = f(k_1) \cdot \Delta x + f(k_2) \cdot \Delta x + \ldots + f(k_n) \cdot \Delta x = \\ = \sum_{i=1}^{n} f(k_i) \cdot \Delta x$$

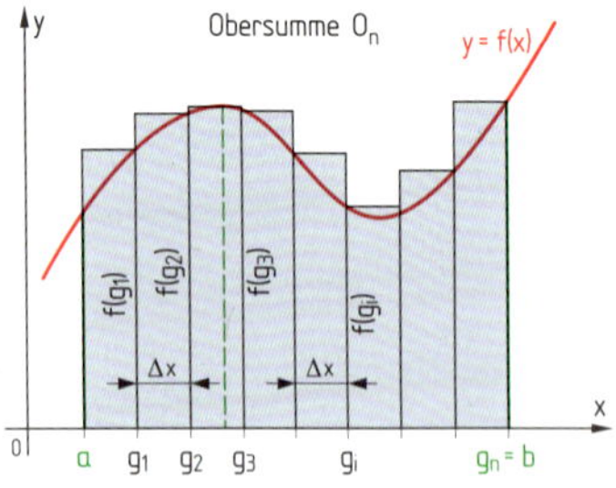

Die Summe der Flächeninhalte der umgeschriebenen Rechtecke – die Obersumme O_n – ist eine obere Schranke für den tatsächlichen Flächeninhalt.

$$O_n = f(g_1) \cdot \Delta x + f(g_2) \cdot \Delta x + \ldots + f(g_n) \cdot \Delta x = \\ = \sum_{i=1}^{n} f(g_i) \cdot \Delta x$$

Der Flächeninhalt A liegt zwischen der Unter- und der Obersumme: $U_n \leqslant A \leqslant O_n$
Wird nun die Anzahl der Teilintervalle erhöht, so nähern sich sowohl die Untersummen als auch die Obersummen dem tatsächlichen Flächeninhalt. Für $n \to \infty$ geht die Breite Δx der Rechtecke gegen 0 und wird dann mit dx bezeichnet. Konvergieren die Unter- und Obersummen gegen den gleichen Grenzwert, ist also $\lim\limits_{n \to \infty}(U_n) = \lim\limits_{n \to \infty}(O_n)$, so heißt dieser Grenzwert **bestimmtes Integral** und man schreibt:

$$\lim_{n \to \infty}\left(\sum_{i=1}^{n} f(k_i) \cdot \Delta x\right) = \lim_{n \to \infty}\left(\sum_{i=1}^{n} f(g_i) \cdot \Delta x\right) = \int_a^b f(x)\,dx$$

Eine Funktion ist im Intervall [a; b] definiert und beschränkt. Man zerlegt das Intervall in n Teilintervalle und bildet die Unter- und Obersummen.
Existiert für $n \to \infty$ der Grenzwert der Untersummen und der Grenzwert der Obersummen und sind diese gleich, so heißt die Funktion **integrierbar**.

Der Grenzwert heißt **bestimmtes Integral** der Funktion f(x) im Intervall [a; b] und man schreibt: $\int_a^b f(x)\,dx$

Bezeichnungen:
x … Integrationsvariable, f(x) … Integrand (Integrandfunktion)
a … untere Grenze, b … obere Grenze

6.17 Berechne das bestimmte Integral $\int_1^4 x^2\,dx$ als Grenzwert der Obersummen.

Lösung:

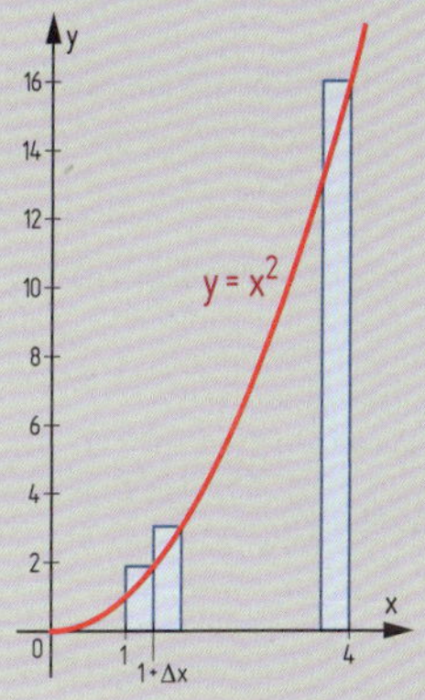

$$\Delta x = \frac{4-1}{n} = \frac{3}{n}$$
$$g_1 = 1 + \frac{3}{n}$$
$$g_2 = 1 + 2 \cdot \frac{3}{n}$$
$$\dots$$
$$g_i = 1 + i \cdot \frac{3}{n}$$
$$h_i = f(g_i) = \left(1 + i \cdot \frac{3}{n}\right)^2$$

- Das Intervall wird in n gleich breite Teilintervalle der Länge Δx geteilt. Es werden umgeschriebene Rechtecke verwendet. Der höchste Punkt liegt jeweils am rechten Rand.
- Die Höhen der Rechtecke ergeben sich aus den Funktionswerten.

$$O_n = \sum_{i=1}^{n} f(g_i) \cdot \Delta x = \sum_{i=1}^{n} \left(1 + i \cdot \frac{3}{n}\right)^2 \cdot \frac{3}{n} =$$
$$= \left[\left(1 + \frac{3}{n}\right)^2 + \left(1 + 2 \cdot \frac{3}{n}\right)^2 + \dots + \left(1 + n \cdot \frac{3}{n}\right)^2\right] \cdot \frac{3}{n} =$$
$$= \left(1 + 2 \cdot \frac{3}{n} + \frac{9}{n^2} + 1 + 2 \cdot 2 \cdot \frac{3}{n} + 2^2 \cdot \frac{9}{n^2} + \dots \right.$$
$$\left. \dots + 1 + 2 \cdot n \cdot \frac{3}{n} + n^2 \cdot \frac{9}{n^2}\right) \cdot \frac{3}{n} =$$
$$= \left[1 + 1 + \dots + 1 + 2 \cdot \frac{3}{n} \cdot (1 + 2 + \dots + n) + \right.$$
$$\left. + \frac{9}{n^2} \cdot (1 + 2^2 + \dots + n^2)\right] \cdot \frac{3}{n} =$$
$$= \left(n + 2 \cdot \frac{3}{n} \cdot \frac{n \cdot (n+1)}{2} + \frac{9}{n^2} \cdot \frac{n \cdot (n+1) \cdot (2n+1)}{6}\right) \cdot \frac{3}{n} =$$
$$= \left(n + 3n + 3 + 3n + \frac{9}{2} + \frac{3}{2n}\right) \cdot \frac{3}{n} =$$
$$= 21 + \frac{45}{2n} + \frac{9}{2n^2}$$

- Binomische Formel anwenden, zusammenfassen und herausheben
- Summenformeln (siehe Abschnitt 1):

$$\sum_{i=1}^{n} i = \frac{n \cdot (n+1)}{2}$$
$$\sum_{i=1}^{n} i^2 = \frac{n \cdot (n+1) \cdot (2n+1)}{6}$$

- Kürzen, ausmultiplizieren und vereinfachen
- Bilden des Grenzwerts

$$\lim_{n \to \infty} (O_n) = \lim_{n \to \infty} \left(21 + \underbrace{\frac{45}{2n}}_{\to 0} + \underbrace{\frac{9}{2n^2}}_{\to 0}\right) = 21$$

$$\int_1^4 x^2\,dx = 21$$

Integralrechnung

Hauptsatz der Differential- und Integralrechnung

Der Zusammenhang zwischen dem unbestimmten Integral, also der Stammfunktion, und dem bestimmten Integral, also dem Flächeninhalt, wird durch den **Hauptsatz der Differential- und Integralrechnung** angegeben:

> Ist f eine stetige Funktion auf einem Intervall I, dann gilt:
>
> $F(x) = \int_a^x f(t)\,dt$ mit $a, x \in I$ ist eine Stammfunktion von f(x), also gilt: $F'(x) = f(x)$
>
> Ist F(x) eine beliebige Stammfunktion von f(x), so gilt:
>
> $\int_a^b f(x)\,dx = F(b) - F(a)$

Wir veranschaulichen zunächst den zweiten Teil der Behauptung $\int_a^b f(x)\,dx = F(b) - F(a)$ und betrachten die Funktion $f(x) = F'(x)$ und die Stammfunktion F(x).

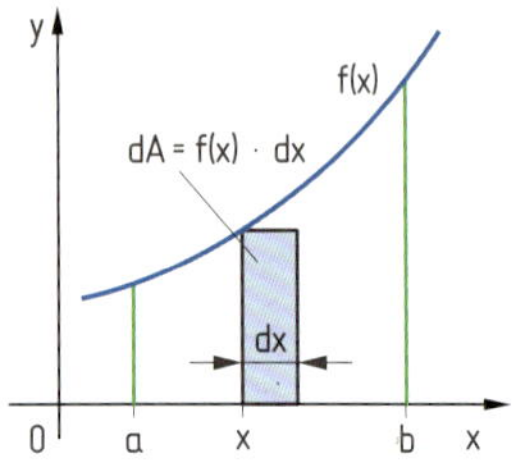

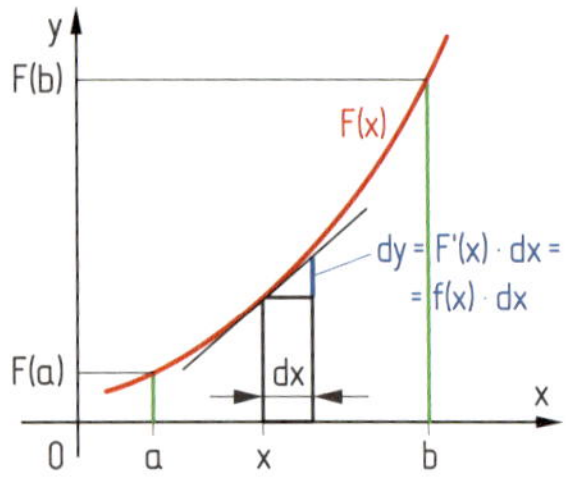

Um den Flächeninhalt zwischen dem Funktionsgraphen und der x-Achse zu bestimmen, wird das Intervall [a; b] in Teilintervalle mit der sehr kleinen Breite dx zerlegt und die Fläche durch Rechtecke angenähert. Der Flächeninhalt wächst – beginnend bei null – mit jedem Streifen um $f(x) \cdot dx$.
Nun wird die Stammfunktion F(x) betrachtet:
Die Steigung der Tangente an einer Stelle x beträgt $F'(x) = f(x)$, also gilt: $dy = f(x) \cdot dx$. Ist dx sehr klein, entspricht $dy = F'(x) \cdot dx$ dem Zuwachs der Funktion F(x).
Im Intervall [a; b] beträgt der Zuwachs der Funktionswerte insgesamt $F(b) - F(a)$. Da sowohl die Flächeninhalte unter dem Funktionsgraphen von f(x) als auch die Funktionswerte von F(x) in jedem Streifen um $f(x) \cdot dx$ zunehmen, muss auch der Flächeninhalt unter der Funktion f(x) insgesamt $F(b) - F(a)$ betragen.

Wählt man eine feste untere Grenze a und eine variable obere Grenze x, so ergibt sich der erste Teil der Behauptung:

$$\int_a^x f(t)\,dt = F(x) - F(a) = F(x) + C$$

Eine Folgerung aus dem Hauptsatz ist, dass zu jeder stetigen Funktion die Stammfunktion $F(x) = \int_a^x f(t)\,dt$ existiert. F(x) kann jedoch nicht immer in geschlossener Form, also als Formel, die sich aus bekannten Funktionen zusammensetzt, angegeben werden, zum Beispiel $\int e^{x^2}\,dx$.
In diesem Fall kann der Wert des bestimmten Integrals mithilfe von Näherungsverfahren numerisch berechnet werden (siehe Abschnitt 8).

> **Vorgehensweise zur Berechnung des bestimmten Integrals**
>
> 1. Ermitteln einer Stammfunktion, zum Beispiel mit C = 0.
> 2. „Obere Grenze minus untere Grenze“: Die obere und die untere Grenze werden in die Stammfunktion eingesetzt und die Differenz der Funktionswerte wird berechnet.
>
> Schreibweise: $\int_a^b f(x)\,dx = F(x)\Big|_a^b = F(b) - F(a)$

ZB Das bestimmte Integral $\int_1^4 3x^2\,dx$ soll berechnet werden.

$F(x) = x^3 + C$ ist eine Stammfunktion, da $F'(x) = 3x^2$

$$\int_1^4 3x^2\,dx = (x^3 + C)\Big|_1^4 = 4^3 + C - (1^3 + C) = 64 + C - 1 - C = 63$$

Da durch die Subtraktion die Integrationskonstante immer wegfällt, wird meist die Stammfunktion mit $C = 0$ gewählt.

Bemerkungen:

- Die Definition des bestimmten Integrals geht auf Bernhard Riemann (deutscher Mathematiker, 1826 – 1866) zurück.
  Dieser benutzte beliebige Zwischenpunkte der Teilintervalle:
  $$\lim_{n \to \infty}\left(\sum_{i=1}^{n} f(\xi_i) \cdot \Delta x_i\right) = \int_a^b f(x)\,dx$$

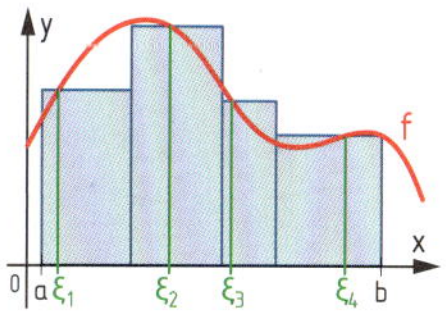

- Geometrisch entspricht das bestimmte Integral dem Flächeninhalt zwischen dem Graphen der Funktion $y = f(x)$ (mit $f(x) \geqslant 0$), der x-Achse und den Senkrechten bei $x = a$ und $x = b$. Addiert werden Rechtecke der Höhe $f(x)$ und der Breite dx, also Teilflächen mit dem Flächeninhalt $dA = f(x) \cdot dx$. Die (unendlich kleinen) Teilflächen dA werden als **Flächenelemente** bezeichnet.

6.18 Ordne der Funktion f jeweils eine passende Stammfunktion F zu. (C)

1) $f(x) = 2x$
2) $f(x) = (x + 1)^2$
3) $f(x) = 2$
4) $f(x) = 4x^3$
5) $f(x) = x^5$

A) $F(x) = x^4$
B) $F(x) = 2$
C) $F(x) = 2 \cdot (x + 1)$
D) $F(x) = \frac{x^6}{6}$
E) $F(x) = \frac{1}{3} \cdot (x^3 + 3x^2 + 3x - 9)$
F) $F(x) = 7 + x^2$

6.19 Gib zwei beliebige Stammfunktionen für f an. Begründe deine Wahl. (B) (D)

a) $f(x) = 4$ **c)** $f(x) = 0$ **e)** $f(x) = -\frac{1}{x^2}$
b) $f(x) = 3x^2$ **d)** $f(x) = 4x^3$ **f)** $f(x) = x + 2$

6.20 Erkläre, wie das unbestimmte Integral der gegebenen Funktion ermittelt werden kann. (D)
a) $f(x) = e^x$ **b)** $f(x) = \sin(x)$ **c)** $f(x) = \cos(x)$

6.21 Kreuze die falsche Aussage an. (C)

Unterscheiden sich zwei Funktionen nur in einer Konstanten, so sind deren Stammfunktionen gleich.	A
Ist F eine Stammfunktion von f, so gilt: $F'(x) = f(x)$	B
Die Menge aller Stammfunktionen bildet das unbestimmte Integral.	C
Zu einer gegebenen Funktion gibt es unendlich viele Stammfunktionen.	D
Ist F eine Stammfunktion von f, so ist auch $F(x) + 2$ eine Stammfunktion.	E

6.22 Gib das unbestimmte Integral an und stelle es für $C = -2$, $C = 0$ und $C = 1$ grafisch dar. Bestimme die Gleichung jener Kurve, die durch den Punkt P verläuft und zeichne auch diese Funktion ein.

a) $\int 2\,dx$, $P(-2|3)$ **b)** $\int 4x\,dx$, $P(1|4)$ **c)** $\int e^x\,dx$, $P(0|-2)$

6.23 Ordne der dargestellten Funktion f alle passenden Stammfunktionen zu.

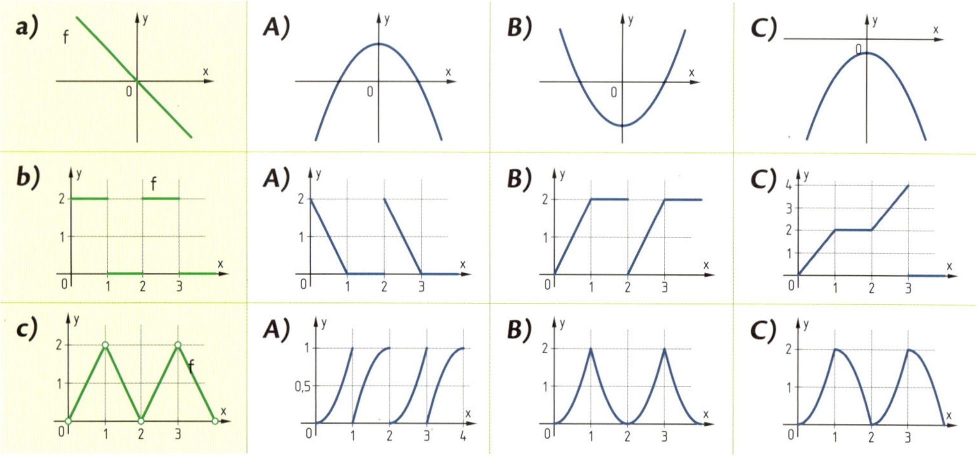

6.24 Berechne die Untersumme und die Obersumme der Funktion im gegebenen Intervall für ***1)*** $n = 4$ und ***2)*** $n = 6$ Teilintervalle.
Vergleiche die Ergebnisse aus ***1)*** und ***2)***. Interpretiere die Unterschiede.

a) $f(x) = x^2$, $[1; 3]$ **b)** $f(x) = x + 1$, $[0; 3]$ **c)** $f(x) = 3x$, $[2; 5]$

6.25 Berechne das bestimmte Integral als Grenzwert der ***1)*** Obersummen, ***2)*** Untersummen.

a) $\int_0^3 1\,dx$ **b)** $\int_0^4 2x\,dx$ **c)** $\int_1^3 x^2\,dx$ **d)** $\int_2^4 \frac{x}{2}\,dx$

6.26 Zeichne den Funktionsgraphen und ermittle den Flächeninhalt, den der Graph mit der x-Achse einschließt, mithilfe von Flächenformeln. Überprüfe das Ergebnis durch Berechnung des bestimmten Integrals.

a) $\int_0^3 2\,dx$ **b)** $\int_2^4 2x\,dx$ **c)** $\int_{-1}^1 (x + 1)\,dx$ **d)** $\int_1^5 (2x - 1)\,dx$

6.27 Skizziere zum vorgegebenen Graphen von f jene Stammfunktion F, die durch den Punkt $O(0|0)$ verläuft und keine Sprungstelle aufweist.

a)

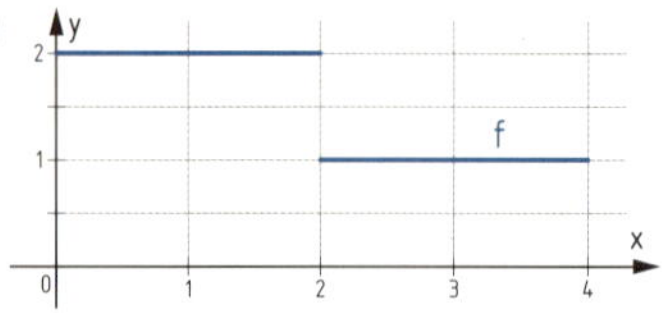

b)

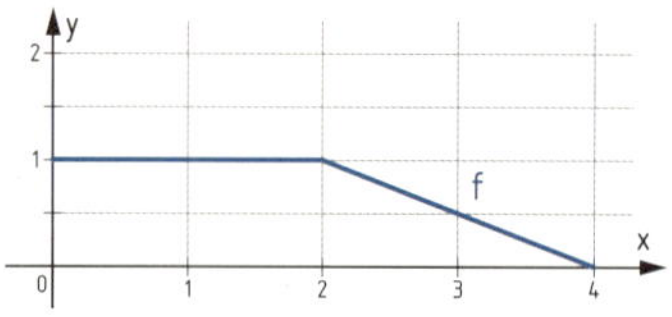

6.28 Gib an, welche der folgenden Aussagen wahr sind, wenn F eine Stammfunktion von f ist. Begründe deine Antworten.

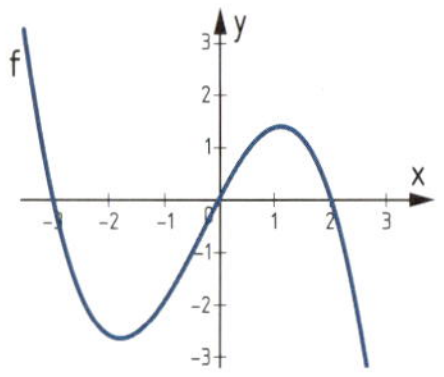

A) F hat in $x = 2$ ein Maximum.
B) F kann eine Polynomfunktion 3. Grads sein.
C) F ist im Intervall $[1; 2]$ monoton fallend.
D) F hat im Intervall $[-3; 3]$ genau zwei Wendepunkte.

6.2 Integrationsregeln

6.2.1 Grundintegrale

Als **Grundintegrale** werden vor allem jene Integrale von Funktionen bezeichnet, die sich direkt aus den Ableitungen der Grundfunktionen ergeben.

6.29 ***1)*** Bilde jeweils die 1. Ableitung.

A) $F_1(x) = \frac{x^3}{3}$ ***B)*** $F_2(x) = \frac{x^5}{5}$ ***C)*** $F_3(x) = \frac{x^6}{6}$

2) Gib eine Stammfunktion der Funktion $f(x) = x^8$ an.

Unbestimmtes Integral der Potenzfunktion

ZB: $f(x) = x \Rightarrow F(x) = \frac{x^2}{2}$, da $F'(x) = \frac{2x}{2} = x$

$f(x) = x^2 \Rightarrow F(x) = \frac{x^3}{3}$, da $F'(x) = \frac{3x^2}{3} = x^2$

Allgemein: $f(x) = F'(x) = x^n \Rightarrow F(x) = \frac{x^{n+1}}{n+1}$, da $F'(x) = \frac{(n+1) \cdot x^n}{n+1} = x^n$; $n \neq -1$

Merkregel: „In der Hochzahl 1 addieren, anschließend durch die neue Hochzahl dividieren."

Diese Formel gilt nicht für $n = -1$, da in diesem Fall der Nenner null wäre. Die Potenzfunktion für $n = -1$ ist die Funktion $f(x) = \frac{1}{x}$, also die Ableitung von $F(x) = \ln(x) + C$.

Die Funktion $y = \ln(x)$ ist nur für $x > 0$ definiert. Sie kann jedoch in der Form $y = \ln(|x|)$ auf $\mathbb{R} \setminus \{0\}$ erweitert werden. Der linke Ast entsteht durch Spiegelung an der y-Achse.
Für die Ableitung gilt ebenfalls $y' = \frac{1}{x}$.
ZB: $y'(3) = \frac{1}{3}$; $y'(-3) = \frac{1}{-3} = -\frac{1}{3}$

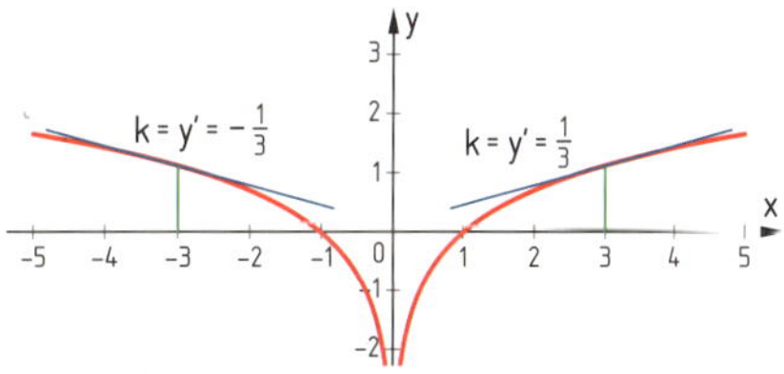

Es gilt daher: $\int \frac{1}{x}\,dx = \int \frac{dx}{x} = \ln(|x|) + C,\ x \neq 0$

Grundintegrale

$\int k\,dx = k \cdot x + C$	$\int \sinh(x)\,dx = \cosh(x) + C$
$\int x^n\,dx = \frac{x^{n+1}}{n+1} + C \quad n \neq -1$	$\int \cosh(x)\,dx = \sinh(x) + C$
$\int \frac{1}{x}\,dx = \ln(\lvert x\rvert) + C \quad x \neq 0$	$\int \frac{1}{\cosh^2(x)}\,dx = \tanh(x) + C$
$\int e^x\,dx = e^x + C$	$\int \frac{1}{1+x^2}\,dx = \arctan(x) + C$
$\int a^x\,dx = \frac{a^x}{\ln(a)} + C \quad a > 0, a \neq 1$	$\int \frac{1}{1-x^2}\,dx = \frac{1}{2} \cdot \ln\left(\left\lvert\frac{1+x}{1-x}\right\rvert\right) + C \quad \lvert x\rvert \neq 1$
$\int \sin(x)\,dx = -\cos(x) + C$	$\int \frac{1}{\sqrt{1-x^2}}\,dx = \arcsin(x) + C \quad \lvert x\rvert < 1$
$\int \cos(x)\,dx = \sin(x) + C$	$\int \frac{1}{\sqrt{1+x^2}}\,dx = \operatorname{arsinh}(x) + C$
$\int \frac{1}{\cos^2(x)}\,dx = \tan(x) + C$	$\int \frac{1}{\sqrt{x^2-1}}\,dx = \operatorname{arcosh}(x) + C \quad \lvert x\rvert > 1$

6.30 Ermittle das unbestimmte Integral.

a) $\int \sqrt[3]{x^2}\,dx$ **b)** $\int \sqrt{t} \cdot \frac{1}{t^3}\,dt$

Lösung:

a) $\int \sqrt[3]{x^2}\,dx = \int x^{\frac{2}{3}}dx = \frac{x^{\frac{2}{3}+1}}{\frac{2}{3}+1} + C = \frac{x^{\frac{5}{3}}}{\frac{5}{3}} + C = \frac{3}{5}\cdot\sqrt[3]{x^5} + C = \frac{3}{5}\cdot x\cdot\sqrt[3]{x^2} + C$

b) $\int \sqrt{t}\cdot\frac{1}{t^3}\,dt = \int t^{\left(\frac{1}{2}-3\right)}dt = \int t^{-\frac{5}{2}}dt = \frac{t^{-\frac{5}{2}+1}}{-\frac{5}{2}+1} + C = \frac{t^{-\frac{3}{2}}}{-\frac{3}{2}} + C = -\frac{2}{3}\cdot\frac{1}{\sqrt{t^3}} + C = -\frac{2}{3\cdot t\cdot\sqrt{t}} + C$

Mathcad, CASIO ClassPad II, GeoGebra: www.hpt.at

Technologieeinsatz: Grundintegrale
TI-Nspire

Das Integral kann über das Menü **4: Analysis**, **3: Integral** oder aus den **mathematischen Vorlagen** ausgewählt werden:

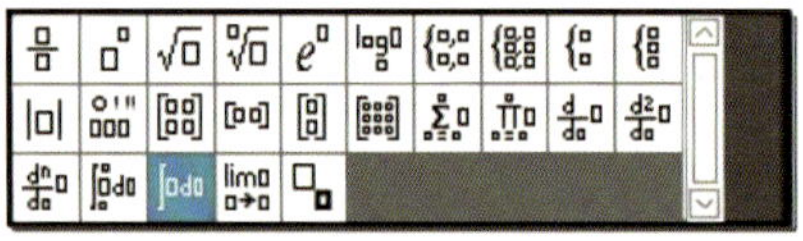

- Das unbestimmte Integral wird ohne Integrationskonstante C ausgegeben.

Aufgaben 6.31– 6.34: Ermittle die unbestimmten Integrale.

6.31 **a)** $\int x\,dx =$ **b)** $\int t^7\,dt =$ **c)** $\int u^4\,du =$

6.32 **a)** $\int 0\,dx =$ **b)** $\int 1\,dt =$ **c)** $\int x^{-1}\,dx =$

6.33 **a)** $\int \cos(t)\,dt =$ **b)** $\int \sin(t)\,dt =$ **c)** $\int \frac{1}{\cos^2(t)}\,dt =$

6.34 **a)** $\int e^u\,du =$ **b)** $\int \frac{1}{1+x^2}\,dx =$ **c)** $\int \cosh(x)\,dx =$

Aufgaben 6.35 – 6.39: Ermittle die unbestimmten Integrale und überprüfe die Ergebnisse mithilfe von Technologieeinsatz.

6.35 **a)** $\int x^{-2}\,dx$ **b)** $\int \frac{1}{t^3}\,dt$ **c)** $\int x^{-6}\,dx$ **d)** $\int \frac{du}{u^5}$

6.36 **a)** $\int x^{\frac{3}{4}}\,dx$ **c)** $\int t^{\frac{7}{3}}dt$ **e)** $\int t^{-\frac{1}{3}}dx$ **g)** $\int x^{-\frac{2}{3}}dx$

b) $\int u^{\frac{5}{2}}\,du$ **d)** $\int x^{\frac{2}{5}}dx$ **f)** $\int t^{-\frac{4}{3}}dt$ **h)** $\int x^{-\frac{7}{5}}dx$

6.37 **a)** $\int \sqrt[3]{t}\,dt$ **b)** $\int \sqrt[7]{x^5}\,dx$ **c)** $\int \frac{1}{\sqrt{x}}\,dx$ **d)** $\int \frac{1}{\sqrt[5]{t^3}}\,dt$

6.38 **a)** $\int x\cdot\sqrt[3]{x^2}\,dx$ **b)** $\int \sqrt[4]{t^3}\cdot\sqrt[3]{t^4}\,dt$ **c)** $\int \frac{x^2}{\sqrt{x}}\,dx$ **d)** $\int \frac{\sqrt{t}}{\sqrt[5]{t^3}}\,dt$

6.39 **a)** $\int 3^x\,dx$ **b)** $\int \left(\frac{1}{3}\right)^x dx$ **c)** $\int 5^{-x}\,dx$ **d)** $\int \left(\frac{2}{5}\right)^{-x} dx$

6.2.2 Faktor- und Summenregel

Aus den Rechenregeln für das Differenzieren von Funktionen folgen Rechenregeln für das Integrieren. Sie ermöglichen es, ein Integral von kombinierten Funktionen mithilfe der Grundintegrale zu lösen. Die folgenden Regeln können mithilfe der Definition des bestimmten Integrals oder mithilfe der Differentialrechnung bewiesen werden. Sie gelten sowohl für das unbestimmte als auch für das bestimmte Integral, werden hier aber nur für das unbestimmte Integral angegeben.

Faktorregel

$\int a \cdot f(x)\,dx = a \cdot \int f(x)\,dx$

Ein konstanter Faktor kann „vor das Integral" geschrieben werden.

Summenregel

$\int (f(x) \pm g(x))\,dx = \int f(x)\,dx \pm \int g(x)\,dx$

Summen (Differenzen) von Funktionen können einzeln integriert werden.

ZB $\int (3x + e^x - 2)\,dx$

Die Summanden werden in Einzelintegrale aufgeteilt und anschließend die konstanten Faktoren jeweils vor das Integral geschrieben.

$\int 3x\,dx + \int e^x\,dx - \int 2\,dx = 3 \cdot \int x\,dx + \int e^x\,dx - 2 \cdot \int 1\,dx = 3 \cdot \left(\frac{x^2}{2} + C_1\right) + (e^x + C_2) - 2 \cdot (x + C_3)$

Da die Integrationskonstanten zu einer Konstanten $C = 3C_1 + C_2 - 2C_3$ zusammengefasst werden können, kann das Anschreiben der einzelnen Integrationskonstanten auch entfallen.

$\int (3x + e^x - 2)\,dx = \frac{3x^2}{2} + e^x - 2x + C$

6.40 Ermittle das unbestimmte Integral. (B)

a) $\int 6x^2\,dx$ **b)** $\int \frac{da}{a \cdot t}$ **c)** $\int \frac{4x^3 + 2x - 1}{x}\,dx$

Lösung:

a) $\int 6x^2\,dx = 6 \cdot \int x^2\,dx = 6 \cdot \left(\frac{x^3}{3} + C_1\right) = 2x^3 + C$

b) $\int \frac{da}{a \cdot t} = \frac{1}{t} \cdot \int \frac{da}{a} = \frac{1}{t} \cdot \left(\ln(|a|) + C_1\right) = \ln\left(\sqrt[t]{|a|}\right) + C$

c) $\int \frac{4x^3 + 2x - 1}{x}\,dx = \int \left(\frac{4x^3}{x} + \frac{2x}{x} - \frac{1}{x}\right)dx =$
$= \int 4x^2\,dx + \int 2\,dx - \int \frac{1}{x}\,dx = \frac{4}{3}x^3 + 2x - \ln(|x|) + C$

- Der konstante Faktor wird vor das Integral geschrieben. Danach wird integriert und vereinfacht.
- Der Bruch wird in Summanden zerlegt und diese werden einzeln integriert.

6.41 Schreibe das Integral vor dem Integrieren in der Form $a \cdot \int x^n\,dx$ $(n \in \mathbb{Q})$ an. (A)(B)

a) 1) $\int 3x\,dx$ **2)** $\int 3\,dx$ **3)** $\int \frac{x}{3}\,dx$ **4)** $\int \frac{3}{x}\,dx$

b) 1) $\int \sqrt{3} \cdot x\,dx$ **2)** $\int \sqrt{3x}\,dx$ **3)** $\int \sqrt{\frac{3}{x}}\,dx$ **4)** $\int \frac{x}{\sqrt{3}}\,dx$

Aufgaben 6.42 – 6.43: Ermittle die unbestimmten Integrale.

6.42 **a)** $\int \frac{2}{t^4}\,dt$ **b)** $\int \frac{3}{4x}\,dx$ **c)** $\int \frac{2}{3r^2}\,dr$ **d)** $\int \frac{4}{7}x^{-3}\,dx$ **e)** $\int \frac{1}{5x^3}\,dx$ (B)

6.43 **a)** $\int \sqrt{2x}\,dx$ **b)** $\int 2 \cdot \sqrt[3]{t^2}\,dt$ **c)** $\int \sqrt{\frac{5}{u}}\,du$ **d)** $\int \frac{dx}{4 \cdot \sqrt[4]{x^3}}$ **e)** $\int \frac{2 \cdot \sqrt{x}}{5x}\,dx$ (B)

Integralrechnung

Aufgaben 6.44 – 6.49: Ermittle die unbestimmten Integrale.

6.44 ***a)*** $\int e^2\,dx$ ***b)*** $\int a \cdot e^x\,dx$ ***c)*** $\int y_0 \cdot \sin(t)\,dt$ ***d)*** $\int \frac{b}{\cos^2(x)}\,dx$ ***e)*** $\int A \cdot \cos(t)\,dt$

6.45 ***a)*** $\int (3x^2 + 1)\,dx$ ***b)*** $\int \left(5t^4 + \frac{t^2}{2} - 2t\right)dt$ ***c)*** $\int \left(\frac{3}{x^2} - 4\right)dx$

6.46 ***a)*** $\int \left(a + r^3 \cdot \sqrt[4]{r} - 3r^2\right)dr$ ***b)*** $\int \left(2 \cdot \sin(x) - 5 + \frac{2x}{3 \cdot \sqrt[3]{x^2}}\right)dx$ ***c)*** $\int \left(2 \cdot e^t + \frac{1}{2t} - \frac{4}{t^5}\right)dt$

6.47 ***a)*** $\int \frac{4 - x}{2x}\,dx$ ***b)*** $\int \frac{3x^3 + 5x + 3}{5x^2}\,dx$ ***c)*** $\int \frac{a + bx^2 - cx^3}{x^3}\,dx$

6.48 ***a)*** $\int \frac{3}{2 \cdot \sqrt{1 - x^2}}\,dx$ ***b)*** $\int \frac{dx}{3 - 3x^2}$ ***c)*** $\int \frac{2}{\sqrt{4t^2 + 4}}\,dt$ ***d)*** $\int \frac{5}{2u^2 + 2}\,du$

6.49 ***a)*** $\int v\,dt$ ***b)*** $\int k \cdot \frac{dV}{V}$ ***c)*** $\int \frac{\rho}{2\pi r^2 \cdot (1 - \cos(\alpha))}\,dr$ ***d)*** $\int \frac{F}{E \cdot I} \cdot (\ell - x)\,dx$

Aufgaben 6.50 – 6.51: Ermittle die unbestimmten Integrale.

6.50 ***1)*** $\int (a \cdot x + b)\,dx$ ***2)*** $\int (a \cdot x + b)\,da$ ***3)*** $\int (a \cdot x + b)\,db$ ***4)*** $\int (a \cdot x + b)\,dt$

6.51 ***1)*** $\int \frac{r \cdot t + s}{r}\,dt$ ***2)*** $\int \frac{r \cdot t + s}{r}\,dr$ ***3)*** $\int \frac{r \cdot t + s}{r}\,ds$ ***4)*** $\int \frac{r \cdot t + s}{r}\,dx$

6.52 Tina hat ein unbestimmtes Integral folgendermaßen ermittelt:

$$\int (x+1)^2\,dx = \int (x^2 + 2x + 1)\,dx = \frac{x^3}{3} + x^2 + x + C$$

Manuel hat das Integral mithilfe des Taschenrechners ermittelt:

$\int (x+1)^2\,dx$	$\frac{(x+1)^3}{3}$
$\text{expand}\left(\frac{(x+1)^3}{3}\right)$	$\frac{x^3}{3} + x^2 + x + \frac{1}{3}$

Er gibt als Lösung an:

$$\int (x+1)^2\,dx = \frac{x^3}{3} + x^2 + x + \frac{1}{3} + C$$

Erkläre, warum beide Lösungen richtig sind.

6.53 In einem Hausübungsheft stehen folgende Berechnungen. Erkläre jeweils, welcher Fehler gemacht wurde und gib das richtige Ergebnis an.

1) $\int (5x^3 + 3x^2)\,dx = 5 \cdot 3x^2 + 3 \cdot 2x + C$

2) $\int (a \cdot x^b + b \cdot a^x)\,dx = a \cdot \frac{x^{b+1}}{b+1} + b \cdot \frac{a^{x+1}}{x+1} + C$

Aufgaben 6.54 – 6.55: Ermittle jeweils die gesuchte Stammfunktion.

6.54 ***a)*** $F(x) = \int (2x + 1)\,dx;\ F(0) = 2$ ***b)*** $F(t) = \int t^2\,dt;\ F(0) = 0$

6.55 ***a)*** $y(t) = \int \sin(t)\,dt;\ y\left(\frac{\pi}{2}\right) = 0$ ***b)*** $h(t) = \int -g \cdot t\,dt;\ h(0) = h_0$

6.2.3 Berechnungen mit bestimmten Integralen

Für bestimmte Integrale gilt der Hauptsatz der Differential- und Integralrechnung:

$$\int_a^b f(x)\,dx = F(b) - F(a)$$

Bei der Interpretation des bestimmten Integrals als Flächeninhalt wurden bisher nur Funktionen mit $f(x) \geqslant 0$ behandelt. Nun werden auch Funktionen mit negativen Funktionswerten untersucht.

6.56 Berechne $\int_0^3 x\,dx$, $\int_{-3}^0 x\,dx$ und $\int_{-3}^3 x\,dx$. Vergleiche die Ergebnisse und veranschauliche die bestimmten Integrale grafisch. Was fällt dir auf? ABC

Orientierter Flächeninhalt

In Abschnitt 6.1.3 wurde das bestimmte Integral als Inhalt der Fläche zwischen dem Graphen von f(x) und der x-Achse im Intervall [a; b] interpretiert. Berechnet man zum Beispiel das bestimmte Integral $\int_{-1}^0 x\,dx$, so erhält man einen negativen Wert:

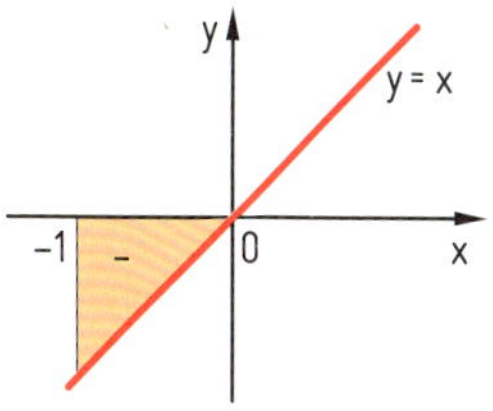

$$\int_{-1}^0 x\,dx = \frac{x^2}{2}\bigg|_{-1}^0 = \frac{0^2}{2} - \frac{(-1)^2}{2} = -\frac{1}{2}$$

Das bestimmte Integral kann in diesem Fall nicht als Flächeninhalt zwischen der Kurve und der x-Achse interpretiert werden.

Der Wert des bestimmten Integrals $\int_a^b f(x)\,dx$ $(a < b)$ ist positiv, wenn $f(x) > 0$ ist, also der Graph oberhalb der x-Achse liegt. Liegt der Graph von f(x) unterhalb der x-Achse, so sind die Funktionswerte negativ, also auch die Produkte $f(x) \cdot \Delta x$ und damit der Wert des bestimmten Integrals. Das bestimmte Integral ist also negativ, wenn $f(x) < 0$ ist.

Der Wert des bestimmten Integrals entspricht daher dem **orientierten Flächeninhalt** einer Fläche. Dieser hängt vom Umlaufsinn ab. Er ist positiv, wenn der Rand einer Fläche gegen den Uhrzeigersinn (mathematisch positiv) durchlaufen wird, sonst negativ. Beim bestimmten Integral wird bei der unteren Grenze a begonnen und in Richtung der oberen Grenze b fortgesetzt. Liegt der Funktionsgraph teilweise oberhalb und teilweise unterhalb der x-Achse, so ergibt sich das bestimmte Integral aus der Summe der positiven und negativen Teilwerte. Es kann daher sein, dass das Ergebnis auch negativ oder null ist. Möchte man jedoch den Flächeninhalt berechnen, dann ergibt sich dieser aus den Beträgen der Teilintegrale (siehe Abschnitt 7.1).

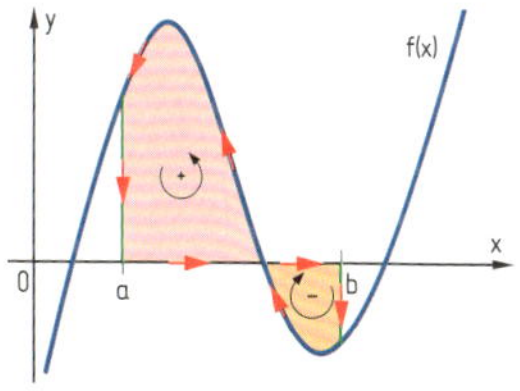

6.57 Veranschauliche das bestimmte Integral $\int_{-1}^2 (-2x^2 - 1)\,dx$ und berechne seinen Wert. Beschreibe den Zusammenhang zwischen dem berechneten Wert und dem Flächeninhalt zwischen Kurve und x-Achse. ABC

Lösung:

$$\int_{-1}^2 (-2x^2 - 1)\,dx = \left(-2 \cdot \frac{x^3}{3} - x\right)\bigg|_{-1}^2 = \left(-2 \cdot \frac{2^3}{3} - 2\right) - \left(-2 \cdot \frac{(-1)^3}{3} - (-1)\right) =$$

$$= -\frac{16}{3} - 2 - \frac{2}{3} - 1 = -9$$

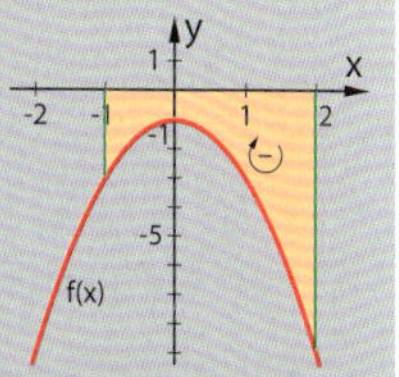

Die Funktion liegt im Intervall [−1; 2] unterhalb der x-Achse. Der Wert des bestimmten Integrals ist negativ. Der Betrag des Werts, also 9, entspricht dem Inhalt der Fläche zwischen Kurve und x-Achse.

TE B C D

6.58 **1)** Berechne das bestimmte Integral $\int_0^{2\pi} \sin(x)\,dx$ und interpretiere das Ergebnis.

2) Berechne den Inhalt der Fläche, die der Funktionsgraph mit der x-Achse einschließt. Überprüfe das Ergebnis mit Technologie.

Lösung mit GeoGebra:

1) $\int_0^{2\pi} \sin(x)\,dx = -\cos(x)\Big|_0^{2\pi} = -\cos(2\pi) + \cos(0) = -1 + 1 = 0$

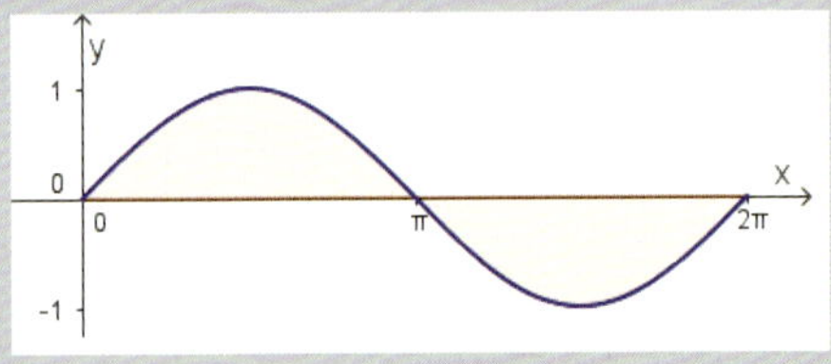

- Der Integrand wird als Funktion in einem vorgegebenen Intervall definiert:

Eingabe: **Funktion[sin(x),0,2π]**

- Mithilfe des Befehls Integral wird die Fläche zwischen der Funktion und der x-Achse markiert und das Ergebnis berechnet.

Eingabe: **Integral[sin(x),0,2π]**

Die Funktion liegt zu gleichen Teilen ober- und unterhalb der x-Achse. Das bestimmte Integral ist daher 0.

2) $I_1 = \int_0^{\pi} \sin(x)\,dx = -\cos(x)\Big|_0^{\pi} = -\cos(\pi) - (-\cos(0)) = -(-1) + 1 = 1 + 1 = 2$

$I_2 = \int_{\pi}^{2\pi} \sin(x)\,dx = -\cos(x)\Big|_{\pi}^{2\pi} = -\cos(2\pi) - (-\cos(\pi)) = -1 - (+1) = -1 - 1 = -2$

$A = I_1 + |I_2| = 4\ E^2$

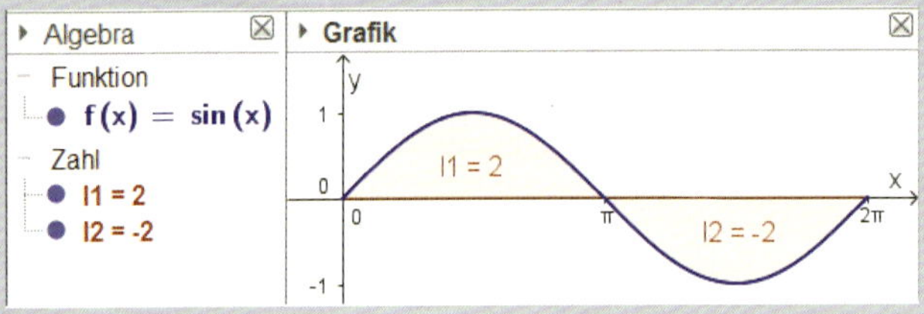

Die Fläche ergibt sich aus den Beträgen der Teilintegrale und beträgt $4\ E^2$.

Vertauschen der Grenzen

Das Vertauschen der Integrationsgrenzen entspricht der Änderung des Umlaufsinns.

$\int_a^b f(x)\,dx$:

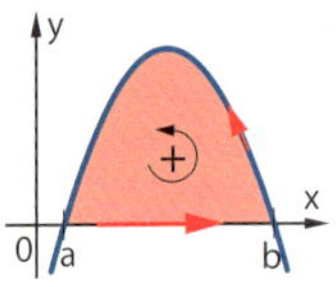

$\int_b^a f(x)\,dx$:

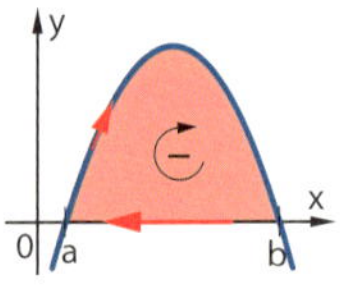

Es ändert sich das Vorzeichen des Integrals:

$$\left.\begin{array}{l} \int_a^b f(x)\,dx = F(b) - F(a) \\ \int_b^a f(x)\,dx = F(a) - F(b) = -[F(b) - F(a)] \end{array}\right\} \Rightarrow \int_b^a f(x)\,dx = -\int_a^b f(x)\,dx$$

Stückweise Integration

Für jedes c aus dem Intervall [a; b] gilt: $\int_a^b f(x)\,dx = \int_a^c f(x)\,dx + \int_c^b f(x)\,dx$ (siehe Aufgabe 6.75)

Das Integral in Aufgabe 6.58 hätte auch mithilfe von Teilintegralen berechnet werden können:

$$\int_0^{2\pi} \sin(x)\,dx = \int_0^{\pi} \sin(x)\,dx + \int_{\pi}^{2\pi} \sin(x)\,dx = 2 + (-2) = 0$$

Ist eine Funktion aus stückweise stetigen Funktionen zusammengesetzt, so muss eine Unterteilung des Integrationsintervalls erfolgen. Entstehen dadurch offene Integrationsintervalle, so können diese wie geschlossene Intervalle behandelt werden.

6.59 Die obere Begrenzungslinie der dargestellten Fläche setzt sich aus zwei Parabelbögen zusammen. Berechne das bestimmte Integral. B

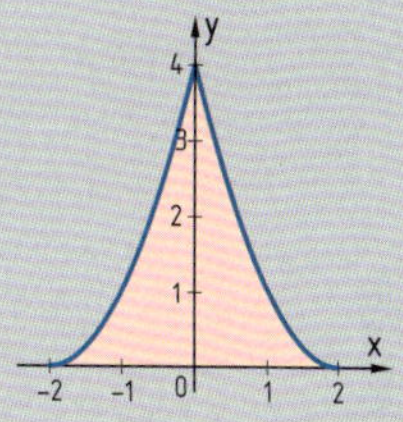

Lösung:
Funktionsgleichung

$$f(x) = \begin{cases} (x+2)^2 & \text{für } -2 \leq x < 0 \\ (x-2)^2 & \text{für } 0 \leq x \leq 2 \end{cases}$$

$$\int_{-2}^{2} f(x)\,dx = \int_{-2}^{0} (x+2)^2\,dx + \int_{0}^{2} (x-2)^2\,dx = \int_{-2}^{0} (x^2 + 4x + 4)\,dx + \int_{0}^{2} (x^2 - 4x + 4)\,dx =$$

$$= \left(\frac{x^3}{3} + 2x^2 + 4x\right)\Big|_{-2}^{0} + \left(\frac{x^3}{3} - 2x^2 + 4x\right)\Big|_{0}^{2} = 0 - \left(-\frac{8}{3} + 8 - 8\right) + \frac{8}{3} - 8 + 8 - 0 = \frac{16}{3}$$

6.60 Welche der folgenden Aussagen sind wahr? Begründe deine Antwort. C D

A) $\int_{-2}^{2} x^2\,dx = 0$

B) $\int_{2}^{0} x\,dx = -\int_{0}^{2} x\,dx$

C) $\int_{-2}^{0} f(x)\,dx = -\int_{0}^{2} f(x)\,dx$

D) $\int_{1}^{8} f(x)\,dx = \int_{1}^{4} f(x)\,dx + \int_{8}^{4} f(x)\,dx$

6.61 Kreuze die falsche Aussage an. C

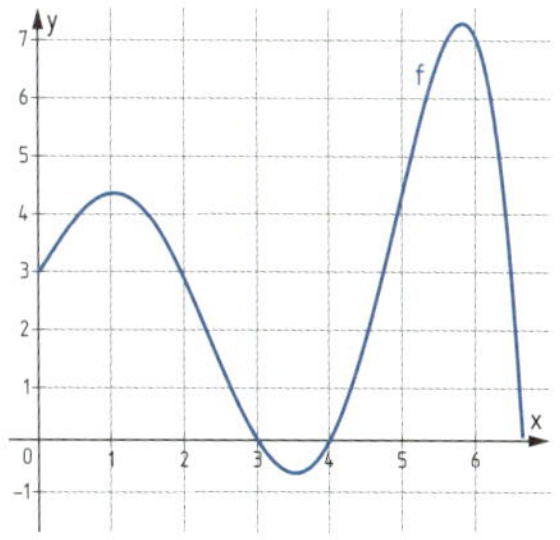

$\int_0^6 f(x)\,dx > 0$	A
$\int_0^3 f(x)\,dx > 7$	B
$\int_0^4 f(x)\,dx = \int_0^3 f(x)\,dx - \int_3^4 f(x)\,dx$	C
$\int_0^3 f(x)\,dx > \int_0^4 f(x)\,dx$	D
$\int_4^3 f(x)\,dx > 0$	E

6.62 Ermittle das bestimmte Integral mithilfe einer Skizze, ohne es zu berechnen. A C

1) $\int_{-3}^{3} x\,dx$ **2)** $\int_{-4}^{4} x^3\,dx$ **3)** $\int_{0}^{\pi} \cos(x)\,dx$ **4)** $\int_{3}^{3} 2^x\,dx$

6.63 Erkläre anhand einer Skizze, ob das bestimmte Integral positiv oder negativ ist. Überprüfe deine Folgerung durch eine Rechnung. B D

a) $\int_{0}^{3} (-x+1)\,dx$ **b)** $\int_{0}^{\frac{\pi}{2}} -\cos(t)\,dt$ **c)** $\int_{2}^{0} (x^2 - 4)\,dx$ **d)** $\int_{-\frac{\pi}{2}}^{0} \sin(t)\,dt$

Integralrechnung

Aufgaben 6.64 – 6.71: Berechne die bestimmten Integrale.

6.64 **a)** $\int_{-3}^{0} x^3\,dx$ **b)** $\int_{-4}^{2} x\,dx$ **c)** $\int_{2}^{4} \frac{dt}{t^2}$ **d)** $\int_{-2}^{-1} x^{-5}\,dx$ **e)** $\int_{1}^{3} \frac{1}{u}\,du$

6.65 **a)** $\int_{0}^{2} \sqrt{x}\,dx$ **b)** $\int_{1}^{4} x \cdot \sqrt{x}\,dx$ **c)** $\int_{1}^{8} \sqrt[5]{t^2}\,dt$ **d)** $\int_{0}^{1} \sqrt[4]{x}\,dx$

6.66 **a)** $\int_{1}^{4} \frac{1}{\sqrt{u}}\,du$ **b)** $\int_{1}^{27} \frac{dx}{\sqrt[3]{x}}$ **c)** $\int_{1}^{8} \frac{1}{\sqrt[3]{x^2}}\,dx$ **d)** $\int_{1}^{2} \frac{du}{\sqrt[5]{u^3}}$

6.67 **a)** $\int_{0}^{2} e^x\,dx$ **b)** $\int_{-2}^{2} e^t\,dt$ **c)** $\int_{-3}^{0} \left(\frac{e^x}{2} + 2\right) dx$ **d)** $\int_{-1}^{0} (1 - 3e^x)\,dx$

6.68 **a)** $\int_{0}^{\frac{\pi}{2}} \sin(t)\,dt$ **b)** $\int_{-\pi}^{\pi} \cos(t)\,dt$ **c)** $\int_{0}^{\frac{\pi}{2}} \cos(x)\,dx$ **d)** $\int_{0}^{\frac{\pi}{4}} \frac{1}{\cos^2(x)}\,dx$

6.69 **a)** $\int_{1}^{3} (4x^3 - x + 2)\,dx$ **b)** $\int_{-6}^{-3} \left(-\frac{1}{3}x^2 - 3x - 2\right) dx$ **c)** $\int_{-1}^{1} (-0{,}2x^4 + 0{,}6x^2 - 1)\,dx$

6.70 **a)** $\int_{1}^{4} \left(\frac{1}{2x} + \frac{1}{x^2} + \frac{x}{3}\right) dx$ **b)** $\int_{1}^{4} \left(\frac{x^2}{2} + 4 \cdot \sqrt{x} + \frac{3}{x^2}\right) dx$ **c)** $\int_{1}^{8} \left(\frac{2}{\sqrt{t}} + 3 \cdot \sqrt[3]{t} - 1\right) dt$

6.71 **a)** $\int_{0}^{\pi} (1 + \cos(t))\,dt$ **b)** $\int_{0}^{\pi} (\sin(t) - 1)\,dt$ **c)** $\int_{-\pi}^{\pi} (2 \cdot \sin(t) + t)\,dt$

6.72 Berechne das bestimmte Integral der dargestellten Funktion im angegebenen Intervall.
a) [0; 4] **b)** [−1; 2] **c)** [−2; 4]

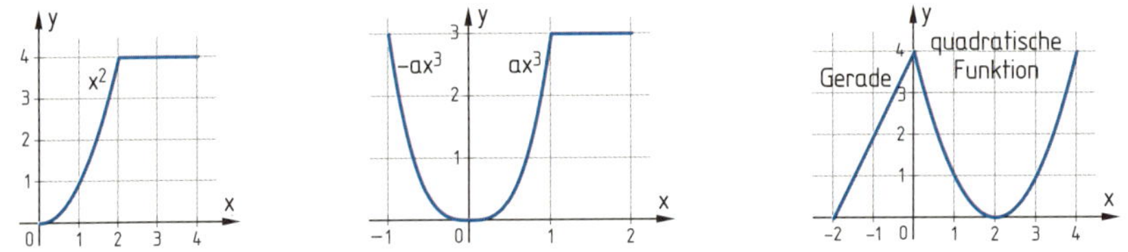

6.73 Berechne die fehlende Grenze des bestimmten Integrals $\int_{a}^{5} (x - 1)\,dx = 7{,}5$.

Lösung:

$\int_{a}^{5} (x - 1)\,dx = \left(\frac{x^2}{2} - x\right)\Big|_a^5 =$

$= \frac{25}{2} - 5 - \left(\frac{a^2}{2} - a\right) =$

$= 7{,}5 - \frac{a^2}{2} + a = 7{,}5$

$-a^2 + 2a = 0$

$a_1 = 0$ oder $a_2 = 2$

- Das bestimmte Integral wird wie üblich berechnet. Für die untere Grenze wird die Unbekannte a eingesetzt.
- Man erhält eine quadratische Gleichung. Beide Lösungen sind möglich.

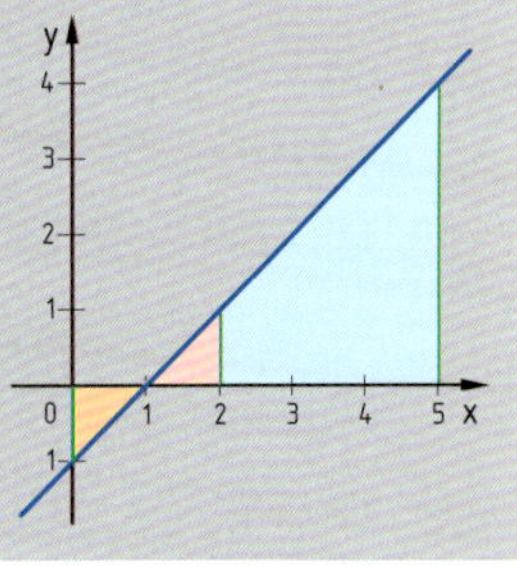

6.74 Berechne die fehlende Grenze des bestimmten Integrals.

a) $\int_{1}^{b} 3x^2\,dx = 7$ **b)** $\int_{a}^{2} (2x + 3)\,dx = 6$ **c)** $\int_{\frac{\pi}{2}}^{b} \sin(t)\,dt = -\frac{1}{2}$

6.75 **1)** Zeige für $c \in [a; b]$: $\int_{a}^{b} f(x)\,dx = \int_{a}^{c} f(x)\,dx + \int_{c}^{b} f(x)\,dx$

2) Erkläre mithilfe einer Skizze, warum die Behauptung aus **1)** auch für $c \notin [a; b]$ richtig ist.

6.3 Integrationsmethoden

Viele Funktionen sind nicht mithilfe der behandelten Regeln integrierbar, zum Beispiel zusammengesetzte Funktionen wie $y = \sin(2x)$ oder Produkte von Funktionen wie $y = x \cdot e^x$. Im Folgenden werden einige Methoden vorgestellt, um auch für solche Funktionen das unbestimmte Integral explizit angeben zu können. Es gibt jedoch – im Gegensatz zum Differenzieren – keine eindeutigen Regeln, welche Methode die „richtige", also die zielführende, für eine bestimmte Funktion ist. Außerdem gibt es Funktionen, für die die Stammfunktion nicht als geschlossene Formel angebbar ist (siehe Seite 202) und Funktionen, für die die Stammfunktion nicht existiert.

6.3.1 Lineare Substitution

6.76 Differenziere die folgenden Funktionen und gib an, welche Regel du dabei anwendest. B C

1) $f(x) = (3x + 5)^2$ **2)** $y(t) = \sin(\omega t + \varphi)$ **3)** $f(t) = e^{-a \cdot t}$

Um verkettete Funktionen zu differenzieren, wird die Kettenregel verwendet. Dabei wird formal zuerst die „innere" Funktion durch eine Variable ersetzt (substituiert) und dann kann die „äußere" Funktion abgeleitet werden. Anschließend wird mit der „inneren" Ableitung multipliziert.

$y(x) = f(u(x)) \Rightarrow y'(x) = f'(u(x)) \cdot u'(x)$

oder kurz $y' = f'(u) \cdot u'$

bzw. $\frac{dy}{dx} = \frac{df}{du} \cdot \frac{du}{dx}$

- Im Zusammenhang mit der Integration durch Substitution wird die **innere Funktion** meist mit dem Buchstaben **u** bezeichnet.

Integrale von Funktionen der Form $f(a \cdot x + b)$ können durch **Substituieren** auf Grundintegrale umgeformt werden.

Aufgrund der Kettenregel ist bekannt, wie man eine Funktion eines linearen Terms, also $f(a \cdot x + b)$, differenziert: $(f(a \cdot x + b))' = f'(a \cdot x + b) \cdot a$

ZB: $y(t) = \sin(3t + \pi)$

$y'(t) = \cos(3t + \pi) \cdot 3$

- Die Sinusfunktion bezieht sich nicht auf die Variable t sondern auf einen **linearen Ausdruck** der Form ($\mathbf{a \cdot t + b}$). Beim Differenzieren wird die Kettenregel angewendet, die innere Funktion ist dabei $u(t) = 3t + \pi$.

$\int \cos(3t + \pi) \cdot 3\, dt =$

$u = 3t + \pi$

$\frac{du}{dt} = 3$

$dt = \frac{du}{3} = \frac{1}{3} du$

- Soll diese Funktion nun integriert werden, so substituiert man die innere Funktion $(3t + \pi)$ durch **u**.
- Die neue Integrationsvariable ist **u**. Nun wird $u = u(t)$ nach t abgeleitet, damit man auch dt mithilfe von **du** ausdrücken kann.

$= \int \cos(u) \cdot \cancel{3} \cdot \frac{1}{\cancel{3}} du =$

$= \int \cos(u)\, du =$

$= \sin(u) + C =$

$= \sin(3t + \pi) + C$

- Durch Einsetzen erhält man ein Integral in der neuen Variablen **u**, das mithilfe von Grundintegralen berechnet werden kann.
- Anschließend wird rücksubstituiert, also **u** durch $(3t + \pi)$ ersetzt.

Integralrechnung

Allgemein gilt für Integranden der Form $f(a \cdot x + b)$:

$$\int f(a \cdot x + b)\, dx = \int f(u) \cdot \frac{du}{a} = \frac{1}{a} \cdot \int f(u)\, du = \frac{F(u)}{a} + C = \frac{F(a \cdot x + b)}{a} + C$$

$$u = a \cdot x + b \Rightarrow dx = \frac{du}{a}$$

6.72 Ermittle das unbestimmte Integral.

a) $\int \cos(5t + 1)\, dt$ **b)** $\int \frac{3}{x-2}\, dx$

Lösung:

a) $u = 5t + 1 \quad \frac{du}{dt} = 5 \Rightarrow dt = \frac{du}{5}$ • Substitution

$\int \cos(5t + 1)\, dt = \int \cos(u) \frac{du}{5} = \frac{1}{5} \cdot \int \cos(u)\, du =$ • Integration

$= \frac{1}{5} \cdot \sin(u) + C = \frac{1}{5} \cdot \sin(5t + 1) + C$ • Rücksubstitution

$\int \cos(5t + 1)\, dt = \frac{\sin(5t + 1)}{5} + C$

b) $\int \frac{3}{x-2}\, dx = 3 \cdot \int \frac{1}{x-2}\, dx$ • Konstanten Faktor vor das Integral schreiben

$u = x - 2 \quad \frac{du}{dx} = 1 \Rightarrow dx = du$ • Substitution

$3 \cdot \int \frac{1}{x-2}\, dx = 3 \cdot \int \frac{1}{u}\, du = 3 \cdot \ln(|u|) + C$ • Integration

$\int \frac{3}{x-2}\, dx = 3 \cdot \ln(|x - 2|) + C$ • Rücksubstitution

Lineare Substitution

$$\int f(a \cdot x + b)\, dx = \frac{F(a \cdot x + b)}{a} + C$$

Beim Ermitteln der Stammfunktion von $f(a \cdot x + b)$ wird $F(a \cdot x + b)$ durch die Konstante a dividiert.

Wird ein bestimmtes Integral mittels Substitution berechnet, so kann man entweder unbestimmt integrieren und die Grenzen nach der Rücksubstitution einsetzen oder die Integrationsgrenzen ebenfalls substituieren und ohne Rücksubstitution direkt einsetzen.

ZB

$$\int_0^2 (x + 1)^2\, dx$$

$u = x + 1 \Rightarrow dx = du$

Grenzen beibehalten:

$\int (x + 1)^2\, dx = \int u^2\, du = \frac{u^3}{3} + C$ • Das Integral wird unbestimmt gelöst.

$\int_0^2 (x + 1)^2\, dx = \frac{(x + 1)^3}{3}\Big|_0^2 =$ • Die Integrationsgrenzen werden erst nach der Rücksubstitution wieder berücksichtigt.

$= \frac{(2 + 1)^3}{3} - \frac{(0 + 1)^3}{3} = \frac{26}{3}$

Grenzen mitsubstituieren:

neue Integrationsgrenzen mit $u = x + 1$ • Die Integrationsgrenzen werden auf die neue Variable u „umgerechnet“. Die Rücksubstitution erübrigt sich in diesem Fall.

$x_1 = 0 \Rightarrow u_1 = 0 + 1 = 1$

$x_2 = 2 \Rightarrow u_2 = 2 + 1 = 3$

$$\int_0^2 (x + 1)^2\, dx = \int_1^3 u^2\, du = \frac{u^3}{3}\Big|_1^3 = \frac{3^3}{3} - \frac{1^3}{3} = \frac{26}{3}$$

6.78 Gib an, welche der angegebenen Integrale von der Form $\int f(a \cdot x + b)\,dx$ sind.

A) $\int (x^2 + 7)^2\,dx$ **C)** $\int a^2 \cdot x\,dx$ **E)** $\int \ln\left(\frac{7}{3} + x\right)dx$

B) $\int \left(\frac{x}{3} + 7\right)^3 dx$ **D)** $\int \sqrt{\frac{x}{3} + 7}\,dx$ **F)** $\int \left(\sqrt{\frac{x}{3}} + 7\right)dx$

Aufgaben 6.79 – 6.85: Ermittle die unbestimmten Integrale.

6.79 **a)** $\int (3x - 2)^3\,dx$ **b)** $\int (2u + 1)^2\,du$ **c)** $\int (6x - b)^4\,dx$ **d)** $\int (4t - 5)^{\frac{3}{2}}\,dt$

6.80 **a)** $\int \frac{3}{(2 - 5t)^2}\,dt$ **b)** $\int \frac{1}{4 \cdot (5x - 2)^3}\,dx$ **c)** $\int \frac{5}{2 \cdot (x + 1)^4}\,dx$ **d)** $\int \frac{4}{(7s + 3)^5}\,ds$

6.81 **a)** $\int \frac{a}{\sqrt{x + 2}}\,dx$ **b)** $\int \frac{9 \cdot \sqrt{4s - 3}}{8}\,ds$ **c)** $\int \frac{2}{\sqrt{2x - 5}}\,dx$ **d)** $\int \frac{\sqrt{3t + 4}}{2}\,dt$

6.82 **a)** $\int \frac{1}{x - 3}\,dx$ **b)** $\int \frac{4}{2x + 1}\,dx$ **c)** $\int \frac{3}{3t + s}\,dt$ **d)** $\int \frac{3}{3t + s}\,ds$

6.83 **a)** $\int e^{x + 1}\,dx$ **b)** $\int e^{-3t}\,dt$ **c)** $\int e^{2s - t}\,ds$ **d)** $\int e^{2s - t}\,dt$

6.84 **a)** $\int \sin(5t)\,dt$ **b)** $\int 2 \cdot \cos(t + 1)\,dt$ **c)** $\int \cos(3x + 2)\,dx$ **d)** $\int A \cdot \sin(\omega t + \varphi)\,dt$

6.85 **a)** $\int 2^{t - 2}\,dt$ **b)** $\int 3 \cdot 10^{-x}\,dx$ **c)** $\int \frac{5^{2x - 1}}{3}\,dx$ **d)** $\int a^{2t + 3}\,dt$

6.86 Kennzeichne die Fehler. Stelle anschließend die Rechnungen richtig, falls dies mit den bisher gezeigten Methoden möglich ist.

1)

$\int e^{\frac{1}{t}}\,dt = \int e^u\,du = e^u + C = e^{\frac{1}{t}} + C$

$u = \frac{1}{t}$

$\frac{du}{dt} = 1 \Rightarrow dt = du$

2)

$\int \sin(\omega t + \varphi)\,dt = \int \sin(u) \cdot \omega\,du = \omega \cdot \cos(u) + C = \omega \cdot \cos(\omega t + \varphi) + C$

$u = \omega \cdot t + \varphi$

$\frac{du}{dt} = \omega \Rightarrow dt = \omega \cdot du$

Aufgaben 6.87 – 6.88: Ermittle die bestimmten Integrale.

6.87 **a)** $\int_1^2 (2x + 1)^3\,dx$ **b)** $\int_{-1}^1 (3x - 5)^4\,dx$ **c)** $\int_3^{31} \sqrt[3]{2x + 2}\,dx$ **d)** $\int_1^5 \frac{2}{\sqrt{3x + 1}}\,dx$

6.88 **a)** $\int_0^8 e^{\frac{t}{4}}\,dt$ **b)** $\int_0^{2\pi} \cos\left(\frac{t}{4}\right)dt$ **c)** $\int_{\pi}^{4\pi} 2 \cdot \sin\left(3t - \frac{\pi}{4}\right)dt$ **d)** $\int_0^1 5 \cdot e^{-0{,}4t + 2}\,dt$

Aufgaben 6.89 – 6.90: Ermittle die unbestimmten Integrale.

6.89 **a)** $\int \frac{1}{\cos^2(3x)}\,dx$ **b)** $\int \frac{3}{\cos^2(x - 1)}\,dx$ **c)** $\int \frac{2}{5 \cdot \cos^2(2x + 1)}\,dx$ **d)** $\int \frac{1}{1 + 4x^2}\,dx$

6.90 **a)** $\int \sinh(x + 4)\,dx$ **b)** $\int \cosh(5t)\,dt$ **c)** $\int \sinh(3x - 2)\,dx$ **d)** $\int \frac{1}{\cosh^2(4x)}\,dx$

6.3.2 Weitere Substitutionen

Es werden nun einige andere Arten von Integralen angegeben, bei denen eine Integration durch Substitution möglich ist.

Integrale der Form „verkettete Funktion · innere Ableitung“

Die Integration durch Substituieren kann immer dann angewendet werden, wenn durch Substitution alle Terme, die die ursprüngliche Integrationsvariable (x) enthalten, ersetzt bzw. gekürzt werden können. Man erhält ein Integral, in dem ausschließlich die neue Variable (u) vorkommt. Das ist zum Beispiel dann der Fall, wenn der Integrand – bis auf konstante Faktoren – ein Produkt der Form **„verkettete Funktion · innere Ableitung“** ist.

ZB: Die Funktion $f(x) = 8x \cdot (x^2 + 4)^3$ soll integriert werden.

$$\int 8x \cdot (x^2+4)^3\,dx = \int 8x \cdot u^3\,dx =$$

$$\mathbf{u = x^2 + 4}$$

$$\mathbf{\frac{du}{dx} = 2x}$$

$$\mathbf{dx = \frac{du}{2x}}$$

$$= \int \overset{4}{\cancel{8x}} \cdot u^3 \cdot \frac{du}{\cancel{2x}} =$$

$$= 4 \cdot \int u^3\,du =$$

$$= 4 \cdot \frac{u^4}{4} + C = u^4 + C$$

$$= (x^2+4)^4 + C$$

- Man substituiert $(x^2 + 4)$ durch $u = u(x)$.
- Die neue Integrationsvariable ist nun u. Daher muss dx durch du ausgedrückt werden.
- Der erhaltene Ausdruck wird anstelle von dx in das Integral eingesetzt.
- Im so entstandenen Integral können alle Terme, die x enthalten, gekürzt werden. Man erhält ein Integral in der Variablen u.
- Das Integral kann mithilfe von Grundintegralen gelöst werden.
- Anschließend wird rücksubstituiert.

Allgemein gilt:
Hat die Integrandfunktion die Form „verkettete Funktion · innere Ableitung“, so wird die innere Funktion durch $u = u(x)$ substituiert. Durch Bilden der Ableitung ergibt sich:

$$\frac{du}{dx} = u'(x) \Rightarrow dx = \frac{du}{u'(x)}$$

Im Integranden werden u(x) durch u und dx durch $\frac{du}{u'(x)}$ ersetzt:

$\int f[u(x)] \cdot u'(x)\,dx = \int f(u) \cdot \cancel{u'(x)}\,\frac{du}{\cancel{u'(x)}} = \int f(u)\,du$. Man erhält ein Integral in der Variablen u.

Bei der **Integration mittels Substitution** wird ein Term im Integranden so ersetzt, dass ein einfacher zu integrierendes Integral entsteht: $\int f[u(x)] \cdot u'(x)\,dx = \int f(u)\,du$

B **6.91** Ermittle das unbestimmte Integral: $\int x^2 \cdot \sqrt{2x^3+5}\,dx$

Lösung:

$$\int x^2 \cdot \sqrt{2x^3+5}\,dx =$$

$$u = 2x^3 + 5 \qquad \frac{du}{dx} = 6x^2 \Rightarrow dx = \frac{du}{6x^2}$$

$$= \int x^2 \cdot \sqrt{u}\,\frac{du}{6x^2} = \frac{1}{6} \cdot \int \sqrt{u}\,du = \frac{1}{6} \cdot \int u^{\frac{1}{2}}\,du =$$

$$= \frac{1}{6} \cdot \frac{u^{\frac{3}{2}}}{\frac{3}{2}} + C = \frac{2}{18} \cdot \sqrt{u^3} + C =$$

$$= \frac{1}{9} \cdot (2x^3+5) \cdot \sqrt{2x^3+5} + C$$

- $\sqrt{2x^3+5}$ ist die verkettete Funktion, die innere Ableitung ergibt $6x^2$. x^2 entspricht – bis auf den Faktor 6 – der Ableitung der inneren Funktion. Daher wird substituiert.
- Integration
- Rücksubstitution

- Für die Integration mittels Substitution sind auch andere Schreibweisen üblich.
  Geht man davon aus, dass die Substitution dann möglich ist, wenn das entstandene Integral die Form $\int f(u)\,du$ hat, so muss im ursprünglichen Integranden $du = u'(x)\,dx$ gelten. Es kann daher auch das Produkt $u'(x) \cdot dx$ direkt eingesetzt werden.

  ZB: $\int \underbrace{(x^3+4)^5}_{u^5} \cdot \underbrace{3x^2\,dx}_{du}$ mit $u = x^3 + 4$ und $du = 3x^2 \cdot dx$

  $\int u^5\,du = \frac{u^6}{6} + C = \frac{1}{6} \cdot (x^3+4)^6 + C$

- Unterscheidet sich die innere Ableitung $u'(x)$ um einen konstanten Faktor von der gegebenen Funktion, so kann auch ein **korrigierender Faktor** verwendet werden.

  ZB: $\int \mathbf{x^2} \cdot \underbrace{\sqrt{2x^3+5}}_{\sqrt{u}}\,dx$, $u'(x) = \mathbf{6x^2}$. Da $\mathbf{\frac{1}{6}} \cdot 6x^2 = x^2$ ist, fügt man $\frac{1}{6}$ ein: $\mathbf{\frac{1}{6}}\int 6x^2 \cdot \sqrt{2x^3+5}\,dx$

⚠ Beachte, dass das Anwenden verschiedener Integrationsmethoden auf dasselbe Integral zu unbestimmten Integralen führen kann, die sich in den additiven Konstanten unterscheiden. Bei der Ermittlung einer speziellen Stammfunktion erhält man jedoch immer dieselbe Lösung.

ZB: $\int 2x \cdot (x^2+1)\,dx$, die Stammfunktion verläuft durch $P(1|0)$.

Ausmultiplizieren:

$F_1(x) = \int (2x^3 + 2x)\,dx = \frac{x^4}{2} + x^2 + C_1$

$F_1(1) = \frac{1}{2} + 1 + C_1 = 0 \Rightarrow C_1 = -\frac{3}{2}$

$F_P(x) = \frac{x^4}{2} + x^2 - \frac{3}{2}$

Substitution: $u = x^2 + 1$

$F_2(x) = \int u\,du = \frac{u^2}{2} + C_2 = \frac{(x^2+1)^2}{2} + C_2 = \frac{x^4}{2} + x^2 + \frac{1}{2} + C_2$

$F_2(1) = \frac{1}{2} + 1 + \frac{1}{2} + C_2 = 0 \Rightarrow C_2 = -2$

$F_P(x) = \frac{x^4}{2} + x^2 + \frac{1}{2} - 2 = \frac{x^4}{2} + x^2 - \frac{3}{2}$

Integranden der Form „$\frac{\text{Ableitung der Funktion im Nenner}}{\text{Funktion}}$“

Ein Spezialfall der Form „verkettete Funktion · innere Ableitung“ ist das Integral der Form $\int \frac{u'(x)}{u(x)}\,dx$, also ein Bruch, dessen Zähler die Ableitung des Nenners ist.

Wird $y = \ln(u(x))$ nach der Kettenregel differenziert, erhält man $\frac{d}{dx}\ln(u(x)) = \frac{1}{u(x)} \cdot u'(x) = \frac{u'(x)}{u(x)}$.

Daher ergibt sich für diese Form des Integrals: $\int \frac{u'(x)}{u(x)}\,dx = \ln(|u(x)|) + C$

Für Integranden der Form „$\frac{\text{Ableitung der Funktion}}{\text{Funktion}}$“ gilt:

$\int \frac{u'(x)}{u(x)}\,dx = \ln(|u(x)|) + C$

ZB $\int \frac{e^t}{1+e^t}\,dt$

Der Term im Zähler des Bruchs ist die Ableitung der Funktion im Nenner des Bruchs.

Nenner: $u(t) = 1 + e^t$

Zähler: $\frac{du}{dt} = e^t$

$\int \frac{e^t}{1+e^t}\,dt = \ln(1+e^t) + C$

B **6.92** Ermittle das unbestimmte Integral: $\int \tan(x)\,dx$

Lösung:

$\int \tan(x)\,dx = \int \frac{\sin(x)}{\cos(x)}\,dx$

$u = \cos(x) \quad u' = \frac{du}{dx} = -\sin(x)$

$-\int \frac{-\sin(x)}{\cos(x)}\,dx = -\ln(|\cos(x)|) + C$

- $\tan(x) = \frac{\sin(x)}{\cos(x)}$
- Da sich die Ableitung um den Faktor (-1) unterscheidet, verwendet man einen korrigierenden Faktor (-1) und erhält einen Integranden der Form $\frac{u'(x)}{u(x)}$.

C **6.93** Ordne jedem Integranden die geeignete Substitution zu.

A) $u = t^2$ **B)** $u = 1 + t^2$ **C)** $u = 1 + t$

☐ $\int \frac{t}{1+t^2}\,dt$	☐ $\int t \cdot (1 + e^{t^2})\,dt$	☐ $\int \frac{t}{2} \cdot e^{t^2+1}\,dt$
☐ $\int \sqrt{2+2t}\,dt$	☐ $\int \frac{1}{1+t}\,dt$	☐ $\int \frac{2t}{\sqrt{t^2+1}}\,dt$

Aufgaben 6.94 – 6.97: Ermittle die unbestimmten Integrale.

B **6.94** **a)** $\int x \cdot (x^2 - 3)^3\,dx$ **b)** $\int 3r \cdot \sqrt{4 - r^2}\,dr$ **c)** $\int x^2 \cdot (4x^3 + 5)^4\,dx$ **d)** $\int \frac{x-2}{(x^2 - 4x + 5)^3}\,dx$

B **6.95** **a)** $\int \frac{2x}{1-x^2}\,dx$ **b)** $\int \frac{x+2}{x^2+4x-3}\,dx$ **c)** $\int \frac{3s^2+1}{s^3+s-1}\,ds$ **d)** $\int \frac{t^2}{2t^3+1}\,dt$

B **6.96** **a)** $\int x \cdot e^{x^2}\,dx$ **b)** $\int \sin(t) \cdot \cos(t)\,dt$ **c)** $\int x^2 \cdot e^{x^3+1}\,dx$ **d)** $\int \frac{\cos\left(\frac{1}{x}\right)}{x^2}\,dx$

B **6.97** **a)** $\int \frac{\ln(x)}{x}\,dx$ **b)** $\int \frac{1}{x \cdot \ln(x)}\,dx$ **c)** $\int \frac{\sin(x)}{1-\cos(x)}\,dx$ **d)** $\int \frac{e^x}{2-e^x}\,dx$

B **6.98** Ermittle das bestimmte Integral.

a) $\int_0^1 t \cdot e^{t^2}\,dt$ **b)** $\int_0^{\frac{\pi}{2}} \sin^2(x) \cdot \cos(x)\,dx$ **c)** $\int_0^{\frac{\pi}{2}} \sin(t) \cdot e^{\cos(t)}\,dt$ **d)** $\int_{-1}^{2} \frac{t}{t^2+1}\,dt$

BCD **6.99** Manche Integrale lassen sich durch Substituieren eines Terms anstelle der Variablen vereinfachen.

1) Erkläre, wie das angegebene Integral gelöst wurde.

2) Verwende diese Methode, um $\int_0^3 \sqrt{9 - x^2}\,dx$ zu berechnen.

3) Überprüfe das Ergebnis deiner Rechnung, indem du $\int_0^3 \sqrt{9 - x^2}\,dx$ grafisch interpretierst.

$\int \sqrt{a^2 - x^2}\,dx = ?$ Substitution: $x = a \cdot \sin(t)$ $\frac{dx}{dt} = a \cdot \cos(t)$, $\mathbf{dx = a \cdot \cos(t)\,dt}$

$\sqrt{a^2 - x^2} = \sqrt{a^2 - a^2 \cdot \sin^2(t)} = \sqrt{a^2(1 - \sin^2(t))} = \sqrt{a^2 \cdot \cos^2(t)} = a \cdot \cos(t)$

$\int \sqrt{a^2 - x^2}\,\mathbf{dx} = \int a \cdot \cos(t) \cdot \mathbf{a \cdot \cos(t)\,dt} = a^2 \cdot \int \cos^2(t)\,dt = \frac{a^2}{2} \cdot \int (1 + \cos(2t))\,dt =$

$= \frac{a^2}{2} \cdot \left(t + \frac{\sin(2t)}{2} + C_1\right) = \frac{a^2}{2} \cdot t + \frac{a^2}{2} \cdot \sin(t) \cdot \cos(t) + C = \frac{a^2}{2} \cdot \arcsin\left(\frac{x}{a}\right) + \frac{a^2}{2} \cdot \frac{x}{a} \cdot \frac{\sqrt{a^2 - x^2}}{a} + C$

Da $\sqrt{a^2 - x^2} = a \cdot \cos(t)$ gilt: $\cos(t) = \frac{\sqrt{a^2 - x^2}}{a}$

$\int \sqrt{a^2 - x^2}\,dx = \frac{a^2}{2} \cdot \arcsin\left(\frac{x}{a}\right) + \frac{x}{2} \cdot \sqrt{a^2 - x^2} + C$

6.3.3 Partielle Integration

Viele Integrale, deren Integrand ein Produkt von Funktionen ist, lassen sich mithilfe der **partiellen Integration** lösen. Dabei wird ein Integral so umgeformt, dass ein einfach zu lösendes Integral entsteht.

Wir gehen von der Ableitung des Produkts $u(x) \cdot v(x)$, kurz $u \cdot v$, mithilfe der Produktregel der Differentialrechnung aus:

$$(u \cdot v)' = u' \cdot v + u \cdot v'$$

- Es wird jeweils nach x differenziert, also $\frac{d(u \cdot v)}{dx} = (u \cdot v)'$.

$$\int (u \cdot v)' \, dx = \int u' \cdot v \, dx + \int u \cdot v' \, dx$$

$$u \cdot v = \int u' \cdot v \, dx + \int u \cdot v' \, dx$$

- Die Gleichung wird nach x integriert. Es gilt: $\int \frac{d(u \cdot v)}{dx} \, dx = \int (u \cdot v)' \, dx = u \cdot v$

$$\int u \cdot v' \, dx = u \cdot v - \int u' \cdot v \, dx$$

- Umformen auf $\int u \cdot v' \, dx$.

Partielle Integration

$$\int u(x) \cdot v'(x) \, dx = u(x) \cdot v(x) - \int u'(x) \cdot v(x) \, dx$$

Kurzform: $\int u \cdot v' = u \cdot v - \int u' \cdot v$

6.100 Ermittle das Integral: $\int x \cdot \sin(x) \, dx$ (B)

Lösung:

$$\int \underbrace{x}_{u} \cdot \underbrace{\sin(x)}_{v'} \, dx$$

- x wird als u(x) festgelegt, da $u'(x) = 1$ gilt. $v'(x)$ ist daher $\sin(x)$.

$u = x \Rightarrow u' = 1$

$v' = \sin(x) \Rightarrow v = -\cos(x)$

$$\int x \cdot \sin(x) \, dx = \overbrace{x}^{u} \cdot \overbrace{(-\cos(x))}^{v} - \int \overbrace{1}^{u'} \cdot \overbrace{(-\cos(x))}^{v} \, dx =$$

- Nach dem Ableiten bzw. Integrieren wird in die Formel eingesetzt und vereinfacht.

$$= -x \cdot \cos(x) + \int \cos(x) \, dx =$$

$$= -x \cdot \cos(x) + \sin(x) + C$$

- Das entstandene Integral ist ein Grundintegral.

Bemerkungen:

- Der Name dieser Integrationsmethode erklärt sich daraus, dass nach der Integration noch ein Integral vorhanden ist, also nur teilweise (partiell) integriert wurde.
- In manchen Formelsammlungen findet man auch die Form: $\int u \cdot dv = u \cdot v - \int v \cdot du$
- Der Integrand wird als Produkt aus einer Funktion und einer Ableitung aufgefasst. Die Festlegung, welcher Faktor u(x) bzw. v'(x) ist, hängt von der konkreten Angabe ab. Dabei sollte das Integral $\int u' \cdot v \, dx$ „einfacher lösbar" sein als das ursprüngliche.
  Meist wird als u(x) jene Funktion gewählt, die beim Differenzieren einfacher wird, zum Beispiel Potenzfunktionen. v'(x) sollte eine einfach zu integrierende Funktion sein, zum Beispiel sin(x), cos(x), e^x.
- Manche Integrale erfordern ein mehrmaliges Anwenden dieser Methode.

6.101 Ermittle das Integral. **a)** $\int x^2 \cdot e^x\,dx$ **b)** $\int \cos^2(x)\,dx$

Lösung:

a) $\int x^2 \cdot e^x\,dx$

$u = x^2 \Rightarrow u' = 2x$

$v' = e^x \Rightarrow v = e^x$

$\int x^2 \cdot e^x\,dx = x^2 \cdot e^x - \int 2x \cdot e^x\,dx$

$u = x \Rightarrow u' = 1$

$v' = e^x \Rightarrow v = e^x$

$\int x^2 \cdot e^x\,dx = x^2 \cdot e^x - 2 \cdot (x \cdot e^x - \int e^x\,dx) =$

$= x^2 \cdot e^x - 2x \cdot e^x + 2e^x + C =$

$= e^x \cdot (x^2 - 2x + 2) + C$

- Das nach der ersten Integration verbleibende Integral ist noch kein Grundintegral. Daher wendet man die partielle Integration ein weiteres Mal an.

b) $\int \cos^2(x)\,dx = \int \cos(x) \cdot \cos(x)\,dx$

$u = \cos(x) \Rightarrow u' = -\sin(x)$

$v' = \cos(x) \Rightarrow v = \sin(x)$

- Man schreibt $\cos^2(x)$ als Produkt an und integriert partiell.

$\int \cos^2(x)\,dx = \int \cos(x) \cdot \cos(x)\,dx =$

$= \cos(x) \cdot \sin(x) - \int -\sin(x) \cdot \sin(x)\,dx =$

$= \cos(x) \cdot \sin(x) + \int \sin^2(x)\,dx =$

$= \cos(x) \cdot \sin(x) + \int (1 - \cos^2(x))\,dx =$

$= \cos(x) \cdot \sin(x) + x - \int \cos^2(x)\,dx$

- Das erhaltene Integral ist kein Grundintegral und auch die nochmalige partielle Integration wäre nicht zielführend. Um das Ausgangsintegral zu erhalten, verwendet man den Zusammenhang $\sin^2(x) + \cos^2(x) = 1$.

$\int \cos^2(x)\,dx = \cos(x) \cdot \sin(x) + x - \int \cos^2(x)\,dx$

$2 \cdot \int \cos^2(x)\,dx = \cos(x) \cdot \sin(x) + x$

$\int \cos^2(x)\,dx = \frac{\cos(x) \cdot \sin(x) + x}{2} + C$

- Die nun erhaltene Gleichung wird nach $\int \cos^2(x)\,dx$ umgeformt.

Bemerkung:
Das Integral $\int \cos^2(x)\,dx$ aus Aufgabe 6.101 kann auch mithilfe der Summensätze und linearer Substitution ermittelt werden:

$$\int \cos^2(x)\,dx = \tfrac{1}{2} \cdot \int (1 + \cos(2x))\,dx = \tfrac{1}{2} \cdot \left(x + \frac{\sin(2x)}{2}\right) + C = \frac{x + \cos(x) \cdot \sin(x)}{2} + C$$

ZB Mithilfe der partiellen Integration kann nun das **Integral der Funktion y = ln(x)** ermittelt werden.

$\int \ln(x)\,dx = \int 1 \cdot \ln(x)\,dx$

$u = \ln(x) \Rightarrow u' = \frac{1}{x}$

$v' = 1 \Rightarrow v = x$

$$\int 1 \cdot \ln(x)\,dx = \ln(x) \cdot x - \int \tfrac{1}{x} \cdot x\,dx = x \cdot \ln(x) - \int 1\,dx = x \cdot \ln(x) - x + C = x \cdot (\ln(x) - 1) + C$$

Unbestimmtes Integral der Funktion y = ln(x)

$\int \ln(x)\,dx = x \cdot (\ln(x) - 1) + C$

6.102 Gib jeweils an, welcher der folgenden Lösungswege für die Berechnung des Integrals geeignet ist und beschreibe deine Überlegungen.

A) Integration mittels Grundintegral
B) Integration mittels linearer Substitution
C) Integration mittels Substitution, aber keine lineare Substitution
D) Integration mittels partieller Integration

	$\int a \cdot \sin(t)\,dt$		$\int a \cdot t \cdot \sin(t^2)\,dt$		$\int e^{3x}\,dx$		$\int 3x \cdot e^x\,dx$
	$\int 3x \cdot e^{3x^2+1}\,dx$		$\int t \cdot \sin(t)\,dt$		$\int 3e^x\,dx$		$\int a \cdot \sin(\omega t + \varphi)\,dt$

Aufgaben 6.103 – 6.109: Ermittle die unbestimmten Integrale.

6.103 **a)** $\int t \cdot \cos(t)\,dt$ **b)** $\int x \cdot e^x\,dx$ **c)** $\int x \cdot \ln(x)\,dx$ **d)** $\int t \cdot 3^t\,dt$

6.104 **a)** $\int x^2 \cdot \sin(x)\,dx$ **b)** $\int t^2 \cdot \cos(t)\,dt$ **c)** $\int t^2 \cdot \ln(t)\,dt$ **d)** $\int x^2 \cdot \cosh(x)\,dx$

6.105 **a)** $\int \frac{\ln(x)}{x}\,dx$ **b)** $\int \frac{\ln(x)}{x^2}\,dx$ **c)** $\int x^3 \cdot \ln(x)\,dx$ **d)** $\int 2x \cdot \ln(x)\,dx$

6.106 **a)** $\int \sin(t) \cdot \cos(t)\,dt$ **b)** $\int \sin^2(x)\,dx$ **c)** $\int e^x \cdot \sin(x)\,dx$ **d)** $\int \frac{\sin(t)}{e^t}\,dt$

6.107 **a)** $\int t \cdot \sin(3t)\,dt$ **b)** $\int t \cdot e^{-t}\,dt$ **c)** $\int 2x \cdot \ln(3x)\,dx$ **d)** $\int x \cdot \cos(2x)\,dx$

6.108 **a)** $\int \sin^2(x) \cdot e^{2x}\,dx$ **b)** $\int (2t - 1) \cdot e^{-s \cdot t}\,dt$ **c)** $\int r \cdot \cos(\varphi) \cdot e^{k \cdot \varphi}\,d\varphi$ **d)** $\int x \cdot \sqrt{x + 1}\,dx$

6.109 **a)** $\int (x^2 + 1) \cdot \ln(x)\,dx$ **b)** $\int \sin^2(\omega \cdot t + \varphi)\,dt$ **c)** $\int (2t - 1) \cdot \cos(t - 1)\,dt$

6.110 Multipliziere den Integranden mit 1, um die partielle Integration anwenden zu können.

a) $\int \text{arccos}(x)\,dx$ **b)** $\int \text{arsinh}(x)\,dx$ **c)** $\int \ln(x^2)\,dx$

6.111 Berechne das bestimmte Integral: $\int_0^2 t \cdot e^t\,dt$

Lösung:

$\int_0^2 t \cdot e^t\,dt$

$u = t \Rightarrow u' = 1$
$v' = e^t \Rightarrow v = e^t$

$$\int_0^2 t \cdot e^t\,dt = t \cdot e^t\Big|_0^2 - \int_0^2 e^t\,dt = t \cdot e^t\Big|_0^2 - e^t\Big|_0^2 =$$
$$= 2 \cdot e^2 - 0 - (e^2 - e^0) =$$
$$= e^2 + 1 \approx 8{,}39$$

• Für die bestimmte Integration gilt:
$$\int_a^b u \cdot v'\,dx = u \cdot v\Big|_a^b - \int_a^b u' \cdot v\,dx$$

Aufgaben 6.112 – 6.113: Ermittle die bestimmten Integrale.

6.112 **a)** $\int_0^1 x \cdot e^{2x}\,dx$ **b)** $\int_1^2 x \cdot \ln(x)\,dx$ **c)** $\int_0^1 t \cdot (1 + t)^5\,dt$ **d)** $\int_1^2 t^2 \cdot e^t\,dt$

6.113 **a)** $\int_0^{\pi} t \cdot \cos(t)\,dt$ **b)** $\int_0^{\pi} t \cdot \sin(2t + 1)\,dt$ **c)** $\int_0^{\frac{\pi}{2}} e^{2x} \cdot \sin(x)\,dx$ **d)** $\int_0^2 x \cdot 2^x\,dx$

Integralrechnung

D **6.114** Erkläre, warum folgender Ansatz für die partielle Integration nicht sinnvoll ist:

$$\int e^{3t} \cdot (3t + 1)\,dt$$
$$u = e^{3t}$$
$$v' = 3t + 1$$

B C D **6.115** Es gilt: $\int_0^{2\pi} \sin(a \cdot x) \cdot \sin(b \cdot x)\,dx = 0$ mit $a, b \in \mathbb{Z}\backslash\{0\}, a \neq b$

1) Überprüfe die Behauptung grafisch anhand von mehreren selbstgewählten Beispielen.
2) Zeige die Richtigkeit der Behauptung durch partielles Integrieren.
3) Stelle den Integranden für $a = b = 1$ und für $a = b = 3$ grafisch dar und beschreibe den Unterschied zu den Darstellungen aus ***1)***.
4) Berechne das Integral $\int_0^{2\pi} \sin(a \cdot x) \cdot \sin(b \cdot x)\,dx$ für $a = b$ und zeige, dass das Ergebnis nicht von a (bzw. b) abhängt.

B D **6.116** Zeige, dass gilt:

$$\int x^n \cdot \ln(x)\,dx = \frac{x^{n+1}}{(n+1)^2} \cdot [(n + 1) \cdot \ln(x) - 1] + C, n \neq -1$$

B D **6.117** In gewissen Fällen kann man, anstelle partiell zu integrieren, die im Folgenden beschriebene Tabellenmethode anwenden:

zB: $\int x \cdot \sin(x)\,dx = ?$

u	v'	
x	sin(x)	+1
1	−cos(x)	−1
0	−sin(x)	+1
		−1

- In der ersten Spalte wird der Faktor **u** und dessen **Ableitungen** eingetragen.
- In der zweiten Spalte wird der Faktor **v'** eingetragen und jeweils **integriert**.
- In der letzten Spalte wird in der ersten Zeile +1 eingetragen, darunter abwechselnd −1 und +1.
- Die ersten beiden Spalten werden solange berechnet, bis in der ersten Spalte 0 steht, die letzte Spalte noch eine Zeile länger.
- Dann werden Pfeile von links oben nach rechts unten gesetzt, solange in der ersten Spalte nicht Null steht.

Die Produkte längs der Pfeile geben nun die Summanden des Ergebnisses der partiellen Integration an:

$$\int x \cdot \sin(x)\,dx = x \cdot (-\cos(x)) \cdot (+1) + 1 \cdot (-\sin(x)) \cdot (-1) + C = -x \cdot \cos(x) + \sin(x) + C$$

1) Prüfe die Methode für $\int x \cdot \cos(x)\,dx$ nach.
2) Erkläre, warum und unter welchen Bedingungen die Methode zielführend ist.

B D **6.118** Erkläre, warum nur eines der beiden folgenden Integrale mithilfe der Tabellenmethode aus Aufgabe **6.117** gelöst werden kann und ermittle dessen Lösung.

A) $\int \cos(x) \cdot \sin(x)\,dx$ ***B)*** $\int x^2 \cdot e^x\,dx$

6.3.4 Integration durch Partialbruchzerlegung

Gebrochen rationale Funktionen können oft nicht mit den bisher besprochenen Methoden integriert werden. Sie können jedoch integriert werden, indem sie **in Teilbrüche zerlegt** werden.

6.119 Bringe die Terme auf gemeinsamen Nenner und vereinfache sie soweit wie möglich. Vergleiche den Grad von Zähler und Nenner. Was fällt dir auf? BC

1) $\frac{5}{x-4} + \frac{3}{x+1}$ **2)** $\frac{1}{x+2} - \frac{4}{(x+2)^2}$ **3)** $\frac{1}{x-1} - \frac{4}{(x-1)^2} + \frac{2}{x-3}$

6.120 Zerlege die Nenner der Brüche $\frac{x+1}{x^3+2x^2-15x}$ sowie $\frac{x+1}{x^3+2x^2-5x}$ soweit wie möglich in Faktoren. Beschreibe die Unterschiede der Ergebnisse. BC

Anhand von Beispielen wird nun eine Methode gezeigt, mit deren Hilfe man eine reelle echt gebrochen rationale Funktion $f(x) = \frac{g(x)}{h(x)}$ in Teilbrüche zerlegen kann.

ZB: $f(x) = \frac{3x+5}{x^2+2x-3}$

Um den Nenner der Funktion in Linearfaktoren zu zerlegen, ermittelt man die Nullstellen x_1 und x_2 der zugehörigen quadratischen Gleichung:

$x^2 + 2x - 3 = 0,\ x_1 = 1,\ x_2 = -3 \quad \Rightarrow \quad x^2 + 2x - 3 = (x-1)\cdot(x+3)$

Somit kann der Bruchterm auch folgendermaßen angeschrieben werden:

$\frac{3x+5}{x^2+2x-3} = \frac{3x+5}{(x-1)\cdot(x+3)}$

Dieser Bruchterm kann in zwei Summanden mit dem Nenner $(x-1)$ und dem Nenner $(x+3)$ zerlegt werden. Da der ursprüngliche Zähler den Grad 1 hat und die neuen Einzelbrüche mit $(x+3)$ bzw. $(x-1)$ erweitert werden, sind deren Zähler reelle Zahlen A und B, also:

$\frac{3x+5}{x^2+2x-3} = \frac{3x+5}{(x-1)\cdot(x+3)} = \frac{A}{x-1} + \frac{B}{x+3}$

Die Zerlegung in Teilbrüche (Partialbrüche) wird als **Partialbruchzerlegung** bezeichnet. Die erhaltenen Partialbrüche können dann einzeln integriert werden.

Die Zerlegung ist bei jeder reellen echt gebrochen rationalen Funktion $f(x) = \frac{g(x)}{h(x)}$ möglich. Ist die Funktion unecht gebrochen rational, so wird sie mithilfe der Polynomdivision in eine Summe aus einer Polynomfunktion und einer echt gebrochen rationalen Funktion zerlegt.

Die Art der Teilbrüche hängt von den Nullstellen des Nenners ab.

ZB: Nenner $= (x-1)\cdot(x-2)^3\cdot(x^2+2x+10)$

- Die Faktoren $(x-1)$ und $(x-2)^3$ haben **reelle Nullstellen**, da es reelle Zahlen gibt (hier: $x = 1$ bzw. $x = 2$), für die diese Faktoren den Wert null annehmen.
- $(x-1)$ hat eine **einfache** reelle Nullstelle, weil dieser Faktor im gegebenen Nenner nur einmal auftritt.
  $(x-2)^3$ bedeutet, dass der Faktor $(x-2)$ dreimal, das heißt mit der **Vielfachheit** drei im gegebenen Nenner enthalten ist. Man spricht bei $x = 2$ dann von einer **mehrfachen** reellen Nullstelle.
- Setzt man den Faktor $(x^2+2x+10)$ gleich null, so hat die Gleichung keine reelle Lösung, der quadratische Ausdruck ist daher nicht in Linearfaktoren zerlegbar, er hat nur **komplexe Nullstellen**.

Integralrechnung

Einfache reelle Nullstellen

ZB

$$\frac{3x+5}{x^2+2x-3}$$

$$x^2+2x-3=0$$

- Bestimmen der Nullstellen des Nennerploynoms

$$x_1=1,\ x_2=-3$$

$$\frac{3x+5}{x^2+2x-3}=\frac{A}{x-1}+\frac{B}{x+3}$$

- Jede Nullstelle ist **einfach**, in diesem Fall wird der Ansatz $\frac{A}{x-x_1}+\frac{B}{x-x_2}$ verwendet.

$$\frac{3x+5}{x^2+2x-3}=\frac{A\cdot(x+3)+B\cdot(x-1)}{(x-1)\cdot(x+3)}\quad|\cdot(x-1)\cdot(x+3)$$

$$3x+5=A\cdot(x+3)+B\cdot(x-1)$$

- Mit gemeinsamem Nenner anschreiben und A und B mittels Koeffizientenvergleich oder Einsetzen der Nullstellen ermitteln

Koeffizientenvergleich:

$$3x+5=Ax+3A+Bx-B$$

$$3x+5=(A+B)\cdot x+(3A-B)$$

x^1: $3=A+B$

x^0: $5=3A-B$

$A=2$ und $B=1$

- Beim **Koeffizientenvergleich** werden die Koeffizienten jeweils gleicher Potenzen von x zusammengefasst. Diese müssen auf beiden Seiten der Gleichung übereinstimmen. Man erhält ein Gleichungssystem, dessen Lösungen die Koeffizienten sind.

Einsetzen der Nullstellen:

$$3x+5=A\cdot(x+3)+B\cdot(x-1)$$

$x=1$: $3\cdot1+5=A\cdot(1+3)+B\cdot(1-1)$
$A=2$

$x=-3$: $3\cdot(-3)+5=A\cdot(-3+3)+B\cdot(-3-1)$
$B=1$

- Die Werte der Konstanten A und B können auch durch Einsetzen der Nullstellen des Nenners ermittelt werden. Durch das Einsetzen der Nullstellen fällt jeweils ein Term mit einer Variablen weg.
- Beide Methoden können auch kombiniert werden.

- Beide Methoden können auch kombiniert werden.

$$\frac{3x+5}{x^2+2x-3}=\frac{2}{x-1}+\frac{1}{x+3}$$

- Man erhält die Zerlegung in Partialbrüche.

Technologieeinsatz: Partialbruchzerlegung CASIO ClassPad II

TE

TI-Nspire, Mathcad, GeoGebra: www.hpt.at

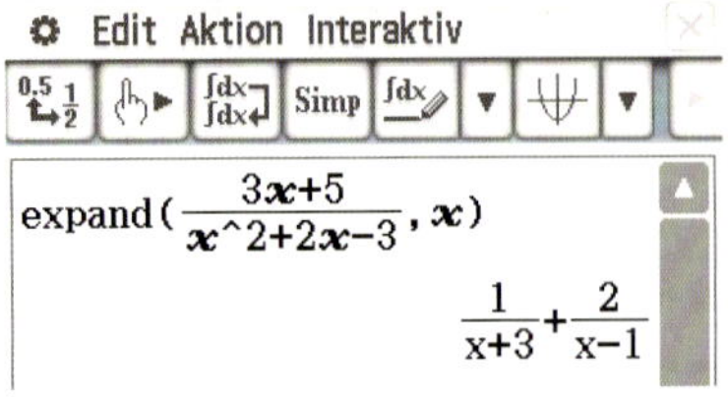

- Man erhält die Zerlegung in Partialbrüche unter **Aktion**, **Umformungen** mithilfe des Befehls **expand**, wobei zusätzlich die Variable angegeben werden muss.

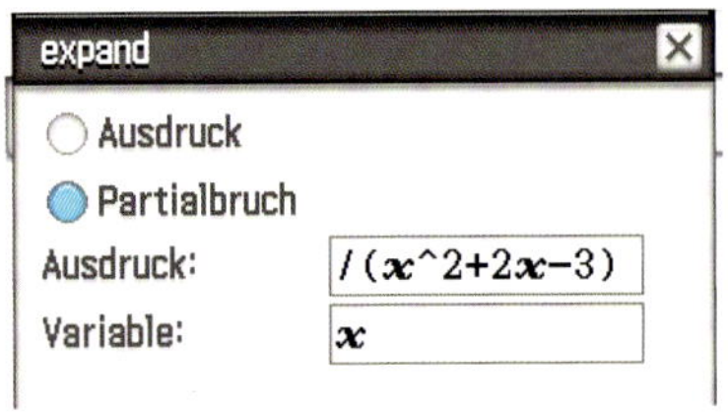

- Der Befehl kann auch über das Menü **Interaktiv**, **Umformungen**, **expand** ausgewählt werden. Nach Auswahl von **Partialbruch** werden der Term und die Variable eingegeben.

6.121 Integriere mithilfe der Partialbruchzerlegung: $\int \frac{2x^3 - 5x^2 - 4x - 3}{x^2 - x - 2}\,dx$ (B)

Lösung:

$$\begin{aligned}(2x^3 - 5x^2 - 4x - 3) : (x^2 - x - 2) &= 2x - 3\\ \underline{-2x^3 + 2x^2 + 4x}\quad&\\ -3x^2 \quad - 3\quad&\\ \underline{+3x^2 - 3x - 6}\quad&\\ -3x - 9 \text{ Rest}\quad&\end{aligned}$$

- Der Grad des Zählerpolynoms ist größer als jener des Nennerpolynoms, daher wird zuerst die Polynomdivision durchgeführt.

$$\frac{2x^3 - 5x^2 - 4x - 3}{x^2 - x - 2} = 2x - 3 + \frac{-3x - 9}{x^2 - x - 2}$$

- Für das Restpolynom $\frac{-3x - 9}{x^2 - x - 2}$ erfolgt die Partialbruchzerlegung.

$x^2 - x - 2 = 0$

$x_1 = -1, x_2 = 2$

$$\frac{-3x - 9}{x^2 - x - 2} = \frac{A}{x + 1} + \frac{B}{x - 2}$$

- Nullstellen des Nennerpolynoms bestimmen und entsprechende Ansätze wählen

$-3x - 9 = A \cdot (x - 2) + B \cdot (x + 1)$

$x = -1$: $-6 = -3A \Rightarrow A = 2$

$x = 2$: $-15 = 3B \Rightarrow B = -5$

- Konstanten bestimmen

$$\int \frac{2x^3 - 5x^2 - 4x - 3}{x^2 - x - 2}\,dx = \int \left(2x - 3 + \frac{2}{x + 1} - \frac{5}{x - 2}\right) dx =$$

$$= x^2 - 3x + 2 \cdot \ln(|x + 1|) - 5 \cdot \ln(|x - 2|) + C$$

- Integration der Summanden

Mehrfache reelle Nullstellen

Kommen im Nenner eines Bruchs mehrfache reelle Nullstellen x_i vor, so sind Teilbrüche mit den Nennern $(x - x_i)$, $(x - x_i)^2$, ..., $(x - x_i)^n$ anzuschreiben, wobei n die Vielfachheit der Nullstelle x_i ist.

ZB: $\frac{Z(x)}{x \cdot (x + 1)^3}$

- Als Nenner der Teilbrüche kommen nicht nur x und $(x + 1)^3$, sondern auch $(x + 1)$ und $(x + 1)^2$ in Frage.

ZB Die Zerlegung in Teilbrüche wird nun anhand eines Beispiels gezeigt:

$$\frac{x - 4}{x^2 - 4x + 4}$$

$x^2 - 4x + 4 = (x - 2)^2 = 0$

- Bestimmen der Nullstellen des Nennerpolynoms

$x_{1,2} = 2$

$$\frac{x - 4}{x^2 - 4x + 4} = \frac{A}{x - 2} + \frac{B}{(x - 2)^2}$$

- Die Nullstelle ist zweifach. Es gibt daher Teilbrüche mit den Nennern $(x - x_1)$ und $(x - x_1)^2$. Daher wird der Ansatz $\frac{A}{x - x_1} + \frac{B}{(x - x_1)^2}$ verwendet.

$$\frac{x - 4}{x^2 - 4x + 4} = \frac{A \cdot (x - 2) + B}{(x - 2)^2} \qquad | \cdot (x - 2)^2$$

- Mit gemeinsamem Nenner anschreiben

$x - 4 = Ax - 2A + B$

- Multiplikation mit dem gemeinsamen Nenner

$1x - 4 = Ax - 2A + B$

$A = 1$ und $B = -2$

- Ermitteln der Konstanten A und B mittels Koeffizientenvergleich

$$\frac{x - 4}{x^2 - 4x + 4} = \frac{1}{x - 2} - \frac{2}{(x - 2)^2}$$

- Man erhält nun die Partialbrüche.

6.122 Integriere mithilfe der Partialbruchzerlegung: $\int \frac{x^3 + 4x^2 + x + 2}{x^4 + 2x^3}\,dx$

Lösung:

$x^4 + 2x^3 = x^3 \cdot (x + 2) \Rightarrow x_1 = 0, x_2 = -2$

- x_1 ... dreifache Nullstelle

$$\frac{x^3 + 4x^2 + x + 2}{x^4 + 2x^3} = \frac{A}{x} + \frac{B}{x^2} + \frac{C}{x^3} + \frac{D}{x + 2}$$

$$x^3 + 4x^2 + x + 2 = A \cdot x^2 \cdot (x + 2) + B \cdot x \cdot (x + 2) + C \cdot (x + 2) + D \cdot x^3$$

$A = 2,\ B = 0,\ C = 1,\ D = -1$

- Die Konstanten A, B, C und D werden mittels Koeffizientenvergleich bzw. Einsetzen ermittelt.

$$\int \frac{x^3 + 4x^2 + x + 2}{x^4 + 2x^3}\,dx = \int \frac{2}{x}\,dx + \int \frac{1}{x^3}\,dx - \int \frac{1}{x + 2}\,dx =$$

$$= 2 \cdot \ln(|x|) - \frac{1}{2x^2} - \ln(|x + 2|) + C$$

Komplexe Nullstellen

ZB

Hat der Nenner einfache komplexe Nullstellen, so behält man das quadratische Polynom bei und setzt den Zähler linear an.

$$\frac{4x^2 + 6x + 20}{x^3 + 2x^2 + 10x}$$

$x^3 + 2x^2 + 10x = x \cdot (x^2 + 2x + 10) = 0$

- Bestimmen der Nullstellen des Nennerpolynoms

$x_1 = 0, x_2 = -1 + 3i, x_3 = -1 - 3i$

- Der Term $x^2 + 2x + 10$ hat konjugiert komplexe Nullstellen. Für einfache **komplexe** Nullstellen wird der Ansatz $\frac{\mathbf{Ax + B}}{\mathbf{ax^2 + bx + c}}$ verwendet.

$$\frac{4x^2 + 6x + 20}{x^3 + 2x^2 + 10x} = \frac{Ax + B}{x^2 + 2x + 10} + \frac{C}{x}$$

$$\frac{4x^2 + 6x + 20}{x^3 + 2x^2 + 10x} = \frac{(Ax + B) \cdot x}{x \cdot (x^2 + 2x + 10)} + \frac{C \cdot (x^2 + 2x + 10)}{x \cdot (x^2 + 2x + 10)}$$

- Mit gemeinsamem Nenner anschreiben

$4x^2 + 6x + 20 = Ax^2 + Bx + Cx^2 + 2Cx + 10C$

- Multiplikation mit dem gemeinsamen Nenner

$4x^2 + 6x + 20 = (A + C) \cdot x^2 + (B + 2C) \cdot x + 10C$

- Ermitteln der Konstanten A, B und C mittels Koeffizientenvergleich

$C = 2, A = 2, B = 2$

$$\frac{4x^2 + 6x + 20}{x^3 + 2x^2 + 10x} = \frac{2x + 2}{x^2 + 2x + 10} + \frac{2}{x}$$

- Man erhält nun die Partialbrüche.

6.123 Ermittle das Integral: $\int \frac{x^3 + x^2 + 2}{x^2 \cdot (x^2 + 1)}\,dx$

Lösung:

$x^2 \cdot (x^2 + 1) = 0$

$x^2 = 0$ oder $x^2 + 1 = 0$

- $x = 0$ ist eine zweifache Nullstelle. Die Gleichung $x^2 + 1 = 0$ hat nur komplexe Nullstellen.

$$\frac{x^3 + x^2 + 2}{x^2 \cdot (x^2 + 1)} = \frac{A}{x} + \frac{B}{x^2} + \frac{Cx + D}{x^2 + 1}$$

$$x^3 + x^2 + 2 = A \cdot x \cdot (x^2 + 1) + B \cdot (x^2 + 1) + (Cx + D) \cdot x^2$$

$A = 0, B = 2, C = 1, D = -1$

- Die Konstanten werden durch Koeffizientenvergleich ermittelt.

$$\int \frac{x^3 + x^2 + 2}{x^2 \cdot (x^2 + 1)}\,dx = \int \left(\frac{2}{x^2} + \frac{x - 1}{x^2 + 1}\right) dx =$$

$$= 2\int x^{-2}\,dx + \int \frac{x}{x^2 + 1}\,dx - \int \frac{1}{x^2 + 1}\,dx =$$

$$= -\frac{2}{x} + \frac{1}{2}\ln(x^2 + 1) - \arctan(x) + C$$

- Das Integral wird in Summanden zerlegt, die einzeln integriert werden.

Jede reelle **echt gebrochen rationale Funktion** kann in **Partialbrüche** zerlegt werden.

Für die Ansätze gilt: x_1 ... einfache Nullstelle: $\frac{A}{x - x_1}$

x_1 ... n-fache Nullstelle: $\frac{A_1}{x - x_1} + \frac{A_2}{(x - x_1)^2} + \ldots + \frac{A_n}{(x - x_1)^n}$

einfache komplexe Nullstellen: $\frac{Ax + B}{ax^2 + bx + c}$

6.124 Gib an, welche Art von Nullstellen das angegebene Polynom aufweist.

a) $x^2 + 4x + 3$ **c)** $x^3 + 2x^2 + 7x$ **e)** $x^4 + 7x^3 + 12x^2$
b) $x^2 + 6x + 10$ **d)** $x^3 + 2x^2$ **f)** $x^4 + 5x^2 + 6$

6.125 Welcher der angegebenen Ansätze für die Partialbruchzerlegung ist richtig? Korrigiere die anderen Zerlegungen.

A) $\frac{2 - x}{x^3 - 5x^2} = \frac{Ax + B}{x^2} + \frac{C}{x - 5}$ **B)** $\frac{x + 1}{x^4 + 3x^3} = \frac{A}{x^3} + \frac{B}{x + 3}$ **C)** $\frac{3x + 1}{x^4 - 2x^3} = \frac{A}{x^3} + \frac{B}{x^2} + \frac{C}{x} + \frac{D}{x - 2}$

Aufgaben 6.126 – 6.129: Zerlege die Terme in Partialbrüche.

6.126 **a)** $\frac{-2x - 6}{x^2 - 3x}$ **b)** $\frac{4x + 15}{x^2 - 5x}$ **c)** $\frac{4x - 4}{x^2 - 4}$ **d)** $\frac{x + 9}{x^2 - 9}$

6.127 **a)** $\frac{2x}{x^2 + 3x + 2}$ **b)** $\frac{2x + 3}{x^2 - x - 6}$ **c)** $\frac{2x - 3}{x^2 - 4x + 4}$ **d)** $\frac{4x + 14}{x^2 + 6x + 9}$

6.128 **a)** $\frac{-2x^2 - 2x - 8}{x^3 - 4x^2}$ **b)** $\frac{-2x^2 + 1}{x^3 - 2x^2 + x}$ **c)** $\frac{-13x - 8}{x^3 - 3x^2 - 4x}$ **d)** $\frac{-2x^2 - 2x + 10}{5x^3 + 5x^2 - 10x}$

6.129 **a)** $\frac{x^3 - 8x^2 + 13x + 27}{x^2 - 3x - 4}$ **b)** $\frac{x^3 - x^2 - 9x - 3}{x^2 - 9}$ **c)** $\frac{2x^2 - 9x + 8}{x^2 - 6x + 9}$ **d)** $\frac{x^2 - 8}{x^2 + 2x}$

Aufgaben 6.130 – 6.132: Ermittle die Integrale mithilfe der Partialbruchzerlegung.

6.130 **a)** $\int \frac{-x - 5}{x^2 - 1}\,dx$ **b)** $\int \frac{12x + 20}{x^2 + 4x}\,dx$ **c)** $\int \frac{2x + 14}{x^2 + 2x - 8}\,dx$ **d)** $\int \frac{2x + 5}{x^2 + 2x + 1}\,dx$

6.131 **a)** $\int \frac{3x^2 + 3x - 4}{x^3 - 4x}\,dx$ **b)** $\int \frac{8x^2 - x - 30}{x^3 + 5x^2}\,dx$ **c)** $\int \frac{x^2 + 4}{x^3 - 4x^2 + 4x}\,dx$ **d)** $\int \frac{6x^2 - x + 4}{x^3 + x^2 - 2x}\,dx$

6.132 **a)** $\int \frac{2x^2 + 10x + 6}{x^2 + 4x - 5}\,dx$ **b)** $\int \frac{3x^3 + 2x^2 - 31x + 48}{x^2 + 2x - 8}\,dx$ **c)** $\int \frac{x^4 - 3x^3 - 4}{x^2 - 3x}\,dx$ **d)** $\int \frac{x^5 - 1}{x^2 + 3x - 40}\,dx$

6.133 **1)** Integriere mithilfe von Partialbruchzerlegung.
2) Überlege, wie die Lösung einfacher ermittelt werden kann und führe diese Methode ebenfalls durch.

A) $\int \frac{x}{x^2 - 4}\,dx$ **B)** $\int \frac{x - 4}{x^2 - 16}\,dx$ **C)** $\int \frac{x + 5}{x^2 + 16x + 55}\,dx$

6.134 Führe die Partialbruchzerlegung durch.

a) $\frac{-3x^2 + 3x - 20}{x^3 + 4x}$ **b)** $\frac{3x^2 + 8x + 3}{x^3 + x^2 + x}$ **c)** $\frac{-4x - 6}{x^3 + 4x^2 + 6x}$ **d)** $\frac{3}{x^4 + 3x^2}$

6.135 Ermittle das Integral mithilfe der Partialbruchzerlegung.

a) $\int \frac{-x^2 + 3x - 1}{x^3 + x}\,dx$ **b)** $\int \frac{3x^2 - x + 6}{(x^2 + 3) \cdot (x - 1)}\,dx$ **c)** $\int \frac{2x^4 + x^2 - 2}{x^4 + x^2}\,dx$ **d)** $\int \frac{x^2 + x + 12}{x^3 + 4x}\,dx$

6.4 Spezielle Integrale

Uneigentliche Integrale

Bei der Definition des bestimmten Integrals wird von einer Funktion ausgegangen, die auf einem geschlossenen Intervall beschränkt ist. Ist eine Integrationsgrenze $-\infty$ oder $+\infty$ oder weist die Funktion eine Polstelle im Integrationsbereich auf, so wird das Integral als **uneigentliches Integral** bezeichnet. Im Folgenden wird gezeigt, dass unter gewissen Voraussetzungen die Berechnung des bestimmten Integrals trotzdem möglich ist.

6.136 ***1)*** Stelle die Funktionen $y_1 = \frac{1}{\sqrt{x}}$ und $y_2 = \frac{1}{x^3}$ grafisch dar.

2) Gib jeweils an, ob die Funktion im gegebenen Intervall beschränkt oder unbeschränkt ist: A = [2; 10], B = [−2; 3], C = [0; 4], D = [400; 500]

3) Versuche, die Integrale $\int_0^1 \frac{1}{x^3}\,dx$ und $\int_1^\infty \frac{1}{x^3}\,dx$ mit den bekannten Integrationsregeln zu ermitteln. Welche Schwierigkeiten treten auf?

In Abschnitt „1 Folgen und Reihen" wurde bereits gezeigt, dass die Summe einer unendlichen Reihe eine reelle Zahl sein kann. Da Integrieren auf einen Summationsvorgang zurückzuführen ist, wird nun die Frage behandelt, wie auch hier sinnvoll mit unendlichen Grenzen umgegangen werden kann.

Wir betrachten zum Beispiel die Funktion $f(x) = \frac{1}{x^2}$ und untersuchen die Größe der grün bzw. der orange gekennzeichneten Flächen.

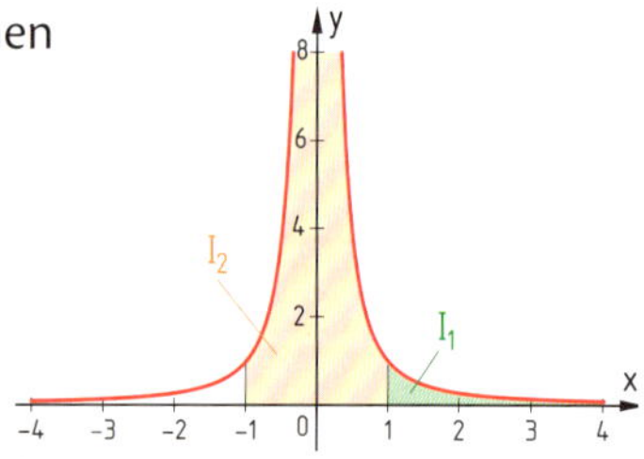

$$I_1 = \int_1^\infty \frac{1}{x^2}\,dx \text{ und } I_2 = \int_{-1}^{1} \frac{1}{x^2}\,dx$$

Beim ersten Integral I_1 ist die obere Grenze ∞. Wollen wir das bestimmte Integral nun auswerten, so kann die obere Grenze nicht wie eine reelle Zahl behandelt werden.
Es wird daher das Integral bis zu einer oberen Grenze b ausgewertet und anschließend – also nach dem Integrationsvorgang – der Grenzwert für $b \to \infty$ ermittelt. Anschaulich interpretiert entspricht dieses Vorgehen der Berechnung des Inhalts der grünen Fläche bis zu einer Grenze b, die anschließend „unendlich" weit nach rechts verschoben wird.

$$\lim_{b \to \infty}\left(\int_1^b \frac{1}{x^2}\,dx\right) = \lim_{b \to \infty}\left(-\frac{1}{x}\Big|_1^b\right) = \lim_{b \to \infty}\left(-\frac{1}{b} - \left(-\frac{1}{1}\right)\right) = 0 + 1 = 1$$

Der Grenzwert existiert und ist somit der Wert des uneigentlichen Integrals. Obwohl der Bereich unbegrenzt ist, nähert sich der grün markierte Flächeninhalt unter der Kurve dem Wert 1, übersteigt diesen aber nicht.

Technologieeinsatz: Uneigentliches Integral
TI-Nspire

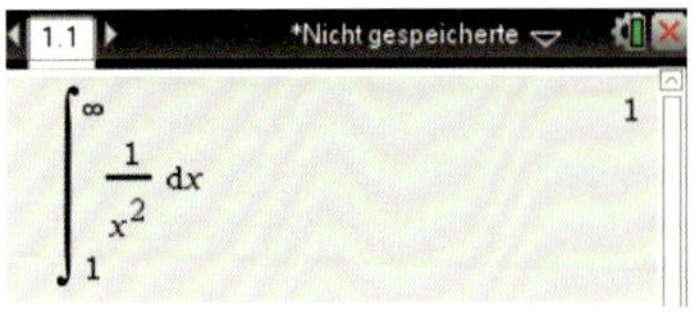

Wird das Integral mittels Technologieeinsatz berechnet, so kann im Allgemeinen ∞ als Grenze eingegeben werden.

Der Integrand des zweiten Integrals I_2 hat im Integrationsbereich bei x = 0 eine Polstelle, ist also unbeschränkt. Das Intervall wird daher an der Polstelle x = 0 geteilt und stückweise integriert. Da x aber den Wert 0 nicht annehmen darf, werden auch hier die Grenzwerte bei Annäherung von links bzw. bei Annäherung von rechts gebildet.

$$\int_{-1}^{1} \frac{1}{x^2}\,dx = \int_{-1}^{0} \frac{1}{x^2}\,dx + \int_{0}^{1} \frac{1}{x^2}\,dx = \lim_{b \to 0^-}\left(\int_{-1}^{b} \frac{1}{x^2}\,dx\right) + \lim_{a \to 0^+}\left(\int_{a}^{1} \frac{1}{x^2}\,dx\right) =$$

$$= \lim_{b \to 0^-}\left(-\frac{1}{b} - \frac{1}{1}\right) + \lim_{a \to 0^+}\left(-\frac{1}{1} - \left(-\frac{1}{a}\right)\right) = (+\infty) - 1 + (-1) - (-\infty) = +\infty$$

Es gibt keinen Grenzwert, das uneigentliche Integral ist divergent. Das heißt, dass der Flächeninhalt „unendlich groß" ist.

Hätte man fälschlicherweise wie gewohnt integriert, dann erhielte man:

$$\int_{-1}^{1} \frac{1}{x^2}\,dx = -\frac{1}{x}\Big|_{-1}^{1} = -\frac{1}{1} - \frac{1}{1} = -2$$

Dieses Ergebnis kann aber nicht stimmen, da der Funktionsgraph im Bereich [−1; 1] oberhalb der x-Achse liegt.

Mithilfe von Grenzwerten kann der Wert eines Integrals auch dann ermittelt werden, wenn die Integrationsgrenzen −∞ und +∞ sind.

ZB Die Funktion $f(x) = \frac{a^3}{a^2 + x^2}$ ist unter dem Namen „Witch of Agnesi" bekannt. Sie verdankt ihren Namen zum einen der italienischen Mathematikern Maria Gaetana Agnesi, zum anderen einem Übersetzungsfehler. Ein Professor in Cambridge hatte anstelle von „La versiere di Agnesi" (italienisch: „Die Kurve der Agnesi") fälschlicherweise „L'awersiera di Agnesi" verstanden, wobei „awersiera" „Frau, die gegen Gott gerichtet ist" bedeutet.

Maria Gaetana Agnesi
(1718 – 1799)

Für a = 1 erhält man die Funktion $f(x) = \frac{1}{1 + x^2}$.
Der Wert von $\int_{-\infty}^{\infty} \frac{1}{1 + x^2}\,dx$ entspricht der Gesamtfläche zwischen der Kurve und der x-Achse.

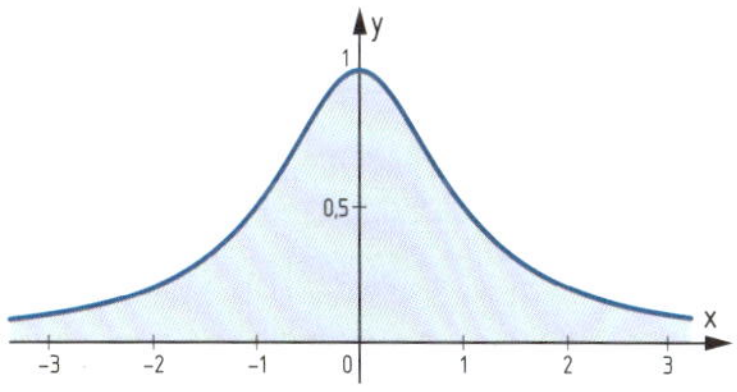

Aus Symmetriegründen gilt:

$$\int_{-\infty}^{\infty} \frac{1}{1 + x^2}\,dx = 2 \cdot \lim_{b \to \infty}\left(\int_{0}^{b} \frac{1}{1 + x^2}\,dx\right) = 2 \cdot \lim_{b \to \infty}\left(\arctan(x)\Big|_{0}^{b}\right) = 2 \cdot \lim_{b \to \infty}(\arctan(b) - 0) = 2 \cdot \frac{\pi}{2} = \pi$$

Integrale mit den Grenzen ±∞ und Integrale, deren Integrand im Integrationsbereich unendlich wird, werden als **uneigentliche Integrale** bezeichnet. Sie werden mithilfe von Grenzwerten berechnet. Ist die Funktion integrierbar und existiert der Grenzwert, so ist das uneigentliche Integral konvergent und der Grenzwert ist der Wert des uneigentlichen Integrals. Gibt es keinen Grenzwert, ist das Integral divergent.

$$\int_{-\infty}^{b} f(x)\,dx = \lim_{a \to -\infty}\left(\int_{a}^{b} f(x)\,dx\right) \qquad \int_{a}^{\infty} f(x)\,dx = \lim_{b \to \infty}\left(\int_{a}^{b} f(x)\,dx\right)$$

$$\int_{x_0}^{b} f(x)\,dx = \lim_{a \to x_0}\left(\int_{a}^{b} f(x)\,dx\right),$$ x_0 ... Polstelle

B

6.137 Berechne: **a)** $\int\limits_0^{\infty} e^{-x}\,dx$ **b)** $\int\limits_0^{1} \frac{1}{\sqrt{1-x^2}}\,dx$

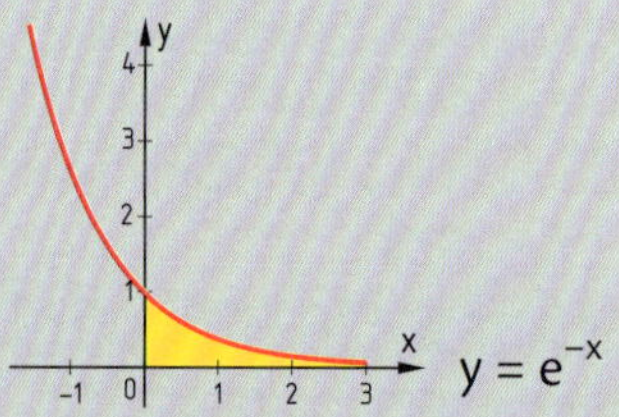

Lösung:

a) $\int\limits_0^{\infty} e^{-x}\,dx = \lim\limits_{b \to \infty}\left(\int\limits_0^{b} e^{-x}\,dx\right) = \lim\limits_{b \to \infty}\left(-e^{-x}\Big|_0^b\right) =$

$= \lim\limits_{b \to \infty}(-e^{-b} - (-e^{0})) = 0 + 1 = 1$

b) $\int\limits_0^{1} \frac{1}{\sqrt{1-x^2}}\,dx =$

$= \lim\limits_{b \to 1}\left(\int\limits_0^{b} \frac{1}{\sqrt{1-x^2}}\right) dx = \lim\limits_{b \to 1}\left(\arcsin(x)\Big|_0^b\right) =$

$= \lim\limits_{b \to 1}(\arcsin(b) - \arcsin(0)) = \arcsin(1) = \frac{\pi}{2}$

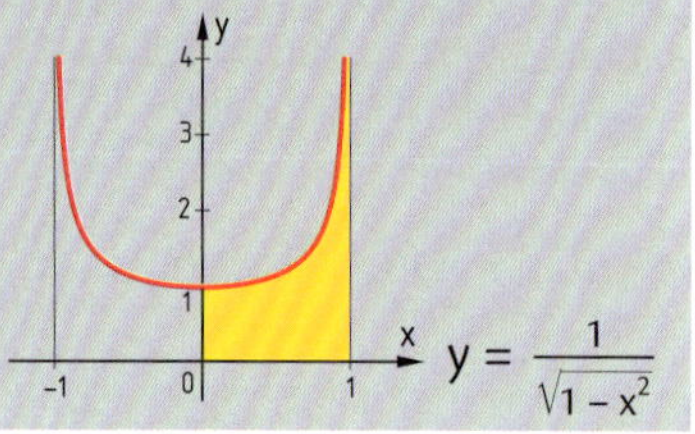

Integrale, für die keine Stammfunktion angegeben werden kann

Wir haben verschiedene Regeln und Methoden kennen gelernt, um Funktionen zu integrieren. Wie bereits erwähnt wurde, gibt es zwar zu jeder stetigen Funktion f eine Stammfunktion $F(x) = \int\limits_a^{x} f(t)\,dt$, diese muss aber nicht in geschlossener Form darstellbar sein. Oft gibt es zu scheinbar „einfachen" Funktionen keine Stammfunktion, die sich aus elementaren Funktionen zusammensetzt.

ZB: $\int \frac{\sin(x)}{x}\,dx$, $\int e^{-x^2}\,dx$, $\int \cos(x^2)\,dx$

Die Berechnung der bestimmten Integrale erfolgt in solchen Fällen zum Beispiel mithilfe von Reihendarstellungen. Diese werden in Band 4 behandelt.

Einige spezielle Integrale werden hier schon angegeben:

- $\int\limits_0^{\infty} \frac{\sin(x)}{x}\,dx = \frac{\pi}{2}$
- $\int\limits_{-\infty}^{\infty} e^{-x^2}\,dx = \sqrt{\pi}$

Besondere Integralfunktionen

Folgende Integrale werden in der Technik häufig verwendet.

- **Gammafunktion**: $\Gamma(x) = \int\limits_0^{\infty} t^{x-1} \cdot e^{-t}\,dt$

  Wichtige Eigenschaften der Gammafunktion sind:

  1) $\Gamma(1) = 1$ 2) $\Gamma(x+1) = x \cdot \Gamma(x)$ 3) $\Gamma(n+1) = n!$ für $n \in \mathbb{N}$

  Damit ist die Gammafunktion eine Verallgemeinerung der Faktoriellen (siehe Seite 114) für reelle Zahlen.

- **Laplace-Transformierte**: $F(s) = \mathcal{L}\{f(t)\} = \int\limits_0^{\infty} f(t) \cdot e^{-s \cdot t}\,dt$

  Dabei ist f(t) eine im Bereich [0; ∞[stückweise stetige Funktion und s wird so gewählt, dass das uneigentliche Integral konvergiert.

  Die Laplace-Transformation ist eine Rechenmethode, die zum Beispiel Gleichungen, die eine Funktion und deren Ableitung enthalten, in einfache lineare Gleichungen überführt.

  Es gilt zB: $\mathcal{L}\{f'(t)\} = s \cdot \mathcal{L}\{f(t)\} - f(0)$

  Dieser Zusammenhang wird in der Elektrotechnik benötigt (siehe Band 4).

6.138 Gib den Inhalt der grün gekennzeichneten Fläche mithilfe eines uneigentlichen Integrals an. A

1)

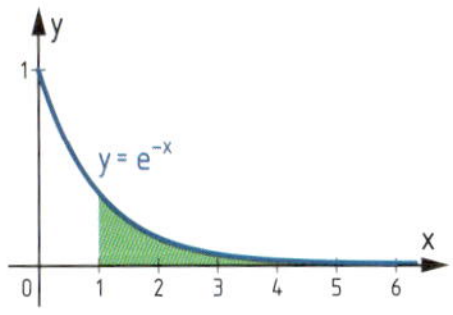

2)

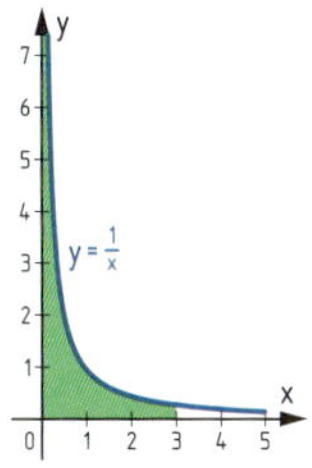

3)

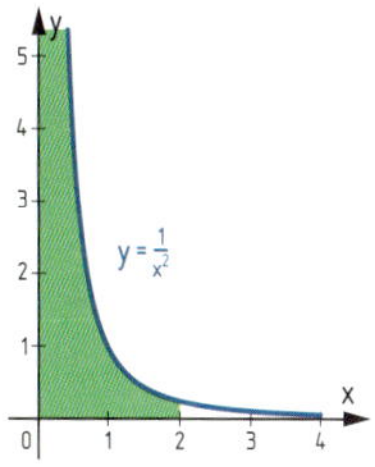

6.139 Gib an, welche der gegebenen Integrale uneigentliche Integrale sind. Begründe deine Antwort jeweils verbal und mithilfe einer Zeichnung. C D

1) $\int_0^2 \frac{1}{x+1}\,dx$ **2)** $\int_0^2 \frac{1}{x-1}\,dx$ **3)** $\int_0^2 \ln(x)\,dx$ **4)** $\int_0^2 \ln(x+1)\,dx$

Aufgaben 5.138 – 5.142: Berechne den Wert des Integrals, falls dieser existiert.

6.140 **a)** $\int_1^\infty \frac{1}{x^3}\,dx$ **b)** $\int_2^\infty \frac{1}{x^5}\,dx$ **c)** $\int_1^\infty \frac{1}{\sqrt[3]{x}}\,dx$ **d)** $\int_8^\infty \frac{1}{\sqrt[3]{x^2}}\,dx$ B

6.141 **a)** $\int_0^\infty e^{2t}\,dt$ **b)** $\int_{-\infty}^0 e^{2t}\,dt$ **c)** $\int_1^\infty e^{-3x}\,dx$ **d)** $\int_0^\infty x^2 \cdot e^{x^3}\,dx$ B

6.142 **a)** $\int_0^1 \frac{1}{x^4}\,dx$ **b)** $\int_0^1 \frac{1}{\sqrt{x}}\,dx$ **c)** $\int_{-2}^2 \frac{1}{\sqrt[3]{x^2}}\,dx$ **d)** $\int_{-1}^1 \frac{1}{\sqrt{1+x}}\,dx$ B

6.143 **a)** $\int_{-\infty}^\infty \frac{1}{1+x^2}\,dx$ **b)** $\int_{-\infty}^0 \cos(x)\,dx$ **c)** $\int_0^{\frac{\pi}{2}} \tan(t)\,dt$ **d)** $\int_0^\infty \frac{1}{\cos^2(t)}\,dt$ B

6.144 **a)** $\int_0^\infty x \cdot e^{-x}\,dx$ **b)** $\int_0^\infty x^2 \cdot e^{-x}\,dx$ **c)** $\int_0^1 \ln(x)\,dx$ **d)** $\int_0^1 x \cdot \ln(x)\,dx$ B

6.145 Berechne $\Gamma(3)$. Prüfe das Ergebnis mithilfe des Zusammenhangs $\Gamma(n+1) = n!$ nach. B D

6.146 Radium 226 zerfällt mit einer Halbwertszeit von rund 1 600 Jahren. A B

1) Für die nach t (in Jahren) verbleibende Anzahl N von Kernen gilt:

$N(t) = N_0 \cdot e^{-k \cdot t}$ mit N_0 … Anzahl der Kerne zur Zeit $t = 0$

Ermittle die Zerfallskonstante k.

2) Die durchschnittliche (mittlere) Zeit μ, nach der ein Atomkern zerfällt, lässt sich mithilfe der Wahrscheinlichkeit $p(t) = k \cdot e^{-kt}$ nach der folgenden Formel berechnen:

$$\mu = \int_0^\infty t \cdot p(t)\,dt$$

Ermittle den Wert von μ.

6.147 Zeige, dass das Integral $\int_1^\infty \frac{1}{x^n}\,dx$ für $n > 1$ konvergent ist. B D

6.148 Verwende Aufgabe **6.147**, um die Konvergenz des Integrals $\int_0^\infty \frac{\sin^2(x)}{x^2}\,dx$ zu untersuchen. B C

Stelle zuerst den Integranden und die Funktion $\frac{1}{x^2}$ grafisch dar. Beschreibe, was dir auffällt und was daraus für die Konvergenz des gegebenen Integrals folgt.

6.149 Berechne die Laplace-Transformierte. B

a) $f(t) = 1$ **b)** $f(t) = t$

Integralrechnung

Zusammenfassung

Unbestimmtes Integral
Das unbestimmte Integral ist die Menge der Stammfunktionen F und entspricht geometrisch einer Kurvenschar.

$\int f(x)\,dx = F(x) + C$ mit $F'(x) = f(x)$, $C \in \mathbb{R}$

Bestimmtes Integral

- Das bestimmte Integral entspricht der Maßzahl des orientierten Flächeninhalts zwischen der x-Achse und dem Funktionsgraphen von $x = a$ bis $x = b$.
- Das bestimmte Integral entspricht dem Grenzwert der Produktsumme.

$$\int_a^b f(x)\,dx = \lim_{n \to \infty}\left(\sum_{i=1}^{n} f(x_i) \cdot \Delta x\right)$$

Hauptsatz der Differential- und Integralrechnung

- $F(x) = \int_a^x f(t)\,dt$ ist Stammfunktion von $f(x)$
- $\int_a^b f(x)\,dx = F(b) - F(a)$

Grundintegrale

$\int x^n\,dx = \frac{x^{n+1}}{n+1} + C \quad n \neq -1$

$\int \frac{1}{x}\,dx = \ln(|x|) + C \quad x \neq 0$

$\int e^x\,dx = e^x + C$

$\int \sin(x)\,dx = -\cos(x) + C$

$\int \cos(x)\,dx = \sin(x) + C$

Faktor- und Summenregel

$\int a \cdot f(x)\,dx = a \cdot \int f(x)\,dx$

$\int [f(x) \pm g(x)]\,dx = \int f(x)\,dx \pm \int g(x)\,dx$

Integration mittels linearer Substitution

Ersetzen von Termen oder Variablen im Integranden, sodass ein einfacheres Integral entsteht.

$\int f(a \cdot x + b)\,dx = \frac{F(a \cdot x + b)}{a} + C$

Partielle Integration

$\int u(x) \cdot v'(x)\,dx = u(x) \cdot v(x) - \int u'(x) \cdot v(x)\,dx$ Kurzform: $\int u \cdot v' = u \cdot v - \int u' \cdot v$

Integration mittels Partialbruchzerlegung
Ein echt gebrochener Bruch wird in Teilbrüche zerlegt, die integriert werden können.
Bei unecht gebrochenen Brüchen muss zuerst eine Polynomdivision durchgeführt werden.

Uneigentliche Integrale
Integrale mit den Grenzen $\pm\infty$ und Integrale, deren Integrand unendlich wird, werden mithilfe von Grenzwerten berechnet.

Weitere Aufgaben

C D **6.150** Sind folgende Aussagen wahr oder falsch? Begründe jeweils deine Antwort.

1) Das bestimmte Integral gibt den Flächeninhalt zwischen der x-Achse und dem Funktionsgraphen innerhalb der Integrationsgrenzen an.

2) Ist $F(x) + C$ eine Stammfunktion einer gegebenen Funktion, so ist auch $F(x) + D$ eine Stammfunktion dieser Funktion.

3) Das Ergebnis eines bestimmten Integrals ist eine Funktion.

6.151 Ordne der dargestellten Funktion f alle Stammfunktionen zu:

a) 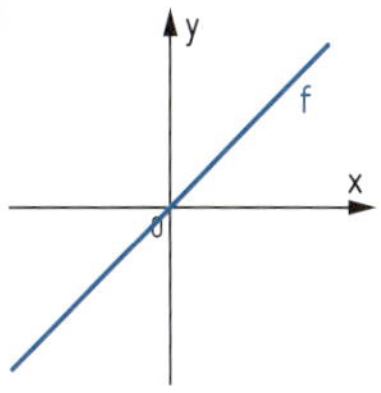 **A)** 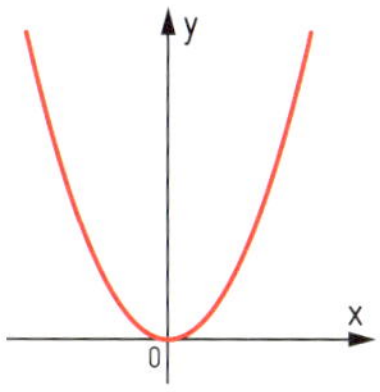 **B)** 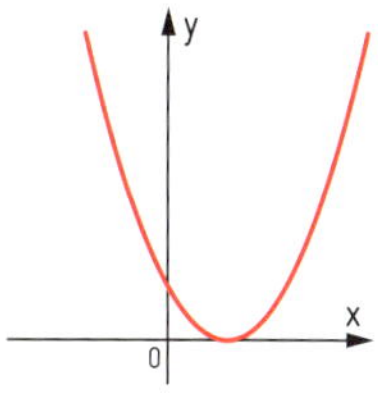 **C)** 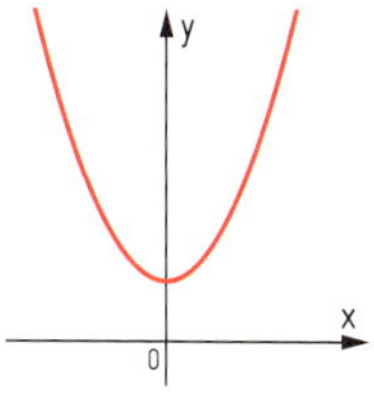

b) 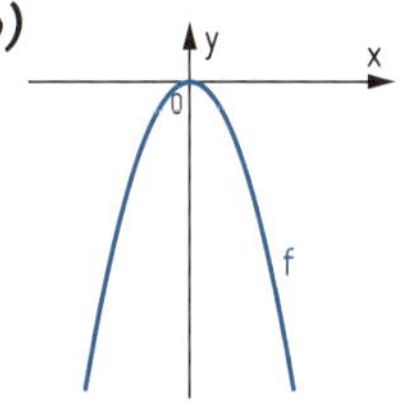 **A)** 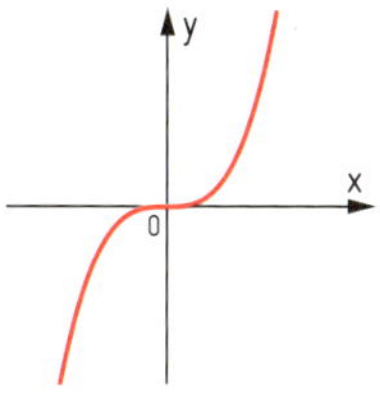 **B)** 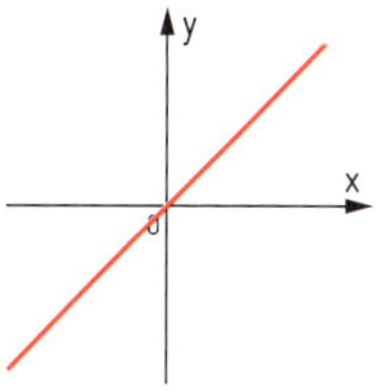 **C)** 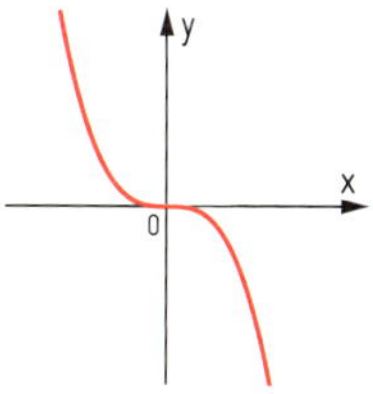

c) 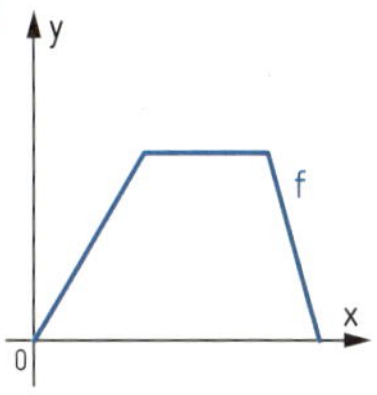 **A)** 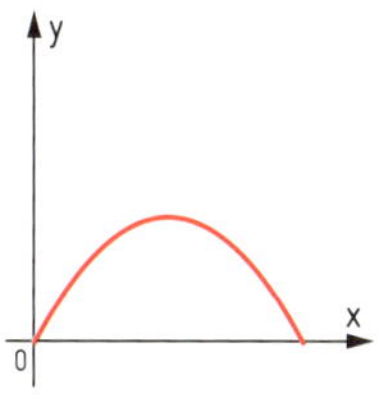 **B)** 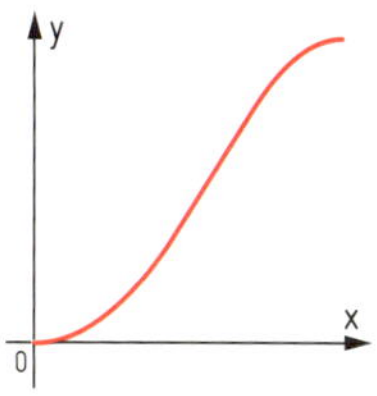 **C)** 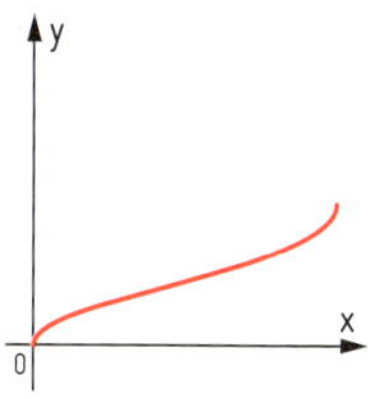

6.152 Kreuze an, welcher Ausdruck dem Integral $\int_a^b f(x)\,dx$ entspricht.

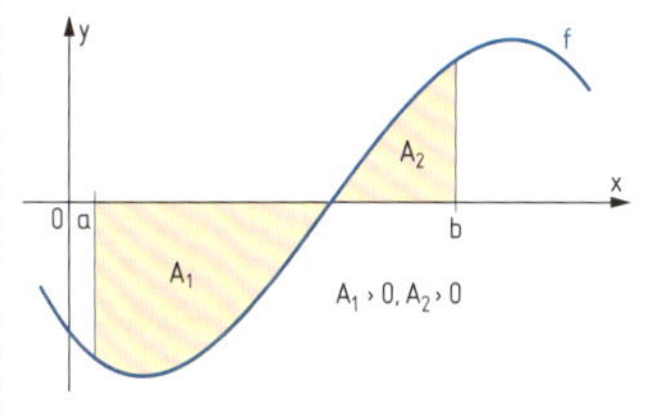

$A_1 - A_2$	A
$\lvert A_1 - A_2\rvert$	B
$A_2 - A_1$	C
$\lvert A_1\rvert - \lvert A_2\rvert$	D
$A_1 + A_2$	E

6.153 Gib das unbestimmte Integral der gegebenen Funktion an und bestimme anschließend die Gleichung jener Kurve, die durch den Punkt P verläuft.

a) $f(x) = x^2 - 1$, $P(1|3)$ **b)** $f(x) = \sqrt{x}$, $P(9|20)$ **c)** $f(x) = \sin(x)$, $P(\pi|3)$

6.154 **1)** Berechne das bestimmte Integral.
2) Gib den Inhalt der Fläche an, die vom Funktionsgraphen und der waagrechten Achse eingeschlossen wird.

a) $\int_{-2}^{2} x^3\,dx$ **b)** $\int_{-\frac{\pi}{2}}^{\frac{3\pi}{2}} 2\cdot\cos(t)\,dt$ **c)** $\int_{0}^{3} (2x^2 - 8)\,dx$ **d)** $\int_{-\frac{\pi}{4}}^{\frac{\pi}{4}} \tan(t)\,dt$

Aufgaben 6.155 – 6.157: Ermittle die unbestimmten Integrale.

6.155 **a)** $\int (2x^3 - 4\cdot e^x)\,dx$ **b)** $\int (4\cdot\cos(t) + t)\,dt$ **c)** $\int \left(\frac{1}{2u} + \sin(u)\right) du$

6.156 **a)** $\int \left(2^x + \frac{3}{x} - 2\cdot e^x\right) dx$ **b)** $\int \left(\frac{2}{\cos^2(t)} - 4t\right) dt$ **c)** $\int \left(\frac{a}{1+s^2} + b\cdot s^2 + c\right) ds$

6.157 **a)** $\int 4x^3\,dx$ **b)** $\int \frac{1}{3x^4}\,dx$ **c)** $\int t\cdot\sqrt[4]{t^3}\,dt$ **d)** $\int \frac{3}{\sqrt[3]{r^2}}\,dr$

Integralrechnung

Aufgaben 6.158 – 6.160: Berechne die bestimmten Integrale.

6.158 **a)** $\int_1^4 \left(\ln(2) - \frac{3}{x} + \frac{1}{\sqrt{x}}\right) dx$ **b)** $\int_{-3}^{-1} \left(1 + \frac{1}{3x^2} - 2x\right) dx$ **c)** $\int_0^1 (2x \cdot \sqrt[3]{x} - 2)\, dx$

6.159 **a)** $\int_0^{\pi} (2 \cdot \sin(t) - 4 \cdot \cos(t))\, dt$ **b)** $\int_0^1 \left(\frac{2}{1 + x^2} - \pi\right) dx$ **c)** $\int_0^2 (3 \cdot e^2 - 2 \cdot e^x)\, dx$

6.160 **a)** $\int_0^{\frac{\ell}{\sqrt{3}}} \left(\frac{q \cdot \ell}{6} - \frac{q \cdot x^2}{2 \cdot \ell}\right) dx$ **c)** $\int_{v_1}^{v_2} m \cdot v\, dv$ **e)** $\int_0^T a \cdot t\, dt$

b) $\int_0^h m \cdot g\, ds$ **d)** $\int_0^{\pi} a^{\varphi}\, d\varphi$ **f)** $\int_{t_1}^{t_2} (1 - e^{-\lambda \cdot t})\, dt$

6.161 Ein Ball wird zum Zeitpunkt t = 0 s aus einer Höhe $h_0 = h(0)$ fallen gelassen. Seine Momentangeschwindigkeit beträgt:

$v(t) = \frac{dh}{dt} = -g \cdot t \quad \text{mit} \quad g = 9{,}81\, \frac{m}{s^2}$

1) Gib die Höhe h(t) des Balls in Abhängigkeit von der Zeit t an. Welchem Wert entspricht die Integrationskonstante?

2) Berechne, nach wie viel Sekunden der Ball auf den Boden aufkommt, wenn er aus einer Höhe von $h_0 = 6$ m gefallen ist. Gib die Endgeschwindigkeit an.

6.162 Ein Körper bewegt sich mit der Geschwindigkeit v.

Ergänze die Textlücken im folgenden Satz durch Ankreuzen der jeweils richtigen Satzteile so, dass eine korrekte Aussage entsteht.

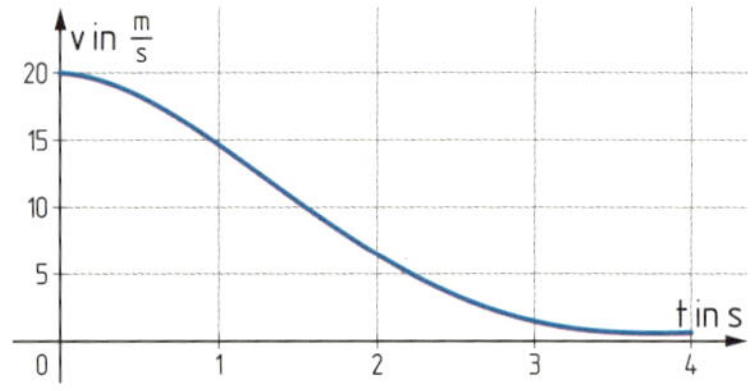

Der im Zeitintervall [0 s; 4 s] zurückgelegte Weg ___①___, weil ___②___.

①		②	
beträgt höchstens 20 m	A	$v(t) \leq 20$ gilt	A
beträgt 20 m	B	die Fläche unter der Funktion v größer als 20 ist	B
beträgt mehr als 20 m	C	$v(4) - v(0) = 20$ ist	C

6.163 Ermittle das unbestimmte Integral mittels linearer Substitution.

a) $\int e^{3t + 1}\, dt$ **b)** $\int (2t + \sin(3t + 1))\, dt$ **c)** $\int (2e^{\frac{t}{3}} - 1)\, dt$

Aufgaben 6.164 – 6.166: Ermittle die unbestimmten Integrale.

6.164 **a)** $\int x \cdot \sqrt[3]{x^2 + 2}\, dx$ **c)** $\int \frac{s^2}{\sqrt{a + s^3}}\, dx$ **e)** $\int \frac{2t^2}{t^3 - 1}\, dt$

b) $\int \frac{e^{\sqrt{x}}}{2 \cdot \sqrt{x}}\, dx$ **d)** $\int \varphi \cdot \cos(2\varphi^2)\, d\varphi$ **f)** $\int \left(\frac{2}{s + 1} - \frac{s}{s^2 + 3}\right) ds$

6.165 **a)** $\int u \cdot (u + 2)^5\, du$ **b)** $\int x \cdot \ln(x^2)\, dx$ **c)** $\int (t + 1) \cdot e^t\, dt$

6.166 **a)** $\int \frac{5x - 7}{x^2 + 2x - 15}\, dx$ **b)** $\int \frac{-15}{x^2 + 3x - 4}\, dx$ **c)** $\int \frac{13x - 6}{x^3 + x^2 - 6x}\, dx$

Aufgaben 6.167 – 6.169: Ermittle jeweils das Integral.

6.167 **a)** **1)** $\int \frac{1}{x-a}\,dx$ **2)** $\int \frac{1}{a-x}\,dx$ **3)** $\int \frac{x}{x-a}\,dx$

b) **1)** $\int \frac{1}{x^2+a^2}\,dx$ **2)** $\int \frac{1}{x^2-a^2}\,dx$ **3)** $\int \frac{x}{x^2-a^2}\,dx$

6.168 **a)** $\int_0^{\frac{\pi}{2}} \frac{\cos(t)}{1+\sin^2(t)}\,dt$ **b)** $\int_e^{e^2} \frac{(\ln(x))^2}{x}\,dx$ **c)** $\int_0^{\frac{\pi}{3}} \frac{\sin(x)}{\cos^2(x)}\,dx$

6.169 **a)** $\int_0^4 x \cdot e^{2x}\,dx$ **b)** $\int_{-1}^1 x \cdot e^{x^2}\,dx$ **c)** $\int_0^{\frac{\pi}{2}} \cos(t) \cdot \sin(t)\,dt$

6.170 Begründe, ob das Integral divergent oder konvergent ist. Berechne das Integral, falls das möglich ist.

a) $\int_1^{\infty} \frac{3}{r^2}\,dr$ **b)** $\int_{-3}^{3} \frac{3}{s^2}\,ds$ **c)** $\int_{-\infty}^{-1} \frac{1}{x^4}\,dx$ **d)** $\int_2^6 \frac{x}{\sqrt{x^2-4}}\,dx$ **e)** $\int_2^{\infty} \frac{1}{\sqrt{x+1}}\,dx$

6.171 **1)** Berechne $\int x^n \cdot e^x\,dx$ für n = 1 und n = 2 mittels partieller Integration.
2) Berechne das Integral für n = 3, n = 4 und n = 5 mithilfe von Technologieeinsatz.
3) Überlege anhand der Ergebnisse von **1)** und **2)** eine allgemeine Formel für $\int x^n \cdot e^x\,dx$ und beweise diese mittels vollständiger Induktion.

6.172 Eine Bank hat für die ersten 20 Tage nach der Umstellung ihres Online-Portals einen rund um die Uhr besetzten Help-Desk eingerichtet. Die Anzahl der Beschwerden, abhängig von der Zeit t (in Stunden) nach Beginn der Umstellung, kann durch die Funktion f beschrieben werden.
1) Gib eine Formel für die Gesamtzahl A der Beschwerden zwischen den Zeitpunkten a und b an.
A = ____________________
2) Skizziere die Funktion, die die Gesamtzahl der eingegangenen Beschwerden, abhängig von der Zeit t, beschreibt.

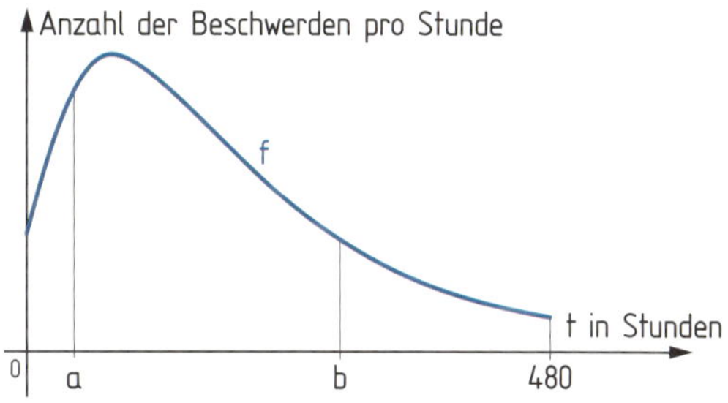

6.173 Berechne die Laplace-Transformierte der ersten Ableitung $\mathcal{L}\{f'(t)\}$.

6.174 Die NASA-Raumsonde Voyager 1 startete in den Weltraum, um Daten zu sammeln. Dazu musste sie das Schwerefeld der Erde verlassen. Die Kraft, die dazu notwendig ist, ergibt sich aus dem Gravitationsgesetz:

$F(r) = \frac{G \cdot M \cdot m}{r^2}$

r … Abstand vom Erdmittelpunkt

$G \approx 6{,}67 \cdot 10^{-11}\,\frac{m^3}{kg \cdot s^2}$, $M \approx 5{,}97 \cdot 10^{24}$ kg … Masse der Erde

$m \approx 825{,}5$ kg … Masse der Sonde

Berechne mithilfe des Integrals $W = \int_{r_0}^{\infty} F(r)\,dr$ die Arbeit, die notwendig war, um die Sonde aus dem Schwerefeld der Erde zu bringen ($r_0 \approx 6{,}37 \cdot 10^6$ m … mittlerer Erdradius).

6.175 In der Wahrscheinlichkeitsrechnung spielt die so genannte **Gauß'sche Glockenkurve** eine wichtige Rolle.

Ihre Funktionsgleichung lautet: $f(x) = \frac{1}{\sqrt{2\pi}} \cdot e^{-\frac{x^2}{2}}$

Zeige, dass für den Flächeninhalt zwischen der Kurve und der x-Achse gilt: $\frac{1}{\sqrt{2\pi}} \cdot \int_{-\infty}^{\infty} e^{-\frac{x^2}{2}} dx = 1$

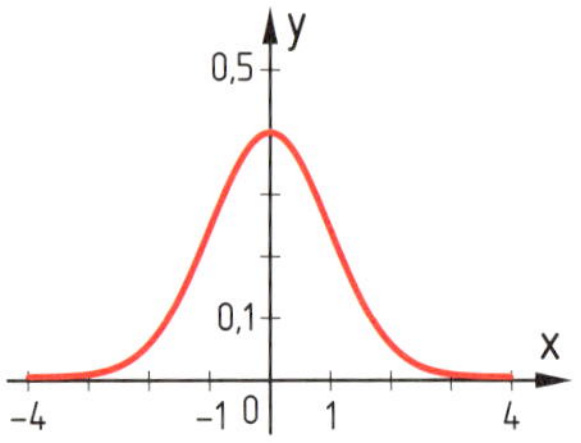

Aufgaben in englischer Sprache

antidifferentiation, integration	Integration	integration by parts	partielle Integration
antiderivative, primitive integral	Stammfunktion, unbestimmtes Integral	limits of integration	Integrationsgrenzen
improper integral	uneigentliches Integral	partial fraction decomposition/ expansion	Partialbruch-zerlegung
indefinite/definite integral	unbestimmtes/ bestimmtes Integral	substitution	Substitution
integral calculus	Integralrechnung	upper/lower sum	Ober-/Untersumme

6.176 Explain the calculation of the definite integral.

6.177 Approximate the area beneath the curve $f(x) = x^2 + 1$ on the interval [0; 3] using **1)** upper sums, **2)** lower sums with four rectangles.

6.178 Evaluate $\int_0^{\frac{\pi}{4}} \sec^2(x) \cdot \tan(x)\,dx$. $\left(\text{Hint: } \sec(x) = \frac{1}{\cos(x)}\right)$

TE **6.179** In the book *The Fellowship of the Ring* by J. R. R. Tolkien, a young hobbit named Frodo embarks on an exiting adventure to destroy the One Ring in the fires of Mount Doom. Frodo's velocity in the first 4 days of the journey can be estimated by the following map:
$v(t) = -15.5t^3 + 86.25t^2 - 117.25t + 48.75$
t … time in days, v … velocity in miles per day
1) Create a graph first to check if the direction of Frodo's movement has changed.
2) Calculate how far from home Frodo is on the end of the 4th day of his journey.
3) How far did he walk?

6.180 Find the solution by applying integration by parts twice: $\int (t-1)^2 \cdot e^{-t}\,dt$

6.181 The energy E, required to separate two charged particles, originally a distance apart, to distance b, is given by the integral $E = \int_a^b \frac{k \cdot q_1 \cdot q_2}{r^2} dr$ where q_1 and q_2 are the magnitudes of the charges and $k = 9 \cdot 10^9 \frac{N \cdot m^2}{C^2}$ is a constant.
A hydrogen atom consists of a proton and an electron with opposite charges of magnitude $1.6 \cdot 10^{-19}$ coulombs. Find the energy required to take a hydrogen atom apart (that is to move the electron from its orbit to an infinite distance from the proton). Assume, the initial distance between the electron and the proton is the Bohr radius $r_B = 5.3 \cdot 10^{-11}$ m.

Wissens-Check

<table>
<tr><th></th><th></th><th>gelöst</th></tr>
<tr><td>1</td><td>Ich kann die Begriffe Stammfunktion, unbestimmtes und bestimmtes Integral erklären und kenne deren Bedeutung.</td><td></td></tr>
<tr><td>2</td><td>Für welche der dargestellten Funktionen ist F eine Stammfunktion?
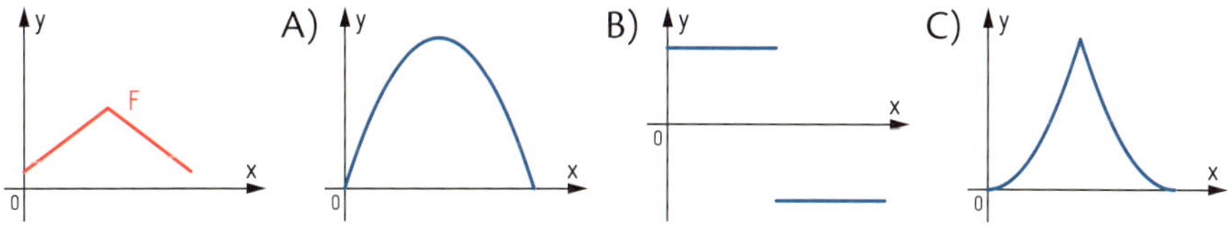
</td><td></td></tr>
<tr><td>3</td><td>Kreuze an, welche Aussage für alle Stammfunktionen F der abgebildeten Funktion f gilt.
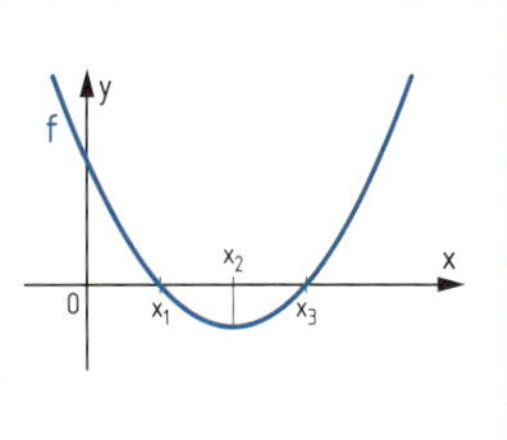

<table>
<tr><td>$F(x_2) = 0$</td><td>A</td></tr>
<tr><td>$F(x) < 0$ für $x \in]x_1; x_3[$</td><td>B</td></tr>
<tr><td>$F(x)$ ist monoton fallend für $x \in]-\infty; x_2[$</td><td>C</td></tr>
<tr><td>$F(x_1) > F(x_3)$</td><td>D</td></tr>
<tr><td>$F(x_2) < F(x_3)$</td><td>E</td></tr>
</table></td><td></td></tr>
<tr><td>4</td><td>Setze richtig fort:
Ist f(x) eine Polynomfunktion vom Grad n, so ist die Stammfunktion F(x) eine ...</td><td></td></tr>
<tr><td>5</td><td>Gib eine Formel an, mit der der im Intervall $[t_1; t_2]$ zurückgelegte Weg der Geschwindigkeit-Zeit-Funktion v berechnet werden kann.</td><td></td></tr>
<tr><td>6</td><td>Berechne das bestimmte Integral: $\int_1^2 \left(7x + \sqrt{7x} + \frac{1}{7x}\right) dx$</td><td></td></tr>
<tr><td>7</td><td>Ermittle die unbestimmten Integrale:
1) $\int \frac{1}{1-2t}\,dt$ 2) $\int \cos(\omega \cdot t + \varphi)\,dt$ 3) $\int e^{-3t}\,dt$</td><td></td></tr>
<tr><td>8</td><td>Ist der angegebene Ansatz zur Partialbruchzerlegung richtig? Begründe deine Antwort.
$\frac{1}{x^3 + x^2} = \frac{A}{x^2} + \frac{B}{x+1}$</td><td></td></tr>
<tr><td>9</td><td>Ich kann den Begriff uneigentliches Integral erklären.</td><td></td></tr>
<tr><td>10</td><td>Begründe durch Berechnen, ob die Integrale konvergent oder divergent sind.
1) $\int_0^\infty e^{-\frac{t}{2}}\,dt$ 2) $\int_0^2 \frac{1}{x-1}\,dx$</td><td></td></tr>
</table>

Lösung:
1) siehe Seiten 192ff 2) B 3) D 4) … Polynomfunktion vom Grad (n + 1) 5) $\int_{t_1}^{t_2} v(t)\,dt$
6) 13,824… 7) 1) $-\frac{1}{2}\cdot\ln(|1-2x|) + C$; 2) $\frac{1}{\omega}\cdot\sin(\omega\cdot t+\varphi) + C$; 3) $-\frac{1}{3}\cdot e^{-3t} + C$
8) Nein, weil auch der Teilbruch mit dem Nenner x zu berücksichtigen ist.
9) siehe Seiten 228ff 10) 1) 2, daher konvergent; 2) ∞, daher divergent

7 Anwendungen der Integralrechnung

In Abschnitt 6 wurden verschiedene Regeln und Methoden gezeigt, um zu einer gegebenen Funktion die Stammfunktion zu ermitteln. Nun soll dieses Wissen praktisch angewendet werden. Integrieren entspricht der Berechnung von Produktsummen, daher können zum Beispiel Volumen von Körpern berechnet werden, indem sie in Schichten zerlegt und diese anschließend mithilfe der Integralrechnung aufsummiert werden.
In Naturwissenschaft und Technik verwendet man die Integralrechnung, um kontinuierliche Vorgänge und bestimmte Größen ermitteln zu können. Auch bei wirtschaftlichen Anwendungen ist die Integralrechnung von Bedeutung.

7.1 Flächenberechnungen

Fläche zwischen zwei Funktionsgraphen

In Abschnitt 6.2.3 wurde das bestimmte Integral als orientierter Flächeninhalt zwischen dem Graphen einer Funktion $y = f(x)$ und der x-Achse im Intervall $[a; b]$ eingeführt. Je nach Lage des Funktionsgraphen zur x-Achse kann das bestimmte Integral auch negativ sein. Nun sollen der Flächeninhalt zwischen einer beliebig liegenden Kurve und einer Koordinatenachse sowie der Inhalt der Fläche, die von zwei Kurven eingeschlossen wird, berechnet werden.

A B C D **7.1** Die Gerade $y = x - 2$ schließt mit der x-Achse und den Senkrechten $x = 0$ und $x = 4$ eine Fläche ein.
1) Fertige eine Zeichnung an und ermittle den Flächeninhalt elementar.
2) Berechne den Flächeninhalt mithilfe der Integralrechnung. Erkläre, worauf dabei geachtet werden muss.

Hat eine Funktion im Integrationsbereich sowohl positive als auch negative Funktionswerte, so muss das Intervall zur Berechnung des Flächeninhalts an den Nullstellen geteilt werden. Liegt ein Funktionsgraph unterhalb der x-Achse, so ist der Wert des bestimmten Integrals negativ, der Flächeninhalt entspricht dem Betrag dieses Werts.

Die Flächeninhalte werden durch stückweises Integrieren getrennt berechnet und anschließend addiert.

ZB $y = x^2 - 4$ im Intervall $[0; 3]$
Nullstellen: $x_1 = -2$, $x_2 = 2$
Die Kurve liegt in $[0; 2]$ unterhalb der x-Achse (vgl. Skizze), daher ist der Flächeninhalt der Betrag des bestimmten Integrals.

$$A_1 = \left|\int_0^2 (x^2 - 4)\,dx\right| = \left|-\frac{16}{3}\right| = \frac{16}{3}\,E^2$$

$$A_2 = \int_2^3 (x^2 - 4)\,dx = \frac{7}{3}\,E^2$$

$$A = A_1 + A_2 = \frac{23}{3}\,E^2 \approx 7{,}7\,E^2$$

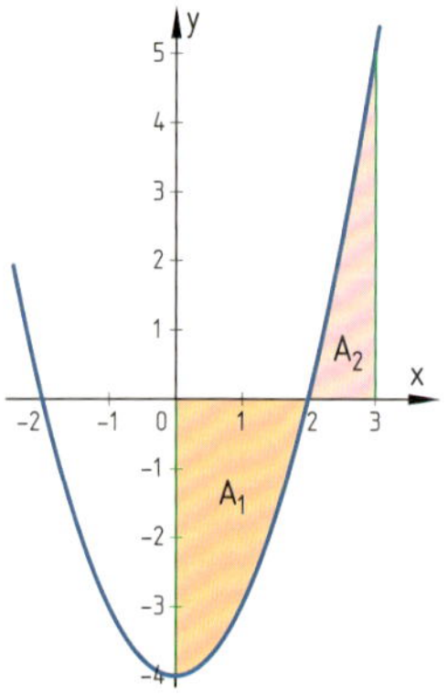

7.2 Berechne den Inhalt der Fläche, die von der Kurve $y = x^3 - 4x$ und der x-Achse eingeschlossen wird.

A B

Lösung:

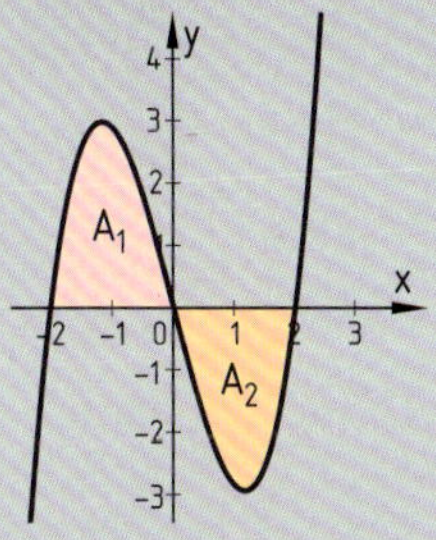

- Zeichnen des Graphen

$y = 0\colon x^3 - 4x = 0$

$x \cdot (x^2 - 4) = 0$

$x_1 = -2, x_2 = 0, x_3 = 2$

- Nullstellen berechnen
- Die Nullstellen sind die Integrationsgrenzen.

$A_1 = \int_{-2}^{0} (x^3 - 4x)\, dx =$

$= \left(\frac{x^4}{4} - 2x^2\right)\Big|_{-2}^{0} =$

$= 0 - (4 - 8) = 4\ E^2$

- Ermitteln des Flächeninhalts A_1 durch Integrieren

$A = 2 \cdot A_1 = 8\ E^2$

- Ungerade Funktion $\Rightarrow A_1 = A_2$

Der Berechnung des Inhalts einer Fläche liegt die Idee der Unterteilung in schmale Rechtecke zugrunde. Diese haben zum Beispiel die Teilflächen

$dA = f(x) \cdot dx$ oder $dA = g(y) \cdot dy$

und werden als **Flächenelemente** bezeichnet. Der gesamte Flächeninhalt ist die Summe aller Flächenelemente. Symbolisch wird dies in der Form $A = \int_A dA$ dargestellt.

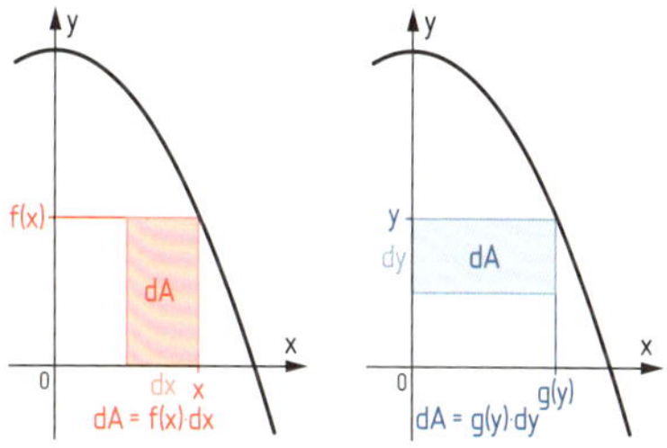

7.3 Berechne den Inhalt der Fläche, die vom Graphen der Funktion $y = x^2$ mit $x \geq 0$, der y-Achse und der Waagrechten $y = 4$ eingeschlossen wird. Verwende dabei waagrechte Flächenelemente.

A B

Lösung:

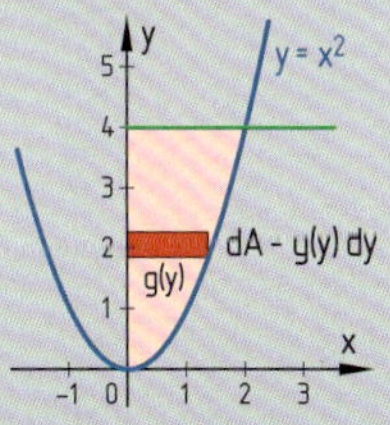

$y = x^2 \Rightarrow x = \pm\sqrt{y}$

$g(y) = \sqrt{y}$

$A = \int_A dA$ mit $dA = \sqrt{y} \cdot dy$

$A = \int_0^4 \sqrt{y}\, dy = \frac{2}{3} \cdot y^{\frac{3}{2}}\Big|_0^4 =$

$= \frac{2}{3} \cdot (\sqrt{64} - 0) = \frac{16}{3}\ E^2$

- Man verwendet waagrechte Flächenelemente, berechnet also die Fläche zwischen der Kurve und der y-Achse.
- Die Integrationsgrenzen sind $y_1 = 0$ und $y_2 = 4$.

Anwendungen der Integralrechnung

Eine Fläche muss nicht immer von einer Kurve und einer Achse begrenzt sein. Die **Randkurven** können auch **beliebige Funktionsgraphen** sein.

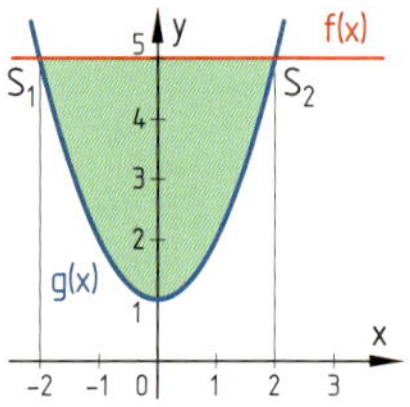

Zum Beispiel soll der Inhalt der Fläche berechnet werden, die von den Graphen der Funktionen **$f(x) = 5$** und **$g(x) = x^2 + 1$** eingeschlossen wird. Anhand der Zeichnung sieht man, dass sich die Kurven in zwei Punkten S_1 und S_2 schneiden, die x-Koordinaten der Schnittpunkte sind die Integrationsgrenzen. Den Flächeninhalt erhält man, indem man von der Fläche zwischen der **oberen** Kurve und der x-Achse die Fläche zwischen der **unteren** Kurve und der x-Achse **abzieht**.
Die Schnittpunkte der Funktionsgraphen liegen an den Stellen $x_1 = -2$ und $x_2 = 2$, daraus ergeben sich die Integrationsgrenzen.

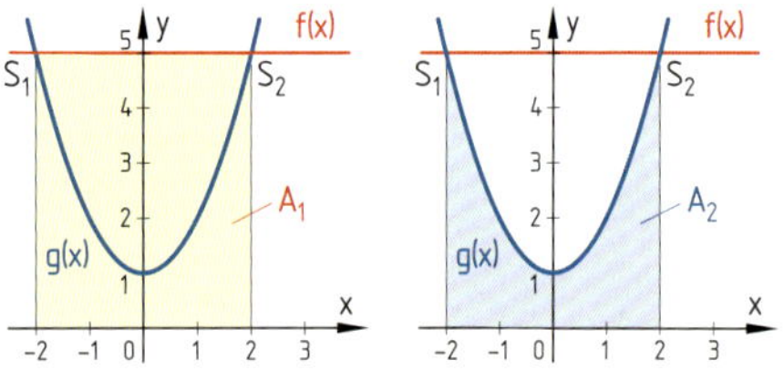

$$\mathbf{A_1} = \int_{-2}^{2} 5\,dx = 20\ E^2$$

$$\mathbf{A_2} = \int_{-2}^{2} (x^2 + 1)\,dx = \frac{28}{3}\ E^2$$

$$\mathbf{A} = A_1 - A_2 = \frac{32}{3} \approx 10{,}67\ E^2$$

Diese Rechnung kann aufgrund der Summenregel zu einem Integral zusammengefasst werden:

$$A = A_1 - A_2 = \int_{-2}^{2} 5\,dx - \int_{-2}^{2} (x^2 + 1)\,dx = \int_{-2}^{2} [5 - (x^2 + 1)]\,dx$$

Allgemein gilt für den Flächeninhalt zwischen zwei Funktionsgraphen:

$$A = \int_a^b [f(x) - g(x)]\,dx$$

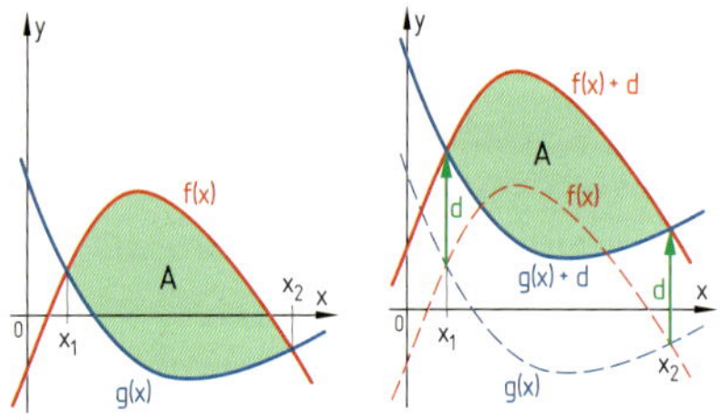

Diese Formel ist unabhängig davon, wie die beiden Kurven zur x-Achse liegen, solange f(x) im gesamten betrachteten Intervall oberhalb von g(x) liegt. Man kann überlegen, dass die Fläche gleich bleibt, wenn man die beiden Funktionsgraphen um denselben Wert d verschiebt. Setzt man in die Formel ein, so ergibt sich:

$$A = \int_a^b [f(x) + d - (g(x) + d)]\,dx = \int_a^b [f(x) - g(x)]\,dx$$

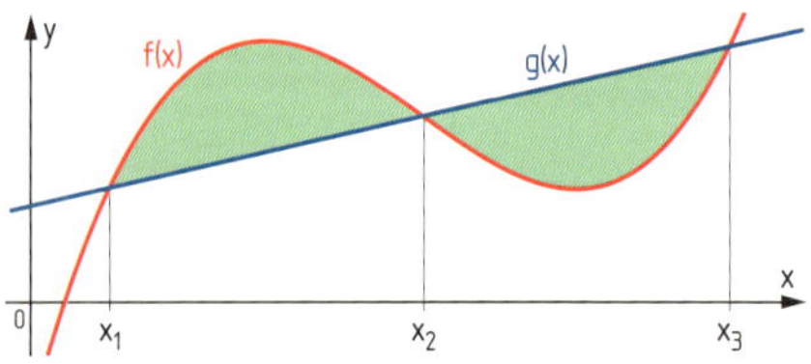

Liegt der Graph von f(x) nicht im gesamten Integrationsintervall oberhalb von jenem von g(x), so wird das Intervall an den x-Werten der Schnittpunkte der Funktionsgraphen geteilt. Der Flächeninhalt wird dann stückweise berechnet.

Flächeninhalt zwischen zwei Kurven $y_1 = f(x)$ und $y_2 = g(x)$

Gilt $f(x) \geqslant g(x)$ im Intervall [a; b], so kann der Flächeninhalt A, der von beiden Kurven in [a; b] eingeschlossen wird, als bestimmtes Integral der Differenz der Funktionen berechnet werden.

$$A = \int_a^b [f(x) - g(x)]\,dx$$

7.4 Berechne den Inhalt der Fläche, die von den Kurven $f(x) = x^3 - 4x + 4$ und $g(x) = 3x - 2$ und der Geraden $x = -1$ begrenzt wird.

Lösung:

Schnittpunkte: $f(x) = g(x)$

$x^3 - 4x + 4 = 3x - 2$ — • Lösen der Gleichung

$x_1 = -3, x_2 = 1, x_3 = 2$

$S_1(-3|-11), S_2(1|1), S_3(2|4)$ — • Der Schnittpunkt S_1 muss nicht berücksichtigt werden.

$A_1 = \int_{-1}^{1} [f(x) - g(x)]\,dx =$ — • Im Intervall [−1; 1] liegt der Graph von f(x) oberhalb des Graphen von g(x).

$= \int_{-1}^{1} (x^3 - 7x + 6)\,dx = 12\,E^2$

$A_2 = \int_{1}^{2} [g(x) - f(x)]\,dx =$ — • Im Intervall [1; 2] liegt der Graph von g(x) oberhalb des Graphen von f(x).

$= \int_{1}^{2} (-x^3 + 7x - 6)\,dx = \frac{3}{4}\,E^2$

$A = A_1 + A_2 = 12{,}75\,E^2$

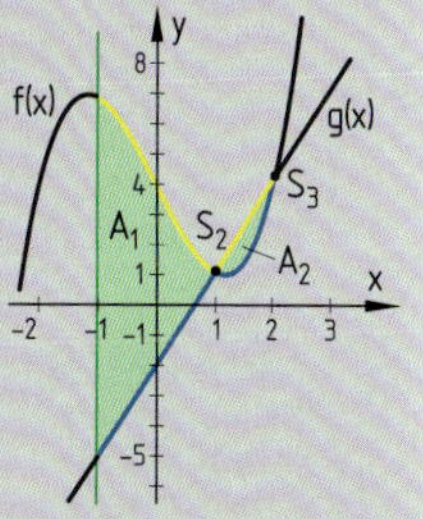

Aufgaben 7.5 – 7.6: Gib die Inhalte der dargestellten Flächen als bestimmte Integrale an.

7.5 **a)**

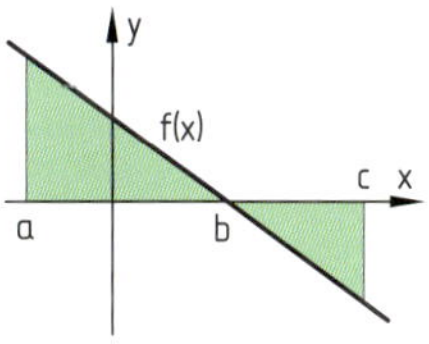

b)

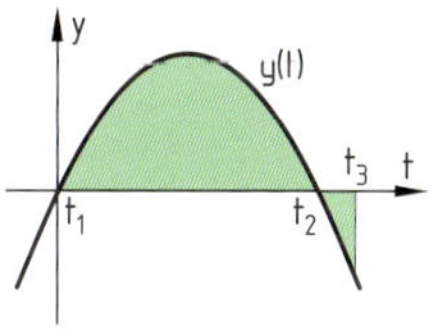

c)

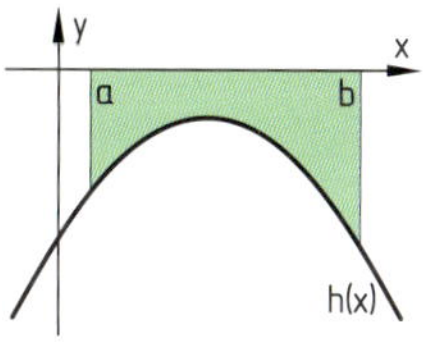

7.6 **a)**

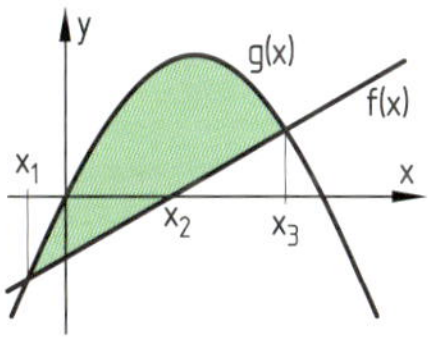

b)

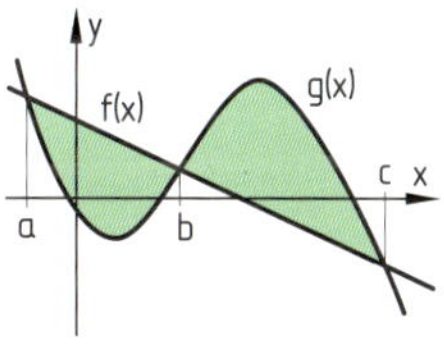

c)

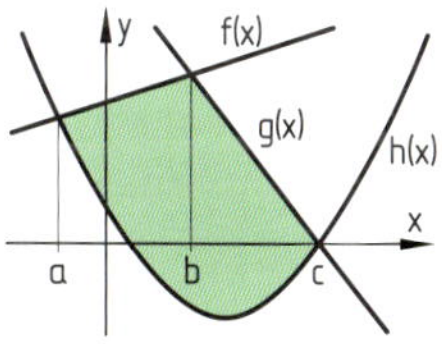

7.7 Gib eine Formel für den Inhalt der dargestellten Fläche als Integral mithilfe von ***1)*** senkrechten, ***2)*** waagrechten Flächenelementen an.

a)

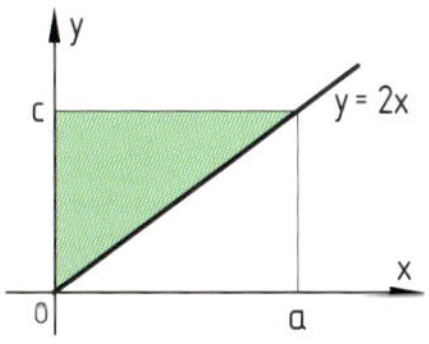

b)

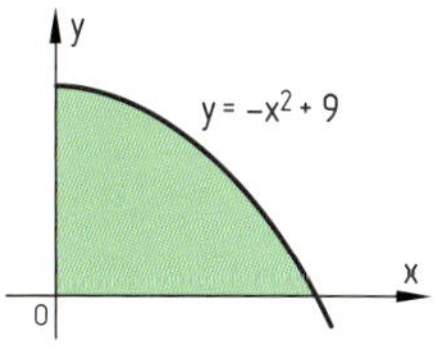

c)

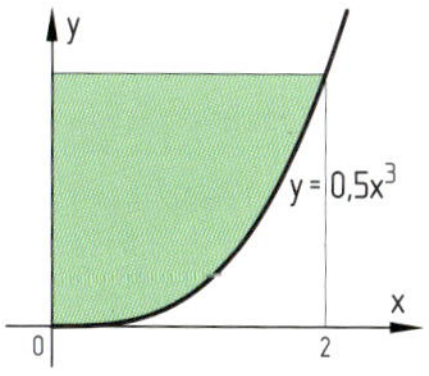

7.8 Ermittle den Inhalt der markierten Fläche ***1)*** mithilfe von Integration, ***2)*** elementar. Beurteile anschließend den jeweils benötigten Rechenaufwand.

a)

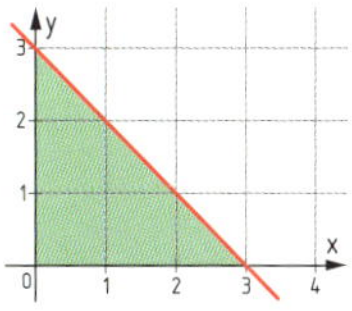

b)

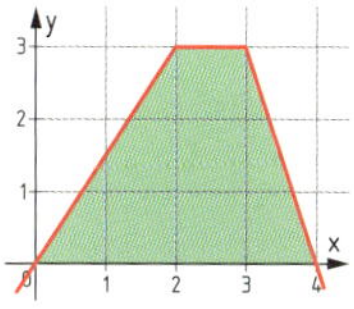

c)

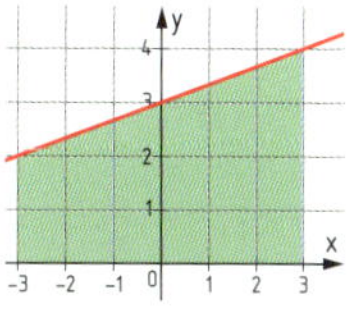

Anwendungen der Integralrechnung

Flächenberechnungen, die grundlegende Integrationsregeln erfordern

7.9 Berechne den Inhalt der Fläche, die vom Funktionsgraphen und der x-Achse eingeschlossen wird.
a) $f(x) = x^3 - x$ **b)** $f(x) = 0{,}5x^3 - 2x^2 + 2x$

Aufgaben 7.10 – 7.13: Berechne jeweils den Inhalt der Fläche, die vom Funktionsgraphen $y = f(x)$, der x-Achse und den Geraden $x = a$ und $x = b$ begrenzt wird.

7.10 **a)** $f(x) = x^2 + 3x,\ a = -2, b = 1$ **c)** $f(x) = x^2 + 6x + 5,\ a = -4, b = 0$
b) $f(x) = x^3 - 1,\ a = -1, b = 2$ **d)** $f(x) = x^3 - 2x^2 - 3x,\ a = -1, b = 4$

7.11 **a)** $f(x) = \frac{1}{x} - 1,\ a = \frac{1}{2}, b = 2$ **c)** $f(x) = \sqrt{x} - 2,\ a = 1, b = 9$
b) $f(x) = -\frac{1}{x^2} + 1,\ a = \frac{1}{2}, b = 1$ **d)** $f(x) = 2e^x - 2,\ a = -1, b = 1$

7.12 **a)** $f(x) = \cos(x),\ a = 0, b = 2\pi$ **b)** $f(x) = \sin(x),\ a = \frac{\pi}{2}, b = \frac{3\pi}{2}$

7.13 **a)** $f(x) = \frac{1}{1 + x^2},\ a = -1, b = 1$ **b)** $f(x) = \frac{1}{\sqrt{1 - x^2}},\ a = -\frac{1}{2}, b = \frac{1}{2}$

Aufgaben 7.14 – 7.19: Berechne jeweils den Inhalt der Fläche, die von den Graphen der gegebenen Funktionen eingeschlossen wird.

7.14 **a)** $f_1(x) = 2x^2 - 2x - 3,\ f_2(x) = -4x + 1$ **c)** $f_1(x) = -2x + 1,\ f_2(x) = 3x^2 - 3x - 1$
b) $f(t) = -t^2 + 2t + 4,\ g(t) = (t - 2)^2$ **d)** $f_1(x) = 2x^2,\ f_2(x) = 0{,}5x^2 + 6$

7.15 **a)** $f(x) = x^3 - 4x + 2,\ g(x) = 3x - 4$ **b)** $g(t) = -t^3 + 2t + 4,\ h(t) = -2t + 4$

7.16 **a)** $y_1(x) = x^3,\ y_2(x) = 3x^2 + x - 3$ **b)** $f(x) = x^3,\ g(x) = -2x^2 + 3x$

7.17 **a)** $f_1(x) = x^2,\ f_2(x) = \sqrt{x}$ **b)** $f_1(x) = 0{,}5x,\ f_2(x) = \sqrt{x}$

7.18 **a)** $f(x) = \frac{2}{x^2},\ g(x) = -x^2 + 3$ **b)** $f(x) = \frac{1}{x^3},\ g(x) = -\frac{7}{8} \cdot x + \frac{15}{8}$

7.19 **a)** $f(x) = \sin(x),\ g(x) = \cos(x),\ x \in [0; 2\pi]$ **b)** $f(x) = \cos(x),\ g(x) = 0{,}5,\ x \in [0; \pi]$

7.20 Berechne den Inhalt der gegebenen Fläche mithilfe von waagrechten Flächenelementen.

a)
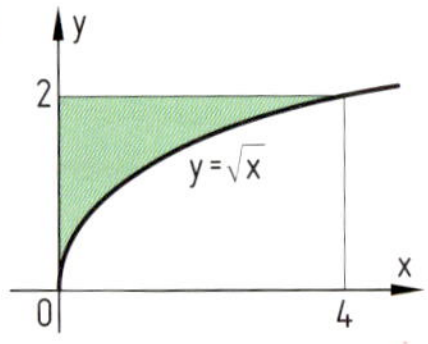

b)
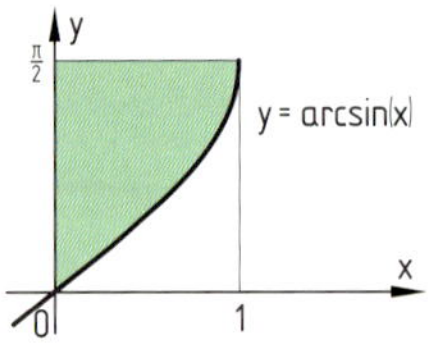

c)
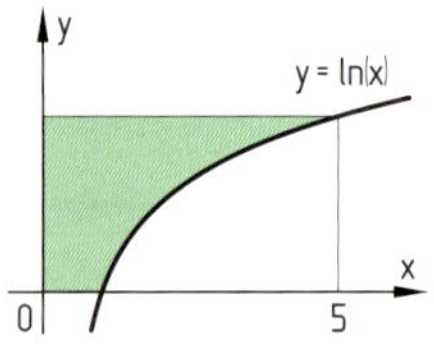

7.21 Der Flächeninhalt zwischen dem Funktionsgraphen $y = e^x$, der x-Achse, der y-Achse und der senkrechten Geraden $x = b$ beträgt 4 E^2. Berechne b.

7.22 Berechne den Inhalt der Fläche, die vom Graphen der Funktion $f(x) = \frac{1}{2}x^2$, der Tangente an den Funktionsgraphen im Punkt $P(3|y_P)$ und der x-Achse eingeschlossen wird.

7.23 Eine Polynomfunktion 3. Grads hat den Hochpunkt $H(3|5)$ und den Wendepunkt $W(4|4)$.
a) Wie groß ist der Flächeninhalt zwischen dem Graphen der Funktion und der x-Achse von $x = 2$ bis zur x-Koordinate des Tiefpunkts?
b) Berechne den Inhalt der Fläche zwischen dem Graphen und der Tangente in $P(6|y_P)$.

7.24 Eine Polynomfunktion 3. Grads berührt die x-Achse im Ursprung und hat den Hochpunkt $H(2|\frac{4}{3})$.

1) Ermittle die Nullstellen x_1 und x_2 sowie die Gleichung der Wendetangente.

2) Berechne den Inhalt der Fläche, die von der Wendetangente, der Kurve und den Senkrechten bei x_1 und x_2 eingeschlossen wird.

7.25 Der Inhalt der Fläche zwischen dem Graphen einer quadratischen Funktion f und der x-Achse im Intervall [0; 3] beträgt 20 E^2. Der Funktionsgraph von f hat in $T(2|4)$ einen Tiefpunkt. Gib die Funktionsgleichung von f an.

7.26 Eine Polynomfunktion 4. Grads hat im Ursprung einen Wendepunkt mit waagrechter Tangente und schneidet die x-Achse an der Stelle x = 5. Der Flächeninhalt, den der Funktionsgraph mit der x-Achse einschließt, beträgt 31,25 E^2. Ermittle die beiden möglichen Funktionsgleichungen der Polynomfunktion.

7.27 Die Fläche zwischen der Sinuskurve und der waagrechten Achse im Bereich $[0; \pi]$ soll durch eine senkrechte Gerade im Verhältnis 3 : 4 geteilt werden. Gib die Gleichung der Geraden an.

7.28 Bei einer Schularbeit war die Berechnung des Inhalts der farbig unterlegten Fläche gefragt. Beim Korrigieren der Arbeiten fand der Lehrer verschiedene Lösungsansätze vor.

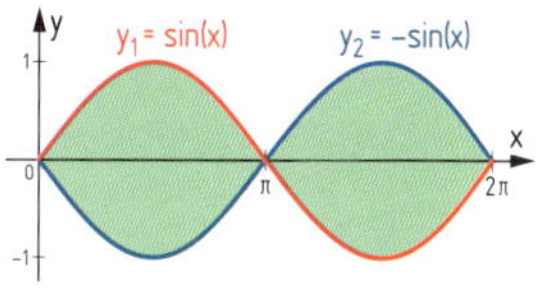

Erkläre, welche der Ansätze richtig sind und welcher Fehler beim falschen Ansatz gemacht wurde.

A) $A = 4 \cdot \int_0^{\pi} \sin(x)\,dx$ ***B)*** $A = 2 \cdot \int_0^{2\pi} \sin(x)\,dx$ ***C)*** $A = 2 \cdot \int_0^{\pi} \sin(x)\,dx - 2 \cdot \int_{\pi}^{2\pi} \sin(x)\,dx$

7.29 Der Querschnitt eines 1,6 km langen, geradlinig verlaufenden Kanals hat die Form einer Parabel (siehe Abbildung, Angaben in Meter).

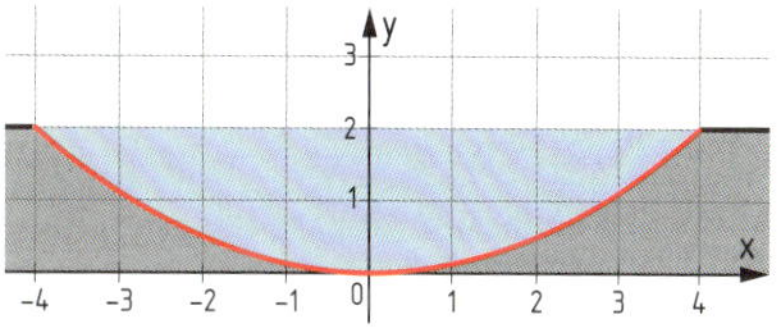

1) Ermittle die Funktionsgleichung der Parabel.

2) Wie viel m^3 Wasser fasst der Kanal, wenn das Wasser bis zum Rand steht?

3) In einer Zeitung wird behauptet, dass der Kanal nur rund 35 % der maximalen Wassermenge fassen kann, wenn er bis zur halben Höhe gefüllt ist. Überprüfe diese Behauptung nachweislich.

4) Berechne, wie hoch das Wasser im Kanal steht, wenn er mit 80 000 Hektoliter Wasser gefüllt ist.

7.30 Bei Asphaltierungsarbeiten werden auf einer Autobahn 0,7 m lange Betonklötze zur Abtrennung der Fahrbahnen aufgestellt. Die Klötze haben den in der Abbildung dargestellten Querschnitt (Angaben in dm).

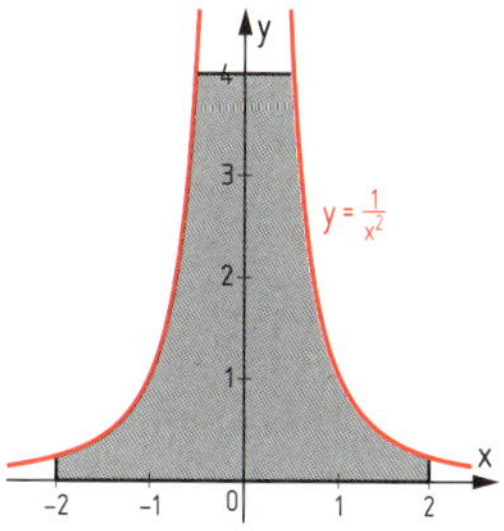

1) Berechne die Querschnittsfläche der Betonklötze. Entnimm die Abmessungen aus der Abbildung.

2) 1 m^3 der zum Guss verwendeten Betonmischung hat eine Masse von 3,1 Tonnen. Berechne die Masse eines Betonklotzes.

Anwendungen der Integralrechnung

A B C **7.31** Die dargestellte Hauswand soll in zwei Farben gestrichen werden (siehe Abbildung, Angaben in m). Die Formen der Begrenzungen werden durch die Graphen der Funktionen
$y_1(x) = 0{,}1x^3 - 0{,}7x^2 + 1{,}3x + a$ und

$y_2(x) = 0{,}15x^3 - 1{,}55x^2 + 5x + b$ beschrieben.

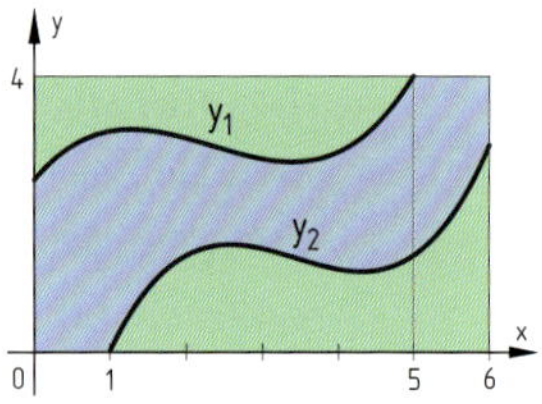

1) Gib eine Formel zur Berechnung der blauen Fläche an.

A = ______________________

2) Ermittle die fehlenden Parameter a und b mithilfe der angegebenen Werte in der Abbildung.

3) Man rechnet mit einem Verbrauch von einem Liter pro Quadratmeter. Berechne, wie viel Liter von jeder Farbe mindestens benötigt werden.

A B C **7.32** In Gärten von Schlössern werden die Rasenflächen und Blumenbeete oft kunstvoll angelegt. Eine Hälfte einer zur x-Achse symmetrischen Rasenfläche ist in der Abbildung dargestellt (Angaben in Meter). Sie wird unter anderem von zwei quadratischen Funktionen begrenzt. Die erste hat den Scheitel in $S_1(0|2)$, die zweite in $S_2(6|2)$. Sie schneiden einander im Punkt $P(2|4)$. Berechne die Gesamtgröße der Rasenfläche.

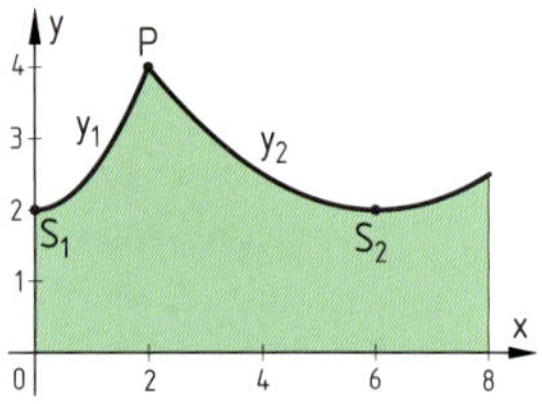

A B D **7.33** Der Betreiber eines Kanuverleihs möchte ein Grundstück mit Anlegesteg am Ufer eines Flusses erwerben (siehe Abbildung).

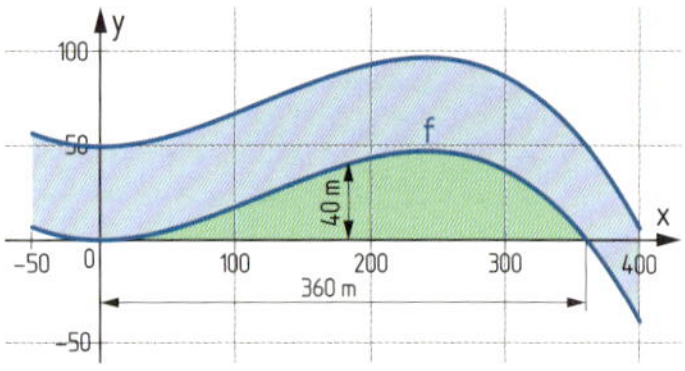

1) Erkläre, warum der Verlauf des Flussufers in diesem Bereich näherungsweise durch eine Polynomfunktion 3. Grads beschrieben werden kann.

2) Das Grundstück hat eine Länge von 360 m und ist in der Mitte 40 m breit. Erkläre, warum man bei der Ermittlung dieser Funktionsgleichung vom Ansatz $f(x) = a \cdot x^2 \cdot (x - 360)$ ausgehen kann, und ermittle den Faktor a.

3) Das Grundstück kostet 1 500,00 € pro Quadratmeter. Es wird vereinbart, dass die Provision des Maklers in der Höhe von 3,5 % des Kaufpreises sowie die anfallenden Gebühren von 4 200,00 € der Käufer zu tragen hat. Wie viel muss der Betreiber des Kanuverleihs insgesamt bezahlen?

A B D **7.34** Der Stirnteil eines symmetrischen Diadems hat die Form eines Auges. Die obere Begrenzungslinie des Diadems wird durch den Graphen der Funktion $f(x) = -\frac{1}{16}x^2 + 2$ beschrieben (siehe Abbildung, Angaben in cm).

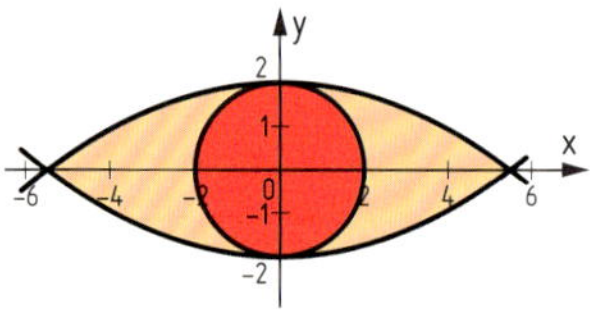

1) Die „Pupille" soll durch einen Zirkon dargestellt werden, der Rest der Fläche soll mit Blattgold belegt werden.
Berechne, wie viel Prozent der Gesamtfläche des Stirnteils durch den Zirkon verdeckt werden.

2) Wie hoch ist der Preis des Stirnteils, wenn ein Juwelier für die Belegung eines Quadratzentimeters mit Blattgold 6,89 € verlangt und der Zirkon 3 440,00 € kostet?

3) Das gesamte Auge – also auch die Pupille – wird sowohl in x- als auch in y-Richtung um 10 % gestreckt. Argumentiere, ob sich dadurch der Prozentsatz aus ***1)*** verändert. Überprüfe deine Antwort durch eine Rechnung.

7.35 Bei einer Spiele-App für ein Smartphone muss man eine vorgegebene Figur durch einen Fingerzug so teilen, dass man zwei Flächen mit demselben Flächeninhalt erhält. Je genauer man „schneidet", desto mehr Punkte erhält man. In einem Level kann die Figur durch jene Fläche beschrieben werden, die der Graph von

$f(x) = -\frac{1}{16}x^4 + \frac{3}{2}x^2 + x + 1$ mit der x-Achse einschließt.

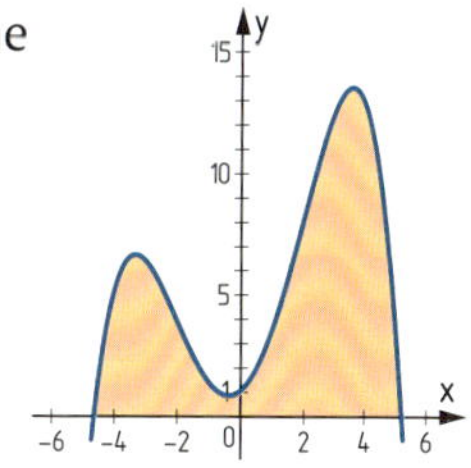

1) Berechne, an welcher Stelle man die Figur durch einen senkrechten Fingerzug durchtrennen muss, um sie zu halbieren.

2) Es wird entlang der angegebenen Geraden geteilt. Man erhält die volle Punkteanzahl, wenn der kleinere der Flächenteile mindestens 42 % der ursprünglichen Fläche enthält. Überlege anhand einer Zeichnung, welche der angegebenen Schnittgeraden diese Bedingung erfüllen.

A) g_1: $y = \frac{1}{3}x + 4$ ***B)*** g_2: $y = \frac{2}{5}x + 7$ ***C)*** g_3: $y = \frac{1}{7}x + 2$

3) Überprüfe deine Überlegungen aus ***2)*** durch eine Rechnung.

Flächenberechnungen, die Substitution oder partielle Integration erfordern

7.36 Berechne den Inhalt der Fläche, die vom Funktionsgraphen $y = f(x)$, der x-Achse und den Senkrechten $x = a$ und $x = b$ begrenzt wird.

a) $f(x) = e^{\frac{x}{2}}$, $a = 0, b = 2$ ***c)*** $f(x) = x \cdot \sqrt{x^2 + 1}$, $a = -1, b = 2$

b) $f(x) = \frac{3}{x-2}$, $a = 3, b = 6$ ***d)*** $f(x) = x^2 \cdot \ln(x)$, $a = \frac{1}{2}, b = 2$

7.37 Berechne den Inhalt der Fläche, die von den gegebenen Kurven eingeschlossen wird.

a) $y_1 = 2 \cdot \sin(3x)$, $y_2 = x^2 - x + 0{,}25$ ***c)*** $y_1 = e^{2x}$, $y_2 = 4$, $x = 0$

b) $y_1 = x \cdot e^{x^2} + e$, $y_2 = -x \cdot e^{x^2} + e$, $y_3 = 0$ ***d)*** $y_1 = x \cdot \sin(x)$, $y_2 = -x$, $x_1 = 1$, $x_2 = 3$

7.38 Berechne den Inhalt der Fläche unter der Kurve zwischen zwei aufeinander folgenden Nullstellen.

a) $y = \sin^2(x)$ ***b)*** $y = \cos(2x + 1)$ ***c)*** $y = -4 \cdot \sin\left(\frac{\pi}{3} \cdot t - \frac{\pi}{3}\right)$

7.39 Der Graph der Funktion $f(x) = (x - 2)^2$ schließt mit den Koordinatenachsen im 1. Quadranten ein Flächenstück ein. Dieses soll durch eine Gerade halbiert werden. An welcher Stelle muss diese liegen, wenn sie ***a)*** senkrecht ist? ***b)*** waagrecht ist?

7.40 Berechne den Flächeninhalt des dargestellten Kreissegments mithilfe der Integralrechnung ***1)*** für r = 4 cm, ***2)*** allgemein.
Hinweis: Die Gleichung des Kreises lautet k: $x^2 + y^2 = r^2$.

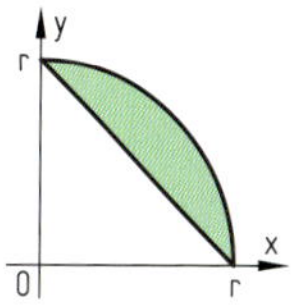

7.41 Berechne den Inhalt der Fläche, die von der Ellipse ell: $9x^2 + 25y^2 = 225$ und dem Kreis k: $x^2 + y^2 = 9$ eingeschlossen wird. Beschreibe deine Vorgehensweise anhand einer Zeichnung.

7.42 Die Areafunktionen (Umkehrfunktionen der Hyperbelfunktion) werden zur Berechnung des Flächeninhalts eines Hyperbelsektors benötigt (siehe Band 2, Abschnitt 4.1.5).
Es gilt: $A_{Sektor} = \text{arcosh}(x_0)$
Zeige dies mithilfe der Integralrechnung.
Hinweis: Die Gleichung der Einheitshyperbel lautet hyp: $x^2 - y^2 = 1$.

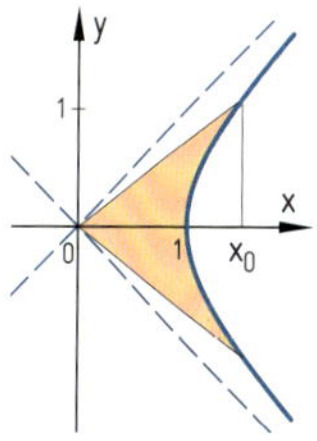

Anwendungen der Integralrechnung

7.2 Volumenberechnung

A D **7.43** **1)** Gib an, wie man das Volumen von Körpern berechnet, deren Schnittfläche kongruent zur Grundfläche sind.
2) Erkläre, wie man das Volumen von Körpern berechnet, deren Schnittflächen sich mit zunehmender Höhe zu einer Spitze hin quadratisch verkleinern.

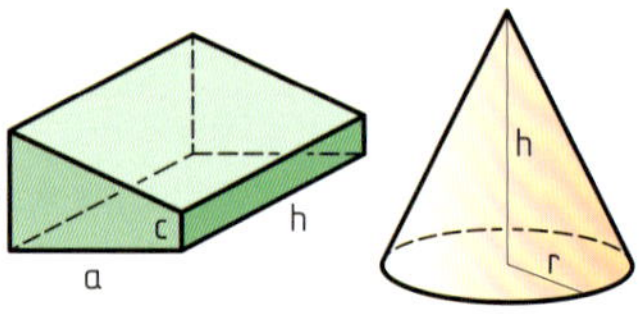

In der Ruinenstadt Chichén Itzá in Mexico befindet sich die Tempelpyramide des Kukulcán („leuchtende Schwanzfederschlange"), die von den Mayas errichtet wurde. Diese neunfach gestufte Pyramide spiegelt die terrassenartige Architektur der Mayakultur wieder, wobei jede dieser Abstufungen eine Höhe von ungefähr drei Meter aufweist.

Ägyptische Pyramiden sind „feiner" strukturiert, die Abstufungen sind kaum erkennbar. Nimmt man an, dass die Pyramiden durch das schichtweise Auftragen von Gestein entstanden sind, kann man den Baufortschritt durch das Aufsummieren von Gesteinsschichten beschreiben.

Mithilfe dieser Idee lassen sich die Volumen von Körpern ermitteln. Ein Körper wird in „unendlich dünne" **Volumenelemente** dV geteilt, die mittels Integration zu einem Gesamtvolumen V aufsummiert werden.

Allgemein schreibt man: $V = \int_V dV$

Bei dem abgebildeten Glas sind diese Volumenelemente dünne, waagrechte Zylinderscheiben. Die Radien dieser Scheiben können mithilfe der rot eingezeichneten Randkurve y = f(x) beschrieben werden.

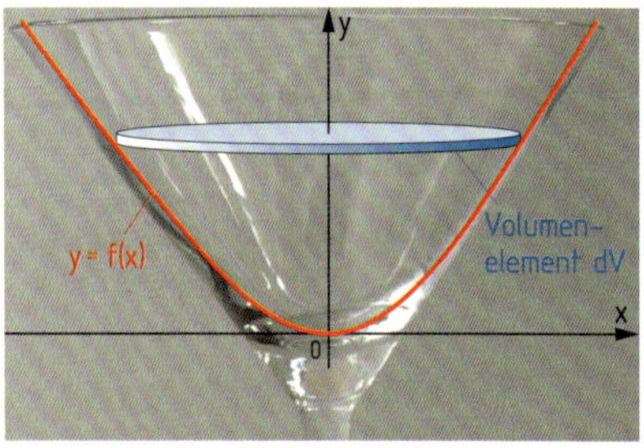

ZB Das Volumen einer quadratischen Pyramide mit der Grundkante a und der Höhe h soll berechnet werden. Die Querschnittsflächen sind Quadrate und die Volumenelemente daher Quader.

Die Abmessungen der Schnittflächen können mithilfe der linearen Funktion $y = \frac{a}{2h} \cdot x$ ermittelt werden.
Für das Volumenelement mit der Höhe h = dx gilt:
$dV = A(x) \cdot dx = (2 \cdot y(x))^2 \cdot dx = (2 \cdot \frac{a}{2h} \cdot x)^2 \cdot dx = \frac{a^2}{h^2} \cdot x^2 \cdot dx$
Damit erhält man für das Gesamtvolumen:
$$V = \int_V dV = \int_0^h A(x)\,dx = \int_0^h \frac{a^2}{h^2} \cdot x^2\,dx = \frac{a^2}{h^2} \cdot \frac{x^3}{3}\Big|_0^h = \frac{a^2 \cdot h}{3}$$

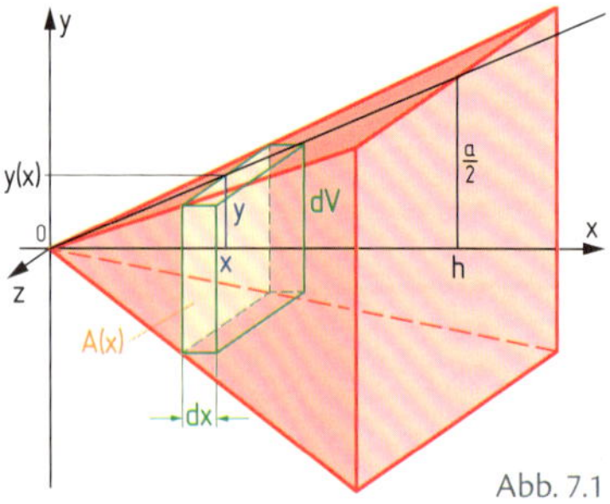

Abb. 7.1

Das Ergebnis entspricht der bekannten Formel für das Volumen einer quadratischen Pyramide.

Das **Volumen** eines Körpers kann mithilfe der Integration über alle Volumenelemente dV ermittelt werden: $V = \int_V dV$

Für Drehkörper kann eine Volumenformel mithilfe der erzeugenden Kurve angegeben werden.

Anwendungen der Integralrechnung

Volumenberechnung bei Rotationskörpern

7.44 In der Abbildung ist der halbe Schnitt eines Rads dargestellt (Angaben in cm). Das Rad entsteht durch Drehung der dargestellten Fläche um die x-Achse.

1) Überlege und beschreibe, wie du das Volumen berechnen kannst.

2) Berechne das Volumen.

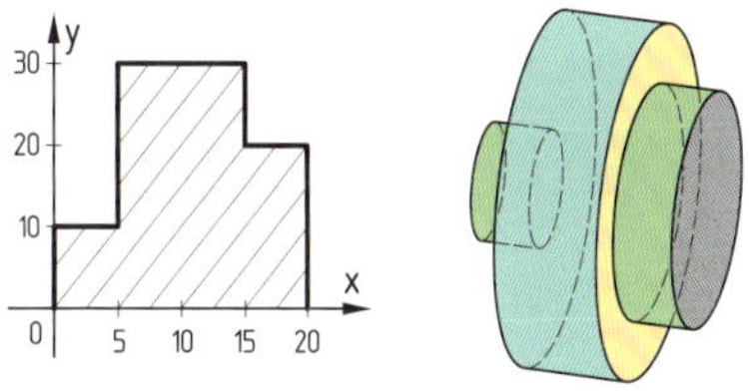

Wird eine beliebige Kurve um eine Achse gedreht, so einsteht eine Drehfläche. Die Drehfläche hüllt einen **Drehkörper** (**Rotationskörper**) ein. Dieser Drehkörper kann auch durch Rotation der Fläche zwischen der Kurve und der Drehachse erzeugt werden. Die bei einem Schnitt der Drehfläche mit einer Ebene durch die Rotationsachse entstehenden Kurven heißen **Meridiane**. Im Folgenden liegt die erzeugende Kurve immer in der xy-Ebene und die Drehachse ist die x-Achse oder die y-Achse. Diese Kurve ist dann ein Halbmeridian des Rotationskörpers. Bei der Herleitung der Formel für die Berechnung des Volumens von Rotationsköpern geht man von Zylinderscheiben aus.

- **Drehung (Rotation) um die x-Achse**

Eine Kurve mit der Funktionsgleichung $y = f(x)$ erzeugt durch Drehung um die x-Achse einen Drehkörper. Um das Volumen des von $x = a$ und $x = b$ begrenzten Drehkörpers zu berechnen, wird der Drehkörper in n Zylinderscheiben unterteilt.

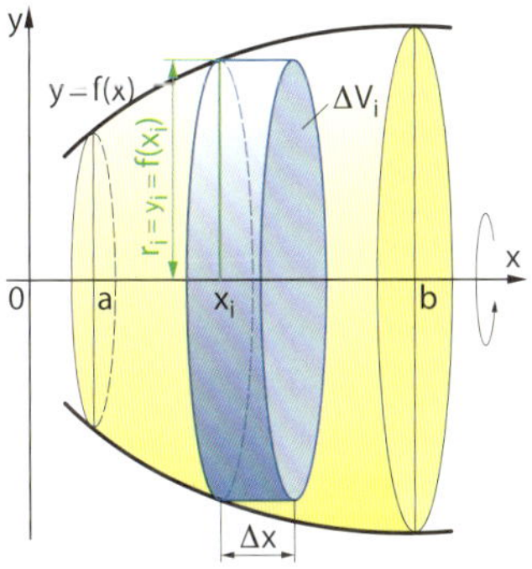

Eine solche Zylinderscheibe hat den Radius $r_i = f(x_i)$ und die Dicke Δx.

Mit $V_{Zylinder} = r^2 \cdot \pi \cdot h$ beträgt das Volumen einer Scheibe:

$\Delta V_i = [f(x_i)]^2 \cdot \pi \cdot \Delta x$

Das Volumen des Drehkörpers kann durch die Summe V_n angenähert werden:

$$V_n = \sum_{i=1}^{n} [f(x_i)]^2 \cdot \pi \cdot \Delta x$$

Nun bildet man den Grenzwert für $n \to \infty$, wodurch die Scheiben „unendlich dünn" werden:

$$V = \lim_{n \to \infty} \left(V_n\right) = \int_a^b [f(x)]^2 \cdot \pi \cdot dx = \pi \cdot \int_a^b [f(x)]^2\, dx$$

Volumen eines Drehkörpers bei Drehung der Kurve $y = f(x)$ um die **x-Achse**

$$V_x = \pi \cdot \int_a^b [f(x)]^2\, dx = \pi \cdot \int_a^b y^2\, dx$$

7.45 Leite die Formel für das Kugelvolumen durch Drehung eines Halbkreises mit dem Radius r um die x-Achse her.

Lösung:

Funktionsgleichung: $y = \sqrt{r^2 - x^2}$, Grenzen: $a = -r$ und $b = r$

$$V_x = \pi \cdot \int_a^b y^2\, dx = \pi \cdot \int_{-r}^{r} \left(\sqrt{r^2 - x^2}\right)^2 dx = \pi \cdot \int_{-r}^{r} (r^2 - x^2)\, dx =$$

$$= \pi \cdot \left(r^2 x - \frac{x^3}{3}\right)\Big|_{-r}^{r} = \pi \cdot \left(\frac{2r^3}{3} + \frac{2r^3}{3}\right) = \frac{4}{3} r^3 \pi$$

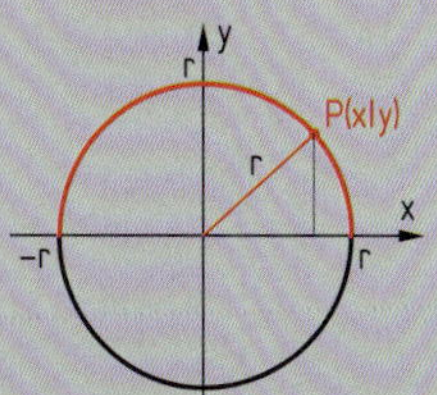

Anwendungen der Integralrechnung

• Drehung (Rotation) um die y-Achse

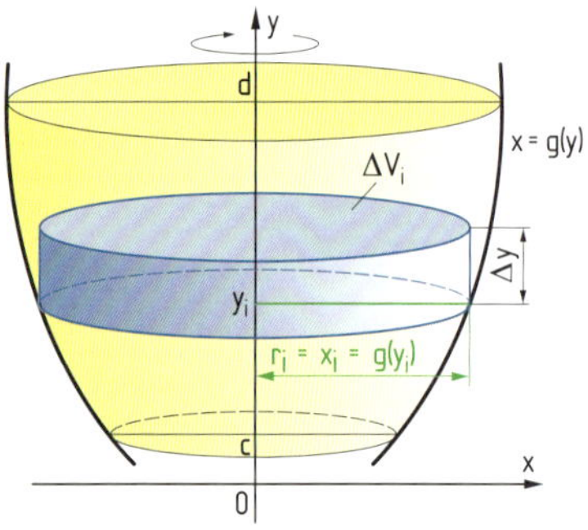

Die Vorgehensweise ist analog zu der bei Drehung um die x-Achse. Die Kurve muss allerdings als Funktion von y dargestellt werden, also $x = g(y)$. Die Zylinderscheiben haben den Radius $r_i = g(y_i)$ und die Höhe Δy.
Die Grenzen c und d sind Werte auf der y-Achse.

Der Grenzübergang $n \rightarrow \infty$ ergibt:

$$V = \lim_{n \rightarrow \infty}\left(\sum_{i=1}^{n} [g(y_i)]^2 \cdot \pi \cdot \Delta y\right) = \pi \cdot \int_c^d [g(y)]^2\, dy$$

Volumen eines Drehkörpers bei Drehung der Kurve $x = g(y)$ um die **y-Achse**

$$V_y = \pi \cdot \int_c^d [g(y)]^2\, dy = \pi \cdot \int_c^d x^2\, dy$$

Beachte, dass bei Drehung desselben Graphen um die x- bzw. y-Achse 2 **verschiedene Flächen** mit der Drehachse eingeschlossen werden und daher 2 **verschiedene Drehkörper** entstehen.

Drehung um die x-Achse

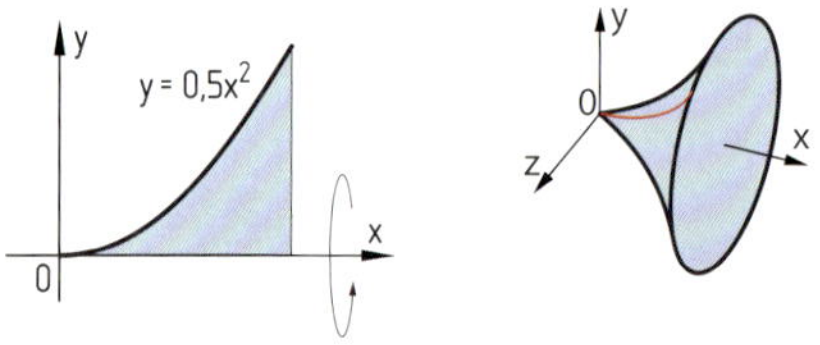

Drehung um die y-Achse

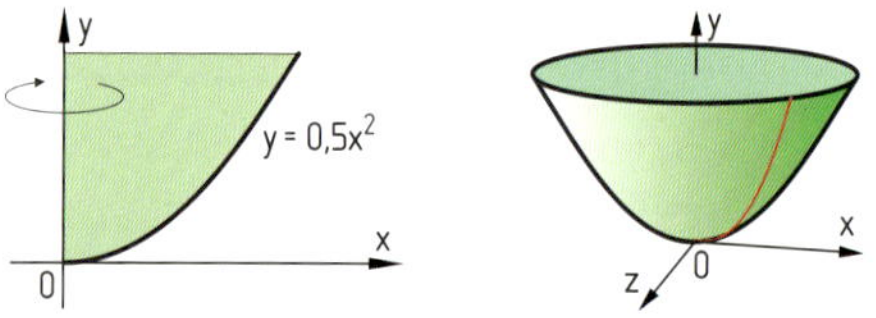

ABC **7.46** Die Form eines 10 cm hohen Kelchs eines Wasserglases kann durch Rotation einer Parabel um die y-Achse beschrieben werden (siehe Abbildung, Angaben in cm).

1) Wie viel Milliliter Wasser befinden sich im Glas, wenn es 5,5 cm hoch befüllt ist?

2) Es werden 250 mℓ Wasser eingefüllt. Wie hoch ist das Glas befüllt? Beschreibe deine Vorgehensweise.

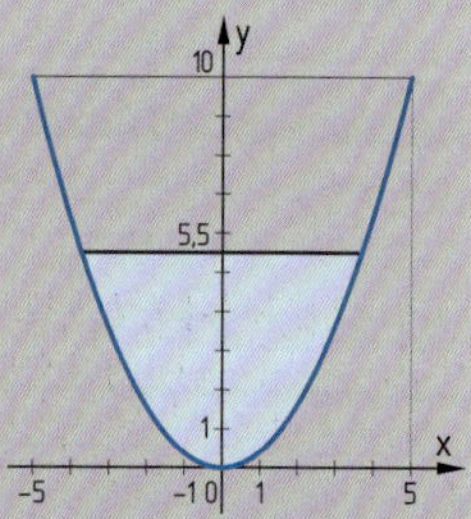

Lösung:

Ermitteln der Funktionsgleichung: $y = a \cdot x^2 \Rightarrow 10 = a \cdot 5^2 \Rightarrow a = \frac{2}{5} \Rightarrow y = \frac{2}{5} \cdot x^2$

1) Da der Meridian um die y-Achse rotiert, muss die Funktionsgleichung auf x^2 umgeformt werden: $y = \frac{2}{5} \cdot x^2 \Rightarrow x^2 = \frac{5}{2} \cdot y$

Anwenden der Volumenformel:

$$V_y = \pi \cdot \int_c^d x^2\, dy = \frac{5}{2} \cdot \pi \cdot \int_0^{5,5} y\, dy = \frac{5}{2} \cdot \pi \cdot \frac{y^2}{2}\Big|_0^{5,5} = 118{,}791\ldots\ \text{cm}^3 \approx 119\ \text{m}\ell\ \text{Wasser}$$

2) Zur Ermittlung der Füllhöhe h bei einem gegebenen Volumen von 250 cm^3 wird zuerst das Volumenintegral allgemein für die Grenzen 0 und h ermittelt:

$$V_y = \frac{5}{2} \cdot \pi \cdot \int_0^{h} y\, dy = \frac{5}{2} \cdot \pi \cdot \frac{y^2}{2}\Big|_0^{h} = \frac{5}{2} \cdot \pi \cdot \frac{h^2}{2}$$

Nun stellt man eine Gleichung auf und kann die Füllhöhe h für 250 cm^3 berechnen:

$$250 = \pi \cdot \frac{5 \cdot h^2}{4} \quad \Rightarrow \quad h = 7{,}978\ldots\ \text{cm} \approx 8\ \text{cm}$$

7.47 Welcher Körper entsteht durch Drehung eines Geradenstücks um die y-Achse, wenn
1) die Gerade durch den Ursprung verläuft?
2) die Gerade den Abstand r ($r > 0$, siehe Abb.) vom Ursprung hat?

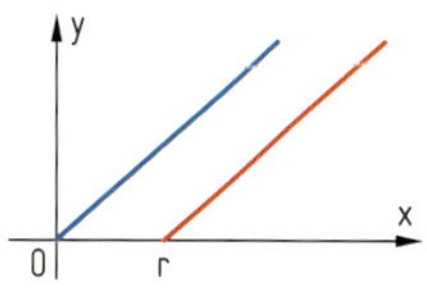

7.48 Gib an, um welche Achse der Graph der dargestellten Funktion gedreht wurde, damit der gegebene Körper entsteht.

1)
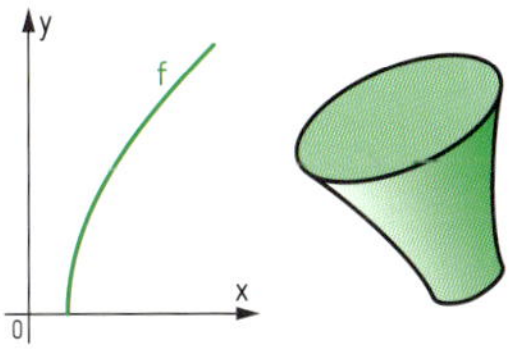

2)
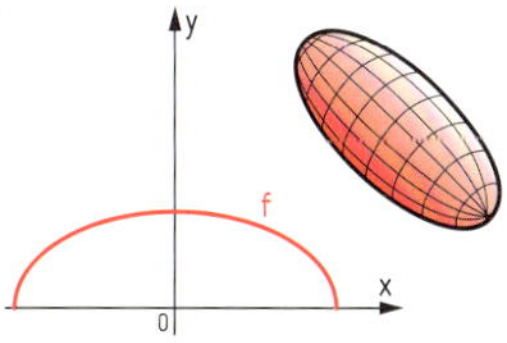

3)
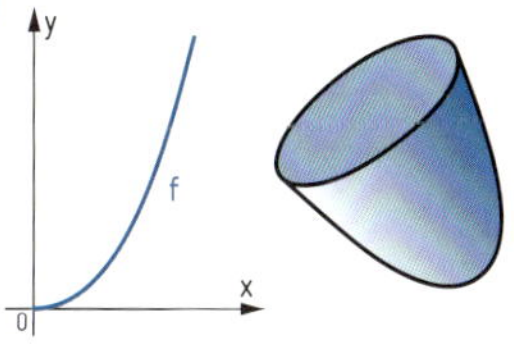

7.49 Skizziere den Drehkörper, der bei Rotation der markierten Fläche **1)** um die x-Achse, **2)** um die y-Achse entsteht.

a)
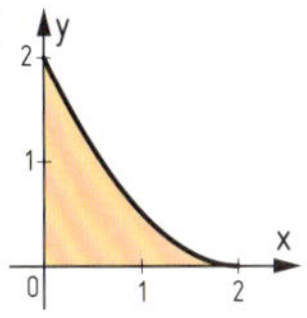

b)
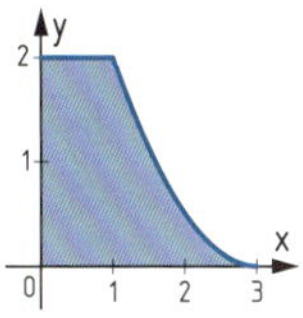

c)
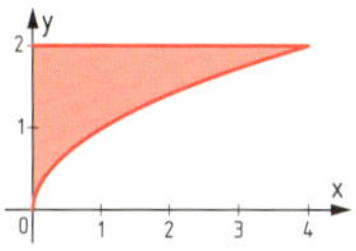

d)
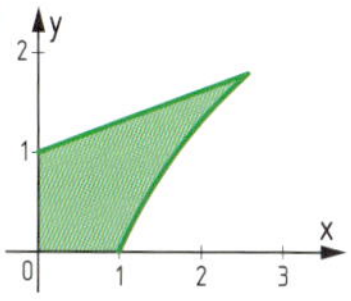

7.50 Berechne das Volumen des Drehkörpers, der bei Drehung des Funktionsgraphen von y um die x-Achse im angegebenen Intervall entsteht.

a) $y = \frac{x}{2}$, $[1; 4]$ **c)** $y = 4 - x$, $[0; 4]$

b) $y = -x^2 + 3$, $[-1; 1]$ **d)** $y = \sqrt{\frac{9x^2}{4} - 9}$, $[2; 5]$

7.51 Das Kurvenstück der Funktion $y = \sqrt{x - 2}$ wird von den Punkten $P_1(x_1|0)$ und $P_2(6|y_2)$ begrenzt. Berechne das Volumen des Drehkörpers, der durch Drehung um die
a) x-Achse entsteht. **b)** y-Achse entsteht.

7.52 Berechne das Volumen des Drehkörpers, der entsteht, wenn die gegebene Kurve zwischen den Grenzen $x = a$ und $x = b$ um die x-Achse rotiert.
a) $y = \sin(x) + 1$, $a = 0$, $b = \pi$ **b)** $y = \cos(x)$, $a = 0$, $b = \frac{\pi}{2}$ **c)** $y = 2e^x$, $a = 0$, $b = 1$

7.53 Berechne das Volumen des Drehkörpers, der entsteht, wenn die gegebene Kurve zwischen den Grenzen $y = c$ und $y = d$ um die y-Achse rotiert.
a) $y = 2x^2$, $c = 0$, $d = 8$ **b)** $y = \ln(x)$, $c = -1$, $d = 1$ **c)** $y^2 = 2x - 1$, $c = 1$, $d = 3$

7.54 Ermittle mithilfe der Integralrechnung das Volumen eines Kugelabschnitts mit der Höhe h und dem Kugelradius r.

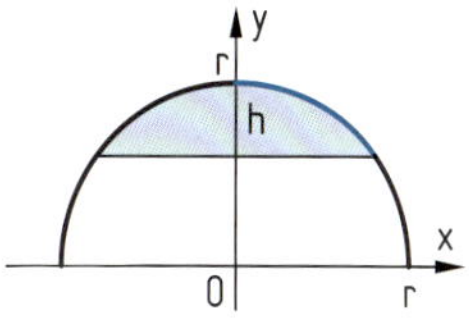

7.55 Wird eine Ellipse ell: $\frac{x^2}{a^2} + \frac{y^2}{b^2} = 1$ um eine ihrer Achsen gedreht, so entsteht ein **Drehellipsoid**. Bei Drehung um die Hauptachse spricht man von einem eiförmigen Drehellipsoid, bei Drehung um die Nebenachse von einem linsenförmigen.
a) Leite eine Formel für das Volumen eines eiförmigen Drehellipsoids her.
b) Leite eine Formel für das Volumen eines linsenförmigen Drehellipsoids her.

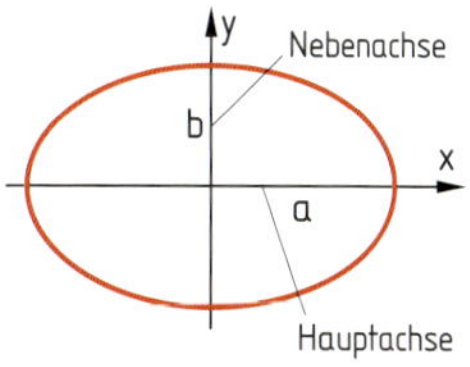

Anwendungen der Integralrechnung

A B 7.56 Eine Polynomfunktion 2. Grads hat den Scheitel $S(4|2)$. Der Inhalt der Fläche zwischen dem Funktionsgraphen und der x-Achse im Intervall $[3; 5]$ beträgt $A = \frac{11}{3}\,E^2$.
Gib die Funktionsgleichung an und ermittle das Volumen des Drehkörpers, der durch Rotation der Fläche um die x-Achse entsteht.

A B D 7.57 Die Form eines Glases kann durch Drehung der Kurve $y = \sqrt{15 \cdot (x - 1)}$ um die y-Achse beschrieben werden (siehe Abbildung).

1) Wie viel Milliliter Flüssigkeit befinden sich im Glas, wenn es bis 2 cm unter dem Rand befüllt ist?

2) Schätze, ob das Glas mit einem halben Liter Flüssigkeit befüllt werden kann und überprüfe deine Schätzung rechnerisch.

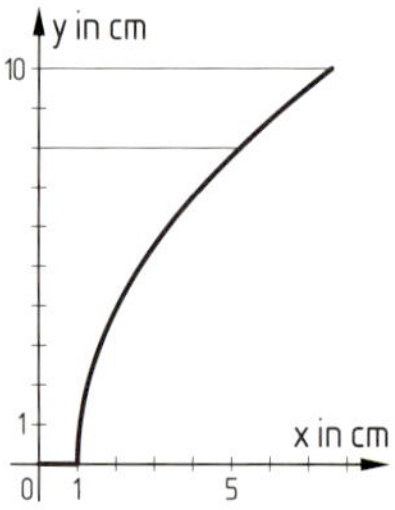

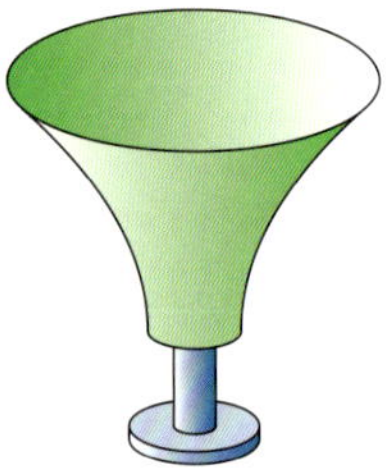

A B D 7.58 Bei einer Hausübung sollte das Volumen eines Körpers berechnet werden. Dieser entsteht durch die Rotation der Fläche, die der Funktionsgraph von $y = (x - 4)^2$ mit der y-Achse im Intervall $[0; 4]$ einschließt, um die y-Achse. Erik formt die Funktionsgleichung zuerst auf x um und ermittelt anschließend das Volumenintegral mittels Technologieeinsatz:

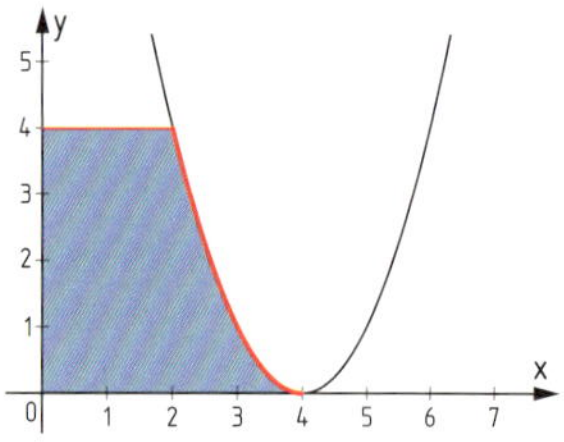

$y = (x-4)^2 \quad |\sqrt{\ }$
$\sqrt{y} = x - 4$
$x = 4 + \sqrt{y}$

$V_y = \pi \cdot \int_0^4 (4 + \sqrt{y})^2\,dy$
$V_y \approx 67\ E^3$

Erkläre, welchen Fehler Erik gemacht hat und stelle die Rechnung richtig.

A B 7.59 Ein Bowling Pin wurde aus einem 24 cm hohen quaderförmigen Holzstück mit quadratischer Grundfläche mit der Seitenlänge 12 cm gedrechselt. Die Grafik zeigt den halben Längsschnitt des Bowling Pins (Angaben in Zentimeter). Der Meridian setzt sich aus Geradenstücken und zwei Parabeln mit den Scheiteln S_1 und S_2 zusammen.

1) Gib die Funktionsgleichungen an.

2) Berechne die Masse des Pins, wenn er aus Holz ist ($\rho = 0{,}7\,\frac{g}{cm^3}$).

3) Gib den Verschnitt, der beim Drechseln des Pins aus dem Holzstück entstanden ist, in Prozent an.

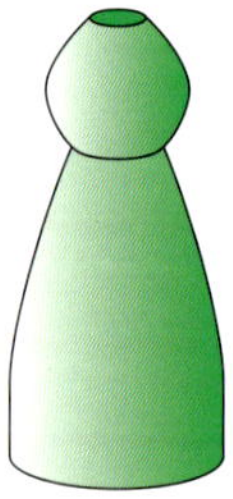

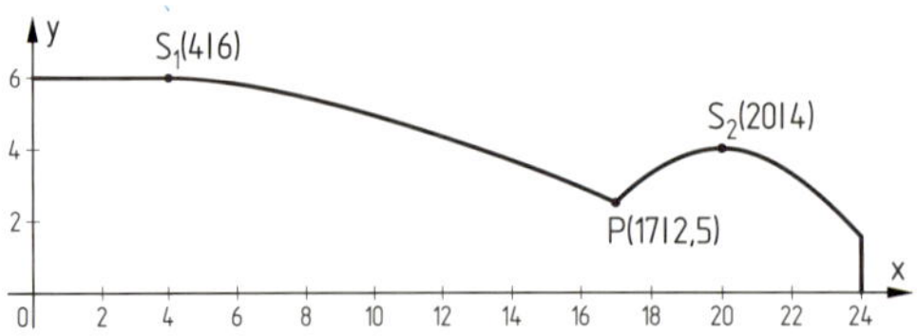

A B 7.60 **1)** Bestimme den Inhalt der Mineralwasserflasche, deren Form durch Drehung der dargestellten Kurve um die x-Achse entsteht. Die Kurve setzt sich aus Parabel- und Geradenstücken zusammen, dabei sind P und Q jeweils die Scheitel der Parabeln.

2) Wie hoch ist die stehende Flasche befüllt, wenn sie 1 L Wasser beinhaltet?

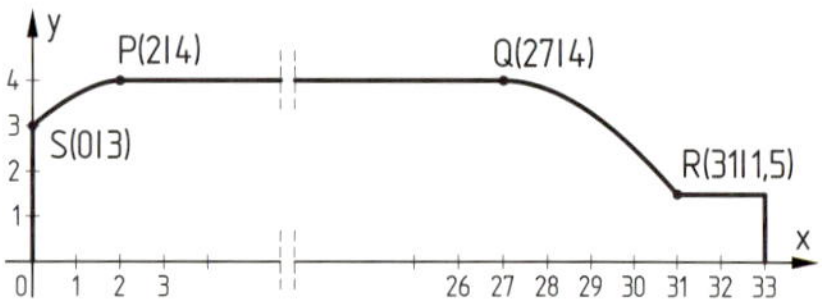

Angaben in cm

7.61 Ein Holzknauf mit dem dargestellten Halbschnitt wird durch Drechseln hergestellt. Die Begrenzungslinie setzt sich aus zwei quadratischen Funktionen zusammen, die in P eine gemeinsame Tangente haben.
Gib die Funktionsgleichungen an und berechne die Masse des Knaufs für $\rho = 0{,}7\ \frac{\text{kg}}{\text{dm}^3}$.

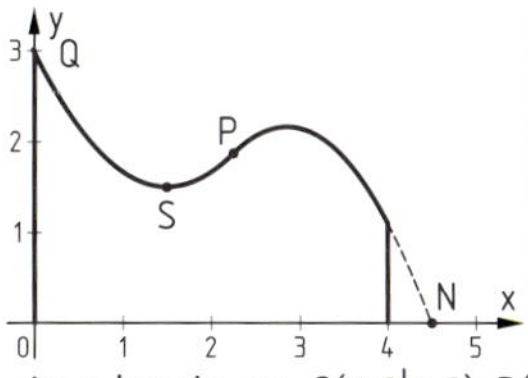

Angaben in cm, S(1,5|1,5), P(2,25|y_P), N(4,5|0)

7.62 Zur Verbindung von Metallteilen kann Lötzinn verwendet werden. Die Kurven des entstehenden Querschnitts können durch Parabelbögen, die die Platte berühren, genähert werden. Berechne die Masse an Lötzinn ($\rho = 8{,}4\ \frac{\text{g}}{\text{cm}^3}$), die für 100 Lötstellen der dargestellten Form notwendig ist.

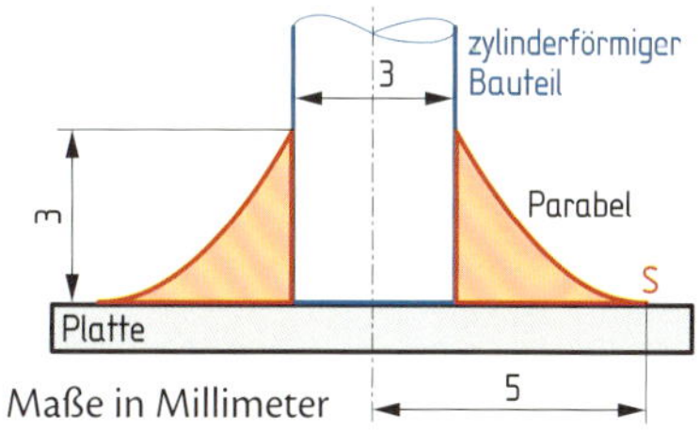

7.63 Die Form eines Senklots entsteht durch Drehung der dargestellten Kurve um die x-Achse. Die Kurve setzt sich aus einer Geraden und einer Polynomfunktion 3. Grads zusammen. Diese verläuft durch den Punkt P, hat in H einen Hochpunkt und in W einen Wendepunkt.

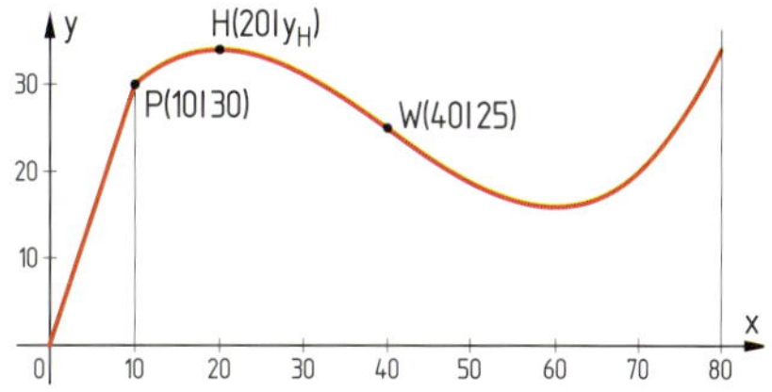

Angaben in mm

1) Bestimme die Funktionsgleichung.
2) Gib den kleinsten Durchmesser des Senklots im Intervall [10 mm; 80 mm] an.
3) Das Lot wird aus Messing (Dichte $\rho = 8{,}5\ \frac{\text{g}}{\text{cm}^3}$) gefertigt. Berechne die Masse.

7.64 Die erzeugende Kurve einer Windturbine setzt sich aus dem Graphen der Funktion $f(x) = -\frac{1}{4}x^3 + x^2 + \frac{1}{4}x$ im Intervall [0; 3] und der Tangente an der Stelle x = 3 im Intervall [3; b] zusammen. Die Intervallsgrenze b ist die Nullstelle der Tangente (Maße in Meter).

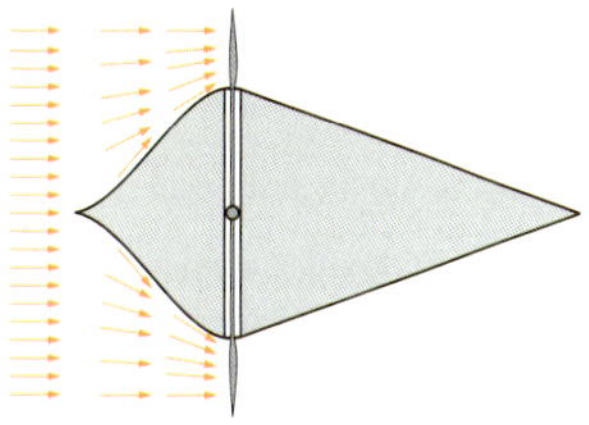

1) Ermittle die Gleichung der Tangente an die Funktion an der Stelle x = 3 sowie die Intervallgrenze b und zeichne beide Funktionen in ein gemeinsames Koordinatensystem.
2) Berechne das Volumen des Tragkörpers der Windturbine.

7.65 Bei einem Schülerbuffet am Tag der offenen Tür wird unter anderem Spezi, eine Mischung aus Cola und Orangenlimonade, ausgeschenkt. Die Form der Innenseite der Gläser wird durch die Rotation des Graphen der Funktion $f(x) = 0{,}06 \cdot x^4$ um die y-Achse beschrieben. Ist das Glas randvoll gefüllt, beinhaltet es 522 Milliliter.
1) Berechne die Höhe des Trinkglases, wenn der Boden 5 mm hoch ist.
2) Adnan und Tatjana sind zum Getränkeverkauf eingeteilt. Adnan gießt für ein Spezi zuerst Cola bis zu einer äußeren Höhe von 8 cm ein und füllt das Glas anschließend bis zu einer Höhe von 15 cm mit Orangenlimonade auf. Tatjana gießt erst Orangenlimonade bis 8 cm und füllt dann mit Cola bis 15 cm auf. Beide verkaufen jeweils 25 Gläser Spezi zu jeweils 2,50 €. Im Einkauf kostet ein Liter Cola 1,49 € und ein Liter Orangensaft 1,29 €. Ermittle, wer von den beiden mehr Gewinn erwirtschaftet.

Anwendungen der Integralrechnung

7.66 Die Höhe h = 8 cm einer geraden Pyramide mit der unten angegebenen Basisfläche liegt auf der x-Achse.
1) Gib die Querschnittsfläche A als Funktion der „Schnitthöhe" x an (Hinweis: Abb. 7.1).
2) Ermittle das Volumen mittels Integralrechnung.
3) Überprüfe die Berechnung des Volumens mit elementaren Formeln.
a) Die Basis ist ein gleichseitiges Dreieck mit der Seitenlänge a = 3 cm.
b) Die Basis ist ein Rechteck mit den Seitenlängen a = 4 cm und b = 5 cm.

7.67 Eine Fläche wird von einer Geraden, einem Kreisbogen und der x-Achse eingeschlossen. Berechne das Volumen des Drehkörpers, der bei Drehung dieser Fläche um die

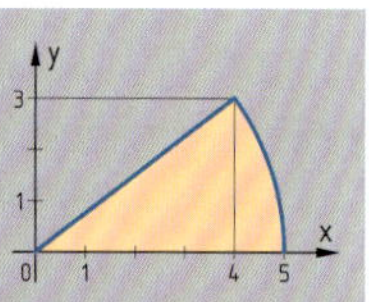

1) x-Achse,

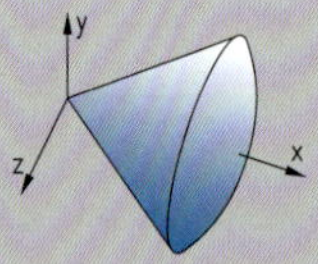

2) y-Achse entsteht.

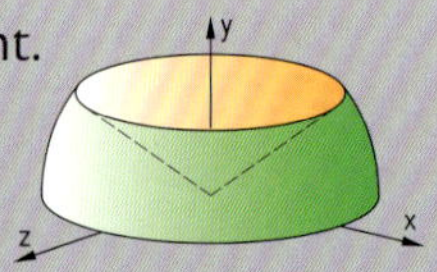

Lösung:

1) Gerade: $y_g = \frac{3}{4} \cdot x$, Kreis: $x^2 + y^2 = 25 \Rightarrow y_k^2 = 25 - x^2$

$$V_x = \pi \cdot \int_0^4 y_g^2\,dx + \pi \cdot \int_4^5 y_k^2\,dx = \pi \cdot \left(\int_0^4 y_g^2\,dx + \int_4^5 y_k^2\,dx\right) =$$

$$= \pi \cdot \left(\int_0^4 \left(\frac{3}{4} \cdot x\right)^2 dx + \int_4^5 (25 - x^2)\,dx\right) = \frac{50}{3}\pi \approx 52{,}36\ E^3$$

- Aufstellen der Funktionsgleichungen
- Die beiden Volumen werden addiert.

2) Gerade: $x_g = \frac{4}{3} \cdot y$, Kreis: $x^2 + y^2 = 25 \Rightarrow x_k^2 = 25 - y^2$

$$V_y = \pi \cdot \int_0^3 x_k^2\,dy - \pi \cdot \int_0^3 x_g^2\,dy = \pi \cdot \int_0^3 (x_k^2 - x_g^2)\,dy =$$

$$= \pi \cdot \int_0^3 \left[(25 - y^2) - \left(\frac{4}{3} \cdot y\right)^2\right] dy = 50\pi \approx 157{,}08\ E^3$$

- Die Volumen müssen subtrahiert werden.

7.68 Die von den Funktionsgraphen von f(x) = 2x + 1 und $g(x) = x^2 + 1$ eingeschlossene Fläche rotiert um die x-Achse. Daniel erstellt zur Berechnung des dabei entstehenden Volumens folgenden Ansatz:

$$V = \pi \cdot \int_0^2 (f(x) - g(x))^2\,dx$$

Erkläre mithilfe einer Skizze, welcher Fehler gemacht wurde, und korrigiere diesen.

7.69 Eine Fläche wird von den Funktionsgraphen $y_1 = f(x)$ bzw. $y_2 = g(x)$ und der x-Achse eingeschlossen. Berechne das Volumen des Drehkörpers, der bei Drehung dieser Fläche um die ***1)*** x-Achse bzw. ***2)*** y-Achse entsteht.

a) $y_1 = x - 2$, $y_2 = \sqrt{x}$ ***b)*** $y_1 = \frac{1}{2}x^2$, $y_2 = 4 - x$ ***c)*** $y_1 = x^2$, $y_2 = x^2 - 8x + 16$

7.70 Eine Fläche wird von den Kurven $y_1 = f(x)$ und $y_2 = g(x)$ eingeschlossen. Berechne das Volumen des Drehkörpers, der bei Drehung dieser Fläche um die x-Achse entsteht.

a) $y_1 = x^2$, $y_2 = \sqrt{x}$ ***b)*** $y_1 = -x^2 + 4x$, $y_2 = 4 - x$ ***c)*** $y_1 = -x^2 + 6x + 3$, $y_2 = x^2 - 4x + 11$

TE **7.71** Der Meridian der Außenhaut eines Pigskins aus Gummi wird näherungsweise durch den Graphen der Funktion $f(x) = -0{,}04x^2 + 1{,}12x$ beschrieben (Maße in cm). Man erhält den Meridian der Innenhaut, wenn man die Funktion f(x) um 5 mm nach unten verschiebt. Berechne die Masse des Pigskins, wenn die Gummiart eine mittlere Dichte von $\rho = 0{,}96\ \frac{kg}{dm^3}$ hat und die Naht vernachlässigt wird.

7.3 Bogenlänge

7.72 Ein Torbogen hat die Form einer Parabel. Um den Bogen auszukleiden, muss man dessen Länge berechnen. Diese Länge wird durch Sehnen der Parabel angenähert. Ermittle die ungefähre Länge des Torbogens (Angaben in Meter).

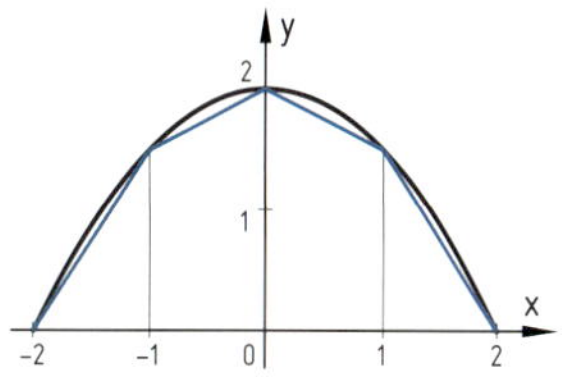

Um die Länge des Graphen einer Funktion y = f(x) in einem Intervall zu berechnen, unterteilt man diesen in kleine Kurvenstücke. Die Länge dieser Kurvenstücke wird mithilfe der Länge Δs der zugehörigen Sehne angenähert, die man mit dem Satz von Pythagoras berechnen kann.

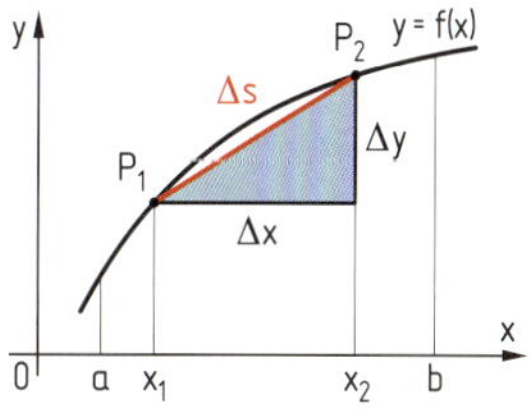

$$(\Delta s)^2 = (\Delta x)^2 + (\Delta y)^2 = (\Delta x)^2 \cdot \left(1 + \frac{(\Delta y)^2}{(\Delta x)^2}\right) = \left[1 + \left(\frac{\Delta y}{\Delta x}\right)^2\right] \cdot (\Delta x)^2$$

Man erhält das unendlich kleine **Bogenelement** ds, indem man den Grenzübergang für Δx → 0 durchführt:

$$(ds)^2 = \lim_{\Delta x \to 0}\left(\left(1 + \left(\frac{\Delta y}{\Delta x}\right)^2\right) \cdot (\Delta x)^2\right) = (1 + (y')^2) \cdot (dx)^2$$

● $\lim_{\Delta x \to 0}\left(\frac{\Delta y}{\Delta x}\right)^2 = (y')^2$

$$ds = \sqrt{1 + (y')^2} \cdot dx$$

Die **Bogenlänge** s ist die Summe aller Bogenelemente ds. Man schreibt: $s = \int_s ds$

Bogenlänge s des Graphen einer Funktion f im Intervall [a; b]

$$s = \int_a^b \sqrt{1 + (f'(x))^2}\, dx$$

7.73 Wird ein Seil an den beiden Enden aufgehängt, so entsteht eine Kettenlinie (vgl. Band 2, Abschnitt 4.1) mit der Funktionsgleichung $y = a \cdot \cosh\left(\frac{x}{a}\right)$.
Ermittle die Länge der Kettenlinie vom Scheitel S(0|a) bis zum Punkt $P(x_P|y_P)$.

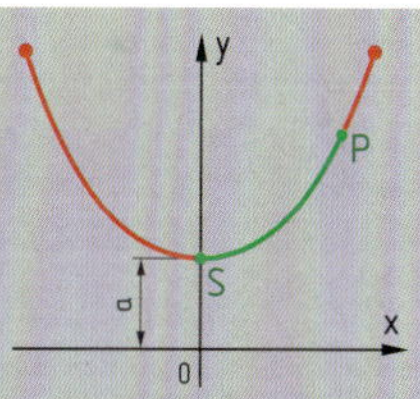

Lösung:

$$y' = a \cdot \sinh\left(\frac{x}{a}\right) \cdot \frac{1}{a} = \sinh\left(\frac{x}{a}\right)$$

$$s = \int_0^{x_P} \underbrace{\sqrt{1 + \sinh^2\left(\frac{x}{a}\right)}}_{\cosh^2\left(\frac{x}{a}\right)}\, dx = \int_0^{x_P} \cosh\left(\frac{x}{a}\right) dx = a \cdot \sinh\left(\frac{x}{a}\right)\Big|_0^{x_P} = a \cdot \sinh\left(\frac{x_P}{a}\right)$$

Technologieeinsatz: Bogenlänge
TI-Nspire

TE
CASIO ClassPad II, GeoGebra: www.hpt.at

ZB: Gesucht ist die Bogenlänge des Funktionsgraphen von $f(x) = e^{2x}$ im Intervall [0; 2].

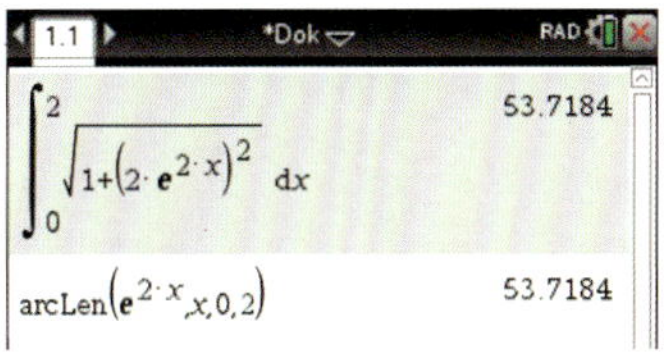

- Die Berechnung kann mithilfe des Integrals $s = \int_a^b \sqrt{1 + (y')^2}\, dx$ durchgeführt werden.
- Die Bogenlänge kann auch mit dem Befehl **arcLen(Funktion,Variable,untere Grenze,obere Grenze)** berechnet werden.

Anwendungen der Integralrechnung

Aufgaben 7.74 – 7.76: Berechne jeweils die Länge des Funktionsgraphen im angegebenen Intervall.

7.74 **a)** $y = 4 \cdot \sqrt{x^3}$, $[0; 2]$ **b)** $y = x \cdot \sqrt{x}$, $[0; 4]$ **c)** $y = \cosh(x)$, $[-2; 2]$

7.75 **a)** $y = 2 \cdot \sqrt{x}$, $[1; 4]$ **b)** $y = \frac{1}{2} \cdot x^2$, $[-2; 2]$ **c)** $y = x^3$, $[-1; 3]$

7.76 **a)** $y = \cos(x)$, $\left[0; \frac{\pi}{2}\right]$ **b)** $y = \tan(x)$, $\left[-\frac{\pi}{4}; \frac{\pi}{4}\right]$ **c)** $y = \tanh(x)$, $[0; 2]$

7.77 Auf einem Spielplatz befindet sich eine Hangrutsche aus Edelstahl mit einer Breite von 80 cm. Die Form der Rutsche kann durch eine Polynomfunktion 3. Grads genähert werden (siehe Abbildung). Die Rutsche schließt am Anfang knickfrei an eine waagrechte Sitzfläche und am Ende knickfrei an einen waagrechten Auslauf an.

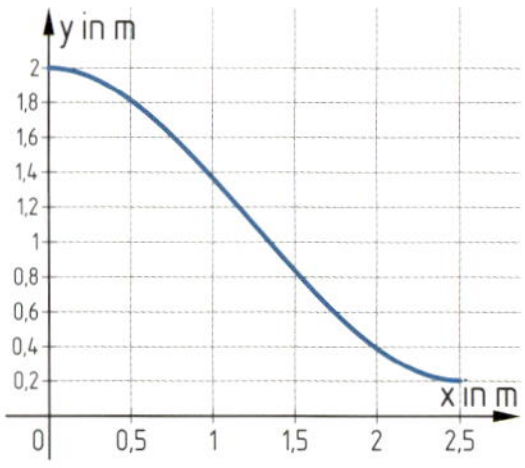

1) Ermittle die Funktionsgleichung der Polynomfunktion.

2) Überprüfe nachweislich, ob die Neigung der Rutsche einen Winkel von 60° überschreitet.

3) Berechne, wie viel m^2 Blech für die Rutsche ohne Sitzfläche und Auslauf benötigt werden.

7.78 Die Einfassung von 4 Bögen eines Schmuckstücks kann annähernd durch die Funktion $y = \left|\sin\left(\frac{\pi}{2} \cdot x\right)\right|$ beschrieben werden. Ermittle die Länge der Einfassung.

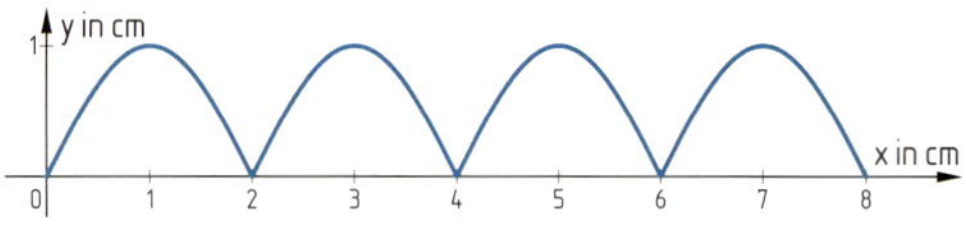

7.79 Der Seilverlauf der Golden Gate Bridge in San Francisco kann näherungsweise durch eine Parabel beschrieben werden. Der Abstand zwischen den beiden Stütztürmen beträgt w = 1 280 m, das Seil hängt h = 150 m tief durch.

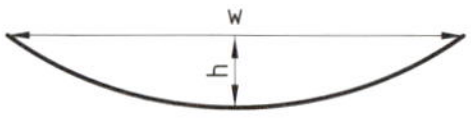

1) Ermittle die Funktionsgleichung der Parabel, indem du den tiefsten Punkt des Seils in den Ursprung des Koordinatensystems legst.

2) Berechne die Länge der Tragseile zwischen den Türmen.

3) Die Akashi-Kaikyō-Brücke ist die Hängebrücke mit der größten Stützweite der Welt (Stand: 2017), mit w = 1 991 m und h = 216,3 m. Ermittle die Länge ihrer Tragseile zwischen zwei Stütztürmen, wenn man von einer Parabel ausgeht.

4) Ermittle für beide Brücken die Gleichungen der Kurven, die ihre Form beschreiben, wenn man für die Tragseile die Form einer Kettenlinie $y = a \cdot \cosh\left(\frac{x}{a}\right)$ annimmt (vgl. Aufgabe **7.73**) und berechne die Länge der Tragseile zwischen zwei Stütztürmen. Vergleiche die Ergebnisse mit den Werten aus **2)** und **3)** und gib den Unterschied jeweils in Prozent an.

7.80 Der Gateway Arch ist Teil einer Gedenkstätte (Jefferson National Expansion Memorial) in St. Louis (Missouri, USA). Der Bogen, dessen Höhe und Breite 192 m betragen, hat annähernd die Form einer Kettenlinie mit $y = -38{,}92 \cdot \cosh\left(\frac{x}{38{,}92}\right) + b$, x und y in m.

1) Berechne b und die Länge des Bogens.

2) Die Querschnittsflächen des Bogens sind gleichseitige Dreiecke. Wie viel m^2 Stahlblech waren für die Verkleidung notwendig, wenn man eine mittlere Seitenlänge von 10 m annimmt? (Krümmungen können vernachlässigt werden.)

7.4 Mantelfläche eines Drehkörpers

Parabolspiegel reflektieren parallel zur Achse einfallende Strahlen derart, dass sie in einem Punkt, dem so genannten Brennpunkt, gebündelt werden. Diese Eigenschaft kann unter anderem dazu verwendet werden, um Funkwellen zu empfangen. Kleinere Parabolspiegel können zum Beispiel als Solarkocher verwendet werden.

Ein Parabolspiegel ist Teil eines Drehparaboloids, das durch Drehung einer Parabel um ihre Achse entsteht, also Teil einer **Drehfläche**.

Um die Größe der Spiegelfläche zu ermitteln, muss man die **Mantelfläche**, also den Inhalt der Drehfläche, ermitteln. Im Folgenden wird eine Formel zur Berechnung der Mantelfläche hergeleitet.

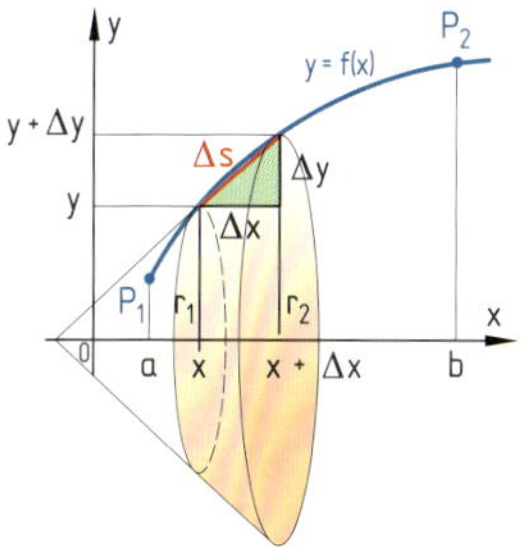

Man geht dabei von einer erzeugenden Kurve $y = f(x)$ mit $x \in [a; b]$ aus, die um die x-Achse gedreht wird. Der durch die Rotation entstehende Drehkörper wird in dünne Scheiben unterteilt. Diese Scheiben haben annähernd die Form von Kegelstümpfen mit der Höhe Δx, der Mantelstrecke Δs und den Radien $r_1 = y$ und $r_2 = y + \Delta y$.

Die Mantelfläche ΔM einer solchen Scheibe kann näherungsweise mithilfe der Formel für die Mantelfläche eines Kegelstumpfs berechnet werden (vgl. Band 1, Abschnitt 8.7):
$M = (r_1 + r_2) \cdot \pi \cdot s$

Damit erhält man für eine Teilmantelfläche ΔM:
$\Delta M = [y + (y + \Delta y)] \cdot \pi \cdot \Delta s = \pi \cdot (2y \cdot \Delta s + \Delta y \cdot \Delta s)$

Führt man den Grenzübergang für $\Delta x \to 0$ durch, erhält man für das **Mantelelement** dM:
$dM = \lim\limits_{\Delta x \to 0}(\Delta M) = \lim\limits_{\Delta x \to 0}[\pi \cdot (2y \cdot \Delta s + \Delta y \cdot \Delta s)]$

Da für $\Delta x \to 0$ auch $\Delta y \to 0$ und $\Delta s \to 0$ gilt, nähert sich der Term $\Delta y \cdot \Delta s$ „viel schneller" dem Wert 0, er kann daher vernachlässigt werden.

Somit gilt für das Mantelelement:
$dM = 2\pi \cdot y \cdot ds$

Mit $ds = \sqrt{1 + (y')^2} \cdot dx$ (siehe Seite 253, Bogenlänge) ergibt sich der Gesamtflächeninhalt durch Integration.

$$M = 2\pi \cdot \int_{P_1}^{P_2} y\, ds = 2\pi \cdot \int_a^b y \cdot \sqrt{1 + (y')^2}\, dx$$

Bei Drehung um die y-Achse wird analog vorgegangen.

Mantelfläche (Inhalt einer Drehfläche)

Bei Drehung der Kurve $y = f(x)$ um die x-Achse: $M_x = 2\pi \cdot \int_a^b f(x) \cdot \sqrt{1 + (f'(x))^2}\, dx$

Bei Drehung der Kurve $x = g(y)$ um die y-Achse: $M_y = 2\pi \cdot \int_c^d g(y) \cdot \sqrt{1 + (g'(y))^2}\, dy$

Anwendungen der Integralrechnung

Ⓐ Ⓑ **7.81** Leite die Formel für die Oberfläche einer Kugel mit dem Radius r her.

Lösung:

$y = \sqrt{r^2 - x^2}$ $\qquad y' = -\frac{2x}{2 \cdot \sqrt{r^2 - x^2}} = -\frac{x}{\sqrt{r^2 - x^2}}$

$1 + (y')^2 = 1 + \frac{x^2}{r^2 - x^2} = \frac{r^2}{r^2 - x^2}$

$M_x = 2\pi \cdot \int_a^b y \cdot \sqrt{1 + (y')^2}\, dx = 2\pi \cdot \int_{-r}^{r} \sqrt{r^2 - x^2} \cdot \frac{r}{\sqrt{r^2 - x^2}}\, dx =$

$= 2\pi \cdot \int_{-r}^{r} r\, dx = 2\pi \cdot r \cdot x\Big|_{-r}^{r} = 2\pi \cdot r \cdot 2 \cdot r = 4r^2\pi$

$O = 4r^2\pi$

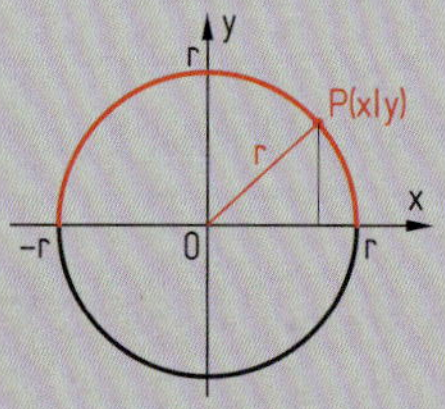

Ⓐ Ⓑ Ⓓ **7.82** Zeige mithilfe von Integration, dass für die Mantelfläche eines Drehkegels mit dem Radius r, der Höhe h und der Mantelstrecke s gilt:
$M = \pi \cdot r \cdot s$ mit $s = \sqrt{r^2 + h^2}$

Ⓐ Ⓑ Ⓓ **7.83** Zeige die Gültigkeit der Formel für den Flächeninhalt einer Kugelkappe: $A = 2\pi \cdot r \cdot h$

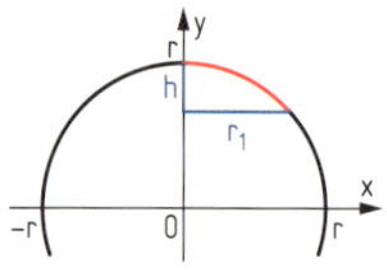

Ⓐ Ⓑ **7.84** Raphael möchte einen Parabolspiegel bauen. Dazu geht er von der erzeugenden Parabel $y = 0{,}25x^2$ mit der Höhe $h = 1$ m aus. Wie viel verspiegeltes Material wird zum Auskleiden benötigt?

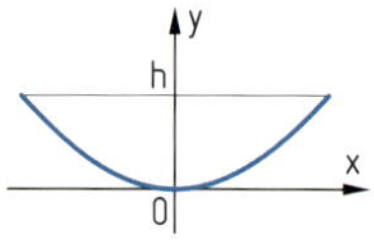

Ⓐ Ⓑ **7.85** Für die Dekoration eines Ostermarkts sollen 150 große hölzerne Ostereier bemalt werden. Deren Form kann annähernd durch ein Drehellipsoid beschrieben werden, das durch die Rotation der Ellipse ell: $\frac{x^2}{25} + \frac{y^2}{9} = 1$ um die x-Achse entsteht (Angaben in dm). Berechne, wie viel Liter Farbe mindestens benötigt werden, wenn man mit einem Verbrauch von 0,75 Liter pro Quadratmeter rechnet.

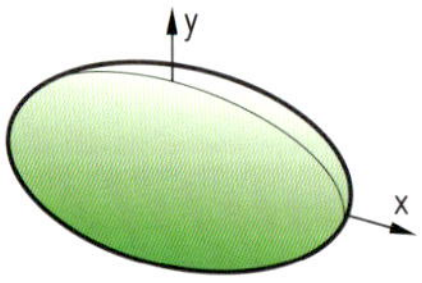

Ⓐ Ⓑ Ⓒ **7.86** Gegeben ist die Hyperbel hyp: $\frac{x^2}{9} - \frac{y^2}{16} = 1$.

1) Ordne die Begriffe „einschaliges" bzw. „zweischaliges Drehhyperboloid" der jeweiligen Abbildung zu.

2) Berechne die Mantelfläche des Drehhyperboloids bei Drehung um die

a) y-Achse für $-5 \leq y \leq 5$.

b) x-Achse für $-5 \leq x \leq 5$.

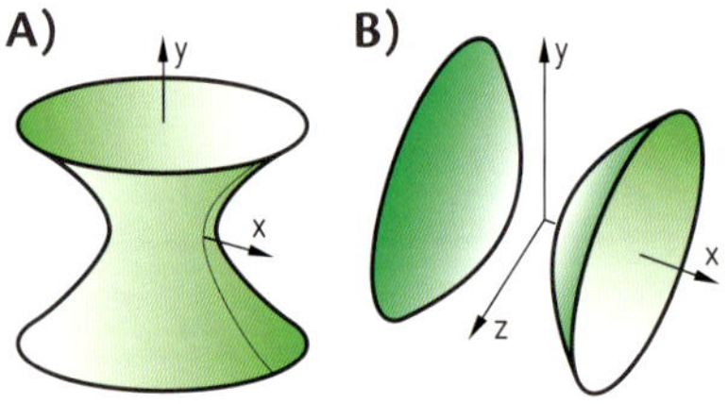

TE Ⓐ Ⓑ Ⓒ **7.87** Wird eine Kettenlinie um die x-Achse gedreht, so entsteht eine **Katenoide**. Diese ist eine Minimalfläche, also eine Fläche, die zwischen gegebenen Randkurven minimalen Flächeninhalt hat. Bei einer Katenoide sind die Randkurven zwei Kreise. Seifenblasen zwischen zwei Kreisen bilden aufgrund der Oberflächenspannung eine solche Minimalfläche. Berechne die Mantelfläche der Katenoide, die durch Drehung der Kurve $y = \cosh(x)$ für $-1 \leq x \leq 1$ entsteht. Vergleiche das Ergebnis mit der Mantelfläche des Zylinders zwischen den beiden gleich großen Randkreisen.

7.5 Mittelwerte

Oft ist es notwendig, den „mittleren Wert“ einer Funktion zu bestimmen. Dabei handelt es sich zum Beispiel um den mittleren Wasserverbrauch in einem Zeitraum oder die von einem Kraftwerk im Mittel gelieferte Leistung. In der Elektrotechnik sind der Gleichrichtwert, der den Mittelwert des Betrags eines Wechselstroms angibt, und der Effektivwert, der dem quadratischen Mittelwert entspricht, von praktischer Bedeutung (siehe Abschnitt 7.6.3).

7.88 In der Abbildung ist die Regenmenge (in $\frac{\text{mm}}{\text{h}}$) während eines Tages dargestellt.
Gib die mittlere Regenmenge in $\frac{\text{mm}}{\text{h}}$

1) von 10:00 – 13:00 Uhr,
2) von 14:00 – 17:00 Uhr,
3) während der dargestellten Zeit an.

ABC

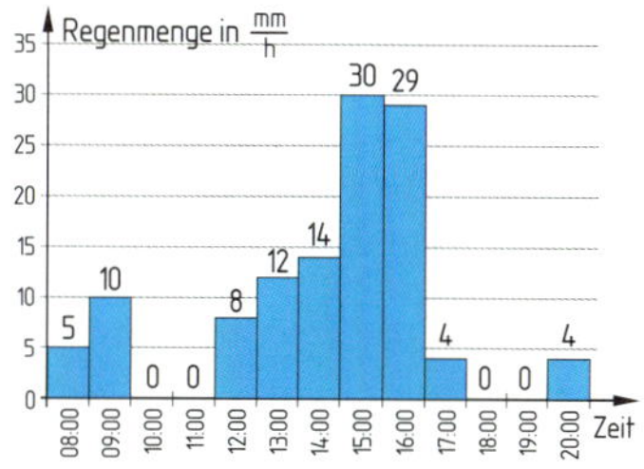

Um den Mittelwert von diskreten Werten zu ermitteln, verwendet man das arithmetische Mittel. Bei stetigen Vorgängen benötigt man die Integralrechnung.

ZB: Der „mittlere“ Funktionswert der Funktion $y = x^2$ soll bestimmt werden. Um diesen näherungsweise zu ermitteln, wird das Intervall [1; 4] zum Beispiel in drei gleich große Teilintervalle unterteilt und der Mittelwert der Funktionswerte berechnet:

$$\bar{f}(x) = \frac{4 + 9 + 16}{3} = 9{,}\dot{6}$$

Dieser Wert nähert den Mittelwert der Funktion umso genauer an, je mehr Unterteilungen getroffen werden.

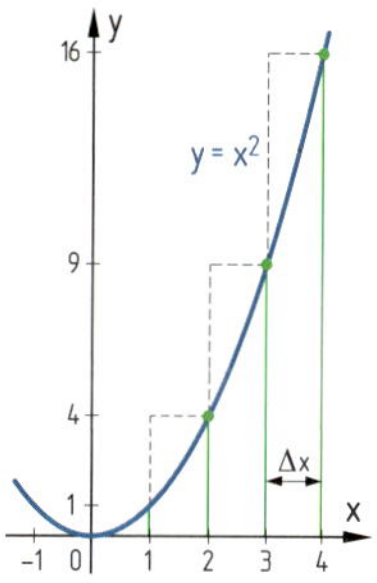

Wird ein Intervall [a; b] in n gleiche Teilintervalle der Breite $\Delta x = \frac{b - a}{n}$ unterteilt, so gilt für den mittleren Funktionswert:

$$\bar{f}(x) = \frac{1}{n} \cdot \sum_{i=1}^{n} f(x_i) = \frac{1}{b - a} \cdot \sum_{i=1}^{n} f(x_i) \cdot \Delta x$$

Führt man den Grenzübergang für $n \to \infty$ durch, so erhält man den Mittelwert m einer Funktion:

$$m = \frac{1}{b - a} \cdot \int_a^b f(x)\,dx$$

Formt man die Gleichung auf $m \cdot (b - a) = \int_a^b f(x)\,dx$ um, so kann die linke Seite als Flächeninhalt eines Rechtecks mit der Länge (b – a) und der Höhe m interpretiert werden. Gilt $f(x) \geqslant 0$ in [a; b], so hat das Rechteck denselben Flächeninhalt wie die Fläche zwischen dem Graphen von y = f(x) und der x-Achse.

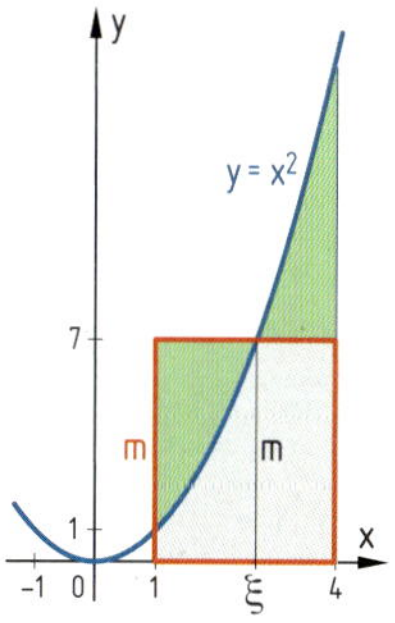

Flächeninhalt im Intervall [1; 4]: $\int_1^4 x^2\,dx = \frac{x^3}{3}\Big|_1^4 = \frac{64}{3} - \frac{1}{3} = 21\ \text{E}^2$

Das Rechteck hat die Breite (4 – 1) E = 3 E und den Flächeninhalt $A = 21\ \text{E}^2$.
Die Höhe dieses Rechtecks und somit der Mittelwert der Funktion $f(x) = x^2$ ist daher m = 7 E.

Der **erste Mittelwertsatz der Integralrechnung** besagt, dass der so genannte **lineare Mittelwert** m bzw. einer (integrierbaren) Funktion immer existiert und bei stetigen Funktionen f ein Funktionswert ist: $m = f(\xi)$ mit $\xi \in D_f$

Anwendungen der Integralrechnung

Ist die Funktion f eine auf dem Intervall [a; b] stetige Funktion, so gibt es mindestens eine Stelle $\xi \in [a; b]$, für die gilt: $\int_a^b f(x)\,dx = f(\xi) \cdot (b - a)$

$m = \frac{1}{b-a} \cdot \int_a^b f(x)\,dx$ heißt (linearer) **Mittelwert der Funktion** f.

Handelt es sich zum Beispiel um eine Geschwindigkeit-Zeit-Funktion v mit $v \geqslant 0$, so entspricht der Mittelwert der mittleren Geschwindigkeit $\overline{v}$.

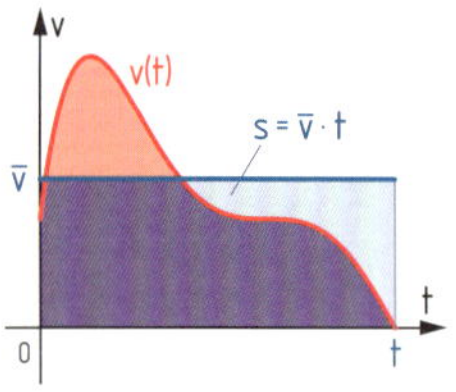

Sind auch negative Geschwindigkeiten möglich, so muss zur Berechnung der mittleren Geschwindigkeit der Betrag der Funktion verwendet werden.
Für den Mittelwert gilt dann: $m_{abs} = \frac{1}{b-a} \cdot \int_a^b |f(x)|\,dx$

Werden die Funktionswerte quadriert und wird aus dem berechneten Mittelwert die Wurzel gezogen, so erhält man den **quadratischen Mittelwert** m_Q. Er wird vor allem in der Elektrotechnik zum Berechnen von Effektivwerten verwendet.

Quadratischer Mittelwert: $m_Q = \sqrt{\frac{1}{b-a} \cdot \int_a^b [f(x)]^2\,dx}$

ABCD **7.89** Ein Graben neben einem Damm soll durch das Erdmaterial des Damms zugeschüttet werden, sodass das Niveau danach eben ist. Der Querschnitt kann durch quadratische Funktionen genähert werden (Angaben in Meter).
1) Wie hoch wird das Gelände im dargestellten Bereich sein?
2) Überprüfe, ob der Abtrag gleich der Auffüllung ist.

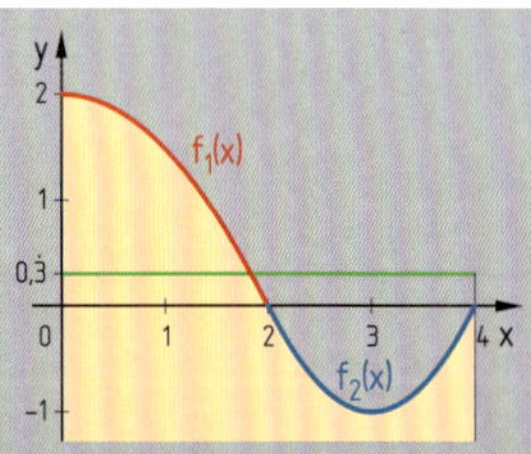

Lösung:
1) $f_1(x) = ax^2 + 2$, P(2|0)
$0 = a \cdot 2^2 + 2 \Rightarrow a = -0{,}5$

- Aufstellen der Funktionsgleichungen

$f_1(x) = -0{,}5x^2 + 2$ für $0 \leqslant x < 2$
$f_2(x) = (x - 2) \cdot (x - 4) = x^2 - 6x + 8$ für $2 \leqslant x \leqslant 4$

$m = \frac{1}{4-0} \cdot \left(\int_0^2 f_1(x)\,dx + \int_2^4 f_2(x)\,dx\right) = \frac{1}{4} \cdot \left[\frac{8}{3} + \left(-\frac{4}{3}\right)\right] = \frac{1}{3}$

- Mittelwert berechen

Das Gelände wird nach dem Abtragen eine Höhe von rund 33 cm haben.

2) Der Abtrag liegt zwischen $f_1(x)$ und m:
$f_1(x) = m \Rightarrow -0{,}5x^2 + 2 = \frac{1}{3}$
$(x_1 = -1{,}825...\text{ m})$, $x_2 = 1{,}825...\text{ m}$

- Ermitteln der x-Koordinate des Schnittpunkts zwischen m und $f_1(x)$

Querschnittsfläche des Abtrags: $A_{Abtrag} = \int_0^{x_2} \left[f_1(x) - \frac{1}{3}\right] dx = 2{,}028... \approx 2{,}03\text{ m}^2$

Die Querschnittsfläche der Auffüllung setzt sich aus zwei Teilflächen zusammen:

$A_{Auffüllung} = \int_{x_2}^{2} \left[\frac{1}{3} - f_1(x)\right] dx + \int_2^4 \left[\frac{1}{3} - f_2(x)\right] dx \approx 2{,}03\text{ m}^2$

Die Flächeninhalte haben den gleichen Wert, der Abtrag ist gleich der Auffüllung.

7.90 In einem Schwimmbecken befinden sich 50 m^3 Wasser. Zur Reinigung wird ein Teil des Wassers zuerst abgelassen und danach wird das Becken wieder befüllt (siehe Abbildung). Zum Entleeren und Befüllen wird dasselbe Rohr benutzt.

A B C D

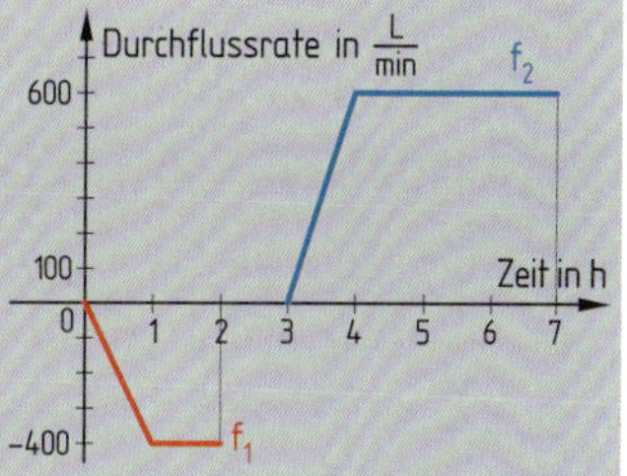

1) Ermittle, wie viel m^3 Wasser nach dem Wiederbefüllen im Schwimmbecken sind.

2) Es soll berechnet werden, wie viel Liter Wasser pro Minute während des gesamten Vorgangs durch das Rohr geflossen sind. Erkläre, welcher Mittelwert zur Berechnung verwendet wird. Berechne die Durchflussrate.

Lösung:

$$f_1(t) = \begin{cases} -\frac{400}{60}\,\frac{\text{L}}{\text{min}^2}\cdot t & \text{für } 0 \text{ min} \leq t < 60 \text{ min} \\ -400\,\frac{\text{L}}{\text{min}} & \text{für } 60 \text{ min} \leq t \leq 120 \text{ min} \end{cases}$$

- Aufstellen der Funktionsgleichungen.

$$f_2(t) = \begin{cases} 10\,\frac{\text{L}}{\text{min}^2}\cdot (t - 180 \text{ min}) & \text{für } 180 \text{ min} \leq t < 240 \text{ min} \\ 600\,\frac{\text{L}}{\text{min}} & \text{für } 240 \text{ min} \leq t \leq 420 \text{ min} \end{cases}$$

1) $V = \int_0^{120} f_1(t)\,dt + \int_{180}^{420} f_2(t)\,dt =$

$$= -\frac{400 \cdot 60}{2} - 400 \cdot 60 + \frac{600 \cdot 60}{2} + 600 \cdot 180 =$$

$$= \frac{1}{420} \cdot \left(\frac{400 \cdot 60}{2} + 400 \cdot 60 + \frac{600 \cdot 60}{2} + 600 \cdot 180\right) =$$

$$= 90\,000 \text{ Liter} = 90 \text{ m}^3$$

- Die Fläche zwischen den Funktionsgraphen und der t-Achse entspricht den Volumen, die aus- bzw. zufließen.

$V_{ges} = 50 + 90 = 140 \text{ m}^3$

Im Schwimmbecken befinden sich 140 m^3 Wasser.

2) Um die Durchflussmenge des Wassers pro Minute durch das Rohr zu berechnen, muss der Betrag, also m_{abs}, verwendet werden, da das Wasser auch durch das Rohr fließt, wenn abgepumpt wird:

$$m_{abs} = \frac{1}{420} \cdot \left(\int_0^{120} |f_1(t)|\,dt + \int_{180}^{420} |f_2(t)|\,dt\right) = \frac{162\,000}{420} \approx 385{,}7\,\frac{\text{L}}{\text{min}}$$

Durch das Rohr flossen im Mittel 385,7 Liter pro Minute.

7.91 Berechne den linearen und den quadratischen Mittelwert der Funktion $f(x) = -x^2 + 4$ im Bereich [0; 3]. Veranschauliche den linearen Mittelwert.

A B

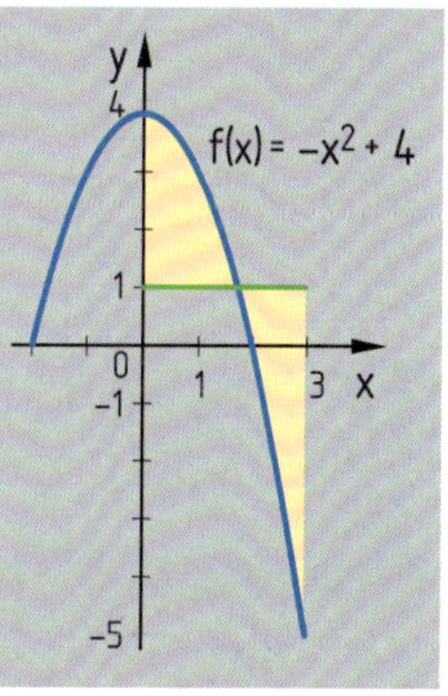

Lösung:

$$m = \frac{1}{3-0} \cdot \int_0^3 (-x^2 + 4)\,dx = \frac{1}{3} \cdot \left(-\frac{x^3}{3} + 4x\right)\Big|_0^3 = 1$$

$$m_Q = \sqrt{\frac{1}{3-0} \cdot \int_0^3 (-x^2 + 4)^2\,dx} = \sqrt{\frac{1}{3} \cdot \frac{123}{5}} \approx 2{,}86$$

Anwendungen der Integralrechnung

7.92 Berechne **1)** den linearen und **2)** den quadratischen Mittelwert der Funktion im gegebenen Bereich.

a) $f(x) = x^2 + 2$, $[-1; 2]$ **b)** $f(x) = \sin(x)$, $[0; \pi]$ **c)** $y = 3e^x$, $[0; 3]$

7.93 Berechne den linearen Mittelwert m sowie m_{abs} der Funktion. Erkläre, warum es zu unterschiedlichen Ergebnissen kommt.

1) $y = \cos(x)$, $[0; \pi]$ **2)** $y = \sin(x)$, $[0; 2\pi]$

7.94 Die dargestellte Verfliesung mit Mosaiken soll begradigt werden. Dazu können nur bereits vorhandene Mosaiksteine verwendet werden. Der Rand wird durch folgende Funktion beschrieben: $f(x) = -\frac{2}{9}x^3 + x^2 - \frac{5}{6}x + 1$

Wie hoch wird die neue Fläche, wenn die Breite gleich bleibt und kein Verschnitt berücksichtigt wird?

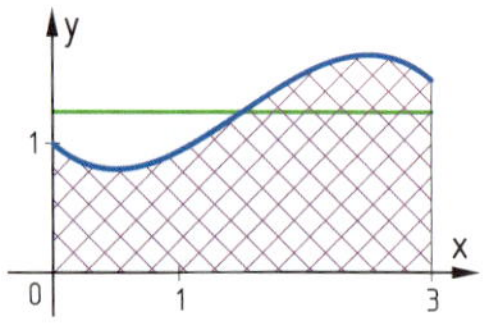

Angaben in mm

7.95 Die Temperaturkurve eines Junitags in Klagenfurt lässt sich durch folgende Funktion beschreiben: $\vartheta(t) = -0{,}1t^2 + 2t + 10$

t … Zeit in Stunden, beginnend um 07:00 Uhr, $\vartheta(t)$ … Temperatur zur Zeit t in °C

1) Stelle die Funktion grafisch dar.

2) Ermittle den Mittelwert der Temperatur im Zeitraum von 07:00 Uhr bis 24:00 Uhr dieses Tags.

3) Wie verändert sich der Mittelwert, wenn die Kurve um $\vartheta = 5$ °C nach oben verschoben wird? Begründe deine Vermutung durch eine Rechnung.

7.96 In der Abbildung ist das Geschwindigkeit-Zeit-Diagramm einer Autofahrt dargestellt.

1) Was bedeuten negative Geschwindigkeiten?

2) Berechne die mittlere Geschwindigkeit der gesamten Autofahrt.

3) Welchen Weg hat das Auto zurückgelegt und wie weit ist es am Fahrtende von seinem Ausgangspunkt entfernt?

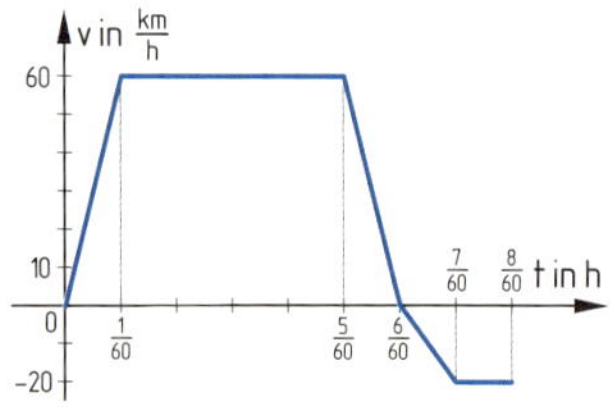

7.97 In einem Baustellenbereich wird die erlaubte Geschwindigkeit von 80 $\frac{km}{h}$ mittels „Section Control" überwacht. Die Geschwindigkeit einer Autofahrt in diesem Bereich kann annähernd durch die Funktion v beschrieben werden:

$v(t) = 78\,750t^3 - 14\,250t^2 + 687{,}5t + 73 \quad 0 \leq t \leq 0{,}1$

t … Zeit in h, v(t) … Geschwindigkeit zur Zeit t in $\frac{km}{h}$

1) Gib eine Formel an, mit der die mittlere Geschwindigkeit $\overline{v}$ während der Fahrt im Baustellenbereich ermittelt werden kann.

$\overline{v}$ = ______________________

2) Berechne den Wert von $\overline{v}$ und trage diesen im Diagramm ein.

3) Argumentiere, ob eine Strafe gezahlt werden muss.

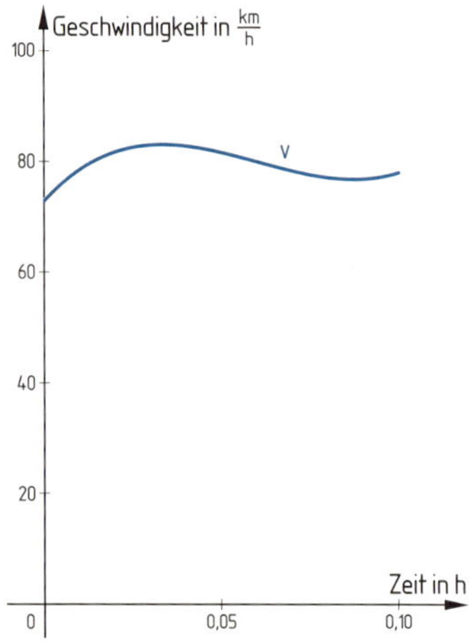

7.98 Zeige, dass für den Mittelwert m einer linearen Funktion $y = k \cdot x + d$ im Intervall [a; b] gilt:

a) $m = f\left(\frac{a+b}{2}\right)$ **b)** $m = \frac{1}{2} \cdot (f(a) + f(b))$

7.6 Technische und wirtschaftliche Anwendungen

Im folgenden Abschnitt werden die bisher behandelten Rechenmethoden zur Integralrechnung auf Themengebiete aus Naturwissenschaften, Technik und Wirtschaft angewendet. Dabei werden Größen, die mithilfe von Produktsummen berechnet werden, wie zum Beispiel „Arbeit = Leistung · Zeit", durch Integration ermittelt (vgl. Abschnitt 6.1.2).

7.6.1 Geschwindigkeiten und zeitliche Änderungsraten

7.99 An einer Kreuzung startet ein Mopedfahrer mit einer konstanten Beschleunigung von $a = 1{,}2\ \frac{m}{s^2}$. Für die Geschwindigkeit zum Zeitpunkt t gilt: $v = a \cdot t$ B C D

1) Fertige das Beschleunigung-Zeit-Diagramm für das Moped für die ersten fünf Fahrsekunden an.

2) Berechne den Flächeninhalt zwischen der Kurve und der Zeitachse im Intervall [0 s; 5 s] und ermittle anschließend die Geschwindigkeit v des Mopeds nach t = 5 s mit der oben angegebenen Formel. Was fällt dir auf?

3) Zeichne die Geschwindigkeit-Zeit-Funktion des Mopeds. Erkläre, dass für den zurückgelegten Weg s bei konstanter Beschleunigung $s = \frac{a}{2} \cdot t^2$ gilt.

In Abschnitt 6.1.1 wurde gezeigt, dass in einem Geschwindigkeit-Zeit-Diagramm die Fläche zwischen der Kurve und der Zeitachse dem zurückgelegten Weg entspricht. Analog entspricht in einem Beschleunigung-Zeit-Diagramm die Fläche zwischen der Kurve und der Zeitachse der Geschwindigkeitszu- oder -abnahme.

ZB Ein Rennmotorrad beschleunigt aus dem Stand konstant mit $a = 7\ \frac{m}{s^2}$. Die Geschwindigkeit-Zeit-Funktion v und der Geschwindigkeitszuwachs Δv im Zeitintervall [1 s; 4 s] sollen ermittelt werden.

Für die **Geschwindigkeit-Zeit-Funktion** gilt allgemein:

$v(t) = \int a(t)\, dt$

Mit $a(t) = 7\ \frac{m}{s^2}$ ergibt sich daher: $\int 7\, dt = 7 \cdot t + C$

Da das Motorrad aus dem Stand startet, gilt: $v(0) = 0$

$v(0) = 0 \;\Rightarrow\; 7 \cdot 0 + C = 0 \;\Rightarrow\; C = 0$

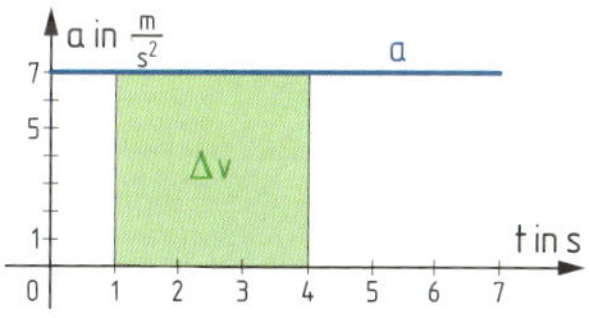

Die Geschwindigkeit-Zeit-Funktion des Motorrads lautet somit:
$v(t) = 7\ \frac{m}{s^2} \cdot t$

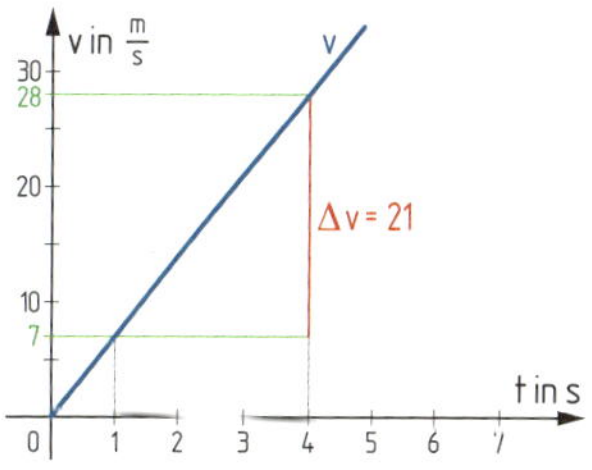

Um die **Geschwindigkeitszunahme** Δv des Rennmotorrads zB zwischen $t_1 = 1$ s und $t_2 = 4$ s zu ermitteln, muss das **bestimmte Integral** zwischen den Grenzen t_1 und t_2 berechnet werden:

$$\Delta v = \int_1^4 7\, dt = 7 \cdot t\,\Big|_1^4 = 7 \cdot (4 - 1) = 21\ \frac{m}{s} = 75{,}6\ \frac{km}{h}$$

Bei einer Beschleunigung-Zeit-Funktion a(t) gilt für die **Geschwindigkeit-Zeit-Funktion** v(t):

$v(t) = \int a(t)\, dt$

Für die **Geschwindigkeitsänderung** Δv zwischen zwei Zeitpunkten t_1 und t_2 gilt:

$$\Delta v = \int_{t_1}^{t_2} a(t)\, dt$$

Anwendungen der Integralrechnung

Viele Vorgänge können mithilfe zeitlich veränderlicher Größen beschrieben werden, wie zum Beispiel eine Durchflussmenge. Bei solchen Änderungsraten spricht man im Allgemeinen auch von Änderungsgeschwindigkeiten. Daher kann man die absoluten Änderungen mithilfe der Integralrechnung ermitteln.

7.100 Eine automatische Zapfanlage befüllt Gläser mit einer Füllgeschwindigkeit v, die durch die Funktion $v(t) = 0{,}93 \cdot t \cdot e^{-1{,}3 \cdot t}$ beschrieben werden kann.
t … Zeit in Sekunden, v(t) … Füllgeschwindigkeit zur Zeit t in Liter pro Sekunde

1) Stelle die Funktion v grafisch dar und beschreibe den Füllvorgang.
2) Berechne, welche Flüssigkeitsmenge in den ersten zwei Sekunden eingefüllt wird.
3) Berechne, zu welcher Zeit die maximale Füllgeschwindigkeit erreicht wird und berechne diese.

Lösung mit GeoGebra:

1)

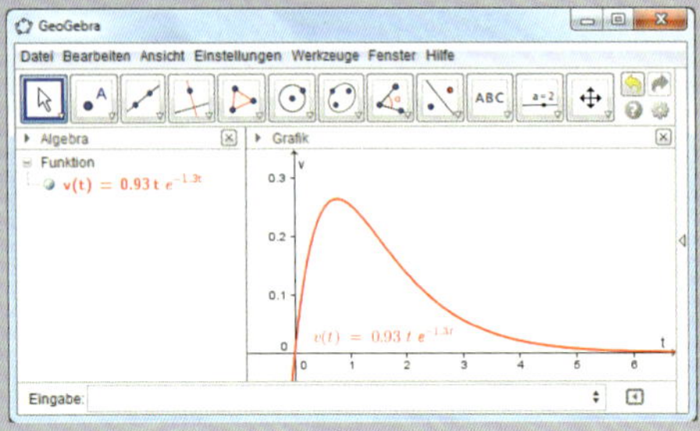

Die Füllgeschwindigkeit steigt zu Beginn der Befüllung stark an und erreicht nach etwa einer Sekunde ihren größten Wert. Danach wird die Kurve wieder flacher, die Füllgeschwindigkeit sinkt also allmählich und nähert sich dem Wert 0. Man kann davon ausgehen, dass der Füllvorgang nach etwa 6 Sekunden beendet ist.

2)

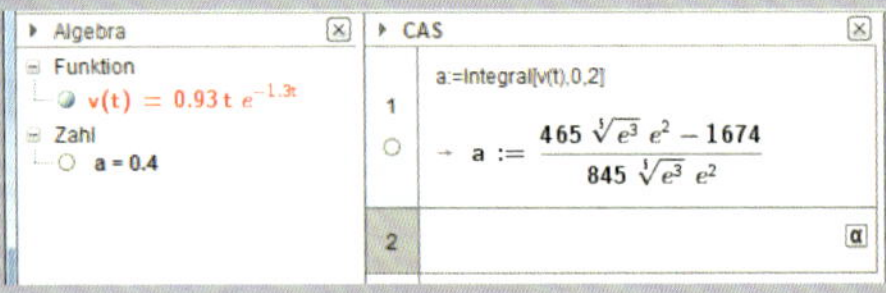

- Die Fläche unter der Kurve gibt die Füllmenge in Liter an. Sie wird mithilfe des Integralbefehls ermittelt.

Innerhalb der ersten zwei Sekunden wird das Glas mit ungefähr 0,4 Liter befüllt.

3)

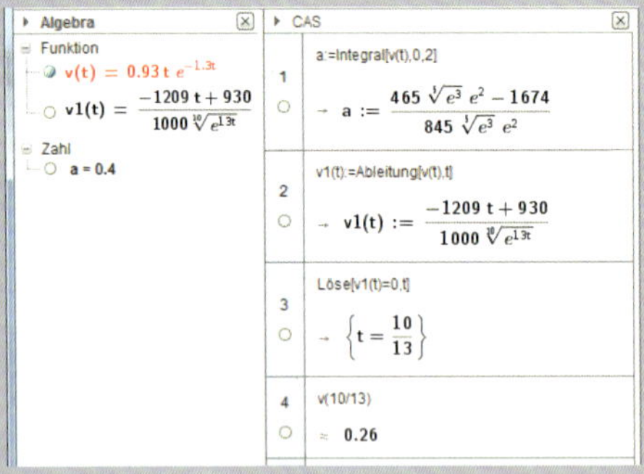

- Mit **v1(t):=Ableitung[v(t),t]** wird im CAS-Fenster die erste Ableitung von v(t) gebildet. Durch Nullsetzen von v1(t) erhält man den Zeitpunkt $t = \frac{10}{13}$ s, zu dem die Füllgeschwindigkeit maximal ist. Setzt man diesen Wert in v(t) ein, erhält man die maximale Füllgeschwindigkeit.

Nach rund 0,77 Sekunden wird eine maximale Füllgeschwindigkeit von 0,26 Litern pro Sekunde erreicht.

7.101 Der zum Zeitpunkt t = 0 s stehende Triebwagen eines Zugs wird 6 Sekunden lang so beschleunigt, dass seine Geschwindigkeit pro Sekunde um $0{,}9\,\frac{m}{s}$ steigt.

1) Erstelle das Beschleunigung-Zeit-Diagramm, das Geschwindigkeit-Zeit-Diagramm sowie das Weg-Zeit-Diagramm der Fahrt für die ersten 6 Sekunden.
2) Beschreibe den geometrischen Zusammenhang zwischen den Funktionsgraphen von Beschleunigung, Geschwindigkeit und zurückgelegtem Weg.

7.102 Ein Autofahrer fährt auf einer Landstraße mit einer konstanten Geschwindigkeit von $v = 54\,\frac{\text{km}}{\text{h}}$ auf eine rote Ampel zu und leitet zum Zeitpunkt $t = 0$ s den Bremsvorgang ein.

1) Argumentiere, welcher der dargestellten Geschwindigkeitsverläufe den Vorgang am ehesten realitätsnahe beschreibt.

A)

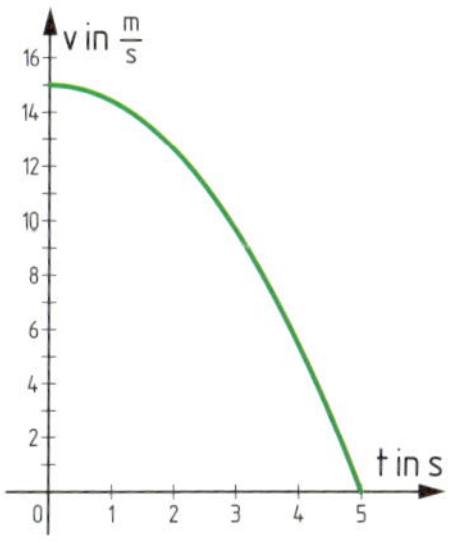

B)

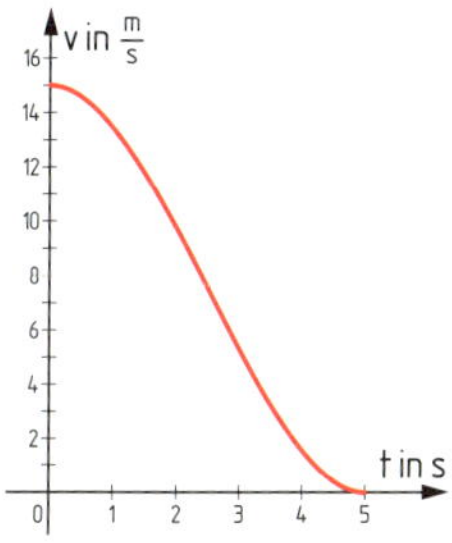

C)

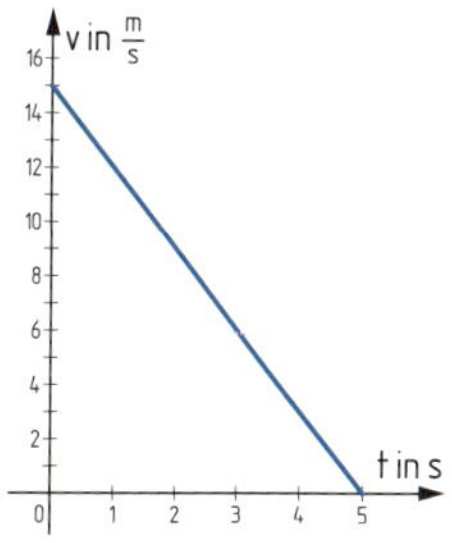

2) Das Auto ist zu Beginn des Bremsvorgangs 35 m von der Ampel entfernt. Gib an, ob es rechtzeitig anhalten kann, wenn der Geschwindigkeitsverlauf durch die Funktion $v(t) = 0{,}024t^4 - 1{,}2t^2 + 15$ für $v(t) \geqslant 0$ beschrieben wird.
t … Zeit in Sekunden, v(t) … Geschwindigkeit zur Zeit t in $\frac{\text{m}}{\text{s}}$

7.103 Bei einem gesunden Menschen werden bei einer Infektion durch einen bestimmten Virus Antikörper gebildet. Die Funktion $A(t) = \frac{2\,000 \cdot t}{t^2 + 25}$ beschreibt dabei die Anzahl A der Antikörper, die t Tage nach der Infektion gebildet werden.

1) Stelle die Funktion A grafisch dar. Beschreibe den Verlauf des Graphen.

2) Berechne, wie viele Antikörper sich in den ersten 10 Tagen und in den ersten 4 Wochen bilden.

7.104 Bei einem Experiment im naturwissenschaftlichen Unterricht werden Stoßversuche durchgeführt, indem man kleine Wägelchen zum Zeitpunkt $t = 0$ s aus dem Stand mithilfe von Schraubenfedern beschleunigt. Dabei ändert sich die Beschleunigung nach der Funktion $a(t) = -1{,}2t^2 + 2{,}4t$.
t… Zeit in Sekunden, a(t) … Beschleunigung zur Zeit t in $\frac{\text{m}}{\text{s}^2}$

1) Zeichne die Funktion a und kennzeichne die Fläche unter der Kurve im Intervall [0,5 s; 1 s]. Interpretiere den Flächeninhalt im gegebenen Sachzusammenhang.

2) Wie viel Sekunden nach dem Anstoßen hat die Beschleunigung den Wert $0\,\frac{\text{m}}{\text{s}^2}$? Berechne den Wert der Momentangeschwindigkeit zu diesem Zeitpunkt.

3) Beschreibe, wie der zurückgelegte Weg eines Wägelchens ermittelt werden kann und berechne diesen anschließend.

7.105 Das Diagramm zeigt den Verlauf der Geschwindigkeit eines Schienenfahrzeugs.

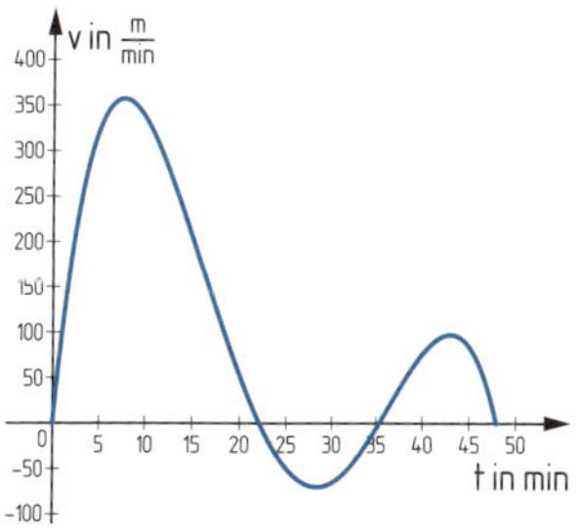

1) Gib an, welche Bedeutung jener Bereich hat, in dem die Geschwindigkeit negative Werte annimmt.

2) Die Funktionsgleichung lautet:
$v(t) = -0{,}0029t^4 + 0{,}306t^3 - 10{,}28t^2 + 109{,}1t$
t … Zeit in Minuten
v(t) … Geschwindigkeit zur Zeit t in Meter pro Minute
Berechne, welchen Gesamtweg das Schienenfahrzeug zurückgelegt hat. Ermittle die Entfernung des Fahrzeugs vom Startpunkt.

TE ABC

7.106 Die Durchflussgeschwindigkeit bei einer Toilettenspülung kann nach dem Betätigen des Spülknopfs zum Zeitpunkt t = 0 s mithilfe folgender Funktion beschrieben werden:
$v(t) = 15 \cdot t \cdot e^{-1{,}8 \cdot t}$
t … Zeit in Sekunden, v(t) … Geschwindigkeit zur Zeit t in Liter pro Sekunde

1) Erkläre die Bedeutung des Ausdrucks $\int_{t_1}^{t_2} v(t)\,dt$ im gegebenen Sachzusammenhang und gib die korrekte Einheit an.

2) Ermittle jenen Zeitpunkt, an dem die Durchflussgeschwindigkeit den höchsten Wert hat und berechne jene Wassermenge, die bis zu diesem Zeitpunkt aus dem Spülkasten geflossen ist.

3) Berechne, nach welcher Zeit 3 Liter aus dem Spülkasten abgeflossen sind.

TE ABCD

7.107 Ein Pneumotachograph ist ein Gerät zur Überprüfung der Lungenfunktion. Dabei wird unter anderem die Fließgeschwindigkeit von Luft beim Ein- und Ausatmen in Liter pro Sekunde aufgezeichnet. Der nebenstehende Funktionsgraph zeigt die Aufzeichnung der Fließrate eines Patienten beim Einatmen.

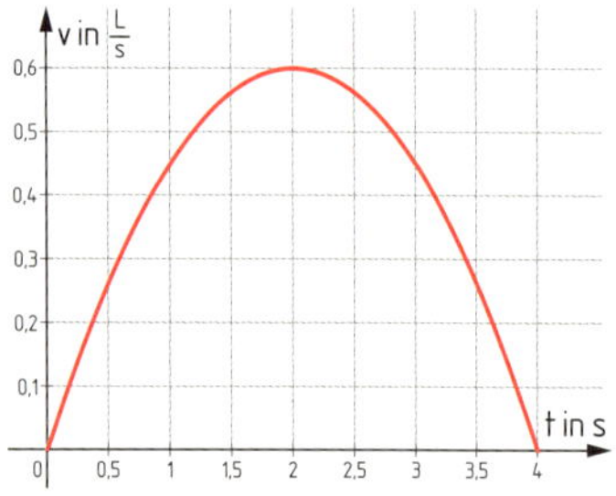

1) Beschreibe den Verlauf der Fließrate v beim Einatmen. Skizziere den Verlauf der Fließrate beim Ausatmen, wenn Ein- und Ausatmen punktsymmetrisch zum Schnittpunkt mit der Zeit-Achse sind.

2) Der Funktionsgraph wird durch eine Parabel genähert. Ermittle die Gleichung der Funktion für die Fließrate v beim Einatmen mithilfe des Diagramms.

3) Bestimme die Funktion der eingeatmeten Luftmenge L abhängig von der Zeit.

4) Ein Patient hat eine Einatemphase von 3 Sekunden. Nach 1,5 Sekunden hat er eine Fließrate von 0,5 Liter pro Sekunde erreicht. Nähere seine Ein- und Ausatemgeschwindigkeit durch eine Polynomfunktion 3. Grads unter der Voraussetzung, dass Ein- und Ausatemphase punktsymmetrisch zum Schnittpunkt mit der Zeit-Achse sind. Stelle die Funktion im Intervall [0 s; 6 s] grafisch dar.

5) Berechne, wie viel Liter Luft der Patient aus **4)** im Zeitintervall [1 s; 3 s] einatmet. Welche Luftmenge wird im Intervall [2 s; 4 s] transportiert?

TE AB D

7.108 Bei einem Fallschirmsprung wird die Geschwindigkeit in $\frac{m}{s}$ bis zum Öffnen des Schirms durch folgende Funktion v in Abhängigkeit von der Zeit t (in s) (freier Fall unter Berücksichtigung des Luftwiderstands) beschrieben:

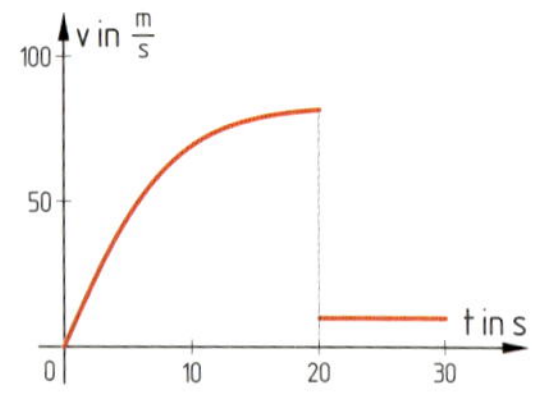

$v(t) = \sqrt{\frac{m \cdot g}{k}} \cdot \tanh\left(\sqrt{\frac{k \cdot g}{m}} \cdot t\right)$

m … Masse in kg, $g = 9{,}81\,\frac{m}{s^2}$, $k = \frac{c_w \cdot A \cdot \rho}{2}$,

c_w … Widerstandskoeffizient, A … Querschnittsfläche, $\rho = 1{,}3\,\frac{kg}{m^3}$ … Dichte der Luft

Eine Fallschirmspringerin öffnet nach 20 Sekunden den Fallschirm, wodurch die Geschwindigkeit auf rund $5\,\frac{m}{s}$ reduziert wird. Es gilt: m = 65 kg, A = 0,2 m² und $c_w = 0{,}78$

1) Wie viel Meter hat sie während des freien Falls zurückgelegt?

2) Gib eine allgemeine Formel für den zurückgelegten Weg im Intervall $[0; t_1]$ mit $t_1 > 20$ s an.

7.6.2 Arbeitsintegrale

Der Mensch benötigt Energie, um die Körpertemperatur und die Körperfunktionen aufrecht zu erhalten. Außerdem verrichten wir Arbeit, jedes Mal, wenn wir uns bewegen, für die wir Energie benötigen. Diese Energie nehmen wir über die Nahrung auf. Für die Einheit der Energie werden Joule (J) oder Kalorien (cal, latein: „calor" = Wärme) verwendet, wobei gilt: 1 cal = 4,1868 J
Der Energiegehalt von Lebensmitteln ist zwar immer in kcal und kJ angegeben, in der Alltagssprache wird aber fälschlicherweise die Vorsilbe weggelassen und kurz von „Kalorien" gesprochen.

Arbeit ist das Produkt aus Kraft in Wegrichtung mal Weglänge:
$W = \vec{F} \cdot \vec{s} = |\vec{F}| \cdot |\vec{s}| \cdot \cos(\alpha)$

7.109 Beim Verzehr einer Tafel Schokolade nimmt man 500 kcal Energie auf. Wie weit müsste man eine Kiste mit 20 kg Masse ziehen, um diese Energie umzuwandeln? Nimm an, dass dazu eine Kraft von 240 N nötig ist.

AB

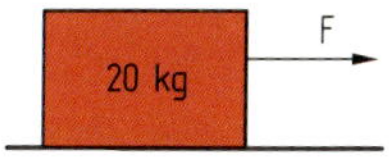

Wird zum Beispiel eine Kiste mit der konstanten Kraft $\vec{F}$ entlang eines Wegs $\vec{s}$ gezogen und haben die Kraft und der Weg dieselbe Richtung, so erhält man mit $F = |\vec{F}|$ und $s = |\vec{s}|$ als verrichtete Arbeit: $W = F \cdot s$

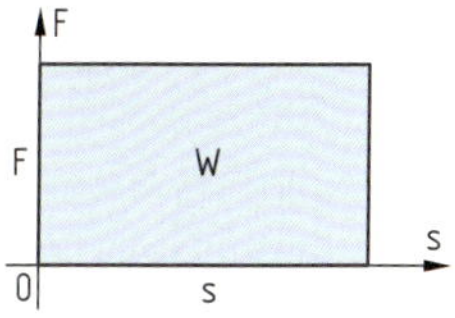

Das Kraft-Weg-Diagramm veranschaulicht, dass die Maßzahl der Arbeit dem Flächeninhalt des Rechtecks mit der Länge s und der Breite F entspricht. Ist die Kraft nicht konstant, sondern ändert sie sich in Abhängigkeit vom Weg s, ist also F = F(s), so erhält man eine beliebige Kurve. Der Betrag der verrichteten Arbeit entspricht dann der Maßzahl des Flächeninhalts unter der Kurve, also $W = \int_{s_1}^{s_2} F(s)\,ds$.

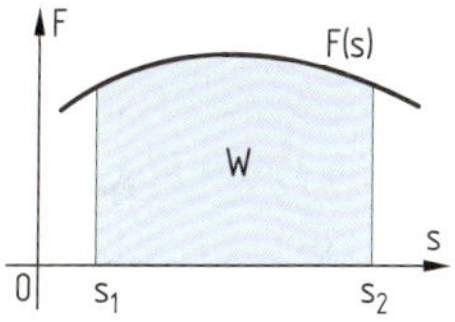

Wirkt eine veränderliche Kraft F(s) längs eines Wegs s, so gilt für die **verrichtete Arbeit** W zwischen einem Anfangspunkt s_1 und einem Endpunkt s_2:

$$W = \int_{s_1}^{s_2} F(s)\,ds$$

7.110 Um eine Feder um die Länge s zu dehnen, muss die Federkraft F wirken:
$F(s) = k \cdot s$ mit k ... Federkonstante

AB

1) Ermittle allgemein eine Formel für die benötigte Dehnungsarbeit W.
2) Gib die Dehnungsarbeit allgemein an, wenn die Feder aus der Ruhelage bewegt wird.

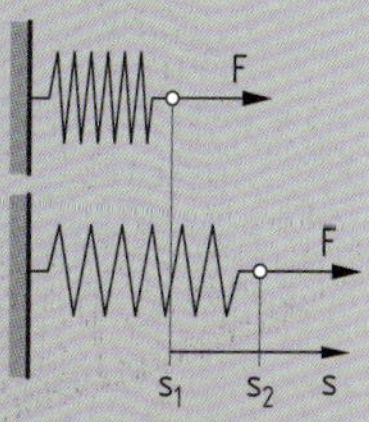

Lösung:

1) $W = \int_{s_1}^{s_2} F(s)\,ds = \int_{s_1}^{s_2} k \cdot s\,ds = \frac{k}{2} \cdot s^2 \Big|_{s_1}^{s_2} = \frac{k}{2} \cdot (s_2^{\,2} - s_1^{\,2})$

2) Ruhelage $s_1 = 0$: $W = \int_0^{s_2} k \cdot s\,ds = \frac{k}{2} \cdot s_2^{\,2}$

Anwendungen der Integralrechnung

A B **7.111** Eine Feder mit der Federkonstante $k = 3\,000\,\frac{N}{m}$ wurde um 4 cm gedehnt. Welche Arbeit wird verrichtet, wenn man sie um weitere 2 cm dehnt?

A B D **7.112** Ein Körper mit der Masse m wird von einer Höhe h_1 in eine bestimmte Höhe h_2 gehoben. Dabei muss Arbeit verrichtet werden.

1) Gib die Hebearbeit an, wenn die Kraft zum Heben des Körpers $F(s) = m \cdot g$ beträgt.
2) Wie lautet die Formel, wenn $h_1 = 0$ m ist?
3) Berechne die Hebearbeit, die aufgebracht werden muss, um einen Körper mit der Masse m = 5 kg aus einer Höhe von 1 m auf eine Höhe von 4 m zu bringen ($g = 9{,}81\,\frac{m}{s^2}$).

A B C D **7.113** Ein Feriendorf auf einer hoch gelegenen Alm ist nur in den Wintermonaten voll belegt. Um den Energiebedarf des Dorfs an einem bestimmten Tag ermitteln zu können, misst man die benötigte Leistung P.

$P(t) = -\frac{5}{24}t^2 + 5t + 6$

t … Zeit in h, P(t) … Leistung zur Zeit t in $\frac{MJ}{h}$

Für die Energie gilt dann: $E = \int_{t_1}^{t_2} P(t)\,dt$

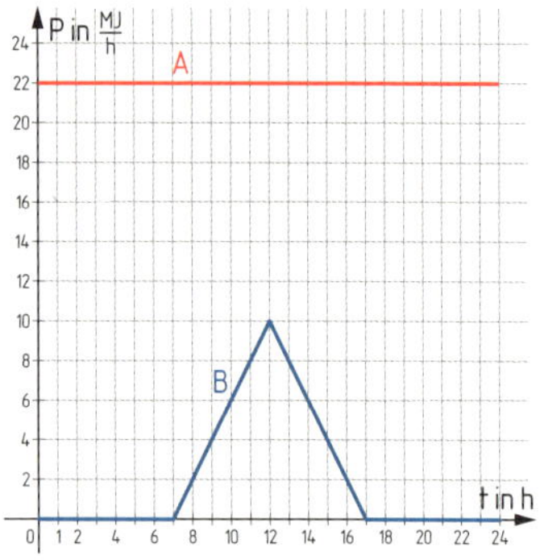

Die Versorgung des Feriendorfs erfolgt über mehrere Benzingeneratoren A sowie durch eine Solaranlage B, deren Leistungskurven im nebenstehenden Diagramm dargestellt sind. Die überschüssig gewonnene Energie wird in einer Batterieanlage gespeichert und im Bedarfsfall verwendet. Dabei können lediglich 80 % der gespeicherten Energie genutzt werden.

1) Erkläre, warum die benötigte Energie mit $E = \int_{t_1}^{t_2} P(t)\,dt$ berechnet werden kann.
2) Ermittle die Gleichungen der Funktionen A und B aus dem Diagramm.
3) Stelle die Funktionen A, B und P in einem Koordinatensystem grafisch dar.
4) Ermittle, ob die von den bestehenden Energieanlagen gelieferte Energie den Bedarf des Feriendorfs bis 12:00 Uhr decken kann oder ob Energie zugekauft werden muss.

A B **7.114** Die elektrostatische Anziehungskraft zwischen zwei Punktladungen q_1 und q_2 wird durch die Coulombkraft F_C beschrieben:

$F_C(r) = \frac{1}{4\pi\varepsilon_0} \cdot \frac{q_1 \cdot q_2}{r^2}$

$\varepsilon_0 \approx 8{,}854 \cdot 10^{-12}\,\frac{As}{Vm}$ … elektrische Feldkonstante; q_1, q_2 … Ladungen in Coulomb C;
r … Abstand zwischen den Punktladungen in Meter
$F_C(r)$ … Coulombkraft beim Abstand r in N

Ein Wasserstoffatom hat ein Proton im Kern und ein Elektron in der Hülle. Die Teilchen haben die gleiche Elementarladung $q \approx 1{,}602 \cdot 10^{-19}$ C. Der Radius eines Wasserstoffatoms beträgt $r_0 \approx 0{,}53$ Å (Å … Ångström, benannt nach Anders Jonas Ångström, schwedischer Physiker, 1814 – 1874, 1 Å = 10^{-10} m).
Nach einer chemischen Reaktion hat sich der Abstand auf r_1 zwischen Proton und Elektron vergrößert. Berechne, welche Arbeit dafür aufgewendet wurde, wenn gilt: $W = \int_{r_0}^{r_1} F_C(r)\,dr$

Anwendungen der Integralrechnung

7.115 Soll ein Körper der Masse m von der Erdoberfläche (Erdmasse $M \approx 5{,}97 \cdot 10^{24}$ kg, Erdradius $r_0 \approx 6\,370$ km) gehoben werden, so ist nach dem Newton'schen Gravitationsgesetz die Kraft F notwendig: $F(r) = \frac{G \cdot M \cdot m}{r^2}$

$G \approx 6{,}67 \cdot 10^{-11}\ \frac{m^3}{kg \cdot s^2}$ … Gravitationskonstante, r wird vom Erdzentrum gemessen

Welche Arbeit wird verrichtet, wenn eine Rakete mit einer Masse von sechs Tonnen in eine Höhe von 400 km befördert wird?

A B

7.116 Ein Körper bewegt sich mit einer Geschwindigkeit v_1 auf einer waagrechten Ebene. Um ihn auf die Geschwindigkeit v_2 zu beschleunigen, ist eine Kraft $F = m \cdot a$ notwendig.

1) Gib die Beschleunigungsarbeit an.

Hinweis: Setze $a = \frac{dv}{dt}$ und verwende $v = \frac{ds}{dt} \Rightarrow ds = v \cdot dt$

2) Wie lautet die Formel der Beschleunigungsarbeit für $v_1 = 0\ \frac{m}{s}$?

3) Welche Arbeit ist notwendig, um ein Auto mit der Masse m = 900 kg von einer Geschwindigkeit von 30 $\frac{km}{h}$ auf eine Geschwindigkeit von 60 $\frac{km}{h}$ zu beschleunigen?

A B

7.117 Als Modell für reale Gase wird das ideale Gas verwendet. Ein ideales Gas besteht aus masselosen Teilchen, die sich ungeordnet bewegen und keine Kräfte aufeinander ausüben. Wird es zum Beispiel in einem Zylinder durch Bewegen eines Kolbens ausgedehnt (expandiert), ändert sich mit dem größer werdenden Volumen V auch der Druck p. Der Zusammenhang zwischen dem Druck p und dem Volumen V kann in einem p-V-Diagramm dargestellt werden. Die verrichtete Expansionsarbeit entspricht der Fläche unter der Kurve:

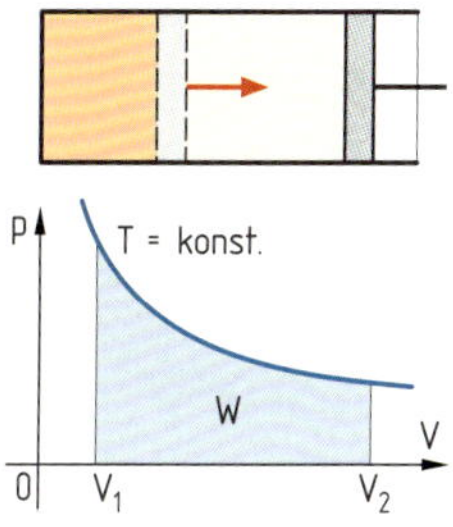

A B C

$$W = \int_{V_1}^{V_2} p\,dV$$

Bleibt bei diesem Prozess die Temperatur konstant (isotherme Zustandsänderung), wird Wärmeenergie zugeführt. Diese ist gleich dem Betrag der Expansionsarbeit.

Bei der Verdichtung (Kompression) gilt $W = -\int_{V_1}^{V_2} p\,dV$, Wärmeenergie wird abgeführt.

Im isothermen Fall bleibt das Produkt aus Volumen und Druck konstant (Gesetz von Boyle-Mariotte). Es gilt die allgemeine Zustandsgleichung: $p \cdot V = n \cdot R \cdot T$

n … Stoffmenge in mol, R … spezifische Gaskonstante in $\frac{J}{mol \cdot K}$, T … Temperatur in K

1) Gib die Arbeit an einem idealen Gas bei Expansion von V_1 auf V_2 an.

2) Welche Arbeit wird verrichtet, wenn das Volumen verdoppelt wird?

7.118 Der Stirling-Prozess (benannt nach Robert Stirling, schottischer Pastor und Ingenieur, 1790 – 1878) ist ein Modell für den idealen Viertaktmotor. Er ist ein Kreisprozess, der sich aus zwei Isothermen 1-2 und 3-4 (Temperatur konstant, vergleiche Aufgabe **7.117**) und zwei Isochoren 2-3 und 4-1 (Volumen konstant) zusammensetzt. Der Betrag jener Fläche, die im p-V-Diagramm von den Graphen eingeschlossenen wird, entspricht der während des Kreisprozesses verrichteten Arbeit.

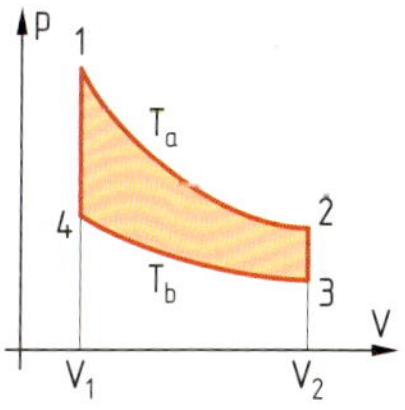

A B

Es gilt: $p \cdot V = n \cdot R \cdot T$

1) Stelle eine Formel für die Gesamtarbeit bei einem solchen Kreisprozess auf.

2) Berechne die Arbeit für $T_a = 355$ K, $T_b = 293$ K, $n \cdot R = 1\,500\ \frac{J}{K}$, $V_1 = 1\ m^3$, $V_2 = 3\ m^3$.

7.6.3 Anwendungen aus der Elektrotechnik

Liegt eine Mischung aus Gleich- und Wechselstrom bzw. Gleich- und Wechselspannung vor, so gibt der **lineare Mittelwert** den entsprechenden **Gleichanteil** an. Ist das lineare Mittel von null verschieden, spricht man von einer Mischgröße, die aus einem Gleichanteil und einem Wechselanteil besteht.

Der **Effektivwert** einer Wechselgröße entspricht dem **quadratischen Mittelwert**. Er entspricht dem Gleichstromwert oder dem Spannungswert, der an einem Ohm'schen Widerstand die gleiche Leistung P erzeugt wie die über die vollen Perioden gemittelten Wechselgrößen.

ABC **7.119** ***1)*** Zerlege die dargestellte Spannung u in einen Gleich- und einen Wechselanteil.
2) Berechne den Effektivwert U_{eff}.

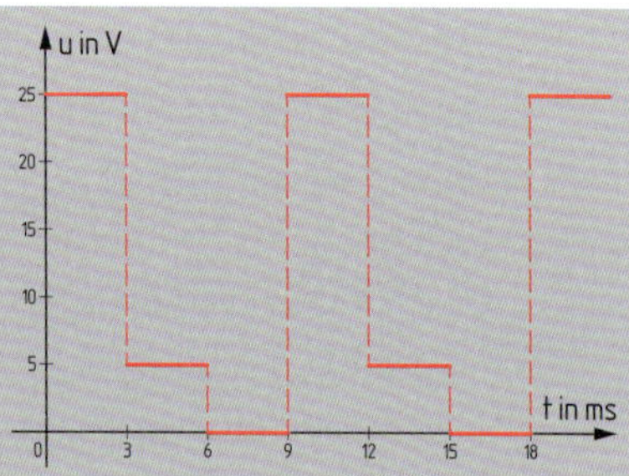

Lösung:
Periodendauer T = 9 ms

$$u(t) = \begin{cases} 25\text{ V} & \text{für } 0\text{ ms} \leq t < 3\text{ ms} \\ 5\text{ V} & \text{für } 3\text{ ms} \leq t < 6\text{ ms} \\ 0\text{ V} & \text{für } 6\text{ ms} \leq t < 9\text{ ms} \end{cases}$$

1) Gleich- und Wechselanteil – linearer Mittelwert:

$$\bar{u} = \frac{1}{T} \cdot \int_0^T u(t)\,dt =$$

$$= \frac{1}{9} \cdot (25 \cdot 3 + 5 \cdot 3 + 0) = 10\text{ V}$$

- Die Integration erfolgt durch die Berechnung von Rechteckflächen.

Gleichanteil:

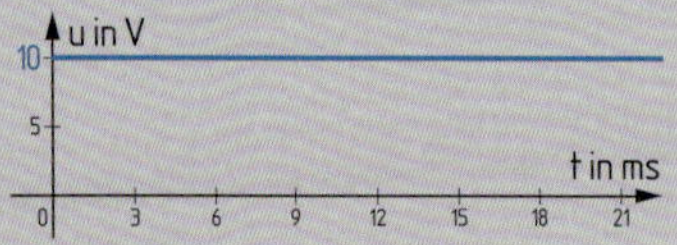

Wechselanteil:

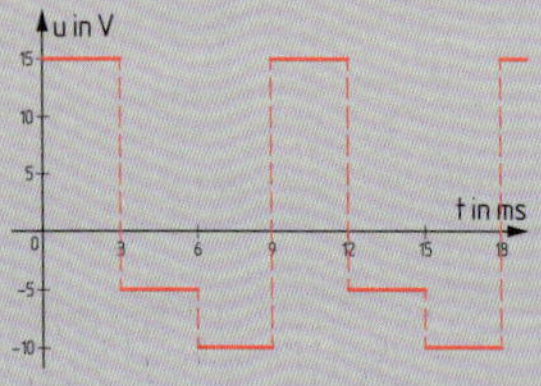

- Die angegebene Kurve wird um den Gleichanteil nach unten verschoben, da die angegebene Spannung durch Überlagerung (Addition) von Gleichanteil und Wechselanteil entsteht.

2) Effektivwert – quadratischer Mittelwert:

$$U_{eff} = \sqrt{\frac{1}{T} \cdot \int_0^T (u(t))^2\,dt} = \sqrt{\frac{1}{9} \cdot (25^2 \cdot 3 + 5^2 \cdot 3)} = 14{,}719\ldots\text{ V} \approx 14{,}72\text{ V}$$

TE ABC **7.120** ***1)*** Zerlege die dargestellte Wechselspannung in einen Wechsel- und einen Gleichanteil.
2) Berechne den Effektivwert.

a)

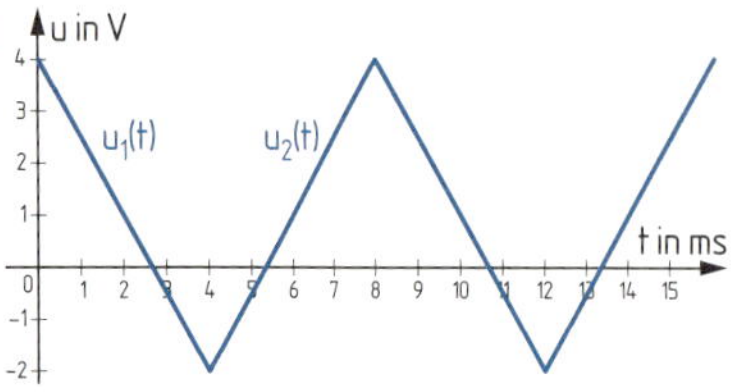

b)

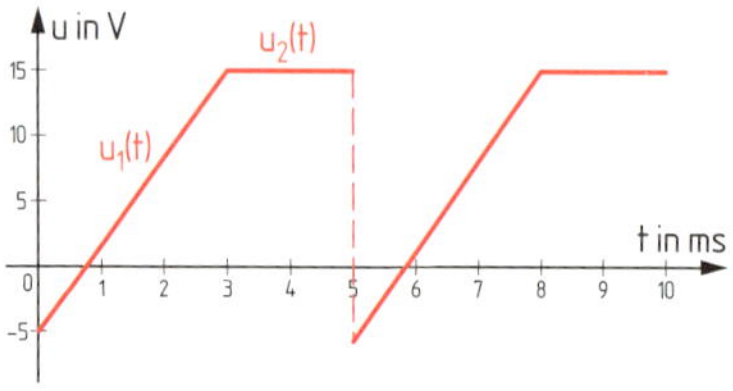

7.121 ***1)*** Zerlege den dargestellten Wechselstrom in einen Wechsel- und einen Gleichanteil.
2) Berechne den Effektivwert.

a)
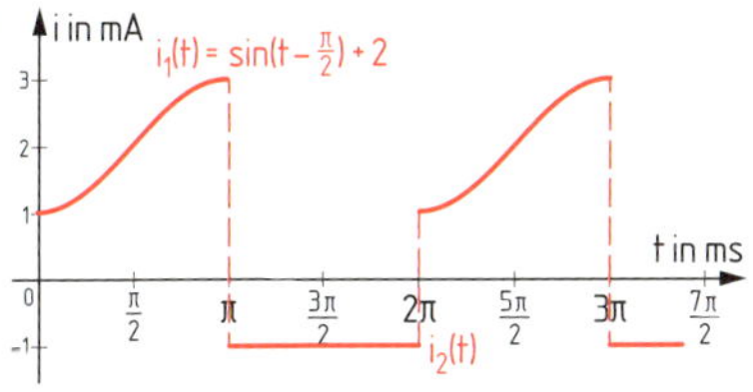

b)
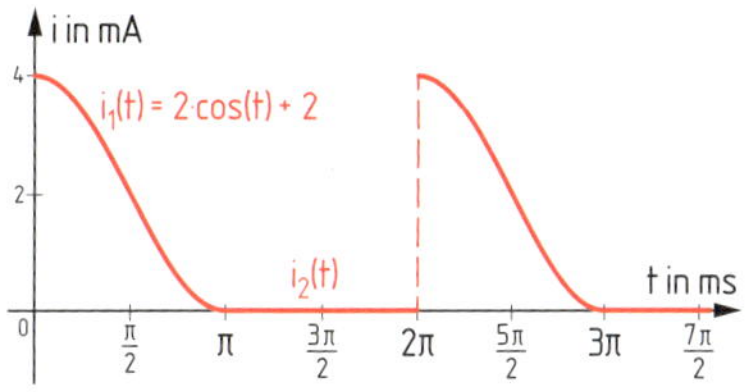

7.122 Einer gegebenen Wechselspannung u (in Volt) wird in einem Zeitraum von $t_1 = 0{,}05$ s bis $t_2 = 0{,}08$ s über einen Widerstand von R = 70 Ω ein anfangs „leerer" Kondensator zugeschaltet. Wie groß ist die Kondensatorladung Q am Ende des Ladevorgangs?

Es gilt: $Q = \int_{t_1}^{t_2} i(t)\,dt = \int_{t_1}^{t_2} \frac{u(t)}{R}\,dt$

a) $u(t) = 140\text{ V} \cdot \sin(28\text{ s}^{-1} \cdot t + 0{,}6)$ ***b)*** $u(t) = 90\text{ V} \cdot \sin(14\text{ s}^{-1} \cdot t + 0{,}3)$

7.123 Der Verlauf einer Spannung mit einer Periodendauer von T = 0,4 s wird während der ersten Periode durch die Funktion $u_1(t) = 80\text{ V} - 50\text{ V} \cdot e^{-5\text{ s}^{-1} \cdot t}$ beschrieben. Berechne den Effektivwert U_{eff} der Spannung.

7.6.4 Anwendungen aus der Wirtschaft

Bislang wurden wirtschaftliche Zusammenhänge wie Kosten-, Gewinn-, Nachfrage- oder Preisfunktion meist mithilfe von einfachen Funktionen beschrieben. Kenntnisse über die Integralrechnung eröffnen die Möglichkeit, auch komplexe Problemstellungen zu behandeln.

7.124 Eine Firma stellt Teddybären her. Die Grenzkostenfunktion K′ ist bekannt:

$K'(x) = \frac{x \cdot \sqrt{x^2 + 1\,600}}{1\,000} + 30$

x … Stückzahl, K′(x) … Grenzkosten in $\frac{€}{\text{Stück}}$

Die Kosten belaufen sich bei 30 produzierten Stück auf 1 000,00 €.
1) Ermittle die Kostenfunktion K und stelle sie grafisch dar.
2) Berechne, bei welcher produzierten Stückzahl die Stückkosten minimal sind, und ermittle diesen Wert.

7.125 Die Logistik-Abteilung einer Ölgesellschaft hat für die Fördermenge eines Ölfelds für einen Zeitraum von 10 Jahren zwei Modelle erstellt, die den Trend für den Ölfluss in Mengeneinheiten für die kommenden Jahre beschreiben sollen:
A) $f(t) = 10t^2 - t^3$ ***B)*** $g(t) = t^3 - 20t^2 + 100t$
t … Zeit in Jahren; f(t), g(t) … Ölmenge zur Zeit t in ME
1) Stelle beide Funktionen in einem Koordinatensystem grafisch dar. Überlege, welches der beiden Modelle eine höhere geförderte Ölmenge für die nächsten 10 Jahre prognostiziert. Überprüfe deine Vermutung rechnerisch.
2) Es wird angenommen, dass sich der Ölpreis im Lauf der Jahre verändern wird. Man geht daher von der Preisfunktion $p(t) = 1 + \frac{1}{11 - t}$ für den Verkaufspreis in Geldeinheiten pro Mengeneinheit aus (t in Jahren). Überprüfe rechnerisch, in welchem Modell sich nach 10 Jahren ein höherer Erlös ergibt.

Anwendungen der Integralrechnung

B C D **7.126** Für ein Produkt wurden die Preisfunktion des Angebots p_A (aus Sicht des Produzenten) und die Preisfunktion der Nachfrage p_N (aus Sicht des Konsumenten) erstellt.

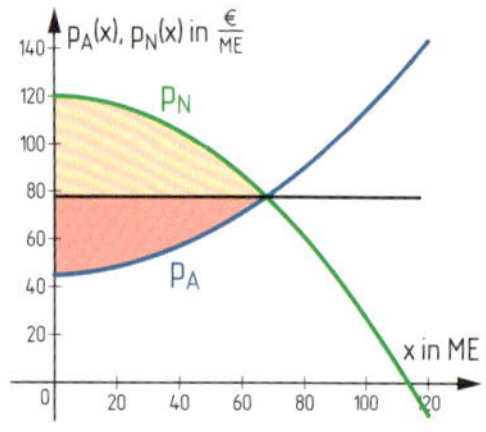

$p_A(x) = 0{,}0064x^2 + 0{,}052x + 45$

$p_N(x) = -0{,}0093x^2 + 0{,}0061x + 120$

x … Menge in ME; $p_A(x)$, $p_N(x)$ … Preis in $\frac{€}{ME}$

1) Der Preis, bei dem $p_A = p_N$ gilt, heißt Marktgleichgewichtspreis. Berechne diesen Preis.

2) Berechne jeweils den Flächeninhalt der unterschiedlich färbig markierten Flächen. Erkläre, was durch die markierten Flächeninhalte beschrieben wird.

A B C D **7.127** Die Einkommensverteilung eines Landes kann mithilfe einer **Lorenz-Kurve** (Max Lorenz, US-amerikanischer Ökonom, 1876 – 1959) dargestellt werden. Dabei wird auf der waagrechten Achse der prozentuelle Anteil der Bevölkerung, beginnend mit jenem mit dem geringeren Einkommen, und auf der senkrechten Achse deren Anteil am Gesamteinkommen aufgetragen. Würde jeder Einwohner dasselbe Einkommen haben, wäre die Lorenz-Kurve die erste Mediane.

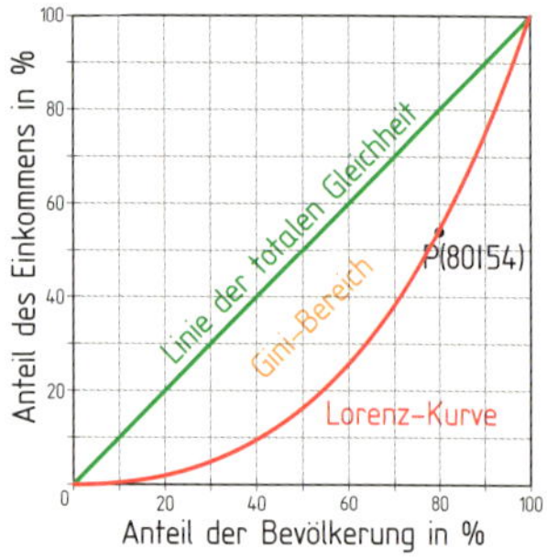

Das Maß für die (Ungleich-)Verteilung von Einkommen in einem Land wird durch den **Gini-Koeffizienten** g (Corrado Gini, italienischer Mathematiker, 1884 – 1965)

festgelegt: $g = \frac{\text{Flächeninhalt zwischen Lorenz-Kurve und 1. Mediane in [0\%; 100\%]}}{\text{Flächeninhalt unter der 1. Mediane in [0\%; 100\%]}}$

1) Erkläre die Bedeutung des Punkts P aus der Abbildung.

2) Beantworte folgende Fragen. Verwende die Abbildung:

A) Wie viel % des Gesamteinkommens haben die ärmsten 10 % der Bevölkerung?

B) Wie viel % des Gesamteinkommens haben die ärmeren 40 % der Bevölkerung?

C) Wie viel % des Gesamteinkommens haben die reichsten 10 % der Bevölkerung?

3) Die Lorenz-Kurve eines Zwergstaats lässt sich näherungsweise durch die Funktion $f(x) = 0{,}21x^4 + 0{,}38x^3 + 0{,}41x^2$ im Intervall [0; 1] beschreiben. Berechne den Gini-Koeffizienten.

4) Recherchiere den aktuellen Gini-Koeffizienten von Österreich und interpretiere seinen Wert.

A B C **7.128** Für den Gegenwartswert K_{t^*} eines Zahlungsstroms R(t) zum Zeitpunkt t*, der in einem Zeitraum von t_1 bis t_2 fließt, gilt: $K_{t^*} = e^{j_\infty \cdot (t^* - t_1)} \cdot \int_{t_1}^{t_2} R(t) \cdot e^{-j_\infty \cdot t}\, dt$

t … Zeit, R(t) … Zahlungsstrom zur Zeit t in $\frac{\text{Geldeinheit}}{\text{Zeiteinheit}}$, j_∞ … stetiger Zinssatz

Die Hausverwaltung einer gemeinnützigen Wohnungsgenossenschaft modelliert die zu erwartenden Einnahmen nach heutigem Stand (t* = 0) durch den kontinuierlichen Zahlungsstrom R.

$R(t) = 1\,800\,000 + 200\,000 \cdot t$ t … Zeit in Jahren

Dabei wird von einem stetigen Zinssatz $j_\infty = 4\,\%$ ausgegangen. Man geht davon aus, dass der Zahlungsstrom in 3 Jahren zu fließen beginnt und 9 Jahre anhält. Berechne den heutigen Wert der Einnahmen.

7.7 Schwerpunktbestimmungen

Bei Kräfteberechnungen geht man davon aus, dass alle Kräfte im Schwerpunkt angreifen. Ist ein Körper im Schwerpunkt gelagert, so befindet er sich im Gleichgewicht. Physikalisch gesehen ist dort die Summe aller Momente null. Die Koordinaten des Schwerpunkts einer Fläche, wie zum Beispiel eines Dreiecks, können geometrisch oder vektoriell ermittelt werden. Nun sollen Schwerpunkte von beliebigen Flächen, Linien und Körpern ermittelt werden.

7.7.1 Flächenschwerpunkt

Setzt sich eine Fläche aus elementaren Teilflächen A_i zusammen, so können die Koordinaten des Schwerpunkts der Fläche folgendermaßen berechnet werden:

$x_S = \frac{\Sigma A_i \cdot x_i}{A}$ bzw. $y_S = \frac{\Sigma A_i \cdot y_i}{A}$ x_i, y_i … x- bzw. y-Koordinaten des Schwerpunkts der Teilflächen

Beim Bilden des Grenzwerts geht die Summe in ein Integral über. Dieses Integral heißt **statisches Moment** einer Fläche bzw. **Flächenmoment 1. Ordnung**.

Statisches Moment bezüglich der y-Achse: $M_y = \int_A x\,dA = A \cdot x_s$

bzw. bezüglich der x-Achse: $M_x = \int_A y\,dA = A \cdot y_s$

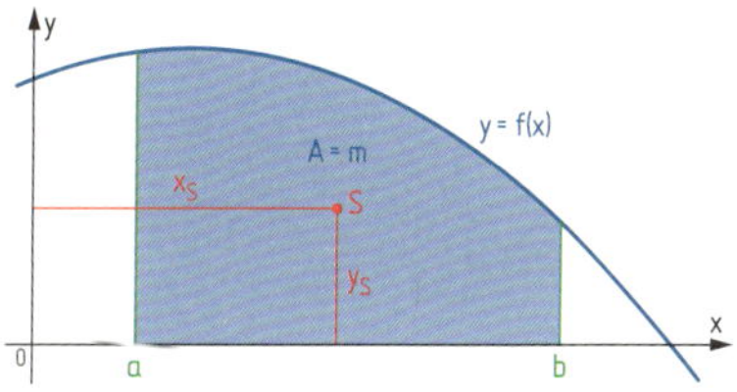

Mithilfe der statischen Momente kann der Schwerpunkt $S(x_S|y_S)$ einer beliebigen Fläche ermittelt werden.

Für die Fläche A gilt: $A = \int_a^b f(x)\,dx$

Für die statischen Momente gilt: $M_y = A \cdot x_S$ und $M_x = A \cdot y_S$

Da die Koordinaten des Schwerpunkts nicht bekannt sind, werden die Flächenmomente durch Unterteilung der Gesamtfläche in Rechtecke ermittelt.

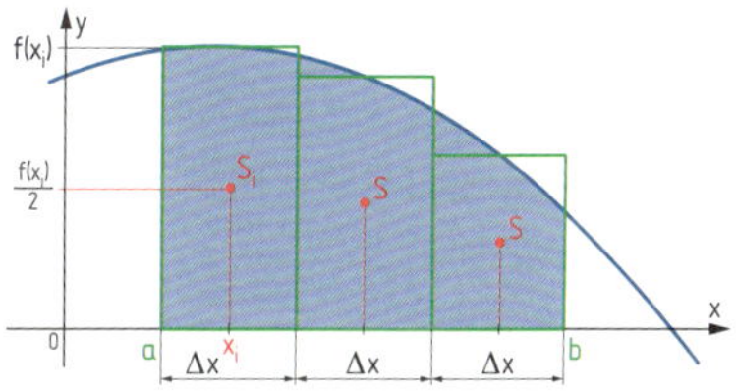

Der gesamte Flächeninhalt A wird in n Teilflächen ΔA_i mit jeweils gleicher Breite Δx unterteilt (i = 1, …, n).

Der Schwerpunkt S_i eines Flächenelements hat die Koordinaten $S_i(x_i|y_i) = S_i\left(x_i \middle| \frac{f(x_i)}{2}\right)$.

Man erhält für jede Teilfläche die Flächenmomente ΔM_{y_i} bezüglich der y-Achse sowie die Flächenmomente ΔM_{x_i} bezüglich der x-Achse:

- $\Delta M_{y_i} = \Delta A_i \cdot x_i = \Delta x \cdot f(x_i) \cdot x_i$
- $\Delta M_{x_i} = \Delta A_i \cdot \frac{f(x_i)}{2} = \Delta x \cdot f(x_i) \cdot \frac{f(x_i)}{2} = \frac{1}{2} \cdot \Delta x \cdot (f(x_i))^2$

Das Gesamtmoment eines Körpers ist gleich der Summe der Momente aller seiner Teilkörper.

- $M_y = \sum_{i=1}^{n} f(x_i) \cdot x_i \cdot \Delta x$
- $M_x = \frac{1}{2} \cdot \sum_{i=1}^{n} (f(x_i))^2 \cdot \Delta x$

Führt man den Grenzübergang für $\Delta x \to 0$ durch, so erhält man:

- $M_y = \int_a^b f(x) \cdot x\,dx$
- $M_x = \frac{1}{2} \cdot \int_a^b (f(x))^2\,dx$

Da für die Flächenmomente $M_y = A \cdot x_S$ bzw. $M_x = A \cdot y_S$ gilt, kann man x_S und y_S durch Gleichsetzen ermitteln:

- $M_y = A \cdot x_S = \int_a^b f(x) \cdot x\,dx$

  $x_S = \frac{M_y}{A}$ bzw. $x_S = \frac{1}{A} \cdot \int_a^b x \cdot f(x)\,dx$

- $M_x = A \cdot y_S = \frac{1}{2} \cdot \int_a^b (f(x))^2\,dx$

  $y_S = \frac{M_x}{A}$ bzw. $y_S = \frac{1}{2A} \cdot \int_a^b (f(x))^2\,dx$

Ist die Fläche nicht durch die x-Achse begrenzt, sondern durch eine weitere Kurve, so erfolgt die Berechnung des Schwerpunkts mit ähnlichen Überlegungen. Die Lage der Kurven bezüglich der x-Achse ist dabei nicht von Bedeutung.

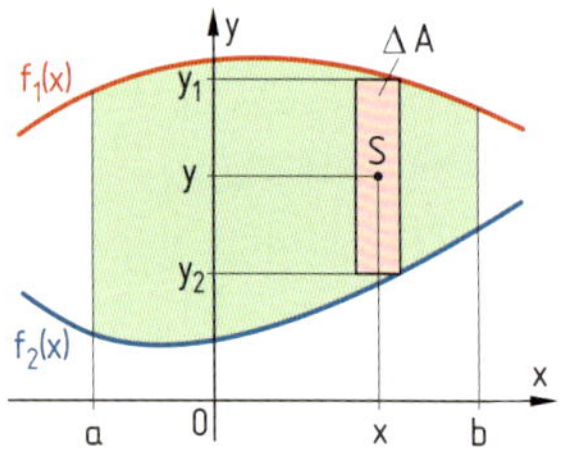

Teilfläche ΔA zwischen den beiden Graphen:
$\Delta A = (f_1(x) - f_2(x)) \cdot \Delta x$

y-Koordinate des Schwerpunkts: $y = \frac{y_1 - y_2}{2} + y_2 = \frac{y_1 + y_2}{2}$

Für die Flächenmomente ergibt sich:

$\Delta M_{y_i} = \Delta A \cdot x = (y_1 - y_2) \cdot \Delta x \cdot x$

$\Delta M_{x_i} = \Delta A \cdot y = (y_1 - y_2) \cdot \Delta x \cdot \frac{y_1 + y_2}{2} = \frac{1}{2} \cdot (y_1{}^2 - y_2{}^2) \cdot \Delta x$

Durch Aufsummieren, Grenzwertermittlung und Division durch den Flächeninhalt erhält man die Koordinaten des Schwerpunkts.

Koordinaten des Schwerpunkts $S(x_s|y_s)$ einer Fläche

- zwischen dem Funktionsgraphen von $y = f(x)$ und der x-Achse:

  $x_S = \frac{M_y}{A} = \frac{1}{A} \cdot \int_a^b x \cdot f(x)\,dx$ $\qquad$ $y_S = \frac{M_x}{A} = \frac{1}{2A} \cdot \int_a^b (f(x))^2\,dx$

  Der Graph liegt dabei im Intervall [a; b] oberhalb der x-Achse.

- zwischen den Funktionsgraphen von $y_1 = f_1(x)$ und $y_2 = f_2(x)$:

  $x_S = \frac{1}{A} \cdot \int_a^b x \cdot [f_1(x) - f_2(x)]\,dx$ $\qquad$ $y_S = \frac{1}{2A} \cdot \int_a^b [(f_1(x))^2 - (f_2(x))^2]\,dx$

  Der Graph der Funktion f_1 liegt dabei im Intervall [a; b] oberhalb des Graphen von f_2.

B

7.129 Berechne mithilfe der statischen Momente die Koordinaten des Schwerpunkts der Fläche, die vom Graphen der Funktion $f(x) = \frac{3}{4}x$, der x-Achse und der Senkrechten x = 4 eingeschlossen wird.

Lösung:

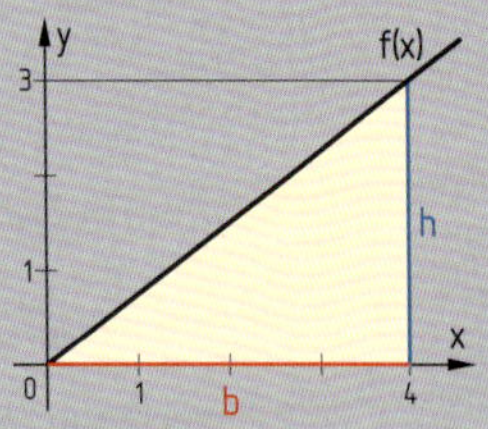

$A = \frac{4 \cdot 3}{2} = 6\,E^2$

- Es handelt sich um ein rechtwinkliges Dreieck.

$M_x = \frac{1}{2} \cdot \int_a^b y^2\,dx = \frac{1}{2} \cdot \int_0^4 \left(\frac{3}{4}x\right)^2 dx = \frac{1}{2} \cdot \frac{9}{16} \cdot \frac{x^3}{3}\Big|_0^4 = \frac{3}{32} \cdot 4^3 = 6\,E^3$

$M_y = \int_a^b x \cdot y\,dx = \int_0^4 x \cdot \frac{3}{4} \cdot x\,dx = \frac{3}{4} \cdot \int_0^4 x^2\,dx = \frac{3}{4} \cdot \frac{x^3}{3}\Big|_0^4 = \frac{4^3}{4} = 16\,E^3$

$x_S = \frac{M_y}{A} = \frac{16\,E^3}{6\,E^2} = \frac{8}{3}\,E \qquad y_S = \frac{M_x}{A} = \frac{6\,E^3}{6\,E^2} = 1\,E$

$S\left(\frac{8}{3}\middle|1\right)$

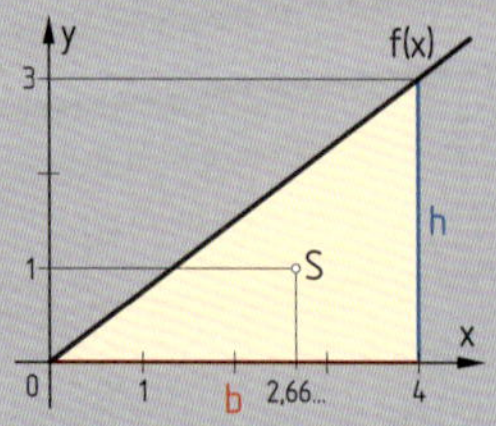

Für den Schwerpunkt eines rechtwinkligen Dreiecks in dieser Lage gilt: $S\left(\frac{2b}{3}\middle|\frac{h}{3}\right)$

7.130 Berechne die Koordinaten des Flächenschwerpunkts der dargestellten Figur (Maße in cm). A B

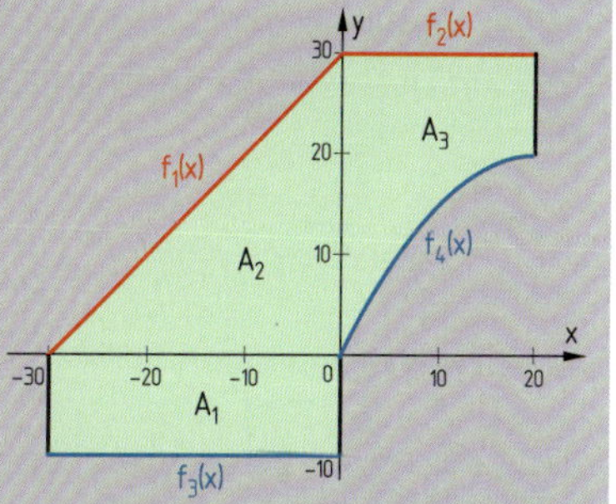

Lösung:

Funktionsgleichungen der Teilstücke:

$f_1(x) = x + 30$ für $-30 \leq x < 0$ „oben"
$f_2(x) = 30$ für $0 \leq x \leq 20$ „oben"
$f_3(x) = -10$ für $-30 \leq x \leq 0$ „unten"
$f_4(x) = -\frac{1}{20}x^2 + 2x$ für $0 < x \leq 20$ „unten"

A_1 ist ein Rechteck: $A_1 = 30\text{ cm} \cdot 10\text{ cm} = 300\text{ cm}^2$

A_2 ist ein gleichschenkliges, rechtwinkliges Dreieck: $A_2 = \frac{30\text{ cm} \cdot 30\text{ cm}}{2} = 450\text{ cm}^2$

A_3 ist die Fläche zwischen den Graphen von f_2 und f_4:

$$A_3 = \int_0^{20} \left[30 - \left(-\tfrac{1}{20} \cdot x^2 + 2x\right)\right] dx = \frac{1\,000}{3}\text{ cm}^2$$

Gesamtfläche: $A = A_1 + A_2 + A_3 = \frac{3\,250}{3}\text{ cm}^2 \approx 1\,083{,}33\text{ cm}^2$

Statische Momente M_y und M_x:

$$M_y = \int_a^b x \cdot [f_{oben}(x) - f_{unten}(x)]\,dx = \int_{-30}^{0} x \cdot [x + 30 - (-10)]\,dx + \int_0^{20} x \cdot \left[30 - \left(-\tfrac{1}{20}x^2 + 2x\right)\right] dx =$$

$$= \int_{-30}^{0} (x^2 + 40x)\,dx + \int_0^{20} \left(\tfrac{1}{20}x^3 - 2x^2 + 30x\right) dx = -9\,000 + \frac{8\,000}{3} = -\frac{19\,000}{3}\text{ cm}^3$$

$$M_x = \frac{1}{2} \cdot \int_a^b [(f_{oben}(x))^2 - (f_{unten}(x))^2]\,dx =$$

$$= \frac{1}{2} \cdot \left(\int_{-30}^{0} [(x + 30)^2 - (-10)^2]\,dx + \int_0^{20} \left[30^2 - \left(-\tfrac{1}{20}x^2 + 2x\right)^2\right] dx \right) = \frac{29\,600}{3}\text{ cm}^3$$

Koordinaten des Schwerpunkts:

$x_S = \frac{M_y}{A} = -\frac{19\,000\text{ cm}^3}{3\,250\text{ cm}^2} \approx -5{,}85\text{ cm}$, $y_S = \frac{M_x}{A} = \frac{29\,600\text{ cm}^3}{3\,250\text{ cm}^2} \approx 9{,}11\text{ cm}$ $S(-5{,}85|9{,}11)$

7.131 Berechne die Koordinaten des Schwerpunkts der Fläche, die von den Graphen von $f_1(x) = 0{,}5 \cdot (x^2 - 2x - 3)$ und $f_2(x) = 0{,}5 \cdot (-x^2 + 6x + 3)$ eingeschlossen wird. B TE

Lösung mit GeoGebra:

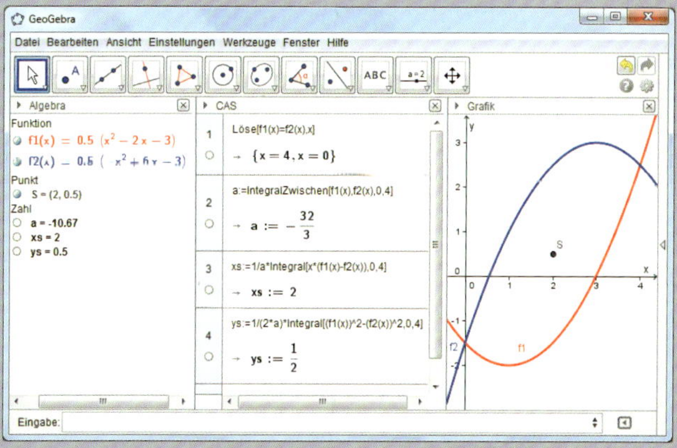

- Die Funktionen werden eingegeben und gezeichnet.
- Die Integrationsgrenzen werden im CAS-Fenster berechnet.
- Die Koordinaten des Schwerpunkts werden mithilfe des Integrals ermittelt.
- Der Schwerpunkt S wird eingezeichnet.

Schwerpunkt $S(2|0{,}5)$

Anwendungen der Integralrechnung

1. Guldin'sche Regel

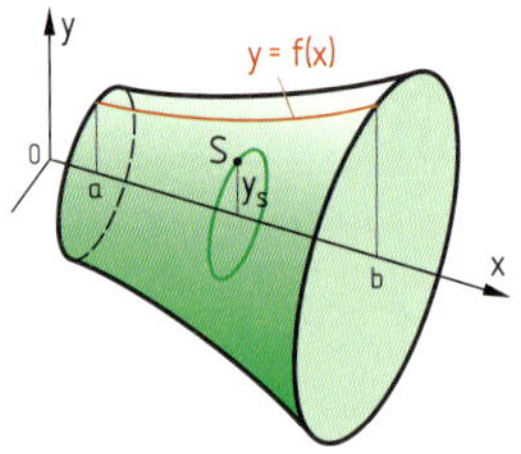

Mithilfe des Schwerpunkts kann das Volumen eines Drehkörpers mit dem Meridian y = f(x) berechnet werden.

Für die y-Koordinate des Schwerpunkts wurde die Formel

$y_S = \frac{1}{2A} \cdot \int_a^b y^2\,dx$ hergeleitet.

Durch Umformen ergibt sich: $\int_a^b y^2\,dx = 2 \cdot A \cdot y_S$

Setzt man diesen Zusammenhang in die schon bekannte Formel für das Volumen bei Drehung um die x-Achse ein, so erhält man:

$$V_x = \pi \cdot \int_a^b y^2\,dx = \pi \cdot 2 \cdot A \cdot y_S = 2 \cdot \pi \cdot y_S \cdot A = u_S \cdot A$$

Der Ausdruck $u_S = 2 \cdot \pi \cdot y_S$ entspricht dabei dem Umfang eines Kreises mit dem Radius y_S, ist also der Weg, den der Schwerpunkt der Fläche bei der Drehung um die x-Achse zurücklegt. Dieser Zusammenhang gilt für beliebige Drehachsen und Flächen unter der Voraussetzung, dass die erzeugende Fläche die Drehachse nicht schneidet, sondern höchstens berührt.

1. Guldin'sche Regel

Das Volumen eines Drehkörpers ist gleich dem Produkt aus dem Inhalt der erzeugenden Fläche (Querschnittsfläche) und der Länge des Wegs des Schwerpunkts der Fläche bei einer vollen Drehung.

Bei Rotation um die x-Achse: $V_x = 2 \cdot \pi \cdot y_S \cdot A$
Bei Rotation um die y-Achse: $V_y = 2 \cdot \pi \cdot x_S \cdot A$

Diese Regel wurde von Paul Guldin (in der Schweiz geborener, später in Österreich tätiger Mathematiker, 1577 – 1643) formuliert und nach ihm benannt. Sie wurde sinngemäß bereits im 3. Jahrhundert von Pappos von Alexandrien (griech. Mathematiker, um 300 n. Chr.) verwendet.

B

7.132 Berechne die Masse eines Aluminiumrings mit U-förmigem Querschnitt.
(Maße in cm, $\rho = 2{,}7\,\frac{g}{cm^3}$)

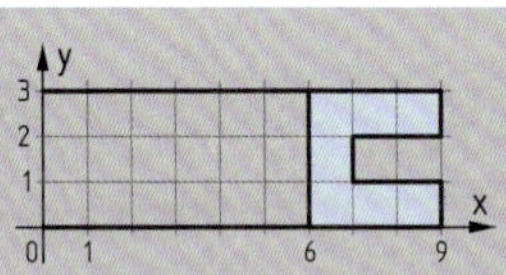

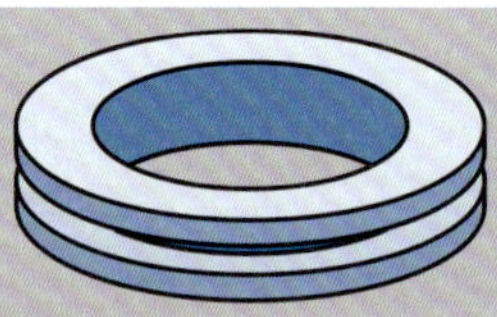

Lösung:
$A = 9 - 2 = 7\,cm^2$

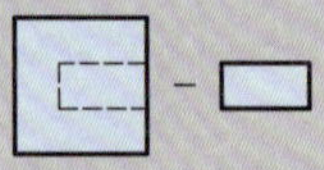

$x_S = \frac{9 \cdot (6 + 1{,}5) - 2 \cdot (6 + 2)}{9 - 2} = \frac{103}{14} \approx 7{,}36\,cm$

$V_y = 2 \cdot \pi \cdot x_S \cdot A = 2 \cdot \pi \cdot \frac{103}{14}\,cm \cdot 7\,cm^2 \approx 323{,}58\,cm^3$

$m = V \cdot \rho \approx 873{,}68\,g$

- Es wird nur x_S benötigt. Die Berechnung erfolgt durch Subtraktion der Momente bzw. Teilflächeninhalte.

A B

7.133 Stelle ein Rechteck mit der Länge a und der Breite b so in einem Koordinatensystem dar, dass ein Eckpunkt im Ursprung und eine Seite auf der x-Achse liegt. Bestimme dessen Schwerpunktskoordinaten
1) mithilfe von Flächenelementen, ***2)*** mithilfe des Funktionsgraphen.

7.134 Ermittle den Flächenschwerpunkt des in Abbildung 7.2 dargestellten Trapezes mithilfe der statischen Momente. Überprüfe dein Ergebnis durch elementare Berechnungen.

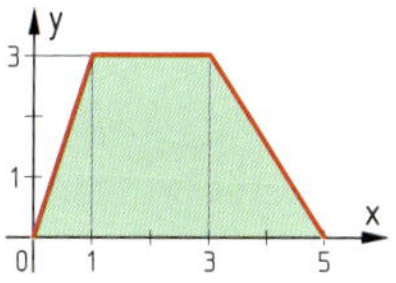

Abb. 7.2

7.135 Gib die Koordinaten des Schwerpunkts der Fläche an, die von dem gegebenen Funktionsgraphen, der x-Achse und der Senkrechten x = a eingeschlossen wird.

a) $y = \sqrt{x}$, $a = 4$
b) $y = (x - 1)^2 + 2$, $x \geqslant 0$, $a = 3$
c) $f(x) = 2x + 3$, $x \geqslant 0$, $a = 5$
d) $f(x) = -x + 4$, $x \geqslant 0$, $a = 2$

7.136 Gib die Koordinaten des Schwerpunkts der Fläche zwischen der Geraden $y = d$ $(d > 0)$, dem Funktionsgraphen von $y = \sqrt{x}$ und der y-Achse an.

7.137 Berechne die Schwerpunktkoordinaten einer Parabelfläche mithilfe von Flächenelementen (Abb. 7.3).

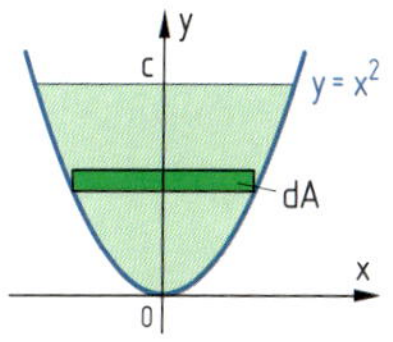

Abb. 7.3

7.138 Ermittle den Schwerpunkt der Fläche, die von den beiden gegebenen Funktionsgraphen eingeschlossen wird.

a) $f_1(x) = -x^2 + 4$, $f_2(x) = x^2$ ***b)*** $f_1(x) = 0{,}5x^2$, $f_2(x) = -x + 3$

Aufgaben 7.139 – 7.141: Ermittle die Schwerpunktkoordinaten der dargestellten Flächen.

7.139 ***a)***

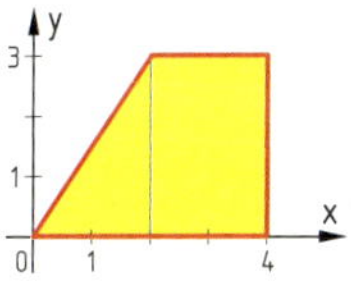

b)

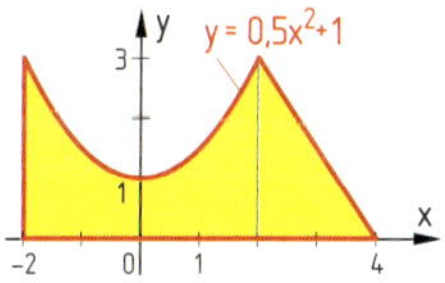

c)

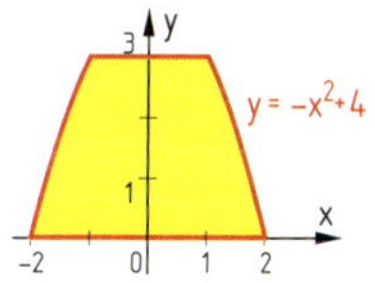

7.140 ***a)***

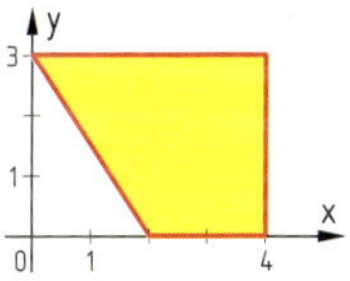

b)

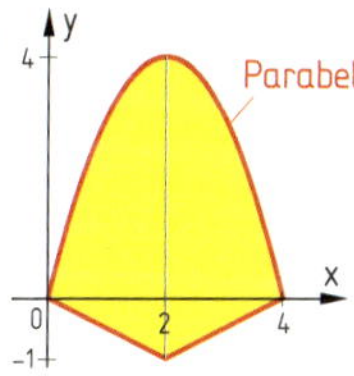

c)

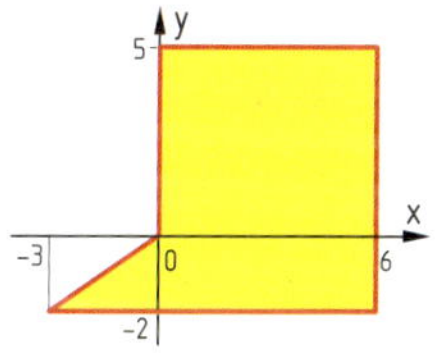

7.141 ***a)***

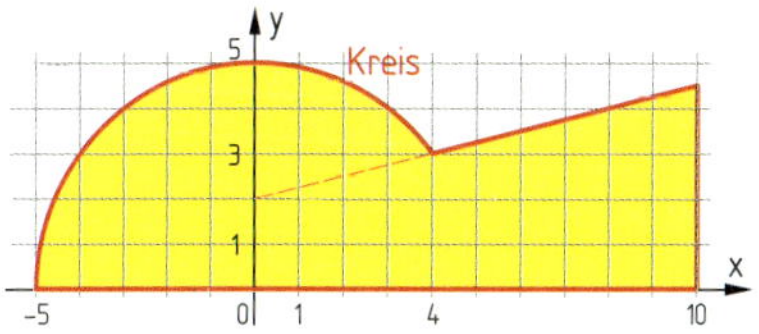

b)

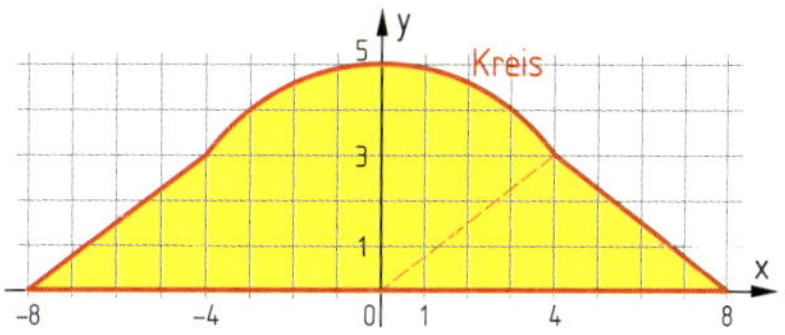

7.142 Gib die Koordinaten des Schwerpunkts der Fläche an, die vom Funktionsgraphen, der x-Achse und den Senkrechten x = a und x = b eingeschlossen wird.

a) $y(x) = \cos(x)$, $a = 0$, $b = \frac{\pi}{4}$ ***b)*** $y(x) = \sin(x)$, $a = 0$, $b = \pi$ ***c)*** $f(x) = e^x$, $a = -2$, $b = 1$

7.143 Florian möchte für Lena einen Gugelhupf backen. Der Meridian der Backform kann näherungsweise durch die Kurve $y = \frac{1}{6} \cdot (x^3 - 16x^2 + 69x - 54)$ zwischen ihren Nullstellen im ersten Quadranten beschrieben werden (Maße in cm). Wenn dieses Kurvenstück um die y-Achse rotiert, entsteht die Oberfläche der Gugelhupfform. Stelle die Kurve grafisch dar und berechne mithilfe der 1. Guldin'schen Regel, wie viel Milliliter Teigmasse Florian für den Gugelhupf vorbereiten muss, wenn er die Backform bis 1 cm unter den Rand mit Teig füllen möchte.

7.144 Dokumentiere, wie man den Schwerpunkt einer Halbkreisfläche mithilfe der 1. Guldin'schen Regel ermitteln kann.

7.145 Die Querschnittsfläche eines Riemens aus Kunststoff ist ein gleichschenkliges Dreieck. Berechne die Masse des Riemens, wenn die Dichte $\rho = 1{,}2\,\frac{kg}{dm^3}$ beträgt (Maße in cm).

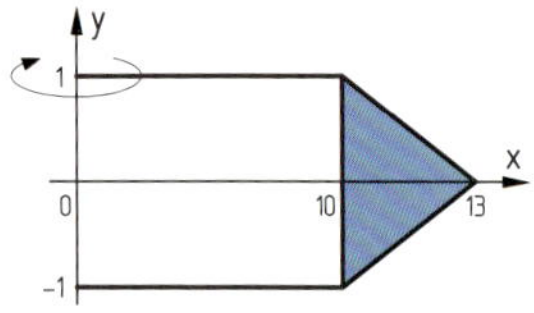

7.146 Berechne das Volumen des Drehkörpers, der entsteht, wenn sich die Cosinuskurve im Bereich $\left[0; \frac{\pi}{2}\right]$ um die x-Achse dreht, ***1)*** durch Anwenden der Volumenformel, ***2)*** mithilfe der 1. Guldin'schen Regel.

7.7.2 Linien- und Volumenschwerpunkt

Linienschwerpunkt

Der Schwerpunkt einer Linie kann durch die Zerlegung einer Kurve in Streckenelemente ds ermittelt werden. Dieser Schwerpunkt liegt im Allgemeinen nicht auf der Kurve.

Statische Momente einer Linie

$M_x = \int_{x_1}^{x_2} y\,ds \qquad M_y = \int_{x_1}^{x_2} x\,ds \qquad$ mit $ds = \sqrt{1 + (y')^2} \cdot dx$

Linienschwerpunkt

$x_S = \frac{M_y}{s} \qquad y_S = \frac{M_x}{s} \qquad$ mit $s = \int_{x_1}^{x_2} ds$

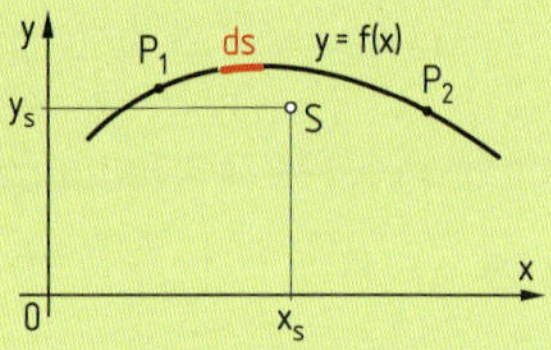

Mithilfe des Linienschwerpunkts kann die Mantelfläche eines Drehkörpers berechnet werden.

2. Guldin'sche Regel

Die Mantelfläche M eines Drehkörpers ist gleich dem Produkt aus der Länge des erzeugenden Kurvenstücks und der Länge des Wegs des Linienschwerpunkts bei einer vollen Drehung.

Bei Rotation um die x-Achse: $M = 2 \cdot \pi \cdot x_S \cdot s$
Bei Rotation um die y-Achse: $M = 2 \cdot \pi \cdot y_S \cdot s$

7.147 Bestimme den Schwerpunkt eines Viertelkreisbogens mit dem Radius r mittels ***1)*** Linienschwerpunkt, ***2)*** 2. Guldin'scher Regel.

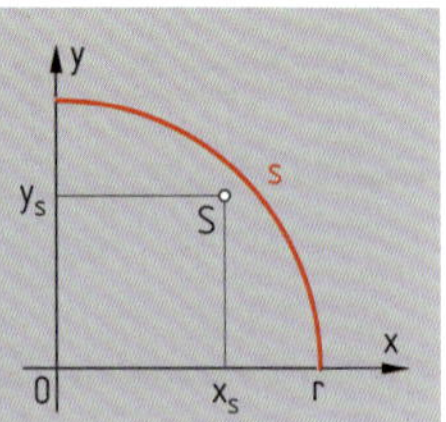

Lösung:

1) $y = \sqrt{r^2 - x^2}$

$y' = -\frac{x}{\sqrt{r^2 - x^2}}, \; 1 + (y')^2 = \frac{r^2}{r^2 - x^2}$

$M_x = \int_{P_1}^{P_2} y\,ds = \int_0^r \sqrt{r^2 - x^2} \cdot \frac{r}{\sqrt{r^2 - x^2}}\,dx = r^2$

$s = \frac{r \cdot \pi}{2}$

$y_S = \frac{M_x}{s} = \frac{r^2}{\frac{r \cdot \pi}{2}} = \frac{2 \cdot r}{\pi} = x_s$

2) $M_E = 2 \cdot r^2 \cdot \pi$

$M_G = 2 \cdot \pi \cdot x_S \cdot s$

mit $s = \frac{r \cdot \pi}{2}$:

$M_G = x_S \cdot \pi^2 \cdot r$

$2 \cdot r^2 \cdot \pi = x_S \cdot \pi^2 \cdot r$

$x_S = \frac{2 \cdot r}{\pi} = y_S$

$S\left(\frac{2r}{\pi} \middle| \frac{2r}{\pi}\right) \approx S(0{,}64r|0{,}64r)$

- Durch Gleichsetzen der elementaren Formel für M_E und der Guldin'schen Regel M_G kann der Schwerpunkt ermittelt werden.

Volumenschwerpunkt

Der Schwerpunkt eines Drehkörpers mit konstanter Dichte kann auf ähnliche Art ermittelt werden. Dazu wird der Drehkörper in Volumenelemente dV geteilt. Bei Drehung um die x-Achse liegt der Schwerpunkt aus Symmetriegründen auf der x-Achse. Die Herleitung der Formel erfolgt in Aufgabe 7.155.

Bei Drehung um die y-Achse geht man analog vor.

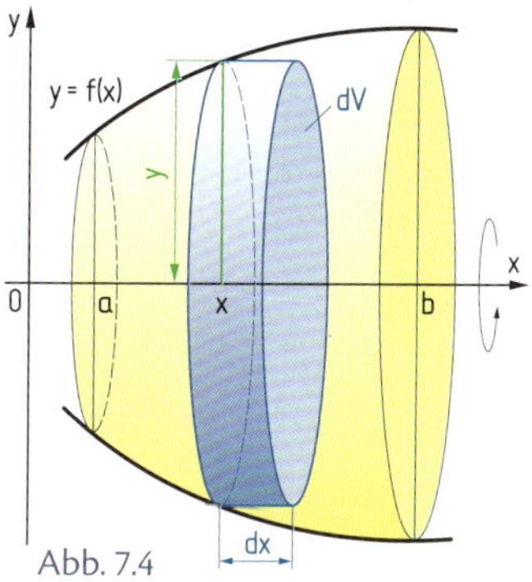

Abb. 7.4

Statisches Moment und **Schwerpunkt** eines Drehkörpers

Bei Drehung um die x-Achse: $M_{yz} = \pi \cdot \int_a^b x \cdot y^2\,dx \quad x_S = \frac{M_{yz}}{V_x}, \quad y_S = z_S = 0 \quad \text{mit } V_x = \pi \cdot \int_a^b y^2\,dx$

Bei Drehung um die y-Achse: $M_{xz} = \pi \cdot \int_a^b y \cdot x^2\,dy \quad y_S = \frac{M_{xz}}{V_y}, \quad x_S = z_S = 0 \quad \text{mit } V_y = \pi \cdot \int_c^d x^2\,dx$

7.148 Ermittle den Schwerpunkt des Drehkörpers, der durch Drehung der Funktion $y = \sqrt{x}$ um die x-Achse für $0 \leqslant x \leqslant 4$ entsteht.

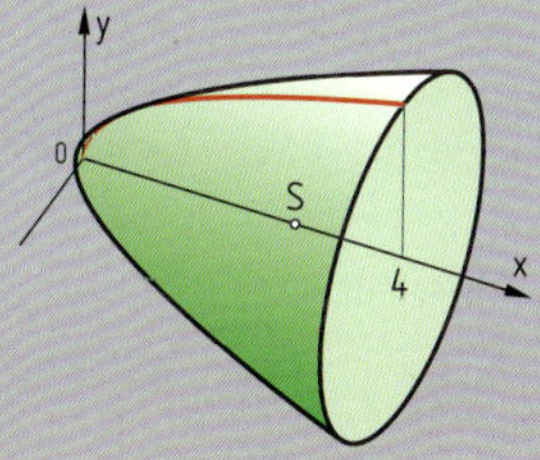

Lösung:

$$M_{yz} = \pi \cdot \int_{x_1}^{x_2} x \cdot y^2\,dx = \pi \cdot \int_0^4 x \cdot x\,dx = \pi \cdot \frac{x^3}{3}\Big|_0^4 = \frac{64}{3}\pi\,E^4$$

$$V_x = \pi \cdot \int_{x_1}^{x_2} y^2\,dx = \pi \cdot \int_0^4 x\,dx = \pi \cdot \frac{x^2}{2}\Big|_0^4 = 8\pi\,E^3$$

$$x_S = \frac{M_{yz}}{V_x} = \frac{8}{3}\,E \quad \Rightarrow \quad S\left(\tfrac{8}{3}\middle|0\middle|0\right)$$

7.149 Für die Mantelfläche eines Kegelstumpfs mit den Radien r_1 und r_2 und der Höhe h gilt:
$M = \pi \cdot s \cdot (r_1 + r_2)$ mit $s = \sqrt{(r_1 - r_2)^2 + h^2}$ ... Mantellinie
Überprüfe diese Formel mithilfe der 2. Guldin'schen Regel.

7.150 Gib mithilfe der 2. Guldin'schen Regel und der Mantelfläche eines Drehkegels mit dem Radius r und der Höhe h den Schwerpunkt der erzeugenden Strecke an.

7.151 Ermittle die Koordinaten des Schwerpunkts der gegebenen Kurve.
a) $y = x^2$, $[-3; 3]$ ***b)*** $y = \sin(x)$, $[0; \pi]$ ***c)*** $y = \cosh(x)$, $[-2; 2]$

7.152 Berechne die Schwerpunktskoordinaten des Drehkörpers.
a) Halbkugel mit dem Radius r ***b)*** Drehkegel mit dem Radius r und der Höhe h

7.153 Berechne den Volumenschwerpunkt des halben eiförmigen Drehellipsoids, das durch Drehung der Ellipse ell: $4x^2 + 9y^2 = 36$ um die x-Achse entsteht.

7.154 Die Schleife der Parabola nodata mit $y = \frac{\sqrt{x}}{2} \cdot (6 - x)$ (siehe nebenstehende Abb.) dreht sich um die x-Achse. Berechne den Schwerpunkt des entstehenden Drehkörpers.

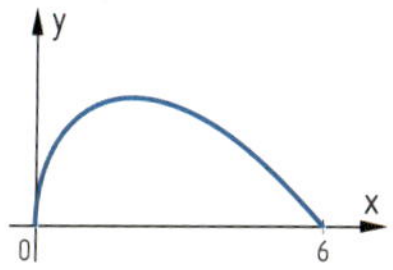

7.155 Leite die Formel für den Volumenschwerpunkt her. Benutze dazu Abbildung 7.4.

7.8 Parameterdarstellung und Polarkoordinaten

In Band 2 wurden zwei weitere Darstellungsformen für Kurven verwendet. Bei der **Parameterdarstellung** hängen die x- und y-Koordinaten von einem Parameter, zum Beispiel von der Zeit, ab, $x = x(t)$ und $y = y(t)$. Die **Polarform** gibt den Abstand vom Pol in Abhängigkeit vom Drehwinkel an, $r = r(\varphi)$.

Flächeninhalt unter einer Kurve in Parameterdarstellung

Es soll der Inhalt der Fläche zwischen einer Kurve in Parameterdarstellung $x = x(t)$, $y = y(t)$ und der x-Achse berechnet werden.

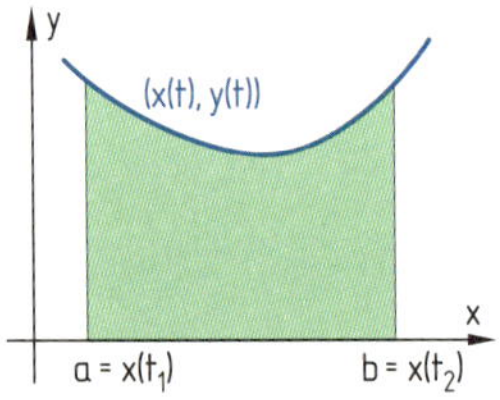

Aus $\dot{x} = \frac{dx}{dt}$ folgt $dx = \dot{x}\,dt$ und daher $A = \int_a^b y\,dx = \int_{t_1}^{t_2} y \cdot \dot{x}\,dt$.

t_1 und t_2 sind dabei jene Werte des Parameters, für die gilt: $a = x(t_1)$ und $b = x(t_2)$

Flächeninhalt unter einer Kurve in **Parameterdarstellung** $x = x(t)$, $y = y(t)$

$A = \int_a^b y\,dx = \int_{t_1}^{t_2} y(t) \cdot \dot{x}(t)\,dt$ mit den Integrationsgrenzen $a = x(t_1)$ und $b = x(t_2)$

B

7.156 Berechne den Flächeninhalt unter einem Bogen einer gespitzten Zykloide (siehe Band 2, Abschnitt 9.2) mit der Parameterdarstellung $x = r \cdot (t - \sin(t))$, $y = r \cdot (1 - \cos(t))$.

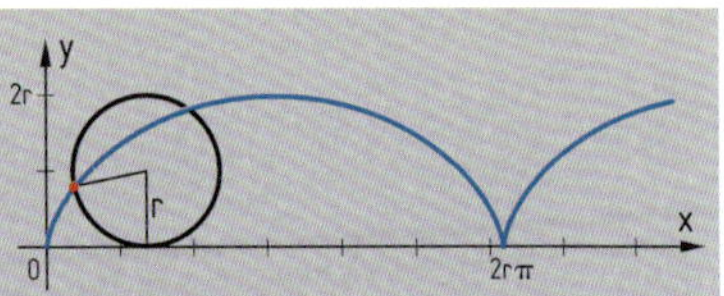

Lösung:

Integrationsgrenzen:

$a = 0 \Rightarrow t_1 = 0,\quad b = 2r\pi \Rightarrow t_2 = 2\pi$

Ableitung:

$\dot{x} = r \cdot (1 - \cos(t))$

$$A = \int_{t_1}^{t_2} y \cdot \dot{x}\,dt = \int_0^{2\pi} \overbrace{r \cdot (1 - \cos(t))}^{y} \cdot \overbrace{r \cdot (1 - \cos(t))}^{\dot{x}}\,dt =$$

$$= \int_0^{2\pi} r^2 \cdot (1 - \cos(t))^2\,dt = r^2 \cdot \int_0^{2\pi} (1 - 2 \cdot \cos(t) + \cos^2(t))\,dt =$$

$$= r^2 \cdot \left(t - 2 \cdot \sin(t) + \frac{\sin(t) \cdot \cos(t) + t}{2}\right)\Bigg|_0^{2\pi} = 3r^2\pi$$

- Geht man von der Erzeugung durch einen rollenden Kreis aus, so sieht man, dass ein Bogen durch eine Umdrehung entsteht.

Flächeninhalt einer Kurve in Polarkoordinaten

Eine Kurve ist in Polarkoordinaten $r = r(\varphi)$ gegeben. Es soll der Inhalt der Fläche berechnet werden, die von den zwei Polstrahlen $r_1 = r(\varphi_1)$ und $r_2 = r(\varphi_2)$ und der Kurve begrenzt wird. Man betrachtet ein sehr kleines Flächenstück mit dem Winkel $d\varphi$, das annähernd einen Kreissektor bildet. Der Radius des Kreissektors ist r, die Länge des kleinen Bogenstücks ist dann $r \cdot d\varphi$. Für den Flächeninhalt des Sektors gilt: $dA = \frac{1}{2} \cdot r \cdot r \cdot d\varphi$

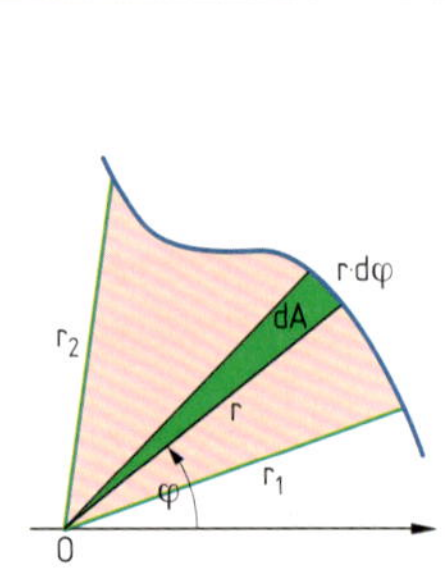

Den Gesamtflächeninhalt erhält man durch Aufsummieren aller Flächenelemente dA.

Flächeninhalt einer Kurve in **Polarkoordinaten** $r = r(\varphi)$, begrenzt durch die Polstrahlen $r(\varphi_1)$ und $r(\varphi_2)$: $\quad A = \frac{1}{2} \cdot \int_{\varphi_1}^{\varphi_2} r^2\,d\varphi$

7.157 Eine Lemniskate ist eine „liegende Acht" und wird zum Beispiel für das Unendlichkeitszeichen verwendet. Ihre Darstellung in Polarkoordinaten lautet:

$r(\varphi) = a \cdot \sqrt{2 \cdot \cos(2\varphi)}$ für $\varphi \in \left[-\frac{\pi}{4}; \frac{\pi}{4}\right]$ und $\varphi \in \left[\frac{3\pi}{4}; \frac{5\pi}{4}\right]$

Ermittle den Flächeninhalt.

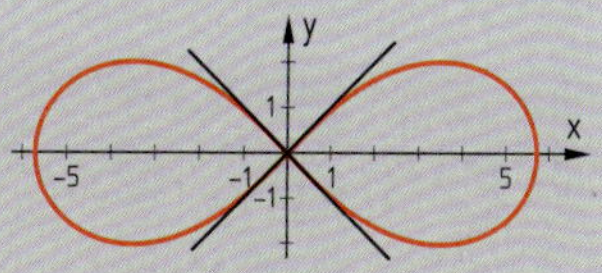

Lemniskate, zB a = 4

Lösung:

$r^2 = a^2 \cdot 2 \cdot \cos(2\varphi)$

$A_S = \frac{1}{2} \cdot \int_{\varphi_1}^{\varphi_2} r^2\, d\varphi = \frac{1}{2} \cdot 2 \cdot a^2 \cdot \int_{-\frac{\pi}{4}}^{\frac{\pi}{4}} \cos(2\varphi)\, d\varphi =$

$= a^2 \cdot \frac{\sin(2\varphi)}{2}\Big|_{-\frac{\pi}{4}}^{\frac{\pi}{4}} = \frac{a^2}{2} \cdot \left[\sin\left(\frac{\pi}{2}\right) - \sin\left(-\frac{\pi}{2}\right)\right] = a^2$

- Zuerst wird der Flächeninhalt A_S einer Schleife berechnet. Die Kurve beginnt im Nullpunkt beim Winkel $-\frac{\pi}{4}$ und endet bei $\frac{\pi}{4}$.

$A = 2 \cdot A_S = 2a^2$

- Man erhält den Flächeninhalt A durch Verdopplung von A_S.

Bogenlänge einer Kurve in Parameterdarstellung

Ist eine Kurve in Parameterdarstellung $x = x(t)$ und $y = y(t)$ gegeben, so gilt:

$\dot{x} = \frac{dx}{dt} \Rightarrow dx = \dot{x} \cdot dt$ und $\dot{y} = \frac{dy}{dt} \Rightarrow dy = \dot{y} \cdot dt$

Für das Bogenelement ds erhält man also:

$(ds)^2 = (dx)^2 + (dy)^2 = (\dot{x} \cdot dt)^2 + (\dot{y} \cdot dt)^2 = (\dot{x}^2 + \dot{y}^2) \cdot dt^2 \Rightarrow ds = \sqrt{\dot{x}^2 + \dot{y}^2} \cdot dt$

Bogenlänge einer Kurve in **Parameterdarstellung** $x = x(t)$, $y = y(t)$: $s = \int_{t_1}^{t_2} \sqrt{\dot{x}^2 + \dot{y}^2}\, dt$

7.158 Die dargestellte Herzkurve ist ein Spezialfall der gespitzten Epizykloide. Ihre Parameterdarstellung lautet:

$x(t) = 4 \cdot \cos(t) - 2 \cdot \cos(2t)$, $y(t) = 4 \cdot \sin(t) - 2 \cdot \sin(2t)$ für $0 \leq t < 2\pi$

Berechne die Bogenlänge.

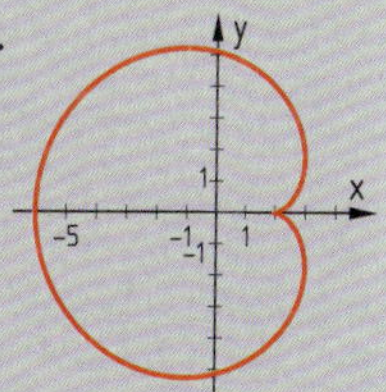

Lösung:

$\dot{x} = -4 \cdot \sin(t) + 4 \cdot \sin(2t) = 4 \cdot (-\sin(t) + \sin(2t))$

$\dot{y} = 4 \cdot \cos(t) - 4 \cdot \cos(2t) = 4 \cdot (\cos(t) - \cos(2t))$

$\dot{x}^2 + \dot{y}^2 = 16 \cdot [(-\sin(t) + \sin(2t))^2 + (\cos(t) - \cos(2t))^2] =$

$= 32 - 32 \cdot [\sin(t) \cdot 2\sin(t) \cdot \cos(t) + \cos(t) \cdot (1 - 2\sin^2(t))] =$

$= 32 \cdot (1 - \cos(t))$

- $\sin(2t) = 2 \cdot \sin(t) \cdot \cos(t)$
- $\cos(2t) = 1 - 2 \cdot \sin^2(t)$

$s = \int_0^{2\pi} \sqrt{\dot{x}^2 + \dot{y}^2}\, dt = \int_0^{2\pi} \sqrt{32 \cdot (1 - \cos(t))}\, dt =$

$= \sqrt{2} \cdot \sqrt{32} \cdot \int_0^{2\pi} \sin\left(\frac{t}{2}\right) dt = 8 \cdot 2 \cdot \left[-\cos\left(\frac{t}{2}\right)\right]\Big|_0^{2\pi} =$

$= 32$ E

- Summensätze:

  $\sin^2(\alpha) = \frac{1}{2} \cdot (1 - \cos(2\alpha))$

  bzw. $\sin^2\left(\frac{t}{2}\right) = \frac{1}{2} \cdot (1 - \cos(t))$

  $\Rightarrow \sqrt{1 - \cos(t)} = \sqrt{2} \cdot \sin\left(\frac{t}{2}\right)$

Anwendungen der Integralrechnung

Bogenlänge einer Kurve in Polarkoordinaten

Ist eine Kurve in Polarform $r = r(\varphi)$ gegeben, so kann sie in Parameterdarstellung angegeben werden:

$x(\varphi) = r(\varphi) \cdot \cos(\varphi)$, $y(\varphi) = r(\varphi) \cdot \sin(\varphi)$

Nun kann die Formel für die Berechnung der Bogenlänge in Parameterdarstellung verwendet werden:

$x' = \frac{dx}{d\varphi} = r'(\varphi) \cdot \cos(\varphi) - r(\varphi) \cdot \sin(\varphi)$, $y' = \frac{dy}{d\varphi} = r'(\varphi) \cdot \sin(\varphi) + r(\varphi) \cdot \cos(\varphi)$

$(x')^2 + (y')^2 = (r' \cdot \cos(\varphi) - r \cdot \sin(\varphi))^2 + (r' \cdot \sin(\varphi) + r \cdot \cos(\varphi))^2 = r^2 + (r')^2$

Bogenlänge einer Kurve in **Polarkoordinaten** $r = r(\varphi)$: $s = \int_{\varphi_1}^{\varphi_2} \sqrt{r^2 + (r')^2}\, d\varphi$

7.159 Berechne die Länge der logarithmischen Spirale $r(\varphi) = e^{\varphi}$ im Intervall $\left[0; \frac{\pi}{2}\right]$.

Lösung:

$r' = e^{\varphi}$

$r^2 + (r')^2 = e^{2\varphi} + e^{2\varphi} = 2e^{2\varphi}$

$s = \int_0^{\frac{\pi}{2}} \sqrt{2e^{2\varphi}}\, d\varphi = \sqrt{2} \cdot \int_0^{\frac{\pi}{2}} e^{\varphi}\, d\varphi =$

$= \sqrt{2} \cdot e^{\varphi}\Big|_0^{\frac{\pi}{2}} = \sqrt{2} \cdot (e^{\frac{\pi}{2}} - 1) = 5{,}388... \approx 5{,}39$ E

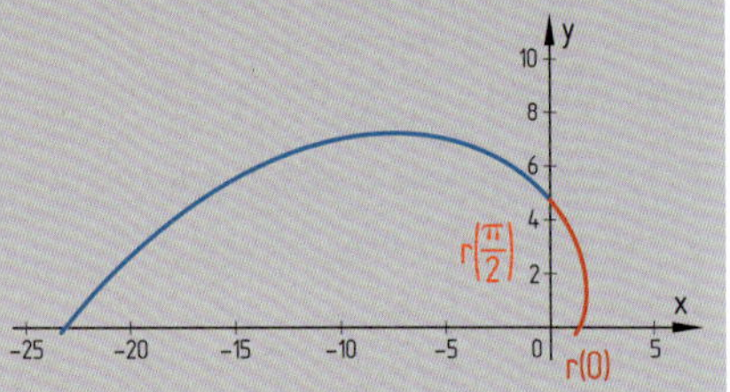

Technologieeinsatz: Bogenlänge
Mathcad

ZB: Die Herzkurve $r(\varphi) = 4 \cdot (1 - \cos(\varphi))$ soll grafisch dargestellt und ihr Umfang berechnet werden.

$\varphi := 0, 0.01 .. 2\pi$ $\quad r(\varphi) := 4\cdot(1 - \cos(\varphi))$

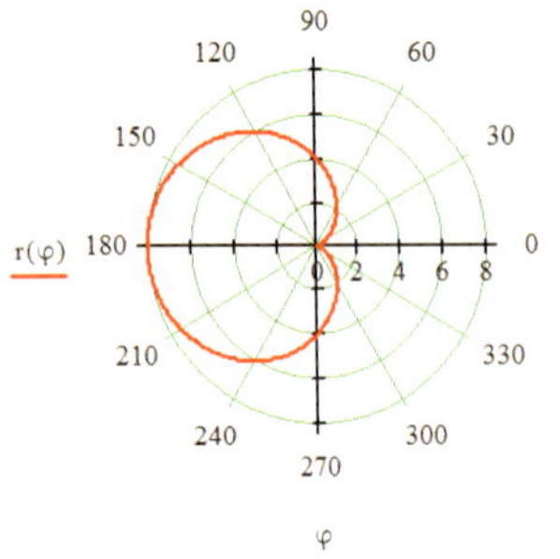

- Durch Klicken auf das Symbol (Kreisdiagramm) erfolgt die Darstellung in Polarkoordinaten.
- Die Berechnung des Umfangs erfolgt mithilfe der Formel für die Bogenlänge.

$$s_H := \int_0^{2\pi} \sqrt{r(\varphi)^2 + \left(\frac{d}{d\varphi} r(\varphi)\right)^2}\, d\varphi \qquad s_H = 32$$

Flächenberechnungen

7.160 Berechne den Flächeninhalt der Spirale zwischen den Polstrahlen im gegebenen Intervall.

a) Archimedische Spirale: $r(\varphi) = a \cdot \varphi$, $[0; 2\pi]$

b) Hyperbolische Spirale: $r(\varphi) = \frac{a}{\varphi}$, $\left[\frac{\pi}{2}; 2\pi\right]$

7.161 Die Parameterdarstellung einer Ellipse mit der halben Hauptachsenlänge a und der halben Nebenachsenlänge b lautet:
$x(t) = a \cdot \cos(t),\ y(t) = b \cdot \sin(t)$, für $0 \leq t \leq 2\pi$

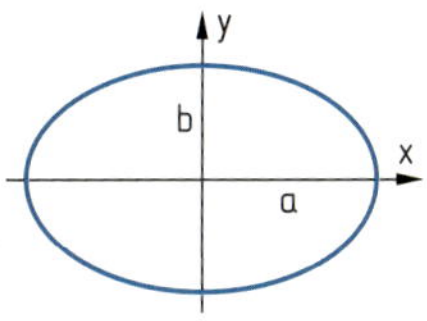

1) Berechne den Flächeninhalt der Ellipse mit a = 8 cm und b = 5 cm.
2) Leite die Formel für den Flächeninhalt einer Ellipse mithilfe der Integralrechnung her.
Hinweis: Berechne zuerst den Flächenteil im 1. Quadranten.

7.162 Berechne den Flächeninhalt der Schleife der Parabola nodata (vgl. Aufgabe **4.228**) mit der Parameterdarstellung:
$x(t) = t^2,\ y(t) = \frac{t}{4} \cdot (4 - t^2)$

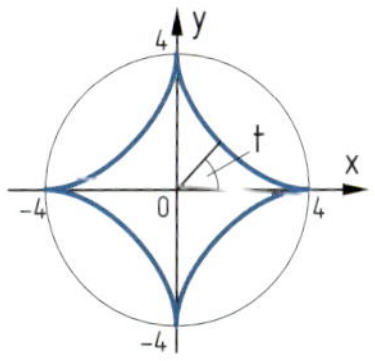

Abb. 7.5

7.163 Berechne den Flächeninhalt einer Astroide (Abb. 7.5) mit
$x(t) = 4 \cdot \cos^3(t),\ y(t) = 4 \cdot \sin^3(t)$ für $0 \leq t \leq 2\pi$.

7.164 Zähne eines Zahnrads werden oft durch Kreisevolventen begrenzt (Evolventenverzahnung). Berechne die Fläche des dargestellten Zahns mit der Funktionsgleichung
$x(t) = 60 \cdot (\cos(t) + t \cdot \sin(t))$,
$y(t) = -60 \cdot (\sin(t) - t \cdot \cos(t)) + 20$
für $0 \leq t < \frac{7\pi}{24}$.

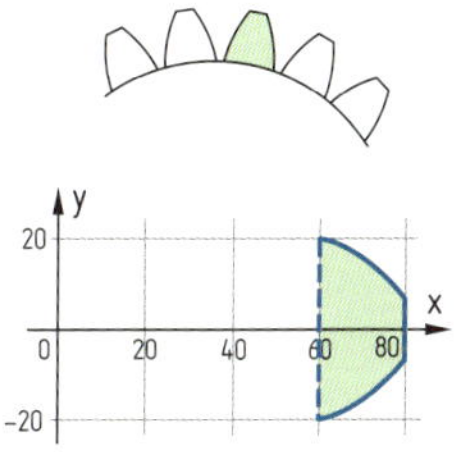

Maße in mm

Bogenlänge

7.165 Ermittle die Länge des Kurvenbogens der Astroide mit $x(t) = 4 \cdot \cos^3(t),\ y(t) = 4 \cdot \sin^3(t)$.

7.166 Berechne die Länge eines Zykloidenbogens mit $x(t) = r \cdot (t - \sin(t)),\ y(t) = r \cdot (1 - \cos(t))$.

7.167 Berechne die Länge einer archimedischen Spirale $r(\varphi) = a \cdot \varphi$ im Intervall $[0; 2\pi]$.

7.168 Bei der Eröffnungsfeier einer internationalen Sportveranstaltung soll eine geschlossene Schleife zum Zeichen der Verbundenheit der Nationen über ein Stadiondach gespannt werden. Die Kurve kann durch folgende Gleichungen beschrieben werden:
$x(t) = r_1 \cdot \cos(\omega_1 \cdot t) + r_2 \cdot \cos(\omega_2 \cdot t),\quad y(t) = r_1 \cdot \sin(\omega_1 \cdot t) + r_2 \cdot \sin(\omega_2 \cdot t)$

Ein Designer schlägt zwei unterschiedliche Varianten vor:
A) $r_1 : r_2 = 1 : 3$ und $\omega_1 : \omega_2 = -1 : 2$ bzw. ***B)*** $r_1 : r_2 = 2 : 1$ und $\omega_1 : \omega_2 = -2 : 3$

1) Ordne beiden Möglichkeiten jeweils den entsprechenden Graphen zu.

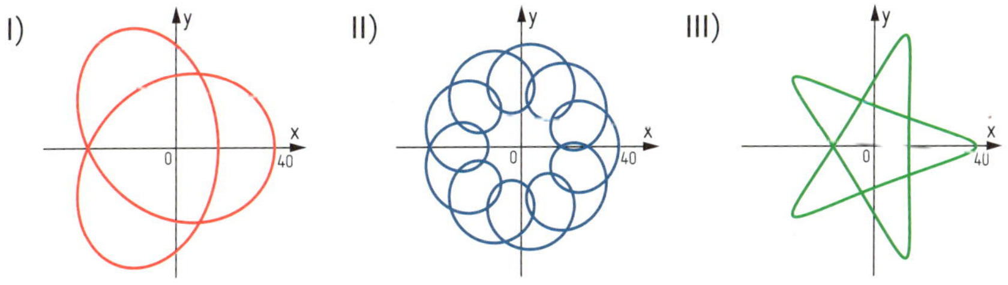

Angaben in Meter, $r_1 + r_2 = 40$

2) Die Materialkosten für die Schleife sollen möglichst gering ausfallen. Ermittle durch Berechnung der Bogenlängen beider Varianten, welche Form den Organisatoren der Feier zu empfehlen wäre.

Anwendungen der Integralrechnung

Zusammenfassung

Flächeninhalt

Flächeninhalt zwischen einer Kurve und der x-Achse im Intervall [a; b]: $A = \int_a^b f(x)\,dx$

Liegt der Funktionsgraph unterhalb der x-Achse, wird der Betrag des bestimmten Integrals verwendet.

Flächeninhalt zwischen zwei Kurven $y_1 = f(x)$ und $y_2 = g(x)$ im Intervall [a; b]:

$A = \int_a^b (f(x) - g(x))\,dx$ mit $f(x) > g(x)$

Flächeninhalt unter einer Kurve in Parameterdarstellung: $A = \int_a^b y\,dx = \int_{t_1}^{t_2} y(t) \cdot \dot{x}(t)\,dt$

Flächeninhalt einer Kurve in Polarkoordinaten zwischen zwei Polstrahlen: $A = \frac{1}{2} \cdot \int_{\varphi_1}^{\varphi_2} r^2\,d\varphi$

Volumen von Drehkörpern

Drehung um die x-Achse: $V_x = \pi \cdot \int_a^b [f(x)]^2\,dx = \pi \cdot \int_a^b y^2\,dx$

Drehung um die y-Achse: $V_y = \pi \cdot \int_c^d [g(y)]^2\,dy = \pi \cdot \int_c^d x^2\,dy$

Bogenlänge einer Kurve

$s = \int_a^b \sqrt{1 + (f'(x))^2}\,dx$ bzw. $s = \int_{t_1}^{t_2} \sqrt{\dot{x}^2 + \dot{y}^2}\,dt$ bzw. $s = \int_{\varphi_1}^{\varphi_2} \sqrt{r^2 + (r')^2}\,d\varphi$

Mantelfläche: $M_x = 2\pi \cdot \int_a^b f(x) \cdot \sqrt{1 + (f'(x))^2}\,dx$ und $M_y = 2\pi \cdot \int_a^b g(y) \cdot \sqrt{1 + (g'(y))^2}\,dy$

Mittelwert einer Funktion f(x)

Linearer Mittelwert: $m = \frac{1}{b-a} \cdot \int_a^b f(x)\,dx$

Quadratischer Mittelwert: $m_Q = \sqrt{\frac{1}{b-a} \cdot \int_a^b [f(x)]^2\,dx}$

Schwerpunktsberechnungen

Schwerpunkt einer Fläche zwischen dem Funktionsgraphen y = f(x) und der x-Achse:

$x_S = \frac{1}{A} \cdot \int_a^b x \cdot y\,dx$ $\qquad$ $y_S = \frac{1}{2A} \cdot \int_a^b y^2\,dx$

Schwerpunkt einer Fläche zwischen zwei Kurven $[f_1(x) \geq f_2(x)]$:

$x_S = \frac{1}{A} \cdot \int_a^b x \cdot [f_1(x) - f_2(x)]\,dx$ $\qquad$ $y_S = \frac{1}{2A} \cdot \int_a^b [(f_1(x))^2 - (f_2(x))^2]\,dx$

Linienschwerpunkt: $x_S = \frac{1}{s} \cdot \int_a^b x \cdot \sqrt{1 + (y')^2}\,dx$ $\qquad$ $y_S = \frac{1}{s} \cdot \int_a^b y \cdot \sqrt{1 + (y')^2}\,dx$

Volumenschwerpunkt: $x_S = \frac{\pi}{V_x} \cdot \int_a^b x \cdot y^2\,dx$ $\qquad$ $y_S = z_S = 0$

Guldin'sche Regeln: $V_x = 2 \cdot y_S \cdot \pi \cdot A$ und $M_x = 2 \cdot y_S \cdot \pi \cdot s$

Weitere Aufgaben

Flächen- und Volumenberechnungen

7.169 Berechne den Inhalt der Fläche, die vom Funktionsgraphen $y = f(x)$, der x-Achse und den Senkrechten $x = a$ und $x = b$ begrenzt wird.

a) $f(x) = -x^2 - 6x - 5,\ a = -4,\ b = 0$ **b)** $f(x) = x^3 - x^2 - 6x,\ a = -1,\ b = 4$

7.170 Berechne den Inhalt der Fläche, die von den gegebenen Graphen eingeschlossen wird.

a) $f_1(x) = -x^2 + 3,\ f_2(x) = -2x,\ x = 1$ **c)** $f_1(x) = \sin(x),\ f_2(x) = \frac{\sqrt{2}}{2}$, in $[0; \pi]$

b) $f(x) = \sqrt{x},\ g(x) = -0{,}5x + 4$, y-Achse **d)** $f(x) = \frac{4}{x},\ g(x) = \sqrt{2x}$, in $[1; 4]$

7.171 Gegeben ist die Kurve $y = f(x)$ in einem Intervall. Berechne das Volumen des Drehkörpers, der entsteht, wenn die Kurve um **1)** die x-Achse, **2)** die y-Achse gedreht wird.

a) $f(x) = 0{,}5x^2 + 1,\ [0; 2]$ **b)** $f(x) = \frac{1}{x},\ [0{,}5; 4]$

7.172 Wird ein Träger durch eine mittige Last beansprucht und als Träger gleicher Biegespannung ausgeführt, so ergibt sich der dargestellte Längsschnitt (Angaben in Millimeter). Die Funktionsgleichungen lauten:

$$y_1(x) = -\sqrt{\frac{14\,400}{5\,600} \cdot x},\quad y_2(x) = -\sqrt{\frac{14\,400}{5\,600} \cdot (2\,000 - x)}$$

Welches Volumen hat ein 20 cm breiter Träger?

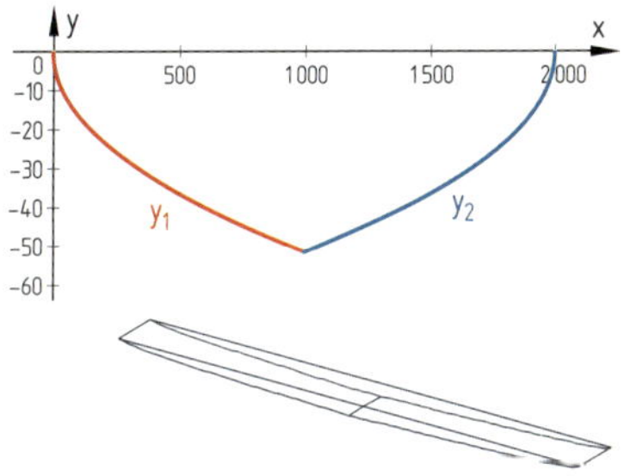

Weitere Anwendungen

7.173 Eine Holzvertäfelung mit dem in der Abbildung dargestellten Aufriss soll zweimal mit Lasur gestrichen werden.

1) Man benötigt pro Anstrich $0{,}05\,\frac{L}{m^2}$. Berechne, wie viel Milliliter Lasur insgesamt benötigt werden.

2) Die Vertäfelung soll eine Einfassung aus Metall erhalten. Wie lang ist diese Einfassung?

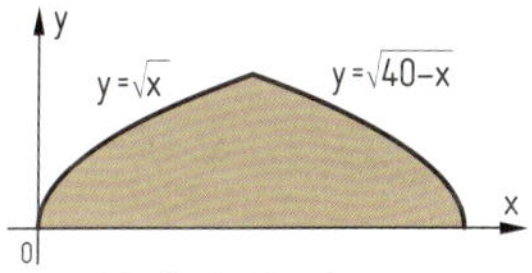

Maße in Dezimeter

7.174 Eine 3 cm dicke Tischplatte aus Buchenholz hat den dargestellten Grundriss (Maße in Zentimeter).

1) Berechne Flächeninhalt und Umfang der Platte.

2) Berechne die Masse der Tischplatte ($\rho = 0{,}8\,\frac{kg}{dm^3}$).

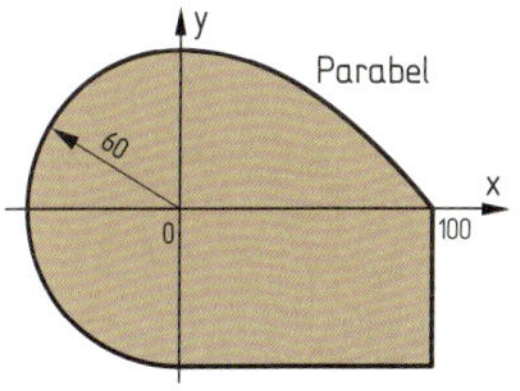

7.175 Ein Auto ist mit einer Geschwindigkeit von $45\,\frac{km}{h}$ unterwegs. Vor einer Ampel, die auf rot steht, lässt der Fahrer den Wagen ausrollen. Die Beschleunigung während dieses Vorgangs kann mithilfe der Funktion a beschrieben werden.

$a(t) = -0{,}6 \cdot e^{-0{,}04 \cdot t}$

t … Zeit ab Beginn des Ausrollens in s

a(t) … Beschleunigung zur Zeit t in $\frac{m}{s^2}$

1) Erstelle eine Gleichung der Funktion v, die die Geschwindigkeit während des Ausrollens in $\frac{m}{s}$ angibt.

2) Berechne, nach welcher Zeit die Geschwindigkeit auf $5\,\frac{km}{h}$ gesunken ist.

3) Ermittle den Weg, den das Auto in der in **2)** ermittelten Zeit zurückgelegt hat.

Anwendungen der Integralrechnung

7.176 Die Temperatursteuerung eines Pizzaofens soll entwickelt werden. Der geplante Temperaturverlauf lässt sich näherungsweise durch die Funktion f beschreiben:

$f(t) = -0{,}0037t^4 + 0{,}237t^3 - 5{,}91t^2 + d \cdot t$

t … Zeit nach dem Einschalten in min

f(t) … Temperatur zur Zeit t in °C

Die mittlere Temperatur im Zeitintervall [5 min; 25 min] soll 220 °C betragen. Ermittle, welchen Wert die Konstante d in diesem Fall haben muss.

7.177 Das Kurvenstück $y = \sqrt{x}$ dreht sich im Bereich [1; 4] um die x-Achse. Berechne die Mantelfläche der entstehenden Drehfläche.

7.178 Ermittle die Schwerpunktskoordinaten der Fläche, die vom Graphen der Funktion $y = \frac{2}{x}$, der x-Achse und den Senkrechten x = 1 und x = 3 eingeschlossen wird.

7.179 Durch die Drehung eines Kreises mit dem Radius r um eine Achse a entsteht ein **Torus**. Ist der Abstand R des Mittelpunkts von der Achse größer als r, so spricht man vom Ringtorus.
Gib mithilfe der Guldin'schen Regeln das Volumen und die Oberfläche eines Ringtorus an. Beschreibe, welcher Körper das gleiche Volumen hat.

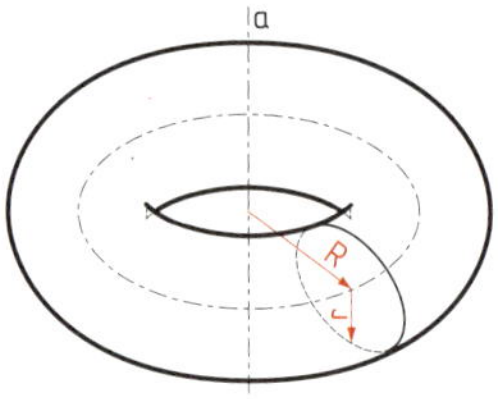

Aufgaben in englischer Sprache

acceleration	Beschleunigung	distance traveled	zurückgelegter Weg
arc length	Bogenlänge	lateral surface	Mantelfläche
area	Fläche	mean value	Mittelwert
body of rotation	Drehkörper	surface	Oberfläche
center of gravity, centroid	Schwerpunkt	volume	Volumen

7.180 Find the area enclosed by the curves of f and g.

a) $f(x) = \frac{1}{5} \cdot (x^3 - 9x^2 + 11x + 2)$, $g(x) = \frac{1}{5} \cdot (-2x^2 + 7)$

b) $f(x) = 2x \cdot e^{-0.1x}$, $g(x) = \frac{1}{6}x$

7.181 Find the arc length of the curve of f in the given interval.

a) $f(x) = \ln(x^2 - 1)$, [2; 3]   ***b)*** $f(x) = 2 \cdot e^{0.1x}$, [0; 10]

7.182 An ellipse ell: $4x^2 + 25y^2 = 100$ rotates around the x-axis in [−1; 3]. Calculate the volume, the surface and the center of gravity of this part of an ellipsoid.

7.183 The velocity of a car is $v = 50\,\frac{km}{h}$. In a period of 5 seconds it changes its acceleration from $a_1 = 0\,\frac{m}{s^2}$ to $a_2 = -3\,\frac{m}{s^2}$ in a linear way.

1) Calculate the function of velocity v.

2) What is the velocity of the car after 5 seconds?

3) Calculate the distance traveled during this time.

Wissens-Check

<table>
<tr><th></th><th></th><th>gelöst</th></tr>
<tr><td>1</td><td>Es soll der Flächeninhalt berechnet werden, der vom Graphen der Funktion $f(x) = 0{,}4x^3 - 2x^2 + 0{,}8x + 3{,}2$ und der x-Achse zwischen den Grenzen a = −1 und b = 4 eingeschlossen wird. Überprüfe die Berechnung und gib gegebenenfalls an, welcher Fehler gemacht wurde:

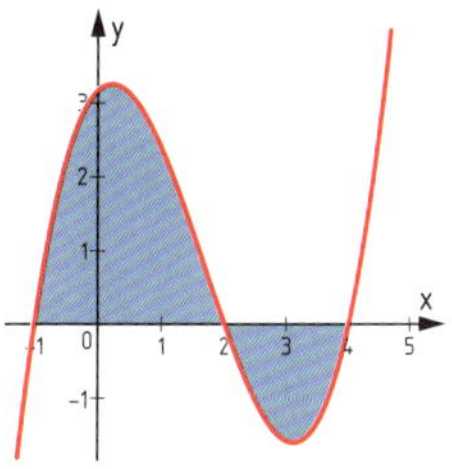

$$A = \int_{-1}^{4} (0{,}4x^3 - 2x^2 + 0{,}8x + 3{,}2)\,dx = 0{,}1x^4 - \tfrac{2}{3}x^3 + 0{,}4x^2 + 3{,}2x\Big|_{-1}^{4} \approx$$
$$\approx (25{,}6 - 42{,}667 + 6{,}4 + 12{,}8) - (0{,}1 + 0{,}667 + 0{,}4 - 3{,}2) \approx 4{,}167\ E^2$$</td><td></td></tr>
<tr><td>2</td><td>Kreuze an, ob der dargestellte Drehkörper durch eine Drehung einer Hyperbel um die x- oder um die y-Achse entstanden ist:

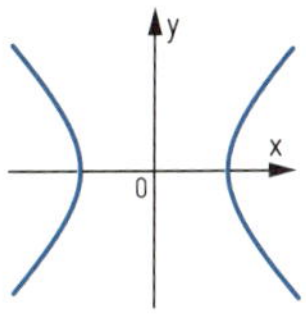

A) 
☐ um x-Achse
☐ um y-Achse

B) 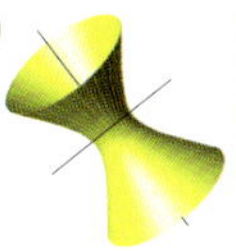
☐ um x-Achse
☐ um y-Achse</td><td></td></tr>
<tr><td>3</td><td>Gib an, ob folgende Aussagen wahr oder falsch sind.
A) In einem Weg-Zeit-Diagramm kann der zurückgelegte Weg durch die Berechnung der Bogenlänge ermittelt werden.
B) Bei der Berechnung der Bogenlänge einer Funktion in einem Intervall werden mithilfe des Satzes von Pythagoras kleine Linienelemente ds ermittelt und aufsummiert.</td><td></td></tr>
<tr><td>4</td><td>Ich kann zwei Methoden zur Berechnung des Volumens eines Drehkörpers angeben, der durch die Rotation eines Funktionsgraphen um eine der beiden Koordinatenachsen entsteht.</td><td></td></tr>
<tr><td>5</td><td>Gib an, ob die folgenden Aussagen wahr sind oder stelle sie gegebenenfalls richtig.
A) Man erhält den Mittelwert einer Funktion f in [a; b], indem man die Summe aus f(a) und f(b) bildet und durch 2 dividiert.
B) Man erhält die Kostenfunktion eines Produkts durch Integrieren der Grenzkostenfunktion.
C) Die Fläche zwischen dem Graphen einer Geschwindigkeit-Zeit-Funktion und der Zeitachse entspricht der Weg-Zeit-Funktion s(t).</td><td></td></tr>
</table>

Lösung:
1) Die Berechnung ist falsch, da die Nullstelle x = 2 nicht berücksichtigt wurde.
2) A) Drehung um x-Achse; B) Drehung um y-Achse
3) A) falsch B) wahr
4) 1. Möglichkeit: Verwenden der Volumenformel für Drehkörper,
2. Möglichkeit: Berechnung des Flächenschwerpunkts und Anwenden der 1. Guldin'schen Regel.
5) A) Falsch, siehe Seite 257. B) Wahr. C) Falsch, man erhält den Wert des zurückgelegten Wegs.

8 Näherungsverfahren

Viele Aufgabenstellungen führen auf Gleichungen und Ausdrücke, bei denen die bekannten Lösungs- und Rechenverfahren nicht anwendbar sind. In diesen Fällen werden Verfahren angewandt, mit denen die gesuchten Werte näherungsweise ermittelt werden können. Einige dieser Näherungsverfahren werden in diesem Abschnitt vorgestellt.

8.1 Iterative Nullstellenbestimmung

8.1.1 Intervallhalbierung und Regula falsi

Da das Lösen einer Gleichung immer auch als Berechnung der Nullstellen einer Funktion aufgefasst werden kann, werden nun Methoden gezeigt, mit deren Hilfe diese Nullstellen ermittelt werden können. Die schrittweise Annäherung an eine Lösung wird als **Iterationsverfahren** (latein: „iterare" = wiederholen) bezeichnet. Ein solches Verfahren wird so lange durchgeführt, bis die gewünschte Genauigkeit des Ergebnisses erreicht ist. Dazu überprüft man zum Beispiel, wie nahe der Funktionswert der ermittelten Näherung bei 0 liegt.

ABC **8.1** Gegeben ist die Funktion $f(x) = x^3 - 2x^2 - 5x + 6$.

1) Gib an, wie viele Nullstellen diese Funktion höchstens haben kann.

2) Bestimme grafisch die Nullstellen dieser Funktion im Intervall [−2; 3,5].

Intervallhalbierung

Um eine Nullstelle einer Funktion f näherungsweise zu berechnen, wird ein Intervall, in dem sich diese Nullstelle befindet, in immer kleiner werdende Teilintervalle zerlegt.

ZB $f(x) = x^3 - 5x^2 + 2x + 5{,}2$

Man erstellt eine Wertetabelle und zeichnet den Graphen der Funktion, um eine Vorstellung über den Kurvenverlauf zu erhalten.

x	y
0	5,2
1	**3,2**
2	**−2,8**
3	−6,8

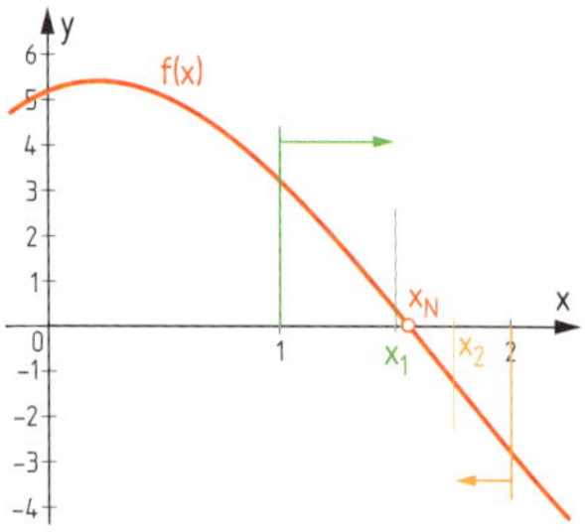

Zwischen x = **1** und x = **2** ändern sich die Vorzeichen der Funktionswerte:
$f(1) = \mathbf{3{,}2} > 0$ und $f(2) = \mathbf{-2{,}8} < 0$

Im Intervall [a; b] = [1; 2] muss also eine Nullstelle x_N liegen.

Der 1. Näherungswert ist der Wert in der Mitte des ersten Intervalls:

$$x_1 = \frac{a+b}{2} = \frac{1+2}{2} = 1{,}5$$

Für den zugehörigen Funktionswert erhält man: $f(1{,}5) = 0{,}325 > 0$

Das nächstkleinere Intervall wird nun so gewählt, dass die Funktionswerte der Intervallgrenzen wieder verschiedene Vorzeichen haben. Da $f(1{,}5) > 0$ und $f(2) < 0$ ist, liegt die Nullstelle im Intervall [1,5; 2]. Der Rechenvorgang wird nun durch Halbierung dieses Intervalls fortgesetzt.

Die weitere Vorgehensweise wird in einer Tabelle dargestellt:

n	a	f(a)	b	f(b)	$x_n = \frac{a+b}{2}$	$f(x_n)$		Nächstes Intervall
1	1	> 0	2	< 0	1,5	0,325	> 0	[1,5; 2]
2	1,5	> 0	2	< 0	1,75	−1,253…	< 0	[1,5; 1,75]
3	1,5	> 0	1,75	< 0	1,625	−0,462…	< 0	[1,5; 1,625]
4	1,5	> 0	1,625	< 0	**1,5**625	−0,067…	< 0	[1,5; 1,5625]
5	1,5	> 0	1,5625	< 0	**1,5**3125	0,129…	> 0	[1,53125; 1,5625]
6	1,53125	> 0	1,5625	< 0	**1,5**46875	0,031…	> 0	[1,546875; 1,5625]
7	1,546875	> 0	1,5625	< 0	**1,5**546875	−0,018…	< 0	[1,546875; 1,5546875]
8	1,546875	> 0	1,5546875	< 0	**1,55**078125	0,006…	> 0	[1,55078125; 1,5546875]
9	**1,55**078125	> 0	**1,55**46875	< 0	**1,55**2734375	−0,005…	< 0	[1,55078125; 1,552734375]

Im 9. Schritt stimmen die Intervallgrenzen a und b in den ersten beiden Dezimalstellen überein. Für die gesuchte Nullstelle gilt daher: $x_N = 1{,}55\ldots$

8.2 Löse die Gleichung $e^x = x + 2$. Verwende die Intervallhalbierung und berechne die positive Lösung auf 4 gesicherte Dezimalstellen.

B TE

Lösung mit Excel:

$e^x = x + 2$

$e^x - x - 2 = 0$

$\Rightarrow f(x) = e^x - x - 2$

positive Nullstelle:

Intervall [1; 2]

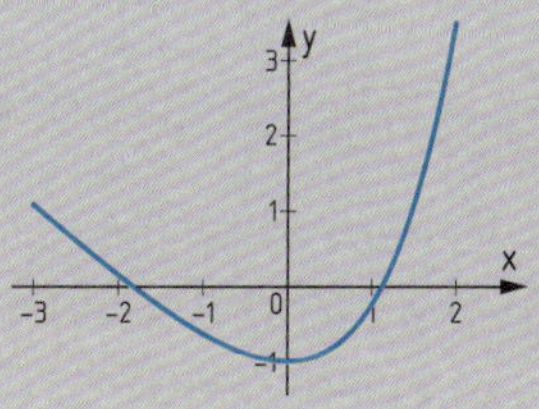

- Aufstellen der Funktion und grafische Darstellung

	A	B	C	D	E	F	G	H
1	n	a	sgn(f(a))	b	sgn(f(b))	x_n	$f(x_n)$	$sgn(f(x_n))$
2	1	1	-1	2	1	1,5	0,98168907	1
3	2	1	-1	1,5	1	1,25	0,24034296	1
4	3	1	-1	1,25	1	1,125	-0,0447832	-1
5	4	1,125	-1	1,25	1	1,1875	0,09137377	1
6	5	1,125	-1	1,1875	1	1,15625	0,02174343	1
7	6	1,125	-1	1,15625	1	1,140625	-0,0119018	-1
8	7	1,140625	-1	1,15625	1	1,1484375	0,00482459	1
9	8	1,140625	-1	1,1484375	1	1,14453125	-0,0035626	-1
10	9	1,14453125	-1	1,1484375	1	1,14648438	0,00062501	1
11	10	1,14453125	-1	1,14648438	1	1,14550781	-0,0014703	-1
12	11	1,14550781	-1	1,14648438	1	1,14599609	-0,000423	-1
13	12	1,14599609	-1	1,14648438	1	1,14624023	0,0001009	1
14	13	1,14599609	-1	1,14624023	1	1,14611816	-0,0001611	-1
15	14	1,14611816	-1	1,14624023	1	1,1461792	-3,009E-05	-1
16	15	1,1461792	-1	1,14624023	1	1,14620972	3,5404E-05	1
17	16	1,1461792	-1	1,14620972	1	1,14619446	2,6557E-06	1
18	17	1,1461792	-1	1,14619446	1	1,14618683	-1,372E-05	1

$x = 1{,}1461\ldots$

- Eingabe der Intervallgrenzen und Berechnung des Werts in der Mitte:
  F3: **=(B2+D2)/2**
- Berechnung des Vorzeichens des Funktionswerts mithilfe der Funktion **Vorzeichen**, zB:
  =VORZEICHEN(EXP(B2)−B2−2)
- Überprüfung, ob die Intervallgrenzen verschiedene Vorzeichen haben:
  B3: **=WENN(C2*G2<0;B2;F2)**
  D3: **=WENN(E2*G2<0;D2;F2)**
- Formeln kopieren bis die ersten 4 Dezimalstellen der Intervallgrenzen gleich sind.

Näherungsverfahren

Regula falsi

Um einen Näherungswert für eine Nullstelle einer Funktion zu bestimmen, werden beim Verfahren **Regula falsi** („Regel des falschen Ansatzes") die Nullstellen von Sekanten der Funktion ermittelt.

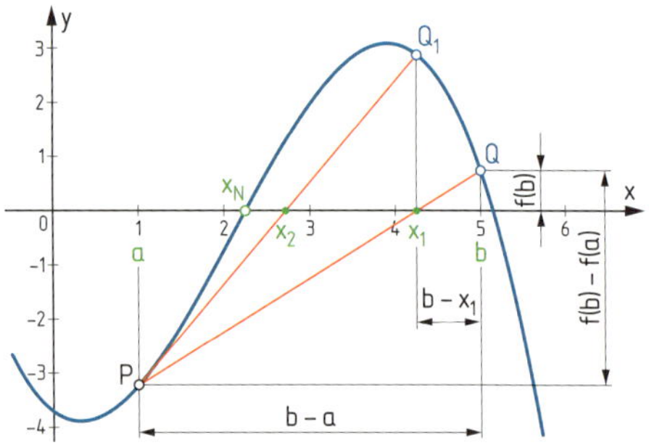

ZB Stellt man $f(x) = -0{,}3x^3 + 1{,}9x^2 - 1{,}1x - 3{,}7$ grafisch dar, lässt sich ein Bereich festlegen, in dem sich eine Nullstelle x_N von f befinden muss. Nun wählt man eine Stelle $a < x_N$, zB $a = \mathbf{1}$, und eine Stelle $b > x_N$, zB $b = \mathbf{5}$. Die Funktionswerte f(a) und f(b) an diesen Stellen müssen unterschiedliche Vorzeichen haben.

Ausgehend vom Punkt $P(\mathbf{a}|\mathbf{f(a)}) = P(\mathbf{1}|\mathbf{-3{,}2})$ wird eine Sekante durch $Q(\mathbf{b}|\mathbf{f(b)}) = Q(\mathbf{5}|\mathbf{0{,}8})$ gelegt.
Deren Schnittpunkt mit der x-Achse ist eine Näherung für die Nullstelle.
Die x-Koordinate x_1 des Schnittpunkts erhält man mithilfe des Strahlensatzes:

$$(b - a) : (b - x_1) = [f(b) - f(a)] : f(b)$$

$$f(b) \cdot (b - a) = (b - x_1) \cdot [f(b) - f(a)]$$

$$f(b) \cdot (b - a) = b \cdot [f(b) - f(a)] - x_1 \cdot [f(b) - f(a)]$$

$$x_1 \cdot [f(b) - f(a)] = b \cdot [f(b) - f(a)] - f(b) \cdot (b - a)$$

$$x_1 = b - f(b) \cdot \frac{b - a}{f(b) - f(a)} \Rightarrow x_1 = 4{,}2$$

Nun wird eine der beiden Intervallgrenzen durch die Näherung so ersetzt, dass die Funktionswerte an den neuen Intervallgrenzen unterschiedliche Vorzeichen haben.

Der Funktionswert dieser Näherung $f(x_1) \approx 2{,}97$ ist positiv. Da f(a) negativ ist, muss die Nullstelle zwischen a und x_1 liegen. Nun führt man diesen Rechenschritt mit den Punkten $P(a|f(a))$ und $Q_1(x_1|f(x_1))$ erneut durch und erhält eine weitere Näherung.

Diesen Vorgang wiederholt man für jeden weiteren Näherungswert x_n, bis man die Nullstelle x_N mit der gewünschten Genauigkeit erhält.

n	a	f(a)	b	f(b)	x_n	$f(x_n)$
1	1	−3,2	5	+0,8	4,2	+2,9696
2	1	−3,2	4,2	+2,9696	2,659751...	+1,170653
3	1	−3,2	2,659751...	+1,170653...	2,215196...	−0,074288...
4	2,215196...	−0,074288...	2,659751...	+1,170653...	2,241724...	+0,002606...
5	2,215196...	−0,074288...	2,241724...	+0,002606	2,240825...	+0,000002...

Die fünfte Näherung für die Nullstelle x_N lautet: $x_5 = 2{,}240825...$

Regula falsi

Liegt die Nullstelle einer Funktion in einem Intervall [a; b] und haben die Funktionswerte f(a) und f(b) unterschiedliche Vorzeichen, so wird mithilfe folgender Formel die Nullstelle x_1 einer Sekante der Funktion als Näherungswert für die Nullstelle der Funktion ermittelt.

$$x_1 = b - f(b) \cdot \frac{b - a}{f(b) - f(a)}$$

Dieser Vorgang kann bei Bedarf wiederholt werden.

Technologieeinsatz: Regula falsi

Tabellenkalkulationsprogramm

ZB: Eine Nullstelle der Funktion $f(x) = x^3 - 3x^2 - 5x + 8$ soll ermittelt werden:

	A	B	C	D	E	F	G	H
1	x	f(x)						
2	2	-6						
3	3	-7						
4	4	4						
5	5	33						
6								
7	n	a_n	$f(a_n)$	b_n	$f(b_n)$	x_n	$f(x_n)$	
8	1	3	-7	4	4	3,636364	-1,767092	
9	2	3,636364	-1,767092	4	4	3,747785	-0,235613	
10	3	3,747785	-0,235613	4	4	3,761815	-0,028437	
11	4	3,761815	-0,028437	4	4	3,763496	-0,003390	
12	5	3,763496	-0,003390	4	4	3,763697	-0,000404	
13						=D8-E8*(D8-B8)/(E8-C8)		
14		=WENN(C8*G8<0;B8;F8)						
15				=WENN(D8*G8<0;D8;F8)				

Zum Auffinden des Startwerts wird eine Wertetabelle erstellt.
B2: **=A2^3-3*A2^2-5*A2+8**

Wegen des Vorzeichenwechsels gibt es eine Nullstelle im Intervall [3; 4]. Man wählt den Punkt P(3|−7) als Startpunkt.

In der Tabelle werden in den Zellen B8 und D8 die Intervallgrenzen angegeben, in F8 wird die Formel zur Berechnung der ersten Näherung eingegeben (siehe Screenshot).

In den Zellen C8, E8 und G8 werden jeweils die entsprechenden Funktionswerte mithilfe der Funktionsgleichung angegeben. Nun müssen die weiteren Intervallgrenzen mithilfe von WENN-Funktionen in den Zellen B9 und D9 ermittelt werden.

Zelle B9: **=WENN(C8*G8<0;B8;F8)** Zelle D9: **=WENN(D8*G8<0;D8;F8)**

Die Zellen werden kopiert. Vergleicht man die Werte von x_n, so erkennt man, dass die ersten drei Nachkommastellen in den Zellen F11 und F12 gleich sind. Man kann daher davon ausgehen, dass sich die ersten beiden Nachkommastellen nicht mehr ändern: $x_N = 3{,}76...$

8.3 Löse die Gleichung mittels Intervallhalbierung auf drei gesicherte Dezimalstellen.

a) $x^3 + 3x^2 + 9x + 9 = 0$ **c)** $2x^3 - 5x^2 + 3x - 6 = 0$

b) $3x^3 - 6x^2 - 2x + 8 = 0$ **d)** $3x^4 - 2x - 4 = 0$

8.4 Löse die Gleichung mithilfe der Regula falsi auf drei gesicherte Dezimalstellen.

a) $x^3 - 2x - 5 = 0$ **c)** $-x^3 + 5x^2 - 2x - 3 = 0$

b) $x^3 - 4x^2 + 5x - 3 = 0$ **d)** $x^3 + 2x^2 + 3x + 4 = 0$

8.5 Die Nullstelle der Funktion $f(x) = -0{,}1x^3 + 1{,}4x^2 - 3x - 6$ im Intervall [0; 10] soll ermittelt werden.

1) Begründe, warum die Startwerte a = 5 und b = 10 nicht geeignet sind.

2) Wähle geeignete Startwerte und berechne die Nullstelle näherungsweise mittels Regula falsi auf zwei gesicherte Dezimalstellen.

8.6 Ermittle die Nullstelle der Funktion f(x) für x > 0 zuerst mit der Methode der Intervallhalbierung und danach mithilfe der Regula falsi jeweils auf drei gesicherte Dezimalstellen. Beschreibe anschließend die Vor- und Nachteile beider Methoden.

a) $f(x) = 0{,}5x^2 + e^{-0{,}3x} - 3{,}6$ **b)** $f(x) = -0{,}85x + 3 \cdot \sin(2x)$

8.1.2 Newton'sches Näherungsverfahren

Das **Newton'sche Näherungsverfahren** ist eine weitere Methode zur Ermittlung von Nullstellen. Während bei der Regula falsi mit Sekanten gearbeitet wird, werden nun Tangenten an den Funktionsgraphen gelegt.

ZB: Anhand des Graphen der Funktion $f(x) = x^3 + 0{,}8x - 0{,}3$ erkennt man, dass sich im Intervall [0; 1] eine Nullstelle x_N befindet.

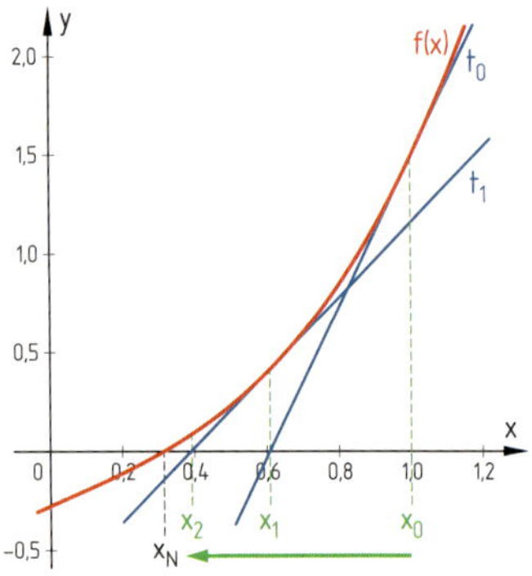

An einer der Nullstelle x_N **nahe** gelegenen Stelle $\mathbf{x_0}$ (zB am Intervallende bei $\mathbf{x_0 = 1}$) legt man eine Tangente $\mathbf{t_0}$ an die Funktion f(x) und berechnet die Nullstelle $\mathbf{x_1}$ dieser Tangente. Diese Stelle liegt näher bei x_N als $\mathbf{x_0}$. Legt man nun eine weitere Tangente $\mathbf{t_1}$ an der Stelle $\mathbf{x_1}$ an die Funktion und berechnet deren Nullstelle $\mathbf{x_2}$, ist man der Stelle x_N ein weiteres Stück näher gekommen.

Wiederholt man diesen Vorgang beliebig oft, nähern sich die Nullstellen der Tangenten immer mehr der Nullstelle x_N der Funktion.

Das Newton'sche Näherungsverfahren wird nun anhand des obigen Beispiels und allgemein gezeigt.

$f(x) = x^3 + 0{,}8x - 0{,}3$	Allgemein: $f = f(x)$

- Ermitteln der **1. Ableitung**:

$f'(x) = 3x^2 + 0{,}8$	$f'(x)$

- **Gleichung der Tangente t_0** an der Stelle x_0:

$k = f'(1) = 3{,}8$	$k = f'(x_0)$
t_0: $f(1) = f'(1) \cdot 1 + d_0$	t_0: $y = f'(x_0) \cdot x + d_0$
$d_0 = f(1) - f'(1) \cdot 1 = -2{,}3$	$d_0 = f(x_0) - f'(x_0) \cdot x_0$
t_0: $y = 3{,}8 \cdot x - 2{,}3$	t_0: $y = f'(x_0) \cdot x + f(x_0) - f'(x_0) \cdot x_0$

- Die **Nullstelle x_1** der Tangente t_0 ist die **1. Näherung** für die Nullstelle $\mathbf{x_N}$ der Funktion f(x):

$3{,}8 \cdot x_1 - 2{,}3 = 0$	$f'(x_0) \cdot x_1 + f(x_0) - f'(x_0) \cdot x_0 = 0$
$\mathbf{x_1 \approx 0{,}605263}$	$x_1 = \frac{f'(x_0) \cdot x_0 - f(x_0)}{f'(x_0)} = x_0 - \frac{f(x_0)}{f'(x_0)}$

- **Gleichung der Tangente t_1** an der Stelle x_1:

t_1: $f(0{,}605263) = f'(0{,}605263) \cdot 0{,}605263 + d_1$	t_1: $y = f'(x_1) \cdot x + d_1$
$d_1 \approx -0{,}743468$	$d_1 = f(x_1) - f'(x_1) \cdot x_1$
t_1: $y = 1{,}899030 \cdot x - 0{,}743468$	t_1: $y = f'(x_1) \cdot x + f(x_1) - f'(x_1) \cdot x_1$

- Die **Nullstelle x_2** der Tangente t_1 ist die **2. Näherung** für die Nullstelle $\mathbf{x_N}$ der Funktion f(x):

$1{,}899030 \cdot x_2 - 0{,}743468 = 0$	$f'(x_1) \cdot x_2 + f(x_1) - f'(x_1) \cdot x_1 = 0$
$\mathbf{x_2 \approx 0{,}391499}$	$x_2 = \frac{f'(x_1) \cdot x_1 - f(x_1)}{f'(x_1)} = x_1 - \frac{f(x_1)}{f'(x_1)}$

Für die (n + 1)-te Näherung der Nullstelle x_N erhält man allgemein: $x_{n+1} = x_n - \frac{f(x_n)}{f'(x_n)}$

Diese Formel kann auch als Folge der Tangentennullstellen interpretiert werden, die gegen die Nullstelle x_N der Funktion konvergiert.

ZB Zur näherungsweisen Berechnung der Nullstelle von $f(x) = x^3 + 0{,}8x - 0{,}3$ kann zur übersichtlicheren Darstellung eine Tabelle verwendet werden:

n	x_n	$f(x_n)$	$f'(x_n)$	$\frac{f(x_n)}{f'(x_n)}$	$x_{n+1} = x_n - \frac{f(x_n)}{f'(x_n)}$
0	1	1,5	3,8	0,394736842...	0,605263157...
1	0,605263157...	0,405944744...	1,899030470...	0,213764207...	0,391498950...
2	0,391498950...	0,073204763...	1,259814283...	0,058107583...	0,333391366...
3	0,333391366...	0,003769478...	1,133449410...	0,003325669...	0,330065697...
4	0,330065697...	0,000011025...	1,126830093...	0,000009784...	0,330055912...
5	0,330055912...	0,000000000094...	1,126810716...	0,000000000084...	0,330055912758...

Ab der Nullstelle der 5. Tangente erhält man bereits eine Näherung für die Nullstelle der Funktion, die in den ersten acht Dezimalstellen mit denen der vorhergehenden Näherung übereinstimmt. Genügt es, die Nullstelle bis zur 6. Dezimalstelle anzugeben, kann man die Rechnung an dieser Stelle beenden. Die Nullstelle der Funktion f(x) liegt bei $x_N \approx 0{,}330056$.

Das Newton'sche Näherungsverfahren führt nur dann zum Erfolg, wenn der Startwert x_0 „hinreichend" nahe bei der Nullstelle gewählt wird. Das bedeutet, dass nicht immer alle Stellen als Startwert geeignet sind. Es können folgende Fälle auftreten:

- Wählt man eine Stelle mit waagrechter Tangente, ergibt sich keine Nullstelle.

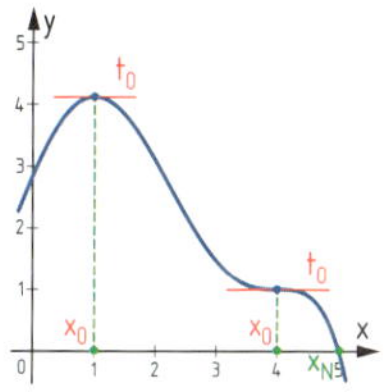

- Im Verlauf des Verfahrens wird eine Stelle mit waagrechter Tangente erreicht.

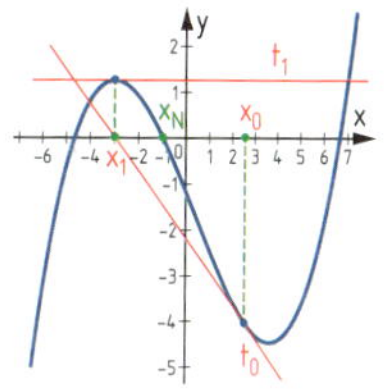

- Die Nullstellenfolge konvergiert gegen eine andere Nullstelle.

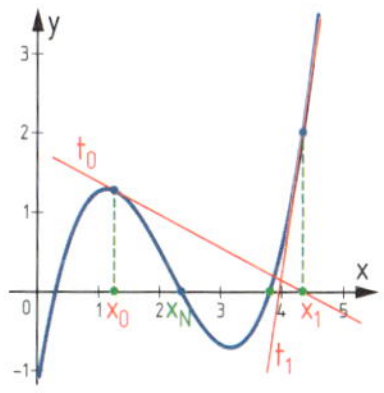

- Die Nullstellenfolge divergiert.

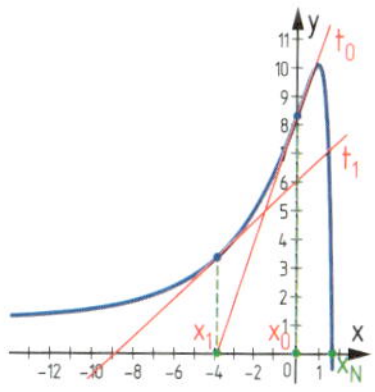

- Die Nullstelle einer Tangente liegt in einem Bereich, für den die Funktion nicht definiert ist. ZB: y = ln(x)

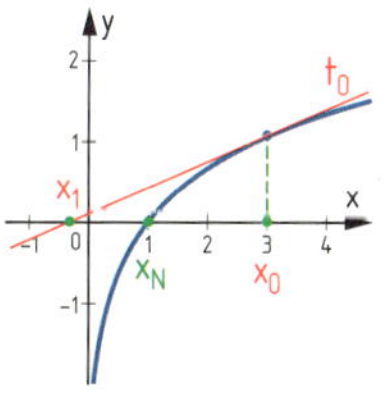

- Die Nullstellenfolge oszilliert, sie „springt" zwischen zwei Stellen hin und her.

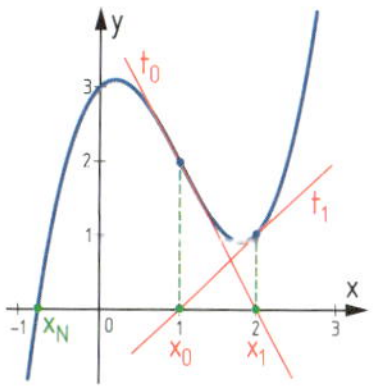

Newton'sches Näherungsverfahren

Ist x_N eine Nullstelle der Funktion f(x) und x_0 eine geeignet gelegene Stelle, so konvergiert die Folge $x_{n+1} = x_n - \frac{f(x_n)}{f'(x_n)}$ mit n = 0, 1, 2, ... gegen die Nullstelle x_N.

Näherungsverfahren

TE B **8.7** Ermittle die Nullstelle der Funktion $f(x) = x^3 - 3x^2 - 5x + 8$ im Intervall [2; 5] mithilfe des Newton'schen Näherungsverfahrens auf drei Dezimalstellen genau.

Lösung mit Excel:

	A	B	C	D	E
1		x	f(x)		
2		2	-6	f(x)=x³-3x²-5x+8	
3		3	-7		
4		4	4	f'(x)=3x²-6x-5	
5		5	33		
6					
7	n	x_n	$f(x_n)$	$f'(x_n)$	x_{n+1}
8	0	3,5	-3,375	10,75	3,8139535
9	1	3,8139535	0,7701963	15,755003	3,7650677
10	2	3,7650677	0,0200577	14,936798	3,7637248
11	3	3,7637248	1,496E-05	14,914525	3,7637238
12	4	3,7637238	8,338E-12	14,914508	3,7637238

- Erstellen einer Wertetabelle, um die erste Näherung für die Nullstelle zu finden, zB: $x_0 = 3,5$
- Berechnen der ersten Ableitung $f'(x)$
- Erstellen einer Tabelle und Eingabe der Formeln
- Eingabe der Formel für das Newton'sche Näherungsverfahren in Zelle D8: **=B8–(C8/D8)**
- Eingabe von **=E8** in Zelle B9
- Die Formeln werden bis zur gewünschten Näherung der Nullstelle nach unten kopiert. Die Nullstelle liegt näherungsweise an der Stelle $x_4 = 3,7637238...$

Aufgaben 8.8 - 8.10: Bestimme jeweils die Nullstelle der Funktion f im angegebenen Intervall auf drei gesicherte Dezimalstellen. Verwende dabei das Newton'sche Näherungsverfahren.

B **8.8**
a) $f(x) = 0,5x^3 - 2x^2 + 2$; [1; 2]
b) $f(x) = 2x^3 + 5x^2 - 3$; [−3; −2]
c) $f(x) = -0,1x^3 + x^2 - 12$; [4; 5]
d) $f(x) = -3x^3 + 10x^2 - 6$; [3; 4]

B **8.9**
a) $f(x) = x^5 + 2x + 1$; [−1; 0]
b) $f(x) = \frac{1}{3x^2 - 7} - 2x$; [1; 2]
c) $f(x) = 0,3x^7 - 4x^2 + 2$; [0; 1]
d) $f(x) = \frac{1}{x + 2} + 5x^2$; [−2,5; −1,5]

TE B **8.10**
a) $f(x) = x^3 - e^x$; [4; 5]
b) $f(x) = \cos(2x) + x$; [−1; 0]
c) $f(x) = 0,5x + \ln(x)$;]0; 1]
d) $f(x) = \sin(x + 1) - 0,5x$; [1; 2]

TE B D **8.11** Bestimme die Nullstelle der Funktion f im angegebenen Intervall mithilfe des Newton'schen Näherungsverfahrens auf drei gesicherte Dezimalstellen. Wähle als Startwert zuerst den Wert am Ende des Intervalls und begründe, ob dieser Wert als Startwert geeignet ist. Führe die Rechnung gegebenenfalls mit einem besser geeigneten Startwert durch.
a) $f(x) = x \cdot \ln(x) - 4$; [3; 5]
b) $f(x) = e^{\frac{x}{2}} - 2x + 1$; [1; 3]
c) $f(x) = x^4 - 8,125x^2 + 14,5$; [−3; −2]
d) $f(x) = 4x - e^x$; [0; 2]
e) $f(x) = 2x \cdot \sin(x)$; [−4; −2]
f) $f(x) = x^3 - 0,3x^2 - 2,97x - 0,701$; [−1; 0]

B **8.12** Die Funktionen $f(x) = e^x$ und $g(x) = 4 - x^2$ schneiden einander in zwei Punkten. Verwende das Newton'sche Näherungsverfahren, um die Koordinaten der Schnittpunkte näherungsweise auf drei gesicherte Dezimalstellen zu bestimmen.

A B C **8.13** Berechne die Wurzel mithilfe des Newton'schen Näherungsverfahrens auf drei gesicherte Dezimalstellen. Welche Gleichung muss man lösen, um die Wurzel berechnen zu können?
a) $\sqrt{2}$
b) $\sqrt{7}$
c) $\sqrt[3]{11}$
d) $\sqrt[5]{91}$

8.14 Stelle jeweils die linke Seite der Gleichung als Funktion grafisch dar. Erkläre, warum der angegebene Startwert nicht zur Ermittlung einer Lösung mithilfe des Newton'schen Näherungsverfahrens geeignet ist.

1) $3a^3 - 6a^2 + 1 = 0, \quad a_0 = 0$

2) $c^2 - 4 = 0, \quad c_0 = -2$

3) $\frac{5t^2 - 7}{6 + t - 2t^2} = 0, \quad t_0 = 2$

4) $\sqrt[3]{\frac{1{,}7 \cdot x + 3{,}4}{x - 3}} = 0, \quad x_0 = -\frac{1}{3}$

8.15 **1)** Zeichne in nebenstehender Abbildung die Tangente an der Stelle $x_0 = 2$ ein. Gegen welche der beiden Nullstellen N_1 oder N_2 würden die Nullstellen der Tangenten beim Anwenden des Newton'schen Näherungsverfahrens konvergieren?

2) Begründe, warum bei Verwendung des Newton'schen Näherungsverfahrens $x_0 = 0$ als Startwert ungeeignet ist.

3) Gib an, welcher Startwert zur Ermittlung von N_2 geeignet ist:
$x_0 = -0{,}3$ oder $x_0 = 5$
Begründe deine Antwort.

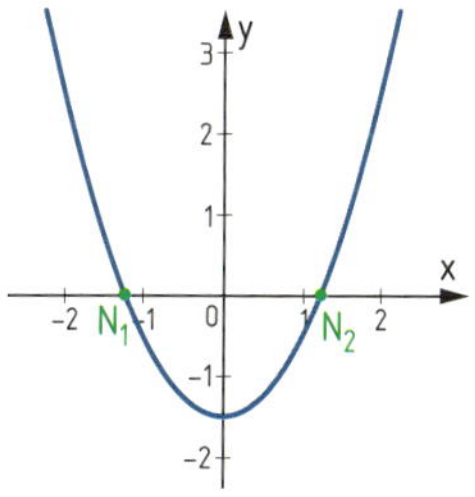

Aufgaben 8.16 – 8.20: Löse die zur Berechnung notwendigen Gleichungen mithilfe des Newton'schen Näherungsverfahrens.

8.16 Die Summe der dritten Potenzen von drei aufeinander folgenden ganzen Zahlen ist 5 256. Wie lauten die drei Zahlen?

8.17 Die Verwaltung des Pensionistenwohnheims „Zur schattigen Pinie" rechnet mit folgender Gewinnfunktion G:
$G(x) = -0{,}001x^3 + 0{,}089x^2 - 0{,}508x - 27{,}3$
x … Anzahl der Bewohner
G(x) … Gewinn bei x Bewohnern in 1 000,00 €

1) Berechne, zwischen welchen Belegungszahlen Gewinn erwirtschaftet wird.

2) Bei welcher Belegung macht das Wohnheim den größten Gewinn?

3) Das Wohnheim hat zur Zeit 42 Bewohner. Ermittle den entsprechenden Gewinn.

4) Der Gewinn soll, ausgehend von Aufgabe **3)**, auf 38 000,00 € gesteigert werden. Berechne, wie viele Bewohner zusätzlich aufgenommen werden müssen.

8.18 Auf einem Stahlgerüst ist ein kugelförmiger Wasserbehälter mit einem Innendurchmesser von 8 m befestigt. Aus statischen Gründen darf er höchstens mit 250 000 Liter Wasser befüllt werden.
Berechne, bis zu welcher Höhe das Wasser im Behälter stehen darf.

8.19 Die Differenz zweier Zahlen ist 63. Dividiert man 300 durch die größere der beiden Zahlen, so erhält man das Quadrat des sechsten Teils der kleineren Zahl.
Welche Zahlen erfüllen diese Bedingung?

8.20 Eine Kerze in Form einer quadratischen Pyramide hat eine Masse von 400 g und eine mittlere Dichte von $700\,\frac{g}{dm^3}$. Die Oberfläche der Kerze beträgt $500\,cm^2$.

1) Wie lang ist die Grundkante der Kerze?

2) Wie lang ist der Docht, wenn er an der Spitze 1 cm aus der Kerze herausragt?

8.2 Numerische Integration

In vielen Fällen ist es nicht möglich, zu einer gegebenen Funktion eine Stammfunktion anzugeben bzw. wäre die Berechnung zu aufwändig. Der Zahlenwert des bestimmten Integrals kann bei beschränkten stetigen Funktionen aber immer – zumindest näherungsweise – als Flächeninhalt unter der Kurve bestimmt werden. Dazu verwendet man **numerische Integrationsmethoden**, die eine Näherung des Integralwerts liefern. Bei den meisten Verfahren wird der Integrationsbereich in Teilintervalle unterteilt. Dort wird der Funktionsgraph durch einfache Funktionen angenähert. Mithilfe dieser Methoden ist es auch möglich, bestimmte Integrale von Funktionen näherungsweise zu ermitteln, wenn nur Wertepaare der Funktion bekannt sind. Wir beschränken uns auf Aufgaben, bei denen der Funktionsgraph im untersuchten Integrationsbereich stets oberhalb der waagrechten Achse liegt.

8.2.1 Rechteck- und Trapezregel

Rechteckregel

Nach der Unterteilung in n Teilintervalle werden zur Näherung der Fläche Rechtecke verwendet, deren Höhe jeweils der Funktionswert in der Mitte eines Teilintervalls ist.

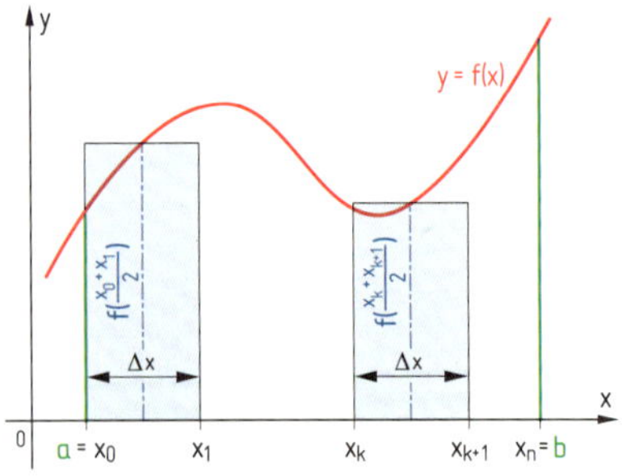

- $\Delta x = \frac{b-a}{n}$
- Flächeninhalt des k-ten Rechtecks:
  $A_k = \Delta x \cdot f\left(\frac{x_k + x_{k+1}}{2}\right)$
- Gesamtfläche:
  $A_R = \sum_{k=0}^{n-1} A_k = \sum_{k=0}^{n-1} \Delta x \cdot f\left(\frac{x_k + x_{k+1}}{2}\right)$

Rechteckregel: $\int_a^b f(x)\,dx \approx \Delta x \cdot \sum_{k=0}^{n-1} f\left(\frac{x_k + x_{k+1}}{2}\right)$ mit $\Delta x = \frac{b-a}{n}$

B

8.21 Berechne das Integral $\int_0^1 \sqrt{1-x^2}\,dx$

1) elementar,
2) mit der Rechteckregel für n = 4.

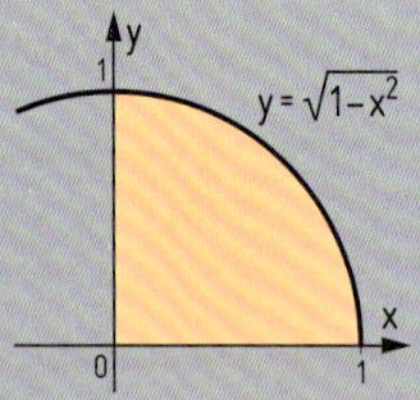

Lösung:

1) $A = \frac{\pi}{4} = 0{,}785... \approx 0{,}79\ E^2$

2) $\Delta x = \frac{b-a}{n} = \frac{1-0}{4} = 0{,}25$

$x_0 = 0;\ x_1 = 0{,}25;\ x_2 = 0{,}5;\ x_3 = 0{,}75;\ x_4 = 1$

$\frac{x_k + x_{k+1}}{2}$	$f\left(\frac{x_k + x_{k+1}}{2}\right)$
0,125	0,992...
0,375	0,927...
0,625	0,780...
0,875	0,484...
Σ	**3,183...**

$A_R = \Delta x \cdot \sum_{k=0}^{n-1} f\left(\frac{x_k + x_{k+1}}{2}\right) =$
$= 0{,}25 \cdot 3{,}183... =$
$= 0{,}795... \approx 0{,}80\ E^2$

$\int_0^1 \sqrt{1-x^2}\,dx \approx 0{,}80$

- Viertelkreis, Radius r = 1
- Der Bereich wird in vier gleich große Teilintervalle geteilt.
- Berechnen der Funktionswerte an den Mittelpunkten dieser Intervalle
- Rechteckregel anwenden

Trapezregel

Werden nach der Unterteilung in Teilintervalle die Punkte des Graphen am Rand dieser Intervalle durch Geradenstücke verbunden, erhält man (stehende) Trapeze mit der Höhe Δx. Dabei sind die Funktionswerte der Teilungspunkte jeweils die Längen der Parallelseiten der Trapeze.

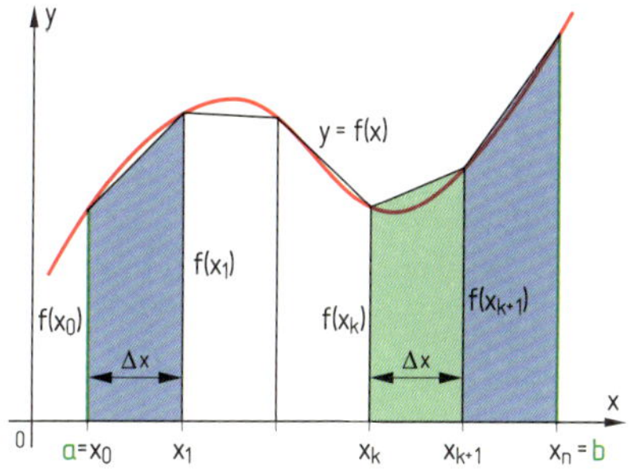

- $\Delta x = \frac{b-a}{n}$
- Flächeninhalt des k-ten Trapezes:
  $A_k = \frac{f(x_k) + f(x_{k+1})}{2} \cdot \Delta x = \frac{\Delta x}{2} \cdot [f(x_k) + f(x_{k+1})]$
- Gesamtfläche:
  $A_T = \frac{\Delta x}{2} \cdot [f(x_0) + f(x_1)] + \frac{\Delta x}{2} \cdot [f(x_1) + f(x_2)] + \ldots$
  $\ldots + \frac{\Delta x}{2} \cdot [f(x_{n-2}) + f(x_{n-1})] + \frac{\Delta x}{2} \cdot [f(x_{n-1}) + f(x_n)]$
  Herausheben von Δx ergibt:
  $A_T = \Delta x \cdot \left[\frac{f(x_0)}{2} + f(x_1) + f(x_2) + \ldots + f(x_{n-1}) + \frac{f(x_n)}{2}\right]$

Trapezregel: $\int_a^b f(x)\,dx \approx \Delta x \cdot \left[\frac{f(x_0)}{2} + f(x_1) + f(x_2) + \ldots + f(x_{n-1}) + \frac{f(x_n)}{2}\right]$ mit $\Delta x = \frac{b-a}{n}$

8.22 Berechne das Integral $\int_0^1 \sqrt{1-x^2}\,dx$ mithilfe der Trapezregel für n = 4 und vergleiche das Ergebnis mit dem genauen Wert und der Näherung aus Aufgabe **8.21**.

Lösung:

$\Delta x = \frac{b-a}{n} = \frac{1-0}{4} = 0{,}25$ • Teilung in vier Intervalle

$x_0 = 0$; $x_1 = 0{,}25$; $x_2 = 0{,}5$; $x_3 = 0{,}75$; $x_4 = 1$ • Teilungspunkte festlegen

• Berechnung der Funktionswerte

x_k	$f(x_k) = \sqrt{1-x_k^2}$	
0	1	
0,25	0,968...	2,495...
0,5	0,866...	
0,75	0,661...	
1	0	

• Trapezregel anwenden

$A_T = \Delta x \cdot \left[\frac{f(x_0)}{2} + f(x_1) + f(x_2) + f(x_3) + \frac{f(x_4)}{2}\right] = 0{,}25 \cdot (0{,}5 + 2{,}495... + 0) = 0{,}748... \approx 0{,}75\ E^2$

Genauer Wert: $A = \frac{\pi}{4} E^2 = 0{,}785...\ E^2 \approx 0{,}79\ E^2$

Die Werte unterscheiden sich um rund 0,04 E^2. In Aufgabe **8.21** ergibt sich eine bessere Näherung für dieses Integral.

8.23 Berechne näherungsweise mit der Rechteckregel für ***1)*** n = 3 und ***2)*** n = 6.

a) $\int_0^3 \sqrt{x}\,dx$ ***b)*** $\int_0^1 \sin(t^2)\,dt$ ***c)*** $\int_0^1 \frac{1}{2-x^2}\,dx$ ***d)*** $\int_0^6 \sqrt{1+u^2}\,du$

8.24 Berechne näherungsweise mit der Trapezregel für ***1)*** n = 2 und ***2)*** n = 4.

a) $\int_1^3 \ln(x)\,dx$ ***b)*** $\int_0^1 \cos(t^2)\,dt$ ***c)*** $\int_{-1}^1 \frac{1}{4-x^2}\,dx$ ***d)*** $\int_{-1}^1 \sqrt{e^x}\,dx$

8.2.2 Kepler'sche Fassregel und Simpson-Regel

Kepler'sche Fassregel

1613 heiratete Johannes Kepler (1571 - 1630) seine um 20 Jahre jüngere zweite Ehefrau, Susanne Reutinger aus Eferding. Bei der Vermählungsfeier war es die Aufgabe des Bräutigams, genügend Wein für die Gäste bereit zu stellen. Bei der Bestellung der Fässer wurde vom Händler ein Messstab diagonal in ein Fass eingebracht. Anhand des so gemessenen Flüssigkeitsstands gab der Weinhändler den geschätzten Inhalt an. Obwohl die Fässer unterschiedliche Formen hatten, war die Messmethode stets die gleiche. Diese Ungenauigkeit machte Kepler stutzig und bewog ihn dazu, die Form von Fässern zu untersuchen und Modelle zur Berechnung der Fassbemaßungen zu entwickeln. Kepler erkannte, dass das „österreichische Fass" das größte Volumen im Verhältnis zur Länge der Innendiagonale aufwies und dass kleine Abweichungen von der Idealform kaum Einfluss auf das Fassungsvermögen der Fässer haben. Die nach ihm benannte **Kepler'sche Fassregel** nähert zum Beispiel den Meridian eines Fasses durch eine Parabel an. Seine Erkenntnisse schrieb er in seinem 1615 veröffentlichten Buch „Nova stereometria dolorium vinariorum" (Neue Stereometrie der Weinfässer) nieder. Das Werk endet in Anlehnung an ein Liebesgedicht von Catull mit den Worten: *„Et cum pocula mille mensi erimus, conturbabimus illa, ne sciamus."* (Übersetzt: „Und wenn wir 1 000 Becher geleert haben, dann bringen wir sie durcheinander, damit wir es nicht mehr genau wissen.")

A B **8.25** ***1)*** Nähere die Querschnittsfläche und das Volumen des abgebildeten Fasses durch Zerlegung in elementare Figuren bzw. Körper (Maße in cm).

2) Das Fass hat eine tatsächliche Querschnittsfläche von 37,5 dm^2 und ein Fassungsvermögen von 147,5 Liter. Ermittle jeweils den absoluten und den relativen Fehler deiner Berechnungen aus ***1)***.

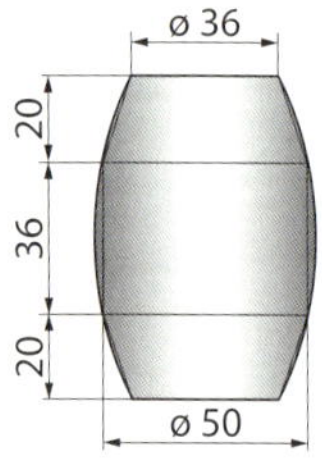

Eine Kurve kann durch eine Polynomfunktion 2. Grads (Parabel) angenähert werden. Die drei Punkte, die man zur Ermittlung der Funktionsgleichung benötigt, werden am Beginn, in der Mitte und am Ende des Intervalls gewählt:

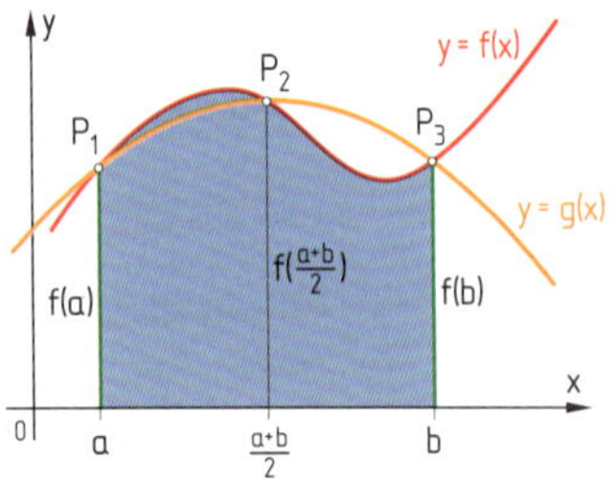

$P_1(a|f(a))$, $P_2\left(\frac{a+b}{2}\middle|f\left(\frac{a+b}{2}\right)\right)$, $P_3(b|f(b))$

$g(x) = a_2 \cdot x^2 + a_1 \cdot x + a_0$

Für die Fläche A_K unter der Näherungsparabel g gilt:

$$A_K = \int_a^b g(x)\,dx$$

Durch Einsetzen der Koordinaten werden die Koeffizienten a_0, a_1 und a_2 ermittelt. Damit ergibt sich für das Integral:

$$A_k = \frac{b-a}{6} \cdot \left(f(a) + 4 \cdot f\left(\frac{a+b}{2}\right) + f(b)\right)$$

Kepler'sche Fassregel: $\int_a^b f(x)\,dx \approx \frac{b-a}{6} \cdot \left(f(a) + 4 \cdot f\left(\frac{a+b}{2}\right) + f(b)\right)$

Für Polynomfunktionen, deren Grad höchstens drei ist, gibt die Kepler'sche Fassregel den genauen Wert des Integrals an. Der Beweis erfolgt in Aufgabe 8.40.

8.26 Berechne das Integral ***1)*** analytisch und ***2)*** mithilfe der Kepler'schen Fassregel. B

a) $\int_{-1}^{1}(x^3 + 4)\,dx$ ***b)*** $\int_{0}^{1} x \cdot e^{x^2}\,dx$

Lösung:

a) 1) $\int_{-1}^{1}(x^3 + 4)\,dx = \left(\frac{x^4}{4} + 4x\right)\Big|_{-1}^{1} = 8$

2) $f(-1) = (-1)^3 + 4 = 3;\ f\left(\frac{-1+1}{2}\right) = f(0) = 4;\ f(1) = 5$

$\int_{-1}^{1}(x^3 + 4)\,dx = \frac{1-(-1)}{6} \cdot (3 + 4 \cdot 4 + 5) = 8$

- Da es sich um eine Polynomfunktion 3. Grads handelt, sind die Ergebnisse ident.

b) 1) $\int_{0}^{1} x \cdot e^{x^2}\,dx = \frac{1}{2} \cdot e^{x^2}\Big|_{0}^{1} = \frac{1}{2} \cdot (e - 1) = 0{,}859...$

2) $f(0) = 0;\ f\left(\frac{1}{2}\right) = 0{,}642...;\ f(1) = e$

$\int_{0}^{1} x \cdot e^{x^2}\,dx \approx \frac{1}{6} \cdot (0 + 4 \cdot 0{,}642... + e) = 0{,}881...$

- Der Integrand hat die Form $u'(x) \cdot f(u(x))$. Das Integral kann daher mittels Substitution gelöst werden.

Volumenberechnung mithilfe der Kepler'schen Fassregel

Um das Volumen eines Drehkörpers näherungsweise zu ermitteln, teilt man das Intervall $[a; b]$ in zwei gleich lange Teilabschnitte $\left[a; \frac{a+b}{2}\right]$ und $\left[\frac{a+b}{2}; b\right]$. Wenn man die zugehörigen Punkte des Funktionsgraphen an den Intervallgrenzen verbindet, erhält man zwei Trapeze.

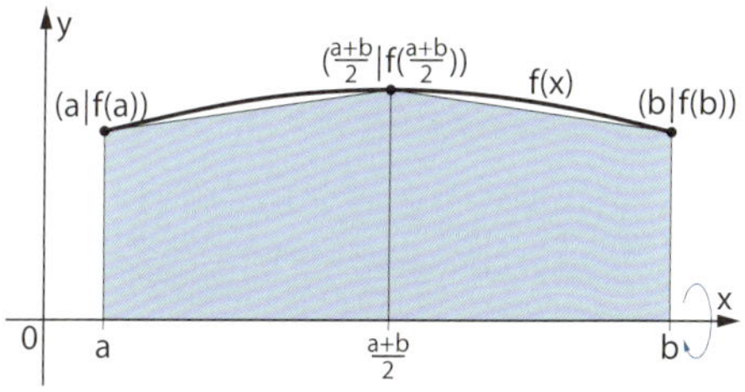

Lässt man diese Trapeze nun um die x-Achse rotieren, so erhält man zwei Kegelstümpfe mit den Radien $r_1 = f(a)$ und $r_2 = f\left(\frac{a+b}{2}\right)$ bzw. $r_2 = f\left(\frac{a+b}{2}\right)$ und $r_3 = f(b)$ und jeweils der Höhe $h = \frac{b-a}{2}$.

Für das Volumen eines Kegelstumpfs gilt: $V = \frac{\pi}{3} \cdot h \cdot (r_1^{\,2} + r_1 \cdot r_2 + r_2^{\,2})$ (vgl. Band 1)

Damit ergibt sich für das Gesamtvolumen:

$$V = \frac{\pi}{3} \cdot \frac{b-a}{2} \cdot \left(\left(f(a)\right)^2 + f(a) \cdot f\left(\frac{a+b}{2}\right) + \left(f\left(\frac{a+b}{2}\right)\right)^2\right) + \frac{\pi}{3} \cdot \frac{b-a}{2} \cdot \left(\left(f\left(\frac{a+b}{2}\right)\right)^2 + f\left(\frac{a+b}{2}\right) \cdot f(b) + \left(f(b)\right)^2\right) =$$

$$= \frac{\pi \cdot (b-a)}{6} \cdot \left(\left(f(a)\right)^2 + f(a) \cdot f\left(\frac{a+b}{2}\right) + \left(f\left(\frac{a+b}{2}\right)\right)^2 + f\left(\frac{a+b}{2}\right) \cdot f(b) + \left(f(b)\right)^2\right)$$

Kepler erkannte, dass die Näherung bessere Ergebnisse liefert, wenn man die Ausdrücke

$f(a) \cdot f\left(\frac{a+b}{2}\right)$ und $f\left(\frac{a+b}{2}\right) \cdot f(b)$ jeweils durch $\left(f\left(\frac{a+b}{2}\right)\right)^2$ ersetzt:

$$f(a) \cdot f\left(\frac{a+b}{2}\right) \approx \left(f\left(\frac{a+b}{2}\right)\right)^2 \text{ bzw. } f\left(\frac{a+b}{2}\right) \cdot f(b) \approx \left(f\left(\frac{a+b}{2}\right)\right)^2$$

Somit ergibt sich für das angenäherte Volumen eines Drehkörpers:

$$V \approx \frac{\pi \cdot (b-a)}{6} \cdot \left(\left(f(a)\right)^2 + 4 \cdot \left(f\left(\frac{a+b}{2}\right)\right)^2 + \left(f(b)\right)^2\right)$$

Näherungsverfahren

Simpson-Regel

Diese nach dem englischen Mathematiker Thomas Simpson (1710 - 1760) benannte Regel kann als eine Verallgemeinerung der Kepler'schen Fassregel angesehen werden. Dabei wird der Integrationsbereich in mehrere Doppelstreifen zerlegt. Auf diese Doppelstreifen wird dann jeweils die Kepler'sche Fassregel angewendet.

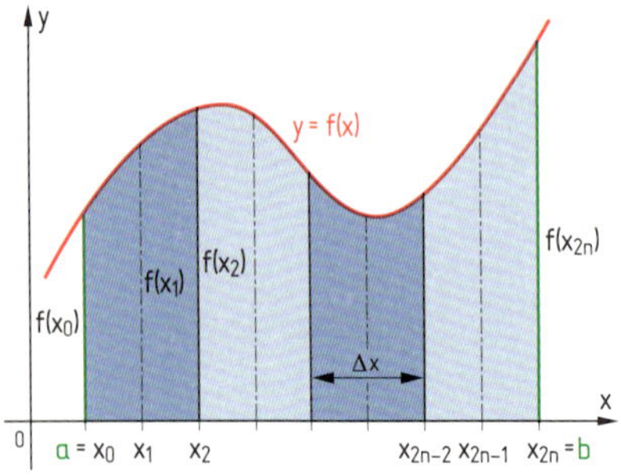

- Das Intervall [a; b] wird in n gleich breite Doppelstreifen zerlegt. Jeder davon hat die Breite $\Delta x = \frac{b-a}{n}$.
- Anwenden der Kepler'schen Fassregel auf $[x_0; x_2]$, also auf den ersten Doppelstreifen:

  $A_1 \approx \frac{x_2 - x_0}{6} \cdot (f(x_0) + 4 \cdot f(x_1) + f(x_2))$

  bzw. da $x_2 - x_0 = \Delta x = \frac{b-a}{n}$:

  $A_1 \approx \frac{b-a}{6n} \cdot (f(x_0) + 4 \cdot f(x_1) + f(x_2))$

Für den gesamten Flächeninhalt ergibt sich:

$$A \approx \frac{b-a}{6n} \cdot (f(x_0) + 4 \cdot f(x_1) + f(x_2)) + \frac{b-a}{6n} \cdot (f(x_2) + 4 \cdot f(x_3) + f(x_4)) + \ldots$$
$$\ldots + \frac{b-a}{6n} \cdot (f(x_{2n-4}) + 4 \cdot f(x_{2n-3}) + f(x_{2n-2})) + \frac{b-a}{6n} \cdot (f(x_{2n-2}) + 4 \cdot f(x_{2n-1}) + f(x_{2n}))$$

Werden gleiche Terme zusammengefasst, erhält man:

$$A \approx \frac{b-a}{6n} \cdot \left[f(x_0) + f(x_{2n}) + 4 \cdot (f(x_1) + f(x_3) + \ldots + f(x_{2n-1})) + 2 \cdot (f(x_2) + f(x_4) + \ldots + f(x_{2n-2}))\right]$$

Simpson-Regel

$$\int_a^b f(x)\,dx \approx$$
$$\approx \frac{b-a}{6n} \cdot \left[f(a) + f(b) + 4 \cdot (f(x_1) + f(x_3) + \ldots + f(x_{2n-1})) + 2 \cdot (f(x_2) + f(x_4) + \ldots + f(x_{2n-2}))\right]$$

- Der Integrationsbereich wird in n Doppelstreifen geteilt, es gibt daher (2n + 1) Teilungs- bzw. Stützstellen. Der Abstand zweier aufeinander folgender Stützstellen ist jeweils $\frac{b-a}{2n}$.
- Für die Formel werden nur die Funktionswerte, nicht aber der Funktionsterm benötigt. Daher genügt für die Berechnung die Angabe von Wertepaaren. Die Anzahl der Wertepaare muss ungerade sein und die x-Werte müssen jeweils gleiche Abstände voneinander haben.

AB **8.27** Bei einer Versuchsanordnung wurden die Momentangeschwindigkeiten zu verschiedenen Zeitpunkten gemessen. Welcher Gesamtweg wurde in dieser Zeit zurückgelegt?
Berechne dies mithilfe der Simpson-Regel.

$\frac{t}{s}$	4	8	12	16	20
$\frac{v}{\frac{m}{s}}$	6	12	15	16	18

Lösung:

Es gilt: $s = \int_4^{20} v(t)\,dt$

Durch die fünf Wertepaare werden vier Intervalle festgelegt, somit gibt es n = 2 Doppelstreifen.

Nun wendet man mit $x_0 = 4$, $x_1 = 8$, $x_2 = 12$, $x_3 = 16$ und $x_4 = 20$ die Simpson-Regel an:

$$s \approx \frac{20-4}{6 \cdot 2} \cdot [v(4) + v(20) + 4 \cdot (v(8) + v(16)) + 2 \cdot v(12)] =$$
$$= \frac{4}{3} \cdot [6 + 18 + 4 \cdot (12 + 16) + 2 \cdot 15] \approx 221{,}33\ \text{m}$$

8.28 Berechne das Integral $\int_0^1 \sqrt{x} \cdot e^{x^2} dx$ mithilfe der Simpson-Regel für n = 4. B C

Beschreibe deine Vorgehensweise.

Lösung:

Abstand der Stützstellen: $\frac{b-a}{2n} = \frac{1-0}{2 \cdot 4} = \frac{1}{8}$

Ermitteln der Funktionswerte an den Grenzen und bilden der Summe $s_1 = f(a) + f(b)$:

$a = x_0 = 0, f(x_0) = 0$
$b = x_8 = 1, f(x_8) = 2{,}718...$

$s_1 = f(x_0) + f(x_8) = 2{,}718...$

Die Funktionswerte für die geraden bzw. die ungeraden Indizes werden jeweils in eine eigene Spalte geschrieben, da deren Summen s_2 bzw. s_3 in der Formel mit 4 bzw. 2 multipliziert werden.

x_k, k ungerade	$f(x_k)$	x_k, k gerade	$f(x_k)$
$x_1 = 0{,}125$	0,359...	$x_2 = 0{,}25$	0,532...
$x_3 = 0{,}375$	0,704...	$x_4 = 0{,}5$	0,907...
$x_5 = 0{,}625$	1,168...	$x_6 = 0{,}75$	1,519...
$x_7 = 0{,}875$	2,011...		
Summe s_2:	4,243...	**Summe s_3:**	2,960...

Nun kann das Integral mithilfe der Simpson-Regel ermittelt werden:

$$\int_0^1 \sqrt{x} \cdot e^{x^2} dx \approx \frac{b-a}{2n} \cdot (s_1 + 4 \cdot s_2 + 2 \cdot s_3) =$$

$$= \frac{1}{6 \cdot 4} \cdot (2{,}718... + 4 \cdot 4{,}243... + 2 \cdot 2{,}960...) = 1{,}067...$$

Technologieeinsatz: Simpson-Regel
Excel

TE
Mathcad: www.hpt.at

ZB: Es soll $\int_1^2 \frac{e^{\sqrt{x}}}{\sqrt{x}} dx$ näherungsweise mithilfe der Simpson-Regel für n = 4 Doppelstreifen ermittelt werden.

Die Anzahl der Doppelstreifen und die Intervallgrenzen werden eingegeben und der Abstand der Stützstellen in B5 mit **=(B4–B3)/(2*B2)** berechnet.
Anschließend werden die Stützstellen und deren Funktionswerte mithilfe folgender Formeln berechnet:
E4: **=B3+B5**
F3: **=EXP(WURZEL(E3))/WURZEL(E3)**

	A	B	C	D	E	F	G	H
1	**Simpson-Regel**							
2	n =	4		k	x_k	$f(x_k)$		Summen
3	a =	1		0	1	2,71828183		5,62678906
4	b =	2		1	1,125	2,72309378		11,1566399
5	Δx/2 =	0,125		2	1,25	2,73590483		8,35259546
6				3	1,375	2,75488879		
7				4	1,5	2,77878093		**Näherung**
8				5	1,625	2,8066763		**2,78993916**
9				6	1,75	2,8379097		
10				7	1,875	2,87198108		
11				8	2	2,90850724		

Die Zellen E4 und F3 werden bis zur Intervallgrenze b kopiert.
Danach werden die Summen von f(a) und f(b) sowie die der Funktionswerte mit geraden bzw. ungeraden Indizes gebildet.
Diese Summen werden entsprechend der Simpson-Regel addiert:
=(B4-B3)/(6*B2)*(H3+4*H4+2*H5)

Man kann die Anzahl der Stützstellen im Nachhinein erhöhen, um eine bessere Näherung zu erhalten.

Näherungsverfahren

8.29 Berechne das Integral ***1)*** analytisch und ***2)*** mithilfe der Kepler'schen Fassregel. Gib den Betrag des relativen Fehlers an.

a) $\int_0^{\pi} \sin(x)\,dx$ ***b)*** $\int_0^{3} 6e^{-x} \cdot \sin(x)\,dx$ ***c)*** $\int_1^{3} \frac{1}{x}\,dx$ ***d)*** $\int_1^{4} (3x^2 - 2)\,dx$

8.30 Berechne das Integral näherungsweise mit der Simpson-Regel für ***1)*** $n = 4$ und ***2)*** $n = 6$. Vergleiche die Ergebnisse.

a) $\int_0^{2} e^{x^2}\,dx$ ***b)*** $\int_{\frac{\pi}{2}}^{\pi} \frac{\sin(x)}{x}\,dx$ ***c)*** $\int_2^{4} \frac{1}{\ln(x)}\,dx$ ***d)*** $\int_0^{\pi} \sqrt{1 + \cos^2(t)}\,dt$

8.31 Ein 100 cm hohes Fass wurde vermessen. Der Durchmesser am Boden beträgt 54 cm, jener in der Mitte 75 cm, und der obere Durchmesser beträgt 52 cm.

1) Berechne das Volumen des Fasses und gib das Fassungsvermögen in Liter an.

2) Wie groß müsste der Durchmesser in der Mitte des Fasses sein, damit es um die Hälfte mehr Flüssigkeit fassen kann, wenn die übrigen Abmessungen gleich bleiben?

8.32 Ermittle das bestimmte Integral der durch die Wertetabelle gegebenen Funktion f näherungsweise mithilfe der Simpson-Regel.

x	2	4	6	8	10	12	14
f(x)	12,4	25,7	30,2	33,1	34,5	35,1	35,4

8.33 Bei Leichtathletik-Meisterschaften wurde bei einem Lauf in Sekundenabständen jeweils die Geschwindigkeit des Siegers gemessen:

t in s	0	1	2	3	4	5	6	7	8	9	10	11	12
v in $\frac{m}{s}$	0,00	2,13	5,32	9,26	10,87	11,24	11,90	11,76	11,90	12,05	11,24	11,63	11,89

1) Stelle den Geschwindigkeit-Zeit-Verlauf grafisch dar.

2) Ermittle den zurückgelegten Weg näherungsweise mithilfe der Simpson-Regel.

8.34 Um eine Feder zu spannen, benötigt man eine Kraft F. Die erforderliche Arbeit ergibt sich durch „Kraft mal Weg". Ist die Kraft F(s) variabel, so entspricht der Betrag der verrichteten Arbeit in einem Kraft-Weg-Diagramm dem Flächeninhalt unter der Kurve F(s), also $W = \int_{s_1}^{s_2} F(s)\,ds$. Von einer Versuchsanordnung sind folgende Messwerte bekannt:

F(0) = 0, F(5 cm) = 4 N, F(10 cm) = 9 N, F(15 cm) = 16 N, F(20 cm) = 25 N

Berechne den Betrag der verrichteten Arbeit (in Joule) näherungsweise.

8.35 Bei archäologischen Ausgrabungen wurden Speerspitzen mit nebenstehendem Profil und kreisrundem Querschnitt gefunden (Angaben in cm).

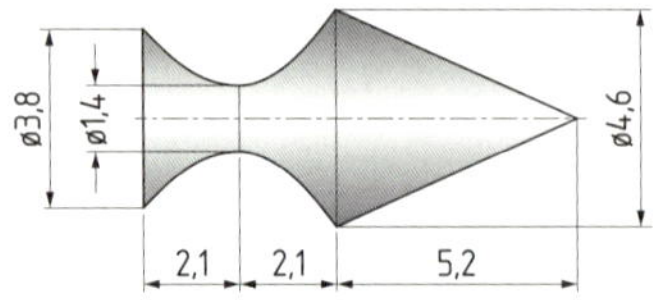

1) Die Eintrittskarten für eine Ausstellung sollen die maßstabsgetreue Form des Profils dieser Speere haben. Dafür wird pro Karte ein Stück Papier mit den Abmessungen 10 cm x 5 cm gewählt. Berechne, wie viel m^2 Verschnitt entstehen, wenn 5 000 Eintrittskarten hergestellt werden.

2) Die Wissenschafter wollen diese Spitzen aus Messing gießen, um deren Flugverhalten möglichst realitätsgetreu untersuchen zu können. Das dabei verwendete Messing hat eine Dichte von 8,52 $\frac{g}{cm^3}$. Berechne die Masse einer solchen Speerspitze.

8.36 Das Segel einer Yacht hat die in der Abbildung dargestellte Form (Maße in Meter).

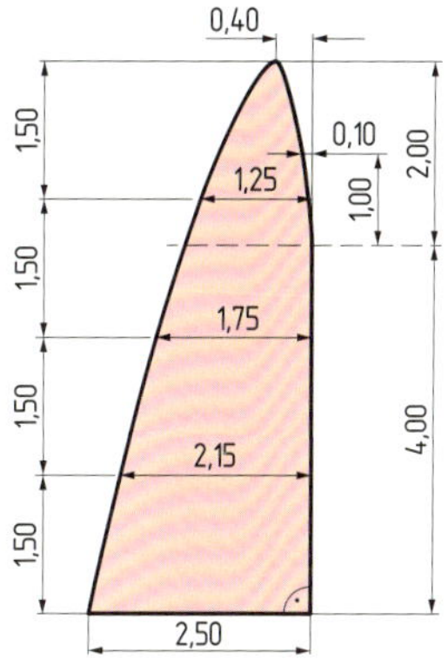

1) Berechne den Flächeninhalt des Segels mithilfe der Simpson-Regel.

2) Das Segeltuch besteht aus Carbongewebe mit einer Masse von 316,5 $\frac{g}{m^2}$. Berechne die Gesamtmasse des Segeltuchs.

3) Das Denier (den) ist eine Einheit der Materialfeinheit.

Es gilt: 1 den = $\frac{1\text{ g}}{9\,000\text{ m}}$

Bemerkung: Häufig wird auch die Einheit tex für die Materialfeinheit verwendet, es gilt: 1 tex = 9 den

Das Segeltuch hat eine Feinheit von 1,5 den. Berechne, wie viel Meter Carbonfaser für die Herstellung des Segeltuchs verwendet wurden.

8.37 Ein Glaskolben hat eine Höhe von 20 cm. In Abständen von jeweils 4 cm misst man folgende Durchmesser d:

h in cm	0,0	4,0	8,0	12,0	16,0	20,0
d in cm	7,2	9,4	8,2	5,4	4,0	4,0

1) Erkläre, warum es möglich ist, mithilfe der gegebenen Messwerte die Simpson-Regel zur Berechnung der Längsschnittfläche zu verwenden. Vergleiche die Werte mit der Form des Glaskolbens in der Abbildung und gib an, welche Vereinfachungen man zur Ermittlung der Fläche treffen muss. Berechne anschließend die Größe der Längsschnittfläche.

2) Ermittle einen Näherungswert für das Fassungsvermögen des Glaskolbens.

8.38 ***1)*** Ermittle das bestimmte Integral der Funktion $f(x) = e^{-x}$ im Intervall [0; 1] näherungsweise mithilfe der Simpson-Regel für n = 10.

2) Ermittle durch Probieren den kleinsten Wert, den n haben muss, um bei Verwendung der Trapezregel mindestens die gleiche Genauigkeit zu erreichen.

8.39 Zeige mithilfe der Kepler'schen Fassregel, dass für das Volumen einer Kugelkappe gilt:

$V = \frac{\pi \cdot h^2}{3} \cdot (3R - h)$

h … Kappenhöhe, R … Kugelradius

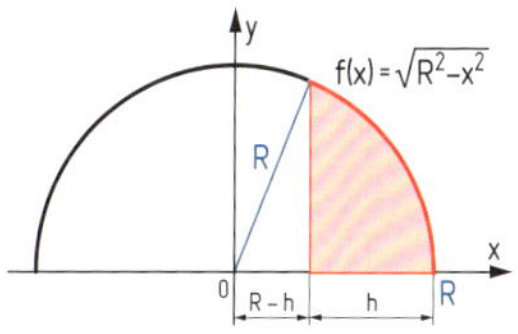

8.40 Zeige, dass die Kepler'sche Fassregel für Polynomfunktionen 3. Grads den genauen Wert für das bestimmte Integral liefert.

Hinweis: Berechne $\int_a^b f(x)\,dx$ mit $f(x) = a_3 \cdot x^3 + a_2 \cdot x^2 + a_1 \cdot x + a_0$ direkt und anschließend mit der Kepler'schen Fassregel. Vergleiche die Koeffizienten a_i.

Näherungsverfahren

Zusammenfassung

Iterative Nullstellenbestimmung

- Intervallhalbierung: Liegt in einem Intervall [a; b] eine Nullstelle, kann man sie durch wiederholtes Halbieren des Intervalls näherungsweise bestimmen.
- Regula falsi: Näherung durch Nullstellen von Sekanten
  $x_1 = b - f(b) \cdot \frac{b-a}{f(b)-f(a)}$; f(a) und f(b) haben unterschiedliche Vorzeichen
- Newton'sches Näherungsverfahren: Näherung durch Nullstellen von Tangenten
  $x_{n+1} = x_n - \frac{f(x_n)}{f'(x_n)}$

Numerische Integration

Ein unbestimmtes Integral wird durch eine endliche Summe genähert, zum Beispiel mittels Rechteckregel, Trapezregel, Kepler'sche Fassregel oder Simpson-Regel.

Weitere Aufgaben

A B **8.41** Zeichne die Funktion und berechne die Nullstellen der Funktion mithilfe einer Methode deiner Wahl näherungsweise auf drei gesicherte Dezimalstellen.

a) $h(t) = -4{,}905t^2 + 35t + 15$
b) $f(x) = 0{,}1x^3 + 0{,}5x + 1$
c) $y(t) = 2t^4 + 3t - 6$
d) $f(x) = 3x^2 - 4x - 8$
e) $y(t) = t^4 - 8t^3 + 25t^2 - 36t + 15$
f) $f(x) = 4x^5 - 3x^2 + 2x + 1$

B **8.42** Ermittle die Lösung der angegebenen Gleichung mithilfe des Newton'schen Näherungsverfahrens im angegebenen Intervall auf drei gesicherte Dezimalstellen.

a) $\frac{x^2}{e^x} + x^2 = 2$, [0; 3]
b) $3b^4 + 4b^3 - 6b^2 - 2b - 12 = 0$, [−3; −2]
c) $x^2 + 3 = e^x$, [1; 3]
d) $x - 1 = \sqrt{x}$, [1; 4]
e) $e^t - 4 = \ln(t)$, [1; 2]
f) $x^2 - \sin(x) = 0$, [0,5; 1,5]

A B D **8.43** Zeichne die Graphen der Funktionen $f(x) = \tan(x)$ und $g(x) = e^x$ in ein Koordinatensystem.

1) Wie viele Lösungen hat die Gleichung $\tan(x) = e^x$?
2) Welche Werte sind nicht als Startwerte für das Newton'sche Näherungsverfahren geeignet?
3) Wähle einen Startwert x_0 zur Ermittlung der Lösung der Gleichung in $]-\frac{\pi}{2}; \frac{\pi}{2}[$ und berechne das Ergebnis auf drei gesicherte Dezimalstellen.

A B **8.44** Für einen Zimmerbrunnen wird ein Marmorblock quaderförmig behauen. Das Volumen des fertigen Marmorblocks beträgt 6 409 cm³. Die Länge ist um 16 cm länger als die Höhe und die Breite um 4 cm länger als die Höhe. Wie lang ist jede Kante? Verwende das Newton'sche Näherungsverfahren beim Lösen der benötigten Gleichung.

B **8.45** Ermittle die bestimmten Integrale näherungsweise mithilfe der angegebenen Methode.

a) $\int_{\frac{3\pi}{2}}^{\frac{5\pi}{2}} \frac{\cos(t)}{t}\,dt$, Kepler'sche Fassregel
b) $\int_0^{2\pi} \sin^2(x)\,dx$, Simpson-Regel, n = 4
c) $\int_{-2}^{2} \sqrt{1 + 4x^2}\,dx$, Trapezregel, n = 8
d) $\int_0^{2} x \cdot \sqrt{x+1}\,dx$, Rechteckregel, n = 4

Aufgaben in englischer Sprache

approximation	Näherung	Newton's method	Newton'sches Näherungsverfahren
bisection method	Methode der Intervallhalbierung	Rectangular rule	Rechteckregel
decimal places	Dezimalstellen	Simpson's rule	Simpson-Regel
Kepler'sche Fassregel	Kepler'sche Fassregel	Trapezoid rule	Trapezregel

8.46 Use ***1)*** the bisection method, ***2)*** regula falsi, ***3)*** Newton's method to find the solution of the equation in the given interval acurate to three decimal places. (B)

a) $4 \cdot \sqrt[3]{x} - 2x^2 = -4, \quad [0; 3]$

b) $e^{2x} + 3x = 9, \quad [0; 2]$

c) $\ln(x) + x = 2, \quad [1; 4]$

d) $2x + \sin(x) = 1, \quad [0; \pi]$

8.47 The volume of a square-based cuboid amounts to 72 ft^3, the total length of all edges amounts to 56 ft. Calculate the lengths of the edge. (A)(B)

8.48 ***1)*** Find formulas for the area of an ellipse ell: $b^2 \cdot x^2 + a^2 \cdot y^2 = a^2 \cdot b^2$ using Simpson's rule for n = 4 and n = 10. (A)(B)(C)(D)

2) Calculate the area of an ellipse for a = 5 cm and b = 2 cm using both formulas.

3) Calculate the area of that ellipse using the elementary integration method and compare this with the results of ***2)***. Calculate the absolute and the relative error.

4) Comment on the precision of Simpson's rule regarding these results in your own words.

8.49 Calculate the definite integral by approximation using the given method. (B)

a) $\int_0^5 \sqrt{25 - x^2}\, dx$, Trapezoid rule, n = 8

b) $\int_{-5}^0 \frac{1}{\sqrt{2\pi}} \cdot e^{-\frac{x^2}{2}}\, dx$, Rectangular rule, n = 10

c) $\int_0^3 (2x^2 + 4x + 5)\, dx$, Simpson's rule, n = 6

d) $\int_1^3 0{,}3 \cdot x^3\, dx$, Kepler'sche Fassregel

Wissens-Check

		gelöst
1	Gib an, welche der Stellen x_1, x_2 oder x_3 als Startwert zur Ermittlung der Nullstelle x_N der dargestellten Funktion mithilfe des Newton'schen Näherungsverfahrens geeignet ist. Erkläre, warum es die anderen nicht sein können. 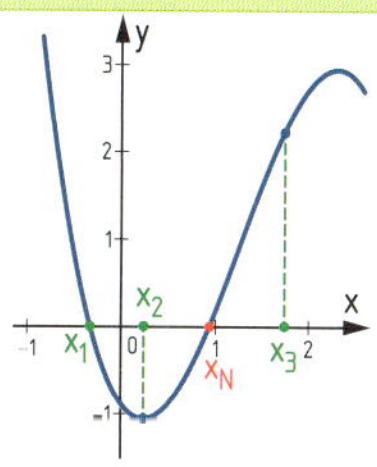	
2	Ich kann die Vorgehensweise bei der Lösung von Gleichungen mithilfe der Intervallhalbierung und der Regula falsi beschreiben.	
3	Ich kann die Unterschiede zwischen der Rechteckregel, der Trapezregel, der Kepler'schen Fassregel und der Simpson-Regel erklären.	

Lösung:
1) Die Stelle x_3 ist als Startwert geeignet, x_1 ist bereits eine Nullstelle, x_2 ist eine Extremstelle. 2) siehe Seiten 286 ff.
3) siehe Seiten 294 ff.

9 Finanz- und Wirtschaftsmathematik

Die Finanz- und Wirtschaftsmathematik sind Teilgebiete der Mathematik, die sich mit wirtschaftsrelevanten Themen befassen. In diesem Abschnitt werden die Rentenrechnung aus Abschnitt 1.6.3 erweitert sowie Kredite und Angebotsvergleiche behandelt. Weiters wird gezeigt, wie mithilfe der Investitionsrechnung die Bewertung einer Investition erfolgen kann.

9.1 Rentenrechnung – Teil 2

Oft werden Raten bzw. Renten nicht jährlich ein- bzw. ausbezahlt, sondern monatlich, viertel- oder halbjährlich. Man spricht dann von **unterjähriger Ratenzahlung**. Dabei muss der Zinssatz gegebenenfalls der Ratenperiode angepasst werden.

Nomineller und äquivalenter Jahreszinssatz

A B C **9.1** Ein Kapital von 1 000,00 € wird auf ein Sparbuch gelegt.

1) Die Zinsen betragen 2 % p. a. Berechne das Endkapital nach einem Jahr.

2) Die Verzinsung erfolgt vierteljährlich (quartalsweise) mit einem Zinssatz von 0,5 % pro Quartal. Berechne das Endkapital nach einem Jahr unter Berücksichtigung der Zinseszinsen und vergleiche das Ergebnis mit jenem aus ***1)***.

3) Die Verzinsung erfolgt vierteljährlich (quartalsweise) unter Berücksichtigung von Zinseszinsen. Das Endkapital nach einem Jahr entspricht jenem aus ***1)***. Berechne den Zinssatz pro Quartal.

Sind bei der Verzinsung eines Kapitals die Zinsperioden kürzer als ein Jahr, so können die vereinbarten Zinsen auf unterschiedliche Art angegeben werden.

- Multipliziert man den Zinssatz pro Periode mit der Anzahl der Zinsperioden pro Jahr, so erhält man den **nominellen Jahreszinssatz**.

  ZB: Ein Zinssatz von 0,3 % pro Monat entspricht einem nominellen Jahreszinssatz von 3,6 %.

  $j = i_{nom} = i_m \cdot m$ mit j, i_{nom} ... nomineller Jahreszinssatz
  i_m ... unterjähriger Zinssatz
  m ... Anzahl der (gleich langen) Zinsperioden pro Jahr

  Folgende Abkürzungen sind üblich:
  m = 2: p. s. ... per semestri = pro Halbjahr
  m = 4: p. q. ... per quarterium = pro Vierteljahr
  m = 12: p. m. ... per mense = pro Monat

- Jener Jahreszinssatz, der dasselbe Endkapital ergibt wie bei einer gegebenen unterjährigen Verzinsung, wird als **äquivalenter Jahreszinssatz** bezeichnet.

  ZB: Ein Kapital K_0 wird mit einem Zinssatz von 1 % p. q. verzinst $\Rightarrow i_4 = 1\,\%$.
  Endkapital nach 1 Jahr:
  $K_E = K_0 \cdot (1 + i_4)^4 = K_0 \cdot 1{,}01^4 = K_0 \cdot 1{,}0406 \Rightarrow$ äquivalenter Jahreszinssatz $i = 4{,}06\,\%$
  $i = (1 + i_m)^m - 1$ mit i ... äquivalenter Jahreszinssatz

Ein Jahreszinssatz, der nicht den Zusatz „nominell" enthält, ist immer als äquivalenter Jahreszinssatz zu verstehen. Der **unterjährige Zinssatz** i_m ist jener Zinssatz, für den sich eine gleichwertige Verzinsung ergibt. Es gilt:

$i = (1 + i_m)^m - 1 \Rightarrow i_m = \sqrt[m]{1 + i} - 1$

ZB Der unterjährige Zinssatz pro Monat soll für einen nominellen Jahreszinssatz von 6 % sowie für einen äquivalenten Zinssatz von 6 % ermittelt werden.

Nomineller Jahreszinssatz: $j = 6\,\% \Rightarrow i_{12} = \frac{6\,\%}{12} = 0{,}5\,\%$

Äquivalenter Zinssatz: $i = 6\,\% \Rightarrow i_{12} = \sqrt[12]{1{,}06} - 1 = 0{,}004867... \approx 0{,}487\,\%$

Unterjährige Rentenrechnung

In Abschnitt 1.6.3 wurden Formeln zur Berechnung von Endwert und Barwert einer Rente ermittelt. Dabei wurde von jährlichen Zahlungen und Jahreszinsen ausgegangen.

	Nachschüssige Rente	Vorschüssige Rente
Endwert	$E_{nach} = R \cdot \frac{q^n - 1}{q - 1}$	$E_{vor} = R \cdot \frac{q^n - 1}{q - 1} \cdot q$
Barwert	$B_{nach} = R \cdot \frac{q^n - 1}{q - 1} \cdot \frac{1}{q^n}$	$B_{vor} = R \cdot \frac{q^n - 1}{q - 1} \cdot \frac{1}{q^{n-1}}$

Die obigen Formeln gelten, wenn die Anzahl der Einzahlungen pro Jahr mit der Anzahl der Zinsperioden pro Jahr übereinstimmt. Dabei gibt n die Gesamtanzahl der Einzahlungen an. Der Aufzinsungsfaktor q wird mithilfe des entsprechenden unterjährigen Zinssatzes ermittelt.

ZB Über einen Zeitraum von 5 Jahren wird eine Rate R zweimal jährlich nachschüssig eingezahlt, wobei der Zinssatz 3 % p. s. beträgt.

5 Jahre, 2 Zahlungen pro Jahr $\Rightarrow$ $n = 10$; $q = 1 + i_2 = 1{,}03$

Endwert: $E_{nach} = R \cdot \frac{1{,}03^{10} - 1}{1{,}03 - 1}$

Auch wenn die Anzahl der Zinsperioden pro Jahr nicht ident mit der Anzahl der Einzahlungen pro Jahr ist, können obige Formeln verwendet werden. Dazu muss zunächst der gegebene Zinssatz auf jenen äquivalenten unterjährigen Zinssatz umgerechnet werden, dessen Zinsperiode gleich der Ratenperiode (Rentenperiode) ist.

ZB Über einen Zeitraum von 5 Jahren wird eine Rate viermal jährlich nachschüssig eingezahlt, wobei der Zinssatz 3 % p. s. beträgt.

$n = 5 \cdot 4 = 20$

$q = 1 + i_4$ mit $i_4 = \sqrt[4]{(1 + 0{,}03)^2} - 1 \Rightarrow q = \sqrt{1{,}03}$

Endwert: $E_{nach} = R \cdot \frac{\left(\sqrt{1{,}03}\right)^{20} - 1}{\sqrt{1{,}03} - 1}$

Äquivalenzprinzip der Finanzmathematik

Um Angebote vergleichen zu können, ist es notwendig, die Zahlungen auf einen gemeinsamen Stichtag zu berechnen. Der verwendete Zinssatz wird **Kalkulationszinssatz** genannt.

ABC **9.2** Beim Autokauf kann Frau Stein zwischen zwei Angeboten wählen.

Angebot A: 3 000,00 € Anzahlung, drei jährliche nachschüssige Raten zu 2 000,00 € und eine Restzahlung im 4. Jahr von 3 800,00 €

Angebot B: 3 000,00 € Anzahlung, vier Jahre lang eine monatliche nachschüssige Rate von 200,00 €

1) Stelle die beiden Angebote jeweils mithilfe einer Zeitachse dar.

2) Berechne mit einem Kalkulationszinssatz von 4 % die Barwerte und vergleiche diese.

Lösung:

1) Angebot A:

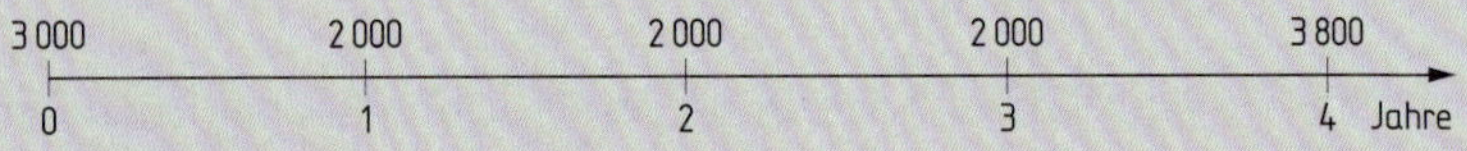

Angebot B:

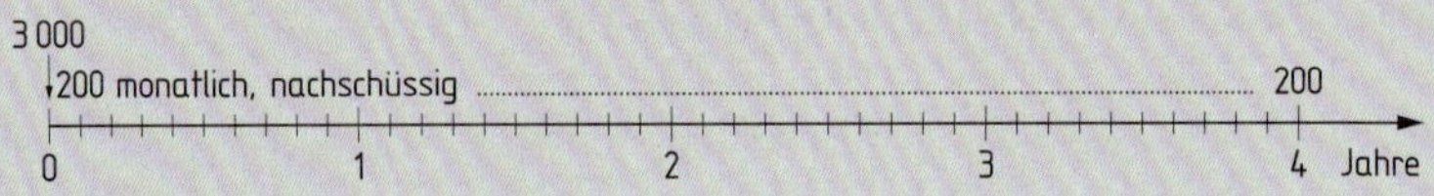

2) Berechnen des Barwerts des Angebots A:

$$B_A = 3\,000 + 2\,000 \cdot \frac{1{,}04^3 - 1}{1{,}04 - 1} \cdot \frac{1}{1{,}04^3} + 3\,800 \cdot \frac{1}{1{,}04^4} = 11\,798{,}437\ldots \approx 11\,798{,}44\ €$$

Berechnen des Barwerts des Angebots B:

$$q_{12} = \sqrt[12]{1 + 0{,}04}$$

$$B_B = 3\,000 + 200 \cdot \frac{\left(\sqrt[12]{1{,}04}\right)^{12 \cdot 4} - 1}{\sqrt[12]{1{,}04} - 1} \cdot \frac{1}{\left(\sqrt[12]{1{,}04}\right)^{12 \cdot 4}} = 11\,870{,}332\ldots \approx 11\,870{,}33\ €$$

Angebot A ist um 71,89 € günstiger.

Kreditraten

Meist werden auch Kredite in Raten zurückgezahlt. Zur übersichtlichen Darstellung der Ratenzahlung verwendet man einen **Tilgungsplan**. Die Zahlungstermine, die Restschuld, die Zinsen, die Tilgungsrate und die Annuität (Rückzahlungsbetrag) werden in einer Tabelle eingetragen. Bei einer jährlichen Bezahlung hat ein Tilgungsplan zum Beispiel folgende Form:

Termin (Jahr n)	Zinsen Z	Tilgungsrate T	Annuität A	Restschuld RS
0	–	–	–	RS (= Kredit)
1	$= RS \cdot i$	$= A - Z$	$= Z + T$	$= RS - T$

Bei der Schuldentilgung unterscheidet man:

- **Annuitätentilgung**: Der Rückzahlungsbetrag bleibt über die gesamte Laufzeit gleich groß. Die Rate kann deshalb mithilfe der Rentenrechnung berechnet werden.
- **Gestundete Schuld**: Die Tilgung der gesamten Schuld samt Zinseszinsen erfolgt erst am Ende der Laufzeit auf einmal. Es erfolgen dazwischen keine Zahlungen.
- **Zinsschuld**: Es werden zu jedem Rückzahlungstermin nur die Zinsen zurückgezahlt. Die Tilgung erfolgt am Ende der Laufzeit.
- **Ratentilgung**: Die Tilgungsrate bleibt konstant. Das hat zur Folge, dass sich die Annuität bei jeder Zahlung ändert.

9.3 Frau Arnold benötigt für den Finanzierungsbeitrag ihrer Mietwohnung einen Kredit von 25 000,00 €, den sie mit einer Laufzeit von 10 Jahren in nachschüssigen Jahresraten bei einem Kreditzinssatz von 5 % p. a. zurückzahlen möchte.

1) Gib die Kreditrate an und erstelle einen Tilgungsplan. Dokumentiere deine Vorgehensweise.

2) Nach drei Jahren erhöht die Bank den Zinssatz auf 6,5 % p. a. Berechne, um wie viele Jahre sich die Kreditlaufzeit verlängert, wenn die Raten in derselben Höhe wie in den ersten drei Jahren weitergezahlt werden.

Lösung mit Excel:

1) Der Kreditbetrag entspricht dem Barwert B_{10} einer nachschüssigen Rente. Daraus kann die Kreditrate berechnet werden.

$$25\,000{,}00 = R \cdot \frac{1{,}05^{10} - 1}{1{,}05 - 1} \cdot \frac{1}{1{,}05^{10}} \quad\Rightarrow\quad R = 3\,237{,}614\ldots\ € \approx 3\,237{,}61\ €$$

Tilgungsplan: Zinsen = Schuld · Zinssatz, Kreditrate = Annuität,
Tilgung = Kreditrate – Zinsen, Restschuld = Schuld – Tilgung

Kredit	€ 25.000,00		
Laufzeit	10	Kreditrate	-€ 3.237,61
Zinssatz	5%		

Jahr	Saldo zu Jahresbeginn	Zinsen	Kreditrate	Tilgung	Restschuld zu Jahresende
1	€ 25.000,00	€ 1.250,00	-€ 3.237,61	-€ 1.987,61	€ 23.012,39
2	€ 23.012,39	€ 1.150,62	-€ 3.237,61	-€ 2.087,00	€ 20.925,39
3	€ 20.925,39	€ 1.046,27	-€ 3.237,61	-€ 2.191,34	€ 18.734,05
4	€ 18.734,05	€ 936,70	-€ 3.237,61	-€ 2.300,91	€ 16.433,13
5	€ 16.433,13	€ 821,66	-€ 3.237,61	-€ 2.415,96	€ 14.017,18
6	€ 14.017,18	€ 700,86	-€ 3.237,61	-€ 2.536,76	€ 11.480,42
7	€ 11.480,42	€ 574,02	-€ 3.237,61	-€ 2.663,59	€ 8.816,83
8	€ 8.816,83	€ 440,84	-€ 3.237,61	-€ 2.796,77	€ 6.020,05
9	€ 6.020,05	€ 301,00	-€ 3.237,61	-€ 2.936,61	€ 3.083,44
10	€ 3.083,44	€ 154,17	-€ 3.237,61	-€ 3.083,44	€ 0,00

2) Restschuld nach drei Jahren: 18 734,05 €

$$18\,734{,}05 = 3\,237{,}61 \cdot \frac{1{,}065^{n} - 1}{1{,}065 - 1} \cdot \frac{1}{1{,}065^{n}} \quad\Rightarrow\quad n = 7{,}491\ldots \approx 8 \text{ Jahre}$$

Der Kredit wäre erst nach insgesamt 11 Jahren, also ein Jahr später, getilgt.

9.4 Berechne jeweils mit dem gegebenen Zinssatz in der nebenstehenden Tabelle zuerst den nominellen Jahreszinssatz i_{nom} und dann die fehlenden äquivalenten Zinssätze.

i_{12}	i_4	i_2	i	i_{nom}
1 %				
	2 %			
		3 %		
			6 %	

9.5 Berechne den Endwert der Rente bei der Einzahlungsrate R, einer jährlichen Verzinsung i und einer Laufzeit von n Jahren. Berücksichtige 25 % KESt.

a) R = 300,00 €, Anfang Jänner und Anfang Juli eingezahlt, i = 2 % p. a. und n = 3

b) R = 75,00 €, am Monatsende eingezahlt, i = 3,5 % p. a. und n = 7

Finanz- und Wirtschaftsmathematik

A B **9.6** Berechne den Barwert der Rente mit einer Rate R, einem gegebenen Zinssatz und der angegebenen Anzahl der Jahre n.

a) R = 1 000,00 €, am Semesteranfang, i = 4 % p. a. und n = 12

b) R = 200,00 €, am Quartalsende, i_2 = 2 % und n = 10

c) R = 50,00 €, am Monatsende, Quartalszinssatz mit i_{nom} = 1 % und n = 15

A B **9.7** Ein Kredit K mit einem Zinssatz i und einer Laufzeit von n Jahren soll in vorschüssigen Jahresraten zurückgezahlt werden. Wie hoch muss die Rate sein?

a) K = 200 000,00 €, n = 30, i = 3 % p. a.

b) K = 10 000,00 €, n = 5, i = 7 % p. a.

c) K = 75 000,00 €, n = 20, i_2 = 3,5 % p. s.

d) K = 5 000,00 €, n = 6, i_4 = 6 % p. q.

A B D **9.8** Julia möchte ihr Kleinmotorrad verkaufen. Zwei Freundinnen interessieren sich dafür. Monika bietet an, ein Jahr lang jeweils am Monatsanfang 240,00 € zu zahlen. Vicky würde 880,00 € sofort zahlen und vier nachschüssige Quartalsraten zu je 500,00 €. Argumentiere, wem Julia ihr Motorrad verkaufen soll, wenn sie von einem Kalkulationszinssatz von 2 % ausgeht.

A B **9.9** Zur Finanzierung eines Autos muss zusätzlich zum vorhandenen Bargeld noch ein Kredit von 8 000,00 € zu einem Zinssatz von 6,125 % p. a. aufgenommen werden. Die nachschüssige monatliche Rückzahlung beträgt 140,00 €. Nach drei Jahren entsteht bei einem Unfall ein Totalschaden an dem Wagen. Wie lang muss der Kredit noch gezahlt werden, obwohl das Auto nicht mehr zur Verfügung steht?

A B **9.10** Peter möchte ein Auto um 25 000,00 € kaufen. Der Händler wirbt mit folgendem Leasingangebot: einer Anzahlung von 5 900,00 €, einer monatlichen nachschüssigen Rate von 199,00 € über 5 Jahre und einer Restzahlung von 9 900,00 €.

1) Stelle das Angebot auf einer Zeitachse dar.

2) Berechne den äquivalenten Jahreszinssatz dieses Angebots.

TE A B C **9.11** Noemi nimmt für ihre Wohnung einen nachschüssigen Kredit von 18 000,00 € zu einem Zinssatz von 7,5 % p. a. über eine Laufzeit von zehn Jahren auf.

1) Gib die Kreditrate an und erstelle einen Tilgungsplan.

2) Aufgrund der Wirtschaftslage sinkt der Zinssatz nach 5 Jahren auf 5 % p. a. Wie hoch ist nun die jährliche Rate?

A B D **9.12** Kaufen oder mieten? Diese Frage stellt sich Frau Vogl, die ihre geförderte Mietwohnung für 105 000,00 € kaufen könnte. Dafür benötigt sie einen Kredit mit einem Zinssatz von 5,5 % p. a. und einer Laufzeit von 20 Jahren. Die Kreditrate wäre ebenso wie die Miete von 650,00 € im Monat jeweils am Monatsanfang zu zahlen. Sie plant, noch 20 Jahre in dieser Wohnung zu leben. Soll sie die Wohnung kaufen? Begründe die Antwort durch entsprechende Berechnungen.

A B D **9.13** Michael verkauft seine Firma. Er erhält ein Angebot von 100 000,00 € sofort, 50 000,00 € in 3 Jahren und nach weiteren 4 Jahren noch einmal 50 000,00 €.

1) Berechne den Barwert, wenn Michael mit einem Kalkulationszinssatz für die ersten vier Jahre von 2 % p. a. und danach mit 2,5 % p. a. rechnet.

2) Michael möchte durch den Verkauf 7 Jahre lang eine vorschüssige monatliche Rate von 2 500,00 € erhalten. Argumentiere, ob dies möglich ist, wenn Michael von einem Zinssatz von 2,25 % p. a. ausgeht.

3) Wie groß müsste der Kalkulationszinssatz über die ganzen 7 Jahre sein, damit sich eine nachschüssige Quartalsrate von 7 500,00 € aus dem Barwert von ***1)*** ausgeht?

9.2 Dynamische Investitionsrechnung

9.14 Herr Mayer hat einen Limousinenverleih und möchte eine indische Taxi-Rikscha um 5 000,00 € kaufen. Er rechnet mit jährlichen Einnahmen aus dem Verleih von 7 500,00 € und mit Wartungskosten und sonstigen Betriebskosten von 6 900,00 € pro Jahr. Er möchte die Rikscha nach 6 Jahren um 1 000,00 € verkaufen. Beurteile, ob sich die Investition lohnt.

D

Setzt ein Unternehmer Kapital für bestimmte Zwecke ein, so spricht man von einer **Investition**. Ziel einer Investition ist es, Gewinn zu machen. Die Investitionsrechnung beschäftigt sich mit der rechnerischen Bewertung der Vorteilhaftigkeit von Investitionen. Man unterscheidet zwischen statischer und dynamischer Investitionsrechnung. Bei der **statischen Investitionsrechnung** wird der Rechenaufwand möglichst klein gehalten, mit Durchschnittswerten gerechnet und der Zeitaspekt außer Acht gelassen. Bei der **dynamischen Investitionsrechnung** wird das Äquivalenzprinzip der Finanzmathematik beachtet, das bedeutet, dass alle Beträge auf einen gemeinsamen Stichtag auf- bzw. abgezinst werden.

Die für die Beurteilung einer Investition relevanten Beträge werden in einer Tabelle, die die Nutzungsdauer einer Investition umfasst, eingetragen. Die Differenzen zwischen den (vermuteten) **jährlichen Einnahmen** und **Ausgaben** werden **Rückflüsse** genannt. In der Tabelle werden die Einnahmen, Ausgaben und Rückflüsse aufgelistet. Die **Anschaffungskosten** (der Kapitaleinsatz) und der **Restwert** (der Liquidationserlös bzw. -verlust) werden ebenfalls berücksichtigt.

ZB Der Besitzer eines Bootsverleihs möchte ein neues Motorboot kaufen. Die Anschaffungskosten betragen 50 000,00 €. Man erwartet jährliche Einnahmen von 25 000,00 € und jährliche Ausgaben von 13 000,00 €. Es wird mit Wartungskosten von 4 000,00 € im zweiten und im vierten Jahr gerechnet. Nach einer Nutzungsdauer von fünf Jahren soll ein Restwert durch den Verkauf des Motorboots von 5 000,00 € erzielt werden.

Jahr	Einnahmen	Ausgaben	Rückflüsse
0	0,00	50 000,00	–50 000,00
1	25 000,00	13 000,00	12 000,00
2	25 000,00	17 000,00	8 000,00
3	25 000,00	13 000,00	12 000,00
4	25 000,00	17 000,00	8 000,00
5	30 000,00	13 000,00	17 000,00

Tabelle 9.1

- Die Anschaffungskosten können als Jahr 0 unter Ausgaben eingetragen werden. Diese Zeile wird aber oft nicht angeführt.
- Der Restwert wird als Einnahme bzw. Ausgabe (Entsorgungskosten) im letzten Jahr interpretiert.

Ein Unternehmer legt einen so genannten **Kalkulationszinssatz** i_K fest. Seine Höhe kann im Prinzip frei gewählt werden. Ist genügend Firmenkapital vorhanden, orientiert sich der Kalkulationszinssatz meist an den Sparzinsen. Muss hingegen ein Kredit aufgenommen werden, orientiert er sich an den Kreditzinsen.

Im Folgenden werden nun mehrere Methoden zur Investitionsbewertung vorgestellt. Dabei bleiben bei den Berechnungen zum Beispiel Gebühren, Steuern und die Inflation unberücksichtigt.

Kapitalwertmethode

Der **Kapitalwert** C_0 ist die Differenz zwischen allen Barwerten der Rückflüsse R_t und den Anschaffungskosten K_A über die gesamte Nutzungsdauer n. Es gilt folgende Formel:

$$C_0 = -K_A + \sum_{t=1}^{n} R_t \cdot \left(\frac{1}{1 + i_K}\right)^t$$

Erhält man einen positiven Kapitalwert ($C_0 > 0$), ist die Investition vorteilhaft. Bei einem Vergleich ist zu beachten, dass die Investitionen die gleiche Nutzungsdauer aufweisen müssen. Die Investition mit dem höchsten Kapitalwert wird als vorteilhaft erachtet.

ZB Mit den Daten aus der Tabelle 9.1 erhält man bei einem Kalkulationszinssatz von zum Beispiel $i_K = 5\ \%$ folgenden Kapitalwert:

$$C_0 = -50\,000 + 12\,000 \cdot 1{,}05^{-1} + 8\,000 \cdot 1{,}05^{-2} + 12\,000 \cdot 1{,}05^{-3} + 8\,000 \cdot 1{,}05^{-4} + 17\,000 \cdot 1{,}05^{-5} = = -1\,047{,}576\ldots$$

$C_0 \approx -1\,047{,}58$ € $\Rightarrow$ Da der Kapitalwert negativ ist, ist die Investition unter diesen Voraussetzungen nicht vorteilhaft.

Geht man aber von einem niedrigeren Kalkulationszinssatz von zum Beispiel $i_K = 3\ \%$ aus, ergibt sich ein Kapitalwert $C_0 \approx 1\,945{,}20$ € und die Investition wird als vorteilhaft eingestuft.

Interner Zinssatz

Der Kapitalwert C_0 ist vom Kalkulationszinssatz i_K abhängig. Dieser Zusammenhang kann als **Kapitalwertkurve** (**Kapitalwertfunktion**) $C_0(i_K)$ dargestellt werden. Der Schnittpunkt mit der senkrechten Achse entspricht dem statischen Kapitalwert ($i_K = 0$), die Nullstelle bezeichnet man als **internen Zinssatz** i_r.

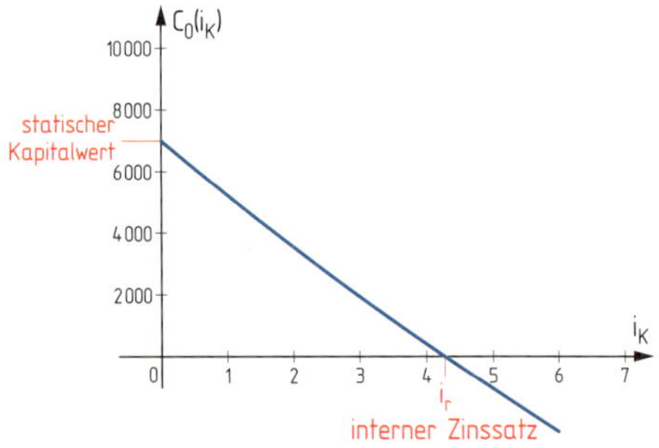

Der interne Zinssatz ist somit die Rendite (Rentabilität) der Investition und entspricht dem Effektivzinssatz, wenn der Kapitalwert $C_0 = 0$ ist:

$$0 = -K_A + \sum_{t=1}^{n} R_t \cdot \left(\frac{1}{1 + i_r}\right)^t$$

ZB Mit den Daten aus der Tabelle 9.1 erhält man folgende Gleichung, mit der der interne Zinssatz i_r berechnet werden kann:

$$0 = -50\,000 + 12\,000 \cdot \frac{1}{1 + i_r} + 8\,000 \cdot \frac{1}{(1 + i_r)^2} + 12\,000 \cdot \frac{1}{(1 + i_r)^3} + 8\,000 \cdot \frac{1}{(1 + i_r)^4} + 17\,000 \cdot \frac{1}{(1 + i_r)^5}$$

$i_r = 0{,}04278\ldots$

Der interne Zinssatz beträgt $i_r \approx 4{,}28\ \%$.

Für alle Kalkulationszinssätze, die über dem internen Zinssatz liegen, ergeben sich negative Kapitalwerte. In diesen Fällen ist von einer Investition abzuraten. Damit eine Investition vorteilhaft ist, muss der **interne Zinssatz größer** sein als der **Kalkulationszinssatz**: $i_r > i_K$

Beim Vergleich zweier Investitionen sollte die Kapitalwertmethode gewählt werden, da eine der beiden Investitionen trotz größerem internen Zinssatz einen kleineren Kapitalwert erreichen kann.

Annuitätenmethode

Bei der Annuitätenmethode wird jene jährliche **Annuität** (Gewinn) A ermittelt, die sich aus einem Barwert in der Höhe des Kapitalwerts C_0 ergibt. Der Vorteil der Annuitätenmethode liegt darin, dass eine jährliche Annuität für den Unternehmer anschaulicher ist als der Kapitalwert.

$$C_0 = A \cdot \frac{q_K^{\,n} - 1}{q_K - 1} \cdot \frac{1}{q_K^{\,n}} \quad \Rightarrow \quad A = C_0 \cdot \frac{(q_K - 1) \cdot q_K^{\,n}}{q_K^{\,n} - 1}$$

Eine Investition ist vorteilhaft, wenn $C_0 > 0$ und damit auch die Annuität positiv ist.

ZB Aus dem Kapitalwert C_0 = 1 945,20 €, einer Laufzeit von n = 5 Jahren und einem Kalkulationszinssatz i_K = 3 % erhält man folgende Annuität A:

$$A = 1\,945{,}20 \cdot \frac{(1{,}03 - 1) \cdot 1{,}03^5}{1{,}03^5 - 1} = 424{,}743\ldots \approx 424{,}74\ €$$

Dynamische Amortisationsdauer

Die **dynamische Amortisationsdauer** gibt an, nach wie vielen Jahren die Summe der Barwerte zum ersten Mal positiv ist.

ZB Zur Ermittlung der Amortisationsdauer wird die Tabelle 9.1 um zwei Spalten erweitert. Es werden die Barwerte der Rückflüsse mit einem Kalkulationszinssatz von zum Beispiel 3 % gebildet und diese aufsummiert.

Jahr	Rückflüsse R_t	Barwerte B_t	ΣBarwerte C_t
0	−50 000,00	−50 000,00	−50 000,00
1	12 000,00	11 650,49	−38 349,51
2	8 000,00	7 540,77	−30 808,75
3	12 000,00	10 981,70	−19 827,05
4	8 000,00	7 107,90	−12 719,15
5	17 000,00	14 664,35	1 945,20

- $B_t = \frac{R_t}{(1 + i_K)^t}$
- $C_t = \sum_{i=0}^{t} B_i$
- Im 5. Jahr ist C_t das erste Mal positiv, damit beträgt die Amortisationsdauer 5 Jahre.

Die dynamische Amortisationsdauer kann mithilfe eines Diagramms veranschaulicht werden. Dabei wird auf der waagrechten Achse die Zeit in Jahren und auf der senkrechten Achse die Summe der Barwerte als Funktionswerte aufgetragen. In der Grafik ist erkennbar, dass diese Summe C_t im 5. Jahr das erste Mal positiv ist. Der weitere Verlauf wird nicht berücksichtigt.

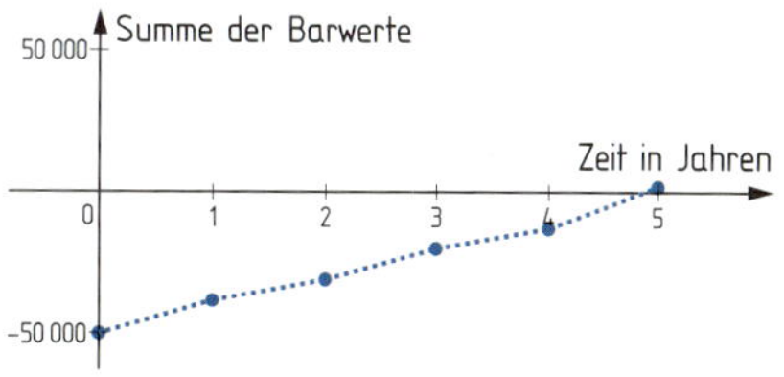

Dies ist auch der Nachteil dieser Methode. Eine Investition mit hohen Liquidationskosten kann einen negativen Kapitalwert C_0 und trotzdem eine kurze Amortisationsdauer haben. Deshalb sollte diese Methode nie alleine als Entscheidungsgrundlage für eine Investition dienen.

9.15 Kreuze jene Bedingung an, die für eine positive Beurteilung einer Investition steht. C

A	B	C	D	E
$A > C_0$	$K_0 < C_0$	$i_K > i_r$	$0 < C_0$	$i_K > 0$

B D **9.16** Beurteile folgende Investition (Werte in Euro) mithilfe der Kapitalwertmethode
1) mit $i_K = 2\ \%$ (Eigenmittel) bzw. **2)** mit $i_K = 8\ \%$ (Fremdkapital).

Jahr	a) Rückflüsse	b) Rückflüsse	c) Rückflüsse	d) Rückflüsse	e) Rückflüsse
0	−70 000,00	−80 000,00	−90 000,00	−100 000,00	−110 000,00
1	15 000,00	17 000,00	23 000,00	22 000,00	31 000,00
2	15 000,00	20 000,00	17 000,00	20 000,00	26 000,00
3	15 000,00	19 000,00	22 000,00	21 000,00	27 000,00
4	15 000,00	23 000,00	20 000,00	20 000,00	25 000,00
5	15 000,00	25 000,00	30 000,00	23 000,00	29 000,00

A B D **9.17** Eine Firma plant eine neue Anlage mit einer Nutzungsdauer von 4 Jahren zu errichten. Der Kalkulationszinssatz in der Firma ist mit $i_K = 6\ \%$ vorgegeben. Die Aufbaukosten betragen 100 000,00 €, der Restwert (Abbaukosten) beträgt −60 000,00 €. Es werden folgende jährliche Rückflüsse erwartet: 58 000,00 €; 53 000,00 €; 41 000,00 € und 27 000,00 €.
1) Berechne den Kapitalwert und die dynamische Amortisationsdauer.
2) Beurteile die Investition auf Basis der Annuitätenmethode.

A B D **9.18** Die Geschäftsleitung einer Elektronikfirma überlegt eine neue Bestückungsanlage mit einer Nutzungsdauer von 8 Jahren anzuschaffen. Es liegt ein Angebot über 700 000,00 € vor. Ab dem ersten Jahr rechnet man mit jährlichen Einnahmen von 220 000,00 €. Die Umstellungskosten im ersten Jahr belaufen sich auf 220 000,00 €, die jährlichen Ausgaben betragen 20 000,00 €. Zusätzlich fallen im 3., 5. und 7. Jahr Wartungskosten von je 110 000,00 € an. Der Kalkulationszinssatz wird mit 2 % festgelegt.
1) Beurteile die Investition mithilfe der Kapitalwertmethode.
2) Ermittle die Amortisationsdauer.

A B C **9.19** Frau Steiner will in eine Immobilie investieren und diese vermieten. Es werden zwei Angebote erstellt und ein Kalkulationszinssatz von 6 % angenommen.
Angebot A: 4 Millionen Euro Kaufpreis, jährliche Mieteinnahmen von 160 000,00 € und ein Wiederverkaufswert nach 15 Jahren von 6 Millionen Euro.
Angebot B: 4,5 Millionen Euro Kaufpreis, jährliche Mieteinnahmen von 160 000,00 € und ein Wiederverkaufswert nach 15 Jahren von 7,2 Millionen Euro.
Vergleiche die Angebote sowohl mithilfe der Annuitätenmethode als auch mit dem jeweiligen internen Zinssatz und gib eine Kaufempfehlung ab.

A B C **9.20** Bei zwei Investitionen (Werte in Euro) A und B wird bei A mit einer Nutzungsdauer von 4 Jahren und bei B mit einer Nutzungsdauer von 5 Jahren gerechnet (R … Rückflüsse). Es wird ein Kalkulationszinssatz von **a)** $i_K = 2\ \%$, **b)** $i_K = 5{,}5\ \%$ zugrunde gelegt.

Investition	Kapital-einsatz	R im 1. und 3. Jahr	R im 2. und 4. Jahr	R im 5. Jahr	Restwert
A	40 000,00	12 000,00	13 500,00	–	−5 000,00
B	45 000,00	11 000,00	9 000,00	9 000,00	5 000,00

1) Vergleiche beide Investitionen mithilfe der Annuitätenmethode.
2) Die Nutzungsdauer von Investition A soll um ein Jahr verlängert werden, sodass die beiden Investitionen gleich zu bewerten sind. Berechne den mindest benötigten Rückfluss im 5. Jahr für die Investition A.

9.21 Es sind drei Angebote A, B und C bei einem Kalkulationszinssatz von 4 % zu vergleichen. ABCD
A: Anschaffung 20 000,00 €, jährliche Rückflüsse 12 000,00 €, Nutzungsdauer 2 Jahre
B: Anschaffung 23 850,00 €, jährliche Rückflüsse 10 000,00 €, Nutzungsdauer 3 Jahre
C: Anschaffung 34 900,00 €, jährliche Rückflüsse 11 000,00 €, Nutzungsdauer 4 Jahre
1) Beurteile die Angebote mithilfe der Kapitalwert- und der Annuitätenmethode.
2) Gehe nun von einer 12-jährigen Nutzungsdauer aus und wiederhole die Berechnungen mit denselben Annahmen wie in ***1)***.
3) Vergleiche die Ergebnisse aus ***1)*** und ***2)***.

Zusammenfassung

Rentenrechnung (Voraussetzung: Rentenperiode = Zinsperiode)

Endwert einer **nachschüssigen Rente**

$$E = R \cdot \frac{q^n - 1}{q - 1}$$

Endwert einer **vorschüssigen Rente**

$$E = R \cdot \frac{q^n - 1}{q - 1} \cdot q$$

Barwert einer **nachschüssigen Rente**

$$B = \frac{E}{q^n} = R \cdot \frac{q^n - 1}{q - 1} \cdot \frac{1}{q^n}$$

Barwert einer **vorschüssigen Rente**

$$B = \frac{E}{q^n} = R \cdot \frac{q^n - 1}{q - 1} \cdot \frac{1}{q^{n-1}}$$

R … Rate (Rente), q … Aufzinsungsfaktor mit $q = 1 + i$, i … Zinssatz, n … Anzahl der Raten

Sind die Rentenperioden und die Zinsperioden nicht gleich lang, muss der äquivalente Zinssatz passend zur Rentenperiode verwendet werden.

Unterjährige Zinssatz

$$i_m = \sqrt[m]{1 + i} - 1$$ m … Anzahl der Zinsperioden pro Jahr

Tilgungsplan
Tabellarische Aufstellung der Zahlungstermine, der Restschuld RS, der Zinsen Z, der Tilgungsrate T (= A – Z) und der Annuität (Rückzahlungsbetrag) A (= T + Z)

Äquivalenzprinzip der Finanzmathematik
Um Angebote mit verschiedenen Zahlungszeitpunkten vergleichen zu können, ist es notwendig, die Zahlungen auf einen gemeinsamen Stichtag zu berechnen.

Kapitalwertmethode

$$C_0 = -K_A + \sum_{t=1}^{n} R_t \cdot \left(\frac{1}{1 + i_K}\right)^t$$ Vorteilhaft: $C_0 > 0$

Interner Zinssatz

$$0 = -K_A + \sum_{t=1}^{n} R_t \cdot \left(\frac{1}{1 + i_r}\right)^t$$ Vorteilhaft: $i_r > i_K$

Annuitätenmethode

$$A = C_0 \cdot \frac{(q_K - 1) \cdot q_K^n}{q_K^n - 1}$$ Vorteilhaft: $A > 0$

Dynamische Amortisationsdauer
Sie gibt das Jahr und somit die Zeitdauer an, in dem die Summe der Barwerte das erste Mal positiv ist.

Weitere Aufgaben

Rentenrechnung

A B **9.22** Linda legt 15 Jahre monatlich nachschüssig 250,00 € auf ein Sparkonto mit einem Zinssatz von 2,5 % p. a. ein. Danach lässt sie das Konto für 5 Jahre sperren und bekommt in dieser Zeit einen Zinssatzbonus von 0,5 % auf ihren Zinssatz. Von dem angesparten Geld will sie eine monatliche Rente beziehen.

a) Berechne die Höhe der Rente, wenn sie diese 12 Jahre lang monatlich beziehen will.

b) Die Rente soll 400,00 € betragen. Berechne, wie lang sie diese Rente beziehen kann.

A B **9.23** Herr Macheiner wollte sich eine neue Küche kaufen, dafür benötigte er 10 000,00 €. Ein Viertel davon hatte er bereits gespart und auf ein Sparbuch mit einem fixen Zinssatz von p = 3,75 % p. a. gelegt. Er zahlte drei Jahre lang vorschüssig jeden Monat einen gleich bleibenden Betrag auf dieses Sparbuch ein, bis die benötigte Summe erreicht war. Zwei Jahre danach hat er seine Wunschküche endlich gefunden.

1) Wie hoch war die monatliche Einzahlung?

2) Welcher Betrag stand ihm für den Kauf der Küche zur Verfügung?

A B D **9.24** Nina will ein Grundstück kaufen. Sie findet in ihrer Nähe zwei etwa gleich große Grundstücke mit unterschiedlichen Finanzierungsmöglichkeiten.

Angebot A: 30 000,00 € sofort, danach eine nachschüssige monatliche Rate zu je 200,00 € 10 Jahre lang und mit einem Restwert von 10 000,00 €.

Angebot B: 10 000,00 € sofort, danach eine vorschüssige monatliche Rate zu je 120,00 € 15 Jahre lang und keinen Restwert mehr.

Beurteile, welches Angebot aus finanzieller Sicht besser für Nina ist (i_K = 3 %).

Investitionsrechnung

B D **9.25** Beurteile folgende Investition (Werte in Euro) mithilfe des internen Zinssatzes **1)** aus Eigenmitteln (i_K = 2 %) bzw. **2)** aus Fremdkapital (i_K = 8 %).

Jahr	a) Rückflüsse	b) Rückflüsse	c) Rückflüsse	d) Rückflüsse	e) Rückflüsse
0	−120 000,00	−85 000,00	−100 000,00	−90 000,00	−120 000,00
1	30 000,00	18 000,00	30 000,00	15 000,00	22 000,00
2	30 000,00	18 000,00	21 000,00	20 000,00	26 000,00
3	30 000,00	18 000,00	23 000,00	18 000,00	20 000,00
4	30 000,00	18 000,00	25 000,00	20 000,00	24 000,00
5	30 000,00	18 000,00	27 000,00	22 000,00	31 000,00

A B C **9.26** Für eine Druckerei wird die Anschaffung zweier Maschinen in Betracht gezogen. Maschine A kostet 60 000,00 € und hat jährliche Kosten von 20 000,00 €. In den ersten beiden Jahren wäre sie voll ausgelastet und würde jeweils Einnahmen von 48 000,00 € erzielen, in den drei darauf folgenden Jahren rechnet man mit jährlich 12 000,00 €. Maschine B kostet 180 000,00 €, hat aber nur jährliche Kosten von 5 000,00 €. Im ersten Jahr rechnet man mit 80 000,00 € an Einnahmen und dann vier Jahre lang mit jährlich 40 000,00 €. Danach würde bei beiden Maschinen kein Restwert mehr vorhanden sein. Der Kalkulationszinssatz wird mit 5 % angenommen.

1) Ermittle die Amortisationsdauern und beurteile die Anschaffungen.

2) Beurteile mithilfe der Annuitätenmethode.

3) Entscheide mit beiden Methoden, welche Maschine angeschafft werden sollte.

Aufgaben in englischer Sprache

cash flow	Rückfluss	net present value	Kapitalwert
internal rate of return	interner Zinssatz	pay off (back) periode	Amortisationsdauer

9.27 Lucy intends to buy a house. The house costs £ 400 000.00. She needs to pay a deposit of 10 % and will pay the remaining 90 % over 20 years at 8 % p.a. Calculate the monthly repayments. A B

9.28 David deposits 1 000.00 € into a bank account. He leaves the deposit for 10 years. The interest rate is 3 % p.a., interest paid quarterly. How much money has accured over 10 years? A B

9.29 An investor is considering two different projects. The first project costs $ 20 000.00. The cash flows within the next four years will be $ 3 000.00, $ 5 000.00, $ 8 000.00 and $ 6 000.00. The second project costs $ 17 000.00 and the cash flows are $ 2 000.00, $ 7 000.00, $ 5 000.00 and $ 4 000.00. A B D

a) Compute the net present value with an interest rate of 5 %. Decide, which of the options has the better investment.

b) Calculate the internal rate of return for both projects and determine, which is the better option.

Wissens-Check

		gelöst
1	Ich kann den monatlichen Zinssatz aus einem Jahreszinssatz i bzw. aus einem nominellen Jahreszinssatz j berechnen. A) i = 6 % p. a. B) j = 6 %	
2	Ein Guthaben von 100,00 € wird zuerst ein Jahr mit 3 % p. q. und dann zwei Jahre mit 5 % p. s. angelegt. Kreuze die richtige Berechnung des Endwerts an. $E = 100 \cdot (1{,}03 \cdot 1{,}05)^{-4}$ A $E = 100 \cdot (1{,}03^4 + 1{,}05^4)$ B $E = 100 \cdot (1{,}03 \cdot 1{,}05)^{4+4}$ C $E = \frac{(1{,}03 \cdot 1{,}05)^4}{100}$ D $E = 100 \cdot (1{,}03 \cdot 1{,}05)^4$ E	
3	In einer Formelsammlung findet man folgende Formel bei der Rentenrechnung. Erkläre die Bedeutung der Variablen in der Formel: $B = R \cdot \frac{1 - v_m^{m \cdot n}}{1 - v_m^{\frac{m}{p}}}$	
4	Ich kenne die Bestandteile eines Tilgungsplans und kann die Annuität bei einer Annuitätentilgung berechnen.	
5	Ich kann beurteilen, ob eine Investition vorteilhaft ist. ZB: Der Zinssatz i_K beträgt 14,5 % und der Zinssatz i_r beträgt 9,5 %.	

Lösung:
1) A) $i_{12} = 0{,}486\ldots$ %; B) $i_{12} = 0{,}5$ % 2) E 3) B … Barwert, R … Rente, v_m … unterjähriger Abzinsungsfaktor $v = \frac{1}{q}$, m … Anzahl der Verzinsungsperioden pro Jahr, p … Anzahl der Raten pro Jahr 4) siehe Seite 306
5) Da $i_K > i_r$ ist, ist die Investition nicht sinnvoll.

Sachwortverzeichnis

Sachwortverzeichnis

MATURATRAINER von hpt

MATURA? KEIN STRESS!

ENGLISCH

ORAL FINALS HAK
ISBN 978-3-230-04591-1
SB-NR. 185440
60 Seiten
€ 15,70

GOING FOR FINALS B2 BHS
Übungsbuch + 2 CDs
ISBN 978-3-230-03968-2
SB-NR. 170022
112 Seiten
€ 23,36

BEST SHOTS. STUDENTS' PRACTICE PACK BHS 3
Übungsbuch inkl. MP3s und E-Book+
ISBN 978-3-230-04916-2
104 Seiten
€ 24,90

BEST SHOTS. STUDENTS' PRACTICE PACK BHS 4/5
Übungsbuch inkl. MP3s und E-Book+
ISBN 978-3-230-04917-9
104 Seiten
€ 24,90

ITALIENISCH

DETTO FATTO RIFATTO – MATURITÀ
Übungsbuch + CD
ISBN 978-3-230-04602-4
SB-NR. 185417
144 Seiten
€ 29,70

ITALIANO CON TURBO B1
Übungsbuch CD-ROM und Lösungen
ISBN 978-3-230-04288-0
SB-NR. 190007
216 Seiten
€ 26,70

FRANZÖSISCH

BIEN FAIT! BAC
Übungsbuch + CD
ISBN 978-3-230-03601-8
SB-NR. 160041
128 Seiten
€ 25,00

VWA/DIPLOMARBEIT

SCHREIBGUIDE
für VWA und Diplomarbeit
ISBN 978-3-230-04853-0
ca. 136 Seiten
€ 17,70

DEUTSCH

KOMPETENZ:*DEUTSCH*. AHS/BHS
Trainingsteil für die RDP – neu
ISBN 978-3-230-04751-9
SB-NR. 190621
112 Seiten
€ 13,47

DIE MATURATRAINER SIND LEHRBUCHUNABHÄNGIG VERWENDBAR.

BESTELLSERVICE
Tel.: 01 403 77 77-70 | MO – DO 7:30 – 16:00 Uhr | FR 7:30 – 14:00 Uhr
www.hpt.at | service@hpt.at | www.maturatraining.at

Druckfehler und Preisänderungen vorbehalten.
Stand: Frühjahr 2020